A construção do Brasil

na literatura de viagem dos séculos XVI, XVII e XVIII

Jean Marcel Carvalho França

A construção do Brasil

na literatura de viagem dos séculos XVI, XVII e XVIII

ANTOLOGIA DE TEXTOS · 1591–1808

JOSÉ OLYMPIO
EDITORA

editora
unesp

EDITORA JOSÉ OLYMPIO LTDA.
Rua Argentina, 171 – 2º andar – São Cristóvão
20921-380 – Rio de Janeiro, RJ – República Federativa do Brasil
Tel.: (21) 2585-2060
Printed in Brazil / Impresso no Brasil

Atendimento e venda direta ao leitor:
mdireto@record.com.br
Tel.: (21) 2585-2002

Fundação Editora da UNESP (FEU)
Praça da Sé, 108
01001-900 – São Paulo – SP
Tel.: (0xx11) 3242-7171
Fax: (0xx11) 3242-7172

www.editoraunesp.com.br
www.livrariaunesp.com.br
feu@editora.unesp.br

ISBN: 978-85-03-01075-7
ISBN: 978-85-39-30226-0

Capa: Victor Burton e Angelo Allevato Bottino

CIP-BRASIL. CATALOGAÇÃO-NA-FONTE
SINDICATO NACIONAL DOS EDITORES DE LIVROS, RJ

França, Jean Marcel Carvalho
F139c A construção do Brasil na literatura de viagem dos séculos XVI, XVII e XVIII: antologia de textos (1591-1808) / Jean Marcel Carvalho França. – Rio de Janeiro: José Olympio; São Paulo: Unesp, 2012.

Apêndice
Inclui bibliografia
ISBN 978-85-03-01075-7
ISBN 978-85-39-30226-0

1. Brasil – História – Período colonial, 1500-1822. 2. Brasil – Descrições e viagens. 3. Brasil – Usos e costumes. 4. Viajantes – Brasil. I. Título.

CDD: 981.03
12-8535 CDU: 94(81)"1500/1822"

(...) na muita sabedoria há muito enfado; e o que aumenta em conhecimento aumenta em dor.

Eclesiastes

Sumário

A invenção do Brasil?

O historiador mexicano Edmond O'Gorman conta-nos, na introdução do seu conhecido e estimado *A invenção da América*,[1] que a ideia central do seu livro nascera durante o trabalho de reedição de *História natural e moral das Índias* (1590), do padre José de Acosta. Foi, revela-nos O'Gorman, a partir do contato íntimo com a narrativa quinhentista de Acosta que lhe adviera a, digamos, "tirada" de que a América não havia sido descoberta pelos europeus encarnados no "predestinado" Colombo; o Novo Mundo havia sido, isto sim, inventado, construído pela cultura do Velho Mundo.

O presente ensaio, ainda que menos original e mais modesto, nasceu de uma situação muito semelhante. Em 1993, iniciei o levantamento, a compilação e a tradução de uma longa série de narrativas de viagem deixadas por estrangeiros que passaram pelo Rio de Janeiro (Baía de Guanabara) entre 1516 e 1808, pesquisa que acabou por resultar em duas coletâneas de títulos não muito criativos — *Visões do Rio de Janeiro colonial* e *Outras visões do Rio de Janeiro colonial* —, quatro outros

[1]O'GORMAN, Edmond. *La invención de América*. México: Lecturas Mexicanas 63, 1992, p. 9.

pequenos livros e um catálogo.[2] Ao iniciar tal pesquisa, tinha como meta, pura e simplesmente, tornar acessível uma série de documentos que acreditava — e ainda acredito, mas de outro modo, como procurarei explicar ao longo deste livro — ser indispensável para o conhecimento do cotidiano das cidades coloniais brasileiras. Logo, porém, dei-me conta de que o que tinha em mãos não era somente uma série documental que, uma vez submetida à crítica, poderia auxiliar no entendimento de um ou outro aspecto da vida nos modestos centros urbanos do litoral brasileiro. O que tinha em mãos, na verdade, era um *corpus discursivo*[3] imprescindível para compreender o processo de construção do Brasil e dos brasileiros no e pelo vocabulário europeu dos séculos XVI, XVII e XVIII.

Destarte, quando resolvi estender o meu levantamento a outras localidades litorâneas brasileiras — Santos, São Sebastião, Angra dos Reis, Salvador, Recife, Olinda, ilha de Santa Catarina, Rio Grande etc. —, percebi que as perguntas que me interessavam colocar para as narrativas não giravam mais em torno de um eventual esclarecimento sobre esta ou aquela característica do Brasil colonial ou de seus habitantes. O que me interessava, agora, era saber que Brasil e que brasileiros os escritos em questão tinham construído para o público europeu durante os três longos e decisivos séculos que se seguiram à viagem de Cabral, séculos em que se consolidaram certas percepções acerca do Novo Mundo, as quais, como bem sabemos, tiveram vida longuíssima na cultura ocidental, desempenhando, inclusive, um papel sobremodo importante na maneira como nós, habitantes da América Austral, construímo-nos a nós próprios.

---

[2]FRANÇA, Jean Marcel Carvalho. *Viagem ao Rio. Cartas da juventude (1848-1849)*. Rio de Janeiro: José Olympio, 2002; id., *Diário de uma viagem da Baía de Botafogo à cidade de São Paulo (1810)*. Rio de Janeiro: José Olympio, 2006; id. *Mulheres viajantes no Brasil (1773-1820)*. Rio de Janeiro: José Olympio, 2008. FRANÇA, Jean Marcel Carvalho; RAMINELLI, Ronald. *Andanças pelo Brasil colonial (catálogo comentado)*. São Paulo: Editora da Unesp, 2008. FRANÇA, Jean Marcel Carvalho. *Visões do Rio de Janeiro joanino (1809-1818)*. Rio de Janeiro: José Olympio, 2008.
[3]FOUCAULT, Michel. *A arqueologia do saber*. Rio de Janeiro: Forense-Universitária, 1986, p. 6-9.

Uma espécie de invenção do Brasil e dos brasileiros pelo europeu? Invenção ou construção, compartilho com O'Gorman a "crença" (?) de que os discursos criam os objetos que põem em cena — nada a ver, é certo, com a "não existência da realidade" ou com qualquer outra cantilena do gênero —, que podem causar a dor ou aplacar o medo, como dizia o sofista Górgias,[4] e também construir para os seres humanos continentes, colônias e países, artigos de fé sem os quais, há pelo menos meio milênio, não saberíamos mais viver. Tal "crença" levou-me a formular uma série de questões a respeito das narrativas que vinha "colecionando": Quem eram os homens que as escreviam? A que público em geral se destinavam? De que estatuto de verdade gozavam? Que alcance tinham na sociedade de então? E, sobretudo, que contornos e que cores ganharam o Brasil e os brasileiros nesses escritos? Tais questões, que remetem para algo como uma "descrição acurada" — um "positivismo feliz",[5] a Foucault, diria um observador mais atento —, guiarão a primeira parte deste livro.

Ao tentar respondê-las minimamente, o que sinceramente não sei se consegui, tomei algumas precauções que passo agora a descrever. Procurei, de saída, reunir um número expressivo de narrativas de viagem, o que não foi tarefa muito fácil em se tratando do Brasil no período compreendido entre 1503 (data da publicação da carta de Vespúcio) e 1808 (abertura da colônia aos estrangeiros). Ao todo, entre originais, traduções próprias e traduções alheias, reuni cerca de 120 narrativas,[6] número expressivo, se levarmos em conta que não é incomum vermos escritos sobre o tema com somente, quando muito, uma dezena de narrativas (Léry, Thévet, Staden, Nieuhof...), as quais,

[4]GÓRGIAS. *Górgias, testemunhos e fragmentos*. Lisboa: Edições Colibri, 1993, p. 43.
[5]FOUCAULT, Michel. *A arqueologia do saber*, p. 144; e também, id. *A ordem do discurso*. Lisboa: Relógio D'água Editores, 1997, p. 51.
[6]Reuni e consultei, durante a pesquisa, 117 narrativas, as quais vêm listadas na bibliografia. Todavia, no decorrer deste livro, utilizei somente uma centena delas, nomeadamente as que foram publicadas entre o início do século XVI e o início do século XIX.

embora em geral datadas do século XVI, início do XVII, são utilizadas pelo pesquisador mais precipitado para referendar asserções referentes a todo o período colonial.

A seleção de tais narrativas obedeceu a, pelo menos, dois critérios centrais: em primeiro lugar, ter sido publicada quando de sua redação ou, no mais tardar, umas poucas décadas depois; em segundo lugar, não ter sido escrita em língua portuguesa. Obviamente que não se trata de um preconceito contra os manuscritos e, menos ainda, contra a língua de Camões e de Caminha; trata-se, sim, de um cuidado necessário quando se quer interrogar o que pensavam da colônia portuguesa dos trópicos públicos não portugueses, públicos que ao longo dos séculos XVI, XVII e XVIII tiveram crescente acesso a livros de viagem. Para mais, a maior parte dos poucos escritos lusitanos sobre o Brasil editados na época não circularam para além das fronteiras do pequeno reino peninsular e, consequentemente, não lograram qualquer impacto sobre os tais públicos mencionados.

Tive, também, o cuidado de não entrar em searas nas quais é quase impossível a um historiador dedicado à história do Brasil trazer contribuições relevantes. Falo nomeadamente da história da leitura e do livro na Europa, bem como da história do impacto do Novo Mundo sobre a cultura do Velho. Em verdade, procurei simplesmente extrair de uma pequena parcela da gigantesca bibliografia disponível sobre tais domínios informações que me permitissem esboçar que lugar social ocupavam aquelas "imagens" do Brasil e de seu povo que circulavam pela Europa nas páginas dos livros de viagem. Informações que me permitissem determinar, por exemplo, quem era o autor desta ou daquela narrativa e quantas edições cada uma teve, ou quem eram os leitores possíveis dessas edições, ou, ainda, o quanto o Brasil era mencionado nas obras cultas da época deste ou daquele país. Espero que o empenho não tenha sido vão e que o leitor, ao adentrar no último tópico da primeira parte — onde descreverei os contornos do Brasil construído na literatura de viagem —, saiba, ainda que de maneira muito aproximada, o que significaram aquelas imagens do Brasil para os homens dos séculos XVI, XVII e XVIII.

Fiz ainda algumas escolhas teórico-metodológicas que convém esclarecer para evitar mal-entendidos. Aquele leitor que reluta em conceber que a história possa prescindir da sedutora presença de conceitos talvez se sinta um pouco incomodado diante das exaustivas descrições que promovo, um verdadeiro gosto de colecionador, que por vezes remete ao mais descarado positivismo e à sua crença cega no poder de verdade do documento. Peço, porém, a esse leitor mais desgostoso que leve em consideração, antes de abandonar a leitura do livro, pelo menos dois aspectos. Tenho, de fato, uma crença cega no documento, não uma crença em que o documento diga, quando analisado com método, a verdade, ou parte da verdade, ou um ângulo da verdade sobre um suposto real, mas uma crença em que os documentos mostram como determinados grupos humanos construíram a realidade para si próprios, como definiram socialmente o que era e o que não era verdadeiro dizer sobre coisas, lugares, povos etc. Tamanha crença no documento levou-me a optar por uma lógica de antiquário, que coleciona e expõe as suas peças documentais aparentemente sem crítica, sem interpretações, sem submetê-las ao rigor das análises conceituais. Previno, no entanto, ao leitor que se trata da lógica de um antiquário perverso, um antiquário que critica, interpreta e não dispensa a composição de séries longas e a busca de padrões, mas realiza tais operações na maneira como organiza as suas peças documentais, na ordem que lhes imprime quando as apresenta e na escolha das partes que resolve realçar delas. Para mais, esta lógica de antiquário parte do pressuposto de que uma época diz tudo o que tem para dizer sobre si própria, se deve colocá-la para falar e não é conveniente encaixá-la em conceitos — que raramente escapam ao anacronismo.

Do mesmo modo, aquele leitor que não concebe uma história sem a presença dos ditos *grandes acontecimentos*, daquilo que não raro se denomina *contexto histórico*, talvez também não aprove este livro. Realmente, peço desculpas a tais leitores, desculpas por mencionar uma única vez e de passagem a Revolução Francesa, por nem mesmo mencionar as radicais mudanças políticas e econômicas da Inglaterra, por não dar a devida atenção ao Iluminismo e aos avanços da ciência a partir do século XVIII, enfim, por fazer vista grossa a estes e a série de outros grandes marcos da história da sociedade europeia dos séculos XVI, XVII e XVIII. Posso, porém, garantir-lhes que a história que se quer aqui contar, a da construção da imagem do Brasil na literatura de viagem, dispensa os tais *grandes acontecimentos* e a sua introdução em nada colaboraria para o esclarecimento do que será abordado, nem para as conclusões a serem retiradas da abordagem.

Haverá, ainda, leitores que censurarão o quão pouco debato, ao menos explicitamente, com os muitos estudos históricos, nacionais e estrangeiros, disponíveis sobre o tema. Todavia incito esses leitores a considerarem e a aceitarem que a minha discussão com tais estudos, muitos deles indicados em notas, se encontra entretecida na maneira como organizo e descrevo o que ponho em cena e nas conclusões que extraio de tais procedimentos, em suma, na minha descrição. Frustrar-se-á aquele que buscar neste livro discussões explícitas, pois, salvo uma menção à tese central de *Visão do paraíso*, do grande Sérgio Buarque de Hollanda — quase uma homenagem —, nada irá encontrar.

Quero, por fim, para encerrar estas considerações teórico-metodológicas, redimir-me de antemão com aqueles leitores que pretendem encontrar neste livro conclusões originais e inusitadas. Adianto-lhes que a minha intenção foi historiar lugares-comuns, desnaturalizar verdades construídas que o tempo naturalizou, descrever como se estabeleceram padrões. O Brasil das narrativas de viagem que encontrarão no último capítulo da primeira parte — se tudo correr de acordo com as minhas expectativas — será um Brasil conhecido, um Brasil ainda muito presente no senso comum do brasileiro e do europeu. Penso mesmo que, quanto mais próximo o leitor se sentir desse Brasil das narrativas de viagem, quanto mais traços dos brasileiros aí descritos ele identificar nas descrições que os brasileiros do passado ou coetâneos promovem de si próprios, mais este livro terá se aproximado do seu propósito: colaborar para que entendamos um pouco como a cultura ocidental nos construiu e como construímo-nos a nós próprios ao longo da história.

É hora, porém, de deixar de lado as explicações cansativas e passar a descrever o caminho que tracei e que convido o leitor a percorrer. De saída, pretendi dar a dimensão da importância que tiveram as narrativas de viagem para a construção, entre os europeus, da ideia de Novo Mundo, de América. Para tanto, procurei descrever a lenta mas consistente ampliação e propagação dos escritos acerca do Novo Mundo na Europa Ocidental dos séculos XVI, XVII e XVIII. Em seguida, busquei encaixar o Brasil nesse grande processo de construção do Novo Mundo, recortando a fatia da literatura de viagens que lhe foi dedicada, identificando os homens que escreveram sobre o país e, sobretudo, demarcando minimamente o acolhimento que tiveram tais escritos nas sociedades coetâneas.

Uma vez estabelecida a importância sociocultural da literatura de viagem e o lugar da isolada colônia portuguesa nesse universo, dediquei o último capítulo à apresentação daquele Brasil construído nas páginas do gênero, isto é, construído nas páginas daqueles escritos (cartas, diários, relações etc.) que os homens dos séculos XVI, XVII e XVIII, ao menos aquela parcela letrada deles, identificavam como narrativa de viagem. É, em suma, um capítulo todo ele dedicado às tais "imagens do Brasil e dos brasileiros" (colonos brancos, índios, negros e mestiços) criadas pelos visitantes estrangeiros.

A segunda parte do livro, que não tem a intenção de constituir uma espécie de apêndice documental, interessado em corroborar os argumentos da primeira parte, retoma, de certo modo, o trabalho que iniciei em sete livros anteriores, já aqui citados. Trata-se, como escrevi na nota introdutória de um desses livros, de recuperar descrições das cidades brasileiras deixadas por viajantes estrangeiros que as visitaram durante o período colonial. A bem da verdade, torno a repetir, uma mera continuidade aos esforços despendidos por Afonso Escragnolle Taunay, Vieira Fazenda, Borba Morais, Gilberto Ferrez, Cláudio Ganns, Alfredo de Carvalho e tantos outros.

Apresento agora ao leitor, complementando as 35 descrições do volume primeiro e as 27 do segundo volume — ambos dedicados exclusivamente à cidade Rio de Janeiro —, mais 28 xenodescrições, agora de diversas cidades brasileiras (São Luís, Angra dos Reis, Salvador, Olinda, Recife, ilha de Santa Catarina, Porto Alegre, Santos, São Vicente, Ilha Grande, São Sebastião e Parati). Os critérios adotados para a apresentação dos textos, a escolha das edições e as traduções são os mesmos seguidos nos trabalhos anteriores. Cada uma das narrativas é precedida de uma pequena introdução — contendo uma nota sobre a viagem e sobre o viajante, quando foi possível encontrar algo sobre ele — e seguida de um comentário acerca da edição escolhida, no caso de haver mais de uma, e de uma pequena bibliografia.

No que tange às edições, dei sempre preferência àquelas publicadas em vida dos autores, algumas das quais sob os cuidados deles próprios. Esse critério foi deixado de lado quando uma edição posterior mostrou-se mais bem-cuidada (com justificadas correções no texto da primeira edição, notas explicativas, correção de nomes próprios etc.) ou quando não consegui localizar uma edição com a característica especificada.

Por fim, quanto às traduções, promovi algumas mudanças na ordem das frases e na disposição internas dos parágrafos, de modo a facilitar a compreensão dos textos e a tornar a sua leitura mais agradável. Tive, no entanto, o cuidado de, mesmo modernizando a linguagem, preservar com a máxima fidelidade possível a peculiaridade de cada descrição. Optei também por corrigir, sempre que pude identificá-los, os nomes de pessoas, localidades, animais, frutas etc.

É imprescindível, antes de pôr termo a esta pequena introdução, agradecer a certas pessoas e instituições que tornaram este *A construção do Brasil na literatura de viagem dos séculos XVI, XVII e XVIII* possível. Antes de mais, agradeço a Susani Silveira Lemos França, leitora imprescindível e revisora atenta das minhas primeiras versões. Aos membros da banca do meu concurso de livre-docência, Ivan Aparecido Manuel, Eliana Regina Dutra, Lúcia Maria Paschoal Guimarães, Modesto Florenzano e Antônio Celso Ferreira, cujas relevantes questões que me colocaram acerca deste livro me levaram a incluir alguns esclarecimentos metodológicos nesta introdução. À Fapesp que, embora não tenha participado da presente pesquisa, permitiu, por meio de uma bolsa de pós-doutorado (1998-2000), que eu escrevesse os dois volumes anteriores e levantasse parte importante da bibliografia contida neste último, e ao Conselho Nacional de Ciência e Tecnologia (CNPq), cuja bolsa de pós-doutorado (2008-2009) facilitou em muito os arremates finais desta pesquisa. Minha enorme gratidão, também, a José Mindlin e Cristina Antunes, da Biblioteca José Mindlin, sem os quais minha pesquisa teria sido muito mais árida, a Maria Itália, da biblioteca do Instituto de Estudos Brasileiros, pelos muitos favores, e a Milena da Silveira Pereira, Raimundo Agnelo Pessoa e Michelle Tatiane de Sousa e Silva, pelas valiosas colaborações.

PARTE 1

A construção do Brasil nas relações de viagem dos séculos XVI, XVII e XVIII

1. Das notícias do Novo Mundo

Em 1581, o português radicado em Toulouse, Francisco Sanches, pensador polêmico, que acabou conhecido pelos seus coetâneos como "o cético",[7] escrevia no seu *Que nada se sabe*:

> Efetivamente, quem é que pode afirmar ao certo alguma coisa acerca do que foi, do que é, ou do que há de ser? Na tua ciência perfeita dizias ontem, e até já há muitos séculos, que a terra era cercada por um oceano, e dividia-la em três partes universais: Ásia, África e Europa. O que dirás agora? Foi descoberto um novo mundo, e novas coisas numa nova Espanha ou Índias Ocidentais, e nas Orientais. Dizias também que havia uma região meridional, sob o Equador, que por causa do calor era inabitável, e que o mesmo se dava nos polos e nas zonas extremas por causa do frio; que essas duas coisas são falsas já o mostrou a experiência.[8]

---

[7]Para mais informações sobre o filósofo Francisco Sanches, ver: MORAIS, Evaristo de. *Francisco Sanches na renascença portuguesa*. Rio de Janeiro: Ministério da Educação, 1953; CRUZ COSTA, João. *Ensaio sobre a vida e a obra do filósofo Francisco Sanchez*. São Paulo: USP, 1942; CARVALHO, Joaquim de. Uma conjectura acerca do *Quod Nihil Scitur* — Francisco Sanches *versus* Giordano Bruno. In. SANCHES, Francisco. *Que nada se sabe*. Lisboa: Vega, 1991, p. 31-52.
[8]SANCHES, op. cit., p. 102.

Sanches não era o primeiro e não seria o último homem de cultura europeu do quinhentos a buscar na impactante descoberta do Novo Mundo inspiração para a construção de seu pensamento — pensamento polêmico e, de certo modo, precursor da "dúvida" cartesiana. Porém, ao contrário do que sua colocação pode levar a crer, a construção e a absorção da ideia de Novo Mundo pelos europeus deu-se de maneira extremamente lenta e gradativa.[9] Ilustrativo de tal lentidão é a pouquíssima atenção que as novas terras mereceram dos escritos especializados da época. Estima-se, e este é um dado a se ter em conta, que, entre 1492 e 1618, as obras geográficas editadas em francês tragam quatro vezes mais referências à Turquia e à Ásia do que à América.[10] E isso em língua francesa, uma língua, como veremos ao longo deste capítulo, privilegiada no que tange a publicações sobre as terras descobertas a ocidente. Em inglês, o Novo Mundo quase passa despercebido até a metade do século XVI; em holandês, a "descoberta" parece ter sido ainda mais tardia; e em italiano, depois da segunda metade do quinhentos, quando os florentinos, venezianos e genoveses começam a ser postos de lado nos negócios europeus de ultramar, há um crescente desinteresse pelo tema[11] — que já não motiva mais edições como a célebre coletânea de relatos de viagem *Paesi novamente retrovati. Et Novo Mondo da Alberico Vesputio florentino intitulato*, editada em 1507 por Fracanzano da Montalboddo, ou como o não menos importante *Navegações e viagens*, organizado por Giovanni Battista Ramusio, entre 1550 e 1559.[12] Curiosa-

[9]ELLIOTT, John Huxtable. *The Old World and the New (1492-1650)*. Londres, Nova York, Melbourne: Cambridge University Press, 1970, especialmente, p. 1-27.

[10]Tais dados podem ser encontrados no utilíssimo catálogo organizado por Geoffroy Atkinson, *La litterature geographique française de la Renaissance*. Paris: A. Picard, 1927.

[11]A bibliografia sobre o tema é vasta e, do ponto de vista teórico, muitíssimo diversificada. Todavia, um panorama geral, e de qualidade, da circulação literária da América no continente europeu pode ser encontrado nos dois clássicos de Gilbert Chinard: *L'exotisme américain dans la littérature française au XVIe siècle*. Paris: Hachette, 1911; e *L'Amérique et le rêve exotique dans la littérature française au XVIIe et XVIIIe siècles*. Paris: E. Droz, 1934.

[12]RAMUSIO, Giovanni Battista. *Primo volume delle navigationi et viaggi nel qual si contiene la descrittione dell'África*. Veneza: Appresso gli heredi di Lvcantonio Givnti, 1550; id. *Paesi novamenti retrovati, et Novo Mondo da Alberico Vesputio florentino intitulato*. Veneza: V. Vicento, 1507.

mente, nem mesmo os ibéricos, pioneiros incontestáveis na descoberta e exploração das novas terras, foram pródigos em matéria de informações sobre essas mesmas terras; e isso por um longo período.[13]

Malgrado, no entanto, tamanha lentidão, desde que o bem-relacionado e bem-informado membro do futuro Conselho das Índias, Pietro Martire d'Anghiera,[14] divulgara para os sábios da Europa, a partir de 1494, a ainda obscura aventura de Colombo pelas costas do que o "descobridor" acreditava ser Cipango, uma ilha do Japão de Marco Polo[15] e, sobretudo, desde que Américo Vespúcio, em 1503, com suas famosas cartas, "esclareceu" ao mesmo público que a terra descoberta por Colombo era bem maior do que a princípio se supunha, constituindo "um mundo novo" — diferente da Ásia, Europa e África —, a América, como viria a ser batizada pelo geógrafo Martin Waldseemüller em 1507, embora de maneira discreta, corria por algumas bocas da Europa. Pelas bocas da gente do mar, sem dúvida, armadores, marinheiros, capitães, aventureiros, pilotos,[16] enfim, daquela gente a quem já Colombo, durante a sua permanência em Lisboa, não se cansara de interrogar sobre o "périplo africano" e a navegação rumo às Índias.[17]

---

[13]Retornaremos ao "mutismo" ibérico mais adiante.

[14]Acerca do bem-informado cronista Pietro Martire d'Anghiera, além das suas *Décadas (De orbe novo.* Madri: Ediciones Polifemo, 1989), ver: O'GORMAN, Edmond. *Cuatro historiadores de Indias, siglo XVI: Pedro Martír de Anglería, Gonzalo Fernández de Oviedo y Valdés, Bartolomé de las Casas, Joseph de Acosta.* México: Secretaría de Educación Pública, 1972; SALAS, Alberto Mario. *Tres cronistas de Indias: Pedro Mártir de Anglería, Gonzalo Fernández de Oviedo, fray Bartolmé de las Casas.* México: Fondo de Cultura Económica, 1959.

[15]O "engano" do descobridor Colombo é discutido por uma ampla bibliografia. Recomendo, especialmente, o livro de O'Gorman, *La invención de América*, e também: NAVARRETE, Martin Fernandez. *Colección de los viages y descubrimientos...* Madri: Imprenta Real, 1825-1837, 5 v.; CHAUNU, Pierre. *Colomb ou la logique de l'imprévisible.* Paris: François Bourin, 1993; KEEN, Benjamin. *The Life of the Admiral Christopher Columbus — by His Son Ferdinand.* Londres: Folio Society, 1960.

[16]A vida e os conhecimentos da "gente do mar" da costa atlântica, nos séculos XV e XVI, são abordados em: MOLLAT, Michel. *La vie quotidienne des gens de mer en Atlantique IXe-XVIe siècles.* Paris: Hachette, 1983; id. *L'Europe et la mer.* Paris: Éditions du Seuil, 1993, especialmente p. 101-141.

[17]O aprendizado de Colombo com os marinheiros portugueses é uma tese cara a Samuel Eliot Morison, no seu *Christopher Columbus, Mariner.* Boston: Little, Brown and Company, 1955.

A partir das primeiras décadas do século XVI, notícias sobre o Novo Mundo circulavam pelos portos não somente da Espanha e de Portugal, mas também das cidades costeiras da Itália, da França, da Inglaterra e, um pouco mais tarde, pelos portos batavos. A bem da verdade, embora ainda estejamos distantes das refinadas narrativas de um William Dampier ou de um Bougainville, desde muito cedo, contar em detalhes o que tinha visto ao longo de sua navegação — oralmente ou por escrito — tornou-se para a gente do mar desses lugares quase um dever de ofício.

E não é para menos. Nunca é demais lembrar que, ao longo do século XVI, as navegações em geral e a conquista da América em particular tornaram-se questões de Estado: grandes negócios administrados por agentes estatais e custeados com muito dinheiro de particulares e com milhares de vidas dos estropiados que perambulavam pelas ruas das cidades portuárias ou superlotavam os presídios.[18] Enviar, pois, uma embarcação ao Novo Mundo custava muito dinheiro e muitas vidas. Daí o zelo com que se cobrava e recolhia, junto àqueles que voltavam, por vezes poucos — Cabral, por exemplo, retornou da viagem de 1500-1501 sem parte substantiva de sua frota;[19] Cavendish, nove décadas mais tarde, perdeu, durante a sua malograda segunda viagem de circum-navegação, três embarcações, muitos marinheiros e, ao fim

[18]A bibliografia sobre as bases materiais, sociais e políticas da expansão marítima é extremamente rica e variada. Para uma breve introdução e um primeiro contato com esse universo bibliográfico, ver: CHAUNU, Pierre. *Expansão europeia do século XIII ao XV.* São Paulo: Pioneira, 1978; CHAUNU, Pierre. *Conquista e exploração dos novos mundos (século XVI).* São Paulo: Pioneira, Ed. da Universidade de São Paulo, 1984; MAURO, Frédéric. *Expansão europeia (1600-1870).* São Paulo: Pioneira, Ed. da Universidade de São Paulo, 1980.

[19]Acerca da expedição de Cabral, ver: GUEDES, Max Justo. *O descobrimento do Brasil.* Lisboa: Vega, 1989; GREENLEE, William Brooks. *The Voyages of Pedro Álvares Cabral to Brazil and India from Contemporary Documents and Narratives.* Londres: Hakluyt Society, 1938; SOUZA, Thomas Oscar Marcondes de. *O descobrimento do Brasil.* São Paulo: Companhia Editora Nacional, 1946; CORTESÃO, Jaime. *A expedição de Pedro Álvares Cabral e o descobrimento do Brasil.* Lisboa: Imprensa Nacional — Casa da Moeda, 1994.

da aventura, a própria vida —,[20] o máximo de notícias sobre as terras recém-descobertas, notícias sobre suas "singularidades", as quais, por enquanto, somente uns poucos aventureiros tinham podido ver com os próprios olhos.

Destarte, as gentes do mar, nesses tempos em que a impressão dava ainda os primeiros passos, as comunicações eram extremamente difíceis e os saberes náutico e cartográfico, mais do que imprecisos, eram das poucas detentoras de um conhecimento — adquirido pela experiência — que somente com o tempo, um tempo bem mais longo do que costumamos imaginar — um século e meio, talvez mais —, ganharia as ruas, praças e mercados das cidades do Velho Mundo, isto é, instalar-se-ia no senso comum do europeu. Foram as novas, as "fofocas" propagadas por tais homens que, em larga medida, alimentaram os mapas então cuidadosa e penosamente traçados, que guiaram os armadores e mercadores nos seus investimentos e alimentaram as suas expectativas de lucro, que deram às coroas a dimensão das suas novas conquistas; foram tais novas, em suma, que num primeiro momento ofereceram ao pequeno círculo de interessados no tema os contornos da ainda obscura América.

O "Mundo Novo", entretanto, não andava somente nas bocas dos homens do mar, a nova e inusitada terra — um acidente geográfico ainda difícil de encaixar no mundo legado por Ptolomeu, Jean de Mandevile, Marco Polo e mesmo pelo livro dos livros, a Bíblia — frequentava também as bocas dos homens de Estado e da gente ligada ao comércio, ao comércio de grosso calibre, bem entendido. Foram, como bem sabemos, os interesses religiosos, políticos e econômicos de tais grupos, cujos membros se confundiam, que motivaram e sustentaram as empresas marítima e colonizadora.[21] Mais do que natural, pois, que tal público — seleto e pequeno — demonstrasse grande curiosidade pelas novidades

[20]Retornaremos às viagens do "pirata" Cavendish mais adiante.

[21]Ver nota 18.

de além-mar, pelas peculiaridades dos lugares onde tinham investido prestígio e, sobretudo, somas avultadas de capital.

Há uma série nada desprezível de documentos que revelam esse justificado interesse: a missiva (1501) enviada por D. Manuel aos reis católicos, comunicando as novas trazidas pela *Anunciada*; as célebres cartas (1501) remetidas de Lisboa pelos "representantes diplomático-comerciais" Domingos Pisani, João de Affaitati, Bartolomeu Marchionni e Matteo Crético, dando conta aos seus superiores italianos da inusitada descoberta de Cabral; o espantoso conjunto de crônicas sobre os descobrimentos, patrocinado pela coroa e pela nobreza portuguesas (Castanheda, João de Barros, Damião de Góis, Jerônimo Osório);[22] o conhecido *The Principal Navigations of the English Nation*, livro publicado em 1589 e reeditado em três volumes, entre 1598 e 1600, pelo prestigiado político e homem de negócios — negócios de além-mar — Richard Hakluyt; ou ainda, para ficarmos em uns poucos mas contundentes exemplos, o relato da bizarra e apoteótica festança indígena preparada pelos comerciantes e armadores de Rouen, em 1550, para recepcionar o rei Henrique II e sua esposa Catarina de Médici, em visita à cidade, e despertar o interesse do soberano pela exploração e colonização do Novo Mundo — a festa, realizada à beira do Sena, onde foi montada a réplica de uma aldeia indígena, contou até mesmo com americanos legítimos (tamoios), levados da região do Rio de Janeiro especialmente para a ocasião.[23]

Todavia, as bocas mais célebres pelas quais a América circulava nesse seu primeiro século de existência não eram nem a dos comerciantes nem a dos homens de Estado, tampouco a dos informados marinheiros.

---

[22]Uma boa análise da literatura portuguesa sobre os descobrimentos, produzida ao logo do século XVI, pode ser encontrada em: ANDRADE, António Alberto Banha de. *Mundos novos do mundo — Panorama da difusão, pela Europa, de notícias dos descobrimentos geográficos portugueses*. Lisboa: Junta de Investigações do Ultramar, 1972, 2 v.

[23]DENIS, Ferdinand. *Uma festa brasileira*. Rio de Janeiro: Epasa, 1944.

Era, sim, as dos "sábios", as daquela gente que, como o referido Sanches, dominava com maestria um instrumento cada vez mais valorizado no mundo do impresso, a escrita. Ainda que não sejam muitas, são bocas pertencentes a nomes sonantes da cultura da época. Thomas More,[24] por exemplo. O autor de *Utopia* (1516), cunhado de um aventureiro envolvido em viagens ao Novo Mundo, encantou-se sobretudo com as curiosidades que contara Vespúcio nas suas célebres cartas e, inspirado pelo veneziano, criou um personagem português, Rafael Hitlodeu, para ser o portador das novidades advindas da misteriosa e surpreendente cidade de *Utopia*. O tal Hitlodeu, conta-nos o narrador, era um homem de seu tempo, um homem sedento por conhecer o mundo, que subitamente se tornara maior. Um belo dia, esse aventureiro resolveu deixar os seus bens nas mãos dos irmãos e acompanhar o referido Vespúcio nas suas navegações, o que fez ao longo das últimas três viagens, das quatro atribuídas ao navegador veneziano. Hitlodeu, porém, talvez mais ousado que o próprio Vespúcio, durante a última viagem, separou-se da expedição, com dezoito companheiros, descobrindo a cidade de *Utopia*.[25]

Outro que também se deixou impressionar pelas notícias daquela porção de terra que começava a assumir no pensamento de uma parcela ainda pequena de europeus os contornos de América foi Michel de Montaigne. O autor dos *Ensaios* (1588), um dos mais célebres pensadores do seu tempo, empolgou-se de tal modo com as novidades de além-mar que não hesitou em asseverar, entre outras coisas, que o modo de vida dos exóticos habitantes do Novo Mundo era, em muitos aspectos, bem superior ao dos europeus: "Podemos portanto qualificar esses povos de bárbaros em dando apenas ouvidos à inteligência, mas

[24]As relações de Thomas More com a expansão ultramarina são abordadas em diversas obras, ver especialmente: CHINARD, Gilbert, *L'exotisme américain dans la littérature française au XVIe siècle*, p. 230-241; FRANCO, Afonso Arinos de Melo. *O índio brasileiro e a revolução francesa — As origens brasileiras da teoria da bondade natural*. 3ª ed. Rio de Janeiro: Topbooks, 2000, p. 135-151.

[25]MORE, Thomas. *Utopia*. São Paulo: Martins Fontes, 1999, p. 16-17.

nunca se os compararmos a nós mesmos, que os excedemos em toda sorte de barbaridades."[26]

Montaigne, a propósito, inaugurou, em dois capítulos de seus *Ensaios* diretamente dedicados às terras recém-descobertas, "Dos canibais" e "Dos coches",[27] escritos entre 1580 e 1588, dois modos complementares de conceber o homem aí encontrado pelos europeus, modos que tiveram vida longa e muito peso — Rousseau e o seu *bom selvagem* é um de seus herdeiros diretos — na cultura ocidental: de um lado, aquele que vê o "canibal" como uma espécie de remanescente da Idade de Ouro da humanidade, com quem o europeu, embora ainda não conseguisse enxergar, teria muito o que aprender; de outro, o que o concebe como uma criatura frágil, "ingênua", para quem o contato com o homem viciado do Velho Mundo seria devastador — como já na época do filósofo deixava antever as propagadas atrocidades espanholas nas Índias de Castela, a tal "legenda negra", então há pouco divulgadas pelo renomado padre Bartolomé de las Casas e pelo milanês Girolamo Benzoni.[28]

O também francês François Rabelais, sábio interessado pelas viagens marítimas e leitor de Pietro Martire, ainda que não tenha dedicado grande espaço ao assunto nas suas obras — Rabelais parece muito mais próximo da literatura de viagens que antecede as grandes navegações —, não escapou igualmente a umas tantas referências às terras que começavam a ser incorporadas ao repertório intelectual europeu. Uma delas, contida no livro V do seu *Pantagruel*, envolve um personagem bastante curioso de nome Oüy-Dire (Ouvir-Dizer) e remete diretamente às descobertas portuguesas. Esse Ouvir-Dizer, habitante de uma tal ilha de Satin, é cego e não tem pernas, mas possui grandes orelhas e uma

---

[26]MONTAIGNE, Michel Eyquem de. *Ensaios*. Trad. Sérgio Milliet. São Paulo: Abril Cultural, 1984. p. 103.

[27]Ibid., p. 100-106 e p. 408-415.

[28]BENZONI, Girolamo. *Historia del nuevo mundo*. Madri: Alianza Editorial, 1989; LAS CASAS, Bartolomé. *Breve relación de la destrucción de las Indias Occidentales*. Sevilha; Londres; Filadélfia: Hurtel, 1821.

goela enorme, de onde saem sete línguas. Sempre cercado de homens e mulheres ávidos por se tornarem *sábios em poucas horas*, o bizarro personagem, auxiliado por um mapa-múndi, discorre com desenvoltura desconcertante, em sete idiomas diferentes, sobre os assuntos mais variados: das pirâmides do Egito aos canibais. Tamanha sapiência, no entanto, tinha uma razão de ser. Ouvir-Dizer mantinha, trabalhando para si, escondidos atrás de uma tapeçaria, uma plêiade de "modernos historiadores", entre os quais se encontrava Marco Polo, Cadamosto, Jacques Cartier e o nosso conhecido Pedro Álvares Cabral.[29]

Girolamo Benzoni por certo não tem a estatura de um Montaigne, de um Rabelais ou de um Thomas More. Ao contrário: o milanês é hoje quase um desconhecido. Todavia, atribui-se a ele uma das obras mais lidas e impactantes sobre a colonização da América publicadas na segunda metade do século XVI, *La historia del mondo novo*. O livro, que veio a público na cidade de Veneza em 1565 e foi editado em diversas línguas nas seis, sete décadas posteriores, pôs à disposição dos letrados da época um manancial novo de notícias sobre a América, trazidas por um homem culto, que supostamente perambulara durante quatorze anos pelas Antilhas e pela América Meridional. O ponto alto de sua *La historia del mondo novo* é sobretudo a referida denúncia que faz ao mundo letrado europeu (laico e religioso) da conduta bem pouco cristã que os colonizadores espanhóis, em nome do cristianismo, adotavam em relação aos povos americanos.

Na Espanha, a propósito, o orgulho suscitado pelo pioneirismo de Colombo e, pouco depois, a polêmica desencadeada pela colonização — acusada por toda a Europa de inaugurar práticas bárbaras no trato dos povos conquistados — fizeram com que a América, ou melhor, as Índias Ocidentais suscitassem um enorme interesse nos homens de cultura do país. Daí o volumoso e variado conjunto de registros que nos deixaram

---

[29]RABELAIS, François. *François Rabelais: tout ce qui existe de ses oeuvres, Gargantua-Pantagruel...* Paris: Garnier, 1884, p. 549-550.

acerca do tema: dramas, polêmicas, cartas e, sobretudo, "histórias gerais". Foi da Espanha que saiu para o restante da Europa culta obras como as *Décadas* (a partir de 1511), de Pietro Martire, o *Sumario de la natural historia de las Índias* (1526) e a *Historia general de las Indias* (1535), de Gonzalo Fernández de Oviedo y Valdés, a *Historia de las Indias y conquista de Mexico* (1552), de Francisco Lopez de Gomara, o *Brevissima relatio*, do padre Bartolomé de las Casas, a *Historia natural e moral de las Indias* (1590), do padre Joseph de Acosta, e umas tantas outras obras decisivas, neste século em que se iniciava a construção do Novo Mundo pelo Velho Mundo.[30]

A essas e a um punhado de outras bocas cultas que dissertaram sobre a América em prosa poder-se-ia ainda somar uma gama de outras que a glosaram em versos. Entre o soneto de Melin de Saint-Gelais, estampado na edição das *Voyages aventureux*, de Jean Alfonse, em 1559, no qual o vate pedia ao delfim que se empenhasse nas conquistas de além-mar para a prosperidade da França, e a *Gerusalemme Liberata*, de Torquato Tasso, escrita em 1581, na qual o poeta, nos cantos 30, 31 e 32, canta as glórias do descobridor Colombo — como procedera Camões ao cantar, em *Os lusíadas* (1580), as aventuras do descobridor do caminho para as Índias, Vasco da Gama —, passando pela *Ode contre fortune* (1559), de Pierre de Ronsard, pelo poema épico *La Araucana* (1569), do espanhol Alfonso de Ercilla y Zuniga, pelas poesias pastorais italianas, pelos poemas panegíricos espanhóis e pelo incontável número de poemetos estampados em edições de relatos de viagem publicados em vários cantos da Europa, muitos foram os poetas que puseram sua lira a serviço do exótico e ainda muitíssimo distante Novo Mundo.[31]

---

[30]ATKINSON, Geoffroy. *La litterature geographique française de la Renaissance*; SABIN, Joseph. *A Dictionary of Books Relating to America, From its Discovery to the Present Time*. Nova York: Martino, 2002; HARRISSE, Henry. *Bibliotheca Americana Vetustissima. A Description of Works Relating to America Published Between the Years 1492-1551*. Nova York: Mansfield Center, 1958.
[31]CHINARD, Gilbert. *L'exotisme américain dans la littérature française au XVIe siècle*, sobretudo o capítulo V.

Haveria ainda que mencionar John Rastell — autor de uma das primeiras obras literárias inglesas a citar a América, o *Interlude of the Four Elements* (1520) —,[32]Erasmo de Roterdam, Francis Bacon, Thomas Lodge, John Milton, La Boderie, Etienne de Jodelle e tantos outros nomes espalhados pela Europa — não muitos mais —, todos, com maior ou menor intensidade, serviram-se das ainda incipientes e difusas notícias disponíveis sobre o Novo Mundo para sustentar uma reflexão mais ousada, produzir um novo conceito, criticar os vícios da sociedade em que viviam, projetar sociedades vindouras ou simplesmente dar a conhecer o que, na esmagadora maioria das vezes, nunca tinham visto pessoalmente.[33]

Mas não incorramos em exageros, não sobrevalorizemos, impactados pela grandeza dos nomes listados, o pouco que então circulava sobre o Novo Mundo. Em que pese o testemunho dos marinheiros, o empenho dos cartógrafos, a ansiedade de governantes e comerciantes e a curiosidade dos letrados, a nova terra começou a tornar-se realmente mais conhecida entre os europeus somente a partir da metade do seiscentos. Dito de outro modo, para que o mundo encontrado por Colombo, em 1492, ganhasse os contornos de América para a grande maioria dos habitantes do Velho Mundo, foi necessário esperar mais de cem anos, esperar que se consolidassem as experiências colonizadoras de portugueses e espanhóis; que os franceses acumulassem três rotundos fracassos no Novo Mundo (Rio de Janeiro, Flórida e Maranhão) e iniciassem a construção da Nova França; que os ingleses se familiari-

[32]RASTELL, John. *Three Rastell Plays: "Four Elements", "Calisto and Melebea", "Gentleness and Nobility"*. Cambridge: D. S. Brewer, 1979.

[33]CHINARD, Gilbert. *L'exotisme américain dans la littérature française au XVIe siècle*; ATKINSON, Geoffroy. *Les relations de voyages du XVIIe siècle et l'evolution des idées*. Paris: E. Champion, 1924; BRANDON, William. *New Worlds for Old: Reports from the New World and their Effect on the Development of Social Thought in Europe (1500-1800)*. Athens: Ohio University Press, 1986; CHIAPELLI, Fredi (ed.). *First Images of America. The Impact of the New World on the Old*. Berkeley: University of California Press, 1976, 2 v.

zassem com as costas americanas e começassem a marcar presença no continente; que, enfim, os holandeses, um pouco atrasados em relação à concorrência, iniciassem a produção de um conhecimento detalhado do litoral americano e se fixassem, ainda que provisoriamente, no Nordeste do Brasil.

É, pois, ao longo dos séculos XVII e XVIII que o Novo Mundo definitivamente ganha forma e se consolida entre os europeus. Os índices de tal enraizamento são muitos e encontram-se um pouco por toda a Europa Ocidental. É a partir do final do século XVI, início do XVII, que se intensifica, por exemplo, a produção dos atlas, compêndios histórico-geográficos e coletânea de narrativas de viagens em parte ou inteiramente dedicados à América.[34] Os espanhóis, como mencionado, saíram na frente neste quesito. Quando tem início o século XVII, os poucos que podiam ter acesso a livros na Espanha, não obstante as muitas restrições impostas pela Coroa à publicação de escritos sobre as Índias Ocidentais, dispunham já, entre outras, das obras de Oviedo, Gomara, Las Casas, Acosta, Fernandez de Enciso e Herrera y Tordesillas. Os italianos, ainda no século XVI, produziram quatro importantes obras do gênero: as mencionadas *Terras recentemente descobertas* (1507), de Fracanzano da Montalboddo, *Navegações e viagens* (1550-1559), organizado por Giovanni Battista Ramusio, *La historia del mondo novo*, de Girolamo Benzoni, e a muito apreciada *Historiae Indicae*, do jesuíta Giovanni Pietro Maffei, publicada em latim, na cidade de Florença, em 1588, e traduzida para o francês em 1603.

---

[34]Para o leitor interessado neste verdadeiro "*boom* editorial" das obras relacionadas a viagens, ver: WOLFZETTEL, Friedrich. *Le discours du voyageur: pour une histoire littéraire du récit de voyage en France, du Moyen Age au XVIII*ᵉ *siècle*. Paris: Presses Universitaires de France, 1996; MARTIN, Henri Jean; CHARTIER, Roger. *Histoire de l'édition française*. Paris: Promodis, v. 1, 1982-1986, p. 602-628; v. 2, p. 266-268. MARTIN, Henri Jean; FEBVRE, Lucien. *The Coming of the Book*. Londres, Nova York: Verso, 1976, p. 278-282; PENROSE, Boies. *Travel and Discovery in the Renaissance (1420-1620)*. Cambridge: Harvard University Press, 1952; ATKINSON, Geoffroy. *Les nouveaux horizons de la Renaissance française*. Paris: E. Droz, 1935.

Entre os franceses, que desde a década de 50 do quinhentos vinham se destacando na edição de relatos de viagem,[35] nas traduções de livros sobre a América e na produção de obras diversas com menções ao Novo Mundo, as histórias gerais e as grandes coletâneas de viagens comentadas passam a dedicar espaço às terras e às gentes americanas somente a partir das primeiras décadas do seiscentos. Uma das primeiras obras do gênero a dar atenção ao tema foi a *Histoire de la nouvelle France* (1609), assinada pelo advogado literato e viajante francês Marc Lescarbot (1570-1629). Escrita dois anos depois de o aventureiro ter retornado de uma viagem à Nova França (Canadá), o livro, que apesar do título se dedica a avaliar as experiências de colonização francesa em todo o Novo Mundo, inclusive no Brasil, gozou de um enorme sucesso na época, sendo reeditado em 1611, 1612 e 1618, traduzido, em 1609, para o inglês e, em 1613, para o alemão.[36]

Histoire de la nouvelle France, porém, é somente um dos primeiros e bem-sucedidos títulos de uma lista vultosa de histórias e compilações de viagem publicados em diversos países da Europa Ocidental a partir de 1600. A lista, como disse, é bastante longa, mas passemos os olhos por alguns títulos mais salientes. Antes que Lescarbot lançasse o seu libelo em prol da presença francesa no Novo Mundo, em 1600 e 1607, respectivamente, os franceses letrados — que já dispunham de traduções das obras de Gomara, Oviedo, Fernão Lopes de Castanheda e de alguns outros cronistas e historiadores dos novos mundos — conheceram o *Thresor de chartes contenant les tableaux de tous les pays du monde* (1600), de Jean de la Haye, e a tradução do renomado *Histoire universelle*

---

[35]ATKINSON, Geoffroy. *La litterature geographique française de la Renaissance*; id. *Les nouveaux horizons de la Renaissance française*.

[36]Mais notícias sobre Marc Lescarbot e sua obra podem ser encontradas em: LESCARBOT, Marc. *History of New France by Marc Lescarbot*. Tradução, notas e apêndices de W. L. Grant e introdução de H. P. Biggar. Toronto: The Champlain Society, 1907-14; EMONT, Bernard. *Marc Lescarbot: mythes et rêves fondateurs de la Nouvelle-France, avec une biographie nouvelle de l'auteur*. Paris: L'Harmattan, 2002.

des Indes Occidentales (1607), do flamengo Cornelius Wytfliet, obra originalmente editada em latim, na cidade de Frankfurt, no ocaso do século XVI (1593).

Em Frankfurt, a propósito, também a partir da última década do quinhentos, vêm a público duas grandes coletâneas de viagens concorrentes, que tiveram enorme repercussão por toda a Europa: *Grands voyages*, de Theodore de Bry, obra publicada entre 1590 e 1634; e *Collections of Voyages*, editada entre 1598 e 1650, por Levinus Hulsius[37] — sabe-se que Hulsius, em larga medida, foi incentivado, na sua empreitada, pelo amigo inglês Richard Hakluyt, autor da citada *The Principal Navigations of the English Nation* (1589), uma das mais influentes obras do gênero escritas no período.

Em Amsterdã, o interesse pelo litoral americano, nomeadamente pelo Nordeste brasileiro, suscitou, a partir da segunda década do seiscentos, uma série de obras sobre o Novo Mundo, entre as quais merecem destaque, pelo alcance que então tiveram, a *Histoire du Nouveau Monde* (1625), escrita pelo então diretor da Companhia das Índias Ocidentais Joannes Laet, e a *Historia Naturalis Brasiliae* (1648), composta pelo médico pessoal do conde de Nassau, Willem Piso, e pelo médico, cartógrafo, naturalista e matemático Georg Marcgrave. Laet, vale destacar, tinha à sua disposição os preciosos arquivos da Companhia e compôs uma obra com objetivos muito precisos: promover o levantamento dos recursos do continente americano e tornar mais fácil a instalação de colônias nessas plagas.[38] Parte do seu texto foi posteriormente reproduzido em uma importantíssima obra geográfica

---

[37]TIELE, Pieter Anton. *Mémoire bibliographique sur les journaux des navigateurs néerlandais réimprimés dans les collections de De Bry et de Hulsius et dans les collections hollandaises du XVII*[e] *siècle, et sur les anciennes éditions hollandaises des journaux de navigateurs étrangers, la plupart en la possession de Frédérik Muller à Amsterdam*. Amsterdã: N. Israel, 1960.

[38]Um panorama dos livros decorrentes do interesse e, posteriormente, da presença holandesa no Brasil pode ser encontrado nas seguintes obras de José Honório RODRIGUES: *História da história do Brasil. Historiografia colonial*. 2ª ed. São Paulo: Companhia Editora Nacional, 1979, p. 59-77, e *Historiografia e bibliografia do domínio holandês no Brazil*. Rio de Janeiro: Departamento de Imprensa Nacional, 1949.

do seiscentos, o *Le Grand Atlas* (doze volumes), publicado, em 1663, por Johan Blaeu (1598-1673), famoso editor holandês, cuja família, por mais de 40 anos, esteve à frente de uma das mais importantes editoras de mapas de toda a Europa.

Em Londres, dando continuidade ao trabalho de Richard Hakluyt — um dos mais ativos e influentes organizadores e divulgadores do conhecimento das terras de além-mar na Europa —, Samuel Purchas publica, em 1625, *Hakluytus Posthumus or Purchas his Pilgrimes, Contayning a History of the World in Sea Voyages and Lande Travells, by Englishmen and Others*, em cinco volumes, a mais importante compilação de relatos de viagem editada na Inglaterra ao longo do século XVII, talvez do século XVIII. De volta a Amsterdã, já quase no início do último quartel do seiscentos, em 1671, Arnoldus Montanus publica *Die Nieuwe en Onbekende Weereld*, obra ricamente ilustrada com 102 gravuras e 16 mapas.

Adentrando pelo século XVIII, os títulos se multiplicam: são dúzias de compilações de relatos de viagem — a título de ilustração, recordo as coletâneas organizadas por Estienne Roger (1703, seis volumes), John Churchill (1704, quatro volumes), Antoine François Prévost (1747-1780, 25 volumes), Charles des Brosses (1756, dois volumes), Jean-François de la Harpe (1780-1801, 32 volumes) ou, ainda, o monumental *Le voyageur françois, ou La connoissance de l'ancien et du Nouveau monde*, publicado na França, entre 1765 e 1795, em 42 volumes, pelos abades Fontenai, Louis Domairon e Joseph de la Porte —, diversos atlas e um número notável de histórias do Novo Mundo, entre as quais a *The History of America* (1777), de William Robertson — reeditada nove vezes entre 1777 e 1780 e considerada por toda a Europa letrada daquela época uma obra capital — e, sobretudo, o célebre *Histoire philosophique et politique des établissements et du commerce des européens dans les deux Indes* (1770), do iluminista Guillaume Thomas François Raynal. O livro de Raynal, uma abrangente análise do sistema colonial europeu, segundo a perspectiva do pensamento ilustrado, foi reeditado pelo menos cinquenta vezes em quinze anos e teve, como é sabido, considerável influência sobre as elites intelectuais do continente americano, constando, inclusive, na biblioteca de alguns inconfidentes.[39]

Diante da avalanche de notícias sobre o Novo Mundo, organizadas, comentadas e crescentemente mais acessíveis, não ficaram impassíveis os homens de letras. Ao contrário, malgrado a concorrência das novidades vindas do Oriente, muito em moda no ocaso do século XVII e início do XVIII,[40] o gosto que tais homens passam então a demonstrar pelas terras americanas é bem mais saliente do que as ainda tímidas menções que encontramos em Thomas More ou Rabelais. Na França, por exemplo, desenvolveu-se, a partir da última década do século XVI, uma linhagem de romances exóticos ambientados totalmente ou em parte na América. O primeiro deles veio a público em 1601 e intitula-se *Les amours de Pistion et Fortunie*. Escrito por um certo Antoine du Périer, "gentil-homem de Bordeaux", o romance é ambientado num Canadá ainda quimérico, embora no prefácio do livro o autor faça questão de esclarecer-nos que procurou "conjugar amores inventados com aquilo que realmente testemunhou no Canadá".[41] Atrás do *Les amours de Pistion et Fortunie*, que não passou em branco na época, veio uma série de outras obras semelhantes, das quais, ao menos no que tange ao século XVII, a mais representativa é o romance *Polexandre*, de Marin le Roy de Gomberville — que traduziu e prefaciou, na França, em 1682, o renomado *Novo descobrimiento del*

[39]Mais informações sobre o abade Raynal em: LÜSEBRINK, Hans-Jürgen; TIETZ, Manfred (ed.). *Lectures de Raynal: l'histoire des deux Indes en Europe et en Amérique au XVIIIᵉ siècle: actes du colloque de Wolfenbüttel*. Oxford: The Voltaire Foundation at the Taylor Institution, 1991; RAYNAL, Guillaume Thomas François. *O estabelecimento dos portugueses no Brasil*. Prefácio de Berenice Cavalcante. Rio de Janeiro: Arquivo Nacional; Brasília: Editora Universidade de Brasília, 1998. RAYNAL, Guillaume Thomas François. *A revolução na América*. Prefácio de Luciano Raposo de Almeida Figueiredo e Oswaldo Munteal Filho. Rio de Janeiro: Arquivo Nacional, 1993. WOLPE, Hans. *Raynal et sa machine de guerre: l'histoire des deux Indes et ses perfectionnements*. Stanford: Standart University Press, 1957.

[40]ATKINSON, Geoffroy. *Les relations de voyages du XVIIᵉ siècle et l'evolution des idées*, nomeadamente o Capítulo V.

[41]PERIER, Antoine du. *Les amours de Pistion et Fortunie*. Edição crítica com introdução e notas de Roméo Arbour. Ottawa: Éditions de l'Université d'Ottawa, 1973.

gran rio Amazonas (1641), de Cristóbal de Acuña —, publicado na íntegra somente em 1637, em cinco volumes. *Polexandre* é um interminável romance marítimo, ao longo do qual o herói que dá nome à obra percorre, em busca de sua amada Alcidiane, os quatro cantos do mundo, inclusive a América, nomeadamente o Caribe e o México.[42]

Ainda nos séculos XVII e XVIII, o Novo Mundo marcará, direta ou indiretamente — muitos desses romances são ambientados em países imaginários, na Groelândia, na Austrália ou em outros lugares, mas carregam a marca das descrições do Novo Mundo que então circulavam pela Europa —, vigorosa presença nos denominados romances "exóticos", "utópicos" e "sentimentais", romances saídos da pena de escritores como Cyrano de Bergerac, Denis Vairasse d'Allais, Gabriel de Foingy, Marc-Antoine Legrand, François de Fénelon — cujo irmão foi missionário no Canadá —, do célebre Daniel Defoe — imortalizado pelo seu *Robinson Crusoe* (1719) —, de Ambrose Evans, Alexander Vendchurch, William Chetwood — *The Voyages of Captain Robert Boyle* (1726) —, de Charles-Hippolyte Lebeau, Montesquieu, Richard Muller, Edward Kimber, do mencionado abade François Prévost — autor dos conhecidos *Manon Lescault* (1731) e *Cleveland* (1731-1739) —, de Bernardin de Saint-Pierre e de um sem-número de outros nomes, espalhados pela Europa, muitos dos quais reunidos, já nas últimas décadas do século XVIII, na volumosa coleção (32 volumes, mais três volumes de suplementos) *Voyages imaginaires, songes, visions et romans cabalistiques ornes de figures*, publicada simultaneamente em Amsterdã e Paris, entre 1789 e 1799.[43]

---

[42]GOMBERVILLE, Marin Le Roy de. *Polexandre*. Genebra: Slatkine reprints, 1978. Acerca da influência da América nos romances do período, ver: CHINARD, Gilbert. *L'Amérique et le rêve exotique dans la littérature française au XVII*ᵉ *et XVIII*ᵉ *siècle*, p. 1-89 e p. 188-219.

[43]Mais informações sobre essa importante coleção de viagens, ver: MARTIN, Henri Jean; CHARTIER, Roger. *Histoire de l'édition française*, v. 2, p. 292-297. No tocante à importância das utopias e viagens imaginárias, ver: FRANCASTEL, Pierre. *Utopie et institutions au XVIII*ᵉ *siècle; le pragmatisme des lumières. Textes recueills par Pierre Francastel et suivis d'un essai sur l'esthétique des lumières*. Paris: Mouton, 1963; BENREKASSA, Georges. *Le concentrique et l'excentrique: marges des lumières*. Paris: Payot, 1980; ATKINSON, Geoffroy. *The Extraordinary Voyage in French Literature Before 1700*. Nova York: AMS Press, 1966.

Os exemplos, no entanto, não param aí. A bem da verdade, a partir de meado do século XVII, um pouco por todo o lado e malgrado, torno a repetir, a significativa concorrência de outras terras igualmente exóticas, sobretudo da China, e em menor escala das "terras austrais" — são tempos de culto à "sabedoria chinesa", como bem ilustra Leibniz em *Lettre de M. G. G. Leibniz sur la philosophie chinoise à M. de Rémond* (1716) —, a América marcou presença constante e crescente em diversos gêneros literários e artísticos da época: fixou-se nos palcos ingleses, franceses, espanhóis e italianos, em peças escritas por nomes significativos da dramaturgia ocidental como William Shakespeare,[44] Lope de Vega, François de la Drevetière Delisle e Voltaire;[45] penetrou na reflexão de pensadores da grandeza de Thomas Hobbes, Bernard le Bovier de Fontenelle, John Locke, David Hume, Voltaire, Denis Diderot, Montesquieu, Friedrich Hegel, Corneille de Pauw e, sobretudo, daquele a quem se atribui a paternidade do "bom selvagem", Jean-Jacques Rousseau;[46] inspirou alguns poetas maiores e uma enorme chusma de versejadores; e, ainda, marcou presença nas obras geográficas (Willem Janszoon Blaeu, Pierre Morder, Frederick de Wit, Josua van Ende etc.), nas ilustrações que acompanhavam as narrativas de viagem e na tela de alguns pintores, entre os quais, Frans Post, Albert Eckhout, Frans Francken, Dirck Hals e Jean de Mes.

Paralelamente às obras destes e de dezenas de outros escritores, artistas e pensadores interessados na América, a Europa conheceu, das últimas décadas do século XVI à metade do século XVIII, uma enxurrada de coletâneas de "cartas edificantes" escritas por religiosos

---

[44]As relações de Shakespeare com o Novo Mundo são abordadas em: HART, Jonathan. *Columbus, Shakespeare, and the Interpretation of the New World.* Nova York: Palgrave Macmillan, 2003.

[45]CHINARD, Gilbert. *L'Amérique et le rêve exotique dans la littérature française au XVIIe et XVIIIe siècle*; ZAVALA, Silvio Arturo. *América en el espíritu francés del siglo XVIII.* México: El Colegio Nacional, 1949; ATKINSON, Geoffroy. *Les relations de voyages du XVIIe siècle et l'evolution des idées.*

[46]Ver nota 45.

que missionavam na América, cartas publicadas em pequenos opúsculos ou reunidas e publicadas em grandes coletâneas, sobretudo pelos discípulos de Loyola baseados na França e na Itália. Os exemplos são inúmeros. Passemos os olhos por um punhado deles. Em 1578, vem à luz as *Lettres du Jappon, Peru et Brasil envoyées au R. P. general de la Société de Jesus*, obra publicada simultaneamente em italiano e em francês; logo no alvorecer do século XVII, entre 1604 e 1608, o padre jesuíta Pierre du Jarric publica, em Bordeaux, o importante *Histoire des choses memorables*, uma coletânea de cartas em três volumes, escritas por missionários espalhados pelas possessões portuguesas nas Índias Ocidentais e Orientais. Em 1636, na Antuérpia, outro jesuíta, Nicolo Duran, publica uma volumosa carta ânua da província do Paraguai. Relativa à mesma província e também saída da pena de um jesuíta é a *Historia provinciae Paraquariae Societatis Jesu*, uma longa apologia da atuação jesuítica na região, escrita pelo padre Nicolas du Toict em 1673 — Du Toict viveu 31 anos no Paraguai. Logo no início do século XVIII, em 1703, tem início a edição da mais portentosa coletânea de cartas jesuítas entregue ao público europeu do período, a *Lettres édifiantes et curieuses écrites des missions étrangères par quelques missionnaires de la Compagnie de Jésus*, coleção de 34 volumes, publicada em Paris, entre 1703 e 1776, por Nicolas Le Clerc. Menos volumosa, mas igualmente significativa, é a *Der Neue Weltbott...*, organizada pelo jesuíta Joseph Stocklein e publicada em Grätz e Augsburg entre 1728 e 1761.[47]

Haveria, ainda, dezenas de outros escritos do gênero a adicionar a essa sintética lista: pequenos opúsculos contendo umas poucas cartas de um mesmo missionário (Abbeville, Pezieu, Niel, Labbé, Margat, Ignace

[47]Uma lista bastante completa da correspondência religiosa, sobretudo jesuíta, publicada na Europa entre os séculos XVI e XVIII pode ser encontrada em: DUVIOLS, Jean-Paul. *L'Amérique espagnole vue et rêvée: les livres de voyages de Christophe Colomb à Bougainville*. Paris: Promodis, 1985, p. 333-481. Também imprescindíveis são os livros de: LEITE, Serafim. *História da Companhia de Jesus no Brasil*. Lisboa: Livraria Potugalia, 1938-50, v. VIII; e RODRIGUES, José Honório. *História da história do Brasil. Historiografia colonial*, p. 249-296.

Chomé, Cattaneo Gaetano, Guillaume d'Étré etc.), cartas ânuas dos colégios dos discípulos de Loyola, histórias gerais das suas ações missionárias pelo mundo, em suma, uma longa e variada série de textos impressos que teve um papel nada desprezível na divulgação-construção do Novo Mundo. Os impactos dessa literatura edificante são tão significativos que acabaram por suscitar, na França, Holanda e Inglaterra, sobretudo, a produção e circulação de uma consistente literatura antijesuítica — parte dela de matiz protestante —, uma literatura interessada em denunciar os excessos cometidos pelos padres no trato daqueles a quem deveriam inculcar os princípios da religião cristã. É com tal intuito que Juan de Palafox y Mendoza, por volta de 1650, escreve o seu *Virtudes del indio*, ou que o padre Louis Hennepin, quase meio século mais tarde, compõe o *Nouvelle découverte* (1697) — criticando as ações dos missionários na Louisiana —, ou, ainda, que o barão de Lahontan, inimigo declarado dos jesuítas, redige o *Nouveaux voyages de Mr. Le baron de Lahontan dans l'Amérique septentrionale* (1703), acusando os discípulos de Loyola de serem mercadores inescrupulosos e não homens de Deus.[48]

Histórias gerais, coletâneas de viagens, dramas, polêmicas, romances, livros de filosofia, cartas e narrativas jesuíticas e antijesuíticas, pinturas, poesias, livros geográficos, fábulas, enfim, ao longo dos séculos XVII e XVIII nenhum gênero artístico ou cultural passou totalmente imune à América. A produção de tamanha massa de informações, apesar dos limites de circulação entre o público iletrado e mesmo entre o público pouco letrado, indica por si só uma razoável absorção da ideia de América pelo europeu, melhor — para ser mais coerente com a perspectiva que venho advogando desde o início —, indica uma razoável definição para o pensamento europeu dos contornos e características do Novo Mundo que estavam construindo.

---

[48]CHINARD, Gilbert. *L'Amérique et le rêve exotique dans la littérature française au XVIIe et XVIIIe siècle*, p. 122-187.

Nas últimas décadas do século XVIII, o americano Thomas Jefferson era uma personagem da moda em Paris,[49] o renomado naturalista francês Georges-Louis Leclerc, conde de Buffon, e o polêmico pensador holandês Corneille de Pauw sentiam-se suficientemente informados acerca do Novo Mundo para, sem nunca terem lá estado, defenderem a polêmica tese de que a América era um continente fraco e imaturo.[50] François-René de Chateaubriand, inspirado nas narrativas de viagem de James Cook e Bougainville, preparava o célebre *Atala* (1801) — narrando as peripécias amorosas vividas por um francês americanizado (René) e uma índia americana cristianizada (Atala)[51] —, e os membros da Academia de Ciências, Belas-Letras e Artes de Lion avaliaram que a América era um tema suficientemente conhecido dos seus sócios e colaboradores, e não hesitaram em lançar, no ano de 1782, um concurso de monografias que tinha como tema, proposto por ninguém menos do que o abade Raynal, a seguinte questão: "A descoberta da América foi útil ou perniciosa para o gênero humano?" Tema, sem dúvida, bastante complexo, que pressupunha um razoável conhecimento sobre a América e sua história por parte daqueles que desejassem conquistar os 1.200 francos oferecidos como prêmio ao primeiro colocado.[52]

Ora, durante esse longo período compreendido mais ou menos entre a publicação da *Utopia* (1506), de Thomas More, e a edição do *Discours sur la question proposée par M. l'abbé Raynal* (1790), de um tal senhor Carle, um dos participantes do concurso promovido em Lion (1782), é possível isolar, não obstante a sua diversidade, ao menos uma cons-

[49] ARCINIEGAS, Germán. *América en Europa*. Bogotá, Colômbia: Plaza & Janes, 1980, p. 129-154.

[50] A polêmica tese de que a América era um continente inferior foi minuciosamente analisada no clássico livro de Antonello GERDI. *La disputa del Nuevo Mundo. Historia de una polémica (1750-1900)*. México: Fondo de Cultura Económica, 1993. O mesmo tema mereceu atenção de Arciniegas, no já citado *América en Europa*, p. 155-182.

[51] CHATEAUBRIAND, François-René. *Atala*. Texto fixado e apresentado por Gilbert Chinard. Paris: F. Roches, 1930.

[52] ZAVALA, Silvio. *América en el espíritu francês del siglo XVIII*. México: Colegio Nacional, 1949, p. 33-90.

tante na longa série de escritos sobre a América citada. Romancistas, poetas e pintores, filósofos e polemistas, geógrafos e historiadores do Novo Mundo, em suma, se não todos, a esmagadora maioria daqueles que, em verso, prosa ou imagens, propagaram pela Europa as notícias sobre o Novo Mundo lançaram mão, com mais ou menos intensidade, de um mesmo corpo documental: as narrativas de viagens. A bem da verdade, boa parte do que os europeus escreveram sobre o mundo de além-mar — sobre a América, mas também sobre a África, a Índia, a China, o Japão, as terras do Pacífico Sul etc. — durante pelo menos os três séculos que se seguiram à viagem de Colombo baseou-se em relatos de viagem, relatos de aventureiros e exploradores que, muitas vezes à custa da própria vida, viram com os próprios olhos — ou disseram que viram — aquelas terras que tanto atiçavam a imaginação dos seus contemporâneos.

É certo que, muito antes de Colombo retornar de sua viagem a "Cipango", a Europa já devotava grande simpatia pelos relatos de viagem. Atribui-se, em geral, aos freis Giovanni del Pian del Carpine e Willelm de Rubruck[53] o pioneirismo no gênero. Ambos visitaram a capital do Império Tártaro, Karakorum, em meado do século XIII, notadamente entre 1245 e 1255, e deixaram dois escritos sobre a inusitada missão, *Historia Mongolorum* e *Viagem às partes orientais do mundo* (1253-1255), escritos que antecedem o célebre *Il Milione*, do veneziano Marco Polo, conhecido um pouco mais tarde, no alvorecer do século XIV.

A história de Polo[54] e de sua narrativa, a propósito, bem ilustra o poder que tiveram os relatos de viagem na construção da imagem dos

[53]Sobre as narrativas de viagens anteriores ao *Il Milione*, de Marco Polo, ver: OLSCHKI, Leonardo. *Marco Polo's Precursors*. Nova York: Octagon Books, 1972.

[54]Mais informações sobre a narrativa de Marco Polo e seus impactos, ver: BENEDETTO, Luigi Foscolo. *The Travels of Marco Polo*. Nova York: The Viking Press, 1931; YULE, Henry. *Cathay and the Way Thither,Being a Collection of Medieval Notices of China*. Londres: Hakluyt Society, 1866; FRANÇA, Jean Marcel Carvalho. Marco Polo: fantasias e realidade. In: *Jornal da Tarde*, São Paulo, 9 ago. 2003. Caderno Sábado.

povos não europeus no repertório intelectual da Europa. Em 1271, aos 17 anos, o rapaz, em companhia de seu pai Nicolau e do seu tio Mateus — que dois anos antes haviam retornado de uma viagem à região —, partiu rumo à cidade de Cambalu (Pequim), sede da corte do poderoso imperador mongol Kublai Khan, que então dominava uma larga parcela das terras do Oriente (China, Rússia, Índia etc.). Polo permaneceu mais de vinte anos nos domínios do Grande Cã e, depois de cair nas suas graças e ser nomeado embaixador, teve a oportunidade de viajar bastante pelo interior do Império. Em 1295, o comerciante, saudoso de sua terra natal, retornou a Veneza, não sem antes empreender uma longa jornada pela Índia, pela costa africana, pela antiga Pérsia e pelas estepes siberianas. Em 1297, já instalado na sua cidade, Polo participou de uma batalha entre as esquadras de Veneza e Gênova e caiu prisioneiro dos genoveses, permanecendo em cativeiro enquanto durou a desavença entre as duas urbes (1299). Foi na prisão que o aventureiro, convencido da pertinência de contar aos europeus as suas instrutivas experiências no Oriente e de dar a conhecer aos contemporâneos "as diversas gerações dos povos e a diversidade das regiões do mundo", resolveu narrar as suas aventuras a um companheiro de infortúnio, Rustichello de Pisa.

A história ditada por Polo veio à luz numa época em que o império do Grande Cã passava por grandes transformações, transformações que, de certo modo, foram decisivas para o destino glorioso que veio a ter a narrativa do veneziano. Na década de 80 do duzentos a *Pax Mongolica* é rompida e a China inicia sua luta para se libertar do domínio tártaro. Em 1294, com a morte de Kublai Khan, a dinastia Yuan consolida-se no poder e põe em marcha um processo de fechamento da China para os estrangeiros, consolidado, posteriormente, pela nacionalista e xenófoba dinastia Ming (1368-1644). Essa política isolacionista praticada pelos chineses dificultou bastante a circulação de estrangeiros pelo país e rareou ainda mais os relatos de europeus sobre o lugar. Destarte, a narrativa de Polo não conheceu, depois de sua divulgação, muitos concorrentes, e acabou por se tornar uma espécie de referência exemplar para todos aqueles que desejavam conhecer um pouco mais sobre o exótico e grandioso Oriente — e isso pelo menos até a chegada dos portugueses à região, no ocaso do século XV, início do XVI.

O interesse que despertaram e a circulação que tiveram as narrativas de Polo, Mandeville, Odorico de Perdenone e de um punhado de outros — testemunhas do primeiro "descobrimento" europeu, o "descobrimento" do Oriente — dão, porém, somente uma pálida ideia do que estava por vir com a invenção dos tipos gráficos, na metade do século XV, e a descoberta do Novo Mundo, em 1492. Inaugurou-se aí, sem dúvida, uma nova etapa das narrativas de viagem, cuja partida foi dada por duas obras atribuídas ao polêmico navegador Américo Vespúcio: *Mundus Novus* e *Quatuor Americi Vesputti navigationes*, ambas publicadas em latim, na cidade de Paris, em 1503 e 1507, respectivamente. Reeditadas e traduzidas diversas vezes — somente na França, a *Mundus Novus* foi reeditada sete vezes no primeiro quartel do século XVI —, as cartas do florentino foram lidas, comentadas e citadas por muitos homens de cultura do quinhentos, entre os quais Erasmo de Roterdam, Thomas More, Gomara, Pietro Martire, Herrera e dezenas de outros. Foi a *Quatro navegações* que inspirou o geógrafo Martin Waldseemüller a batizar de "América" as novas terras encontradas por portugueses e espanhóis. Foi, em larga medida, a publicação em língua italiana da *Mundo novo* que garantiu parte do enorme sucesso da primeira coletânea de viagens a vir a público na Europa, a citada *Paesi novamente retrovati. Et Novo Mondo da Alberico Vesputio florentino intitulato*, publicada em 1507, na cidade de Veneza, pelo frei Fracanzano da Montalboddo. O *Paesi*, que além da *Mundo novo* trazia narrativas de viagem relativas ao Brasil, à África, às Índias Orientais e, ainda, fragmentos das *Décadas*, de Pietro Martire, com os relatos de Colombo e Cortez, fez um sucesso estrondoso para a época, sendo reeditado em 1508, 1512, 1517, 1519 e 1521, e cedo, a partir de 1508, traduzido para o alemão, o holandês, o latim e o francês.

O florentino Vespúcio, no entanto, deu somente a partida para um processo que seria longo e de dimensões cada vez maiores. Gilles Boucher de la Richarderie, em *Bibliothèque universelle des voyages ou Notice complète et raisonnée de tous les voyages anciens et modernes dans les différentes parties du monde, publiés tant en langue française qu'en langues étrangères, classés par ordre de pays dans leur série chronologique*, obra em seis volumes, publicada entre 1806 e 1808, estima que, do descobrimento ao ocaso do século XVIII, tenham sido publicados 5.562 livros de viagem na Europa — 456 no século XVI, 1.566 no século XVII e 3.540 no século XVIII —, dos quais cerca de 25% diziam respeito à América. A tais números, excessivamente modestos, há de se somar as dúzias de coletâneas de narrativas de viagens que circularam na época e um sem-número de fragmentos de relatos reproduzidos em histórias gerais, atlas e outras obras do gênero.

A quantificação, porém, é demasiado fria para dar uma boa ideia do alcance do gênero e da enorme influência que teve, não somente na formulação de um vocabulário sobre a América — e sobre o Oriente, a África, as "terra austrais" etc. —, mas também na reformulação do vocabulário que a Europa utilizava para descrever a si própria. Retornemos uma vez mais ao início do século XVI, a Vespúcio e às suas cartas. Thomas More, em 1516, já o vimos, utilizou-as como inspiração para *Utopia*, não somente fazendo de seu narrador, Hitlodeu, um companheiro de Vespúcio, mas sobretudo explorando uma profícua vereda aberta pelo florentino, que divulgara a existência de novos mundos no mundo. Um deles, talvez — outros ainda poderiam ser "descobertos" —, comportasse uma ilha como *Utopia*, afinal, não narrara Vespúcio a existência de um lugar onde os homens

> [...] não têm lei nem fé alguma. Vivem segundo a natureza. Não conhecem a imortalidade da alma. Não possuem entre si bens próprios porque tudo é comum. Não têm fronteiras de reinos ou províncias; não têm rei nem obedecem a ninguém; cada um é senhor de si. Não administram justiça,

> que não é necessária para eles, porque neles não reina a cobiça. Habitam em comum, em casas feitas à maneira de cabanas muito grandes. Para gente que não possui ferro nem outro metal, pode-se dizer que suas cabanas são, na realidade, casas milagrosas, porque vi casas com duzentos passos de cumprimento e trinta de largura, fabricadas artisticamente; numa dessas casas estavam quinhentas ou seiscentas almas.[55]

Por que, pois, não haveria de existir uma outra terra, na qual os homens não cultuavam a violência, nunca estavam ociosos e não tinham vícios? Um lugar onde, como conta o aventureiro Hitlodeu, que vira tudo pessoalmente,

> [...] quando um chefe de família precisa de alguma coisa para si ou para sua família, tem apenas de dirigir-se a um armazém e pedir o que deseja. Tudo lhe será entregue sem que precise pagar ou dar algo em troca. E, afinal, por que deveria ele fazê-lo? Como existe mais do que o suficiente para todos, não se corre o risco de que alguém peça mais do que o necessário — por que motivo alguém pensaria em estocar alimentos quando tem a certeza de que nunca lhe faltará nada? Nenhuma criatura viva é voraz e gananciosa por natureza, mas apenas pelo medo de sofrer privações; e, no caso do ser humano, outros quando se pode ostentar grandes propriedades e todo tipo de luxo supérfluo. Esse tipo de coisa, porém, não acontece em Utopia.[56]

Era, por certo, o mesmo sentimento — sentimento de que depois do Novo Mundo se alargara muito o campo do possível — que levaria, sete décadas mais tarde, o citado Francisco Sanches a perguntar: "Efetivamente, quem é que pode afirmar ao certo alguma coisa acerca do que foi, do que é ou do que há de ser?"

---

[55] D. MANUEL. Carta de Lisboa — enviada a Lorenzo del Médici (julho de 1502). In: VESPÚCIO, Américo. *Novo Mundo — As cartas que batizaram a América*. São Paulo: Planeta do Brasil, 2003.
[56] MORE, Thomas. *Utopia*, p. 94-95.

Montaigne, na redação dos conhecidos ensaios "Dos canibais" e "Dos coches" — talvez a mais radical exploração, no século XVI, das novas possibilidades morais abertas pelo Novo Mundo —, serviu-se, como ele próprio relata, do que vira e ouvira em Rouen, durante o exótico festim americano oferecido pelos comerciantes da cidade a Henrique II; servira-se, igualmente, das informações recolhidas junto ao seu empregado, um homem simples, que tinha estado na Baía de Guanabara com o senhor de Villegaignon: "O homem que tinha a meu serviço, e que voltava do Novo Mundo, era simples e grosseiro de espírito, o que dá mais valor a seu testemunho."[57] É, todavia, incontestável que a radical reflexão que propõe o filósofo não nasceu somente de seus privilegiados contatos pessoais; nasceu, sim da leitura das denúncias do padre viajante Bartolomé de las Casas, do cronista viajante Girolamo Benzoni e, sobretudo, da relativamente vasta literatura de viagens que então circulava na França em decorrência de duas experiências coloniais malogradas levadas a cabo entre 1555 e 1568: a da França Antártica (Baía de Guanabara) e a da Flórida.

No tocante à França Antártica, as diversas narrativas derivadas dessa polêmica aventura ultramarina encabeçada pelo cavaleiro de Villegaignon — aventura que o protestante Marc Lescarbot, em 1609, ironicamente qualificou como a malograda tentativa de se criar uma espécie de "presídio de além-mar"[58] — talvez constituam o mais consistente, amplo e divulgado conjunto de relatos sobre o Novo Mundo a circular pela Europa na segunda metade do século XVI. Refiro-me aos conhecidos *Singularidades da França Antártica* (1558), de André Thévet, e *História de uma viagem feita à terra do Brasil* (1578), de Jean de Léry, mas igualmente aos hoje menos célebres *Cópias de algumas cartas sobre a navegação do cavaleiro Villegaignon* (1557), do piloto

---

[57]MONTAIGNE, Michel Eyquem de. *Ensaios*, p. 101.

[58]FRANÇA, Jean Marcel Carvalho. *Outras visões do Rio de Janeiro colonial. Antologia de textos (1582-1808)*. Rio de Janeiro: José Olympio, 2000, p. 335.

Nicolas Barré, *Contra as execráveis imposturas, impiedades e blasfêmias de Durand, bordeleiro que se intitula Villegaignon* (1561), panfleto atribuído a Pierre Richer, *História das coisas memoráveis ocorridas na terra do Brasil* (1561), narrativa imputada a Jean de Léry — publicada na *Histoire des martyrs*, de Jean de Crispin —, e a mais meia dezena de cartas, panfletos e narrativas breves, os quais, no seu tempo, um tempo sedento por novidades sobre as exóticas terras de além-mar, quaisquer que fossem elas, tiveram a sua importância.[59] Da passagem francesa pela Flórida (1562-1568) não resultou nem tão ampla nem tão divulgada massa de escritos, mas não se deve desconsiderar a publicação, em 1566, na cidade de Dieppe, do *Discours de l'histoire de la Floride*, escrito pelo indignado colono e carpinteiro Nicolas le Challeux, ou o libelo contra a colonização espanhola do Novo Mundo *Brief discours et histoire d'un voyage de quelques françois en la Floride*, assinado pelo pastor Urbain Chauveton, e publicado em 1579 na calvinista Genebra.[60]

Montaigne, ainda que tenha recorrido às suas fontes privilegiadas, não estava totalmente desamparado no que tange a registros escritos sobre o Novo Mundo — nem ele, nem Rabelais, Ronsard, Cyrano de Bergerac, Fontenelle, Fénelon, Malebranche, Diderot, Raynal, nem qualquer outro escritor francês da época que se metesse de algum modo a cogitar acerca dos exóticos mundos que as navegações integravam ao mundo europeu. Todos serviram-se à exaustão das narrativas dos compatriotas que regressavam de suas aventuras de além-mar, inicialmente da Baía de Guanabara e da Flórida, mas depois do Maranhão, do Canadá, das Antilhas e, a partir do início do século XVII, das plagas do Oriente.

[59]No tocante às publicações quinhentistas relativas à França Antártica, vale consultar, para uma visão geral, os indispensáveis: MORAES, Rubens Borba. *Bibliografia brasiliana*. Rio de Janeiro: Colibris Editora Ltda., 1958, 2 v.; GARRAUX, Anatole Louis. *Bibliographie brésilienne. Catalogue des ouvrages français et latin relatifs au Brésil (1500-1898)*. Paris: Ch. Chadenat-Jablonski, Vogt et Cie., 1898; DUVIOLS, Jean-Paul. *L'Amérique espagnole vue et rêvée: les livres de voyages de Christophe Colomb à Bougainville*, p. 333-481.
[60]DUVIOLS, op. cit., p. 333-481.

Lembremos, a título de exemplo, do grande interesse que despertaram as narrativas de viagem provenientes da pena de aventureiros da Nova França — Jacques Cartier, cuja narrativa foi publicada em 1545, Samuel de Champlain, Gabriel Sagard, Pierre Bouchet —, ou daquelas legadas pelos capuchinhos da França Equinocial — Ives d'Evreux, Louis de Pezieu, Arsène de Paris e Claude d'Abbeville —, ou dos bem-acolhidos relatos de Jean Mocquet, François Pyrard de Laval, François Froger, Souchu de Rennefort, Duguay-Trouin, Amédée-François Frézier, Courte La Blanchardière, La Caille, Louis Antoine de Bougainville, Charles Marie de La Condamine ou La Pérouse, para mencionarmos uns poucos, mas expressivos nomes, pois a lista de relatos de viagem publicados na França ou em francês é bastante significativa.

Passemos os olhos, a título de ilustração, pela história editorial de meia dúzia dessas narrativas, meia dúzia daquelas que vieram a ser citadas ou reeditadas (ou ambos) inúmeras vezes, tiveram grande impacto sobre o público — a princípio sobre os ditos "homens de espírito", sem dúvida, mas, gradativamente, também sobre as pessoas menos letradas e mesmo sobre as iletradas — e fixaram, tanto para os leitores em geral como para os viajantes escritores que os sucederam, certos padrões descritivos e certas tópicas sobre os lugares visitados.

Voyages en Afrique, Asie, Indes Orientales et Occidentales (1617), do sucessor de André Thévet no Cabinet des Singularités du Roi, Jean Mocquet, é um bom exemplo.[61] O livro teve duas reedições ainda no século XVII (1645 e 1665) e, pela mesma época, foi traduzido para o holandês (1656), o alemão (1668) e o inglês (1696). Recheada de descrições das gentes e lugares visitados, escrita com um marcado viés literário e dotada de uma razoável dose de aventuras e peripécias, a narrativa alcançou grande popularidade ao longo do século XVII e foi fartamente

[61]Acerca de Jean Mocquet, ver: COUTO, Dejanirah. Préface. In: MOCQUET, Jean. *Voyage à Mozambique & Goa — La relation de Jean Mocquet (1607-1610)*. Paris: Chandeigne, 1996.

citada tanto pelos *homens sábios* do período quanto por outros viajantes, de certo modo recompensando as boas intenções anunciadas pelo próprio Mocquet no prefácio, onde explica ao leitor que, tendo "com a graça de Deus" retornado são e salvo de suas muitas andanças pelo mundo, sentiu-se obrigado a informar ao seu país sobre o que vira:

> [...] pondo por escrito, da melhor maneira que me foi possível, tudo o que pude aprender e observar de mais singular nas diversas rotas que percorri por mar e por terra. Tive a honra de narrá-las em certas ocasiões para o rei Henrique, o Grande, que as escutou com prazer; espero que o leitor concorde com ele e dê crédito ao pouco que registrei como prova da minha boa vontade, do desejo de ser útil ao público e de prestar algum serviço aos franceses curiosos, que poderão se inspirar no meu exemplo e empreenderem semelhantes ou maiores viagens, pela graça de Deus, honra de seu país e utilidade dos seus compatriotas.[62]

Apesar, porém, das nobres intenções pedagógicas de Mocquet, a obra caiu no esquecimento no século XVIII. Afinal, eram já muitos os nacionais e estrangeiros a descreverem as suas aventuras de além-mar, a concorrência passara a ser demasiada para uma narrativa que, aos olhos do "Século das Luzes", se tornara um pouco fantasiosa e carente de detalhes sobre os lugares e povos visitados.

Também um pouco esquecido no setecentos, mas bem mais lembrado do que o livro de Mocquet, foi o extenso relato de François Pyrard de Laval, *Voyage de Pyrard de Laval aux Indes Orientales (1601-1611)*, publicado em 1611, na cidade de Paris. Reza a história[63] que o livro, a primeira descrição de um francês das Índias Orientais, foi pacientemente escrito

[62]MOCQUET, Jean. *Voyages en Afrique, Asie, Indes Orientales, & Occidentales*. Paris: J. de Heuqueville, 1617, p. 5.
[63]BOUCHON, Geneviève. Préface. In: DE LAVAL, Pyrard. *Voyage de Pyrard de Laval aux Indes Orientales (1601-1611)*. Paris: Chandeigne, 1998.

pelo compilador e interessado em viagens Pierre Bergeron — autor de narrativas conhecidas nos séculos XVII e XVIII, como a *Les voyages fameux du sieur Vincent Le Blanc marseillois* (1648) —, que hospedou Laval em seu castelo na Picardia e, nos momentos em que o rústico marinheiro não estava embriagado, obrigava-o a repetir inúmeras vezes as suas aventuras, anotando tudo cuidadosamente, para que a narrativa fosse a mais "verdadeira" possível. Um contemporâneo, Tallemant des Réaux,[64] conta que o resignado e culto Bergeron suportou o seu inconveniente hóspede e tanto empenhou-se em escrever e publicar as suas aventuras porque era então a única narrativa que se dispunha na França sobre as importantes ilhas Maldivas. A propósito dessa "intenção nacional", uma tópica dos relatos de viagem dos séculos XVI, XVII e XVIII — já André Thévet, em *Singularidades da França Antártica*, lançara mão do recurso —, no prólogo preparado por Bergeron-Laval, que praticamente repete as palavras impressas no prefácio do livro de Mocquet, o narrador diz o seguinte:

> [...] uma vez que Deus, ao contrário do que esperava, conduziu-me são e salvo ao meu país, depois de padecer inúmeros males, estar sujeito a uma infinidade de perigos e não somente percorrer [...] as quatro partes da terra, mas também viver, por um espaço de dez anos, entre os povos mais diversos — conhecendo, em razão da longa estada, seus costumes, leis e hábitos melhor do que qualquer francês, e mesmo do que holandeses ou portugueses —, senti-me obrigado a colocar por escrito, de maneira a dar a conhecer à minha pátria, tudo aquilo que observei de singular em tão longa peregrinação.[65]

As tão apreciadas singularidades observadas por Laval não pararam de aumentar ao longo de duas das três reedições da obra no século XVII,

[64]DES RÉAUX, Gédéon Tallemant. *Les historiettes de Tallemant des Réaux. Tome sixième: mémoires pour servir à l'histoire du XVIIe siècle*, Tomo VI. Paris: A. Levavasseur, 1835, p. 502.
[65]DE LAVAL, Pyrard. *Voyage de Pyrard de Laval aux Indes Orientales (1601-1611)*, p. 32-33.

em 1615, 1619 e 1679. A popularidade de seu livro também não; embora o *Voyage de Pyrard de Laval aux Indes Orientales* não tenha sido reeditado uma única vez no século XVIII, a obra foi incluída em importantes coleções de viagem (uma francesa, duas alemãs e três inglesas), inclusive a de Purchas e a do abade Prévost, e não somente era conhecida e citada por importantes homens de cultura — Buffon e Diderot referem-se elogiosamente a ela no século XVIII —, como rapidamente tornou-se referência para os amantes das aventuras marítimas. Prova de tão grande estima é o fato de o livro ter sido copiado por vários aventureiros que visitaram os lugares descritos por Laval, nada que causasse espanto ou reprimenda num gênero em que a originalidade não era propriamente um valor, e a "verdade" daquilo que era relatado dependia, em larga medida, da reprodução do já dito e da confirmação de certas expectativas compartilhadas pelos apreciadores do gênero, pelos leitores.

Há, todavia, em se tratando de impacto sobre o repertório intelectual da época, poucos relatos passíveis de competir, na França e fora dela, com aqueles legados por René Duguay-Trouin, Amédée-François Frézier, Louis Antoine de Bougainville e C. M. de La Condamine. A narrativa de Duguay-Trouin, é verdade, não pertence à mesma linhagem de que descendem os escritos dos outros citados, homens cultos, que praticamente inauguraram as viagens científicas. Duguay-Trouin, ao contrário, era um homem do mar, um corsário, famoso pelos seus saques, pilhagens e outros feitos da mesma natureza.[66] Eram, porém, tempos em que se apreciava muito tal gênero de aventuras, tempos em que *História dos bucaneiros da América*, do cirurgião francês e bucaneiro Alexandre Olivier Exmelin

[66]Mais notícias sobre a vida de Duguay-Trouin e sobre sua passagem pelo Rio de Janeiro, ver: FRANÇA, Jean Marcel Carvalho. *Outras visões do Rio de Janeiro colonial. Antologia de textos (1582-1808)*, p. 51-174; LA LANDELLE, Gabriel de. *Histoire de Duguay-Trouin*. Paris: Sagnier et Bray, 1844; PONCETTON, François. *Monsieur Duguay-Trouin, corsaire du roi*. Paris: Plon, 1930; POULAIN, Jean. *Histoire de Duguay-Trouin et de Saint-Malo, la cité-corsaire*. Rennes: Découvrance, 1994; RUDEL, Yves-Marie. *Duguay-Trouin, corsaire et chef d'escadre (1673-1763)*. Paris: Perrin, 1973; *Actes du cinquantenaire de la création en Bretagne de l'enseignement du Portugais*. Paris: Presses du Palais Royal, 1977.

(Exquemelin)[67] — publicada em Amsterdã em 1678 —, e *Journal d'un voyage fait a la mer du sud* (1689), de um outro flibusteiro, Reveneau de Lussan, faziam muito sucesso na Europa. Natural, pois, que *Relation de ce qui s'est passé pendant la campagne du Rio de Janeiro* (1712), dando conta da tomada e saque do Rio de Janeiro pelo corsário em 1711, não passasse em branco. Entretanto, o relato fez mais do que simplesmente ser notado; somente em 1712 foi publicado quatro vezes, uma das quais em espanhol, e entre 1732, quando é incluído nas famosas *Memoires de monsieur Du Guay-Trouin*, e o final do século, pelo menos meia centena de vezes, e isso sem contar as traduções. O sucesso foi tanto que somente o famoso editor francês, sediado em Amsterdã, Pierre Mortier, publicou a obra em 1740, 1741, 1746, 1748, 1756, 1769 e 1773. Raros foram, pois, os navegadores e aventureiros franceses — e não só — que andaram pelas costas da América, sobretudo da espanhola e da portuguesa, desconhecedores do célebre assalto à rica cidade do Rio de Janeiro perpetrado pelo pirata de Saint-Malo. E, por certo, tais homens não eram os únicos a consumir as incontáveis edições da obra que então vieram a público.

Igual sucesso, mas, sem dúvida, bem mais prestígio entre os sábios e a gente letrada tiveram *Relation de voyage de la mer du sud aux côtes du Chili et du Pérou*, de Amédée Frézier, *Voyage autour du monde*, do iluminista Louis Antoine de Bougainville, e *Relation abregée d'un voyage fait dans l'intérieur de l'Amérique Méridionale*, do homem de ciência Charles Marie de La Condamine. O relato de Frézier foi o primeiro a vir a público, em 1716.[68] Trata-se de uma detalhada descrição da

---

[67]EXQUEMELIN, Alexander Olivier. *Buccaneers of America*. Londres: Penguin, 1969.

[68]Sobre a viagem de Frézier, ver: FRÉZIER, Amédée François. *Relación del viaje por el mar del sur*. Prólogo de Gregório Weinberg. Introdução, notas e cronologia de Miguel A. Guérin. Caracas: Biblioteca Ayacucho, 1982; FRÉZIER, Amédée François. *Relation du voyage de la mer du sud aux côtes du Chili et du Pérou*. Apresentação de Gaston Arduz Eguía e Hubert Michéa. Paris: Utz, 1995; LEONARD, Irving Albert. *Colonial Travelers in Latin America*. Nova York: Knopf, 1972; VILA, Luisa Vilar. *El viaje de Amédée Frézier por la América Meridional*. Sevilha: Diputación Provincial de Sevilla; Andalucía: Consejería de Cultura de la Junta de Andalucía, 1991; TAUNAY, Afonso de E. Na Bahia colonial (1610-1764). In: *Revista do Instituto Histórico Geográfico Brasileiro*, Rio de Janeiro, 1924; TAUNAY, Afonso de E. *Santa Catharina nos anos primevos*. São Paulo: Tipografia do *Diário Oficial*, 1931.

viagem de reconhecimento aos portos das colônias espanholas, situadas na costa oeste da América Austral, empreendida pelo engenheiro entre 1712 e 1714; na verdade, uma viagem de espionagem marítima, ao longo da qual o culto espião efetuou um minucioso levantamento da posição geográfica, dos recursos defensivos, dos meios de acesso e dos melhores lugares de desembarque dos principais portos da região. Ouçamos o que diz o próprio Frézier na sua dedicatória ao duque de Orléans, regente do Reino:

> [...] senhor, que esta obra encontre acolhida junto à vossa augusta pessoa. É uma compilação de notas que tomei sobre a navegação, sobre os erros das cartas e sobre a situação dos portos e dos ancoradouros nos quais estive. É uma descrição dos animais, das plantas, das frutas, dos metais e daquilo que a terra, em uma das mais ricas colônias do mundo, produz de mais valioso. São observações exatas sobre o comércio, sobre as forças, sobre o governo e sobre os costumes dos espanhóis crioulos e dos naturais do país, acerca dos quais dissertei com todo respeito que tenho pela verdade. Todas estas particularidades, que talvez possam ser úteis ao aperfeiçoamento das ciências e das belas-artes, não poderiam ser dedicados a outro senão a Vossa Alteza Real, que os mais esclarecidos reconhecem como o pai, o árbitro e o protetor [...].[69]

A "compilação de notas" de Frézier obteve sucesso imediato, tanto na França quanto fora dela: foi editada em francês nos anos de 1716, 1717 e 1739, e traduzida para algumas das principais línguas europeias — para o inglês, com um suplemento do renomado Edmund Halley, em 1717, para o holandês, em 1718, e para o alemão também em 1718 —, recebeu comentários elogiosos de diversos "sábios", acumulou menções em obras de diferentes gêneros — de livros geográficos a romances —,

[69]FRÉZIER, Amédée François. *Relation du voyage de la mer du sud aux côtes du Chili et du Pérou*, p. 27.

em suma, logo tornou-se uma obra imperdível para os amantes do gênero e despertou grande interesse no público em geral. Rapidamente, também, *Relation du voyage de la mer du sud aux côtes du Chili et du Pérou,* elogiado pela riqueza e precisão dos conhecimentos geográficos e marítimos que vinculava e, sobretudo, pelo detalhado inventário que oferecia dos portos chilenos, passou a ser o livro de cabeceira dos grandes navegadores e cartógrafos interessados na região.

Destino semelhante tiveram *Relation abregée d'un voyage fait dans l'intérieur de l'Amérique Méridionale* (1745) e *Journal d'un voyage fait, par ordre du roi à l'Équateur* (1751), do renomado homem de ciência Charles Marie de La Condamine,[70] considerado um dos precursores das denominadas "viagens científicas" — Charles Plumier e Louis Feuillée precedem-no —, uma modalidade de viagem muito em moda na Europa a partir das primeiras décadas do século XVIII.[71] Ambos os relatos seguiram o mesmo caminho de sucesso trilhado pelos escritos de Duguay-Trouin e Frézier, alcançando, no entanto, uma notoriedade superior talvez a de seus antecessores. Tal como os escritos precedentes, a "relação" da longa estada de La Condamine na América Austral e, sobretudo, da sua profícua navegação pelo rio Amazonas teve diversas edições em francês e também foi rapidamente traduzida para outras línguas europeias. As descrições contidas nas obras de La Condamine, suas descobertas científicas, suas notas sobre as "amazonas", suas impressões das sociedades espanhola de além-mar e dos nativos, enfim, a sua perspectiva das terras visitadas também andaram pela boca dos sábios e literatos, correram pelas academias de ciências, pelos salões da

[70]GOODMAN, Edward Julius. *The Explorers of South America*. Norman: University of Oklahoma Press, 1992, p. 183-244; VON HAGEN, Victor Wolfgang. *A América do Sul os chamava*. São Paulo: Melhoramentos, [s/d]; MAJÓ FRAMIS, Ricardo. *La Condamine en la América Austral*. Prólogo do autor. Madri: M. Aguilar, 1948; *Dicionário histórico, geográfico e etnográfico do Brasil*. v. 1, Rio de Janeiro: Kraus Reprint, 1972, p. 1856-1910.

[71]GOODMAN, op. cit., p. 183-244; *Dicionário histórico, geográfico e etnográfico do Brasil*, v. 1, p. 1856-1910.

"gente de qualidade" e mesmo por lugares menos nobres da sociedade europeia da época. E isso malgrado o fato de o erudito viajante, atento ao enorme sucesso da literatura de viagem e às expectativas do público leitor, ter, no prefácio de *Relation abregée d'un voyage...*, alertado:

> Para não iludir aqueles que num relato de viagem só procuram acontecimentos extraordinários, pinturas agradáveis dos costumes estrangeiros e hábitos desconhecidos, devo advertir que esses aqui encontrarão pouco de que se satisfaçam. Não tive a liberdade de fazer passear o leitor indiferentemente por todos os objetos apropriados a adular a sua curiosidade.[72]

Ainda que pouco interessado em "adular a curiosidade" do leitor, um leitor certamente ávido por exotismos, *Relation abregée d'un voyage* e outros tantos escritos que resultaram de uma década de permanência na América, incluindo uma vasta correspondência com diversos sábios europeus, fizeram de La Condamine um dos grandes divulgadores do Novo Mundo no Velho Mundo e reforçaram a influência das narrativas de viagem na formação do pensamento europeu coetâneo.

Na França, ao longo do século XVIII, prestígio semelhante ao de La Condamine talvez tenha sido experimentado somente por mais um outro sábio viajante: Louis Antoine de Bougainville,[73] o primeiro francês a, oficialmente — há quem atribua o feito ao obscuro navegador Le Gentil la Barbinais —, realizar uma viagem de circum-navegação (1766-1769). O relato de tamanha empreitada política, comercial e científica, *Voyage autour du monde*, apareceu em 1771, na cidade de Paris. Em 1772, já

[72]LA CONDAMINE, Charles-Marie de. *Viagem na América Meridional descendo o rio das Amazonas*. Brasília: Senado Federal, 2000, p. 32.

[73]KIMBROUGH, Mary. *Louis Antoine de Bougainville, 1729-1811: a study in French naval history and politics*. Lewiston: E. Mellen Press, 1990; FRANÇA, Jean Marcel Carvalho. *Visões do Rio de Janeiro colonial — Antologia de textos (1531-1800)*; MOLLAT, Michel (org.). *L'importance de l'exploration maritime au siècle des lumières — A propos du voyage de Bougainville*. Paris: Centre National de la Recherche Scientifique, 1982.

havia uma nova edição francesa, revista e ampliada, e traduções da obra em alemão, holandês e inglês. No mesmo ano, o relato do ex-discípulo de D'Alembert ganhou um suplemento, assinado por ninguém menos do que o filósofo Denis Diderot. A bem da verdade, *Voyage autour du monde*, escrito em estilo elegante, recheado de referências (as primeiras) às exóticas ilhas e gentes do Taiti, enriquecido de considerações morais e de valorosas "observações científicas", logo caiu no gosto do público letrado. Entre os homens de cultura, entre os sábios, como então se dizia, a obra foi considerada — do mesmo modo que o relato de Frézier, Maupertuis, La Condamine e um punhado de outros — a efetivação de um sonho há muito por eles acalentado: as narrativas de viagem escritas por sábios. Rousseau, em 1755, uma década depois do lançamento do livro de La Condamine, no seu *Discurso sobre a origem e o fundamento da desigualdade entre os homens*, sintetizara magistralmente tal sentimento:

> Supúnhamos um Montesquieu, um Buffon, um Diderot, um Duclos, um D'Alembert, um Condillac ou homens dessa têmpera, *viajando para instruir seus compatriotas*, observando e descrevendo, como o sabem, a Turquia, o Egito, a Berbéria, o Império de Marrocos, a Guiné, o país dos Cafres, o interior da África e suas costas orientais, as Malabares, o Mogol, os reinos do Sião, de Pegu e de Ava, a China, a Tartária e, sobretudo, o Japão; depois, no outro hemisfério, o México, o Peru, o Chile, as Terras Magelânicas, sem esquecer os patagões verdadeiros ou falsos, o Tucumã, Paraguai, se fosse possível, o Brasil e, por fim, as Caraíbas, a Flórida e todas as regiões selvagens. Seria a viagem mais importante de todas e a que se deveria fazer com o maior cuidado. Suponhamos que esses novos Hércules, de volta das jornadas maravilhosas, *escrevessem depois à vontade, a história natural, a moral e a política do que tivessem visto: veríamos nós mesmos sair de sua pena um mundo novo e aprenderíamos assim a conhecer o nosso.*[74]

[74]ROUSSEAU, Jean-Jacques. Discurso sobre a origem e os fundamentos da desigualdade entre os homens. In: ___ *Pensadores*. São Paulo: Abril Cultural, 1983, p. 301-302 (grifos do autor).

Bougainville era, sem dúvida, aos olhos da época, um desses "novos Hércules", um desses homens cultos que, atentos à importância que o conhecimento dos novos mundos tinha na formação do pensamento e da sociedade europeias e, sobretudo, ao enorme papel que os relatos de viagem desempenhavam neste processo — apesar dos exageros e imprecisões constantes em muitos livros do gênero —, resolveram sair de seus confortáveis gabinetes com o intuito de ver de perto e descrever para os seus compatriotas a diversidade do mundo. É o próprio Bougainville, em uma apaixonada defesa das gentes do mar e de suas histórias, quem explica:

> Eu sou viajante e marinheiro, quer dizer, um mentiroso e um imbecil aos olhos daquela classe de escritores preguiçosos e arrogantes que, na sombra dos seus gabinetes, filosofam a perder de vista sobre o mundo e seus habitantes, submetendo imperiosamente a natureza às suas imaginações. Procedimento bem curioso e inaceitável este, sobretudo vindo da parte de gente que, nada tendo observado por si própria, somente pode escrever e dogmatizar a partir das observações dos viajantes, aos quais negam as faculdades de ver e de pensar.[75]

Bougainville e seus compatriotas, todavia, estão longe de ser os únicos na Europa a despertarem para a enorme importância das narrativas de viagem na formação cultural, política e econômica das nações. Na Inglaterra,[76] ainda que um pouco mais tarde, tal gênero de escritos,

[75]BOUGAINVILLE, Louis Antoine de. *Voyage autour du monde, par la frégate du roi La Bondeuse et la Flûte l'Étoile; en 1766, 1767, 1768 & 1769*. Paris: Chez Saillant & Nyon, Libraires, 1771, p. VIII.

[76]Excelente análise do papel da literatura de viagem na constituição da Inglaterra como uma "nação marítima" pode ser encontrada em: FULLER, Mary C. *Voyages in Print: English Travel to America (1576-1624)*. Cambridge; NovaYork: Cambridge University Press, 1995. Acerca do "negócio do livro" na Inglaterra ao longo dos séculos XVI, XVII e XVIII, ver: PLANT, Marjorie. *The English Book Trade. An Economic History of the Making and Sale of Books*. 2ª ed. Londres: G. Allen & Unwin Ltd., 1965.

como indiquei anteriormente, também ganhou o gosto do público leitor. É verdade que, pelo menos até 1540, nem os editores nem os leitores ingleses pareciam estar muito interessados em relatos de viagem. O interesse começa a ganhar corpo na segunda metade do século XVI, associado por certo à expansão dos negócios ingleses de ultramar, ao crescimento da Marinha e à atividade decidida de um grupo de homens interessados em comércio, navegações e geografia, entre os quais dois que interessam em particular: Humphrey Gilbert e Richard Hakluyt. Gilbert, meio-irmão de outro renomado navegador, Walter Raleigh, e um empenhado incentivador da colonização do Novo Mundo, é autor de uma das primeiras narrativas de viagem a ter expressão na Inglaterra quinhentista: o *Discourse of a Discoverie for a New Passage to Cataia*, publicado em Londres pelo também viajante Henry Middleton, em 1576. Entre *Discourse of a Discoverie for a New Passage to Cataia* e a edição da primeira coletânea de Hakluyt, em 1582, o grupo ligado a este e a Gilbert, os tais homens interessados em comércio e geografia, esteve por trás da publicação de pelo menos mais uma obra do gênero: *A True Discourse of the Late Voyages of Discoverie* (1577), de George Best.

O muito citado Richard Hakluyt[77] não é um navegador. Entretanto ninguém, na Inglaterra do período, supera-o em importância no que tange à divulgação de relatos de viagem. A sua estreia no ramo deu-se na década de 70 do quinhentos, quando começou a ministrar leituras públicas de geografia, para que as pessoas conhecessem as "imperfeições dos antigos mapas" e as novidades dos mais recentes, como gostava de declarar. É, porém, na década de 80 do mesmo século que Hakluyt dá os primeiros passos para tornar-se um dos mais importantes editores de viagem da Europa: em 1580, assiste John Florio na tradução e pu-

[77]FULLER, Mary C. *Voyages in Print: English Travel to America (1576-1624)*, p. 141-174; PARKS, George Bruner. *Richard Hakluyt and the English Voyages*. Nova York: F. Ungar Pub. Co., 1961; LYNAM, Edward (ed.). *Richard Hakluyt & His Successors; a volume issued to commemorate the centenary of the Hakluyt Society*. Nendeln, Liechtenstein: Kraus Reprint, 1967.

blicação de *Brief recit et succinte narration de la navegation faites aux îles de Canada*, de Jacques Cartier, e colabora com outro conhecido compilador de viagens, Theodore De Bry; dois anos mais tarde, Hakluyt publica *Divers Voyages, Touching the Discoverie of America*, obra que pôs à disposição do público inglês — público ainda restritíssimo — as narrativas de Sebastian Cabot, dando conta de suas andanças pela América, a carta dos irmãos Verrazano a Francisco I, comunicando sua navegação pelas costas americanas, e a narrativa de Jean Ribault sobre a aventura francesa na Flórida — publicada anteriormente na Inglaterra, em 1563; por fim, em 1589, Hakluyt inicia a publicação da obra que seria a sua grande contribuição para a divulgação dos relatos de viagem na Inglaterra do período: *The Principal Navigations, Voyages, Traffics and Discoveries of the English Nation*.

A primeira versão da obra, como mencionado, saiu em 1589 (Londres, G. Bishop and R. Newberie, 825 páginas), a versão definitiva, todavia, veio a público somente entre 1598 e 1600 (Londres, G. Bishop; R. Newberie; R. Barker), em três volumes (com 619, 516 e 868 páginas, respectivamente). Ao todo, o empenhado, culto e bem-relacionado Hakluyt recolheu 517 documentos relativos a viagens, organizados do seguinte modo: 109 deles no primeiro volume, entre os quais se encontravam relatos de expedições a Cadiz e à Noruega, de embaixadas à Rússia e à Pérsia, e mesmo de uma viagem ao redor das ilhas Britânicas, em 973; o segundo volume trazia 165 documentos, que incluíam desde uma narrativa sobre a viagem da imperatriz Helena a Jerusalém, em 337, até os relatos das viagens de Walter Raleigh à Guiana, de Martin Frobisher à ilha de Baffin — no ártico canadense — e de Richard Grenville à Virgínia — viagem realizada a mando de Walter Raleigh —, passando por relatos de embaixadas a Constantinopla e de viagens à Tartária, à Tunísia, à Argélia, à Índia, à China, à Guiné e a uns tantos outros lugares. O terceiro e último volume, o maior e mais importante do ponto de vista da incorporação no universo mental dos ingleses das novas terras descobertas a oeste, contém 243 narrativas, entre as quais as de Colombo, as da família Cabot, John Davis, John Smith, Raleigh, Hawkins, Frobisher e a de Francis Drake. Tamanho ímpeto compilatório tinha, como esclarece-nos o próprio Hakluyt no prefácio ao leitor, o propósito de, "por amor à nação", colocar à disposição dos ingleses, depois de um "incansável e penoso" esforço de pesquisa, um amplo espectro de histórias "raras, agradáveis e proveitosas".[78]

Enorme foi o impacto de *The Principal Navigations, Voyages, Traffics and Discoveries of the English Nation*, e de sua continuação, o *Hakluytus Posthumus or Purchas his Pilgrimes, Contayning a History of the World in Sea Voyages and Lande Travells*, obra em quatro volumes (cinco livros), publicada em 1625 por um seguidor de Hakluyt, Samuel Purchas, contendo, segundo palavras do organizador, "as viagens e peregrinações dos antigos reis, patriarcas, apóstolos e filósofos; todas as viagens de circum-navegação" (Magalhães, Drake, Cavendish, Noort);

> as navegações e viagens dos ingleses pelas costas da África, cabo da Boa Esperança e daí para o Mar Vermelho, Abissínia, Arábia, Pérsia, Índia, portos, continente e ilhas; as viagens inglesas para além das Índias Orientais, para as ilhas do Japão, para a China, Cochinchina, Filipinas e outros lugares, e a navegação para as Índias;

e, por fim, no quinto livro, "as navegações, viagens, tráfico e descobrimentos da nação inglesa nas partes orientais do mundo".[79]

Ambas as obras colaboraram decisivamente para consolidar o interesse e o gosto pelo gênero na Inglaterra, um interesse crescente, que suscitou, a partir da metade do século XVII, a publicação de uma

[78]HAKLUYT, Richard. *The Principal Navigations, Voyages, Traffics and Discoveries of the English Nation*. Londres: Imprinted by G. Bishop, R. Newberie e R. Barker, v. 1, 1598-1600.
[79]PURCHAS, Samuel. *Hakluytus Posthumus, or, Pvrchas his Pilgrimes: Contayning a History of the World, in Sea Voyages, & lande-travells*. Londres: Imprinted at London for Henry Fetherston at y[e]e signe of the rose in Pauls Churchyard, 1625, 4 v.

verdadeira enxurrada de narrativas de viagem, algumas com carreiras muitíssimo bem-sucedidas. O rol de viajantes-narradores é bastante grande e inclui nomes como o de Richard Hawkins, Walter Raleigh, Thomas Cavendish, William Wood, Thomas Gage, William Dampier, Woodes Rogers, Lionel Wafer, George Shelvocke, Edward Vernon, George Anson, James Cook, Samuel Wallis, John Byron, Edmund Burke, Georg Forster, Arthur Phillip, George Staunton, John Barrow, James Wilson, George Vason e tantos outros, cujas narrativas não somente contribuíram para forjar entre os ingleses — e entre os europeus em geral, na medida em que muitos desses relatos foram traduzidos em francês, espanhol, alemão, holandês etc. — uma imagem do exótico e lucrativo mundo de além-mar, como também colaboraram, em tempos de grande apreço pelos relatos de viagem e de grande importância das navegações, para determinar os contornos da imagem que o inglês elaboraria de si próprio. A título de exemplo, tracemos, como no caso francês, uma brevíssima história editorial de algumas dessas narrativas.

Um bom ponto de partida é, sem dúvida, a narrativa escrita pelo navegador e homem de letras sir Walter Raleigh:[80] *The Discoverie of the Large, Rich, and Beautiful Empire of Guiana*. Publicada em Londres, por Robert Robinson, em 1596, reeditada e reproduzida em diversas coleções de viagem e traduzida para o latim (1599), o alemão (1603), o holandês (1604) e o francês (1698) — juntamente com a narrativa do suposto aventureiro espanhol Francisco Coreal —, a obra seguiu a carreira de um verdadeiro best-seller dos tempos da rainha Elizabeth. Muitos foram os que se deixaram encantar pelas descrições nela contidas do maravilhoso Império da Guiana, que abrigava em um ponto qualquer

[80]Há uma bibliografia enorme sobre Walter Raleigh e sua obra. Para uma introdução geral e mais informações acerca do seu papel na divulgação da América, ver: EDWARDS, Edward. *The Life of sir Walter Raleigh. Based on Contemporary Documents... Together with His Letters.* Londres: Macmillan & Co., 1868, 2 v.; FULLER, Mary C. *Voyages in Print: English Travel to America (1576-1624)*; GOSSE, Edmund. *Raleigh*. Norwood: Norwood Editions, 1977; TREVELYAN, Raleigh. *Sir Walter Raleigh*. Nova York: H. Holt, 2004.

do seu território a magnífica cidade de Manoa, a cidade de ouro, entre os quais homens da estatura de George Chapman — que escreveu um poema, *De Guiana*, exaltando a fertilidade da terra descrita por Raleigh e a candura dos seus habitantes —, William Shakespeare e John Milton. O navegador, todavia, um entusiasta do Império britânico e um grande incentivador da colonização inglesa no Novo Mundo, ainda que homem de letras e poeta, esperava alcançar com sua narrativa bem mais do que o reconhecimento dos sábios; na nota ao leitor, o meio-irmão de Humphrey Gilbert, primo de Richard Grenville e amigo próximo de Richard Hakluyt, explica:

> Tenho fé de que as províncias e este império por mim agora descobertos possam provir Sua Majestade e todo o Reino com não menos riquezas do que o rei de Espanha retira de todas as Índias que possui, as Orientais e as Ocidentais [...]. Dito isso, remeto agora o leitor para a dissertação que se segue, com a esperança de que os arriscados e pesados trabalhos e diligências enfrentados por todos aqueles que buscam nestes domínios o proveito e a honra de Sua Majestade e da nação inglesa possam receber, da parte dos homens de qualidade e virtude, o entendimento e a boa acolhida que eles próprios gostariam, como qualquer pessoa, de receber em semelhantes casos.[81]

Ainda que Raleigh tenha sido executado em 1618 — e isso depois de passar mais de uma década preso, acusado de traição —, não se pode dizer, nem de longe, que os seus anseios tenham sido frustrados — nem os seus nem os do grupo a que estava ligado. Ao contrário, "os homens de qualidade" acolheram muito bem a sua proposta e a sua narrativa, que seria, inclusive, uma das primeiras de uma longa lista de obras pertencentes a um gênero que penetrou por todos os cantos da socie-

[81]RALEIGH, sir Walter. *Discoverie of the Large, Rich, and Beautiful Empire of Guiana*. Ed. Sir Robert Hermann Schomburgk. Londres: Hakluyt Society, 1848.

dade inglesa -- que, como mencionei, e isso não é de somenos, passou, a partir do período elisabetano (1533-1603), a construir-se a si própria como uma sociedade com vocação marítima e colonial. Prova da tal boa acolhida dos relatos de viagem é o sucesso experimentado pelo *The English-American his Travail by Sea and Land, or, A New Survey of the West-India's*, do dominicano abjurado de origem irlandesa Thomas Gage.[82] O religioso vivera doze anos na Nova Espanha e, de volta à Europa em 1637 e à Inglaterra em 1640, resolveu lançar, em 1648, a relação de sua longa estada no México e na Guatemala. O livro, repleto de críticas à colonização espanhola e à atuação dos representantes da Igreja Católica no Novo Mundo — mergulhados no luxo e na licenciosidade, segundo o futuro anglicano —, foi reeditado pelo menos umas oito vezes no meio século que se seguiu ao seu lançamento; em francês, a tradução é de 1676, reeditada — em Paris e em Amsterdã — em 1677, 1680, 1684, 1687 e, em nova tradução, pelo menos mais cinco vezes até 1722; a tradução holandesa é de 1682 (reeditada em 1700) e a alemã, de 1693.

Difusão local e europeia ainda mais saliente tiveram os relatos publicados no século XVII por William Dampier,[83] sem sombra de dúvida um dos nomes mais conhecidos e influentes da história marítima britânica e europeia. A saga vitoriosa de suas obras começou em 1697, com a publicação de *A New Voyage Round the World*, sob os cuidados do editor James Knapton. O sucesso do livro foi imediato: a Royal Society incluiu uma nota sobre ele no prestigiado *Philosophical Transactions*; o célebre jornalista e escritor Daniel Defoe — um apaixonado por viagens —

[82]GAGE, Thomas. *Travels in the New World*. Edição e introdução de J. Eric S. Thompson. Norman: University of Oklahoma Press, 1958. Sobre Thomas Gage, ver: NEWTON, Norman. *Thomas Gage in Spanish America*. Londres: Faber, 1969.

[83]BONNER, William Hallam. *Captain William Dampier, Buccaneer-Author. Some Account of a Modest Buccaneer and of English Travel Literature in the Early Eighteenth*. Califórnia: Stanford University Press/Oxford University Press, 1934; GILL, Anton. *The Devil's Mariner: a Life of William Dampier, Pirate and Explorer*. Londres: Michael Joseph, 1997; SHIPMAN, Joseph C. *William Dampier, Seaman, Scientist*. Lawrence: University of Kansas Libraries, 1962.

tornou-o seu livro de cabeceira, inspirando-se no seu estilo e tomando emprestado as suas descrições para a composição de alguns dos seus livros; Jonathan Swift não abriu mão de consultá-lo quando da redação do seu best-seller *As viagens de Gulliver* (1726); Hans Sloane, o cientista e doutor em medicina pela Universidade de Oxford, não contente em ler e reler a narrativa, tornou-se amigo pessoal de Dampier, por quem nutria grande admiração; Charles Debrosses, organizador da conhecida *Histoire des navigations aux terres australes* (1756), maravilhou-se com o relato e lamentou não haver mais navegadores escritores como Dampier; James Cook conta que, no seu tempo de formação, o livro era tido como um verdadeiro manual pelas gentes do mar; enfim, *A New Voyage Round the World* conquistou escritores, marinheiros, cientistas e o público leitor em geral, e isso não somente na Inglaterra.

Tamanha repercussão garantiu à obra reedições em 1697, 1698, 1699, 1703, 1717 e 1729, para restringirmo-nos à primeira metade do século XVIII. Traduções foram muitas: para o francês, em 1698, para o holandês, também em 1698, e para o alemão, em 1702. Garantiu, igualmente, um caminho seguro para as outras narrativas de Dampier, que o atento editor James Knapton tratou logo de colocar no mercado: *Voyages and Descriptions*, editado em 1699 (reedições em 1700, 1705 e 1729) e *Voyage to New Holland*, publicado em 1703 e reeditado em 1709 (com uma segunda parte) e em 1729. Dampier, sensível ao acolhimento público privilegiado que tinham os seus relatos, comentava no prefácio de *Voyage to New Holland*:

> A favorável recepção que os dois volumes anteriores de *Voyages and Descriptions* tem encontrado pelo mundo deu-me razões para esperar que, não obstante as objeções que me têm sido feitas por pessoas preconceituosas, este terceiro volume possa, em alguma medida, ser bem-acolhido pelos leitores honestos e imparciais, leitores curiosos

> para saber sobre a natureza dos habitantes, dos animais, das plantas, do solo etc. desses países distantes, os quais ou são raramente ou nunca foram visitados pelos europeus.[84]

A fama alcançada então pelos escritos de Dampier foi tanta que a sua simples presença numa expedição privada aos Mares do Sul (1708-1711), comandada por outro renomado homem do mar, o capitão Woodes Rogers,[85] contribuiu em larga medida para tornar a narrativa de tal expedição um dos livros mais conhecidos da história naval britânica. É verdade que *A Cruising Voyage Round the World*, escrito pelo referido capitão Rogers e publicado por A. Bell, na cidade de Londres, em 1716 — há um outro relato da viagem, escrito pelo capitão Edward Cooke —, tinha, aos olhos da época, outros atrativos além da presença, na qualidade de personagem, do lendário Dampier. O livro punha à disposição dos ingleses uma descrição bastante pormenorizada dos portos e das rotas comerciais dos Mares do Sul — do mesmo modo que a narrativa de Frézier fizera na França —, despertando a atenção dos homens de negócio e de Estado para uma região com enormes potencialidades comerciais — na época sob o controle de espanhóis e franceses. É o próprio Rogers, na dedicatória dirigida ao grupo de comerciantes de Bristol, patrocinador da viagem, quem comenta tal aspecto:

> Não tenho dúvida de que muito vos honrará o fato de essa viagem ter começado em Bristol, sob o vosso patrocínio. A sua realização deu ao público uma evidência clara de como proceder naquelas partes do

[84]DAMPIER, William. *A Voyage to New Holland — The English Voyage of Discovery to the South Seas in 1699*. Edição e introdução de James Spencer. Londres: Alan Sutton, 1981, p. 39.
[85]LITTLE, Bryan D. G. *Crusoe's Captain; Being the Life of Woodes Rogers, Seaman, Trader, Colonial Governor*. Londres: Oldhams Press, 1960; MANWARING, George Ernest. *Woodes Rogers: privateer and governor*. Edição de A. Deans Peggs. Nassau: Deans Peggs Research Fund, 1957; POLING, James. *The Man who Saved Robinson Crusoe; The Strange Surprising Adventures of the Original Robinson Crusoe and His Most Remarkable Rescuer*. Nova York: W. W. Norton, 1967.

> mundo, e criou um consenso entre os nacionais no sentido de estabelecer uma rota comercial com os Mares do Sul, a qual, com a graça de Deus, deverá trazer vastas riquezas para a Grã-Bretanha.[86]

Outro aspecto que muito pesou para a popularidade do livro é o fato de *A Cruising Voyage Round the World* ser o ponto de partida de uma das mais conhecidas obras da literatura ocidental, o *Robinson Crusoe*, de Daniel Defoe.[87] Tudo começou em janeiro de 1709, quando, pressionada pelo frio extremo e pela falta de víveres, a expedição de Rogers deu na ilha de Juan Fernandez, na costa chilena. Pela manhã do dia 2 de fevereiro, ao desembarcar, a tripulação avistou um homem que acenava ao longe: era Alexander Selkirk, um marinheiro que havia sido "esquecido" no local, há mais de quatro anos, pelos navios de William Dampier. Foi a história de Selkirk, revelada à Europa pelo relato de Rogers, que inspirou *A vida e as curiosas e surpreendentes aventuras de Robinson Crusoe*, obra de uma popularidade tal que o tradutor francês, na primeira edição nessa língua (1721), advertia:

> O livro cuja tradução ofereço aqui ao público é extremamente apreciado na Inglaterra e já vendeu um número prodigioso de exemplares. E isso não me espanta. Jamais se viu, na vida de um só homem, uma trama tão maravilhosa de aventuras surpreendentes [...].[88]

Plausível, pois, que *A Cruising Voyage Round the World*, escrito sob os auspícios de Dampier, apreciado pelas informações marítimo-comerciais que trazia e, sobretudo, intimamente vinculado ao romance, despertasse igualmente as atenções do público leitor; daí ter sido reeditado pelo menos três vezes no século XVIII, em 1718, 1726 e 1790, e traduzido

---

[86] ROGERS, Woodes. The Dedication. In: ___ *A Cruising Voyage Round the World*. Nova introd. de Percy G. Adams. Nova York: Dover, 1970.
[87] Ver nota 85.
[88] CRUSOE, Robinson. *La vie et les aventures surprenantes de Robinson Crusoe*. Tradução de Van Effen e Thémiseul de Saint-Hyacinthe. Amsterdã: L'Honoré et Châtelain, 1721, p. 1.

para o francês em 1716 — tradução publicada em Amsterdã por Paul Marret e reeditada em 1723 e em 1725 — e para o holandês em 1715.

A obra de Rogers, todavia, ainda que extremamente importante e impulsionada pelo livro *Robinson Crusoe*, não alcançou, nem de longe, a popularidade dos relatos atribuídos a um dos grandes heróis da Marinha britânica: o capitão James Cook,[89] protagonista de nada menos do que três viagens de circum-navegação e descobridor de inúmeras terras no Pacífico. A exitosa carreira de seus escritos começou em 1771, com a publicação de *A Journal of a Voyage Round the World*, o relato de sua primeira viagem de circum-navegação. Em 1773 veio a público a versão oficial da viagem, escrita por John Hawkesworth — a partir de uma mistura dos "diversos diários dos comandantes e dos papéis de Joseph Banks" — e publicada numa coletânea intitulada *An Account of the Voyages Undertaken by the Order of his Present Majesty for Making Discoveries in the Southern Hemisphere*, ao lado dos relatos de Samuel Wallis e John Byron. Em 1777, foi publicado o relato oficial de sua segunda viagem em torno do globo, *A Voyage Towards the South Pole, and Round the World*, e, em 1784, o relato oficial da terceira viagem, *A Voyage to the Pacific Ocean*. Entre uma obra e outra, vale mencionar, algumas narrativas não oficiais das viagens foram publicadas, todas com relativa circulação. Traduções, foram muitas: as alemãs começaram a saltar das prensas em 1772, as francesas, em 1774, e as holandesas, em 1786. Citações em livros geográficos e reproduções em coletâneas de viagens também abundaram — em inglês, francês e alemão.

Malgrado as discordâncias entre Joseph Banks, James Cook e o escritor Hawkesworth e as muitas críticas que foram feitas ao livro, a

[89] Sobre a vida, a obra e as viagens do capitão James Cook, ver: BEAGLEHOLE, John Cawte. *The Life of Captain James Cook*. Londres: Hakluyt Society, 1974; id. (ed.). *The Journals of Captain Cook on his Voyages of Discovery*. Editado a partir dos manuscritos originais por John Cawte Beaglehole. Londres: Hakluyt Society, 1974; CAMERON, Charles. *Sir Joseph Banks*. Sydney: Angus & Robertson, 1966; LYTE, Charles. *Sir Joseph Banks*. Newton Abbot: David & Charles, 1980.

primeira edição de *An Account of the Voyages...* esgotou em dois meses. O sucesso do primeiro relato estendeu-se aos outros escritos oficiais — e também às muitas traduções e edições não autorizadas que circularam pela Europa no período —, transformando o capitão Cook numa verdadeira celebridade do seu tempo, cantado em versos e em prosa. Andrew Kippis, na biografia *Captain Cook's Voyages*, publicada em 1788, um verdadeiro panegírico à memória do capitão, dá-nos, na sua dedicatória ao rei, a medida da importância que então tinha Cook. Kippis explica ao monarca por que resolvera intentar uma biografia do capitão:

> [...] sinto-me extremamente honrado em poder dedicar a presente narrativa da vida e feitos do capitão James Cook à Vossa Majestade. Foi justamente graças à vossa real proteção e amparo que este ilustrado navegador pôde executar tão vastos empreendimentos e tão extraordinárias descobertas, as quais têm contribuído enormemente para o renome do Império britânico e refletido a glória própria do vosso reinado.[90]

Ainda mais enfático no que tange à importância do capitão foi o editor de *A Voyage to the Pacific Ocean*: o bispo e escritor John Douglas. Na influente introdução que escreveu para o relato de Cook, muitíssimo citada e elogiada pelos contemporâneos, ele afirmava:

> Viajante! Contemple, admire, reverencie e imite esse grande mestre de sua profissão, que com seu talento e empenho tanto ampliou a filosofia natural, alargou a ciência náutica e revelou o admirável e por muito tempo oculto arranjo que o Onipotente lançou mão para criar este globo e, ao mesmo tempo, a arrogância dos mortais, ao presumirem que poderiam, por meio de suas especulações, explicar as leis pelas quais Ele se dignou a criá-lo.[91]

[90] KIPPIS, Andrew. *Captain Cook's Voyages*. Nova York: Alfred A. Knopf, 1925, p. V.
[91] DOUGLAS, John apud KIPPIS, op. cit., p. 362.

Cook, seguramente, é um dos mais renomados navegadores de sua época, e seus relatos, dos mais conhecidos. Avancemos, porém, um pouco mais no tempo e sigamos, para encerrar esta breve passada de olhos pelo mundo inglês das narrativas de viagem, a trajetória de outro relato que se tornou bastante conhecido quando de sua publicação, já no ocaso do século XVIII. Trata-se de *An Authentic Account of an Embassy from the King of Great Britain to the Emperor of China*, de George Staunton, publicada em Londres, por W. Bulmer, em 1797, numa edição de luxo, acompanhada de um atlas. A narrativa do diplomata e orientalista Staunton não tinha, por certo, o tom de descoberta e aventura que marcava os relatos de Dampier, Rogers e Cook. Todavia, a detalhada descrição da malograda primeira embaixada inglesa à China, coordenada por lorde Macartney — expedição que deixou mais meia dúzia de outros testemunhos, metade deles com relativa circulação na época —, foi reeditada em 1798, 1799 e 1801; a tradução francesa saiu em 1798, mesmo ano da edição em alemão.

Atribui-se ao relato de Staunton[92] — e também aos de Aeneas Anderson (1795), Samuel Holmes (1798) e John Barrow (1804), todos membros da embaixada e todos bem pouco simpáticos aos chineses — um papel extremamente importante na mudança de perspectiva dos europeus em relação à China e aos seus habitantes, que de sábios e ponderados — como pregavam Leibniz, Voltaire e tantos outros homens de cultura do séculos XVII e XVIII — passaram a estagnados, atrasados e autoritários. O filósofo Hegel, um declarado leitor de Staunton,[93] no seu *Filosofia da história* (1837), traduz a seu modo, mas de maneira lapidar, essa nova visão dos chineses que começava a ganhar corpo na Europa depois da embaixada de lorde Macartney:

[92]Uma excelente análise da primeira embaixada inglesa à China pode ser encontrada em: PEYREFITTE, Alain. *O império imóvel ou o choque dos mundos*. Niterói: Casa Jorge, 1997.

[93]HEGEL, Georg Wilhelm Friedrich. *Filosofia da história*. 2ª ed. Brasília: Editora Universidade de Brasília, 1999, p. 117.

> Desde cedo, vemos a China atingir o estágio em que se encontra até hoje; já que lhe falta a oposição entre a existência objetiva e a liberdade subjetiva, fica excluída qualquer mutabilidade, e o estágio que sempre ressurge substitui aquilo que chamaríamos de histórico. China e Índia estão como que fora da história universal como pressuposto dos momentos cuja integração se tornará o seu progresso vital. A unidade de substancialidade e de liberdade subjetiva não comporta nem diferença nem oposição de ambos os lados, e por isso a substância não pode alcançar a reflexão sobre si mesma, a subjetividade. O substancial, que se apresenta como moral, domina dessa forma não como disposição do sujeito, mas como despotismo do chefe de governo.[94]

Longe já estávamos aqui, sem dúvida, da visão de um Leibniz que, encantado com as notícias vinculadas nas "cartas edificantes" que os jesuítas enviavam da China, escreveu em 1716:

> Como a China é um grande império, que não fica nada atrás em extensão à Europa cultivada, e a ultrapassa pelo número de habitantes, e em boa polícia; e como há na China uma moral exterior admirável sob certos aspectos, junto a uma doutrina filosófica, ou antes, a uma teologia natural, venerável pela sua antiguidade [...]; seria uma grande imprudência e presunção para nós que viemos depois deles, e saídos a custo da barbárie, querermos condenar uma doutrina tão antiga, porque ela não parece concordar, em primeiro lugar, com nossas noções escolásticas ordinárias.[95]

Deixemos, porém, por ora, os chineses, a embaixada de Macartney e a narrativa de Staunton, ou seja, deixemos por ora o mundo dos relatos de viagem ingleses e retornemos ao continente. Tanto Leibniz quanto

---

[94] Ibid., p. 105.

[95] LEIBNIZ, Gottfried Wilhelm Von. *Discurso sobre a teologia natural dos chineses*. Lisboa: Colibri, 1991, p. 40.

Hegel, ambos de origem germânica, não tiveram por certo dificuldade para consultar, cada um a seu tempo, as narrativas de viagem que intensamente circulavam pela Europa. Os dois podiam, inclusive, fazê-lo na sua própria língua, se o desejassem, na medida em que, desde muito cedo, os alemães contaram, em cidades como Berlim, Leipzig, Nuremberg, Frankfurt e Marburg, com editores muitíssimo interessados em traduzir e editar relatos de viagem. Uma das primeiras narrativas de sucesso a vir a público pelas mãos de tais editores foi a extraordinária aventura de um prussiano que vivera entre os antropófagos da América Austral, um aventureiro de nome Hans Staden, cujo relato, *Verdadeira história e descrição de um país habitado por homens selvagens, nus, ferozes e antropófagos, situado no Novo Mundo, denominado América*, trazia notícias tão singulares que o introdutor, o anatomista Johann Eichmann, reitor da Universidade de Marburg, julgou prudente explicar aos seus leitores:

> [...] empreendo o trabalho de rever este livrinho, com tanto mais alegria e carinho, porque gosto de ocupar-me com assuntos que se avizinham da matemática, tal como a cosmografia, isto é, a descrição e medição das terras, cidades e roteiros de viagens, dos quais este livro trata de muitas maneiras. Por isso o faço com gosto, pois observo que os acontecimentos são expostos com franqueza e verdade, e está fora de dúvida que Hans Staden não descreveu nem ilustrou sua viagem e fatos através das narrações de outrem.[96]

Publicado em 1557, na cidade de Marburg, por Andres Kolben, a *história verdadeira* legada por Staden fez uma carreira promissora na Alemanha e, posteriormente, através das grandes coletâneas de viagem, em toda a Europa. O livro foi reeditado pelo menos quatro vezes em 1557, e mais

[96]STADEN, Hans. *Duas viagens ao Brasil*. Belo Horizonte, São Paulo: Itatiaia, Ed. da Universidade de São Paulo, 1974, p. 29.

umas outras tantas até o final do século; a tradução para o holandês veio em 1558, e a latina, em 1630.

Uma década depois do livro de Staden, em 1567, saiu das prensas o relato de Ulrich Schmidt,[97] soldado e aventureiro alemão, que passara vinte anos perambulando pela América Austral (1534-1554). A sua aparição deu-se numa coletânea de viagens, intitulada *Ander theil dieses Welt*, editada em Frankfurt, por Sigismund Feyerabend e Simon Hüter, dividida em duas partes que, além da narrativa de Schmidt, trazia o *Weltbuch* (1534), de Sebastian Franck, diversos relatos portugueses das Índias Orientais e o mencionado relato de Staden. A *verdadeira história* de Schmidt veio a público novamente em 1599, na citada coletânea de Levinus Hulsius e numa edição em latim, intitulada *Vera historia admirandae cuiusdam navigationis*. Também em 1599, o relato de Schmidt conheceu quiçá a sua mais importante reedição: a narrativa foi incluída na prestigiada *Grands Voyages* e *Petits Voyages*, iniciada pelo famoso editor Theodore De Bry (1528-1598) e continuada, depois de sua morte, por seus filhos, Johan Theodor e Johan Israel, e por seus herdeiros.

A portentosa obra concebida por De Bry, a mais célebre de todas as coletâneas de viagem do período, veio a público entre 1590 e 1634, dividida em duas séries: a primeira, intitulada *Grands Voyages* — em razão de seu formato — contava com quatorze partes na edição alemã (treze na edição latina) e abrigava narrativas referentes às Índias Ocidentais; a segunda, *Petits Voyages*, tinha treze partes (doze na edição latina) e reunia as narrativas sobre as Índias Orientais. Publicada e republicada com pequenas alterações ao longo de mais de quatro décadas, editada em latim e alemão, ricamente ilustrada e amplamente divulgada entre

[97]DOMINGUEZ, Luis L. *The Conquest of the River Plate (1535-1555)*. Tradução de Hakluyt Society, introdução e notas de Luis L. Dominguez. Nova York: B. Franklin, [1964?]; KLOSTER, W; SOMMER, F. *Ulrico Schmidel no Brasil quinhentista*. São Paulo: Sociedade Hans Staden, 1942; QUEVEDO, A. Lafone. *Viaje de Ulrich Schmidt al río de la Prata (1534-1554)*. Organização, tradução e notas de Lafone A. Quevedo. Buenos Aires: Calvaux & Cia., 1903.

os homens de cultura do período, a coletânea concebida por De Bry pôs à disposição do público alemão, e da gente culta que lia em latim, narrativas como as dos já citados Hans Staden, Américo Vespúcio, Walter Raleigh, Richard Greinville, Jean de Léry, Girolamo Benzoni, Francis Drake, Thomas Cavendish, Oliver van Noort, Las Casas etc.[98]

A coletânea de Theodore De Bry constitui, sem dúvida, o ponto alto das publicações sobre viagens em língua alemã. Houve, posteriormente, é certo, narrativas de relativo sucesso escritas por viajantes alemães, todavia, em solo germânico, o que mais alimentou a curiosidade dos habitantes locais pelo mundo de além-mar, que não era pequena, foram as coletâneas, nos moldes das *Grands Voyages* e *Petits Voyages*, e sobretudo as traduções. Raras são as narrativas de sucesso publicadas na França, na Inglaterra ou na Holanda que não conheceram, quase sempre em curto espaço de tempo, uma tradução em alemão. Foi assim com o relato de Jean de Léry, Las Casas, Jean Mocquet, Dampier, Frézier, La Condamine, Cook, Staunton e de tantos outros.

Os germânicos especializaram-se, pois, em coletâneas e traduções; já os holandeses, em traduções, edições de relatos em diversas línguas (o francês, sobretudo) e obras cartográficas — é o país de Gerard de Jode, Abrahan Ortelius, Willem Janszoon Blaeu, Cornelius Blaeu e Joachim Ottens.[99] Mas não somente. Pelas terras batavas circularam algumas

[98]TIELE, Pieter Anton. *Mémoire bibliographique sur les journaux des navigateurs néerlandais réimprimés dans les collections de De Bry et de Hulsius et dans les collections hollandaises du XVIIe siècle, et sur les anciennes éditions hollandaises des journaux de navigateurs étrangers, la plupart en la possession de Frédérik Muller à Amsterdam*; GRAVATT, Patricia. *Le Nouveau Monde et le Vieux Monde: trois représentations originales de l'Amérique à la fin du XVIe siècle*. Paris: Harmattan, 2005.

[99]BARTRUM, Giulia. *German Renaissance Prints 1490-1550*. Londres: Published for the Trustees of the British Museum by British Museum Press, 1995; LANDWEHR, John. *A Bibliography of Publications Relating to the Dutch East India Company: 1602-1800*. Edição de P. van der Krogt, introdução de Charles R. Boxer e prefácio de G. Schilder. Utrecht: HES Publishers, 1991; PETERS, Hubert J. M. W. *The Crone Library. Books on the Art of Navigation*. Nieuwkoop: Published for the Vereeniging Nederlandsch Historisch Scheepvaart Museum at Amsterdã by De Graaf Publishers, 1989.

narrativas importantes escritas por nacionais. É o caso de *Penosa viagem feita ao redor do universo ou globo terrestre*, de Oliver van Noort,[100] o primeiro holandês a realizar uma viagem de circum-navegação. A obra, publicada, em 1602, simultaneamente em francês, holandês e alemão, além de constar em algumas importantes coletâneas de relatos de viagem que circularam pela Europa dos séculos XVII e XVIII, foi reeditada pelo menos dez vezes, entre 1602 e 1708.

Alguns anos após a publicação do livro de Noort, seu conterrâneo Dierick Ruiters,[101] depois de ser capturado pelos portugueses em Angra dos Reis e permanecer trinta meses retido no Brasil, publicou em Amsterdã, no ano de 1623, um pequeno livro, intitulado *Tocha da navegação, para viajar pelas costas situadas ao sul do trópico de Câncer como o Brasil, as Índias Ocidentais, a Guiné, Angola etc.* O guia de Ruiters nem de longe alcançou a popularidade do relato de Noort, entretanto, reproduzido parcialmente dois anos mais tarde no conhecido *A história do Novo Mundo*, de Joannes Laet — que, por sua vez, seria fartamente reproduzido no *Le grand atlas*, de Johan Blaeu —, as descrições das costas, dos portos e fortificações brasileiros tiveram, em tempos de grande interesse batavo pelo nordeste açucareiro, uma relativa circulação entre comerciantes, gentes do Estado e, sobretudo, gentes do mar.

Nada, é certo, que se compare ao impacto de alguns livros derivados da experiência do denominado Brasil holandês,[102] como *Memorável viagem marítima e terrestre ao Brasil* — escrita por Joan Nieuhof, que passara nove anos no Brasil —, obra editada na cidade de Amsterdã, em 1682, e

[100]TAUNAY, Afonso de E. *Visitantes do Brasil colonial.* São Paulo: Companhia Editora Nacional, 1944.

[101]LAET, Joannes. *História ou anais dos feitos da Companhia privilegiada das Índias Ocidentais desde o seu começo até ao fim do ano de 1636, por Joannes de Laet.* Tradução de José Higino Duarte Pereira e Pedro Souto Maior. Rio de Janeiro: Oficinas Gráficas da Biblioteca Nacional, 1916-1925; RUITERS, Dierick. Tocha da navegação. In: *Revista do Instituto Histórico Geográfico Brasileiro.* Tradução de J. de Sousa Leitão. Rio de Janeiro: Departamento de Imprensa Nacional, 1966, v. 269, p. 3-84.

[102]Ver nota 38.

incluída em importantes coleções de viagem, como a *Collection of Voyages and Travels* (1704), de John Churchill, e a *General Collection of Voyages and Travels* (1808–14), de John Pinkerton. Na advertência ao leitor, impressa na primeira edição de *Memorável viagem marítima e terrestre ao Brasil*, Hendrick Nieuhof, irmão de Joan e responsável pela publicação de seus relatos, ciente do crescente gosto do público pelo gênero e das expectativas que aquele alimentava em relação a este, escreveu:

> Cerca de dezenove anos são passados desde que meu irmão, Joan Nieuhof, ao partir para sua segunda viagem às Índias, presenteou-me com uma descrição da China e alguns desenhos por ele feitos durante o tempo em que foi embaixador naquele Império; trabalhos esses que, mais tarde publicados, foram traduzidos em seis línguas diferentes. [...] As vastas regiões por onde jornadeou meu irmão no decurso de sua vida — tais como Brasil, São Tomé, parte da Pérsia, Malabar, Bamerum, Madura, Coromandel, Amboina, Ceilão, Málaca, Sumatra, Java, Taiwan e parte da China, além de muitas ilhas — não conseguiram incutir-lhe o vezo, tão comum entre viajantes, de fantasiar fábulas ao invés de historiar fatos. Em todas as suas narrativas, manteve-se sempre religiosamente fiel à verdade nua, sem rebuços.[103]

Antes que Hendrick, percebendo a boa acolhida do público leitor, resolvesse publicar os escritos relativos aos nove anos de estada do irmão na América Austral, Gaspar Barlaeus, um professor do Athenaeum Illustre, que nunca pisara no Brasil mas que tivera acesso aos arquivos pessoais de Maurício de Nassau e entrevistara vários membros de sua comitiva, entregou ao público, em 1647, *História dos feitos recentemente praticados no Brasil*, obra impressa em latim, na tipografia do já referido Johan Blaeu. Barlaeus, que dedicou o livro a Nassau, explica, na dedicatória,

[103]NIEUHOF, Johannes. *Memorável viagem marítima e terrestre ao Brasil*. Belo Horizonte: Itatiaia; São Paulo: Editora da Universidade de São Paulo, 1981, p. 19.

o que esperava do seu esforço em relembrar os feitos batavos em terras da Coroa de Espanha:

> Oferecendo estas páginas aos vossos olhos, faço reviver os serviços por vós prestados gloriosamente à República e à Companhia das Índias Ocidentais; sujeitando-as ao julgamento dos holandeses, impetro da estima que vos consagram um prêmio para o vosso esforço; entregando-as ao juízo dos estrangeiros, convencerei da fortuna e dos prospérrimos sucessos da guerra os que não forem de todo injustos; submetendo-as à Companhia e aos seus prudentes diretores, mostro-lhes as causas que lhes alcançaram, no aparato de tantos cometimentos, bastante glória marcial e menor soma de proveitos.[104]

Ornada com 56 ilustrações — um retrato do conde de Nassau, 31 gravuras, das quais 27 assinadas por Franz Post, e 24 mapas, a maioria composta por George Marcgrave — e impressa com esmero, a obra foi reeditada, em 1660 e em 1689, e traduzida para o alemão em 1659.

A experiência holandesa no Brasil rendeu ainda, na Holanda, o mencionado *História natural do Brasil* (1648), dos médicos Willem Piso e George Marcgrave, e uns tantos folhetos e poemas. Por essa época, no entanto, os editores baseados em Amsterdã e outras cidades tinham, já há algum tempo, descoberto as enormes potencialidades econômicas dos atlas e dos relatos de viagem. O renomado — e já algumas vezes aqui referido — Johan Blaeu[105] é um bom exemplo de tal interesse. Blaeu, um ativo incentivador da colonização da América do Norte, que ocupou o cargo de cartógrafo chefe da Companhia das Índias Ocidentais, além de publicar o luxuoso e caro *Le grand atlas*, contendo mais de 3 mil

[104]BAERLÉU, Gaspar. *História dos feitos recentemente praticados durante oito anos no Brasil.* Belo Horizonte: Itatiaia, 1974, p. XIII.
[105]GOSS, John. *Blaeu's. The Grand Atlas of the 17th Century World.* Introdução e seleção dos mapas por John Goss. Nova York: Rizzoli, 1991.

páginas de textos — traduzidos do latim para o holandês, o inglês, o francês, o alemão e o espanhol — e cerca de trezentos mapas, editou, ao longo do século XVII, importantes livros de viagem, como o do mencionado Barlaeus.

Depois da morte de Blaeu, muitas das prensas de suas tipografias continuaram a imprimir relatos de viagem, adquiridas que foram por dois editores que também se notabilizaram no mercado holandês e europeu como editores do gênero: Pierre Mortier (1661-1711) e seus herdeiros e Frederick de Wit. Mortier, pertencente a uma família francesa de bem-sucedidos editores, tornou-se um dos maiores livreiros da Europa e foi responsável pela publicação, em língua holandesa, francesa e inglesa, de uma enorme série de relatos de viagem, alguns deles extremamente bem-sucedidos editorialmente. Wit notabilizou-se pelos mapas de grande escala, os planos de cidades e atlas, não deixando, porém, de investir também na publicação das procuradas narrativas de viagem. Aos dois poder-se-ia acrescentar ainda, no primeiro quartel do século XVIII, pelo menos os nomes de Paul Marret, Johannes Covens e Cornelis Mortier, homens que transformaram os Países Baixos num dos grandes produtores e distribuidores de narrativas de viagem, melhor, de impressos relativos a viagens no Velho Mundo.[106]

Na Espanha, terra de onde saíram as primeiras e incipientes notícias do Novo Mundo, depois de um surto de publicações no século XVI — quando vieram a público Gomara, Colombo, Cortez, Las Casas e tantos outros nomes que rapidamente se tornaram conhecidos pela Europa —, o público interessado em viagens viveu, em larga medida, de muitas reedições, poucas traduções e um número ainda menor de edições e narrativas de navegadores espanhóis. *Viaje al estrecho de Maggalanes,*

[106]MARTIN, Henri Jean; CHARTIER, Roger. *Histoire de l'édition française*. Le livre triomphant 1660-1830, p. 385-417; CHARTIER, Roger; CAVALLO, Guglielmo; BARDOS, Jean-Pierre; AUGER, Marie-Claude. *Historia de la lectura en el mundo ocidental*. Madri: Taurus, 2004, p. 373-414 e p. 469-537.

de Pedro Sarmiento de Gamboa, por exemplo, veio à luz somente em 1768, quase dois séculos depois de ter sido redigido. *Relation del viaje...*, escrita pelos irmãos Bartolomeu Garcia de Nodal e Gonçalo de Nodal e publicada na cidade de Madri, em 1621, passou praticamente despercebida, voltando a ser reeditada somente no século XIX. Traduções também não foram muitas: a narrativa de Willem Schouten, em 1619, a de Alexandre-Oliver Exmelin, em 1681, as *Lettres édifiantes*, entre 1753 e 1757 (em dezesseis tomos), a de La Condamine, em 1745, a de John Byron, em 1769, e algumas outras. Os espanhóis interessados em viagem e não falantes de outra língua tiveram que aguardar o século XIX e mesmo o XX para lerem narrativas importantes sobre suas antigas colônias, como as de Frézier, Rogers, Dampier, George Anson e tantos mais.

Na Itália, a situação é parecida. Depois de um início prodigioso no século XVI, os editores italianos interessados em viagem viveram de reedições e de traduções, acrescidas, vez ou outra, por um relato escrito originalmente em italiano. A bem da verdade, ingleses, holandeses, franceses e alemães foram os grandes editores e consumidores da literatura de viagem que circulou pela Europa ao longo dos séculos XVII e XVIII — no século XVI, espanhóis e italianos ainda tinham uma palavra a dizer sobre o processo. Isso, no entanto, nem de longe significa que o gosto pelas narrativas de viagem e a possibilidade de ter acesso a elas estivessem restritos a tais países. Ao contrário, tanto o apreço pelas notícias de outras terras quanto os livros que portavam tais notícias espalharam-se um pouco por toda a Europa.

Os relatos contaram, para propagarem-se, com o poderoso auxílio de uma rede nada desprezível de editores, representantes de casas editoriais e livreiros. Um livro de viagens da editora fundada por Pierre Mortier, por exemplo, como as *Memórias*, do corsário Duguay-Trouin, poderia, na metade do século XVIII, ser adquirido num sem-número de cidades europeias: de Cadiz a Varsóvia, passando por Lisboa, Porto,

Madri, Barcelona, Frankfurt, Nápoles, Veneza, Salzburg e por uma série de outras, todas atendidas por uma significativa rede de distribuição de livros mantida por grandes editores, como Pierre Mortier (Amsterdã), Paul Marret (Amsterdã), John e Paul Knapton (Londres), Saillant e Nyon (Paris), Thomas Cadell e William Davies (Londres), Charles-Joseph Panckoucke (Paris), B. Law (Londres), Herissant (Paris) e John Debrett (Londres).[107]

Isso, obviamente, no século XVIII, quando a tiragem média de um livro de viagem de sucesso, em Londres, Paris ou Amsterdã, era de 2, 3, por vezes 4 mil exemplares. Acima disso, somente os livros religiosos e as obras de alguns filósofos polêmicos, como Voltaire, por exemplo, cujo *Ensaios sobre os costumes* teve uma tiragem de 7 mil exemplares na sua primeira edição. Antes do século das Luzes, século em que o número de leitores na Europa dá um salto expressivo, as tiragens eram bem mais minguadas: no quinhentos, quando começam a aparecer as narrativas de viagem de relativo sucesso, a tiragem média variava entre 750 e 1.500 exemplares, predominando, a partir da metade do século, as edições com tiragens na casa do milhar; no século XVII, a média subiu um pouco, e passaram a predominar as edições com tiragens de 1.500 a 2 mil exemplares, tiragens maiores, salvo uma ou outra exceção — como a do *Discurso do método*, de Descartes, que teve uma tiragem inicial de 3 mil exemplares —, somente a dos livros religiosos.[108]

Pequena ou grande, o fato é que, excetuando as edições demasiado caras — que vão se escasseando à medida que avança o século XVII —, os livreiros, desde o século XVI, não depararam com grandes problemas para vender os exemplares que recebiam de relatos de viagens. Ao contrário, desde cedo, a despeito do número reduzido de gente letrada, surgiu pela Europa, como mencionei, um público ávido pelas novida-

---

[107] MARTIN, Henri Jean; CHARTIER, Roger. *Histoire de l'édition française. Le livre triomphant 1660-1830*, p. 397; MARTIN, Henri Jean; FEBVRE, Lucien. *The Coming of the Book*.
[108] MARTIN, Henri Jean ; FEBVRE, Lucien. *The Coming of the Book*, p. 216-222.

des trazidas por aqueles marinheiros, comerciantes, soldados, sábios e aventureiros que andavam pelo além-mar. A propósito de tal avidez, o culto e respeitado poeta Jean Chapelain, tido como um dos homens mais bem-informados de seu tempo, impressionado com a moda das narrativas de viagem na França, escreveu, em 1640, ao seu amigo Carrel de Sainte-Garde:

> A nossa nação mudou o seu gosto no que tange à leitura e, em lugar dos romances, que praticamente desapareceram com La Calprenède, as viagens ganharam crédito e passaram a ser muito bem-acolhidas, tanto na corte quanto na cidade.[109]

E há de se levar em conta que esses novos eleitos do público leitor eram, na maior parte das vezes, livros escritos por homens sem pretensões e dotes literários, livros não raro repetitivos que, mesmo descrevendo lugares diversos do globo, punham em cena os mesmos personagens, os mesmos cenários e os mesmos dramas. Livros em que o detalhamento contava mais do que a inovação, em que a qualidade, para o leitor coetâneo, se encontrava menos no estilo e no *quantum* de cenas e situações exóticas que trazia e mais no refinamento da observação e da descrição e no compromisso daquele que observava com a "informação autêntica" — afinal, eram os *olhos* pelos quais os europeus iriam ver os novos mundos. Daí, sem dúvida, o sonho de um Rousseau ou de um Voltaire, que aguardavam ansiosos a proliferação de viajantes com as capacidades intelectuais e o compromisso com a "informação precisa" de um La Condamine. Daí, igualmente, os viajantes, nos seus prefácios, advertências, dedicatórias, introduções e notas aos leitores não cansarem de ressaltar que escreviam com o propósito de instruir os nacionais,

[109]CHAPELAIN, Jean. *Lettres de Jean Chapelain, de l'Academie Française*. Publicado por Ph. Tamizey de Larroque. Paris: Impr. Nationale, 1880-1883, v. II, p. 340.

e que, sobretudo, escreviam a verdade, isto é, escreviam sobre aquilo que viram pessoalmente ou sobre o que ouviram de fonte confiável. Foi pensando nesse compromisso que os irmãos Nodal, na nota ao leitor do citado *Relation del Viaje...* (1621), escreveram:

> Duas coisas, curioso leitor, levam-nos a ler certos livros com mais empenho do que outros, a utilidade ou o prazer. O erudito busca, antes de tudo, o ornamento das palavras para dar beleza às suas sentenças, na medida em que o propósito da retórica é inculcar doutrina por meio da eloquência. O leitor encontrará no presente livro tão grande utilidade que perdoará a ausência do colorido com o qual outros têm sido escritos. Pretendemos somente, como revela o título, oferecer, para o benefício de todos, uma breve e diária narração, com informações verdadeiras, claras e distintas, de nossa viagem, evitando, quando possível, o autoelogio, coisa indigna de mentes generosas e sempre condenada pelas pessoas judiciosas.[110]

Menos sóbrio e cívico, mas igualmente compromissado com a verdade e consciente da função informativa das viagens, o abade Courte de la Blanchardière, um século depois dos Nodal, escrevia na advertência do seu *Nouvelle voyage fait au Pérou* (1751):

> A obra que apresento ao público é uma relação fiel, ou uma espécie de diário de uma viagem realizada recentemente ao Chile, ao Brasil e ao Peru. O autor não o compôs senão para sua própria satisfação, mas as solicitações expressas e reiteradas de muitos amigos levaram-me a publicá-lo. Não pretendo dar uma descrição exata dos lugares pelos quais passei; não entro minimamente em detalhes acerca das suas posições astronômicas ou geográficas. Aqueles que desejarem esclare-

110 MARKHAM, Clements Forbes. *Early Spanish Voyages to the Strait of Magellan*. Tradução, edição, introdução, notas e prefácio de *sir* Clements Markham. Nendeln/Liechtenstein: Kraus Reprint Limited, 1967, p. 199.

> cimentos exatos sobre tal aspecto podem consultar o livro do senhor Frézier, impresso em Paris, e satisfarão amplamente a sua curiosidade. O único propósito deste viajante é propiciar alguns momentos de prazer narrando aquilo que viu [...].[111]

Cerca de quatro décadas mais tarde, em 1789, o almirante Arthur Phillip, o primeiro governador da Nova Gales do Sul (Austrália), lançava em Londres o seu *The Voyage of Governor Phillip to Botany Bay*. O editor do livro, o conhecido John Stockdale, sabedor de que tinha em mãos uma obra de grande importância para a instrução dos nacionais, resolveu apresentar aos leitores os criteriosos métodos que utilizara para prepará-la e os problemas com os quais deparara durante o processo; ao término de tal explicação, Stockdale não deixou de salientar:

> [...] espero que o leitor aceite com complacência o presente volume, no qual, ouso asseverar, não omiti nenhum detalhe relacionado com o estabelecimento dessa colônia que tanta glória e proveito promete trazer para o país; em suas páginas são também divulgadas, pela primeira vez, muitas descobertas importantes, é acrescentada uma série de novos exemplares ao acervo da história natural e são comunicadas diversas notícias interessantes sobre terras já visitadas e sobre povos que têm despertado o mais vivo interesse entre os europeus.[112]

Um pouco mais adiante, no parágrafo inicial do relato, o próprio Arthur Phillip, ao discorrer sobre a utilidade pública das narrativas de viagem, comenta:

---

[111] LA BLANCHARDIÈRE, Abbé René Courte de. *Nouveau voyage fait au Pérou*. Paris: De l'Imprimerie de Delaguette, 1751, p. I.

[112] STOCKDALE, John. Advertisement. In: PHILLIP, Arthur. *The Voyage of Governor Phillip to Botany Bay*. Londres: John Stockdale, 1789.

> O público naturalmente espera que as viagens de descobrimento empreendidas produzam novidades de natureza variada. E constata-se realmente, com satisfação, que, depois de empresas dessa natureza, têm-se publicado excelentes obras, obras que têm contribuído para que este reino aprimore o seu conhecimento geral do globo, dos diversos povos que o habitam e dos animais e vegetais que nele crescem.[113]

Tantas e tamanhas promessas de minúcia e exatidão até contrastavam com a boa vontade e, sobretudo, com a credulidade do público leitor que, de tão afoito por notícias das comentadas terras e gentes de além-mar, estava disposto a conceder grande crédito aos viajantes e a perdoar-lhes os maus-tratos que não raro impingiam à língua. É verdade que, a partir do primeiro quartel do século XVIII, com o início das ditas viagens científicas, aumentaram muito as exigências e as desconfianças em relação às notícias vinculadas por tal gênero de escritos — recordemos a aqui já citada ardente defesa do viajante-narrador que o iluminista Bougainville sente necessidade de fazer na introdução do seu relato publicado em 1768. A perda, ou melhor, a diminuição da fé nas notícias trazidas pelos viajantes, no entanto, não era assim tão profunda. Em regra, o leitor de narrativas de viagem do século XVII e mesmo do XVIII — seja ele um curioso que por acaso comprou um ou outro livro de viagem, um leitor assíduo e refinado, como Voltaire (que possuía 133 narrativas, num universo de 3.667 livros), ou um colecionador aplicado, como o conde de Montmirail — é ainda, em larga medida, um crente, disposto a dar ouvidos ao seu narrador.

Por isso, certamente, os leitores do *Journal des Sçavans* não estranharam — como não tinham estranhado os seus editores — que a prestigiadíssima publicação veiculasse, em 1677, uma matéria em que se dava notícia de "folhas vivas" na ilha do Ceilão,[114] folhas que, quando caíam

[113]PHILLIP, Arthur. *The Voyage of Governor Phillip to Botany Bay*, cap. I, p. 1.
[114]ANÔNIMO. Relation d'un voyage fait aux Indes Orientales, contenant les affaires du Pais & les établiffemens de plufieurs nations. In: *Journal des Sçavans*, Paris, 21 jul., 1677, Jean Cusson, p. 154.

por terra, ficavam dando voltas em torno das árvores como borboletas. E não censuremos os leitores do *Journal des Sçavans*. Naqueles tempos, as mesmas histórias e personagens eram reproduzidas em uma, duas, três, por vezes dez narrativas de viagem e ganhavam ares de verdade, não somente para os leitores simples e desavisados, mas até mesmo para os ditos sábios. O conhecido abade Raynal, por exemplo, um assíduo leitor de narrativas de viagem, na sua célebre *Histoire philosophique et politique* (1770), não viu qualquer inconveniente em asseverar, um século depois das tais "folhas vivas" do Ceilão, que os indivíduos recém-chegados a São Paulo de Piratininga

> [...] eram submetidos a duras provas: os que não aguentavam essa espécie de noviciado ou gerassem suspeitas de perfídia, eram massacrados sem misericórdia; essa era também a sorte dos que pareciam querer se retirar.[115]

Creio que dispomos já, mesmo que em linhas muitos gerais, de uma descrição razoável dos ingredientes que tornaram os relatos de viagem um dos vetores mais importantes, quiçá o mais importante, no lento processo de construção do Novo pelo Velho Mundo. A partir da metade do século XVI e sobretudo do início do século XVII, teve lugar na Europa uma produção constante e volumosa de relatos de viagem, atividade que se tornou quase uma obrigação para o viajante instruído, que retornava do além-mar. Assistiu-se, também, ao crescente apreço dos homens cultos pelas narrativas de viagem, homens que, é bom lembrar, trataram, por meio dos seus escritos, de propagar as ideias e descrições contidas nos relatos. Paralelamente, os editores, grandes e pequenos, atentos às potencialidades econômicas dos relatos e, consequentemente, cada vez mais interessados em publicá-los, inundaram a Europa com

[115] RAYNAL, Guillaume Thomas François. *O estabelecimento dos portugueses no Brasil*, p. 119.

um número realmente prodigioso de relatos de viagem, coletâneas de relatos e obras geográficas em geral, obras que circularam em diversas línguas europeias. Por fim, mas não menos importante, tais publicações encontraram um público receptivo, benevolente e crédulo, ansioso por notícias dos novos mundos.

Tudo isso criou uma dependência tamanha do europeu em relação às narrativas de viagem que poderíamos, sem correr qualquer risco de estar cometendo um exagero, estender ao habitante do Velho Mundo, ou melhor, à sua relação com as terras e gentes do mundo de além-mar, a ressalva que fizera o personagem Penseroso, de Álvares de Azevedo, ao ser interrogado sobre por que, diferentemente dos seus conterrâneos, não cantava a sua bela terra tropical:

> [...] Não escutes essa turba embrutecida no plagiar e na cópia. [...] Falam nos gemidos da noite no sertão, nas tradições das raças perdidas da floresta, nas torrentes das serranias, como se lá tivessem dormido ao menos uma noite [...]. Mentidos! Tudo isso lhes veio à mente lendo as páginas de algum viajante [...].[116]

[116]AZEVEDO, Álvares. *Macário, noites na taverna e poemas malditos*. Rio de Janeiro: Livraria Francisco Alves, 1983, p. 134.

2. Das notícias do Brasil

Em 1507, a Europa culta soube, pela boca de um anônimo e em língua italiana, que o navegador português Pedro Álvares Cabral também descobrira terras a oeste, terras situadas mais abaixo, isto é, mais ao sul do que aquelas encontradas por Cristóvão Colombo na sua terceira viagem ao Novo Mundo, em 1498. Dizia o anônimo:

> A 24 de abril, quarta-feira da oitava de Páscoa, a Armada avistou terra, o que causou grande prazer a todos. Decidimos ver que tipo de terra era e descobrimos que o lugar abundava de árvores e que havia muita gente caminhando pela praia. Lançamos âncora na foz de um pequeno rio. O capitão mandou baixar um batel ao mar e ordenou que se verificasse que tipo de gente era aquela. Os homens da Armada notaram que era gente de cor parda — entre o branco e o negro —, de boa compleição e de cabelos compridos, notaram ainda que andavam nus como tinham nascido, sem vergonha alguma. Todos traziam os seus arcos com flechas, aparentando estarem prontos para defender aquele rio. Não havia no batel ninguém que pudesse compreender a sua língua, o que obrigou os homens a retornarem ao capitão.[117]

[117]FRANÇA, Jean Marcel Carvalho. A relação do piloto anônimo. Introdução, tradução e notas. *Folha de S. Paulo*, São Paulo, 29 ago. 1999. Caderno Mais!, p. 5-10.

A novidade veio a público na prestigiada coleção *Paesi novamente retrovati et Novo Mondo de Alberico Vesputio Florentino intitulato* (Veneza, 1507, folhas 58 a 77, capítulos LXIII a LXXXIII), em um relato que mais tarde — a partir de 1550 — tornar-se-ia conhecido como *A relação do piloto anônimo*. O misterioso escrito, segundo revela o próprio organizador da coletânea, o citado Fracanzano Montalboddo, havia sido traduzido de um original em português.[118] O mesmo *Paesi novamente retrovati et Novo Mondo de Alberico Vesputio Florentino intitulato* trazia, além da relação do anônimo português, mais dois documentos relativos às terras que Cabral introduzira no mundo europeu: a comentada *Mondo novo*, de Vespúcio, e a também mencionada carta que Matteo Crético enviou a Domenico Pizani.[119]

A relação do piloto anônimo, o único testemunho escrito da viagem de Cabral a circular pela Europa do período, retornaria, duas décadas e meia mais tarde, numa outra coleção de viagens, o *Novus Orbis Regionum*,[120] do teólogo reformista Simon Grynaeus, publicado na Basileia em 1532 — obra ilustrada com o mapa-múndi de Sebastian Munster, desenhado pelo célebre Hans Holbein. Grynaeus, além de *A relação do piloto anônimo*, dava a conhecer, no que tange à terra que gradativamente iria se consolidar como *terra do Brasil*, a descrição da viagem de Vicente Pinzon e as importantes cartas de Vespúcio. O relato do "anônimo" ganhou, ainda no século XVI, uma nova edição em italiano, desta vez na coletânea *Navigationi et viaggi*, de Giovanni Ramusio;[121] a coleção, cujos três volumes da primeira edição saíram

[118]A autoria de *A relação do piloto anônimo* é discutida, entre outros, por: FRANÇA, op. cit., p. 5; GREENLEE, William Brooks. *The Voyages of Pedro Álvares Cabral to Brazil and India from Contemporary Documents and Narratives*.

[119]Uma tradução cuidada e anotada da carta de Crético pode ser encontrada em: AMADO, Janaína; FIGUEIREDO, Luiz Carlos. *Brasil 500. Quarenta documentos*. Brasília: Editora da Universidade de Brasília; São Paulo: Imprensa Oficial do Estado, 2001, p. 175-184.

[120]GRYNAEUS, Simon. *Novus Orbis Regionum*. Basileia: Heruagium, 1532.

[121]Para uma descrição da obra de Ramusio, sobretudo da parte referente ao Brasil, ver: MORAES, Rubens Borba. *Bibliografia brasiliana*, v. II, p. 698-699.

entre 1550 e 1558, ofereceu ao ainda pequeno número de interessados no tema mais dois outros importantes documentos relacionados ao Brasil, o *Discorso d'un gran capitano di mare francese* — provavelmente escrito por Pierre Crignon —, dando conta da viagem do piloto e poeta de Dieppe, Jean Parmentier, pelas costas brasileiras em 1528, e o *Viaggio nell'India di Giovanni da Empoli*, relatando a viagem do representante comercial italiano Empoli às Índias Orientais, em 1503, na expedição comandada por Afonso e Francisco Albuquerque — a frota fez aguada no litoral brasileiro.

Meses depois de ser editado em Veneza o último dos três volumes da coleção de Ramusio, Andres Kolben publicava na cidade de Marburg o *Verdadeira história e descrição de um país habitado por homens selvagens, nus, ferozes e antropófagos, situado no novo mundo, denominado América*, de Hans Staden;[122] relato que, como vimos, teve boa acolhida na época e foi parar em importantes coleções de viagem. Na França e em Genebra, pela mesma época, começam a circular os primeiros testemunhos da naufragada tentativa de colonização francesa do Novo Mundo: a França Antártica. O primeiro a ser impresso é *Cópias de algumas cartas sobre a navegação do cavaleiro Villegaignon*, um pequeno opúsculo, publicado na cidade de Paris, em 1557, contendo duas longas cartas do piloto de Villegaignon, Nicolas Barré, relatando a sua navegação entre a Europa e a terra do Brasil e, sobretudo, a instalação dos franceses na Baía de Guanabara. O opúsculo, editado por Jean Martin, teve somente mais uma edição em 1558, nada que se compare ao estrondoso sucesso do *Singularidades da França Antártica*, livro em que o empenhado Garde des curiositez do rei, André Thévet, depois de muita insistência de amigos e curiosos, narrou os três meses de permanência no Brasil. Repleto de descrições da exuberante natureza local e da vida dos estranhos ocupantes da terra, os tupinambás, o escrito de Thévet,

[122]STADEN, Hans. *Duas viagens ao Brasil*, 1974.

não obstante a fama de "imaginativo" que carregava o seu autor, cedo conquistou o público leitor. Já em 1558, em Anvers, uma nova edição francesa saía das prensas, pouco depois, em 1561, *Singularidades da França Antártica* foi traduzido para o italiano e, em 1568, Thomas Hacket verteu-o para a língua inglesa.

Antes que começassem a vir a público as informações relativas à nova tentativa de colonização francesa do Novo Mundo, agora na Flórida, e antes que o pastor Jean de Léry tardiamente resolvesse narrar a sua perspectiva dos acontecimentos da França Antártica, correu por algumas mãos na França o *História das coisas memoráveis ocorridas na terra do Brasil*, um opúsculo anônimo, sem local de impressão, com data de 1561. O escrito, que não passou totalmente despercebido, foi reeditado 58 anos mais tarde, em Genebra, pelo calvinista Jean de Crespin, que o incluiu no seu *Histoire de martyrs*. Seria, porém, não em Genebra, mas em La Rochelle, no ano de 1578, que viria a público o maior concorrente e opositor do livro legado pelo cosmógrafo católico André Thévet, *História de uma viagem feita à terra do Brasil*, escrito por um empenhado calvinista, Jean de Léry.[123] O livro, ainda que publicado duas décadas depois do naufrágio na França Antártica, foi recebido com críticas de católicos e louvores de protestantes, de qualquer modo, com entusiasmo. Prova disso são as muitas reedições que teve a obra ainda no século XVI: cinco ao todo (1580, 1585, 1594, 1599 e 1600), duas delas na cidade de Genebra; a tradução latina, publicada também em Genebra, saiu em 1586 (reeditada em 1594), e a alemã, em 1596.

---

[123] A bibliografia referente à França Antártica, aos seus personagens e às obras derivadas dessa infrutífera experiência colonizadora francesa é bastante ampla e variada. Recomendo, especialmente, os livros de Lestringant, constantes na bibliografia, e também: BONNICHON, Philippe. *Des cannibales aux castors: les découvertes francaises de l'Amérique (1503-1788)*. Paris: Édition France-Empire, 1994; JULIEN, Ch. André. *Les français en Amérique pendant la première moitié du XVIe siècle*. Paris: Presses Universitaires de France, 1946; GAFFAREL, Paul. *Histoire du Brésil français au XVe siècle*. Paris: Maisonneuve, 1878; HEULHARD, Arthur. *Villegaignon, roi d'Amerique. Un homme de mer au XVe siècle*. Paris: E. Leroux, 1897; PEILLARD, Leonce. *Villegaignon, vice-amiral de Bretagne et vice-roi du Brésil*. Paris: Perrin, 1991.

Atento, por certo, a tão amplo leque de publicações que circulava então pela Europa, o português Pero de Magalhães de Gândavo, no Prólogo ao leitor, de *História da província de Santa Cruz a que vulgarmente chamamos Brasil*,[124] publicado em 1576, lamentava o pouco-caso com que seus conterrâneos vinham tratando a província de Santa Cruz e observava, não sem preocupação, que os estrangeiros tinham a terra "noutra estima" e sabiam suas "particularidades melhor e mais de raiz" que os próprios lusitanos. Preocupava a Gândavo, sobretudo, que os portugueses, "antigos e modernos", não estimando a "escritura", deixassem de narrar as "coisas admiráveis" da terra de Santa Cruz, perdendo com isso a possibilidade de "dar nome" às coisas e de "fazê-las imortais".[125]

A preocupação do letrado não era nem um pouco despropositada. Realmente, até aquela data, 1576, os portugueses pouco ou quase nada tinham escrito e publicado acerca do Novo Mundo, e desse pouco somente uma parcela ínfima alcançara uma dimensão europeia, isto é, quase nada do que os portugueses deixaram registrado colaborou efetivamente para a construção do Brasil no pensamento europeu. As primeiras notícias, como vimos, vieram a público longe de Portugal e em língua italiana, alemã, francesa, latina, nunca em língua portuguesa. Passara já meio século da viagem cabralina, quando, em 1551, o cronista português, natural de Santarém, Fernão Lopes de Castanheda, entregou ao público o primeiro volume de *História do descobrimento e conquista da Índia pelos portugueses*, dividida em dez livros e publicada em Coimbra entre 1551 (Livro I) e agosto de 1561 (Livro VIII) — os livros IX e X não vieram a público. Castanheda, que vivera uma década nas Índias Orientais e escrevera um livro dedicado a narrar a presença portuguesa

[124]GÂNDAVO, Pero de Magalhães de. *História da província de Santa Cruz a que vulgarmente chamamos Brasil*. Rio de Janeiro: Jorge Zahar, 2004, p. 37-40.

[125]O "descuido" dos portugueses com a "escritura", uma tópica dos letrados da época, é mencionado também por João de Barros, no Prólogo de *Ásia*: BARROS, João de. *Ásia. Primeira década*. 4ª ed. Revista e prefaciada por António Baião. Coimbra: Imprensa da Universidade, 1932.

na região, menciona somente de passagem a terra descoberta por Cabral, dedicando-lhe não mais do que dois ou três parágrafos, arrematados com a seguinte sentença: "Por essa terra ser agora a que se chama Brasil — que é de todos bem sabida —, não digo dela mais."[126] O pouco que disse Castanheda, no entanto, circulou por toda a Europa letrada, já que o primeiro volume de *História do descobrimentos e conquista da Índia pelos portugueses* foi traduzido para o francês (1553), o espanhol (1554), o italiano (1578) e o inglês (1582), tendo desfrutado de grande prestígio entre os leitores não portugueses, maior até do que entre os leitores de Portugal, onde a obra só foi reeditada integralmente em 1833.[127]

Mais pródigo em informações sobre a nova terra e mais benquisto em seu país foi o cronista e donatário João de Barros, que no Livro V (1553) das suas *Décadas*, publicado entre 1552 e 1615 — o último livro foi lançado na cidade de Madri —, dedicou um punhado de páginas a narrar o descobrimento da Província de Santa Cruz — "que soa melhor, entre prudentes, do que Brasil" —, narração sucinta, em meio à qual, o cronista, desculpando-se com o leitor por oferecer-lhe tão pouco, prometia-lhe:

> E porque, na quarta parte da escritura da nossa conquista, a qual, como no princípio dissemos, se chama "Santa Cruz", e o princípio dela começa nesse descobrimento, lá fazemos mais particular menção dessa chegada de Pedro Álvares e assim do sítio e coisas da terra.[128]

As promessas de Barros, porém, caíram no vazio, e o anunciado volume sobre a "Província de Santa Cruz" nunca veio a público. A bem da verdade, nem mesmo o pouco que ganhou as prensas, contido no

---

[126]CASTANHEDA, Fernão Lopes de. *História do descobrimento e conquista da Índia pelos portugueses*. Porto: Lello & Irmão Editores, 1979, p. 73.
[127]ALMEIDA, M. Lopes de. Introdução. In: CASTANHEDA, op. cit., p. 74.
[128]BARROS, João de. *Ásia. Primeira década*, p. 174. Sobre o cronista João de Barros, ver: BOXER, Charles Ralph. *João de Barros*. Nova Délhi: Concept Publishing Company, 1980.

citado Livro V, teve muita repercussão. O *Décadas* não foi reeditado na época e não recebeu da Europa culta a mesma acolhida de *História do descobrimento e conquista da Índia pelos portugueses*, de Castanheda; o livro de Barros foi traduzido somente para o italiano, em 1562, por Affonso Ulloa — o mesmo que se ocupara da tradução para o italiano dos escritos do cronista de Santarém.

Pouca repercussão, igualmente, tiveram duas obras editadas entre 1551 e 1555, contendo informações sobre a terra do Brasil enviadas por missionários. A primeira, *Copias de unas cartas enbiadas del Brasil*, editada em língua espanhola, na cidade de Coimbra, em 1551, continha uma série de cartas dos jesuítas recém-enviadas ao Brasil (1549) — Manuel da Nóbrega, Antônio Pires, Afonso Brás, João de Azpicueta Navarro e Leonardo Nunes. Tais cartas, as primeiras remetidas da América pelos membros da Companhia de Jesus, reapareceram em italiano, numa obra publicada em Roma em 1552, intitulada *Avisi particolari delle Indie di Portugallo*. Em 1555, foi a vez do livro *Copia de unas cartas de algunos padres e hermanos dela compañia de Jesus*, publicado também em Coimbra e em espanhol, que trazia cartas enviadas pelos discípulos de Loyola, baseados em Goa e Malaca, e as cartas de Pedro Correia, José Anchieta e João de Azpicueta Navarro enviadas do Brasil.[129] Ambas as compilações tiveram circulação bastante restrita, nada que possa ser comparado ao sucesso alcançado por coletâneas como *Lettres du Jappon, Peru et Brasil envoyées au R. P. General de la Société de Jesus*[130] — editada em Roma e traduzida para o francês e o italiano, no ano de 1578 —, livros com maior tiragem e muito melhor distribuição na Europa. Incomparável, também, com a propagação que tiveram as cartas jesuíticas do Brasil vinculadas em grandes compilações de cartas dos missionários da Companhia, como a citada *Histoire des choses memorables*, publicada entre

[129]HUE, Sheila Moura. *Primeiras cartas do Brasil (1551-1555)*. Rio de Janeiro: Jorge Zahar, 2006.
[130]FONSECA, Luiz da. *Lettres du Jappon, Peru et Brasil envoyées au R. P. General de la Société de Jesus*. Paris: Thomas Brumen, 1578.

1604 e 1608, em Bordeaux, pelo padre jesuíta Pierre du Jarric, ou em renomadas coletâneas gerais de viagem, como *Hakluytus Posthumus or Purchas his Pilgrimes, Contayning a History of the World in Sea Voyages and Lande Travells, by Englishmen and Others* (1625), organizada por Samuel Purchas, que trouxe ao conhecimento do público o detalhado *A Treatise on Brasil*, mais tarde atribuída ao jesuíta Fernão Cardim.[131]

Mas voltemos às publicações em língua portuguesa. Ao longo da década de 60 do quinhentos foram lançadas no Reino pelo menos mais duas obras com menções significativas ao Brasil. A primeira delas, *Tratado dos descobrimentos*, de Antônio Galvão,[132] saiu em 1563 da oficina de João da Barreira. A obra, que não circulou para além do território português e foi reeditada somente em 1731, continha um pequeno trecho dando notícia da viagem de Cabral e de uma viagem exploratória da costa brasileira em 1501, da qual participara Vespúcio. A segunda, *Crônica do felicíssimo rei D. Manuel*, escrita pelo cronista Damião de Góes, veio a público na capital Lisboa, em 1566, pela casa editorial de Francisco Correia. Para além das incontornáveis referências à viagem de Cabral, a obra ofereceu ao diminuto público leitor português a mais detalhada descrição dos nativos do Brasil publicada em Portugal no século XVI.[133] A obra de Góis, no entanto, ainda que reeditada em 1619, 1749 e 1790, não foi traduzida em nenhuma língua europeia e, consequentemente, não cumpriu um papel lá muito relevante na divulgação pela Europa de notícias sobre o Brasil.

Mais sorte neste quesito teve o português radicado na Espanha, Jerônimo Osório, cuja *De rebus Emmanuelis gestis* (1571), publicada em Roma, em língua latina, foi reeditada várias vezes e traduzida para o

---

[131]Ver nota 47.

[132]GALVÃO, António. *Tratado dos descobrimentos*. Porto: Livraria Civilização Editora, 1987.

[133]GÓIS, Damião de. *Crónica do felicíssimo rei D. Manuel*. Parte I, Capítulos 54 a 57. Nova edição, conforme a primeira, anotada e prefaciada, dirigida por Joaquim Martins Teixeira de Carvalho e David Lopes. Coimbra: Imprensa da Universidade, 1926, p. 115-126.

francês (1581), o holandês (1661) e o inglês (1752), gozando de relativo prestígio entre os sábios da época — Montaigne e Lope de Vega teceram elogios ao livro. Porém, *De rebus Emmanuelis gestis*, tal como *A relação do piloto anônimo*, saiu na Itália e foi vertida para o português somente no início do século XIX, notadamente em 1804, por frei Manoel do Nascimento (Felinto Elísio).[134]

Em 1576, quando circulava já pela Europa um volume nada desprezível de escritos sobre o Novo Mundo, finalmente veio à luz o primeiro livro português totalmente dedicado ao Brasil: o citado *História da província de Santa Cruz*, de Pero Magalhães Gândavo, impresso em Lisboa, na oficina de Antônio Gonçalves. O pioneirismo do empreendimento não passou despercebido ao bracarense Gândavo, que, ao apresentar o seu livro ao leitor, comenta:

> A causa principal que me obrigou a lançar mão da presente história e sair com ela à luz foi por não haver até agora pessoa que a empreendesse, havendo já setenta e tantos anos que esta província foi descoberta. A qual história creio que esteve sepultada em tanto silêncio mais pelo pouco-caso que os portugueses sempre fizeram da mesma província, que por faltarem em Portugal pessoas de engenho e curiosas que com melhor estilo e mais copiosamente que eu a escrevessem.[135]

Estima-se que a edição inaugural da pioneira obra de Gândavo, que supostamente vivera seis anos no Brasil, tenha sido de mais ou menos quinhentos exemplares, número razoável num Portugal que estava habituado a tirar em média cem exemplares dos poucos livros impressos no país. Malgrado, porém, o bom começo, a obra parece ter enfrentado

[134]Utilizamos a edição portuguesa: OSÓRIO, Jerónimo. *Da vida e feitos d'El rei D. Manoel: livros dedicados ao cardeal D. Henrique, seu filho, por Jerónimo Osório*. Vertidos em português pelo padre Francisco Manoel do Nascimento. Lisboa: Impressão Regia, 1804-1806, 3 v.

[135]GÂNDAVO, Pero de Magalhães de. *História da província de Santa Cruz a que vulgarmente chamamos Brasil*, p. 37.

problemas com a censura e foi retirada de circulação, daí — cogita-se — ela nunca ter sido reeditada e ter se mantido desconhecida do público europeu até o século XIX.[136]

Tamanho "laconismo" lusitano acerca do Brasil, uma constante durante o primeiro século que se seguiu à viagem de Cabral, não abrandou com o tempo, ao contrário, ao longo do seiscentos e do setecentos, Portugal notabilizou-se muito mais pelo que deixou de publicar e traduzir sobre suas possessões americanas do que pelas contribuições que deu ao lento processo de construção do Brasil pelo Velho Mundo. Os lusitanos, durante tão extenso período, não publicaram uma única narrativa sobre o país que tenha ultrapassado os limites do pequeno reino e conquistado o público europeu — público, como vimos, ávido por escritos do gênero. Das grandes coleções de viagem, nenhuma saiu das prensas portuguesas ou ganhou uma tradução na língua de Camões. Nem mesmo a vasta correspondência jesuíta produzida nos trópicos conheceu edições em língua portuguesa; as poucas cartas que caíram no conhecimento do público europeu foram publicadas em algumas das muitas coletâneas de cartas jesuíticas ou de relatos de viagem publicadas na Itália, na França, na Inglaterra, na Alemanha e, em muito menor escala, na Espanha.[137]

---

[136]Acerca de Gândavo e seu livro, ver: GUEDES, Max Justo. *O descobrimento do Brasil*; COUTO, Jorge. *A construção do Brasil. Ameríndios, portugueses, e africanos do início do povoamento a finais de quinhentos*. Lisboa: Cosmos, 1998; HUE, Sheila Moura. Introdução. In: GÂNDAVO, op. cit., p. 11-25; RODRIGUES, José Honório. *História da história do Brasil...*, 1979, p. 425-433; ABREU, João Capistrano de. *Caminhos antigos e povoamento do Brasil*. Belo Horizonte: Editora Itatiaia; São Paulo: Editora da Universidade de São Paulo, 1989. Para uma breve história dos livros e da tipografia em Portugal, ver: DESLANDES, Venâncio (org.). *Documentos para a história da tipografia portuguesa nos séculos XVI e XVII*. Introdução de Artur Anselmo. Lisboa: Imp. Nacional — Casa da Moeda, 1988; RIZZINI, Carlos. *O livro, o jornal e a tipografia no Brasil (1500-1822)*. Rio de Janeiro: Livraria e Editora Kosmos, 1946, p. 73-140; MATOS, Manuel Cadafaz de. *Livros e utensilagem tipográfica na carreira da Índia: séculos XV e XVI*. Lisboa: Távola Redonda, 1990.

[137]ANDRADE, António A. Banha de. *Mundos novos do mundo. Panorama da difusão pela Europa das notícias dos descobrimentos geográficos portugueses*. Lisboa: Junta de Investigações do Ultramar, 1972, 2 v.; CARVALHO, Joaquim Barradas de. A literatura de viagens portuguesa (sécs. XV, XVI, XVII). In: *Separata da Revista de História*, São Paulo, nº 81, 1970.

As consequências de tão pouco apreço dos lusos pela "escritura", como lamentava Gândavo, pesaram enormemente também sobre a minguada produção escrita da colônia. Do pouco que se escreveu em terras brasileiras, terras desprovidas ou carentes de prensas, de instrução, de bibliotecas, de livros, de leitores, em suma, de tudo o que se relaciona à cultura escrita, uma parcela diminuta saiu impressa na época. Dependentes dos censores e impressores portugueses, obras como *Tratado descritivo do Brasil* (1587), de Gabriel Soares, *Diálogos das grandezas e riquezas do Brasil* (1618), de Ambrósio Brandão, *História do Brasil* (1627), do frei Vicente de Salvador, *Desagravos do Brasil e glória de Pernambuco* (1757), do jesuíta Domingos de Loreto Couto, *Recopilação de notícias soteropolitanas e brasílicas*, de Luís dos Santos Vilhena, e umas tantas outras vieram a público somente ao longo dos séculos XIX e XX. Das poucas que então foram publicadas, como *História da América portuguesa* (1730), de Sebastião Rocha Pita, *Exame de artilheiros* (1744), do engenheiro José Fernandes Alpoim, ou *Novo Orbe Seráfico* (1751 — 1ª parte), do frei Jaboatão, nenhuma conheceu grande circulação — no Reino ou fora dele — ou foi traduzida para outra língua europeia, permanecendo, ao que tudo indica, praticamente desconhecidas do público leitor não português.[138]

Diante de tal quadro, não é de se estranhar que o tenente da Marinha inglesa Watkin Tench, no seu *Relato de uma expedição a Botany Bay*, publicado em Londres, em 1789, tenha julgado prudente, ao iniciar um pequeno capítulo relativo ao Brasil — nomeadamente ao Rio de Janeiro, parada, como veremos, então muito frequentada

[138] A listagem dos livros escritos no Brasil — publicados ou não —, durante o período colonial, pode ser encontrada em: RIZZINI, Carlos. *O livro, o jornal e a tipografia no Brasil (1500-1822)*, p. 141-160 e p. 221- 258; MORAES, Rubens Borba. *Bibliografia brasileira do período colonial. Catálogo comentado das obras dos autores nascidos no Brasil e publicadas antes de 1808*. São Paulo: IEB, 1969.

pelos navios que se dirigiam ao cabo da Boa Esperança ou ao estreito de Magalhães –, advertir o seu leitor:

> O Brasil é um território muito malconhecido na Europa. Os portugueses, por razões políticas, não divulgam quase nenhuma informação sobre essa sua colônia. Daí as descrições vinculadas nas publicações geográficas inglesas serem, estou certo, terrivelmente errôneas e imperfeitas.[139]

Tench, justiça lhe seja feita, tinha razões de sobra para reclamar dos lusitanos. Os portugueses, menos ainda do que os espanhóis, realmente não tinham, até aquela data, se empenhado muito em produzir informações sobre sua vasta colônia nos trópicos, nem mesmo, como vimos, informações destinadas ao consumo interno, destinadas a auxiliar no processo de exploração e colonização da terra. Portugal não se mostrou, tampouco, interessado nas notícias produzidas por outros acerca de suas possessões espalhadas pelo mundo ou acerca das possessões alheias, espanholas, por exemplo. Tal desinteresse que diferentemente do "mutismo" português, não encontra justificativa na tal "política do sigilo" — fica patente quando se atenta para o fato de que os portugueses praticamente não traduziram, ao longo dos séculos XVI, XVII e XVIII, nenhuma das muitas narrativas de viagem consagradas que circulavam pela Europa. Em Portugal, país de poucos letrados, pelo menos até o século XIX, os leitores não familiarizados com outra língua ou impossibilitados de adquirir um livro importado — vendido por aqueles representantes das grandes casas editoriais europeias, alguns deles instalados em Lisboa e no Porto — não tiveram acesso, por exemplo, às narrativas de Walter Raleigh, Jean Mocquet, François Pyrard Laval, Oliver van Noort, William Dampier, Frézier, Bougainville

139 FRANÇA, Jean Marcel Carvalho. *Visões do Rio de Janeiro colonial*, p. 189.

ou de La Condamine, para ficarmos nuns poucos nomes. O pequeno Reino ibérico, em suma, parece não somente ter deixado de contribuir para engrossar a onda de relatos de viagem que invadia a Europa, como, ainda, ter permanecido imune aos impactos de tal invasão, imune às tantas e tão grandes inovações que os livros do gênero trouxeram para a cultura europeia.[140]

A despeito de tantos empecilhos, no entanto, o Brasil, como o resto do Novo Mundo, também andou pelas bocas mais e menos cultas da Europa, suscitou considerações filosóficas, serviu de cenário para romances e dramas, inspirou poetas, pintores e cartógrafos, enfim, frequentou com uma certa assiduidade o pensamento europeu. Os contornos que ganhou aí, já o sugeri, pouco ou quase nada foram devedores daquilo que sobre ele se escreveu em língua portuguesa. De qualquer modo, as notícias sobre a próspera e extensa colônia lusitana situada abaixo da linha do Equador circularam, foram repetidas, naturalizaram-se e criaram para os habitantes do Velho Mundo uma série de imagens, conceitos e expectativas acerca do lugar e de sua gente.

Os agentes principais desse verdadeiro processo de construção do Brasil pelo europeu foram, sem sombra de dúvida, os viajantes, sobretudo aqueles que, ansiosos para "ilustrar os seus compatriotas", mas também para caírem na estima do público, resolveram escrever e publicar as suas impressões de viagem. Mas quem eram, afinal, esses "construtores" do Brasil na Europa? Em que condições e com que intuito passaram pelo país? Que parte dele tiveram diante dos olhos? Quando

[140] Há muitos e excelentes títulos disponíveis sobre o tema. Além das obras de Chinard, repetidamente citadas aqui, recomendo: ARCINIEGAS, Germán. *América en Europa*; ATKINSON, Geoffroy. *Les relations de voyages du XVIIe siècle et l'evolution des idées*; BRANDON, William. *New Worlds for Old: Reports from the New World and their Effect on the Development of Social Thought in Europe (1500-1800)*; CHIAPELLI, Fredi (ed.). *First Images of America. The Impact of the New World on the Old*; FRANCO, Afonso Arinos de Melo. *O índio brasileiro e a Revolução Francesa*. 3ª ed. Rio de Janeiro: Topbooks, 2000; PADGEN, Anthony. *Europeans Encounters with the New World. From Renaissance to Romanticism*. New Haven; Londres: Yale University Press, 1993, ZAVALA, Silvio Arturo. *América en el espíritu francés del siglo XVIII*.

e onde publicaram seus livros? Para quem escreviam? Que alcance tiveram os seus escritos?

Partamos do princípio, partamos novamente de 1503, quando Vespúcio — na verdade, não se sabe ao certo se a carta é de sua autoria, mas isso importa pouco —, antes que viesse a público *A relação do piloto anônimo*, publicou a sua *Mundus Novus*. O escrito do navegador é o marco inaugural dos textos acerca do que gradativamente viria a ser o Brasil. Diz aí o florentino a seu interlocutor, Lourenço de Médici:

> Nos dias passados muito amplamente te escrevi sobre meu retorno daquelas novas regiões, que — por mando desse sereníssimo rei de Portugal, às suas custas e com sua frota — procuramos e encontramos, as quais é lícito chamar de Novo Mundo: porque nenhuma delas era conhecida dos nossos maiores; porque é coisa novíssima para todos os que ouviram [falar] delas; e porque isso excede a opinião de nossos antepassados; pois a maior parte deles diz que, além da linha equinocial e para o meridiano, não há continente, mas apenas mar, que chamam de Atlântico. E se alguns deles afirmaram que ali havia continente, negaram — por muitas razões — que aquela terra fosse habitável.[141]

É certo que, se o sereníssimo rei de Portugal, dom Manuel, queria realmente guardar segredo acerca das descobertas que fizera Cabral a caminho da Índia, a carta do florentino constituiu um enorme revés nos seus planos. *Mundus Novus* informava ao público letrado europeu os detalhes do caminho a ser percorrido para alcançar a nova terra, descrevia as suas costas e divagava longamente sobre os seus singulares habitantes. E a reveladora missiva, vale recordar, teve pelo menos 22 edições entre 1503 e 1506, e até 1510 já havia sido traduzida para o italiano, o francês, o holandês e o alemão.

---

[141] VESPÚCIO, Américo. *Novo Mundo — As cartas que batizaram a América*, p. 425-433.

Pouco tempo depois de *Mundus Novus* saiu das prensas, em 1507, *A relação do piloto anônimo*, relato escrito possivelmente por João de Sá, um dos escrivães da Armada comandada por Cabral.[142] É bem provável que as partes do escrito dando conta da navegação no Índico, da belicosa passagem por Calicute e do penoso regresso a Portugal tenham impressionado muito os contemporâneos, todavia, certamente não lhes passou despercebida a descrição do inusitado encontro da frota com aquele pedaço de terra ainda de tamanho incerto, que o suposto escrivão descrevia com as cores seguintes:

> Não vimos neste lugar nem ferro nem outros metais. Os homens da terra cortam a madeira com pedras. Pássaros há muitos e de variados tipos, especialmente papagaios, os quais podem ser de muitas cores e alcançar o tamanho de uma galinha. Há outras aves igualmente belas, cujas plumagens são usadas pelos homens da terra para fazer os chapéus e barretes que usam. A terra é abundante em árvores de diferentes tipos e tem uma água excelente, além de inhames e algodão. Não vimos nenhum animal. O lugar é grande e não sabemos se é ilha ou terra firme, porém, pela sua grandeza supomos tratar-se de terra firme.[143]

O relato editado por Montalboldo, já o mencionamos, se não desfrutou da fama e da influência das cartas de Vespúcio, esteve longe de passar em branco, constando em importantes coleções de viagem do século XVI e início do século XVII. Esse relato, recordemos, vinha acompanhado de mais dois importantes documentos relativos ao Brasil: a carta de Vespúcio e a do representante comercial italiano, baseado em Lisboa, Matteo Crético, endereçada ao doge de Veneza, Agostinho Barbarigo. As notas de Crético, cogita-se, vieram a público pela primeira vez em 1501, na cidade de Veneza, em uma edição desconhecida. À nova

[142] Ver nota 118.

[143] FRANÇA, Jean Marcel Carvalho. *A relação do piloto anônimo*, p. 5.

terra, o representante comercial, mais interessado nas perdas e ganhos ocorridos durante a viagem, dedicou um único parágrafo, o suficiente para cunhar um apelido para o achado da frota de Cabral, "terra dos papagaios". Ouçamos o italiano:

> Acima do cabo da Boa Esperança, para oeste, descobriram uma terra nova, a que chamam dos Papagaios, porque encontraram ali alguns papagaios com um braço e meio de comprimento, de várias cores, dos quais vimos dois; julgaram que essa terra é terra firme porque viram mais de 2 mil milhas de costa e não lhe encontraram fim. Habitam-na homens nus e formosos.[144]

Depois de *Paesi novamenti retrovati* — principal veículo de divulgação, na primeira metade do século XVI, da existência da nova terra no mundo europeu, no mundo da gente letrada —, notícias diversas sobre a região que começava a consolidar-se como Brasil circularam, de boca em boca, por inúmeros portos do Velho Mundo, sobretudo pelos portos franceses. Todavia, não foi na França mas sim em Marburg, Alemanha, em 1551, que, como já mencionei, veio à luz uma obra extremamente importante para a divulgação e construção do Brasil na Europa: *Verdadeira história e descrição de um país habitado por homens selvagens, nus, ferozes e antropófagos, situado no novo mundo, denominado América*, escrito por um aventureiro, natural de Homberg, de nome Hans Staden.[145]

A história de Staden — do pouco que se sabe sobre ele — e de sua passagem pelo Brasil é razoavelmente conhecida. Em 1547, o aventureiro, que saíra de sua cidade natal e passara pela Holanda — sempre atrás de um sonho que deve ter sido o de muitos dos seus contemporâneos, conhecer as Índias —, desembarcou em Portugal, mais precisamente na

[144] AMADO, Janaína; FIGUEIREDO, Luiz Carlos. *Brasil 500. Quarenta documentos*, p. 177-178.
[145] Mais informações sobre Staden, ver: RODRIGUES, José Honório. *História da história do Brasil. Historiografia colonial*, p. 13-15.

cidade portuária de Setúbal. Daí seguiu para Lisboa e, na impossibilidade de embarcar para as Índias, empregou-se, com mais dois alemães, como artilheiro num navio, comandado por um tal capitão Penteado, que rumava para o Brasil. Staden, nessa primeira viagem, à qual dedica cinco capítulos de seu livro, dá conta de sua passagem pelas capitanias de Pernambuco, onde esteve com Duarte Coelho, e da Paraíba, dedicando especial atenção ao comércio do pau-brasil e às guerras que então se travavam contra os gentios.

Em 1550, o aventureiro, depois de retornar a Portugal e daí passar à Espanha, engaja-se numa nova expedição rumo à América Austral, comandada por João Salazar, a mando de Diogo Sanabria, nomeado governador do rio da Prata, em substituição ao destituído Cabeza de Vaca. Depois de muitos infortúnios, Staden foi parar em São Vicente e acabou por tornar-se responsável por um forte na ilha de Santo Amaro, na enseada de Bertioga. O resto da história é sobremodo conhecida: o aventureiro foi capturado por tupinambás e, apesar das constantes ameaças de ser devorado num ritual antropofágico, sobreviveu alguns meses entre eles, sendo posteriormente resgatado por uma nau francesa. Staden, no seu relato, pouco revela do mundo que os portugueses começavam a criar no Brasil — umas notas sobre São Vicente e Santos, e pouco mais —, no entanto, é pródigo em descrições sobre a vida dos selvagens das imediações de Ubatuba, descrições que terão, as muitas edições e traduções do relato o indicam, um peso enorme na construção da imagem dos habitantes do Novo Mundo entre os ainda poucos leitores e interessados do Velho Mundo, sobretudo a partir de 1592, quando seu relato veio a público na prestigiada coleção de Theodore de Bry, ilustrado com "impressionantes gravuras" — coloridas na versão mais luxuosa da coleção — representando os rituais antropofágicos que presenciara durante a desafortunada permanência no Brasil.

Em 1567, para continuarmos em terras germânicas, veio a público o relato de Ulrich Schmidt, outro importante escrito para a divulgação do Brasil e de seus habitantes na Europa quinhentista. Schmidt, um alemão nascido em Straubing (Baviera), veio para a América Austral em 1534, numa expedição composta por quatorze embarcações de grande porte e 2.650 homens, 150 dos quais soldados estrangeiros (alemães, holandeses e saxões), encarregada de dar início à colonização da região do rio da Prata. O comando dessa vultosa empresa marítima coube ao Adelantado y capitán-general de la provincia del río de la Prata, D. Pedro de Mendonça.[146]

O alemão despendeu vinte anos (1534-1554) de sua vida no sul da América Austral, participando ativamente do processo de exploração e colonização da região. O relato que deixou, incluído — já o vimos — em coleções importantes de viagem, como as organizadas por De Bry e Levinus Hulsius, narra em detalhes essas duas décadas de estada no Novo Mundo, dando a conhecer acontecimentos importantes que tiveram lugar na região nesses tempos primevos, como a fundação de Buenos Aires, as primeiras explorações dos rios Paraná e Paraguai, a fundação de Assunção, a ascensão e queda de Cabeza de Vaca — de quem pouco gostava —, a consolidação do governo de Martinez de Irala e tantos outros. Interessa-nos, porém, destacar de tão variada e colorida narrativa uma passagem pequena (dois capítulos), em que o aventureiro dá a conhecer aos seus leitores espalhados pela Europa — leitores que dominavam o alemão ou o latim, a princípio — a viagem que empreendeu por terra, de dezembro de 1552 a junho de 1553, entre Assunção e a cidade de São Vicente, passando pela ainda incipiente *Piratininga de João Ramalho — um antro de ladrões*,[147] segundo o soldado. Essas poucas notas que legou sobre a passagem por terras lusitanas, é certo, nem de longe tiveram o impacto da singular narrativa dos infortúnios de Staden. Todavia, não esqueçamos que — já o vimos no tópico ante-

[146]Ver nota 97.

[147]QUEVEDO, A. Lafone. *Viaje de Ulrich Schmidt al río de la Prata (1534-1554)*, cap. LII, p. 84.

rior — as curtas notas que Ulrich Schmidt deixou sobre o Brasil — na verdade, um pequeno detalhe, num relato de suma importância para a divulgação da porção austral da América espanhola —, foram editadas em três diferentes ocasiões, somente no século XVI, duas delas, nunca é demais relembrar, nas importantes coleções de Levinus Hulsius e Theodore De Bry.

Pela mesma época que Schmidt e Staden andavam pelas terras do Brasil, os homens de negócio da Alta Normandia organizaram, na cidade de Rouen, a tal grande "festa brasílica" em homenagem ao rei Henrique II, mencionada anteriormente, festa que tinha o firme propósito de despertar no monarca o interesse pela colonização da América Austral. O evento, reforçado por uma feliz conjunção de fatores — a pressão de poderosos comerciantes normandos, a necessidade de desenvolver o recém-criado porto de Le Havre, o desejo de expandir a Marinha francesa, o crescente interesse da Coroa pelos negócios de além-mar etc. —,[148] rapidamente produziu resultados. Em 1551, Henrique II enviou o cartógrafo Guilherme Le Testu para explorar a costa brasileira. De volta à França, em 1552, o explorador não se cansou de destacar o quão estratégica era, comercial e militarmente, a posição de um ponto específico da enorme costa brasileira, a Baía de Guanabara, insistindo nas vantagens de se colonizar o lugar.[149]

Tantos apelos não caíram de modo algum no vazio. Em julho de 1553, a causa ganha um importante defensor: o cavaleiro da Ordem de Malta, Nicolau Durand de Villegaignon. Próximo do rei, amigo do almirante Coligny e detentor de excelentes relações com destacados membros da nobreza, Villegaignon não teve dificuldades para angariar um vasto leque de contribuições — do rei inclusive —, armar uma esquadra de três navios de 200 toneladas, recrutar cerca de 600 homens — muitos dos quais nas

[148]Cf. DENIS, Ferdinand. *Uma festa brasileira.*

[149]Ver nota 123.

prisões de Rouen e de Paris, como era hábito — e partir para o Brasil. No dia 14 de agosto de 1555, depois de sério percalço inicial — uma violenta tempestade obrigou o cavaleiro de Malta a buscar abrigo na Inglaterra e, dias depois, a fazer reparos no porto de Dieppe, onde houve inúmeras deserções —, os navios fizeram vela em direção ao Rio de Janeiro. No dia 10 de novembro as embarcações entraram na Baía de Guanabara e com elas o projeto de se edificar nessa parte do globo a "França Antártica".

A história da malograda execução do empreendimento é bastante conhecida, sobretudo a querela religiosa que eclodiu no meio dos colonizadores e o abandono em que caiu a empresa, em razão da inconstância do empenho colonizador do Estado francês.[150] Importa aqui destacar que, dentre os envolvidos na aventura, três deles deixaram relatos extremamente importantes, quiçá dos mais importantes do século XVI, para o processo de construção de um vocabulário sobre o Brasil no Velho Mundo. O primeiro e mais modesto deles, publicado em 1557, é *Copie de quelques lettres sur la navegation du chevalier Villegaignon*, escrito por Nicolas Barré, um piloto que participou tanto da experiência da França Antártica, quanto da posterior tentativa de colonização da Flórida. O opúsculo, que continha duas cartas enviadas por Barré a amigos em Paris, com suas impressões sobre a penosa viagem entre a Europa e o Brasil, em 1555, e os primeiros tempos na Baía de Guanabara, em 1556, conheceu uma única reedição, em 1558, mas as cartas foram incluídas, em 1592, na importante coleção de viagens de Theodore De Bry, no mesmo volume que trazia os relatos de Staden e Léry. Há de se levar em conta, ainda, que as cartas publicadas em Paris por Martin le Jeune, não eram estranhas a Montaigne, Ronsard e a um punhado de outros homens cultos interessados nessa experiência colonizadora pioneira dos franceses no Novo Mundo.

---

[150]A inconstância do apoio dado pelo Estado francês aos diversos empreendimentos colonizadores do país é longamente abordada por Philippe Bonnichon, em *Des cannibales aux castors: les découvertes françaises de l'Amérique (1503-1788)*.

Tais interessados, que aumentavam de ano para ano, puderam, já em 1558, ter acesso a uma obra bem mais substanciosa sobre o tema, *Singularidades da França Antártica*, escrita não por um piloto, mas por André Thévet, um homem que, como vimos, malgrado a fama de ser um pouco ingênuo e demasiado "imaginativo", era aceito nos círculos cultos da corte e protegido de Henrique II. O cosmógrafo nascera em berço humilde e instruíra-se tarde, carregando consigo, como disseram certa vez, o "peso de sua ignorância nativa".[151] Porém, próximo do importante cardeal Jean de Lorraine, Thévet, sob a proteção deste, tinha peregrinado pelo Oriente e publicado, em 1554, *Cosmographie du levant*. Em 1555, o cosmógrafo resolveu acompanhar o cavaleiro de Villegaignon, na qualidade de capelão — Thévet estudara teologia —, em sua viagem ao Brasil, ou seja, à Baía de Guanabara. Três meses o religioso permaneceu no lugar (10 de novembro de 1555 a 31 de janeiro de 1556), legando aos seus leitores aquela que é considerada por muitos uma das mais completas e influentes descrições dos selvagens do Novo Mundo, publicadas ao longo do século XVI. O cosmógrafo, por certo empolgado com o que vira e com a curiosidade dos seus contemporâneos sobre o tema, diz ao seu leitor no prefácio da obra:

> [...] já que não é minha intenção ser considerado, qual Diógenes entre os atenienses, uma pessoa ociosa e inútil, decidi registrar por escrito as numerosas e notáveis coisas que diligentemente observei enquanto durou minha navegação entre o Meridião e o Poente. Dou aqui a localização e a situação dos lugares, definindo seu clima, sua zona e seu paralelo, informando se se trata de mar, de ilha ou de terra firme, além de descrever a temperatura do ar, os costumes e os modos de vida dos habitantes, o aspecto e as características dos animais

[151]DUVIOLS, Jean-Paul. *L'Amérique espagnole vue et rêvée: les livres de voyages de Christophe Colomb à Bougainville*, p. 359.

> aquáticos e terrestres, das árvores, dos arbustos e de seus respectivos frutos, dos minerais e das pedras preciosas, e tudo representado visualmente por meio de ilustrações que tentei fazer com a máxima fidelidade possível.[152]

Aos olhos dos seus coetâneos, Thévet, não obstante as muitas críticas que recebeu, parece não ter decepcionado. O *Singularidades da França Antártica*, já o vimos, teve cinco edições em meio século e foi vertido para diversas línguas europeias. Para mais, o modesto estudante de teologia que se tornou capelão da rainha Catarina de Médici, cosmógrafo e, por fim, Garde de curiositez do rei, foi, depois de seu retorno da Baía de Guanabara, um ativo incentivador da colonização francesa do lugar, um homem público, muito requisitado por sábios e comerciantes interessados nas muitas coisas notáveis que vira naquela parte do Novo Mundo.

Os desamparados colonos protestantes tinham já sido massacrados pelos católicos espanhóis na trágica tentativa de colonização da Flórida — a segunda tentativa francesa de fundar uma colônia em terras americanas —, quando veio à luz o último dos três escritos mais relevantes relacionados à França Antártica, ao Brasil. Em 1578, na cidade portuária de La Rochelle, saía o relato do pastor protestante Jean de Léry, lentamente composto, dando conta dos dez terríveis meses que passara na Baía de Guanabara. Léry, quando desembarcou no Brasil, em março de 1557, era um jovem estudante de teologia de Genebra, um discípulo ardoroso de Calvino, que veio para a zona que se acreditava tórrida na segunda leva de colonos da França Antártica, com o propósito de construir, pelas plagas do Novo Mundo, um asilo seguro para os praticantes da "religião renovada". Quando publica o seu livro — escrito, segundo

[152]THÉVET, André. *Singularidades da França Antarctica, a que outros chamam de América*. Belo Horizonte: Itatiaia; São Paulo: Ed. da Universidade de São Paulo, 1978, p. 13-14.

ele, em 1565 —, duas décadas tinham se passado desde que retornara da Baía de Guanabara e todos os principais personagens envolvidos na história que narra — Villegaignon, Thévet, Coligny etc. — estavam mortos. Léry, no entanto, então um respeitado pastor, ainda pensa num acerto de contas com Villegaignon, sem dúvida, a quem acusa de traidor dos protestantes e culpado pelo desaire do empreendimento, mas também, e talvez especialmente, com Thévet, então o mais renomado e respeitado narrador da experiência da França Antártica. Acompanhemos um pouco o que diz o próprio Léry:

> De volta à França, não tinha a intenção de tornar públicas as memórias que escrevera, em grande parte com tinta do Brasil, e ainda na América, nem as coisas notáveis que observara, mas de bom grado as contava pormenorizadamente aos que me inquiriam. Tendo, porém, algumas pessoas com as quais mantinha relações julgado que tais coisas eram dignas de ser preservadas do esquecimento, acedi em redigi-las [...]. Na realidade havia ainda mais uma razão para isso: o fato de não me sentir à altura de usar a pena, embora, ao voltar do Brasil, em 1558, tenha deparado com o livro *Singularidades da América*, escrito pelo senhor De la Porte, de acordo com as narrações e memórias de André Thévet, obra que, como bem observa o senhor Fumée, em seu prefácio à *História geral das Índias*, se apresenta prenhe de mentiras.[153]

A história verdadeira do discípulo de Calvino, mais verdadeira do que a de Thévet, como sugeria o genebrino, se não desbancou o relato de seu rival católico, sem dúvida passou a rivalizar com ele, em pé de igualdade, quando o que estava em causa era a fixação de uma memória da experiência francesa no Novo Mundo e de um vocabulário sobre o nascente Brasil. A propósito da nova terra, Léry foi especialmente pródigo na

[153]LÉRY, Jean de. *Viagem à terra do Brasil*. Belo Horizonte: Ed. Itatiaia; São Paulo: Ed. da Universidade de São Paulo, 1980, p. 13-14.

descrição e análise dos costumes dos seus habitantes nativos, com quem conviveu intimamente por quase um ano, pródigo e bem mais simpático do que havia sido Thévet, o que, somado ao enorme sucesso que a obra alcançou pela Europa, colaborou em muito para difundir no Velho Mundo aquela imagem positiva do indígena, tão cara a Montaigne, a Ronsard e a tantos outros; não por acaso, mais tarde, o genebrino viria a ser apelidado de o "Montaigne dos antigos viajantes".

Depois da obra de Léry, no entanto, os *selvagens*, os índios, começaram, gradativa mas crescentemente a perder espaço nas narrativas sobre o Brasil, as quais passaram a dedicar cada vez mais atenção ao mundo que o colonizador português estava construindo na sua enorme possessão do Novo Mundo. É verdade que Staden e Schmidt haviam já se referido a cidades portuguesas no Brasil, contudo são referências sumárias, perdidas em meio às descrições das "singularidades da terra" e de seus habitantes originais. É verdade, igualmente, que, a partir de 1613, começam a circular na França os relatos dos capuchinhos que tinham participado da segunda tentativa francesa de implantar uma colônia na América Austral, a França Equinocial, dessa vez no extremo norte dos domínios portugueses, no Maranhão, ainda totalmente dedicados a descrever — agora em coro com aqueles advindos da Nova França (Canadá) — a exuberância da terra e a exótica vida dos seus habitantes, os ditos selvagens.

Os relatos e as cartas de Yves d'Evreux, Arsène de Paris, Louis de Pezieu e, sobretudo, de Claude d'Abbeville são, todavia, os últimos escritos publicados por estrangeiros sobre o Brasil a ter tais contornos. Os tempos eram outros. A Coroa portuguesa havia consolidado a sua presença sobre uma vasta parcela do litoral brasileiro, os índios, em larga medida, tinham debandado para o interior, ou adotado hábitos brancos ou simplesmente desaparecido, e a permanência de estrangeiros em território colonial era agora muitíssimo mais restrita. Lembremos que em 1591, uma década depois da união dos tronos de Portugal e

Espanha, foi proibida a vinda de navios estrangeiros para a América portuguesa (9 de fevereiro) e que, em 1605, se interditou de uma vez por todas a presença deles na colônia e se estipulou o prazo de doze meses para que os já residentes saíssem (18 de março). Eis os termos da *Carta de Lei* de 1605:

> E outrossim hei por bem, que no navio de meus naturais não possa ir pessoa alguma estrangeira, ainda que moradora seja em meus reinos; e que todos os estrangeiros, que viverem, e forem moradores, ou estantes nas partes da Índia, e no Brasil, Guiné, e ilhas de São Tomé e Cabo Verde, e nas ditas ilhas dos Açores e da Madeira, não possam mais viver nelas, e sejam obrigados a se vir para o Reino de Portugal, os que estiverem nas partes da Índia, nas primeiras naus que delas partirem para o Reino, depois de publicada nela esta minha lei; e os que estiverem no Brasil e nas partes ultramarinas do cabo da Boa Esperança para cá, serão obrigados a se sair delas, e vir-se para o Reino, dentro de um ano [...].
>
> E revogo [...] todas e quaisquer licenças que estiverem dadas [...], para os ditos navios e pessoas estrangeiras poderem ir às ditas partes ultramarinas [...].
>
> E qualquer navio estrangeiro, que for às ditas partes ultramarinas [...], hei por bem que seja perdido, com toda a fazenda que nele for [...].
>
> [...] E quaisquer estrangeiros, que em navios seus ou alheios, ou de meus naturais, forem às ditas partes, contra esta minha lei, além de [...] incorrerem na perda de suas fazendas, incorrerão em pena de morte [...].[154]

[154]ANDRADE E SILVA, José Justino de. *Coleção da legislação portuguesa compilada e anotada por José Justino de Andrade e Silva (1603-1612).* Lisboa: Imprensa de J. J. A. Silva, 1854, p. 109. Uma lista completa da legislação da época referente a estrangeiros pode ser encontrada em: SOUSA, Manuel Francisco de Barros e. *Quadro elementar das relações políticas e diplomáticas de Portugal com as diversas potências do mundo, desde o princípio da monarquia portuguesa até aos nossos dias; ordenado, e composto pelo visconde de Santarém...* Impresso por ordem do governo português. Paris: J. P. Aillaud, 1842-76, v. I, p. 32-36; acerca da restrição à visita e à presença de estrangeiros nas colônias durante a União Ibérica, ver: SERRÃO, José Veríssimo. *Do Brasil filipino ao Brasil de 1640.* São Paulo: Companhia Editora Nacional, 1968.

Tamanhas alterações puseram termo aos relatos escritos por estrangeiros que tiveram tempo e condições de travar um contato mais estreito com a terra e com os seus habitantes nativos. Excetuando, talvez, umas poucas obras derivadas da passagem holandesa por Pernambuco, as notas sobre o Brasil presentes em narrativas de viagem editadas entre o final do século XVI e início do XIX são, na sua esmagadora maioria, descrições breves, produzidas por visitantes que permaneceram poucos meses — por vezes semanas ou mesmo dias — ancorados em portos brasileiros ou que passaram uma temporada mais longa por aqui na triste qualidade de prisioneiros, com os inconvenientes que tal condição acarreta ao livre deslocamento. De qualquer modo, tanto uns quanto outros geralmente conheceram uma, duas, no máximo três cidades brasileiras, não puderam circular muito livremente pelas suas ruas e arredores e, em geral, mantiveram um contato com a população local tão íntimo quanto o permitiam a exiguidade do tempo e a vigilância das autoridades. Destarte, a partir do último quartel do quinhentos, as menções ao Brasil presentes nas narrativas de viagem — salvo, repito, umas poucas obras derivadas da França Equinocial e do Brasil holandês — passam a ter um padrão que somente deixará de vigorar no ocaso da primeira década do oitocentos, quando D. João VI, premido pelos acontecimentos, abre o Brasil à visitação dos estrangeiros. Durante esse longo período, quase dois séculos e meio, as menções ao país nos relatos de viagem serão breves, geralmente descreverão uma, duas, no máximo três cidades brasileiras, incidirão majoritariamente sobre regiões do litoral da colônia, farão diminutas referências e serão pouco simpáticas aos índios, trarão muitas informações marítimas e militares sobre os portos portugueses, concederão um enorme espaço às riquezas que eram ou que poderiam ser extraídas do país e, sobretudo, dedicarão especial atenção ao mundo, físico e moral, que os colonos lusitanos estavam edificando no Novo Mundo.

Mas retomemos o fio da meada, retornemos a 1578. Depois da bem-acolhida obra de Léry, um dos primeiros relatos publicados na Europa a mencionar a colônia portuguesa foi *Description du penible voyage fait autour de l'univers ou globe terrestre*, do holandês Oliver van Noort, um experiente navegador de Utrecht, que se tornaria o primeiro batavo a realizar uma viagem de circum-navegação. As razões de sua viagem e de sua brevíssima passagem pelo Brasil são razoavelmente conhecidas.

Em 1598, uma recém-criada companhia de comércio de Roterdam armou dois navios de alto bordo e dois iates para uma expedição de corso ao Pacífico. À frente dessa esquadra, cujo objetivo era atacar e saquear o maior número possível de possessões espanholas na região, os comerciantes colocaram o experiente capitão Noort. As quatro embarcações zarparam de Roterdam em 13 de setembro de 1598, rumando para a costa da Inglaterra e daí para a costa africana, nomeadamente para a ilha do Príncipe, no golfo da Guiné, onde entraram em combate com os soldados portugueses que guardavam a região.

Da ilha, as embarcações, carentes de gêneros, rumaram para a costa do Brasil, esperando aí obter os refrescos necessários para prosseguir viagem. No dia 6 de fevereiro de 1599 a frota avistou Cabo Frio e, no dia 9, lançou ferro na entrada da Baía da Guanabara. Noort permaneceu somente três dias ancorado no lugar, pois o governador-geral D. Francisco de Sousa, então em visita à cidade, não se mostrou nada simpático aos corsários holandeses.[155] Os três dias de infortúnio na costa do Rio de Janeiro foram narrados numa única página do seu relato, em uma descrição sucinta e carente de detalhes sobre a cidade, sobre a qual, a bem da verdade, o batavo mal pôde pôr os olhos. De qualquer modo,

---

[155]TAUNAY, Afonso de E. *Visitantes do Brasil colonial*; TIELE, Pieter Anton. *Mémoire bibliographique sur les journaux des navigateurs néerlandais réimprimés dans les collections de De Bry et de Hulsius et dans les collections hollandaises du XVIIe siècle, et sur les anciennes éditions hollandaises des journaux de navigateurs étrangers, la plupart en la possession de Frédérik Muller à Amsterdam.*

essas brevíssimas anotações de Noort sobre o Brasil, publicadas em holandês, na cidade de Amsterdã, em 1602, tiveram uma divulgação nada desprezível. *Description du penible voyage...* foi reimpresso pelo menos uma dezena de vezes ao longo do século XVII, em holandês, por certo, mas também em francês, alemão e latim.

Pouco tempo depois de Noort, em 1601, desembarcava na Baía de Todos os Santos o francês François Pyrard de Laval, aquele marinheiro bêbado e tempestuoso que Pierre Bergeron pacientemente hospedou em sua casa, com o intuito de anotar as suas lembranças de viagem. O seu *Voyage de Pyrard de Laval aux Indes Orientales (1601-1611)*, já o vimos, teve quatro edições no século XVII (1611, 1615, 1619 e 1679), constou em várias coletâneas de viagem e despertou admiração em importantes sábios do século XVIII.

Laval, um desconhecido, acerca de quem não se sabe com segurança nem mesmo a nacionalidade, revela no seu relato que partiu do porto de Saint-Malo, em 8 de maio de 1601, numa expedição que contava com duas embarcações, ambas Armadas por uma companhia de comércio da cidade. As embarcações dobraram o cabo da Boa Esperança em dezembro, fizeram aguada em Camarões e aproveitaram as monções, no mês de junho, para cruzar o Índico. Depois de naufragar próximo às ilhas Maldivas, Laval, sem rumo certo, deixou-se ficar por meia década no lugar e, antes de retornar para casa, ainda residiu dois anos em Goa, servindo, inclusive, no Exército português. Em janeiro de 1610, porém, farto da vida no Oriente, o suposto francês pôs-se a caminho de casa.

Depois de uma breve passagem pela ilha de Santa Helena, na costa africana, a embarcação em que viajava, em 8 de agosto de 1610, chegou à Baía de Todos os Santos.[156] Laval permaneceu dois meses na cidade e, malgrado ter legado um curto registro sobre a sua estada na colônia, o pouco que contou correu pela Europa e teve tal influência que uma pequena passagem,

[156] Ver nota 63.

narrando uma aventura amorosa supostamente vivida em Salvador, onde as mulheres tinham "um especial apreço pelos estrangeiros", segundo Laval, reapareceu, quase um século mais tarde — dessa vez ambientada em Santos — numa narrativa publicada em Amsterdã, supostamente escrita por um espanhol — Francisco Coreal (ou Correal). Deixemos de lado, contudo, ao menos por hora, o conteúdo desses escritos e prossigamos com o mapeamento dos autores e de suas obras.

Pela mesma época em que os marinheiros Noort e Laval publicavam os seus escritos, em que o renomado navegador Richard Hawkins relatava ao público inglês, em *The Observations of sir Richard Hawkins Knights in his Voyage into the South Sea* (1622),[157] as suas breves impressões sobre alguns pontos do litoral centro-sul brasileiro — que visitara, de passagem, em 1593 —, em que William Davies, seguindo a vereda aberta na Inglaterra por Walter Raleigh, publicava *A True Relation of the Travels and Most Miserable Captivity of William Davies* (1614), dando conta de sua navegação pelo Amazonas em 1601[158] e, sobretudo, pela mesma época em que começam a circular as narrativas da França Equinocial — a primeira a vir a público, em 1612, intitulava-se *L'Arrivée êles peres capucins en l'Inde nouvelle, appelée Maragnon* e é assinada pelo capuchinho Claude d'Abbeville —, circularam pela Europa quatro descrições importantes do mundo que o português estava construindo na sua colônia americana.[159]

[157]MARKHAM, Clements R. *The Hawkins' Voyages During the Reigns of Henry VIII, Queen Elizabeth, and James I.* Nova York: Burt Franklin, 1970.
[158]DAVIES, William. *A True Relation of the Travels and Most Miserable Captivity of William Davies.* Londres: Nicolas Bourne, 1614.
[159]DAHER, Andrea. *Les singularités de la France équinoxiale: histoire de la mission des pères capucins au Brésil: 1612-1615.* Paris: H. Champion, 2002; PRIMERIO, Fidelis M. de. *Capuchinhos em terras de Santa Cruz nos séculos XVII, XVIII e XIX.* Apontamentos históricos. São Paulo: Livraria Martins, 1942; REZENDE, Modesto. *Os missionários capuchinhos no Brasil.* Esboço histórico prefaciado por Alfonso de E. Taunay da Academia Brasileira. São Paulo: Convento da Imaculada Conceição, 1931; RODRIGUES, José Honório. *História da história do Brasil. Historiografia colonial.*

A primeira delas veio a público em Amsterdã, no ano de 1623, num livro intitulado *Tocha da navegação*, assinado por Dierick Ruiters, piloto e cartógrafo batavo que perambulou pelas costas brasileiras entre 1617 e 1618. A sua passagem pelo Brasil, segundo conta sua esposa, num requerimento que encaminhou aos Estados Gerais, em 1618, pedindo que intercedessem pela sua libertação, deu-se por conta do acaso. Diz o documento que o piloto Ruiters viajava em um navio de nome *Blauwen Meeu*, que essa embarcação se desviara de sua rota e que o marujo fora capturado ao desembarcar na costa brasileira "para beber água". De certo sabe-se que, em meados de 1617, o piloto perambulava pelo litoral de Angra dos Reis e, depois de ser detido com mais dois companheiros por uma partida de portugueses e índios, foi levado para o Rio de Janeiro, à presença do então governador Rui Vaz Pinto.

Ruiters permaneceu trinta meses no Brasil. Do Rio de Janeiro, onde ainda se encontrava em 1618, foi conduzido por mar para Pernambuco, provavelmente com uma escala na Baía de Todos os Santos, e daí, não se sabe como, conseguiu evadir-se e retornar para a Holanda. Em 1619, já se encontrava no seu país natal, pois nas Atas dos Estados Gerais desse ano consta que Ruiters, "um piloto de Middelburg", requisitava autorização para equipar um navio e dirigir-se para as Índias Ocidentais. Quatro anos mais tarde é publicado o seu livro *Tocha da navegação*, cujo subtítulo é: *para viajar as costas situadas ao sul do trópico de Câncer como o Brasil, as Índias Ocidentais, a Guiné, Angola etc.*[160]

Ruiters ainda retornaria pelo menos mais duas vezes ao Brasil — por certo, em razão dos conhecimentos que demonstrara ter sobre o litoral da América portuguesa. Em 1623, informa-nos o escritor e diretor da Companhia das Índias Ocidentais, Joannes Laet, o piloto foi designado pela Companhia para pilotar a frota de Jacob Willekens e Piet Hein, que

---

[160]RUITERS, Dierick. Tocha da navegação. In: *Revista do Instituto Histórico Geográfico Brasileiro.*

atacou a Baía de Todos os Santos em maio de 1624; em 1630, Ruiters retorna à colônia lusa com a esquadra de 56 navios do veterano Hendrick Corneliszoon Lonk, e participa ativamente na tomada de Pernambuco.

O especializado escrito deixado por Ruiters — registros de um piloto, que tinha em mente um leitor interessado em técnicas de navegação — não alcançou grande sucesso. Ao contrário, publicado em 1623, numa casa editorial modesta, com tiragem pequena e distribuição reduzida, o livro não foi nem reeditado nem traduzido até o início do século XX. Isso, contudo, não quer dizer que as notas aí contidas sobre a costa brasileira, sobre os seus ricos engenhos e, sobretudo, sobre as cidades pelas quais o marinheiro passara, com destaque para o Rio de Janeiro, tenham caído no completo esquecimento. Por sorte, o mencionado diretor da Companhia das Índias Ocidentais, Johannes Laet, resolveu reproduzi-las quase integralmente em *Histoire du Nouveau Monde*, lançado em 1625. O livro, publicado em holandês pela casa editorial de Isaack Elzevier, foi reeditado em 1630, traduzido para o latim, em 1633, e para o francês, em 1640. Há de se levar em conta, ainda, que as passagens de Laet referentes ao Brasil, isto é, as passagens de Ruiters apropriadas por Laet foram largamente reproduzidas no volume 12 de *Le grand atlas*, publicado em 1663 por Jean Blaeu (1598-1673) [161] — obra cara e de difícil acesso, sem dúvida, mas muito prestigiada pelos amantes e curiosos da geografia e da cartografia.

Enquanto Johannes Laet cuidava da publicação de *Histoire du Nouveau Monde*, na Inglaterra, no mesmo 1625, o muitas vezes mencionado Samuel Purchas publicava *Hakluyt's Posthumous or Purchas his Pilgrimes*. A coleção, quase tão prestigiada quanto a do seu antecessor, Richard Hakluyt, trazia no seu volume quarto, para além da narrativa mais tarde atribuída ao jesuíta Fernão Cardim, dois importantes relatos com menções à colônia portuguesa na América, ambos derivados da mesma viagem e

[161]GOSS, John. *Blaeu's The Grand Atlas of the 17th Century World.*

complementares a um outro, publicado duas décadas mais cedo, em 1600, por Hakluyt, no terceiro volume de *The Principal Navigations, Voyages, Traffics and Discoveries of the English Nation*. Refiro-me às narrativas de John Davies, Thomas Cavendish e Antony Knivet, referentes à segunda viagem de circum-navegação capitaneada pelo próprio Cavendish.

Reza a lenda que o renomado navegador, o terceiro europeu a realizar uma viagem de circum-navegação — precederam-no somente o português Fernão de Magalhães e o inglês Francis Drake —, depois de dissipar a herança paterna, decidiu refazer a sua fortuna no corso. Norteado por tal propósito, em 1586, armou uma pequena esquadra de três navios e, com um pouco de experiência, quase nenhum conhecimento marítimo e muita, muita sorte, empreendeu uma extremamente bem-sucedida viagem de circum-navegação, durante a qual conseguiu capturar algumas embarcações espanholas com carregamentos de grande valor. A exitosa viagem, finalizada em setembro de 1588, transformou Cavendish num homem rico. Os seus gastos, porém, sempre muito elevados, em pouco tempo esvaziaram novamente sua bolsa e o levaram, em 1591, de volta à vida de saques e pilhagens.

Foi essa segunda empreitada em busca de "fortuna e glória" que trouxe o corsário inglês ao litoral paulista. A esquadra que capitaneava, composta por cinco embarcações — *Leicester*, *Roebucke*, *Desire*, *Daintie* e *Blacke Pinnace* —, deixou Plymouth em 26 de agosto de 1591, alcançando a costa brasileira, na altura da Bahia, em novembro do mesmo ano. Após capturar um navio mercante português nas proximidades de Cabo Frio, os corsários rumaram para a Ilha Grande e daí para Santos. Na cidade de Brás Cubas permaneceram oito semanas, tempo suficiente para que roubassem ou destruíssem tudo de que puderam lançar mão. Depois de arruinar Santos e, pelo caminho, incendiar São Vicente, partiram para o estreito de Magalhães.

Rumo ao sul, a esquadra enfrentou condições climáticas extremamente adversas, o que em muito retardou a viagem — o estreito foi alcançado somente em março de 1592. Como se isso não bastasse, a carência de provisões e o terrível mau tempo obrigaram a esquadra a retornar à costa brasileira. As embarcações se separaram e Cavendish, a bordo da nau almirante *Leicester*, deliberou tornar ao porto de Santos. De sobreaviso, os habitantes conseguiram impedir o desembarque dos corsários e impor-lhes pesadas baixas. O *Leicester* navegou, então, agora na companhia do *Roebucke*, para Vitória, sofrendo aí uma nova derrota. As embarcações separam-se mais uma vez, e a nau almirante fez-se de vela para a ilha de São Sebastião, onde Cavendish pretendia conseguir algum mantimento e tratar dos muitos feridos que tinha a bordo. Na ilha, o navegador inglês recolheu umas poucas provisões e abandonou os feridos e moribundos, partindo, em seguida, para a Inglaterra — o pirata morreu durante a viagem de regresso.[162]

Dessa malfadada aventura saíram os três relatos mencionados. O primeiro a vir a público, editado por Hakluyt, foi o de John Davies, um marujo de biografia desconhecida, que viajava a bordo do *Roebucke*. Davies pouco fala do Brasil, salvo sobre a tomada de Santos, da qual participou ativamente. Um quarto de século mais tarde vieram à luz o diário de Cavendish, que omite a tomada de Santos, mas dá conta da segunda passagem pelo Brasil, depois da tentativa de ultrapassar o estreito, e a narrativa de Anthony Knivet, um marujo inglês de suposta origem nobre,[163] sobre o qual se tem pouquíssimas informações.

---

[162]CAVENDISH, Thomas. *The Last Voyage of Thomas Cavendish, 1591-1592: the Autograph Manuscript of his Own Account of the Voyage, Written Shortly Before his Death: from the Collection of Paul Mellon*. Introdução, transcrição e notas de David Beers Quinn. Chicago: Published for the Newberry Library by the University of Chicago Press, 1975.

[163]Sobre as supostas origens nobres de A. Knivet, ver: KNIVET, Anthony. *Vária fortuna e estranhos fados de Anthony Knivet, que foi com Tomás Cavendish, em sua segunda viagem, para o Mar do Sul, no ano de 1591*, p. 44. Mais informações sobre A. Knivet e sua passagem pelo Brasil, ver também: KNIVET, Anthony. Narração da viagem que, nos anos de 1591 e seguintes, fez Antônio Knivet da Inglaterra ao Mar do Sul, em companhia de Thomas Cavendish. In: *Revista do Instituto Histórico Geográfico Brasileiro*, Tomo XLI, 1878, p. 183-272; SAMPAIO, Teodoro. Peregrinações de Anthony Knivet no Brasil no século XVI. In: *Revista do Instituto Histórico Geográfico Brasileiro*, Tomo Especial (1º Congresso de História Nacional), Parte II, 1915, p. 345-390.

Knivet foi um dos estropiados despejados pelo *Leicester* em São Sebastião em 1592, antes de o navio deixar as costas brasileiras para retornar ao Velho Mundo. O desamparado marujo, ferido e esfomeado, foi capturado pelos portugueses e levado para o Rio de Janeiro, tornando-se escravo do então governador Salvador Correia de Sá (o Velho) e, posteriormente, de seu filho, Martim de Sá. O inglês permaneceu quase dez anos no Brasil (1592-1601), legando, ao menos no que tange ao país, não somente a mais completa e importante das três narrativas da trágica viagem de Cavendish, mas uma das mais, quiçá a mais, detalhadas descrições do Brasil até então publicadas. Não por acaso, a sua foi a única das três narrativas a suscitar uma tradução para o holandês, publicada na cidade de Leiden em 1706. Outras traduções e reedições não houveram, nem do escrito de Knivet nem do diário-testamento de Cavendish e tampouco das anotações mais modestas de John Davies. Há de se ter em conta, porém, que os três testemunhos vieram a público naquelas que são consideradas as duas mais importantes coletâneas de documentos relativos a viagens, em língua inglesa, publicadas entre o ocaso do século XVI e o início do XVII, coletâneas conhecidas e citadas na Inglaterra e também um pouco por toda a Europa continental, ao menos entre os ditos sábios e a gente letrada interessada nas terras de além-mar.

Também do início do século XVII, mas com repercussão bem mais limitada, é *Relation del viaje que por orden de su mad. y acuerdo del real consejo de Indias hizieran los capitanes B. G. de Nodal, y G. de Nodal*, dos irmãos Nodal, obra publicada em Madri, em 1621, que continha uma descrição da cidade do Rio de Janeiro e uma nota brevíssima sobre Pernambuco (Recife).

Naturais de Pontevedra, na Galícia, os irmãos Nodal eram marinheiros profissionais que, desde muito cedo, tinham se dedicado às lides marítimas. O primogênito, Bartolomé García de Nodal, nascido em 1574, começou a servir nas naus de Sua Majestade com 16 anos.

Gonçalo, quatro anos mais novo, com 12 anos, já singrava os mares ao lado do irmão.

Em 1618, esses experimentados marinheiros, com um selecionado grupo de pilotos e um experiente cartógrafo, foram convocados pela Coroa espanhola para empreenderem uma viagem exploratória à Terra do Fogo, uma viagem destinada a procurar uma passagem segura para os Mares do Sul e a efetuar o reconhecimento do estreito de Magalhães.

As embarcações em que fariam tão importante navegação, duas bem-armadas caravelas de 80 toneladas, partiram de Lisboa em 27 de setembro de 1618. A tripulação, cerca de oitenta homens, era composta exclusivamente por portugueses, quase todos embarcados à força — "o destino", esclarecem-nos os irmãos Nodal numa nota ao leitor, "era tão remoto e incerto que ninguém iria de livre vontade". Depois de passarem pelas Canárias e pela ilha de São Tiago (Cabo Verde), as caravelas rumaram para a cidade do Rio de Janeiro, lançando âncora na Baía de Guanabara em 15 de novembro de 1618, onde ficaram até 1º de dezembro reparando e reabastecendo as embarcações. Daí, seguiram para o estreito de Magalhães e, em maio do ano seguinte, depois de uma viagem extremamente bem-sucedida no que tange ao reconhecimento do estreito, chegaram em Pernambuco, para uma brevíssima estada de duas semanas.[164] As descrições que deixaram sobre os dois portos brasileiros, sucintas e muito voltadas para a vida marítima das localidades visitadas, tiveram repercussão somente na Espanha e, mesmo lá, bastante limitada, pois a obra, que ganhou uma tradução inglesa somente no início do século XX, não foi reeditada uma única vez no período e teve uma primeira edição pequena e desprovida de qualquer luxo.

Retornemos, porém, aos Países Baixos, retornemos à *Tocha da navegação*, em 1623. O escrito de Ruiters, de certo modo, tornou-se

---

[164] Sobre a viagem dos irmãos Nodal, ver: MARKHAM, Clements Forbes. *Early Spanish Voyages to the Strait of Magellan*, 1967.

o primeiro de uma longuíssima série de escritos derivados, primeiro, do interesse e, depois, da efetiva presença dos holandeses no litoral do Nordeste brasileiro, que, como mencionei anteriormente, escapam — não todos, é certo — ao padrão das descrições do Brasil deixadas por visitantes estrangeiros. A lista, ainda que restrita às obras editadas entre os séculos XVII e XVIII, é extensa. Depois da obra de Ruiters — e da obra de seu divulgador maior, Laet —, um dos primeiros livros derivados da crescente presença dos holandeses no Brasil é *Relação da conquista e perda da cidade do Salvador pelos holandeses em 1624-1625*, publicado em Coburg, na Baviera, por Johannes Gregorius Aldenburgk, um soldado alemão que vendera seus serviços para o Exército batavo e passou três anos pelejando no Brasil (1623-1626), nomeadamente na Baía de Todos os Santos, onde participou da tomada e da perda da cidade pelos holandeses. A obra, ainda que reproduzida nas coleções de Hulsius e de De Bry, não foi reeditada nem traduzida no período.[165]

Aldenburgk, porém, foi somente o primeiro. Pouco depois dele, em 1630, o capelão holandês Johannes Baers, testemunha ocular da tomada de Olinda no mesmo 1630, publica, em Amsterdã, *Olinda conquistada*, um opúsculo de 38 páginas, dedicado, como indica o título, a narrar os acontecimentos que havia presenciado. Em 1639, outro estrangeiro envolvido com o Brasil holandês, o também capelão Vincent Joachim Soler — valenciano para alguns estudiosos, francês para outros —, um católico convertido ao protestantismo, que se tornara capelão, manda imprimir, na mesma Amsterdã, um panfleto de doze páginas, contendo dezessete cartas, nas quais descreve a sua atividade religiosa e, em meio aos empenhados esforços de conversão dos católicos, o cotidiano do Brasil sob domínio holandês.

[165]ALDENBURGK, Johannes Gregorius. Relação da conquista e perda da cidade do Salvador pelos holandeses em 1624-1625. In: *Revista dos Tribunais*, São Paulo, 1961.

A importante obra de Gaspar Barlaeus, já o vimos, saiu em 1647. Em 1648, é a vez do também já referido *Historia Naturalis Brasiliae*, de Willelm Piso, por muito tempo a mais completa história natural do Brasil a circular pela Europa. Em 1651, saíram das prensas holandesas e francesas pelo menos mais três escritos sobre o Brasil, derivados da experiência batava na costa nordestina. Em Paris, vem a público a *História das últimas lutas entre holandeses e portugueses*, escrita por um tal Pierre Moreau, um francês de nascimento, cujo gosto pelas navegações — um meio de "conhecer o que se passa de notável nos mais distantes países", como explica na sua dedicatória — levou-o à Holanda e daí, sabedor das lutas que travavam holandeses e portugueses na região, ao Brasil. O aventureiro permaneceu cerca de dois anos no Nordeste (1646-1648), tempo suficiente para que compusesse uma detalhada e amarga narrativa sobre a vida no Brasil holandês, com especial destaque para o constante e crescente conflito entre os luso-brasileiros e holandeses. O seu relato, recheado de críticas ao caráter de brasileiros e lusitanos, se não teve um enorme sucesso, também não passou tão sem alarde como alguns dos escritos citados. O livro *História das últimas lutas entre holandeses e portugueses*, como mencionei, veio a público na cidade de Paris em 1651, numa coleção de viagens de dois volumes, organizado pelo editor Augustin Courbé, e foi vertido para o holandês no ano seguinte.

A mesma coletânea de Courbé trazia ainda outro relato relacionado ao Brasil holandês, relato traduzido do holandês pelo próprio Moreau e anotado por um erudito amante de relatos de viagem, de nome Claude Barthomy Morisot. O escrito, um tratado descritivo da cultura tapuia, intitulava-se *Relação da viagem ao país dos tapuias* e vinha assinado por um judeu, provavelmente de origem germânica, de nome Roulox Baro. Nada se sabe sobre Baro, salvo que veio para o Brasil, a serviço da Companhia das Índias Ocidentais, para fazer as vezes de intérprete junto aos índios. Do seu relatório dando conta ao presidente e aos conselheiros da Companhia da viagem que realizou ao "país dos tapuias, na terra firme do Brasil", entre abril e julho de 1647, conhece-se somente a referida edição francesa, publicada por Courbé.

Também de 1651 é o *Diário ou narração histórica*, do holandês Matheus van den Broeck. A obra, um panfleto de quarenta páginas, com duas plantas de Pernambuco, editada em Amsterdã, dá conta da sua participação, entre junho de 1645 e agosto de 1646, nos esforços da administração batava para pôr termo à revolta luso-brasileira que agitava o Brasil holandês. Broeck foi capturado pelos inimigos portugueses em 1645 e enviado para a Baía de Todos os Santos, seguindo daí para Lisboa. A sua pequena narrativa, cuja primeira edição deve ter tido poucos exemplares, não foi nem reeditada nem traduzida no período.

O pouco conhecido relato de Broeck, no entanto, não foi o último título sobre o Brasil holandês a ser editado no século XVII. Em 1677, o soldado alemão Ambrosius Richshoffer entregava ao público, na cidade de Strasburgo, *Diário de um soldado da Companhia das Índias Ocidentais*. Richshoffer embarcara para o Brasil rapazote (17 anos), em 1629, na "companhia de alguns camaradas", e servira como soldado das tropas holandesas entre 1629 e 1632, primeiro em Pernambuco e, depois, por poucos meses, nas Antilhas. A narrativa que deixou, publicada mais de quatro décadas depois dos fatos a que se refere, traça um quadro pouco auspicioso do dia a dia das tropas batavas no Brasil, marcado pela carestia de gêneros, pelas constantes escaramuças com os portugueses e, sobretudo, por uma enorme desordem. Pouco, porém, circulou o escrito do desiludido Richshoffer. Publicado em 1677, numa edição pequena, que rapidamente se tornou rara, a obra não foi nem reeditada nem traduzida na época.

Trajetória mais feliz teve, como vimos, o último dos escritos publicados no século XVII relacionados à experiência holandesa no Nordeste brasileiro, *Memorável viagem marítima e terrestre ao Brasil* — escrito por Joan Nieuhof e editado na cidade de Amsterdã, em 1682. A obra, já comentei, ganhou tradução para o inglês em 1703, foi incluída em importantes coleções de viagem e teve, a seu tempo, um alcance significativo entre o público apreciador do gênero. A estes, o agente da Companhia da Índias Ocidentais feito cronista, Nieuhof, oferecia — como assegurava o seu editor e irmão no prefácio da obra — a "narrativa verdadeira" dos quase nove anos em que permaneceu no Brasil holandês (1640-1649), narrativa que trazia ao público europeu a minuciosa e ampla descrição da geografia, flora, fauna e das gentes da região sob o domínio holandês na América Austral — que, além de Pernambuco, incluía Itamaracá, Paraíba, Rio Grande do Norte e Ceará. O escrito de Nieuhof, uma das mais ricas descrições do Brasil publicadas no século XVII, levava ainda ao conhecimento do leitor interessado uma longa série de detalhes acerca do governo colonial holandês — nassoviano e pós-nassoviano —, do cotidiano dos habitantes sob o seu domínio e, sobretudo, da crescente revolta luso-brasileira contra tal governo, que acabaria por resultar na expulsão dos holandeses da região.

Enquanto, porém, os batavos e aliados divulgavam pela Europa a sua perspectiva da ocupação do Nordeste brasileiro e, em paralelo, um amplo vocabulário sobre o Brasil, as prensas de outras nações europeias não deixaram de publicar relatos de viagem com menções ao país, muitas vezes mais modestas e menos detalhadas do que as legadas pelos invasores, por certo, mas não raro com igual ou superior alcance entre o público da época. *Relation of Ten Years Travells in Europe, Asia, Affrique, and America*, uma pequena narrativa de viagem, com uma única edição publicada em Londres, paga pelo próprio autor, em 1656, é uma delas. O curioso escrito saíra da pena do poeta e escritor inglês Richard Flecknoe, um homem de letras de segunda ordem, autor de poesias pias e peças de teatro que, malgrado a fama de sofríveis, parecem, pelo número de edições e menções, terem caído no gosto de muitos dos seus contemporâneos.

É verdade que Flecknoe entrou para a história menos pelos seus sucessos de palco e mais por ter sido criticado e ridicularizado por literatos famosos, como John Dryden e Andrew Marvell. O primeiro, que o tomava por um "padre irlandês", qualificou-o, em 1682, de "imperador em todos os domínios do disparate"; o último, que chegou a conhecer Flecknoe em Roma (1646) e o tomava por um "padre inglês", teceu comentários cáusticos sobre a sua pretensão, arrogância e impertinência. Para além dessas opiniões pouco abonadoras e informações imprecisas, pouco se sabe sobre esse vate e aventureiro que, em busca de mecenas que satisfizessem o seu "insaciável desejo de ver tudo", como uma vez explicou, circulou anos pelas cortes da Europa adulando membros da nobreza.

Flecknoe nasceu em Londres, provavelmente no início do seiscentos, no seio de uma família abastada. Joseph Gillow, seu biógrafo oficial, assegura que foi educado num colégio jesuíta e entrou para a Companhia, abandonando-a poucos anos depois. Outros estudiosos, ao contrário, dizem que o viajante era um devoto, sem, contudo, ter chegado a tomar votos.[166] A verdade é que Flecknoe, não obstante os escritos de caráter pio, nunca se referiu ao fato de ser padre e não parece ter se comportado como tal. Mais que o proselitismo, interessava-lhe viajar pelo mundo e conhecer novas terras. Foi como viajante aventureiro que, depois de passar por Bruxelas, Paris, Marselha, Gênova, Roma, Provença e Hyères, desembarcou em Cascais (Portugal), no ano de 1648, e foi nesta qualidade que, em outubro do mesmo ano, rumou para o Brasil na embarcação que conduzia o recém-nomeado governador do Rio de Janeiro, Sebastião de Brito Pereira.

---

[166]Sobre Flecknoe ver: BOXER, Charles Ralph. Three Englishmen in Colonial Brazil, 1588-1644. In: *Boletim da Sociedade Brasileira de Cultura Inglesa*, nº 3, v. IV, 1949; GILLOW, Joseph. *A Literary and Biographical Dictionary of the English Catholics from the Breach with Rome, in 1534, to the Present Time.* Londres: Burns & Oates; New York Catholic pub. Soc. Co., 1885-1902; MACAULAY, Rose. *Ingleses em Portugal.* Porto: Livraria Civilização-Editora, 1950; RODRIGUES, José Honório. Visitantes do Brasil no século XVII. In: *Revista de História*, Separata do v. 37, 1959; TAUNAY, Afonso de E. *Visitantes do Brasil colonial.*

Flecknoe entrou na Baía de Guanabara em janeiro de 1649, de onde partiu oito meses mais tarde. O poeta e dramaturgo, que se gaba de ter sido o primeiro "turista"[167] a pisar em terras brasileiras, não conheceu mais do que a cidade do Rio de Janeiro e seus arredores, os quais descreveu em duas dezenas de páginas do seu relato. As suas breves mas variadas notas — o dramaturgo descreveu a cidade, a flora, a fauna, os índios e mesmo um engenho de açúcar da região — não tiveram, contudo, muita circulação. Restos da primeira e única tiragem do seu "livrinho", pago do próprio bolso, ainda circulavam com novo título em 1665, o que por certo não indica grande procura pela obra. Para mais, *Relation of Ten Years Travells in Europe* não foi traduzido e tampouco comentado na época.

Depois de Flecknoe apresentar aos seus poucos leitores o Rio de Janeiro, suas belezas naturais, suas riquezas e sua gente, os relatos dando conta do Brasil holandês reinaram soberanos por quase duas décadas. Em 1672, porém, em Reggio, vinha a público o primeiro de quatro relatos de viagem com menções ao Brasil saído da pena de uns capuchinhos italianos que, a caminho de uma missão no Congo, na costa africana, tinham passado por Pernambuco ou pela Baía de Todos os Santos. A missão tivera início em 1645,[168] mas, a partir de 1651, quando três levas de missionários haviam já embarcado para a África através dos portos espanhóis, a Coroa portuguesa passou a exigir que o embarque se desse em Lisboa. Muitos capuchinhos passaram, então, a frequentar a denominada Frota do Brasil, que anualmente trazia mercadorias europeias para os principais portos brasileiros (Pernambuco, Baía de

[167] FLECKNOE, Richard. *Relation of Ten Years Travells in Europe, Asia, Affrique, and America*. Londres: Printed for the author, 1654, p. 2.

[168] Para uma breve introdução à missão dos capuchinhos italianos no Congo, ver: CAVAZZI, Giovanni Antonio. *Descrição histórica dos três reinos do Congo, Matamba e Angola, pelo pe. João António Cavazzi de Montecúccolo*. Tradução, notas e índices pelo padre Graciano Maria de Leguzzano. Introdução biobibliográfica de F. Leite de Faria. Lisboa: Junta de Investigações do Ultramar, 1965.

Todos os Santos e Rio de Janeiro). Uma vez no Brasil, os religiosos, por vezes depois de meses de espera, arrumavam lugar numa embarcação que seguia para a costa africana.

Os primeiros a publicar a descrição desse verdadeiro périplo, com a consequente referência ao Brasil, foram dois missionários provenientes de Gênova: Michael Ângelo de Guattini e Dionigi de Carli. Em 1667, por certo contaminados pelo clima de empolgação que há tempos envolvia a missão, os dois religiosos resolveram embarcar para o Congo e dar o seu contributo a tão valoroso empreendimento. Em companhia de mais quatorze missionários, os dois religiosos rumaram para Lisboa e em abril do mesmo ano seguiram todos para a Baía de Todos os Santos, a bordo de um navio que vinha ao Brasil buscar mercadorias e rumaria, em seguida, para a África. Em fevereiro de 1668, os dois missionários desembarcaram, finalmente, em Luanda, no Reino de Angola e, três meses depois, em Mbanza Mbamba, no Reino do Congo. Guattini morreu pouco tempo depois de instalar-se na região e Carli, também doente, resistiu até 1669, quando voltou à Europa a duras penas — parte da viagem, entre a África e o Brasil, foi feita a bordo de um negreiro.

Em 1672, o capuchinho resolveu, utilizando as cartas que seu falecido amigo enviara do Congo ao pai, escrever uma relação da penosa viagem que empreendera e do que vira, não somente no Congo, mas também ao longo do caminho, inclusive durante as suas duas passagens pelo Brasil — a primeira por Pernambuco (Recife) e Olinda, entre agosto e novembro de 1667, e a segunda, quando de seu retorno à Europa, pela Baía de Todos os Santos, onde arribou moribundo em 1669. A obra, intitulada *Il Moro transportato in Venezia ovvero curioso raconto de' costumi, riti et religione de' populi dell' África, America, Asia ed Europa*, saiu, como mencionei, em Reggio e teve excelente aceitação. Em 1674, com o título *Viaggio del padre Michael Angelo de Gualtini da Regio, et del padre P. Dionigi de Carli da Piacenza Capuccini, predicatori, & missionarii apostolici nel Regno del Congo*, saía, na cidade de Bolonha, uma segunda edição e, em 1687, uma terceira, desta vez na cidade de Bassano. Em 1680, o dominicano Jean-Baptiste Labat, viajante erudito e muitíssimo interessado em viagens, publicou em Lion uma tradução francesa e, em 1693, a obra foi vertida para o alemão. A trajetória virtuosa do relato prosseguiu pelo século XVIII, quando foi incluída em importantes coleções de viagem, como a *Collection of Voyages*, de Churchill e Astley, e em *Histoire generale des voyages*, do abade Prévost.

Tão bem-sucedida quanto a obra de Guattini e Carli foi *Istorica descrizione de tre' regni Congo, Matamba, et Angola sitvati nell' Etiopia Inferiore Occidentale e delle missioni apostoliche esercitateui da religiosi capuccini*, uma longa e detalhada narrativa sobre os reinos de Angola, Matamba e Congo, escrita por um outro capuchinho ligado à referida missão do Congo, Giovanni Antonio Cavazzi. Proveniente da região de Bolonha, Cavazzi embarcou para a África em 1654, na quarta leva de capuchinhos italianos destinados à missão, que se encontrava em dificuldades devido ao adoecimento e à morte de muitos de seus membros. O grupo, que contava com dois capuchinhos espanhóis e temia represálias de Lisboa, embarcou para Angola diretamente do porto de Cadiz, sem passar nem por Portugal nem pelo Brasil, e deparou com enormes problemas para desembarcar em Angola. Malgrado as dificuldades, Cavazzi e seus companheiros alcançaram a missão de Matamba em dezembro de 1654. O capuchinho de Montecuccolo permaneceu, nessa primeira estada na África — ele retornaria ao Congo à frente de uma nova leva de missionários em 1672 e retornaria à Europa somente em 1677 —, cerca de 13 anos, ao longo dos quais, graças aos conhecimentos que acumulou sobre a região e suas gentes, desempenhou um papel deveras importante na condução do trabalho missionário.

Em 1667, Cavazzi, com a saúde muito comprometida, resolveu retornar à Itália na companhia de um irmão de fé e, ao contrário da sua vinda, teve de rumar de Angola para o Brasil, nomeadamente para a Baía de Todos os Santos, onde desembarcou em outubro de 1667. Depois de rápida passagem por Salvador, os dois capuchinhos hospedaram-se no convento dos seus confrades franceses de Pernambuco e, por um ano, aguardaram um transporte para Lisboa. Finalmente, em maio de 1669, depois de uma passagem por Portugal, Cavazzi, que vira o companheiro doente morrer pelo caminho, alcançou Roma. Aí, depois de entregar aos seus superiores um relatório sobre o estado das missões do Congo e região, foi encarregado pela Propaganda Fide de redigir uma narrativa mais detalhada sobre o que vira na África.

A "narrativa mais detalhada", o citado *Istorica descrizione de tre' regni Congo, Matamba, et Angola*, ficou pronta em 1672, mas veio a público somente em 1687, nove anos depois da morte de seu autor e depois de muitas idas e vindas da Propaganda Fide. As atraentes gravuras, as histórias pitorescas e, sobretudo, o enorme e variado repertório de informações que Cavazzi punha à disposição do seu leitor — informações sobre as coisas e gentes dos reinos do Congo, Angola e Matamba, sem dúvida, mas também sobre os lugares por onde passara ao longo das suas viagens, como Pernambuco, por exemplo — rapidamente fizeram da obra, se não um grande sucesso, os tempos ainda não eram para tal, um escrito conhecido. À primeira edição de 1687, cuidada e ilustrada com quarenta gravuras, publicada em Bolonha, seguiu uma outra, em 1690, de qualidade inferior, saída em Milão; em 1694, em Munique, vem a público a tradução para a língua alemã; por fim, em 1732, o referido abade Labat, que já havia se encarregado da tradução da narrativa de Dionigi Carli, publica uma tradução francesa do livro, com muitos acréscimos e algumas omissões, que foi mais tarde, em 1792, também vertida para o alemão. É de Labat uma consideração que, àquela altura, quase meio século depois do lançamento da obra em italiano, bem ilustra a estima que ainda gozava a obra do capuchinho:

> É uma testemunha ocular que fala. É um homem de espírito, repleto de sabedoria, de verdade, de discernimento, de senso de justiça, de luzes, um homem que sabe distinguir o verdadeiro do verossimilhante, que nunca se deixa contaminar pelas opiniões de ninguém. O público, sempre justo e severo, saberá julgar tudo isso pela leitura da obra, na qual a ingenuidade, a candura, a verdade, a exatidão, a boa-fé brilham por toda parte.[169]

O conhecido e respeitado "testemunho ocular" de Cavazzi logo ganhou companhia. Em 1692 é lançado, em Nápoles, o terceiro relato dos capuchinhos missionários do Congo com menções ao Brasil, desta vez à Baía de Todos os Santos, onde o autor, como havia sido acertado com Lisboa em 1651, baldeou em 1682 para ganhar a costa africana. Trata-se do também conhecido a seu tempo *Breve, e succinta relatione del viaggio del regno di Congo*, do capuchinho Girolamo Merolla da Sorrento. A narrativa, dando conta da quase uma década que passara no Reino do Congo e na África do Sul, foi reeditada em 1732, traduzida para o inglês em 1697 e incluída, em 1704, no primeiro volume da coleção de viagens de Churchill; mais tarde, em 1747, a obra ganhou uma tradução francesa, publicada na cidade de La Haye.

Finalmente, em 1712, saía o último dos relatos a mencionar o Brasil feitos pelos missionários italianos alocados na missão do Reino do Congo: *Relazioni del viaggio e missione di Congo nell' Etiopia inferiore occidentale*. A obra vinha assinada por um capuchinho de nome Antonio Zucchelli, proveniente de Gradisca, na província da Gradizia, que embarcou para o Congo em 1667, passando pela Baía de Todos os Santos tanto na ida quanto na volta de sua jornada missionária. A obra de Zucchelli, com dois capítulos dedicados ao Brasil, nomeadamente à Baía de Todos os Santos, não teve a mesma circulação dos escritos

[169]CAVAZZI, Giovanni Antonio. *Relation historique de l'Ethiopie occidentale*. Paris: C.J.B. Delespine le fils, 1732, p. 6.

anteriores. Lançada em 1712, não foi reeditada a seu tempo e conheceu somente uma única tradução, em língua alemã, publicada na cidade de Frankfurt, em 1715.

A produção proveniente dos missionários do Congo não esgota, porém, o que então circulou na Europa sobre o Brasil em relatos de viagem. Entre uma e outra obra dos capuchinhos italianos, veio a público, na França e também na Inglaterra, uma dúzia de relatos de viagem com menções à colônia portuguesa da América Austral, alguns legados por verdadeiras celebridades da época, como William Dampier e Woodes Rogers. Mas não avancemos demasiado rápido, sigamos passo a passo. Em 1688, meses depois de Cavazzi publicar a sua longa e renomada narrativa, vinha a público, em Paris, *Histoire des Indes Orientales*, escrita pelo francês Urbain Souchu de Rennefort.

É quase nada o que se sabe sobre a vida de Rennefort, um ex-tesoureiro da guarda do rei que, depois de extinta a função que ocupava, foi nomeado, em 1664, secretário do Conselho Soberano da França Oriental, vinculado à recém-fundada Companhia das Índias Orientais. Em 1665, em sua nova função, Souchu empreendeu uma viagem de colonização a Madagascar. O navegador chegou ao lugar em 10 de julho de 1665, porém logo se desentendeu com os líderes da colônia e, em 20 de fevereiro do ano seguinte, decepcionado e contrariado, embarcou de volta para casa.

A viagem de regresso, realizada num navio em péssimas condições, não acabou de modo muito agradável. Ao alcançar o canal da Mancha, em 9 de julho de 1666, a embarcação em que viajava foi capturada pelos ingleses, e Rennefort foi levado para Londres como prisioneiro. O navegador retornou a Paris somente em abril de 1667 e, descontente com o que se passara em Madagascar e com os rumos que estavam tomando os negócios da Companhia, compôs, num espaço de vinte anos, duas obras sobre a sua experiência colonial, obras de certo modo marcadas por um tom de denúncia: *Relation du premier voyage de la Compagnie des Indes Orientales em l'île de Madagascar ou Dauphine* (1668) e a referida *Histoire des Indes Orientales* (1688).

A primeira, escrita no calor dos acontecimentos, dá conta da viagem da pequena frota colonizadora de que fez parte em 1665 e não traz qualquer referência ao Brasil. *Histoire des Indes Orientales* repete em grande medida *Relation du premier voyage...*, mas traz também, na sua segunda parte, a descrição da viagem a Madagascar realizada pela segunda frota patrocinada pela Companhia — da qual Souchu não participou —, com dez embarcações e mais de 2 mil pessoas, comandada pelo senhor de Mondevergue.[170]

É a relação dessa segunda viagem que aqui nos interessa, pois os navios, que saíram de La Rochelle em 14 de março de 1666, carentes de víveres e de reparos, depois de passarem por Tenerife, nas Canárias, em 29 de março, acabaram por ser obrigados a arribar, no dia 21 de julho, no porto de Pernambuco, onde permaneceram ancorados até 10 de novembro do mesmo ano. A crer-se na veracidade da relação reproduzida por Rennefort, a descrição de Pernambuco (Recife e Olinda) deixada pelo senhor de Mondevergue é uma das duas primeiras saídas da pena de um estrangeiro a dar conta do estado da região depois da expulsão dos holandeses — a outra pertence ao citado capuchinho Dionigi Carli.

Esse registro, de natureza incerta, supostamente legado por Mondevergue, não passou de todo despercebido do público da época, pois muitos leitores parecem ter se interessado pelas censuras de Rennefort à colonização de Madagascar. O livro *Histoire des Indes Orientales*, publicado pela primeira vez em 1688, na cidade de Paris, foi reeditado no mesmo ano em Leiden e, com o título *Memoires pour servir a l'histoire des Indes orientales*, lançado novamente em Paris, às expensas da própria

[170]MICHAUD, Louis-Gabriel. *Biographie universelle ancienne et moderne*. Paris: A. Thoisnier; Desplaces: Michaud, 1843, 45 v.; RENNEFORT, Urbain Souchu de. *Histoire des Indes orientales*. Transcrição do texto original de Dominique Huet. Sainte-Clotilde (Réunion): ARS Terres Créoles, 1988.

Companhia das Índias, em 1702. A edição holandesa saiu em 1705, na cidade de Roterdam.

Exatamente no mesmo ano em que vinha a público a miscelânea de relatos editada por Souchu de Rennefort, um outro francês, Gabriel Dellon, lançava em Paris a segunda de duas relações de viagem de sua autoria com menções ao Brasil, melhor, à Baía de Todos os Santos. É também pouco o que se sabe sobre o cirurgião francês Charles (ou Gabriel) Dellon, que o infortúnio trouxe à capital dos domínios portugueses na América. Alguns papéis da Inquisição portuguesa — que o processou na Índia por heresia — indicam que Dellon nasceu em 1649, na cidade de Agde, situada na costa francesa do Mediterrâneo. Em 1668, o rapaz, então com quase 20 anos, teve os seus serviços contratados pela Companhia das Índias Orientais de seu país e embarcou para a Índia. De 1669 a 1673, Dellon perambulou por várias regiões do Oriente, sem se fixar em parte alguma. Finalmente, em 1673, mediante um convite do governador Furtado de Mendonça, que alegava ser a região desprovida de homens que cuidassem da saúde das gentes, o cirurgião resolveu estabelecer residência em Damão. Em agosto do mesmo ano, não se sabe ao certo por que, foi preso pela Inquisição e transferido para Goa. Aí amargou dois anos na prisão, padeceu com constantes interrogatórios e, por fim, foi condenado a cumprir, em Lisboa, cinco anos nas galés.[171]

Em janeiro de 1676, o infeliz cirurgião embarcou num navio luso com destino à capital portuguesa, que, como era habitual, deveria proceder uma parada no Brasil, precisamente na Baía de Todos os Santos. Em maio, a embarcação entrou na barra soteropolitana, de onde sairia somente no mês de setembro. De suas andanças, incluindo os cinco

[171]AMIEL, Charles. *L'Inquisition de Goa: la relation de Charles Dellon*. Introdução, edição e notas de Charles Amiel e Anne Lima. Paris: Chandeigne, 1997; DELLON, Gabriel. *Narração da Inquisição de Goa*. Vertida em português, várias notas e algumas correções por Miguel Vicente de Abreu. Lisboa: Edições Antígona, 1996; PRIOLKAR, Anant Kakba. *The Goa Inquisition: Being a Quatercentenary Commemoration Study of the Inquisition in India*. Relatos de dr. Dellon e dr. Buchanan. Bombay: Bombay University Press, 1961.

meses que permaneceu em Salvador — período em que desfrutou de relativa liberdade para ir e vir pela cidade —, Dellon legou-nos dois relatos: um ligeiramente mais extenso e detalhado, e outro menor, contudo bem mais famoso.

O primeiro intitula-se *Relation d'un voyage aux Indes Orientales* e foi publicado na cidade de Paris, em 1685. A obra foi reeditada em Amsterdã, em 1699, com o título *Nouvelle relation d'un voyage fait aux Indes Orientales*, pela famosa casa editorial de Paul Marret. A esta altura já havia uma tradução holandesa, publicada em Utrecht, em 1687, e uma tradução inglesa, lançada em Londres, em 1698, com um suplemento contendo a descrição de Pernambuco publicado por Urbain Souchu de Rennefort; a tradução alemã veio a público em 1700, na cidade de Dresden. O segundo relato, *Relation de l'Inquisition de Goa*, saiu das prensas em 1687, na cidade de Leiden, e foi reeditado, por editores franceses e holandeses, quase uma dezena de vezes entre o final do século XVII e o final do XVIII (1688, 1701, 1709, 1711, 1716, 1759...). Traduções também não foram poucas. Pelo que se tem notícia, ao todo, entre o seu lançamento e o ocaso do século XVIII, o livro teve pelo menos onze impressões em francês, quatro em alemão, três em holandês e cinco em inglês, sem contar as reproduções parciais em coletâneas de relatos de viagem e em livros sobre a Inquisição. Em Portugal, a popular narrativa de Dellon, com suas muitas considerações acerca dos domínios lusitanos de além-mar, ainda que não contasse com nenhuma tradução em língua portuguesa, foi proibida, por decreto, em dezembro de 1769. As razões de tão grande desconfiança em Portugal e tamanha receptividade fora do pequeno Reino ibérico — excetuando, talvez, na Espanha e na Itália —, revela-nos o próprio Dellon, no prefácio da obra, ao justificar por que demorara tanto para publicar as suas "educativas" denúncias contra a sombria Inquisição:

> Vacilei por muito tempo se deveria dar à estampa este meu trabalho, porque há mais de oito anos que me recolhi à França, e vai para mais de quatro que o escrevi. Receava escandalizar o Santo Ofício, faltando ao juramento que prestara na minha saída, e este sentimento havia tido o apoio de pessoas pias e timoratas; mas contrabalançando-lhe o sentir de outras pessoas, também pias, que me pareceram mais ilustradas, preferi a opinião destas, porque me convenci de que era por muitos títulos de interesse público o verdadeiro conhecimento do regime deste tribunal [...].[172]

Ainda na França, cerca de uma década depois da publicação do popular libelo de Dellon contra a Inquisição portuguesa, em 1698, veio a público mais uma narrativa com largas referências ao Brasil, nomeadamente às duas principais cidades da sua costa: Rio de Janeiro e Salvador. A obra intitulava-se *Relation d'un voyage fait en 1695, 1696, & 1697, aux côtes d'Afrique, détroit de Magellan, Brezil, Cayenne & isles Antilles,* e tinha sido escrita por um engenheiro francês de 19 anos, chamado François Froger. A história de sua passagem pelo Brasil começou em 1693, quando um renomado oficial da Marinha francesa, M. de Gennes, propôs a Luís XIV estabelecer uma colônia-presídio no estreito de Magalhães. O monarca, que respeitava De Gennes pelos muitos e bons serviços que havia prestado à Coroa, foi receptivo à proposta e, em 1695, pôs à disposição do renomado navegador seis navios de alto bordo e 784 homens para que levasse adiante o projeto.

Em 1695, engajou-se voluntariamente nessa empresa o tal Froger. Acerca das razões que levaram o rapaz a se aventurar mar adentro e, posteriormente, a publicar as suas notas de viagem, revela-nos ele próprio no prefácio de sua obra. Froger conta aí que desde muito cedo alimentava o "desejo de ver países estrangeiros" e, mais ainda, de pra-

---

[172]DELLON, Gabriel. *Narração da Inquisição de Goa*, p. 32.

ticar certas coisas "que sabia somente em teoria". Desse modo, quando surgiu a oportunidade de realizar "uma tão bela viagem", ele não pôde "fugir à fortuna". O rapaz, porém, segundo confessa, não queria ser um viajante qualquer, egoísta, ocioso e descompromissado com a sua pátria. Daí ele ter, segundo revela, preparado-se cuidadosamente para a viagem e para registrar as suas impressões das terras que visitou — "[...] exercitei-me no desenho, estudei matemática e, por fim, através da leitura de relações de viagem, tomei contato com a história de diferentes nações da terra" —, de modo a se tornar, com a publicação de suas impressões, útil aos seus compatriotas. E Froger, não obstante a idade e a inexperiência em navegações, não era modesto quando o que estava em causa era a qualidade das suas anotações. Para além de informar ao leitor que escrevera numa linguagem clara e sem afetação — adequada a quem busca dizer somente a verdade, como explica —, o marinheiro novato acrescenta:

> [...] observei, com exatidão, o comércio dos países, os interesses de cada colônia, as suas forças, a localização e as vantagens dos seus portos, os hábitos, os costumes e a religião dos povos e, por fim, as características das frutas, plantas, pássaros, peixes e animais que me pareceram mais extraordinários [...].[173]

A frota que levava o ambicioso jovem zarpou de La Rochelle em junho de 1695 e, antes de chegar ao estreito — onde as coisas correram da pior maneira —, arribou na Madeira (21 de junho), em Cabo Verde (3 de julho), na Baía de Todos os Santos (4 de novembro) e no Rio de Janeiro (30 de novembro). Nessa cidade, os navios permaneceram ancorados quase um mês. A 27 de dezembro de 1695 a frota fez-se à vela para o estreito

[173]FROGER, François. Préface. In: *Relation d'un voyage fait en 1695, 1696 & 1697 aux côtes d'Afrique, Détroit de Magellan, Brésil, Cayenne et isles Antilles.* Amsterdã: Chez les Héritiers, D'Antoine Schelte, 1699, p. II.

de Magalhães. Uma vez no estreito, M. de Gennes logo constatou que era impossível estabelecer a sonhada colônia e resolveu retornar para a França. A caminho de casa, as embarcações, carentes de provisões, arribaram mais uma vez na Baía de Todos os Santos (20 de junho de 1696), agora por um período de quase dois meses.[174]

A obra de Froger, contendo as descrições dessas duas arribadas no Brasil, começou a circular pela Europa em 1698, na cidade de Paris. Meses mais tarde, em Amsterdã, vinha a público a segunda edição, em 1700, a terceira, novamente em Paris, em 1702, a quarta, lançada em Lion, e a quinta e última em 1715, publicada pela casa de Honoré e Chatelain, na cidade de Amsterdã. A tradução inglesa, a única completa de que se tem notícia, saiu quase simultaneamente à francesa, em 1698.

Por certo, os leitores ingleses interessados em viagem trataram de comparar a descrição da Baía de Todos os Santos deixada por Froger, não somente com a de Dellon — que já circulava em terras inglesas —, mas sobretudo com uma outra que veio a público, meia década mais tarde, em 1703, veio a público na mencionada *A Voyage to New Holland*, uma das relações de viagem escritas pelo então renomado navegador William Dampier.[175]

Dampier, pirata, explorador e escritor que virou celebridade em seu tempo, nasceu em East Coker, na Inglaterra, em 1651, e morreu em Londres, doente e desgastado, no inverno de 1715. Desde muito cedo levou uma vida dedicada à aventura e ao mar, sobretudo ao mar. Aos 18 anos já estava sob velas, num navio mercante de Weymouth. Dos 20 aos 23, acrescentou ao seu currículo uma viagem à ilha de Java e uma participação, como marinheiro, do navio *Royal Prince*, na III Guerra Anglo-holandesa.

[174]FAZENDA, José Vieira. Antiqualhas e memórias do Rio de Janeiro. In: Separata da *Revista do Instituto Histórico Geográfico Brasileiro*, Rio de Janeiro, Tomo 86, v. 143, 1921, p. 198-205; RODRIGUES, José Honório. Visitantes do Brasil no século XVII. In: *Revista de História*, Separata do v. 37, 1959; TAUNAY, Afonso de E. *Rio de Janeiro de antanho. Impressões de viajantes estrangeiros*. São Paulo: Companhia Editora Nacional, 1942.

[175]Ver nota 83.

Ferido em combate, o convalescente Dampier, em 1674, transferiu-se para a Jamaica, onde tentou administrar uma plantação de cana-de-açúcar. A vida de administrador, porém, parece ter-lhe seduzido pouco, pois, nove meses mais tarde, depois de muitos embates com os patrões, já estava de volta ao mar, servindo em diversos navios mercantes da região do Caribe. É, no entanto, a partir de 1679 que Dampier passa a exercer a atividade que, ao lado da de escritor — de nada valeriam as suas aventuras se os seus compatriotas não as conhecessem —, o tornaria célebre: a de bucaneiro. Excetuando um breve interregno em 1678, durante o qual voltou à Inglaterra e desposou uma mulher com quem nunca viria a morar, Dampier, pelo menos até o ocaso da década de 80 do seiscentos, praticou sistematicamente a pirataria nos mares do Caribe e nos Mares do Sul. Das muitas aventuras que viveu então, destaca-se uma demorada viagem, entre 1688 e 1691, às terras austrais, ao longo da qual o pirata tomou uma série de notas sobre a flora e a fauna australiana.

A Voyage to New Holland, o terceiro relato de viagem do navegador a vir a público, descreve a viagem de exploração que Dampier empreendeu, em 1699, a bordo do *HMS Roebuck*, à Austrália (denominava-se New Holland a parte oeste do continente) e à Nova Guiné — a sua primeira viagem a serviço do Almirantado Britânico. O *Roebuck* partiu de Downs, no sudoeste da Inglaterra, em janeiro de 1699. Rumo ao cabo da Boa Esperança, o navio passou pela ilha da Madeira, por Santa Cruz de Tenerife, pela ilha de Santiago, no arquipélago de Cabo Verde, e chegou à embocadura da Baía de Todos os Santos em março de 1699, onde permaneceu cerca de um mês reabastecendo e carenando.

A descrição não é extensa, mas correu mundo, pois os relatos de Dampier tiveram um acolhimento público excepcional. *A Voyage to New Holland*, como vimos, saiu das prensas em 1703 e foi reeditado em 1709, com uma segunda parte, quando ainda se iniciava a ascensão meteórica dos escritos do antigo bucaneiro. De 1703 até o final do século, com a definitiva consolidação de Dampier como um dos grandes viajantes escritores da época, a obra foi reeditada e traduzida (holandês, alemão e francês) diversas vezes e elogiosamente mencionada por um número nada desprezível de sábios.

O nome do célebre pirata ainda apareceria em duas outras narrativas de viagem com menções ao Brasil publicadas pouco depois de *A Voyage to New Holland*, em 1712, *A Voyage to the South Sea*, de Edward Cooke, e *A Cruising Voyage Round the World*, de Woodes Rogers. Lançadas com o intervalo de meses, ambas davam conta da mesma viagem, capitaneada pelo capitão Rogers aos Mares do Sul, ao Pacífico. Cooke era um marinheiro desconhecido, que ocupava o posto de segundo-capitão de uma das duas embarcações da expedição. O mesmo não se passa com Woodes Rogers (1678/9-1732), um pirata célebre.[176]

Nascido no seio de uma família de navegadores de Bristol — o pai, capitão de navio, morreu no mar —, Rogers, como a maioria dos navegadores de seu tempo, desde muito cedo se dedicou às viagens marítimas. Em 1705, depois de casar-se com a filha de um outro importante navegador, o almirante William Whetstone, comandante em chefe nas Índias Orientais, Rogers passou a capitanear pequenas operações de pirataria no canal da Mancha, atividade em que despendeu dois anos de sua vida, acumulando experiência para a grande viagem de corso que vinha concebendo, rumo aos Mares do Sul.

Em 1708, finalmente o seu projeto estava maduro. Nesse mesmo ano, Rogers, em parceria com graúdos comerciantes de Bristol, armou duas embarcações, o *Duke* — de 300 toneladas, com 36 canhões e 170 homens — e o *Dutchess* — de 270 toneladas, com 30 canhões e 151 homens — e partiu, do porto de King Road, no dia 2 de agosto, para aquela que seria uma das mais exitosas viagens de corso empreendida pelos ingleses. Entre os feitos dessas duas embarcações piratas no Pacífico,

[176]Ver nota 85.

encontra-se um bem-sucedido ataque a Guaiaquil, no Equador, onde capturaram um riquíssimo galeão espanhol, e o resgate do náufrago Alexandre Selkirk, cuja história, já o vimos, inspirou a obra *Robinson Crusoe* (1719).

Antes, porém, de ganhar os Mares do Sul e embrenhar-se nessas e em outras aventuras, as embarcações — que tinham como um de seus pilotos William Dampier —, depois de passarem pelas ilhas Canárias e pela ilha de São Vicente, em Cabo Verde, fizeram aguada na Ilha Grande. A arribada durou somente duas semanas (de 16 a 30 de novembro de 1708), mas incluiu uma visita à pequenina Angra dos Reis. A descrição da cidade, ainda que sucinta, teve uma circulação nada desprezível. O relato de Cooke, publicado em 1712, não foi nem reeditado nem traduzido, mas o de Rogers, ao contrário, foi, como mencionei, reeditado pelo menos três vezes no século XVIII, traduzido para o holandês, em 1715, e para o francês, em 1716.

Exatamente no mesmo ano em que saía em língua francesa o livro de Rogers sobre os Mares do Sul, Amédée François Frézier (1682-1773), seguramente um dos mais conceituados visitantes que passaram pela América do Sul ao longo do século XVIII, lançava, em Paris, *Relation du voyage de la mer du sud aux côtes du Chili, du Pérou, et du Brésil.* Nascido na cidade de Chambéry, na Saboia, em 1682, no seio de uma respeitada família de magistrados que há tempos imigrara da Escócia para a região sardo-piemontesa, Frézier estudara no conceituado colégio Mazarine e seguira, no Collège de France, os ensinamentos do renomado geômetra e astrônomo Philippe de La Hire. Em 1707, o jovem é admitido como engenheiro do Exército e, por essa mesma época, publica os seus primeiros livros. É também nessa época que o navegador começa a trabalhar com Michel de Souzy, nomeado, em 1691, diretor-geral das fortificações de Luís XIV.[177]

---

[177]Ver nota 68.

Quatro anos mais tarde, graças ao seu bom desempenho no setor de fortificações e da consequente confiança que passou a gozar junto ao diretor Souzy, Frézier foi encarregado de uma missão deveras importante: realizar uma viagem de reconhecimento aos portos das colônias espanholas situadas na costa oeste da América Austral. Dito em outras palavras, o engenheiro fora escolhido para liderar uma viagem de espionagem marítima, ao longo da qual deveria efetuar um minucioso levantamento da posição geográfica, dos recursos defensivos, dos meios de acesso e dos melhores lugares de desembarque dos principais portos da região.

Ao longo de tão melindrosa viagem, realizada num momento em que aumentara muito a presença de navios e mercadores franceses nos portos do Chile e do Peru — entre 1695 e 1726, 168 embarcações partiram da França com destino à região —, Frézier por duas vezes passou por portos brasileiros: na ida, em 1712, a embarcação em que viajava aportou em Santa Catarina, onde encontrou as autoridades e a população bastante ressabiadas com os franceses que, no ano anterior, tinham, sob o comando de Duguay-Trouin, invadido e saqueado a cidade do Rio de Janeiro. Dois anos mais tarde, quando retornava para a França, Frézier, entre abril e maio de 1714, buscou novamente a costa brasileira, agora na altura da Baía de Todos os Santos.

A sua relação, com detalhadas descrições dos dois portos brasileiros mencionados e da vida dos colonos lá estabelecidos, foi, como vimos, acolhida com enorme entusiasmo pelo público da época — na França e fora dela. Reeditada diversas vezes ao longo do século XVIII, traduzida para o inglês, o holandês e o alemão, *Relation du voyage de la mer du sud* rapidamente passou a gozar de grande prestígio entre sábios, marinheiros e interessados em narrativas de viagem, tornando-se, volto a destacar, uma obra de referência do gênero.

Era tanto, na época, o sucesso de relatos como os de Dampier, Rogers e Frézier que, não raro, um editor atento ou um escritor especializado no ramo — como o inglês Edward Kimber, que escreveu e publicou, entre 1750 e 1765, uma série de aventuras marítimas inventadas (uma, inclusive, com menções ao Rio de Janeiro), mas apresentadas ao público como autênticas ou baseadas em relações verdadeiras — criava um viajante fictício qualquer, apropriava-se de umas tantas passagens de uns outros "viajantes reais" e compunha uma "relação autêntica" de viagem com relativo sucesso de público — a repetição dos temas e do tratamento dos temas que caracterizava o gênero e a ausência de um impedimento legal ou moral à reprodução de passagens de escritos alheios, por certo, facilitavam a tarefa.[178]

Este é, muito provavelmente, o caso de um livro com diversas menções ao Brasil, publicado em 1722, em Amsterdã, intitulado *Voyages de François Coreal aux Indes Occidentales*. A obra vinha atribuída a um aventureiro espanhol de nome Francisco Coreal (Correal), todavia, o suposto original em espanhol da relação nunca foi encontrado, tampouco se conseguiu apurar quem era esse tal Coreal. O que se sabe sobre ele, o próprio deixou registrado na sua aventurosa e variada narrativa de viagem. Informa-nos aí o espanhol que nasceu em Cartagena, no ano de 1648, e que desde muito cedo viu-se, como centenas de jovens do seu tempo, arrebatado pelo desejo de viajar. Assim, aos 18 anos, deixou a sua terra natal e veio para o continente americano, onde, excetuando um pequeno interregno, permaneceu por 31 anos (1666-1697).

Entre 1666 e 1683, Coreal percorreu a Flórida, o México, as Antilhas, a América Central e a Nova Granada. Em 1684, o aventureiro voltou à Espanha, recebeu uma pequena herança paterna e dirigiu-se para Lisboa. Nessa cidade, embarcou na Frota do Brasil, alcançando a Baía de

[178]Acerca de Kimber e das narrativas de viagem *inventadas*, ver: KIMBER, Edward. *A Relation of a Late Expedition to St. Augustine*. Edição e introdução por John Jay Tepaske. Gainesville: The University Presses of Florida, 1976; BLACK, Frank Gees. Edward Kimber: Anonymous Novelist of the Mid-Eighteenth Century. In: *Harvard Studies and Notes in Philology and Literature*, 17, 1935, p. 27-42.

Todos os Santos em 31 de outubro de 1685. Acerca da capital da América portuguesa e seus habitantes, Coreal tece longas e desabonadoras considerações. Três meses permaneceu o espanhol na cidade, partindo, em seguida, para Santos e depois para São Paulo de Piratininga — trata-se, a fazer fé na veracidade do relato de Coreal, da primeira descrição de São Paulo deixada por um estrangeiro que visitou a cidade. Em 1690, último ano de sua estada no Brasil, Coreal encontrava-se no Rio de Janeiro, desejoso de retornar à sua terra natal. Com esse propósito, embarcou num navio espanhol a caminho de Buenos Aires. Daí seguiu por terra para o Peru e, depois de mais algumas andanças pela América espanhola (províncias do Panamá e de Havana), retornou a Cadiz, pondo fim às suas aventuras no Novo Mundo.

O mais provável é que a colorida narrativa de Coreal tenha sido inventada por algum astuto e criativo editor batavo, na medida em que reproduz passagens inteiras das relações de Froger e Laval.[179] Isso, contudo, em pouco ou nada afetou a trajetória bem-sucedida da obra do suposto espanhol — não nos esqueçamos que o gênero era repetitivo, a originalidade estava longe de ser um valor e o público, sempre sedento por novos relatos, primava pela benevolência. Lançada, em 1722, por quatro casas editoriais — J. Frederic Bernard, em Amsterdã, e Andre Caillau, Denis Hortmels e Robert-Marc D'Espelly, em Paris —, a relação atribuída a Coreal foi reeditada em 1728, 1738 e 1772, sempre com mais de um volume: o primeiro com as supostas aventuras de Coreal e o outro ou os outros — há edições em três volumes — com algumas narrativas de viagem sobre a América, incluindo as de sir Walter Raleigh e Abel Jansen Tasman. Traduções, não existem, nem mesmo em espanhol, língua em que o relato teria sido escrito.

[179] A autenticidade do livro de Coreal é questionada, entre outros, por: CARVALHO, Alfredo de. *Aventuras e aventureiros no Brasil*. Rio de Janeiro: Imprensa Gráfica Editora, 1929, p. 205-216.

Também editado em Amsterdã, em língua francesa e sem tradução, é o *Journal d'un voyage sur les costes d'Afrique et aux indes d'Espagne*, uma curiosa relação de viagem, legada por um negociante de escravos anônimo, que passou, lá pelos idos de 1703, pelas duas maiores cidades do Brasil colonial, Salvador e Rio de Janeiro, despendendo, para os padrões da época, um tempo razoável em cada uma delas. O autor, pelo que se deduz de seu escrito, era um empregado da Companhia do Assiento, uma empresa comercial francesa que, em 1701, a partir de um acordo celebrado entre as coroas da Espanha e da França, passa a deter o monopólio do abastecimento de escravos para a América Meridional.[180]

O seu diário narra, a um amigo parisiense, as aventuras que viveu durante uma viagem comercial entre La Rochelle e Buenos Aires, com demoradas passagens pela costa da Guiné e pelos mencionados portos brasileiros. Ao iniciar a sua descontraída narrativa, o anônimo, bem ao gosto da época, diz ao amigo:

> Prometo-lhe uma relação exata de minha viagem — e você a terá. Todos os dias descreverei nossa rota e tudo aquilo que puder ver e observar — peço, pois, a Deus que me conserve a vista. Se afirmar qualquer coisa, citarei as fontes, pois, caso seja falso, você terá a quem acusar. Descreverei tudo com naturalidade, sem exageros e sem paixão [...].[181]

O sóbrio agente comercial deixou La Rochelle no dia 14 de julho de 1702, a bordo de um navio de nome *L'Aigle*. Viajava ao seu lado M. Haïs ou Hays (referido no diário como *M...*), encarregado pela Companhia de representá-la em Buenos Aires. Depois de uma viagem sem sobressaltos até a costa africana, o *L'Aigle*, que vinha acompanhado de

---

[180]Há um interessante artigo sobre esse traficante anônimo, assinado por Régine Pernoud, no livro *America del Sur en el siglo XVIII*. México: Fondo de Cultura Económica, 1990, p. 63-105.
[181]*Journal d'un voyage sur les costes d'Afrique et aux indes d'Espagne*. Amsterdã: Chez Paul Marret, 1723, p. 2.

uma embarcação capturada aos ingleses, o *Coventry*, ancorou no porto de Cabinda, não sem antes travar uma demorada batalha com três embarcações (duas portuguesas e uma inglesa) que lá se encontravam. Perto de três meses despendeu o narrador no litoral africano, partindo para o Brasil no bergantim *Nôtre-Dame de l'Epine de France*, em 25 de janeiro de 1703. A viagem correu bastante mal e os passageiros chegaram à Baía de Todos os Santos, em abril de 1703, literalmente esfomeados. Na capital da colônia, a qual descreve com bastante detalhes, o agente da Companhia, sempre com M. Hays ao lado, permaneceu mais de um mês, rumando posteriormente, a bordo de uma sumaca alugada, para o Rio de Janeiro, onde se deixou ficar por cerca de mais um mês (10 de julho a 12 de agosto de 1703), quando finalmente conseguiu embarcar para o extremo sul do continente.

O relato, já o disse, não teve nenhuma edição em outra língua senão em francês, no entanto, não se deve desconsiderar que a primeira edição em francês, publicada na cidade de Amsterdã, em 1723, saiu das prensas do conhecido editor de relações de viagem Paul Marret, e foi reeditada, no mesmo ano, em Rouen. Em 1730, na cidade de Paris, saiu uma nova edição — sob o patrocínio da própria Companhia Real do Assiento — e em 1737 ainda uma outra, o que demonstra um relativo interesse pelo relato que, apesar de redigido de maneira descuidada e descompromissada — era, supostamente, um escrito destinado somente a satisfazer a curiosidade de um amigo parisiense —, vinha repleto de informações sobre o lucrativo comércio de escravos entre as costas da África e da América.

Também escrito na forma de cartas é o *Nouveau voyage autour du monde*, publicado em 1725, em Paris, por um tal Le Gentil la Barbinais. Quase nada se sabe sobre esse francês, pois nem mesmo a sua extensa relação de viagem traz informações sobre a sua biografia ou sobre os antecedentes de sua viagem. Do pouco que revela, La Barbinais dá indícios de ser um homem dedicado ao comércio, que, numa dada altura de sua vida, se interessou em explorar as potencialidades comerciais do Chile, na costa americana. Nem mesmo a sua dedicatória, escrita na cidade de Roma, em 1724, e dirigida ao conde de Morville — a quem são endereçados os três tomos de cartas que compõem o seu relato —, diz-nos algo acerca de si ou das razões que o levaram a empreender tão longa viagem e, posteriormente, a escrever e publicar um minucioso relato de suas andanças, salvo que queria honrar o homenageado e cumprir com a obrigação de, "depois de ter realizado uma viagem ao redor do mundo, dar a conhecer as observações que tinha feito" à sua nação.[182]

A viagem que "dá a conhecer" aos seus conterrâneos teve início no porto de Cherbourg, na costa da Normandia, em 30 de agosto de 1714. Em dezembro do mesmo ano, a embarcação em que viajava fez aguada na Ilha Grande, aí permanecendo cerca de dezessete dias. A viagem da costa brasileira até as colônias espanholas correu da melhor maneira, mas não os negócios. Barbinais cedo descobriu que, como ele, dezenas de outros mercadores franceses tinham resolvido comerciar nos portos chilenos. Insatisfeito com os minguados lucros que iria obter, o francês resolveu ir para o Peru, vender as suas mercadorias e rumar para a China num navio mercante francês.[183]

Cerca de três anos mais tarde, quando finalmente retornava de tão longa aventura, Barbinais aportou novamente na costa brasileira, dessa vez na Baía de Todos os Santos. Avariado e carente de provisões, o navio em que viajava entrou no porto soteropolitano em 16 de novembro de 1717 e aí permaneceu por nada menos do que quatro meses — um tempo considerável para o período. As suas impressões dos dois portos brasileiros saíram no tomo I de *Nouveau voyage autour du monde*, obra que teve uma circulação nada desprezível. Depois da edição de

---

[182]LA BARBINAIS, Le Gentil. *Nouveau voyage autour du monde*. Amsterdã: Pierre Mortier, 1728, Tomo I, p. I.

[183]TAUNAY, Afonso de E. *Na Bahia colonial (1610-1764)*.

1725, lançada em Paris, o volumoso livro de La Barbinais, com mais ou menos acréscimos, foi reeditado em 1727 e 1728, em Amsterdã, pela editora de Pierre Mortier, e em Paris, por Briasson. Há, ainda, outra reedição de 1731, também de Mortier, e duas traduções: uma italiana, editada na cidade de Veneza em 1762, e outra alemã, publicada em Hamburgo, em 1781.

Ainda não havia saído a segunda edição do relato de La Barbinais, quando, em 1726, vinha a público o primeiro dos dois relatos referentes à malsucedida viagem de corso do navio *Speedwell*, comandado pelo capitão George Shelvocke. O relato, denominado *A Voyage Round the World by Way of the Great South Sea, Performed in the Years 1719, 20, 21, 22, in the Speedwell* e escrito pelo próprio capitão, dava conta de uma viagem polêmica, que custara a liberdade e, um pouco mais tarde, a vida de Shelvocke.

A história do infortúnio desse navegador de moral ambígua começou em 1719, quando dois importantes comerciantes de Londres, aproveitando-se da guerra entre a Inglaterra e a Espanha, resolveram armar dois navios para uma expedição de corso aos Mares do Sul. O comando da embarcação principal, o *Success*, foi entregue ao capitão John Clipperton, um marinheiro que trazia no seu currículo um caso de deserção; o comando da embarcação menor, denominada *Speedwell*, coube a um marinheiro experimentado, que desde os 15 anos servia na Marinha britânica, o mencionado George Shelvocke (1690-1728). As embarcações separaram-se no início da viagem, em razão de uma tempestade, e não mais voltaram a se encontrar. Durante o restante da viagem, Shelvocke, acusado de comportar-se pior do que um pirata, perdeu o *Speedwell*, capturou um outro navio, rumou para Macau e, em 1722, depois de muitas peripécias, retornou à Inglaterra, onde foi julgado e condenado por pirataria e desvio de fundos. Antes, porém, de ganhar o Pacífico e naufragar, o *Speedwell*, em junho de 1719, com a tripulação à beira de um motim, ancorou na ilha de Santa Catarina para realizar reparos, aí permanecendo por quase dois meses.[184]

Da tumultuada arribada, o primeiro a dar conta foi, como mencionei, o capitão Shelvocke; seu relato, publicado em 1726, na cidade de Londres, foi reeditado em 1757, por seu filho, em 1773 e em 1811. Tradução houve somente uma, em alemão, publicada na cidade de Bremen em 1787. Shelvocke, todavia, não foi o único a relatar o périplo do *Speedwell*. Em 1728 veio à luz a segunda relação da viagem, também com referências à ilha de Santa Catarina: o livro *A Voyage Round the World*, assinado por um oficial da embarcação de nome William Betagh. A obra de Betagh, porém, não foi nem reeditada nem traduzida no período.

Em 1737, uma década depois de a pequenina Angra dos Reis ter marcado sua estreia nas páginas da literatura de viagem europeia, pelas mãos do citado Le Gentil la Barbinais, a também modesta São Sebastião, situada na costa da província de São Paulo, seguiu-lhe os passos, dessa vez conduzida não por um francês, mas, sim, por um aventureiro alemão, nascido em Mecklenburg, na costa do mar Báltico, de nome Karl Behrens. Tudo o que se sabe sobre esse tal Behrens vem registrado no capítulo inicial de *História da viagem de três navios, enviados pela Companhia das Índias Ocidentais das Províncias Unidas, às terras austrais em 1721*. Ficamos aí a saber que o aventureiro, desde tenra idade, nutria especial apreço pelas viagens e que, logo que pôde, deixou sua terra natal para correr mundo. Depois de muito andar pelo norte da Europa, Behrens, ansioso por conhecer terras mais distantes, dirigiu-se a Amsterdã, onde engajou-se numa pequena frota batava que rumava para os Mares do Sul com o intuito de descobrir novas terras.[185]

---

[184]HARO, Martim Afonso Palma de. *Ilha de Santa Catarina; relatos de viajantes estrangeiros nos séculos XVIII e XIX*; POOLMAN, Kenneth. *The Speedwell Voyage: a Tale of Piracy and Mutiny in the Eighteenth Century*. Annapolis, Md.: Naval Institute Press, 1999.

[185]CORNEY, Bolton Glanville. *The Voyage of Captain Don Felipe González in the Ship of the Line San Lorenzo, with the Frigate Santa Rosalia in Company, to Easter Island in 1770-1: Preceded by an Extract from Mynheer Jacob Roggeveen's Official Log of his Discovery of and Visit to Easter Island, in 1772*. Cambridge: Hakluyt Society, 1908.

A pequena frota, composta por três navios e capitaneada por Jacob Roggeveen, zarpou de Amsterdã em 16 de julho de 1721, ancorou em Texel poucos dias depois — onde carregou — e, em 21 de agosto do mesmo de ano, partiu rumo àquela que seria a segunda viagem de circum-navegação dos holandeses. Relata-nos, então, Behrens que, depois de passar pelas ilhas Canárias, os navios holandeses reabasteceram, entre os meses de outubro e novembro de 1721, em São Sebastião. Há quem ponha em dúvida a veracidade desse trecho do relato de Behrens, já que a outra narrativa que dá conta da expedição, escrita pelo próprio capitão Roggeveen, não menciona qualquer parada na costa brasileira.[186] O aventureiro, no entanto, bem ao gosto da época, garante peremptoriamente a seus leitores:

> As diferentes descobertas que tive oportunidade de fazer durante uma viagem de longo curso, motivaram-me a participá-las ao público. Não tive qualquer intenção de escrever em um estilo apurado, pois, ao contrário, me pareceu que a verdade dos fatos que iria relatar dispensavam qualquer ornamento. Ouso assegurar ao leitor que vi tudo o que aqui vai descrito [...].[187]

A suposta "história verdadeira" narrada por Behrens não contou com grande divulgação, mas também não passou em branco. Lançado, em língua alemã, na cidade de Leipzig, em 1737, quatorze anos depois do retorno da frota a Texel, o livro foi reeditado dois anos mais tarde, em La Haye, na Holanda, dessa vez em língua francesa.

Por essa mesma época, um outro escrito sobre o Brasil, que começou a circular pela Europa a partir de 1712, a princípio contra a vontade de seu autor — que o publicaria oficialmente somente duas décadas mais tarde, em 1730 —, já fazia um enorme sucesso. Refiro-me a *Relation de*

---

[186] MORAES, Rubens Borba. *Bibliografia brasiliana*, v. 1, p. 95.

[187] BEHRENS, Karl Friedrich. *Histoire de l'expédition de trois vaisseaux, envoyés par la Compagnie des Indes Occidentales des Provinces-Unies, aux terres australes en MDCCXXI*. La Haye: Aux depens de la Compagnie, 1739, p. I.

la prise du Rio de Janeiro par une escadre des vaisseaux du Roy, relato assinado pelo corsário francês René Duguay-Trouin, dando conta da tomada e saque da cidade do Rio de Janeiro em 1711.

Os antecedentes desse ataque, que faria história entre os navegadores franceses e valeria ao pirata uma estátua na sua cidade natal, são sobremodo conhecidos. Logo nos primeiros anos do século XVIII, a marinha de guerra de Luís XIV passava por uma crise profunda. Ficaram definitivamente para trás os tempos das portentosas batalhas navais e dos grandes almirantes: os portos do país estavam entregues às moscas, os marinheiros, trabalhadores do cais e soldados há muito tempo não recebiam nem mesmo os seus salários e as poucas embarcações em atividade encontravam-se em péssimas condições.

Diante de tamanha crise, a saída encontrada pelo monarca foi permitir que particulares armassem os seus navios e, mediante autorização real — as famosas "cartas de corso" —, investissem contra embarcações e possessões de potências estrangeiras inimigas. Foi, pois, aos corsários que Sua Majestade Cristianíssima apelou para tentar salvar da ruína a sua combalida Marinha. Dentro desse espírito, em 1710, Jean-François Duclerc, a serviço de particulares, armou seis embarcações, recrutou 1.500 soldados e atacou, com resultados desastrosos — Duclerc viria a morrer como prisioneiro no Brasil —, a próspera cidade do Rio de Janeiro, conhecida, então, na França por ser o escoadouro das riquezas provenientes das minas. Foi dentro do mesmo espírito que, um ano mais tarde, Duguay-Trouin reuniu fundos e armou a portentosa esquadra corsária que irrompeu pela Baía de Guanabara em 1711.

O projeto de pôr as mãos no ouro e diamantes das minas há algum tempo perseguia o almirante. Por três anos consecutivos (1706, 1707 e 1708), ele atacara sem sucesso a frota do Brasil. Antes de aventurar-se a mais um fracasso em alto-mar, o corsário resolveu dirigir-se diretamente ao depósito dessas riquezas: o Rio de Janeiro. Mais prevenido, porém, que seu antecessor Duclerc, Duguay-Trouin, a quem não faltava prestígio e boas relações, reuniu bem mais meios para sua empresa — grossos comerciantes de Saint-Malo chegaram a fundar uma sociedade para financiá-la. O corsário vinha à frente de 5 mil homens, distribuídos em dezessete embarcações.

Para disfarçar o real tamanho da frota, as embarcações foram armadas em Breste e nos portos vizinhos (La Rochelle, Dunquerque e Saint-Malo). O agrupamento da esquadra dar-se-ia em Breste, onde o almirante aguardava para zarpar. Os ingleses, contudo, ciosos do futuro de Portugal, seu fiel parceiro comercial, alteraram esses planos. Uma vez sabedores das intenções do corsário, resolveram cercar o porto de Breste. Duguay-Trouin antecipou-se a eles e, a 3 de junho de 1711, partiu para La Rochelle, agrupou aí as embarcações e iniciou, seis dias depois, o seu caminho rumo à costa brasileira.

A 12 de setembro de 1711, aproveitando um forte nevoeiro, os franceses entraram triunfantes pela Baía da Guanabara e, em menos de uma semana, assenhoraram-se da cidade do Rio de Janeiro e de suas fortalezas. Lá permaneceram até o dia 13 de novembro, quando partiram, levando nos porões de suas naus um polpudo resgate arrancado aos cariocas.[188]

[188]BOXER, Charles Ralph. *A Idade de Ouro no Brasil*. Tradução de Nair de Lacerda. São Paulo: Comp. Editora Nacional, 1963; BRAZÃO, Eduardo. *As expedições de Duclerc e de Duguay-Trouin ao Rio de Janeiro, 1710-1711*. Lisboa: Divisão de Publicações e Bibliotecas, Agência Geral das Colônias, 1940; DUJARRIC-DESCOMBES, Alfred. Le Chevalier Du Lagrange Chancel — son voyage en Périgord. In: *Bulletin de la Société Historique e Archéologique du Périgord*, Tomo XLIII, 1916; FRAGOSO, Augusto Tasso. *Os franceses no Rio de Janeiro*. Revisão, acréscimos e anotações do general Antônio de Sousa Júnior. Rio de Janeiro: Biblioteca do Exército, 1965; GANNS, Claudio. Memória de um marinheiro francês, no século XVII. In: *Revista do Instituto Histórico Geográfico Brasileiro*, v. 250, 1961, p. 3-19; LAGRANGE, Louis Chancel de. Tomada do Rio de Janeiro em 1711 por Duguay-Trouin. Introdução, tradução e notas do almirante Mário Ferreira França. In: *Revista do Instituto Histórico Geográfico Brasileiro*, v. 270, 1967, p. 3-124; LA LANDELLE, Gabriel de. *Histoire de Duguay-Trouin*; PONCETTON, François. *Monsieur Duguay-Trouin, corsaire du roi*; POULAIN, Jean. *Histoire de Duguay-Trouin et de Saint-Malo, la cité-corsaire*; RUDEL, Yves-Marie. *Duguay-Trouin, corsaire et chef d'escadre (1673-1763)*; THOMAS, Antoine Léonard. *Elogio de Renato Duguay-Trouin, tenente-general das armadas navais de França, comendador da Ordem Real Militar de S. Luiz. Traduzido da língua francesa, com todas as notas, e uma advertência do tradutor, que em parte pode servir para exame da obra, por um homem de mar*. Lisboa: Régia Oficina Tipográfica, 1774; *Actes du cinquantenaire de la création en Bretagne de l'enseignement du Portugais*.

Foi a narrativa de tal feito que tanta curiosidade despertou na Europa a partir de 1712. Em 1730, como mencionei, a história foi parar nas *Mémoires de monsieur Du Guay-Trouin*, obra que, também já o vimos, foi um verdadeiro best-seller na época e teve dezenas de edições ao longo do século XVIII. Entre as gentes do mar, o sucesso da narrativa do pirata de Saint-Malo foi tanto que, e isso não é de somenos, são poucas as narrativas francesas referentes ao Brasil, publicadas ao longo do século XVIII, que dispensam uma ou outra menção à "gloriosa" passagem de Duguay-Trouin pelo Rio de Janeiro.

É verdade que o francês não foi o único a registrar e publicar, para deleite dos seus contemporâneos, o relato de tão grandiosa aventura.[189] A concorrência, porém, foi modesta, bastante modesta, a bem da verdade. Pouco mais de meia década depois do lançamento da edição não autorizada do relato de Duguay-Trouin, em 1718, veio a público, na Inglaterra, uma carta assinada por um alemão de nome Jonas Finck, que também mencionava a "visita" da frota francesa à cidade do Rio de Janeiro.

Finck, porém, um missionário alemão ligado à Society for Promoting Christian Knowledge — instituição inglesa, fundada em 1698 com o objetivo de divulgar, em diferentes partes do mundo, a Bíblia e a literatura cristã —, que transportava uma prensa para os pietistas dinamarqueses estabelecidos em Tranquebar, estava mais interessado na sua delicada missão do que na querela entre portugueses e franceses. Do infeliz

[189]Há pelo menos mais três perspectivas do ataque corsário ao Rio de Janeiro. A primeira delas é da autoria do bretão Guillaume François Parscau (1684-?), ou melhor, De Parscau du Plessix, um guarda-marinha, de 27 anos, que há oito anos entrara para a Marinha real. O segundo pertence ao capitão-general guarda-costas Chancel de Lagrange (1678-1745), outro marinheiro profissional, então com dezoito anos de serviços prestados à Marinha francesa e com larga experiência em combate — Lagrange participara da batalha da Catalunha (1696) e do cerco de Cartagena (1697). A última perspectiva, a única que não saiu da pena de um francês, foi traçada por Joseph Collet (1673-?), um comerciante falido que passava pelo Rio de Janeiro a caminho de Sumatra, onde assumiria, a mando da Companhia das Índias Ocidentais, o cargo de governador do forte de York (ver bibliografia).

encontro do navio em que viajava com a frota invasora de Duguay-Trouin, o missionário não reteve muitos detalhes: refere-se à pusilanimidade dos portugueses, lamenta os prejuízos que os franceses causaram ao navio em que viajava e, sobretudo, revela o quanto temeu pelos destinos da preciosa prensa que levava para os pioneiros de Tranquebar.

Para mais, a carta de Finck dando conta de sua viagem ao longínquo destino que a S.P.C.K. lhe enviara e do seu fortuito e infeliz encontro com os corsários franceses em outubro de 1711, carta endereçada ao capelão do rei Frederico VI, M. W. Boehm, então em visita à Inglaterra, veio a público uma vez somente, nas páginas de uma coletânea de documentos relativos à missão de Tranquebar, editada em 1718 sob o título *Propagation of Gospel in the East*. Ainda que a Sociedade contasse com uma razoável quantidade de empenhados membros, estrutura organizada e prestígio, muito provavelmente os leitores do missionário alemão em pouco ultrapassaram o restrito grupo dos interessados nas ainda incipientes investidas protestantes nas Índias Orientais — a primeira missão, coordenada pelos pietistas Bartholomaeus Ziegenbalg e Henry Pluetschau, data de 1706.[190]

Os sucessos de Duguay-Trouin no Rio de Janeiro corriam pela Europa há já pelo um quarto de século quando, em 1743, começaram a vir a público na Inglaterra as narrativas referentes à importante viagem de circum-navegação da frota comandada pelo inglês George Anson, três delas com menções ao Brasil. A história dessa conturbada expedição começou em 1739, quando o alto-comando da Marinha inglesa, prevendo um conflito próximo com a Espanha e calculando que esse país não poderia manter uma guerra sem o ouro e a prata do Novo Mundo,

[190]FIRTH, Cyril Bruce. *An Introduction to Indian Church History*. Madras: Christian Literature Society on Behalf of the Federetion of Evangelical Lutheran Churches in India, 1961; LEHMANN, Arnold. *It Began at Tranquebar*. Madras: Christian Literature Society on Behalf of the Federetion of Evangelical Lutheran Churches in India, 1956; PASCOE, Charles F. *Two Hundred Years of the SPG: an Historical Account of the Society for the Propagation of the Gospel in Foreign Parts, 1701-1900*. Londres: Society's Office, 1901.

resolveu armar uma poderosa esquadra com o propósito de saquear as colônias que Filipe V possuía no sul da América. Para o comando dessa missão militar, a Marinha britânica designou um navegador experiente, com reconhecidos serviços prestados à Sua Majestade, o referido capitão Anson.

Por razões que aqui não interessam, essa expedição foi deixada de lado e o capitão teve de contentar-se em conduzir uma frota de cinco embarcações — o *Centurion*, o *Gloucester*, o *Severn*, o *Wager* e o *Tryal* — numa expedição pelos Mares do Sul. A nova missão marítima de Anson, cujo objetivo era obstruir o comércio espanhol no Pacífico e saquear uns quantos portos na costa do Chile e do Peru, correu mal desde o princípio. Para se ter uma ideia da desorganização que cercou os preparativos da viagem, basta dizer que o renomado capitão se viu obrigado a fazer vela com uma tripulação composta em grande parte por inválidos, marinheiros doentes, idosos e condenados.

A combalida frota zarpou da ilha de Santa Helena em setembro de 1740 e em 17 de dezembro entrou no porto de Santa Catarina, sua última parada antes de dobrar o estreito de Magalhães. Aí o capitão e seus cinco navios permaneceram por cerca de um mês, tempo suficiente para que Anson registrasse uma série de notas sobre a cidade e tomasse ciência até mesmo das recentes descobertas de ouro perpetradas pelos paulistas.

As coisas começaram a complicar-se na passagem do Atlântico para o Pacífico. Um dos navios da expedição, o *Wager*,[191] navio velho e malconservado, sofreu danos irreparáveis, perdeu contato com os demais vasos e no dia 14 de março de 1741 naufragou nas imediações da

[191]Acerca da viagem de George Anson e do naufrágio do *Wager*, ver: CARVALHO, J. *Uma viagem aos Mares do Sul nos anos de 1740-1741*. Rio de Janeiro: Cia. Brasil Editora, 1836; TAUNAY, Afonso de E. Os náufragos do *Wager*. In: *Revista do Instituto Histórico Geográfico Brasileiro*, Tomo 92, v. 146, 1922. WALTER, Richard. *A Voyage Round the World in the Years MDCCXL, I, II, III, IV, by George Anson*. Edição e introdução de Glyndwr Williams. Londres, Nova York: Oxford University Press, 1974; PACK, Stanley Walter Croucher. *Admiral Lord Anson*. Londres: Cassell, 1960.

Patagônia. Depois de uma série de conflitos internos, os sobreviventes dividiram-se em dois grupos: um pequeno número de marujos, sob o comando do capitão Cheap e do então guarda-marinha John Byron, dirigiu-se para o norte, com a esperança de apossar-se de algum navio espanhol ou tomar algum porto chileno; um segundo grupo, liderado pelo artilheiro John Bulkeley e pelo carpinteiro John Cummins, embarcou no batelão que fora salvo do naufrágio e rumou para o sul, com o propósito de atravessar o estreito de Magalhães e abrigar-se no Brasil.

Em 28 de janeiro de 1742, ultrapassados um sem-número de obstáculos, 30 dos 70 homens do grupo liderado por Bulkeley e Cummins entraram na baía rio-grandense. Os náufragos foram muito bem-acolhidos pelo governador e deixaram-se ficar na região cerca de dois meses. Alguns marujos, entretanto, temerosos dos conflitos que então ocorriam no lugar — não havia víveres para todos e os soldados estavam há meses sem receber —, e esperançosos de retornar para a Inglaterra, resolveram partir para o Rio de Janeiro, onde chegaram no dia 12 de abril, aí permanecendo até 20 de maio de 1742.

A pormenorizada descrição de Santa Catarina veio a público em 1748, numa obra que conheceria uma circulação nada desprezível. Refiro-me ao *A Voyage Round the World, In the Years MDCCXL, I, II, II, IV*, livro redigido por um capelão do navio *Centurion*, Richard Walter, a partir das anotações e com a supervisão do próprio capitão Anson. Publicada em Londres, primeiramente por T. Osborne, a obra teve incontáveis edições; somente em 1748 saíram, além da citada, mais quatro. As reedições foram inúmeras: 1749, 1753, 1754, 1756, 1762, 1765, 1768, 1769, 1780... Em 1749, também começaram as traduções. Nesse ano, os editores Johann Caspar Arkstee e Henricus Merkus, que mantinham casas editoriais em Amsterdã e Leipzig, colocaram à disposição do público interessado uma tradução da obra em língua francesa, tradução reeditada dois anos mais tarde, com a seguinte nota dos editores:

> Tendo em vista que a edição da relação da viagem do almirante Anson, lançada há dezoito meses, teve a honra de contar com grande aprovação pública, a ponto de estar totalmente esgotada, resolvemos lançar uma nova, melhor do que a anterior em diversos aspectos.[192]

A procura pela obra em língua francesa deve realmente ter sido grande, pois entre as duas edições mencionadas, em 1750, um editor de Paris e dois de Genebra também resolveram lançá-la em francês. A tradução alemã saiu em 1749, a russa, em 1751, a holandesa, em 1754, e a italiana, em 1756.

Ao lado do best-seller atribuído a Anson, circularam, como mencionamos, mais duas narrativas, derivadas da viagem, com largas referências ao Brasil, ambas saídas da pena dos náufragos do navio *Wager* e ambas com descrições das passagens dos náufragos pelo Rio Grande e pelo Rio de Janeiro. A primeira veio à luz antes mesmo da narrativa de Anson, em 1743; trata-se de *A Voyage to the South Seas, in the Years 1740-1741,* obra publicada em Londres e assinada pelos líderes dos marujos que rumaram para o Brasil, John Bulkeley e John Cummins. A outra, intitulada *An Affecting Narrative of the Unfortunate Voyage and Catastrophe of His Majesty's Ship Wager*, saiu em 1751 e é atribuída ora a autor desconhecido, ora a um certo John Young, tanoeiro do *Wager*. O relato de Bulkeley e Cummins foi reeditado uma única vez, na Filadélfia — para onde Bulkeley parece ter imigrado, em 1757 —, e traduzido para o francês em 1756. *An Affecting Narrative...*, ao contrário, não foi nem reeditado nem traduzido, passando quase totalmente despercebido dos contemporâneos, e isso malgrado o fato de o naufrágio do *Wager* e as peripécias vividas pelos seus tripulantes — insubordinação, partilha da tripulação, brigas e mortes — terem gerado um interesse considerável na época.

[192]Citado por MORAES, Rubens Borba. *Bibliografia brasiliana*, v. 1, p. 38.

Deixemos, porém, os desafortunados náufragos ingleses e retornemos à França. Em 1751, quando John Young, o tanoeiro do *Wager*, lançava *An Affecting Narrative...*, saía em Paris a *Nouveau voyage fait au Pérou*, obra escrita pelo mencionado abade René Courte de la Blanchardière. É quase nada o que se sabe sobre esse abade aventureiro que, em 1745, a convite do oficial da Marinha francesa M. Lehen, aceitou embarcar no navio mercante *Le Condé* para uma viagem com destino ao Peru. O navio, que contava com cinquenta canhões e uma tripulação de 250 homens, partiu de Saint-Malo em novembro de 1745, dirigindo-se para Cadiz. Nesse porto ficaria ancorado treze meses, à espera de uma oportunidade para furar o bloqueio naval britânico. Finalmente, a 25 de dezembro de 1745, a embarcação fez vela em direção à ilha de Santa Catarina, onde o *Condé* arribou por 13 dias (10 a 22 de fevereiro de 1747) antes de prosseguir viagem para o Chile e o Peru.

A embarcação alcançou Lima em julho de 1747, encontrando a cidade completamente arrasada por um terremoto. Treze meses depois, rumou para Concepción e daí para o Rio de Janeiro. Em 20 de dezembro de 1748, o *Condé* entrou na Baía de Guanabara, permanecendo ancorado parcos quinze dias (6 de janeiro de 1749). Ambas as arribadas são minuciosamente descritas pelo abade, todavia, sua obra, interessada em propiciar ao leitor "alguns momentos de prazer",[193] não teve grande repercussão. Publicada em 1751, a *Nouveau voyage...* não conheceu nem uma única reedição; houve somente uma tradução, para o inglês, publicada na cidade de Londres em 1753.

Também com uma única edição e com menções à cidade do Rio de Janeiro são o *Journal historique du voyage fait au cap de Bonne-Espérance*, publicado em 1763, e o *Essais historiques sur l'Inde, précédés*

[193] LA BLANCHARDIÈRE, Abbé René Courte de. *Nouveau voyage fait au Pérou*, p. II. Sobre a viagem de *Condé*, ver: FERREZ, Gilberto. O Rio de Janeiro, no tempo de Bobadela, visto por um padre francês. In: *Revista do Instituto Histórico Geográfico Brasileiro*, v. 264, 1964, p. 155-167.

d'un journal de voyages et d'une description géographique de la côte de Coromandel, de 1769, ambos editados em Paris.

O primeiro saiu da pena do astrônomo francês Nicolas Louis de la Caille. Nascido em Rumighy, perto de Reims, em 15 de março de 1713, La Caille, embora tenha ficado conhecido como abade, nunca chegou a tomar o hábito, tendo recebido somente as ordens menores. A atividade como astrônomo começou em 1737, intensificando-se no biênio seguinte, quando participou de importantes experiências geodésicas desenvolvidas pelo Observatório Real de Paris. Em 1741, é aceito na Real Academia de Ciências e passa a dedicar-se sistematicamente às pesquisas astronômicas.

Foi na qualidade de astrônomo e de membro dessa importante instituição que La Caille empreendeu, em 1750, uma viagem de observação ao cabo da Boa Esperança. Essa profícua viagem — entre outras coisas, o astrônomo catalogou mais de 10 mil estrelas do hemisfério Sul — contou com boa estrutura e o apoio de estudiosos de diversas partes da Europa. La Caille partiu de Lorient, a bordo do *Le Glorieux*, em outubro de 1750. O navio, comandado por M. Daprès de Mannevillette, demorou três semanas para chegar à ilha de Santiago (Cabo Verde) e daí rumou para o Brasil. Em 25 de janeiro de 1751 o *Glorieux* lançou âncora no porto do Rio de Janeiro e durante um mês preparou-se para seguir viagem rumo ao cabo da Boa Esperança. Infelizmente, suas observações da cidade só vieram a ser reeditadas e traduzidas no século XX — há uma única tradução alemã, de 1778 —, ao contrário de outros trabalhos seus, como *Lectiones elementares astronomiae, geometriae, et physicaea* (1757) e o *Nouveau traité de navigation* (1760), que conheceram inúmeras edições.[194]

---

[194]DE FOUCHY, G. Eloge de M. L'Abbé de la Caille. In: *Histoire de L'Académie R. de Sciences de France*, 197, 1764; EDMUNDO, Luís. *Recordações do Rio antigo*. Rio de Janeiro: Conquista, 1956; EVANS, David Stanley. *La Caille: astronomer, traveller*. Tuscon: Pachard Publishing House, 1992.

O segundo livro, *Essais historiques sur l'Inde*, publicado em 1769, é atribuído a um tal senhor de La Flotte, personagem desconhecido que embarcara numa expedição militar organizada a mando de Luís XV, em 1757, com o propósito de socorrer os seus súditos encurralados em Pondicherry, na costa de Coromandel, pelas tropas inglesas comandadas pelo renomado lorde Clive. Formada por cerca de oito embarcações, sob o comando do conde d'Aché, essa expedição militar zarpou da ilha de Groix, na costa da Bretanha, em maio de 1757. No navio *Saint Luc*, navio fretado pelo monarca francês para transportar tropas destinadas à Índia, viajava o referido senhor de la Flotte. O seu diário, escrito de maneira clara e com pitadas de ironia, indica tratar-se de uma pessoa medianamente instruída que, durante a permanência na costa de Coromandel, teve o cuidado de aprender a língua e informar-se sobre a religião e os costumes dos nativos.[195]

Flotte, a caminho da Índia, desembarcou na cidade do Rio de Janeiro em 16 de agosto de 1757 e aí permaneceu por dois meses, legando-nos uma curiosa descrição da cidade e um rosário de críticas e reclamações dos seus habitantes. As suas pouco simpáticas notas, todavia, tiveram uma circulação extremamente restrita — foram publicadas numa obra com uma única edição, que não despertou o interesse de nenhum editor estrangeiro.

Pouco tempo antes de Flotte ter trazido a público as suas observações sobre o Rio de Janeiro, em 1767, a cidade tinha marcado presença num outro relato consideravelmente mais célebre do que o legado pelo ácido soldado francês. Refiro-me ao *A Journal of a Voyage Round the World in his Majesty's Ship The Dolphin*, obra publicada em Londres e atribuída ao renomado navegador inglês John Byron. A história de tal narrativa, melhor, da viagem que lhe deu origem, começou em março de 1764,

[195]TAUNAY, Afonso de E. *No Rio de Janeiro dos vice-reis*. São Paulo: Anais do Museu Paulista, Tomo XI, 1943.

quando Philip Stephens, então secretário do Almirantado, escreveu ao comando-geral da Marinha britânica requisitando um navio de 24 canhões para uma missão especial às Índias Orientais. A esse navio caberia, como revela a missiva, testar a eficácia do novo revestimento de casco que a Real Armada pretendia adotar, com placas de cobre. A embarcação escalada para essa viagem experimental foi uma fragata de fabricação inglesa, construída em 1751, a *Dolphin*, e o comando da embarcação coube ao honorável John Byron (1723-1786), a essa altura um respeitado oficial de carreira, que havia experimentado situações-limite em alto-mar.[196]

O navegador, avô do célebre poeta inglês lorde Byron, duas décadas antes, sobrevivera ao referido naufrágio do *Wager*, nas proximidades da Patagônia. Quando do ocorrido, o ainda jovem Byron destacou-se pela capacidade de liderança e extrema disciplina — o marujo colocou-se contra os revoltosos, que acabaram, como mencionei, vindo para o Brasil, e saiu em defesa do capitão da embarcação. De volta à Inglaterra, em 1746, sua ascensão na hierarquia militar foi extremamente rápida. Em 1764, quando assumiu o comando do *Dolphin*, Byron já tinha capitaneado inúmeras embarcações de porte e comandado, na função de "oficial sênior", uma pequena frota de guerra.

O *Dolphin* zarpou de Plymouth em 3 de julho de 1764, lançando âncora na Madeira no dia 13 do mesmo mês. Da ilha portuguesa o navio rumou para as Canárias e daí para a ilha de Santiago, em Cabo Verde. Abastecido com água e víveres, dirigiu-se para o porto do Rio de Janeiro, o qual foi alcançado no dia 5 de setembro. A arribada no porto carioca estendeu-se até 20 de outubro e é relatada somente na relação de viagem mencionada, que veio a público pela primeira vez em 1767, e que traz o seguinte adendo depois do título: "escrito por um

[196]GALLAGHER, Robert E. (ed.). *Byron's Journal of his Circumnavigation, 1764-1765*. Cambridge: Published for the Hakluyt Society at the University Press, 1964; TAUNAY, Afonso de E. *No Rio de Janeiro dos vice-reis*.

oficial a bordo do referido navio." A edição oficial do relato de Byron, organizada por Hawkesworth, no famoso *An Account of Voyages* (a primeira de diversas edições é de 1773), traz uma menção insignificante ao porto carioca — pouco mais de uma página —, enquanto em *A Voyage Round the World* são nada menos do que quinze páginas dedicadas à cidade. Ainda, pois, que escrito por um anônimo a bordo do *Dolphin* e distante do relato derivado das anotações de Byron, *Voyage Round the World*, que trazia curiosas menções aos "gigantes da Patagônia", fez um sucesso considerável. Em 1767, saíram duas edições em inglês, ambas em Londres; a tradução francesa é de 1767, a alemã, de 1769, e a espanhola, coisa rara, também de 1769.

Mal havia começado a circular o livro do marinheiro que acompanhara o honorável John Byron na sua viagem a bordo do *Dolphin* quando a cidade do Rio de Janeiro recebeu dois visitantes ilustres, dois circum-navegadores, o francês Louis Antoine Bougainville, em 1767, e o inglês James Cook, em 1769, visitantes que legaram, alguns anos mais tarde, duas importantes narrativas de viagem com menções à passagem pelo porto carioca. Tanto *An Account of the Voyages Undertaken by the Order of his Present Majesty for Making Discoveries in the Southern Hemisphere*, publicada por Hawkesworth em 1772, quanto *Voyage autour du monde*, saída das prensas em 1771, gozaram, como pudemos acompanhar no capítulo anterior, de grande popularidade e prestígio entre o público da época. O relato de Bougainville tornou-se célebre entre os ditos sábios, encantados de poderem ler descrições de terras pouco conhecidas saídas da pena de homem tão ilustre e culto. A narrativa de Cook, ou melhor, a narrativa composta a partir das anotações de Cook e de outros companheiros seus de viagem não foi menos prestigiada. Entre os navegadores, sabe-se que o escrito logo passou a gozar da posição de um verdadeiro livro de cabeceira. Enfim, ambas as relações pertencem ao grupo dos escritos que alcançaram grande popularidade em seu tempo e tornaram-se referência obrigatória do gênero.

É notável, por exemplo, como a descrição pouco abonadora da mulher carioca, feita na narrativa de Cook, marcou presença num número considerável de relatos de viagem sobre o Brasil que se seguiram ao dele. E, por certo, não foram poucos os navegadores que, ao passarem pelo Rio de Janeiro, temeram problemas, informados que estavam, através das narrativas dos dois circum-navegadores, do quão mal procedera o conde da Cunha com o sábio Bougainville, ou do quão grosseiro o conde de Azambuja havia sido com o estimado navegador James Cook, não permitindo nem mesmo que os sábios que o acompanhavam desembarcassem. Mas, afinal, quem eram esses dois ilustres navegadores e, sobretudo, como vieram parar no Rio de Janeiro?

O sábio Louis Antoine de Bougainville, o primeiro francês a realizar oficialmente[197] uma viagem de circum-navegação, quase dispensa apresentações. Nascido em Paris, em 1729, na família de um notário e escrivão da cidade, o futuro navegador estudou direito na Universidade de Paris. A profissão de advogado, porém, parece não lhe ter agradado, pois em 1753, pouco tempo depois de formado, alistou-se no Exército e participou de algumas missões militares. Em 1754 foi enviado para Londres como secretário de embaixada. Nesse cargo permaneceu por dois anos, partindo posteriormente para o Canadá como ajudante de campo do marquês de Montecalm.

Em 1763, aproveitando um momento de paz na sua movimentada vida militar, Bougainville convenceu os comerciantes de Saint-Malo a financiar uma expedição colonizadora às ilhas Falkland (Malvinas), situadas a leste do estreito de Magalhães. A expedição foi extremamente bem-sucedida e em 1764 Bougainville fundou uma base francesa nas ilhas.[198] O feito, no

[197]Ver nota 73.

[198]Dessa viagem, realizada entre 1763 e 1764, veio a público um relato que também trazia menções ao Brasil, nomeadamente à ilha de Santa Catarina. Trata-se do *Journal historique d'un voyage fait aux îles Malouines en 1763 et 1764*, do médico Antoine Joseph Pernetty. A obra, publicada em língua francesa, na cidade de Berlim, em 1769, foi reeditada em Paris, no ano seguinte, e traduzida para o inglês em 1771 — tradução reeditada dois anos mais tarde.

entanto, foi contestado com vigor pela Espanha, que alegou pertencerem as ilhas à América Meridional e, consequentemente, à Coroa espanhola. Bougainville recebeu, então, ordens para dirigir-se para as Malvinas, restituir o território aos espanhóis e, em seguida, "rumar para as Índias Orientais, atravessando o mar do Sul entre os trópicos".

A fragata *Bondeuse*, designada para a missão, partiu de Nantes, em novembro de 1766, com destino às Malvinas, onde Bougainville deveria resolver o citado impasse político com a Espanha e aguardar a chegada do barco de mantimentos *Étoile*. No dia 8 de janeiro a fragata atravessou a linha do Equador, lançando âncora no porto de Montevidéu em 31 do mesmo mês. Dessa cidade, rumou para as Malvinas, onde o capitão aguardou, durante quase quatro meses, a chegada do *Étoile*. A carência de víveres, porém, obrigou-o a dirigir-se para o Rio de Janeiro, em cuja barra surgiu a 21 de junho, para uma arribada que, não obstante os conflitos com o conde da Cunha, duraria até 15 julho de 1767.

Em novembro de 1768 foi a vez de James Cook enfrentar problemas com as autoridades locais, não com o conde da Cunha, que já havia deixado o cargo de vice-rei, mas com o seu substituto, o irascível — segundo Cook — conde de Azambuja. Mas não avancemos demasiado rápido. Partamos do princípio. De certo modo, a primeira viagem de circum-navegação do capitão Cook começou em 1763, quando James Ferguson, em *Philosophical Transactions*, alertou os astrônomos seus conterrâneos para um fenômeno astronômico de grande importância que teria lugar no dia 3 de junho de 1769 e iria mobilizar os sábios de toda a Europa: a passagem do planeta Vênus pelo disco solar. Para estudar tão rara ocorrência, porém, era indispensável deslocar os estudiosos para uma das ilhas dos Mares do Sul, de onde o eclipse poderia ser mais bem-observado.

Diante de tal inconveniente, a Real Sociedade de Londres pôs-se de sobreaviso e, no início de 1768, depois de extenso e detalhado planejamento, requisitou ao governo britânico uma embarcação de longo curso, com o intuito de enviar ao Pacífico um seleto grupo de sábios e astrônomos. Em resposta, o Almirantado pôs à disposição da Sociedade um navio de nome *Endeavour*, e designou para comandá-lo o oficial James Cook (1728-1779). O navegador, que se tornaria um dos mais célebres personagens da Marinha britânica, protagonista de três viagens de circum-navegação e descobridor de inúmeras terras no Pacífico, quando da viagem científica de 1768, havia servido à Real Armada na qualidade de chefe de equipagem e de engenheiro, desfrutando da reputação de ser um marinheiro hábil, intrépido e competente.

Ao seu lado na expedição, liderando o referido grupo de sábios, estava um inglês rico e generoso, que se engajara voluntariamente na empresa e se dispusera a arcar com nada menos do que metade dos seus custos: o naturalista Joseph Banks (1743-1820). Tal como Cook, o nome de Banks conheceria grande projeção depois da viagem ao Pacífico. Nessa aventura marítima, o naturalista recolheu, com o indispensável auxílio de seu assistente Daniel Solander (1736-1772) — um botânico sueco, ex-aluno de Lineu —, 3.600 espécies de plantas, 1.400 das quais nunca antes classificadas. Junto com Banks e o inseparável Solander seguiam, entre outros, o astrônomo Charles Green — que morreu durante a viagem — e o botânico ilustrador Sydney Parkinson, a quem voltaremos mais adiante.

O *Endeavour* partiu para sua bem-sucedida missão em 26 de agosto de 1768, do porto de Plymouth.[199] O primeiro reabastecimento foi feito na ilha da Madeira, em setembro. Dois meses depois, em 14 de novembro, o navio entrava no porto do Rio Janeiro para daí sair, a contragosto, em 7 de dezembro. Os visitantes, como mencionei, foram bastante malrecebidos pelo vice-rei, conde de Azambuja, e praticamente não puderam desembarcar.

[199]Ver nota 89.

De ambas as passagens pelo Rio de Janeiro restaram, como vimos, a prestigiada narrativa de Bougainville e o não menos reputado relato preparado por Hawkesworth a partir dos papéis de James Cook e Joseph Banks. Mas não apenas estes; o companheiro de Banks e Solander, o desenhista de plantas Sydney Parkinson, um jovem de 22 anos, também deixou um registro da visita em *A Journal of a Voyage to the South Seas*, publicado depois de sua morte, em 1773, por seu irmão Stanfield Parkinson. Para publicar a obra o zeloso e interessado irmão entrou em conflito com Joseph Banks, que dizia ter pago ao próprio Stanfield pelos serviços de seu falecido irmão e, consequentemente, pelas anotações de viagem e pelos 1.300 desenhos produzidos por este. Stanfield, porém, copiou as tais anotações e, rapidamente, tratou de publicá-las. Depois dessa polêmica primeira edição, a obra foi reeditada em 1784; a tradução em língua francesa, única de que se tem notícia, saiu na cidade de Amsterdã, em 1797, sob os cuidados de C. Henri.

Menos de meia década depois de Stanfield Parkinson publicar às pressas as impressões de viagem do irmão, impressões que incluíam uma pouco simpática e sucinta descrição do Rio de Janeiro, a cidade de Salvador figurou numa obra bastante singular para o período, intitulada *Letters from the Island of Tenerife, Brazil, the Cape of Good Hope, and the East Indies*. Publicado, na cidade de Londres, pelo importante editor John Nourse, o livro, de autoria de uma tal senhora Kindersley, era o primeiro do gênero, descrevendo as duas Índias, a Ocidental e a Oriental, escrito por uma mulher. No que concerne ao Brasil, trata-se, sem dúvida, do primeiro registro conhecido legado por uma viajante estrangeira; o primeiro e, por muito tempo, o único.[200]

A autora da façanha, Jemima Kindersley, nasceu em Great Yarmouth, Norfolk, na Inglaterra, em outubro de 1741. Filha de família pobre, casou-se, em abril de 1762, com Nathaniel Kindersley, um tenente da

[200]FRANÇA, Jean Marcel de Carvalho. *Mulheres viajantes no Brasil (1773-1820).*

Royal Artillery. Aproveitando-se de sua significativa ascensão social, Jemima aprendeu francês, aperfeiçoou sua escrita e tornou-se uma assídua leitora dos filósofos iluministas. Dois anos depois de casada, seu marido Nathaniel foi promovido a capitão e transferido para a Companhia das Índias Orientais de Bengala. As novas funções obrigaram o militar, em maio de 1774, a embarcar, com a jovem esposa e o filho recém-nascido, para Calcutá.

É essa longa viagem, bem como os anos de permanência em Allahabad, no norte da Índia, que a leitora de Montesquieu descreve em *Letters from the Island of Tenerife...* Das 68 cartas que compõem o livro — que começam a ser escritas na ilha de Tenerife —, sete delas são dedicadas à Baía de Todos os Santos, onde desembarcou, em agosto de 1774, para uma estada de mais ou menos um mês.

O livro, lançado por uma casa editorial de renome e assinado por uma mulher — o que não era lá muito usual no gênero, sobretudo em se tratando de uma relação que dava conta de plagas tão distantes —, não causou grande alvoroço, nem passou totalmente despercebido. A única edição em língua inglesa, lançada em 1777, recebeu comentários elogiosos, seguidos de excertos da narrativa, em vários periódicos do país. Há também uma tradução em língua alemã, publicada em Leipzig quase simultaneamente à edição inglesa.

Um pouco mais de divulgação teve a peculiar carta do poeta Evariste-Desiré Parny, um "francês das colônias", dando conta de sua passagem pelo Rio de Janeiro em 1773. Nascido em Saint Paul, na ilha de Bourbon, em 1735, no seio de uma das mais nobres famílias da pequena colônia francesa do Índico, Parny foi enviado muito jovem para Paris, onde fez os seus primeiros estudos e iniciou a sua carreira na Marinha. A estreia nas belas-letras deu-se em 1777, no *Almanaque das Musas*, ao lado do seu compatriota o cavaleiro de Bertin. Em 1785, depois de diversas viagens e de uma estada prolongada na sua ilha natal, retornou à França, renunciou à carreira das armas e fixou-se em Paris. Na capital francesa o poeta conheceu o sucesso; suas poesias eróticas e seu poema "Guerra dos deuses", no qual traça, em dez cantos, uma paródia da Bíblia, garantiram-lhe a admiração dos contemporâneos e uma cadeira na Academia Francesa.

Antes do sucesso, porém, em 1773, Parny, então com 20 anos, empreendeu uma viagem à sua terra, a referida ilha de Bourbon — ilha da Reunião —, situada no arquipélago de Mascarenhas, a leste de Madagascar. Durante a longa e monótona viagem, o jovem poeta entreteve-se descrevendo aos parentes e amigos, em missivas bem-humoradas e recortadas por versos, as peripécias por que ia passando. Do Rio de Janeiro, onde desembarcou em 16 de agosto de 1773, Parny enviou uma única carta, endereçada ao irmão. Aí, depois de explicar-lhe que quase vivera um naufrágio na costa da África e que enfrentara terrível tempestade na costa brasílica, o burbonense descreve de maneira um tanto fantasiosa os vinte e poucos dias que permaneceu na cidade, da qual se despediu em 5 de setembro de 1773.[201]

A carta de Parny conheceu inúmeras edições, todas similares à primeira, que veio a público na cidade de Genebra, em 1777, na coletânea *Voyage de Chapelle et Bachaumont, suivi de quelques autres voyages dans le même genre*, preparada por Claude Emmanuel Luillier. Uma das *outras viagens do mesmo gênero* que acompanhava a narrativa principal intitulava-se *Voyage du Chevalier de Parny* e trazia, em pouco mais de vinte páginas, a viagem do poeta à ilha da Reunião, com a sua passagem pelo Rio de Janeiro. A coletânea, composta por sete narrativas, foi reeditada em Reims, em 1782. As cartas de Parny, todavia, saíram também, em coletâneas de obras suas, pelo menos mais duas vezes até o início do século XIX: em 1789, em *Opuscules poétique*, publicado em Amsterdã, e em 1808 no primeiro volume de *Oeuvres d'Évariste Parny*, publicado em Paris.

[201] TAUNAY, Afonso de E. *Rio de Janeiro de antanho. Impressões de viajantes estrangeiros*; BARQUISSAU, Raphael. *Les poètes créoles du XVIIIe siècle (Parny, Bertin, Leonard)*. Paris: J. Vigneau, 1949.

Depois da visita do poeta Parny, em 1773, o Rio de Janeiro teve de esperar quase uma década para receber um outro visitante que se habilitasse a redigir e publicar suas notações de viagem sobre a cidade. Em 1789, finalmente, um alemão, um tal Langstedt, quebra o jejum. A história de sua passagem pelo Brasil teve início em 1781, quando o capitão do navio inglês *Benjamin and Ann*, embarcação de transporte que rumava para a Índia e que levava a bordo um largo contingente de mercenários alemães *adquiridos* no Reno pelo governo inglês, resolveu contratar um pastor protestante para amparar espiritualmente os germânicos. A vaga foi preenchida por um capelão de nome Friedrich Ludwig Langstedt, um naturalista alemão, nascido em 1750, acerca do qual não se tem quase nenhuma notícia.

Relata-nos o capelão Langstedt que *o Benjamin and Ann* e mais 23 embarcações zarparam de Portsmouth, com destino à costa do Coromandel, em outubro de 1781. As condições da viagem devem ter sido as piores possíveis, pois, em 29 de abril de 1782, quando a frota ancorou na Baía de Guanabara, a doença e a morte tinham feito muitas baixas no seio das tripulações. Os que resistiram à dura travessia puderam recuperar-se em solo carioca até o dia 3 de julho, período aproveitado pelo pastor alemão para cuidar das almas de alguns doentes conterrâneos e para recolher umas tantas informações sobre a cidade.[202]

Tais informações vieram à luz num livro publicado uma única vez, em 1789, na cidade de Hildesheim, intitulado *Reisennach Südamerika, Asien and Afrika*. Em 1807, o fragmento relativo ao Rio de Janeiro deixado por Langstedt apareceu em língua francesa, em um capítulo enxertado pelo geógrafo Conrad Malte-Brun na sua

[202]TAUNAY, Afonso de E. *No Rio de Janeiro dos vice-reis*; OBERACKER JUNIOR, Carlos H. O Rio de Janeiro em 1782 visto pelo pastor F. L. Langstedt. In: *Revista do Instituto Histórico Geográfico Brasileiro*, v. 299, 1973, p. 3-15.

tradução do livro de John Barrow, *A Voyage to Cochinchina* — ao qual voltaremos mais adiante. Traduções integrais ou reedições da obra, não há nenhuma.

Mais profícuo em matéria de relatos com menções ao Brasil do que a passagem dos mercenários alemães a caminho da Índia foi a arribada, em 1787, de uma outra grande frota inglesa, porém, não uma frota de natureza militar, como aquela a que pertencia a embarcação de Langstedt, mas de natureza colonizadora. Refiro-me à frota que levava os primeiros colonizadores ingleses — a maioria deles condenados, como se verá — para as terras austrais.

A *First Fleet*, como ficaria conhecida, era a consumação de uma ideia que há muito vinha sendo alimentada pela Coroa britânica. Desde 1771, quando James Cook retornou de sua bem-sucedida viagem ao Pacífico, carregando consigo detalhadas notas da *Nova Gales do Sul*, os ingleses começaram a pensar seriamente em estabelecer postos de colonização na região. Essa intenção, no entanto, veio a transformar-se em ação efetiva somente em 1787, quando se decidiu enviar à costa australiana, nomeadamente a Botany Bay e Port Jackson uma grande expedição colonizadora. Foram preparadas, então, onze embarcações, com o fim de transportar para o local uma carga humana nada desprezível: 736 condenados (188 dos quais mulheres), 203 marinheiros e oficiais desacompanhados, 27 acompanhados de suas esposas e 37 crianças.

Os navios zarparam de Plymouth a 12 de maio de 1787, alcançando Tenerife, nas ilhas Canárias, um mês mais tarde. A travessia do Atlântico — iniciada em Cabo Verde — não foi das mais felizes: os navios enfrentaram uma interminável calmaria, os alimentos frescos e a água escassearam e o escorbuto desatou a fazer vítimas entre os condenados, os quais viajavam acorrentados e amontoados nos porões dos navios. Para grande alívio de todos, a 2 de agosto, a frota avistou Cabo Frio e, três dias depois, entrou na Baía de Guanabara para uma arribada que duraria até 4 de setembro.[203]

A importância e o caráter polêmico da viagem — muito criticada na Inglaterra — fez com que pelo menos quatro membros da pioneira expedição publicassem na época os seus testemunhos do ousado empreendimento e, consequentemente, da passagem da frota pelo Rio de Janeiro. O primeiro a ser publicado, em 1789, é atribuído ao almirante Arthur Phillip (1738-1814) — o oficial escolhido pelo Almirantado Britânico para governar os primeiros núcleos de povoamento da Nova Gales — e intitula-se *The Voyage of Governor Phillip to Botany Bay*. O relato foi reeditado em 1790 e traduzido para o alemão e para o francês em 1791.

Meses depois de Phillip, foi a vez do tenente-capitão Watkin Tench (1758?-1833) publicar a sua versão do longo e polêmico périplo a Port Jackson. *A Narrative of the Expedition to Botany Bay* saiu em Londres das prensas do conhecido editor J. Debrett e, ainda em 1789, foi editado duas vezes em língua francesa; a reedição inglesa saiu em 1793.

Em 1790, também em Londres, veio a público o terceiro relato da *First Fleet*, o *Journal of a Voyage to New South Wales*, escrito por John White (1756?-1832), cirurgião-mor da esquadra. A obra, largamente ilustrada, não foi reeditada na época, mas ganhou uma tradução francesa, publicada em Paris, em 1798. O último relato publicado na época veio da pena de John Hunter (1738-1821), capitão do *Syrius*, um dos navios da frota colonizadora. Hunter vinha de uma carreira ascendente

---

[203]CRITTENDEN, Victor. *The Voyage of the First Fleet, 1787-1788*. A partir de relatos contemporâneos. Canberra: Mulini Press, 1981; GILLEN, Mollie. *The Founders of Australia. A Biographical Dictionary of the First Fleet*. Sydney: Library of Australian History, 1989; MACKNESS, George. *Admiral Arthur Phillip*. Sydney: Angus & Robertson, 1937; MOORE, John. *The First Fleet Marines,1786-1792*. Brisbane: University of Queensland Press, 1987; RUTTER, Owen. *The First Fleet. The Record of the Foundation of Australia from its Conception to the Settlement at Sydney Cove...* Introdução e notas de Owen Rutter. Londres: The Golden Cockerel Press, 1937; TAUNAY, Afonso de E. *No Rio de Janeiro dos vice-reis*; Id. *Rio de Janeiro de antanho. Impressões de viajantes estrangeiros*.

na Marinha, para a qual entrara em 1754. Terminada a viagem de 1787, o capitão alcançou, malgrado alguns tropeços — entre os quais a perda do *Syrius*, em 1790 —, o posto de vice-almirante e ocupou, entre os anos de 1795 e 1801, o cargo de governador da Nova Gales do Sul. O seu relato, intitulado *An Historical Journal of the Transaction at Port Jackson and Norfolk Islands*, foi impresso duas vezes em 1793, uma das quais pelas prensas de John Stockdale. A obra, contudo, não foi nem reeditada nem traduzida na época.

Em 1793, a propósito, além do último dos relatos provenientes da *First Fleet*, o Rio de Janeiro voltou às páginas de uma outra narrativa de viagem, intitulada *A Voyage Round the World, in His Majesty's Frigate Pandora*, narrativa escrita pelo cirurgião inglês George Hamilton. O marinheiro Hamilton iniciou a sua carreira marítima em 1777, e quando de sua passagem pelo Rio de Janeiro em 1791 contava já com uma larga experiência na área — o cirurgião servira na guerra de independência americana e participara de algumas viagens às Índias Orientais. Foi tal experiência, por certo, que levou o alto-comando da Marinha britânica a convocá-lo, em agosto de 1790, para servir como cirurgião da *Pandora*, uma fragata de 24 canhões, comandada pelo capitão Edward Edwards, que tinha pela frente uma missão assaz complicada: encontrar, numa das centenas de ilhas dos Mares do Sul, os amotinados do navio *Bounty*.[204]

A *Pandora* deixou o porto de Portsmouth a 7 de novembro de 1790 e no dia 22 do mesmo mês ancorou em Santa Cruz de Tenerife. A travessia do Atlântico, iniciada a 25 de novembro, não foi, pelo que conta o cirurgião Hamilton, muito agradável. A tripulação, em sua esmagadora maioria, padeceu com o calor e com uma febre que começou a

[204]Sobre o motim, a bordo do *Bounty*, ver: SOULIÉ, Maurice. *L'Équipage révolté*. Paris: Marpon et cie. 1927; HAMILTON, George. *Voyage of HMS Pandora. Despached to Arrest the Mutineers of the Bouty in the South Seas, 1790-1791*. Introdução e notas de Basil Thomson. Londres: Francis Edwards, 1915; HAMILTON, George. *A Voyage Round the World, in His Majesty's Frigate Pandora*. Fac-símile da rara edição de 1793, com um estudo introdutório de Peter Gesner. Sydney: Hordern House for Australian National Maritime Museum, 1999.

espalhar-se pela embarcação logo no início da viagem. Para alívio de todos, no dia 31 de dezembro a fragata lançou âncora no porto carioca para uma arribada de oito dias. O relato contendo as breves notas sobre tal estadia foi publicado somente uma vez, em 1793, e não foi traduzido para nenhuma língua.

Narrativa com menções ao Brasil, nomeadamente ao Rio de Janeiro, sensivelmente mais conhecida na Europa do período é *An Account of a Voyage to New South Wales*, livro também publicado pela primeira vez em 1793, na cidade de Londres, escrito por um tal George Barrington, um irlandês de vida incerta, conhecido no seu tempo como "o príncipe dos batedores de carteira".[205] Nascido em Maymooth, próximo a Dublin, por volta de 1755, Barrington, filho de um ourives, de nome Henry Waldron, teve uma infância pobre, estudando graças à generosidade de algumas pessoas influentes que admiravam o seu talento e inteligência. O nome de família Barrington é uma invenção do jovem George, que sempre divulgou ser filho de um certo capitão Barrington, homem de ascendência nobre.

Em 1771, George Barrington, ou George Waldron, transferiu-se para Dublin, onde deveria concluir os estudos. Pouco durou, no entanto, a sua estada na cidade. Meses depois de ser admitido numa instituição de ensino, o rapaz roubou alguns colegas e fugiu. A sua carreira de larápio profissional começou nesse mesmo ano, ao lado de um outro estropiado, chamado John Price. Este caiu nas garras da lei em 1773, sendo julgado e condenado a cumprir pena na América. O jovem irlandês, ao contrário, com seus modos mais requintados e sua relativa cultura, penetrou nos círculos abastados da sociedade inglesa e aí furtou o maior número de carteiras que pôde. Em 1790, porém, os ventos mudaram de feição: após diversas passagens pela prisão, o notório batedor de carteiras foi condenado a cumprir sete anos em Botany Bay (Austrália).

[205]LAMBERT, Richard S. *The Prince of Pickpockets*. Londres: Faber & Faber Limited, 1930.

Barrington e mais 292 condenados partiram de Plymouth, no navio *Albemarle*, em janeiro de 1791. Na altura da Madeira, os condenados amotinaram-se e tentaram apoderar-se da embarcação. Narra o supostamente arrependido batedor de carteiras que esses revoltosos falharam graças à sua providencial intervenção. Verdade ou não, o fato é que Barrington desfrutou de inúmeros privilégios durante a viagem, que se estenderam à sua bem-sucedida estada na Austrália — ele acabaria nomeado juiz de paz da colônia de Parramatta.

Uma vez abafada a tentativa de motim, o *Albemarle* rumou diretamente para o Rio de Janeiro, arribando na Baía de Guanabara entre os meses de abril e maio de 1791. Barrington teve, então, cerca de três semanas para conhecer a capital dos domínios portugueses na América. As impressões que deixou, publicadas pela primeira vez em 1793, em *An Account of a Voyage to New South Wales*, foram reeditadas em 1795, 1796, 1801, 1803 e 1810; a tradução francesa, a única a vir a público, saiu em 1797.

Tão ou mais conhecidas do que o relato do popular batedor de carteiras Barrington são as narrativas provenientes da viagem de lorde George Macartney à China, duas delas extremamente prestigiadas e, como pudemos ver, citadas por homens da estatura intelectual de um Hegel. A história dessa controversa viagem, que tanto estrago causou à boa imagem desfrutada pelos chineses no Ocidente e à política externa britânica na região, é bastante conhecida.[206]

Durante quase todo o século XVIII os negociantes ingleses mantiveram contatos comerciais com a China mediados pela poderosa Companhia das Índias Orientais, que contava com alguns representantes na cidade de Cantão. Os mandatários da Companhia, no entanto, não tinham acesso direto às autoridades chinesas e eram obrigados a utilizar como intermediário um oficial escolhido entre os comerciantes

[206]Ver nota 92.

cantonenses. Essa situação, além de ser bastante danosa para os negócios, fazia com que os ingleses carregassem o estigma de comerciantes bárbaros e, consequentemente, fossem vistos com desconfiança pelos habitantes locais.

Em 1792, Jorge III, com o intuito de tornar as relações com os chineses mais cordiais e sobretudo mais produtivas, resolveu enviar à China uma missão diplomática. À frente dessa pioneira missão, preparada com extremo cuidado pela Coroa, estava o renomado lorde George Macartney (1737-1806), um homem com larga experiência político-diplomática e excelente conhecimento dos povos do Oriente. A ele estava reservada a delicada incumbência de negociar com as autoridades de Pequim um acordo que garantisse os interesses comerciais ingleses na região.

A comitiva de lorde Macartney partiu de Portsmouth, em 26 de setembro de 1792, a bordo de três embarcações: o *Lion*, vaso de guerra de 64 canhões, o *Hindostan*, navio de três mastros da Companhia das Índias, e a corveta *Jackall*, que desapareceu no início da viagem, depois de uma tempestade. Do porto britânico os navios dirigiram-se para a ilha da Madeira, e daí para Tenerife, onde permaneceram ancoradas por uma semana. A 2 de novembro, as embarcações, carentes de água e de víveres, alcançaram Santiago (Cabo Verde). Os habitantes da ilha, porém, que padeciam com uma longa seca, poucas provisões puderam comerciar com os visitantes ingleses. Um mês mais tarde, a 30 de novembro de 1792, a frota, ainda carente de provisões, entrava na Baía de Guanabara.

Os representantes da Coroa britânica permaneceram pouco mais de duas semanas no Rio de Janeiro (17 de dezembro de 1792). Dessa curta estada quatro testemunhos foram publicados na época: o primeiro é assinado por sir George Leonard Staunton (1737-1801), secretário da embaixada e, na ausência do embaixador, ministro plenipotenciário; o segundo é da lavra do ex-tutor do filho de Staunton, John Barrow

(1764-1848), que embarcou na qualidade de intendente da missão; o terceiro é atribuído a Aeneas Anderson, criado pessoal do embaixador; e o último foi deixado por Samuel Holmes, um soldado da guarda privada do embaixador, que viajava a bordo do *Hindostan*.

Dos quatro testemunhos mencionados, o público conheceu primeiro o de Aeneas Anderson, publicado em 1795, na cidade de Londres, num relato intitulado *A Narrative of the British Embassy to China in the Years 1792, 1793, and 1794*. A obra, escrita por um jornalista a partir das anotações do camareiro de Staunton, ainda que não tenha despertado grande interesse — não há reedições no período —, ganhou uma tradução para o francês no mesmo ano de sua publicação em inglês. O segundo, legado por George L. Staunton, veio a público em 1797 e intitulava-se *An Authentic Account of an Embassy from the King of Great Britain to the Emperor of China*. O livro, já o vimos, foi publicado em Londres, por W. Bulmer, numa edição de luxo, acompanhada de um atlas, e foi reeditada em 1798 (pelo menos duas vezes), 1799 e 1801. As traduções francesa, holandesa e alemã saíram em 1798 e a italiana é de 1799.

Em 1798, por certo motivado pelo sucesso da obra de seu superior, Samuel Holmes publicou, pela mesma editora que imprimira a luxuosa obra de Staunton, *The Journal of Mr. Samuel Holmes*. A obra, porém, tal como a de Aeneas Anderson, não foi reeditada, mas ganhou, em 1805, uma tradução francesa. Por fim, foi a vez de John Barrow narrar a sua viagem à China e, consequentemente, a breve passagem pelo Rio de Janeiro. *A Voyage to Cochinchina in the Years 1792 and 1793*, porém, só veio a público em 1806 e não foi reeditado na época; tradução, há somente uma francesa, publicada por Malte-Brun em 1807.

Mais apagadas ainda do que o detalhado testemunho de Barrow passaram as breves notas que o navegador James Colnett deixou sobre o Rio de Janeiro de 1793. Colnett (1755?-1806) passou pela cidade na qualidade de capitão do *Rutter*, um navio baleeiro que rumava para os Mares do Sul com a missão de investigar a existência, na região dos

Galápagos, de zonas propícias para a pesca da baleia. A sua embarcação partiu de Portsmouth no início de 1793. A 10 de fevereiro, depois de passar pelas Canárias e pela ilha do Sal (Cabo Verde), cruzou a linha do Equador e, a 24 do mesmo mês, entrou na Baía de Guanabara, aí permanecendo por pouco mais de uma semana.[207]

Acerca dessa brevíssima passagem pela cidade, o capitão, afora um fortuito encontro com o governador Arthur Phillip, que retornava de Botany Bay, pouco deixou registrado, e o pouco que deixou não contou com muitos leitores, pois *A Voyage to the South Atlantic and Round Cape Horn into the Pacific Ocean*, composto pelo escritor William Combe a partir das notas de viagem do próprio capitão e publicado em 1798, não foi nem reeditado nem traduzido.

Um ano antes, em 1797, na França, saía das prensas revolucionárias *Voyage de La Pérouse autour du monde*, do navegador Jean-François de Galaup la Pérouse. O relato, que sobreviveu ao trágico passamento de seu autor, morto numa ilha da Papua-Nova Guiné, com todos os membros da tripulação de seu navio, narra a viagem empreendida, a mando de Luís XVI, pelo conde La Pérouse, ao Pacífico; uma viagem de descoberta que, entre outras coisas, deveria procurar uma passagem na costa americana entre os dois oceanos. O navegador, ainda que não tenha encontrado a cobiçada passagem, teve êxito em sua expedição exploratória até a altura da ilha de Vanikoro, na Papua-Nova Guiné, onde, depois do naufrágio dos dois navios da frota, *Astrolabe* e *Boussole*, os tripulantes — o conde inclusive — foram dizimados pelos nativos da região.[208]

A passagem pela costa brasileira, nomeadamente pela ilha de Santa Catarina, deu-se em outubro de 1785, dois meses depois de os seus navios

[207] COLNETT, James. *A Voyage to the South Atlantic and Round Cape Horn into the Pacific Ocean*. Impressão para o autor, por W. Bennett, 1798.

[208] DESTREMAU, Noelle. *Monsieur de La Pérouse: le gentilhomme des mers*. Paris: N. Destremau, 1992; CAZAUX, Yves. *Dans le sillage de Bougainville et de Lapérouse*. Paris: A. Michel, 1995.

terem deixado Breste a caminho dos Mares do Sul. A visita durou 13 dias e acabou por ficar mais conhecida do público de língua inglesa do que do de língua francesa, pois o relato, editado em 1797, não foi reeditado. Na Inglaterra, ao contrário, onde a tradução da obra veio a público em 1798, as reedições saíram em 1799, 1801 e 1807.

Antes ainda do limiar do oitocentos, o Rio de Janeiro — o mais descrito dos portos brasileiros da colônia — receberia a visita de mais três ingleses cujas narrativas vieram a público na época. Os dois primeiros eram membros da London Missionary Society, uma instituição religiosa criada em 1795, com o propósito de estabelecer uma missão evangelizadora em Otaheite (Taiti) — onde, diziam os missionários, havia sociedades inteiras de homens e mulheres vivendo promiscuamente.

Ora, com o intuito de combater "tamanho desvio das leis de Deus", a London Missionary despendeu meses recolhendo doações e selecionando voluntários. Enfim, em abril de 1796, conseguiu equipar um navio, o *Duff*, e reunir um grupo de trinta seletos missionários para a urgente missão. Em 25 de agosto de 1796, a embarcação partia de Portsmouth em direção ao longínquo Pacífico. Depois de deixar para trás a Madeira e as Canárias, o navio, a 14 de outubro, lançou âncora em Santiago (Cabo Verde), onde fez aguada e adquiriu víveres. Um mês mais tarde, a 12 de novembro, o *Duff* entrou na Baía de Guanabara.[209]

Da curta estada dos evangelizadores no Rio de Janeiro, oito dias somente, restaram duas descrições: uma é assinada pelo capitão do *Duff*, o londrino James Wilson (1760-1814); e a outra pertence a um dos missionários envolvidos na empresa catequizadora, George Veeson,

[209] DAVIES, John. *The History of Tahiti Mission*. Cambridge: Hakluyt Society, 1968; GRIFFEN, John. *Memoirs of Captain James Wilson*. Nova York: Samuel Armstrong & Crocket & Brewster, 1822; LOVETT, Richard. *The History of the London Missionary Society 1795-1895*. Londres: H. Frowde, 1899, 2 v.; WILLIANS, John. *A Narrative Missionary Enterprises in the South Seas Island*. Londres: J. Snow, 1837.

ou Vason — que se tornaria o primeiro ocidental a viver entre os nativos de Tongataboo. As impressões de Wilson vieram a público em *A Missionary Voyage to the Southern Pacific (1796-1799)*, lançado por T. Chapman, em Londres, duas vezes, ambas em 1799, e reeditada em 1806; a tradução alemã saiu em 1800 e a holandesa, em 1801. *An Authentic Narrative of Four Years Residence at Tongataboo*, de George Vason, ao contrário, veio a público uma única vez, um pouco tardiamente, em 1815, e parece não ter despertado o interesse nem do público interno nem dos editores estrangeiros, na medida em que o pequeno livro não foi nem reeditado nem traduzido.

Depois dos missionários a caminho do Taiti, o Rio Grande do Sul e o Rio de Janeiro receberam a visita de mais um inglês: James Semple Lisle (1759-1799?). Lisle é um personagem curioso, cuja vida foi plena de aventuras. Nascido no seio de uma família nobre, o rapaz, muito cedo (16 anos), abraçou a carreira das armas. Depois de lutar na guerra de independência dos Estados Unidos, onde caiu prisioneiro, retornou à Inglaterra, abandonou a carreira militar e, em 1778, mudou-se para Bruxelas. Nessa cidade, levou uma vida boêmia, sobrevivendo de transações ilícitas e da exploração de amantes. Depois de deixar a capital belga, o aventureiro, sempre em busca de vida fácil e movimentada, transitou pela Rússia, Dinamarca, Alemanha e França.

De volta à Inglaterra, em 1794, Lisle, cuja vida estava longe da correção, rapidamente passa a ser perseguido pelos credores e pela polícia. Em 1795, é detido, julgado pelo crime de falsificação de firmas e condenado a cumprir sete anos em Port Jackson, na Nova Gales do Sul (Austrália). Após aguardar meses na prisão de Newgate, Lisle e um numeroso grupo de outros condenados embarcaram no *Lady Shore* para as terras austrais. O navio levantou âncora de Portsmouth em fevereiro de 1798. Tudo corria normalmente até que, nas imediações do Rio de Janeiro, eclodiu uma conspiração a bordo: os condenados, aproveitando-se do clima de grande insubordinação que reinava entre os soldados, mataram o imediato, feriram o capitão e se apossaram do navio.

James Semple Lisle, contrariamente ao esperado de um homem na sua delicada e incômoda posição de condenado, tomou partido da oficialidade e evitou que maiores excessos fossem cometidos. O suposto "herói" e mais 29 companheiros de infortúnio foram deixados nas proximidades da costa do Rio Grande do Sul. Depois de dois dias de navegação, as vítimas chegaram ao porto de São Pedro, onde foram bastante bem-acolhidas pelo governador Sebastião Xavier da Veiga Cabral.[210]

Do Rio Grande, Lisle, desejoso de voltar à sua terra, partiu em direção à cidade do Rio de Janeiro — acompanhado do comissário John Black,[211] um grumete e um criado. O pequeno grupo seguiu por terra até o Desterro, embarcando então na frota do almirante Antônio Januário do Vale (três fragatas e um brigue), que se dirigia para a capital da colônia. Lisle entrou na Baía de Guanabara a 18 de novembro de 1797, usufruindo da hospitalidade dos cariocas até 1º de fevereiro de 1798. A relação de ambas as visitas encontra-se em seu livro *The Life of Major J. G. Semple Lisle*, publicado duas vezes em Londres em 1799 e reeditado em 1800.

Entre a virada do século e o desembarque de D. João VI no Rio de Janeiro, o país recebeu ainda a visita de mais ou menos uma dezena de estrangeiros escritores, homens que perambularam pela Bahia, pela ilha de Santa Catarina e, sobretudo, pelo Rio de Janeiro. Em agosto de 1800 desembarcava na cidade, na qualidade de prisioneiro, o capitão Jean-François Landolphe, um corsário francês, capturado pela Marinha britânica na costa brasileira em agosto de 1800, quando

---

[210] CARVALHO, Alfredo de. *Aventuras e aventureiros no Brasil*, p. 237-249.

[211] BLACK, John. *An Authentic Narrative of the Mutiny on Board the Ship Lady Shore*. Ipswich: John Bush, 1798.

capitaneava uma pequena frota, encarregada pela Coroa francesa de capturar, saquear e pôr a pique o maior número possível de navios mercantes das coroas britânica e portuguesa. Landolphe publicou suas impressões da cidade tardiamente, numa obra intitulada *Mémoires du capitaine Landolphe*, publicada uma única vez, na cidade de Paris (dois volumes), em 1823.[212]

Pela mesma época, agosto de 1800, visitava a Baía de Todos os Santos John Turnbull, um comerciante inglês a caminho da China. A sua brevíssima passagem pela urbe — poucos dias somente — foi retratada em detalhes em *Voyage Round the World, in the Years 1800, 1801, 1802, 1803, and 1804*, livro que recebeu um acolhimento nada desprezível dos contemporâneos. A narrativa foi publicada pela primeira vez, na cidade de Londres, em 1805. Em 1810 saiu a primeira edição americana e, três anos mais tarde, a obra foi reeditada, com alguns acréscimos, por A. Maxwell, novamente na cidade de Londres. A tradução alemã data de 1806 e a francesa, de 1807.[213]

No ano seguinte, outro inglês, desta vez a contragosto, foi obrigado a passar um longo período em Salvador. Trata-se do comerciante Thomas Lindley que, pego contrabandeando pau-brasil na costa de Porto Seguro, amargou doze meses de prisão na cidade. Por sorte, a prisão não foi das mais austeras e Lindley pôde não somente circular com relativa liberdade pela cidade, como travar relações com alguns dos seus habitantes. As suas memórias do infortúnio — afinal, o inglês cumpriu pena na urbe — saíram em 1805, num livro publicado em Londres, intitulado *Narrative of a Voyage to Brasil;*

[212]LANDOLPHE, Jean-François. *Mémoires du capitaine Landolphe*. Paris: Chez Arthur Bertrand et Pillet Ainé, Tomo I, v. 2, 1823.

[213]COSTA, Hipólito José da. *Correio Braziliense, ou, Armazém Literário*. São Paulo: Imprensa Oficial; Brasília: Correio Braziliense, 2002, v. XVI, p. 141-148; GUNTHER, Louise. *The British Community of 19th Century Bahia: Public and Private Lives*. Oxford: University of Oxford Centre for Brazilian Studies; Working Paper Series, 2002.

Terminating in the Seizure of a British Vessel. A obra foi reeditada em 1808, mas, antes disso, em 1806, foram publicadas as traduções francesa e alemã.[214]

Meses depois da passagem de Lindley pela Bahia, em junho de 1802, entrava no porto carioca o *Calcutta*, uma embarcação de dezoito canhões, que rumava para a Nova Gales do Sul. O navio, capitaneado pelo oficial da Marinha inglesa James Kingston Tuckey, permaneceu vinte dias no porto do Rio de Janeiro, tempo suficiente para que o capitão compusesse uma extensa descrição da cidade, das mais detalhadas do período que antecede o desembarque joanino. Tais anotações foram publicadas numa narrativa intitulada *An Account of a Voyage to Establish a Colony at Port Philip in Bass's Strait, on the South Coast of New South Wales*, obra que Tuckey entregou ao público pouco depois de seu retorno à Inglaterra, em 1805. A obra não foi reeditada no período, mas ganhou uma versão alemã em 1825.[215]

Pelo menos mais três ingleses, dois russos e um alemão visitaram os portos locais antes de 1808, registraram as suas impressões e publicaram-nas nos anos subsequentes: os russos Adam Johann Von Krusenstern e Urey Lisiansky e o naturalista alemão Georg Heinrich von Langsdorff, membros da expedição patrocinada pelo czar Alexandre IV para explorar o Pacífico Norte e estabelecer relações diplomáticas com o Japão, desembarcaram na ilha de Santa Catarina em dezembro de 1803; o capitão George Mouat Keith passou por Salvador e pelo Rio de Janeiro entre novembro e dezembro de 1805; o batedor de carteiras e falsário James Hardy Vaux, que retornava da Nova Gales do Sul, onde cumprira pena, chegou ao porto do Rio de Janeiro em maio de 1807; John Mawe, o escritor e mineralogista inglês que desembarcou no Rio

---

[214]LINDLEY, Thomas. *Narrativa de uma viagem ao Brasil.* São Paulo: Companhia Editora Nacional, 1969.
[215]TUCKEY, James Kingston. *Memoir of a Chart of Port Phillip.* Edição, introdução e comentários de John Currey. Melbourne: Colony Press, 1987.

de Janeiro em 1807 e perambulou até 1811 pelas terras de São Paulo e Minas Gerais; e o conde Thomas O'Neil, um tenente que integrava a frota inglesa que escoltou D. João até a costa brasileira em 1808.[216]

O capitão Krusenstern publicou o livro *Viagem ao redor do mundo*, contendo as impressões da ilha de Santa Catarina, simultaneamente em alemão — na cidade de Haarlem, na Holanda — e russo — em São Petersburgo — no ano de 1810; a tradução inglesa é de 1813, e a italiana, de 1818. O capitão Urey Lisiansky publicou *Viagem ao redor do mundo* em 1812, em russo, também na cidade de São Petersburgo; a tradução inglesa, a única a vir a público, é de 1814. *Bemerkungen auf einer reise um die welt in den jahren 1803 bis 1807*, do barão Langsdorff, foi publicado em Frankfurt, em 1812. A obra rapidamente ganhou uma tradução inglesa, em 1813, reeditada em 1817; a tradução holandesa é de 1818.

George Mouat Keith publicou as suas impressões numa obra intitulada *A Voyage to South America*, que contou com somente duas edições, uma em 1809 e outra em 1819, ambas publicadas em Londres, a segunda custeada pelo próprio autor. O falsário e escritor Hardy Vaux, que voltaria mais duas vezes à Austrália para cumprir pena, registrou a sua passagem pelo Rio de Janeiro no *Memoirs of James Hardy Vaux*, que veio a público pela primeira vez em 1819, na cidade de Londres, e foi reeditada em 1827, 1829 e 1830.

---

[216]Sobre a viagem do navio Russo *Neva*, ver: TAUNAY, Afonso de E. *Santa Catharina nos anos primevos*; HARO, Martim Afonso Palma de. *Ilha de Santa Catarina; relatos de viajantes estrangeiros nos séculos XVIII e XIX*; LANGSDORFF, Georg. Heinrich von. *Remarks and Observations on a Voyage Around the World from 1803 to 1807.* Tradução e notas de Victoria Joan Moessner; edição de Richard A. Pierce. Kingston: Limestone Press, 1993. Sobre James Hardy Vaux, ver: ELLIOTT, Brian. *James Hardy Vaux: a Literary Rogue in Australia*. Adelaide: Wakefield Press, 1944; MACLACHLAN, Noel. Introdução. In: *The Memoirs of James Hardy Vaux*. Edição, introdução e notas de Noel MacLachlan. Londres: Heinemann Ltda., 1964. Sobre Thomas O'Neil e a frota inglesa que acompanhou D. João VI ao Brasil, ver: LIVERPOOL, lord Russel of. *Knight of the Sword; the Life and Letters of Admiral sir William Sidney Smith*. Londres: V. Gollancz, 1964; POCOCK, Tom. *A Thirst for Glory: the Life of Admiral sir Sidney Smith*. Londres: Aurum, 1996.

John Mawe retornou à Inglaterra em 1811 e publicou o seu relato em 1812. Intitulada *Travels in the Interior of Brazil*, a obra foi reeditada em 1816 e em 1823. Nessa última reedição, ciente do sucesso que vinha tendo a narrativa de suas aventuras brasileiras, Mawe comentou:

> desde que este livro veio a público, nove anos se passaram, ao longo dos quais foram publicadas traduções na França, na Suécia, na Alemanha, na Rússia, em Portugal e no Brasil; além disso, saíram duas edições nos Estados Unidos da América [...].[217]

O tenente Thomas O'Neil não teve tanto reconhecimento; o livro *A Concise and Accurate Account of the Proceedings of the Squadron Under the Command of Admiral sir William Sidney Smith*, dando conta de sua estada em Lisboa e de sua relativamente longa passagem pelo Brasil — pelo Rio de Janeiro e pela Bahia, nomeadamente —, foi editado pela primeira vez em 1809, na cidade de Londres, e reeditado uma única vez no ano seguinte.

O'Neil, com seu *A Concise and Accurate Account...*, é o último nome desta longa lista de escritores viajantes, melhor, de viajantes escritores que, entre a primeira década do quinhentos e a primeira do oitocentos, passaram pelo Brasil e publicaram as suas impressões sobre o país. Todavia, a lista de nomes que percorremos até aqui é demasiado longa, os dados sobre as viagens e as embarcações repetem-se monotonamente e as biografias, irritantemente, assemelham-se. Em suma, o quadro pintado ainda não coloca diante do leitor, de maneira clara, quem escreveu, quando escreveu, sobre que parte do país escreveu e para quem, ou melhor, para quantos escreveu. Antes, pois, de passarmos adiante, de

[217] MAWE, John. *Travels in the Interior of Brazil; With Notices on its Climate, Agriculture, Commerce, Population, Mines, Manners, and Customs: and a Particular Account of the Gold and Diamond Districts*. Londres: Longman, Hurst, Rees, Orme and Brown, 1823.

passarmos ao Brasil construído nas páginas da longa série de narrativas mencionadas, convém recapitular e agrupar aquelas informações com as quais, impiedosamente, bombardeei o paciente leitor ao longo das últimas páginas.

Dos cem viajantes aqui listados — a maioria deles referida ao longo do capítulo —, onze passaram pelo Brasil no século XVI, 33 no século XVII, 45 no século XVIII e onze nos oito primeiros anos do século XIX. Nota-se, pois, que, desde Américo Vespúcio, para tomarmos o navegador que primeiro escreveu sobre o ainda desconhecido pedaço de terra situado a sul das ilhas visitadas por Colombo, o número de visitantes escritores que passaram pelo país veio num crescendo, com um salto realmente expressivo do século XVI para o XVII, seguindo, nunca é demais observar, uma tendência extensiva a todo o Novo Mundo.

No tocante à proveniência, 42 dos tais viajantes escritores eram ingleses, 28 franceses, oito holandeses, dez germânicos, quatro espanhóis, cinco italianos, dois russos e um sueco. Os dois russos são visitantes tardios, do início do século XIX; o sueco, Daniel Solander, veio ao Brasil numa nau inglesa, aquela comandada por James Cook. O mesmo ocorreu com todos os italianos e alemães, que visitaram os trópicos incorporados às tripulações de naus inglesas, francesas, holandesas, espanholas ou, ainda, como ocorreu em mais de meia dezena de casos, incorporados às tripulações de naus portuguesas. Em suma, no referente aos navios, excetuando as embarcações lusitanas e o navio de bandeira russa comprado aos ingleses, em que viajavam Krusenstern, Lisiansky e o alemão Langsdorff, todas as demais embarcações pertenciam às quatro nações que, no período, dominavam as navegações e a maioria dos negócios ou possessões de além-mar — há dois navios vindos da Índia e um das terras austrais, mas são navios ingleses.

Os visitantes holandeses estão concentrados no século XVII — século em que buscaram conhecer e, posteriormente, se estabeleceram no Nordeste brasileiro —, havendo somente um testemunho do século XVI, mas publicado no século seguinte, e nenhum do século XVIII e início do XIX — Behrens partira de Texel e viajou num navio batavo, porém, era de origem alemã. Quanto aos italianos, salvo Vespúcio, visitante da primeira hora do século XVI, todos os demais são do século XVII — quatro capuchinhos a caminho do Congo. Dos poucos espanhóis que deixaram registrada a sua passagem pelo Brasil e publicaram tal registro — não mais do que quatro navegadores, o que reflete o pouco prestígio que as narrativas de viagem tinham na Península Ibérica —, só um deles, Pero Sarmiento de Gamboa, andou pelo Brasil no século XVI, mas sua narrativa veio a público no século XVIII, em 1768 precisamente; os três demais visitantes são todos do século XVII, sendo que aquele que mais páginas de seu relato dedicou ao Brasil, Francisco Coreal, parece, como mencionei, ter sido inventado por um criativo editor holandês de narrativas de viagem. Os viajantes alemães, ainda que sejam poucos e sempre alojados em naus alheias, estão bem-distribuídos; dos dez que registraram suas impressões do Brasil, dois passaram pelo país no século XVI, três no século XVII, quatro no século XVIII e somente um nos primeiros oito anos do século XIX. Os 28 franceses também estão bem-distribuídos: são três visitantes no século XVI, todos ligados à aventura da França Antártica, dez no século XVII — quase metade deles vinculados a outra experiência colonizadora francesa na América Austral, a França Equinocial —, quatorze no século XVIII (metade de todos os visitantes franceses) e somente um nos anos iniciais do século XIX. Os britânicos são de longe os mais bem-representados: dos 42 súditos da Coroa inglesa, cinco desembarcaram no Brasil ao longo do século XVI — três deles pertencentes à frota do pirata Cavendish —, oito ao longo do século XVII, vinte no século XVIII e nove entre 1800 e 1808 — número nada desprezível em se tratando de tão exíguo período de tempo.

Mas pormenorizemos um pouco mais o perfil dos viajantes escritores. Temos, entre a centena deles que selecionei, um cartógrafo, um intérprete, um abade francês, René Courte de la Blanchardière, um astrônomo, também francês, Louis de la Caille, sete aventureiros, isto é, indivíduos de vida incerta e nômade que não estavam ligados à vida de marinheiro, como Flecknoe, Coreal, Barrington, Semple Lisle e Hardy Vaux, ou "turistas acidentais", que o acaso trouxe ao Brasil, como o poeta Evariste Parny e a "jovem esposa" Jemima Kindersley. Missionário capuchinhos foram nove, a maior parte deles ou ligada à experiência da França Equinocial, ou italianos a caminho da Missão do Congo. Ainda ligados à religião, católica ou reformada, temos um capelão, três missionários e dois pastores protestantes.

Médicos e cirurgiões foram quatro, o mais importante deles, John White, fundou o primeiro hospital australiano; outro, Gabriel Dellon, caiu nas garras da Inquisição de Goa e livrou-se delas somente em Lisboa. Indivíduos exclusivamente ligados ao comércio, sem vínculos com a Marinha de guerra de suas respectivas nações, foram seis, entre os quais se encontram um traficante de escravos francês anônimo, representante da Companhia do Assiento, um "empreendedor" francês que, cansado dos parcos lucros do comércio nos Mares do Sul, resolvera tentar a sorte na China, Le Gentil la Barbinais, e Thomas Lindley, o traficante de pau-brasil que acabou "retido" pelas autoridades brasileiras em Salvador.

Engenheiros foram somente dois, ambos interessados em portos e fortificações. Um deles, Frézier, autor de um best-seller sobre os Mares do Sul. Os naturalistas estão bem melhor representados: oito ao todo. Todavia, agrupei sobre tal categoria indivíduos com interesses e ocupações variados: La Condamine, que viajava em missão científica mas não era propriamente um naturalista; James Forbes, que vivia como escrivão, mas era naturalista amador nas horas vagas; ou ainda Willelm Piso, Daniel Solander e Joseph Banks, homens realmente dedicados à então denominada história natural. Marinheiros, isto é, homens da Marinha que não ocupavam o cargo de capitão — tenentes, cabos, pilotos e, mesmo, simples marujos — foram treze, entre os quais três líderes de amotinados, John Young, John Cummins e John Bulkeley, dois piratas, John Davies e Antony Knivet, um empregado de navio mercante inglês, Edward Barlow, um respeitável tenente a caminho da Austrália, Watkin Tench, e um outro tenente, o conde Thomas O'Neil, que escoltava D. João VI quando da transmigração da corte para o Brasil. Militares são onze, a maior parte deles mercenários — alemães sobretudo — contratados pelos exércitos holandeses instalados no nordeste brasileiro ou pela Coroa britânica para lutar no Oriente. Há, ainda, aqueles franceses e ingleses que se encaminhavam para a Índia, onde os seus países digladiavam pelo controle da costa do Coromandel.

Os navegadores, isto é, os capitães de navio ou de frotas, são o grupo predominante: 28 visitantes subsumem nesta categoria. Nada a se estranhar. Os capitães de navio, desde muito cedo, como mencionei, estavam de certo modo obrigados a tomar notas de suas perambulações, obrigação tanto mais incontornável na medida em que tais homens geralmente dominavam a escrita e podiam redigir de próprio punho suas narrativas, prescindindo de intermediários. Pertencem a tal categoria homens que deixaram narrativas célebres com menções ao Brasil, os tais best-sellers a que me referi ao longo do capítulo, homens como William Dampier, Wood Rogers, Duguay-Trouin, George Anson, Bougainville e Arthur Phillip. Legaram, ainda, narrativas com menções ao Brasil um criado de embaixador, Samuel Holmes, e um substituto de embaixador, Sir George Staunton.

Deixemos, porém, por ora, a companhia desses visitantes e passemos os olhos pelos lugares que visitaram no Brasil. De saída, é imprescindível salientar que, dos cem visitantes que mencionei, excetuando três que andaram pela Amazônia, os outros 97 passaram por lugares situados na costa brasileira. Há quatro deles que dizem ter passado também por lugares situados no interior do país. O primeiro, Anthony Knivet, capturado praticando pirataria no litoral paulista, viveu como escravo no Brasil e conheceu razoavelmente o interior da província do Rio de Janeiro; Ulrich Schmidel passou rapidamente por Piratininga; Coreal também diz ter visitado São Paulo de Piratininga, mas não se sabe ao certo nem mesmo se esse visitante existiu; John Mawe visitou São Paulo e Minas Gerais, mas o inglês por lá passou em pleno 1807, quando o país começava a se abrir para os estrangeiros, sobretudo para os ingleses.

Destarte, pode-se dizer que as cidades do litoral, ou melhor, que uma meia dúzia de cidades e vilas do litoral brasileiro constituíram o destino da quase totalidade dos visitantes. O lugar mais visitado foi, de longe, o Rio de Janeiro: 44 indivíduos da centena listada. A cidade, sobretudo ao longo do século XVIII, tornou-se um ponto de arribada quase obrigatória para os navios que se dirigiam — ou retornavam — para o cabo da Boa Esperança e, não raras vezes, para o estreito de Magalhães. Olinda e Recife seguem bastante atrás: são quatorze visitantes, a maior parte deles envolvida com o Brasil holandês e, consequentemente, concentrados no século XVII. A bem da verdade, não há um único relato do século XVIII dedicado a Pernambuco. Salvador vem logo atrás: são treze visitas, a maior parte das quais também concentrada no século XVII, ainda que não exclusivamente. Os baianos receberam três visitantes no século XVIII e três no século XIX. Os catarinenses receberam dez dos cem visitantes, todos entre o início do século XVIII e início do século XIX. O Rio Grande, no extremo sul, vem bem atrás, com somente quatro visitantes, todos também no século XVIII; um a menos do que a cidade de Santos, que recebeu cinco visitas, quatro delas no século XVI — três piratas da frota de Cavendish e o soldado e aventureiro Ulrich Schmidel. O Maranhão contabiliza quatro visitas, todas dos padres capuchinhos da França Equinocial. A pequenina Angra dos Reis recebeu dois visitantes escritores, o mesmo número que a Ilha Grande e um a mais do que São Sebastião, descrita por somente um visitante.

A grande maioria desses visitantes passou, já o disse, por somente uma cidade da costa brasileira. Dos cem nomes listados, 81 estão nesta situação, outros dezessete passaram por dois pontos da costa, e dois deles — um dos quais o suspeito Francisco Coreal —, por três. No que diz respeito ao tempo de permanência, as visitas rápidas, de até quatro meses, predominam: são 69 casos. A bem da verdade, as visitas de doze meses ou mais, vinte delas ao todo, não constituem propriamente "visitas". Encontram-se nesta categoria, sobretudo, soldados, comerciantes, sábios e pastores envolvidos nas invasões holandesas no Nordeste e colonizadores franceses da França Equinocial. Afora esses grupos, restam, no século XVI, o aventureiro Hans Staden, capturado pelos índios em Bertioga, Sarmiento e Gamboa, cuja embarcação demorou meses para ser consertada no Rio de Janeiro, e o pirata inglês Antony Knivet, que caiu prisioneiro dos portugueses próximo a São Sebastião.

Depois deles, já no século XVII, o holandês Ruiters, capturado em Angra dos Reis, cumpriu pena no Rio de Janeiro por um bom tempo, o capuchinho da Missão do Congo, Antonio Cavazzi, ficou retido, sem "carona", em Pernambuco por pouco mais de doze meses, Martin de Nantes por dois anos andou pela região do rio São Francisco e, quase na virada do século, o misterioso Francisco Coreal supostamente vagou mais de sessenta meses por várias regiões do Brasil. O século XVIII não traz nenhum caso, mas no início do XIX deparamos com outro prisioneiro, o contrabandista de pau-brasil Thomas Lindley, detido na Bahia por doze meses, e com o comerciante John Mawe, visitante tardio, e um dos primeiros, quiçá o primeiro, a desfrutar da tolerância com o visitante estrangeiro que caracterizará o período joanino.

Passemos agora os olhos pelas obras publicadas por esses cem visitantes. No tocante às línguas, 45 vieram a público originalmente em inglês, 29 em francês, oito em alemão, oito em holandês, quatro em italiano, três em espanhol, dois em russo e um em latim — a narrativa de Vespúcio.

No tocante ao século de publicação, são somente sete relatos no século XVI, na medida em que quatro dos visitantes quinhentistas tiveram suas narrativas publicadas ou no século XVII ou no XVIII. A partir do século XVII, quando o movimento marítimo no Atlântico e o interesse pelo Novo Mundo estava, como procurei demonstrar anteriormente, em processo de acelerada consolidação, o volume de relatos aumenta substantivamente; tendência que irá, como sabemos, se acentuar ao longo do século XVIII.

Tais obras, entre edições e reedições, vieram à luz não menos do que 272 vezes entre os séculos XVI e início do XIX. A metade delas, número bastante expressivo, veio a público uma única vez; umas poucas, ao contrário, as assinadas por Américo Vespúcio, Duguay-Trouin, George Anson e Gabriel Dellon, tiveram para mais de doze edições, mas constituem exceções.

Traduções foram 110, sendo que quase metade das obras não suscitou interesse de nenhum editor estrangeiro. Predominam as traduções para o francês, o inglês, o alemão e, em menor número, as traduções para o holandês.

Em termos gerais, considerando que tratamos de um período de três séculos, são poucas as narrativas referentes ao Brasil, nada que se compare ao montante que se escreveu sobre a América do Norte, sobre a Índia, sobre as terras austrais ou mesmo sobre a América espanhola. Há, no entanto, de se considerar que tais relatos contaram, no que tange à circulação do seu conteúdo referente ao Brasil, com o auxílio das grandes coletâneas de viagem, dos inúmeros atlas então disponíveis, de uma ou outra referência na obra de um sábio ou de um escritor de "viagens imaginárias", em resumo, contou com todo o aparato de divulgação que então cercava um gênero com um excelente apelo público: as narrativas de viagem.

Malgrado tais auxílios, não seria precipitado asseverar que uma parte considerável do que os europeus conheceram acerca do Brasil proveio, em larga medida, de umas duas dezenas de relatos mais conhecidos. Há de se levar em conta, também, que os relatos sobre o Brasil, não obstante a variada proveniência geográfica, social e cultural de seus autores, seguiram o padrão do gênero e não se destacaram pela originalidade. A bem da verdade — e veremos isso no próximo capítulo —, no que tange ao mundo que os colonos estavam criando nos trópicos, as descrições primam pela mesmice, primam pela repetição dos mesmos temas, dos mesmos objetos e das mesmas abordagens. Para mais, como constatamos, as cidades descritas foram poucas, as notícias sobre o país que circulavam no Velho Mundo eram exíguas e, não raro, o viajante escritor era conhecedor daquelas notas mais famosas sobre o país deixadas pelos colegas que o precederam.

Daí não ser de todo exagerado afirmar que, durante os três séculos compreendidos entre a viagem de Vespúcio e o desembarque de D. João VI, dispomos de uma espécie de longa e repetitiva narrativa sobre o Brasil, narrativa que nem mesmo no limiar do século XIX inovou nos seus temas e formas ou adquiriu tons de "descrição científica". A única variação substantiva que se detecta nesse "longo e repetitivo texto" aloja-se na passagem do século XVI para o século XVII, quando o índio e seu mundo, personagens principais dos relatos quinhentistas e mesmo de uns poucos escritos do alvorecer do seiscentos, passam à condição de figurantes, cedendo lugar para os colonos e para as cidades que estes estavam edificando pela costa. Retornaremos a este e a outros pontos no próximo capítulo.

3. Do Brasil nas relações de viagem

Dispomos, agora, depois de percorrermos a fastidiosa mas necessária lista de autores e obras do capítulo anterior, de uma ideia razoável de quem escreveu sobre o Brasil — escreveu e publicou — ao longo dos três séculos posteriores à passagem de Cabral. É hora, pois, de conhecermos um pouco quais eram os contornos do país e de sua gente constantes em tais escritos. Tomemos como ponto de partida o cenário natural, afinal, as descrições do clima e da natureza tropical talvez constituam um dos pontos mais estáveis da já estável "longa narrativa" sobre o Brasil que os estrangeiros compuseram entre 1500 e 1808.

Uma vez mais, iniciemos com Vespúcio. O "corrido" navegador florentino, na sua renomada *Mundus Novus*, de 1503, depois de explicar ao seu destinatário, Lorenzo di Médici, a natureza da estranha gente que encontrou nas novas terras, comentou: "ali o ar é muito temperado e bom e, pelo que pude conhecer [...], nunca houve peste ou outra doença oriunda da corrupção do ar."[218] Um pouco mais adiante o navegador complementa:

---

[218] VESPÚCIO, Américo. *Novo Mundo — As cartas que batizaram a América*, p. 45.

> A terra daquelas regiões é muito fértil e amena, com muitas colinas, montes, infinitos vales, abundante em grandíssimos rios, banhada de saudáveis fontes, com selvas amplíssimas e densas, pouco penetráveis, copiosa e cheia de todo o gênero de feras. Ali principalmente as árvores crescem sem cultivador, muitas das quais dão frutos deleitáveis no sabor e úteis aos corpos humanos [...]. Se quisesse lembrar de cada coisa que ali existe e escrever sobre os numerosos gêneros de animais e a multidão deles, a coisa se tornaria totalmente prolixa e imensa [...].
>
> Ali todas as árvores são odoríferas e cada uma emite de si goma, óleo ou algum líquido cujas propriedades, se fossem por nós conhecidas, não duvido de que seriam saudáveis aos corpos humanos. Certamente, se o paraíso terrestre estiver em alguma parte da terra, creio não estar longe daquelas regiões, cuja localização [...] é para o meridiano, em tão temperado ar que ali nunca há invernos gelados nem verões férvidos.[219]

Fertilidade da terra, variedade da fauna, exuberância da flora e clima salubre, livre dos rigores do inverno europeu, eis os pilares da descrição de Vespúcio, pilares que se perpetuarão nas narrativas de viagem sobre o Brasil, quando o tema abordado for a natureza local. Indícios do paraíso? Por certo. Mas não exageremos em demasia a importância de tal caracterização e, sobretudo, não percamos de vista que, no tocante aos relatos de viagem sobre o Brasil, a metáfora do "paraíso", se não desaparece, perde muito de sua contundência e tem o seu uso bastante reduzido a partir da segunda metade do século XVI.

O que não perdeu o vigor comunicativo ao longo dos séculos foram os quatro pontos abordados por Vespúcio. O clima ameno, por exemplo. Nicolas Barré, que desembarcou na Baía de Guanabara em 1576, diz ter se surpreendido com a temperatura que encontrou na então denominada "zona tórrida", onde esperava deparar com um calor capaz até mesmo de comprometer a vida de um europeu:

[219] Ibid., p. 45-47.

> [...] ao contrário do que diziam os antigos, pareceu-nos bastante temperada, de tal modo que os homens que estavam vestidos não precisaram de se despir e os que estavam despidos não careceram de se cobrir.[220]

Também surpreendidos com o anunciado clima ameno da Baía de Guanabara ficaram outros dois colegas de Barré na aventura da França Antártica, Jean de Léry e André Thévet. O calvinista Léry, que por quase doze meses viveu em terra, na companhia de alguns camaradas e dos nativos, empenhou-se, inclusive, em esclarecer aos seus coetâneos que os índios, fisicamente, não apresentavam grandes diferenças dos europeus — "não são maiores nem mais gordos" —, mas eram "mais fortes, mais robustos, mais entroncados, mais bem-dispostos e menos sujeitos a moléstia", virtudes que, segundo o calvinista, decorriam do modo de vida despreocupado dos nativos e do "bom clima da terra, sem geadas nem frios excessivos que perturbam o verdejar permanente dos campos e da vegetação [...]".[221] O prisioneiro Staden não desceu a considerações tão sutis, a situação não permitia, mas não deixou de registrar: "Na parte da terra que fica entre os trópicos, em nenhum tempo do ano faz frio, como aqui, no dia de São Miguel, mas a terra ao sul do trópico de Capricórnio é um pouco mais fria."[222]

Ao longo do século XVII, a tópica do clima ameno e salubre propagada por Vespúcio, ainda que tenha em larga medida deixado de lado a metáfora do "paraíso" — a metáfora da "primavera eterna" começa a tomar o seu lugar —, não abandona as narrativas de viagem sobre o Brasil e ainda é alvo de poucas contestações. O relato do capuchinho Louis de Pezieu, um dos religiosos engajados na aventura da França Equinocial, é um exemplo. Pezieu, depois de comentar que as sementes que trouxera

[220] FRANÇA, Jean Marcel Carvalho. *Outras visões do Rio de Janeiro colonial*, p. 333.
[221] LÉRY, Jean de. *Viagem à terra do Brasil*, p. 111.
[222] STADEN, Hans. *Duas viagens ao Brasil*, p. 152.

da Europa não vingaram em solo maranhense, explica àqueles seus conterrâneos que pouca esperança depositavam na empresa:

> É possível que tenham apodrecido durante a viagem, ou que o tempo apropriado para semeá-las seja a estação das chuvas, entre janeiro e abril. Este é todo o inverno que conhecem e mesmo ao longo destes meses o calor não é menos intenso do que de costume, a terra, porém, é mais úmida. Durante o resto do tempo, o céu está sempre azul, o calor é maior do que aquele que experimentamos no verão, as árvores e plantas estão sempre verdes, enfim, reina uma primavera eterna, com um ar temperado muito agradável.[223]

Já caminhando para o ocaso do seiscentos, Gabriel Dellon, o cirurgião francês preso pela Inquisição em Goa que chegou à Baía de Todos os Santos em 1676, voltou ao tema. No primeiro dos seus dois livros com menções à passagem pelo Brasil, o francês comenta: "O país é muito agradável e o ar é bom e temperado por chuvas constantes, que amenizam os ardores do sol." No segundo, a nota é mais enfática: "Em todo o Brasil o clima é temperado e agradável, o ar é são, a terra fértil e, ao longo de sua costa, há inúmeros bons portos, onde os navios podem ancorar em segurança."

Entre Pezieu e Dellon, no entanto, houve, contrariamente ao século XVI, quem não tomasse o clima local por agradável, por temperado. Em 1649, o aventureiro inglês Richard Flecknoe, aquele que se gabava de ter sido o primeiro "turista" a pisar em terras cariocas, comenta: o clima do "país é quente e, devido às chuvas abundantes e contínuas, úmido".[224] Em 1663, outro visitante inglês, o marujo Edward Barlow, é ainda mais preciso: "No que se refere ao clima, o inverno daqui é o nosso verão. E mesmo durante esse inverno, excetuando os dias de chuva, o clima é

---

[223]As citações de narrativas de viagem que não contiverem notas estão traduzidas na segunda parte deste trabalho.
[224]FRANÇA, Jean Marcel Carvalho. *Visões do Rio de Janeiro colonial*, p. 36.

mais quente do que aquele que temos durante o verão."[225] Pouco depois dele, em 1666, um capuchinho italiano, Dionigi Carli, de passagem por Recife, a caminho do Congo, também não sentiu nada de ameno no clima, ainda que não o tenha considerado insalubre como o da África: "o clima daqui, ainda que muito quente, não é de todo ruim." Mais à frente, o capuchinho explica:

> Há somente duas estações neste país: uma primavera bastante temperada, mas muito chuvosa, durante a qual as árvores não perdem as suas folhas; e um verão muito quente e muito seco, de tal modo que, se não fosse o orvalho, a terra seria toda queimada e ressecada.

Gradativa percepção da "realidade", isto é, de que o clima do país era tropical e de que nada tinha de ameno? Longe disso. Ao longo do século XVIII, independente das regiões visitadas ou das estações em que cada visita se deu, as opiniões continuam a oscilar. É tal oscilação que permite ao inglês amante da história natural James Forbes passar pelo Brasil em pleno verão de 1765 e asseverar: "[...] a fertilidade dos vales, a *suavidade do clima* e a beleza da vida animal e vegetal conferem especial interesse a esta parte da América do Sul."[226]

E Forbes não é um desavisado tardio. Antes dele, em 1711, o soldado francês François du Parscau, mesmo depois de suar o seu uniforme durante quase um mês no Rio de Janeiro, comentou:

> [...] o clima é muito agradável e salubre. Excetuando as chuvas abundantes, em certas estações, e alguns dias de calor, quando falta a viração, pode-se dizer que é muito bom e, apesar de o local se encontrar muito próximo do sol, temperado.[227]

---

[225] Ibid., p. 47.
[226] Ibid., p. 114.
[227] FRANÇA, Jean Marcel Carvalho. *Outras visões do Rio de Janeiro colonial*, p. 132-133.

Houve mesmo quem, em pleno século XVIII, visse no clima local propriedades terapêuticas — como, a seu modo, "detectara" Vespúcio no alvorecer do quinhentos. Foi o caso de um oficial anônimo da Marinha francesa, cujo navio, carente de víveres e abarrotado de doentes, aportou no Rio de Janeiro em abril de 1748. Passada pouco mais de uma semana de ancoragem, o oficial, que então fazia as vezes de administrador de um hospital improvisado, asseverou:

> [...] nossos doentes, por uma espécie de milagre — que atribuímos aos muitos cuidados que receberam, mas também, *e sobretudo, à qualidade do clima* [...] —, estavam quase todos convalescentes e, tanto quanto lhes permitiam suas forças e o administrador, voltaram a trabalhar.[228]

Todavia, ao longo do século XVIII, malgrado a persistência da ideia de clima temperado, o calor dos trópicos passa, num crescendo, a realmente tocar os visitantes estrangeiros e, sobretudo, a parecer-lhes bastante inóspito e insalubre. Logo no início do século, em 1703, um traficante de escravos anônimo que perambulara pela costa da África e da Bahia e encaminhava-se para o rio da Prata, ao passar pelo porto carioca registrou:

> Não obstante o sol estar a mais de 40° de nós, o calor que se faz sentir é muito forte. Tive a impressão de que, na Bahia, o sol estava mais próximo umas 200 léguas, mas o clima era mais ameno. A mesma coisa acontece frequentemente na Europa. O calor, às vezes, chega a ser maior em agosto do que em junho, apesar de o sol estar mais distante naquele mês.[229]

O sábio Frézier, que desconhecia o clima carioca, não ficou insensível ao calor baiano e, depois de uma estadia em Salvador, comentou: "aproveitei ao máximo o tempo livre para visitar a cidade e seus arredores, apesar

[228]Ibid., p. 204.

[229]Id. *Visões do Rio de Janeiro colonial*, p. 58.

da chuva constante, intercalada com um calor insuportável." Behrens, o alemão engajado na nau holandesa de Jacob Roggeveen, ressentiu-se igualmente do calor, não da Bahia mas de São Sebastião, no litoral paulista, cujo clima, em novembro de 1723, suscitou o seguinte comentário seu: "o ar aqui é bem saudável, mas, em certas épocas do ano, faz um calor excessivo." Outro anônimo, um militar francês a caminho da costa do Coromandel, um quarto de século mais tarde, em 1748, mesmo pisando em solo carioca entre os meses de abril e maio, observou incomodado:

> O calor é bastante forte. Durante os meses que passamos na cidade (abril e maio), apesar de ser inverno, enfrentamos dias mais quentes do que aqueles que temos no nosso verão. Esse calor excessivo poderia ter consequências funestas se não fosse amenizado por duas brisas: uma que sopra pela manhã, de noroeste, e outra que sopra à tarde, de sudeste.[230]

Acerca do mesmo Rio de Janeiro, cujo clima havia sido considerado ameno por Barré e Léry no século XVI, Juan Francisco de Aguirre,[231] um espanhol natural do norte de Pamplona que visitou a cidade em 1763, acrescentou um dado a mais: a pouca circulação de ar no lugar onde a urbe havia sido edificada:

> A cidade é dominada por montanhas, que formam, na parte ocidental, uma espécie de paredão. Essa configuração impede a circulação do ar e não permite que o vento refresque a região, de ordinário muito quente.[232]

---

[230] FRANÇA, Jean Marcel Carvalho. *Outras visões do Rio de Janeiro colonial*, p. 219.

[231] O visitante Aguirre não foi incluído na análise promovida no Capítulo 2, já que sua narrativa foi publicada somente no século XX . Acerca de Aguirre, ver: FRANÇA, op. cit., p. 146-165; GROUSSAC, Paul. Notícia de don Juan Francisco de Aguirre. In: *Anales de la Biblioteca. Publicatión de documentos relativos al río de la Plata*. Buenos Aires: Imprenta y Casa Editora de Coni Hermanos, Tomo V, 1905.

[232] FRANÇA, Jean Marcel Carvalho. *Visões do Rio de Janeiro colonial*, p. 156.

Ainda sobre o calor incomodativo do Rio de Janeiro, a mais descrita das cidades brasileiras do período colonial, há pelo menos mais dois depoimentos contundentes e negativos, ambos relacionando o calor à insalubridade. Um deles, de 1791, saiu da pena do batedor de carteira George Barrington:

> A cidade de São Sebastião é grande e bem-construída, mas situada num terreno baixo, úmido e cercado por altas montanhas. Ela nunca recebe ar fresco, nem do mar nem da terra, por isso, o calor, durante o verão, é insuportável e o ar, em todas as estações, é terrivelmente insalubre.[233]

O outro, legou-nos o criado do embaixador Macartney, Samuel Holmes, a caminho da China em 1793. Ouçamo-lo:

> O clima é quente e insalubre, sujeito a tempestades, trovões, relâmpagos, chuvas e ventos variáveis. Sem as brisas marítimas, que sopram no período da tarde, a temperatura seria insuportável. Durante a nossa arribada, no mês de dezembro, o calor foi intenso.[234]

O "quase paraíso" de Vespúcio, no entanto, não era composto somente pelo clima, que de ameno e salubre no século XVI terminou o século XVIII com a reputação de excessivamente quente e, o que é pior, insalubre. O florentino também mencionara a exuberância da flora local, tema que cedo passou a marcar presença constante nos relatos sobre o Brasil e, ao contrário do clima, não sofreu qualquer variação ao longo de três séculos. As narrativas provenientes da França Antártica, mais uma vez, tiveram um papel importante na consolidação desta tópica. Recorramos novamente a Nicolas Barré. Depois de descrever para os seus leitores um sem-número de produtos que havia encontrado na nova terra, empolgado, conclui o piloto:

[233] Ibid., p. 195.

[234] Id. *Outras Visões do Rio de Janeiro colonial*, p. 254-255.

> A terra produz, ainda, favas grandes e pequenas, ambas muito boas para comer, e uma quantidade pouco significativa de cana-de-açúcar. Também em pequena quantidade são os limões e laranjas aqui encontrados, pois os habitantes locais são extremamente negligentes no seu cultivo. Quanto às plantas medicinais, eu encontrei somente a beldroega, o mirto e o manjerico. Todo o resto é tão selvagem e grande que, se mestre Jean, o herbanário, aqui estivesse, ficaria, sem dúvida, bem embaraçado.[235]

O tom de seus companheiros, Léry e Thévet, não é muito diferente. O cosmógrafo Thévet diz que o lugar é muito aprazível, com "incontáveis árvores e arbustos que se conservam verdes durante o ano inteiro". Já seu declarado inimigo, o calvinista Léry, neste particular não se distancia em nada de seu antecessor. Exultante, o genebrino arremata o capítulo que dedica às árvores e plantas do Brasil com as palavras seguintes:

> [...] quanto à imagem deste novo mundo, que Deus me permitiu ver, se apresenta a meus olhos, quando revejo assim a bondade do ar, a abundância de animais, a variedade de aves, a formosura das árvores e das plantas, a excelência das frutas e em geral as riquezas que embelezam essa terra do Brasil, logo me acode a exclamação do profeta no salmo 104: Como são numerosas tuas obras, Senhor, e todas fizeste com maestria: a terra está cheia de tuas criaturas![236]

Cerca de meio século mais tarde, na outra França, a Equinocial, Louis Pezieu, em coro com seus companheiros capuchinhos instalados no Maranhão — Claude d'Abbeville, Arsène de Paris, Yves d'Evreux —, fala numa "primavera eterna". Dos piratas de Cavendish que *visitaram* Santos em 1591, o que melhor e mais pausadamente conheceu a terra,

[235]FRANÇA, Jean Marcel Carvalho. *Visões do Rio de Janeiro colonial*, p. 21.
[236]LÉRY, Jean de. *Viagem à terra do Brasil*, p 181.

o prisioneiro Anthony Knivet, não deixou de mencionar no seu pormenorizado relato o quão rica, verdejante e variada eram as matas locais, onde chegou a ver até mesmo "leopardos e leões".[237]

Os holandeses, a começar por um dos pioneiros no que tange a livros sobre o Brasil, Dierick Ruiters — narrador atento à "beleza dos vales e das verdes colinas" por onde perambulou —, também exaltaram a exuberância da vegetação local. Lembremos que saiu da pena de holandeses instalados em Pernambuco, durante o governo de Maurício de Nassau, a renomada *Historia Naturalis Brasiliae*, o mais completo e detalhado mapeamento da flora brasileira publicado durante os três séculos que antecederam os naturalistas e sábios que chegaram aos portos brasileiros depois da abertura promovida por D. João VI.

Os batavos, porém, como o dissemos, são exceção, escapam ao padrão das narrativas do período, pois não são propriamente visitantes. Retornemos, pois, a estes. Depois do largo manancial de notícias editadas pelos holandeses, muitas delas utilizadas — para demonstrar teses opostas — por sábios da envergadura de um Cuvier ou de um Lineu, o pirata e escritor Dampier gastou nada menos do que cinco páginas, das poucas de seu relato dedicado a descrever sua passagem pela Bahia no ocaso do século XVII, comentando detalhadamente diferentes tipos de árvores que, segundo explica, "não são grandes, mas estão sempre verdes e florescentes". Um pouco mais tarde, em 1714, o misterioso comerciante Le Gentil la Barbinais, de passagem pela Ilha Grande a caminho do Pacífico, discordou ligeiramente do renomado capitão Dampier, não no que tange ao verde eterno nas plantas e à variedade das árvores, mas no tocante ao seu tamanho — menores dos que as da Europa, segundo dissera o capitão. Depois de perambular uma tarde pela ilha, contrariado, o francês comentou:

[237] KNIVET, Anthony. *Vária fortuna e estranhos fados de Anthony Knivet, que foi com Tomás Cavendish, em sua segunda viagem, para o Mar do Sul, no ano de 1591*, p. 55.

> Tive a oportunidade de ver árvores de um tamanho que não supunha que a natureza fosse capaz de produzir. Meu mau humor, porém, fez com que murmurasse: a natureza parece uma mãe para estes bárbaros e trata-nos como uma madrasta. As laranjeiras e os limoeiros, árvores tão preciosas, nascem nesta ilha e em toda a América sem nenhuma cultura, e nascem para fazer sombra para os macacos e crocodilos.

Pouco antes dele, em 1711, um seu conterrâneo, o oficial da tropa de Duguay-Trouin, Chancel de Lagrange, um partidário do clima temperado, também deixou-se seduzir, com menos lamentações, pela variedade das árvores e pelo verde permanente da vegetação que encontrou durante os dias que ocupou o Rio de Janeiro: "Desfrutando de um clima continuamente temperado, [a região] está sempre coberta por laranjeiras, limoeiros, canas-de-açúcar e árvores constantemente verdes."[238] Tamanha exuberância não passou igualmente despercebida ao oficial da Marinha inglesa John Byron, o avô do poeta George Gordon Byron. O britânico, que visitou o Rio de Janeiro em 1764, em meio a muitos comentários elogiosos acerca da região, observou:

> O local onde [a cidade do Rio de Janeiro] foi construída é muito agradável, especialmente devido ao grande número de árvores que o rodeiam, árvores que conservam o seu verdor durante todo o ano.[239]

Sentimento semelhante é compartilhado por outro britânico, o auxiliar de embaixador John Barrow. Durante os vinte e poucos dias em que o seu navio permaneceu ancorado no porto carioca, em dezembro de 1792, Barrow, que gozou de uma liberdade concedida a poucos visitantes do período, dispôs-se a participar de uma pequena excursão pela

---

[238]FRANÇA, Jean Marcel Carvalho. *Outras visões do Rio de Janeiro colonial*, p. 145.
[239]Id. *Visões do Rio de Janeiro colonial*, p. 109.

floresta da Tijuca, deixando registrado sobre a aventura, entre outros comentários, o seguinte:

> Nessa floresta tivemos muito tempo para descansar sob a sombra fresca de majestosas árvores, verdes mesmo depois de séculos de existência, e ouvir o concerto campestre executado por inúmeros pássaros que nunca tínhamos visto.[240]

Tão impressionante para os visitantes quanto a exuberância da vegetação local — cujas variedade e singularidade levaram o aventureiro Flecknoe a afirmar que "nem uma só árvore ou planta [...] apresentava semelhança com as da Europa"[241] — era a diversidade da fauna, a terceira das quatro tópicas vistas e revistas desde Vespúcio. A variedade dos pássaros, por exemplo. Raro o visitante que deixou de se referir, com mais ou menos detalhes, às vistosas e coloridas aves do Brasil — país conhecido, desde 1501, isto é, desde a suposta edição da carta de Crético, como "Terra dos Papagaios".[242] O mencionado aventureiro Flecknoe, por exemplo, legou-nos a esse respeito uma colocação lapidar. Depois de alguns passeios pelos arredores do Rio de Janeiro, o poeta inglês sentenciou:

> As aves são tão belas que poderíamos afirmar que a natureza aprendeu aqui os seus matizes antes de pintar as nossas. Conquanto os pássaros da Arábia sejam chamados *aves-do-paraíso*, merece o Brasil o nome de *Paraíso das aves*.[243]

Duas décadas mais tarde, Edward Barlow engrossou o coro dos seduzidos pela variedade e pelo colorido dos pássaros tropicais:

---

240 FRANÇA, Jean Marcel Carvalho. *Visões do Rio de Janeiro colonial*, p. 224-225.
241 Ibid., p. 36.
242 AMADO, Janaína; FIGUEIREDO, Luiz Carlos. *Brasil 500. Quarenta documentos*, p. 177.
243 FRANÇA, op. cit., p. 38-39.

> As redondezas da cidade são cobertas por florestas e cortadas por riachos, daí a presença de muitos animais selvagens, como os leopardos e os tigres, e de uma infinidade de pássaros, como os papagaios, os periquitos e as araras. Estas últimas são grandes e cobertas de penas de todas as cores; os papagaios são geralmente verdes, possuindo somente uma pequena mancha de outra cor na cabeça ou no peito.[244]

Passam-se os anos e o fascínio permanece. Em 1768 o renomado capitão Cook, malgrado a desagradável recepção que teve no Rio de Janeiro — ele, como vimos, foi muitíssimo malrecebido pelo então vice-rei, conde de Azambuja —, não deixou de manifestar o quanto lhe agradara a flora e a fauna locais, especialmente as aves:

> As imediações da cidade que tivemos oportunidade de conhecer são muito agradáveis. Os lugares mais selvagens são cobertos por uma grande quantidade de flores, que, no tocante ao número e à beleza, superam aquelas dos jardins mais elegantes da Inglaterra. Sobre as árvores e arbustos é possível encontrar uma quantidade infinita de pássaros, a maior parte deles coberta com plumagem brilhante. O que mais chamou a nossa atenção foi o colibri.[245]

O colibri (beija-flor) e o papagaio, a propósito, gozaram, entre os incontáveis pássaros que povoavam aquele Brasil construído nas páginas dos relatos de viagem, de um lugar de grande destaque.

As verdes e impenetráveis florestas brasileiras, construídas nas páginas das narrativas de viagem, não eram, contudo, habitadas somente por uma variedade infinita de pássaros. O imaginativo Thévet, por exemplo, além de um capítulo dedicado às aves, "Das aves mais comuns da América", não deixou de dedicar umas poucas páginas de seu relato

---

[244] Ibid., p. 47.

[245] FRANÇA, Jean Marcel Carvalho. *Visões do Rio de Janeiro colonial*, p. 135.

a descrever uma série de animais que eram caçados e consumidos pelos nativos, todos diferentes daqueles da Europa. Um dos seus colegas de aventura, o piloto Nicola Barré, passou ao largo tanto dos animais quanto dos pássaros, o mesmo não ocorrendo com Léry, que não somente dedicou especial atenção às aves — "tão diversas das nossas nas cores que lhes são peculiares" —,[246] como ainda detalhou para seus leitores os peixes e os animais mais comuns na região da Baía de Guanabara.

Staden também dedicou umas tantas páginas de sua narrativa aos animais da nova terra, aos que viu e aos que supôs existir em matas tão amplas e densas: veados, porcos-do-mato, tatus, tigres, leões, capivaras e uns tantos outros. Knivet, o companheiro de Cavendish abandonado em São Sebastião, apesar de ter vivido no país por meses, não é pródigo no que tange à descrição dos animais da terra, salvo de uma espécie de monstro marinho que diz ter visto nas proximidades do Rio de Janeiro. Muito mais atenção aos peculiares bichos que habitavam o mundo novo deram, nas primeiras décadas do século XVII, os capuchinhos envolvidos na segunda malsucedida tentativa francesa de se instalar na América Austral: a França Equinocial. Abbeville, por exemplo, dedicou um capítulo aos pássaros — "é impossível dizer quantas espécies de pássaros se encontram na ilha do Maranhão e circunvizinhanças, muito diferentes todos dos nossos" —,[247] outro aos peixes, outro aos insetos (os "animais imperfeitos") e um aos "animais terrestres", no qual, do tamanduá ao bicho-preguiça, descreve pacientemente a longa série de bichos — exóticos uns, ligeiramente familiares outros — que encontrou nos seus quatro meses de Maranhão.[248]

---

[246]LÉRY, Jean de. *Viagem à terra do Brasil*, p. 153.

[247]D'ABBEVILLE, Claude. *História da missão dos padres capuchinhos na ilha do Maranhão*; apresentação de Mário Guimarães Ferri. Belo Horizonte: Ed. Itatiaia; São Paulo: Ed. da Universidade de São Paulo, 1975, p. 182.

[248]D'ÉVREUX, Père Yves. *Voyage dans le nord du Brésil fait durant les années 1613 et 1614*. Introdução e notas de M. Ferdinand Denis. Leipzig, Paris: Libraire A. Franck, 1864, p. 147-208.

Pezieu não vai tão longe, pois suas sintéticas cartas não comportavam tamanha dose de minúcias. Apesar de tal limitação, o companheiro de Abbeville, visivelmente seduzido pelas riquezas naturais do Maranhão e muitíssimo interessado em convencer os seus conterrâneos do quanto era importante manter a presença francesa no lugar — "a porta de entrada para territórios com riquezas infinitas", como explicou aos seus companheiros —, registrou em uma de suas cartas:

> As matas estão cheias de cervos, corças, macacos — muito melhores do que os da França — e de diversos outros animais que não temos, com aparência totalmente distinta dos animais da Europa e com o sabor melhor do que o das lebres, dos lebrachos, dos láparos e de outros.

Pouco antes dos franceses, em 1601, William Davies, um inglês que veio parar, na qualidade de escravo de um navio italiano, na embocadura do rio Amazonas, também não deixou de comentar, na sua brevíssima narrativa, o quão variada era a fauna local:

> Permaneci dez semanas no Amazonas e pude observar o modo de ser do povo e as características do lugar. A região é inteiramente coberta por florestas e povoada por todo tipo de animais selvagens, tais como leões, ursos, lobos, leopardos, babuínos, saguis, javalis esquisitos, macacos, andorinhões e muitos outros bichos estranhos. Os bosques estão cheios de pássaros selvagens dos mais variados e é possível encontrar mais papagaios por aqui do que pombos na Inglaterra — a propósito dos papagaios, cheguei a comer vários deles e devo dizer que são muito saborosos.

Laval, o aventureiro que legou à França a primeira descrição da ilha de Madagascar, não visitou nenhuma região selvagem — o francês conheceu somente Salvador —, mas não deixou de registrar o que ouvira falar sobre as matas próximas à cidade:

> A caça é muito pouco praticada, pois a região tem uma mata muito densa e está repleta de animais ferozes, o que faz com que os brasileiros não ousem entrar nos bosques com medo de serem devorados.

Visitante da metade do seiscentos, o mencionado Flecknoe, que tanto se empolgara com o colorido das aves, não se impressionou menos com a variedade dos animais, alguns dos quais, dada a sua singularidade, julgou imprescindível descrever para os seus conterrâneos:

> Os animais são todos muito diferentes dos nossos. O quati apresenta alguma semelhança com a nossa lebre, mas é maior, não tem orelhas e seu dorso é mais grosso; junto à cauda, ele apresenta um tom avermelhado mais intenso do que no restante do corpo. O tatu não difere muito da raça de porcos menores; contudo, possui a pança maior e o focinho mais comprido.
>
> A preguiça, assim chamada devido à morosidade dos seus movimentos, é o animal com a aparência mais monstruosa que já vi: seu corpo é todo coberto de escamas como o do rinoceronte, mas a sua flexibilidade se assemelha à da serpente. Nem mesmo o demônio deve ser tão assustador. Sua lentidão é tanta que, segundo dizem, ele não avança mais do que um passo por dia.
>
> Existem no Brasil muitos animais selvagens entre os quais a onça, o tigre e o leopardo; quanto aos domésticos, o carneiro, o porco, a cabra e o boi são os mais comuns.[249]

Outro inglês, o marinheiro Edward Barlow, uma década mais tarde, na sua passagem pelo Rio de Janeiro, não desceu a tantas minúcias como Flecknoe, pois certamente as lides do navio e as restrições das autoridades não lhe permitiram circular pelos arredores da cidade. Entretanto, atento às expectativas que já haviam se formado no que tange a descrições do Brasil, registrou:

[249] FRANÇA, Jean Marcel Carvalho. *Visões do Rio de Janeiro colonial*, p. 38.

> As redondezas da cidade são cobertas por florestas e cortadas por riachos, daí a presença de muitos animais selvagens, como os leopardos e os tigres, e de uma infinidade de pássaros, como os papagaios, os periquitos e as araras.[250]

O mesmo tom protocolar, isto é, o tom de quem põe em cena objetos e situações que sabe serem ansiosamente aguardados por seus prováveis leitores, encontramos na narrativa publicada por Souchu de Rennefort, dando conta da passagem do senhor de Mondevergue por Pernambuco, em 1666. Diz o visitante:

> Abundam no país os avestruzes e os papagaios de bela plumagem; encontram-se, também, pelas matas, muito gado selvagem, tigres, onças e quatis, estes bem menores e bem menos agressivos do que os tigres.

Froger, três décadas mais tarde, formulará sentença quase idêntica acerca dos arredores de Salvador: "Há uma quantidade extraordinária de aves e os mais belos papagaios do mundo; em relação à caça, há tigres, cervos, javalis e uma série de outros animais desconhecidos na Europa." Dampier, em 1699, sobre os mesmos arredores de Salvador, é ligeiramente mais detalhista, mas o tom é o mesmo:

> Os tigres e leopardos do país, dizem, são grandes e ferozes. Aqui na costa, porém, já foram completamente exterminados ou expulsos para o interior. É, pois, muito raro encontrá-los aqui, salvo nos limites das plantações, onde por vezes vêm caçar.
>
> Há, na Bahia, três ou quatro tipos de macacos, de diferentes tamanhos e cores. Um dos tipos é enorme e o outro, minúsculo; este tem a forma e a feição horrorosas e um forte cheiro de almíscar.
>
> Serpentes de diversos tipos abundam na região, muitas delas enormes e a maioria, venenosa.

[250]Ibid., p. 47.

O companheiro de Duguay-Trouin, Guillaume François de Parscau, desta vez descrevendo a cidade do Rio de Janeiro, insere-se na mesma linhagem:

> O país também não é menos abundante em animais de toda a espécie. Entre os da Europa não faltam os bovinos, os carneiros e os porcos, bem como belos cavalos e toda a qualidade de aves domésticas e selvagens, como por exemplo, o faisão, a perdiz, a galinha-d'angola, o papagaio, o periquito; sem falar ainda dos muitos pássaros raros que não temos na Europa. Os caçadores encontraram, finalmente, cabritos-monteses, coelhos, macacos — que os habitantes acham bons para comer —, lagartos maiores do que lebres, com cheiro de almíscar, e vários outros animais que não conhecemos. O país fornece, igualmente, belos couros de tigres, de serpentes de diferentes espécies e de jacarés de razoável tamanho.[251]

Enfim, para encerrarmos essa já longa série, recorramos a um visitante de 1745 que passou pelo sul do Brasil, nomeadamente pela ilha de Santa Catarina, o abade René Courte de La Blanchardière. Mudam-se os tempos e as latitudes, mas o tom e as imagens são os mesmos:

> As terras ao redor são bastante elevadas e de tal modo cobertas pela vegetação que se tornam incultiváveis; há, contudo, algumas faixas de terra nas quais os índios têm trabalhado. As matas estão repletas de tigres, macacos, javalis, papagaios e diversos outros animais.

Nada, todavia, em se tratando da natureza dos trópicos, mereceu mais atenção do visitante do que a prodigalidade da terra, o quarto dos componentes centrais da modelar descrição de Vespúcio. É raro encontrar

[251] A invasão francesa de 1711. In: FRANÇA, Jean Marcel Carvalho. *Outras visões do Rio de Janeiro colonial.*

um relato acerca do Brasil em que não haja ao menos uma pequena referência ao quão fértil era o solo local. Recorramos mais uma vez ao poeta Flecknoe:

> A terra é quase toda coberta de matas e, com o solo virgem desde a criação do mundo, produz, sem nenhuma cultura, árvores frondosas e enormes, algumas das quais com 7 ou 8 braças de diâmetro e mais de 70 ou 80 de altura.[252]

Antes dele, de Vespúcio aos holandeses instalados no Nordeste, passando pelos franceses das Franças Antártica e Equinocial, por Hans Staden, Anthony Knivet, Pierre Laval e tantos outros, todos invariavelmente abraçaram a ideia do "em se plantando tudo dá", e dá até mesmo sem plantar, sem nenhuma cultura, como se costumava dizer na época. Yves d'Evreux, líder dos capuchinhos da França Equinocial, que durante dois anos permanecera no Maranhão — e não por quatro meses, como salienta o próprio Evreux, referindo-se a Abbeville —, legou-nos uma lapidar passagem sobre o tema:

> A terra é vigorosa, fértil e muito [...] estável para o plantio. Disseram-me que se poderia obter aí duas colheitas anuais. As árvores da região são de tamanho avantajado, estão sempre verdes até o topo e contam com madeiras excelentes, seja pela cor, seja pelas suas propriedades medicinais.

Depois dele e da ocupação holandesa, o senhor de Mondevergue, o primeiro estrangeiro a descrever Pernambuco após a expulsão dos batavos, antes de explicar aos seus leitores a enorme variedade de frutas que encontrou em Recife e em Olinda quando de sua visita em 1666,

---

[252]Id. *Visões do Rio de Janeiro colonial*, p. 36.

sentenciou: "toda a terra do Brasil é boa, mas malcultivada." Poucos meses mais tarde, em visita à mesma Pernambuco, o capuchinho Dionigi Carli, após descrever uma série de frutas típicas do Brasil, complementou:

> As frutas da nossa Europa, como as uvas, as romãs, os melões, os figos, os limões, as laranjas e as cidras, e também as abóboras e os pepinos, crescem maravilhosamente bem por aqui. As cidras parecem pepinos-da-Itália, em virtude da extrema umidade do terreno. As laranjas de Portugal dão aqui não somente em maior quantidade, mas também com melhor qualidade — seus arbustos transformam-se em elevadas árvores.

Dellon, o cirurgião francês e prisioneiro da Inquisição portuguesa de Goa, que visitou Salvador em 1665, foi ainda mais longe e afirmou:

> Há uma grande quantidade de frutas, que crescem pelos campos sem nenhum cultivo, como os limões, as laranjas, os ananases, as bananas, as goiabas e muitas outras. É possível encontrar uvas também, mas é bem mais difícil do que na Europa.
>
> A cana-de-açúcar cresce abundantemente, muito mais até do que se pensava no início. A terra produz também um excelente tabaco, que se distingue daqueles plantados em outros lugares; produz, ainda, melancias de uma qualidade soberba.

O muitas vezes citado Dampier seguiu quase o mesmo raciocínio de Dellon e também sugeriu que a terra era de uma fertilidade tal que naturalmente, isto é, sem labor humano, produzia excelentes frutos:

> O terreno é, na sua maior parte, bastante regular — nem muito alto, nem muito baixo — e bastante bem-servido de água, com muitos rios, riachos e nascentes, rios com bons portos, baías e trechos navegáveis. O solo, em geral, é de boa qualidade, produzindo naturalmente um grande

> e variado número de árvores, para diversos usos. Os vales são cobertos por capim, ervas e vários tipos de vegetação. Uma vez cultivada, a terra produz uma série de coisas próprias dos climas quentes, como: cana-de-açúcar, algodão, índigo, tabaco, milho, árvores frutíferas variadas e raízes comestíveis de todos os tipos.

A sugestão de Dellon e Dampier ganhou na pena de Jemima Kindersley, a inglesa que visitou Salvador em 1764, tons de certeza: a terra, realmente, de tão fértil, quase dispensava a intervenção humana. Ouçamos o que disse a inglesa leitora de Montesquieu:

> Divertimo-nos muito nesta pequena excursão, durante a qual percorremos uma região rica, frutífera, bela, mas também quase sem nenhuma cultura.
>
> Depois de, por algum tempo, andarmos por um caminho fresco e sombroso, que levava a uma clareira mais elevada, desfrutamos de uma visão deslumbrante do oceano. Há, espalhadas pela região, umas poucas propriedades rurais, com jardins providos com toda variedade de frutas, como bananas, melões, tamarindos, limas, cidras, limões, limões-doces, romãs, melancias, e com árvores enormes cujos galhos vergavam sob o peso das laranjas — fruta que aqui é extremamente comum e muitíssimo saborosa. Há uma espécie em particular, quatro vezes maior do que aquelas que recebemos da Espanha e de Portugal e sem sementes, que tem um sabor maravilhoso.
>
> O trabalho do agricultor é pouquíssimo requisitado por aqui, na medida em que, com um clima e um solo como estes, os mais variados frutos da terra crescem quase espontaneamente.[253]

---

[253]Jemima Kindersley. In: FRANÇA, Jean Marcel de Carvalho. *Mulheres viajantes no Brasil (1773-1820)*, p. 50.

O almirante John Byron, ou melhor, a narrativa atribuída a um marinheiro da sua embarcação, não se deteve em tais análises, mas não deixou de abordar um tema que, àquela altura, se tornara, já há algum tempo, habitual em narrativas sobre o Brasil e, certamente, estava entre o rol daqueles temas que o leitor esperava encontrar em livros do gênero. Eis o que diz o relato atribuído a Byron:

> O solo do Brasil é muito fecundo e, entre outras coisas, possibilita o desenvolvimento de árvores altíssimas, próprias para variados usos e completamente estranhas para os europeus. Os bosques estão repletos de excelentes frutas, muitas das quais desconhecidas na Europa e no restante da América. As laranjas, os limões e outras frutas próprias dos climas quentes são tão fáceis de encontrar nos bosques desse país quanto as avelãs nos bosques da Inglaterra.[254]

Reencontramos o mesmo raciocínio, já em pleno século XIX, na narrativa do renomado explorador do rio Congo, James Kingston Tuckey, que visitou o Rio de Janeiro em 1803. O experiente e viajado visitante teceu sobre o solo carioca um comentário de causar inveja aos mais exaltados patriotas brasileiros do oitocentos:

> O solo é tão rico que o fazendeiro tem de estar atento para impedir o rápido crescimento da mais luxuriante vegetação, bem como de matos e arbustos. Poucos meses de negligência são suficientes para que o solo cubra-se com uma vegetação rasteira cerrada, entrelaçada com impenetráveis parreiras de chão.[255]

Creio que temos, nestas poucas páginas, um quadro razoável do cenário natural do Brasil construído pelos visitantes estrangeiros naquela cen-

---

[254] FRANÇA, Jean Marcel de Carvalho. *Visões do Rio de Janeiro colonial*, p. 110.
[255] Id. *Outras visões do Rio de Janeiro colonial*, p. 272.

tena de relatos que descrevemos anteriormente. Vespúcio, sem dúvida, deu o tom ao atribuir à terra características de um "quase paraíso", isto é, ao atribuir à terra características extraídas de uma certa ideia de paraíso presente na cultura ocidental, características tais como: a agradabilidade do clima — nem quente nem frio —, o verde eterno e a exuberância das matas, a variedade da fauna — dos pássaros, sobretudo — e a desmedida fertilidade da terra, que quase dispensava o labor humano para prodigalizar seus frutos. Uma "visão do paraíso"? Nem tanto, na verdade, se levarmos em conta somente a centena de narrativas listadas — o que não é pouco —, melhor seria falarmos numa "terra rica e aprazível", uma terra com bom clima, bons rios, bons portos etc., cuja fertilidade anunciava muitas riquezas aos seus colonizadores. O uso da metáfora do paraíso, repito, ao contrário do que por vezes se apregoa, não ganhou muitos adeptos e cedo perdeu força e presença nas narrativas de viagem com menções ao Brasil.[256]

Para mais, a partir da segunda metade do século XVI, as descrições das paisagens naturais começaram a dividir espaço nos relatos de viagem com as descrições do mundo que o colonizador estava criando nos trópicos. É conveniente recordar que, no ocaso do quinhentos, os portugueses já haviam se estabelecido com mais vigor na terra — ao menos no seu litoral — e que as coroas lusa e espanhola — estamos em plena União Ibérica — iniciavam um processo de controle da presença

[256]Referimo-nos, aqui, nomeadamente, ao conceituado trabalho de Sérgio Buarque de Hollanda, *Visão do paraíso*. Há de se ter em conta, contudo, que a presença minguada da ideia de paraíso nas narrativas de viagem, escritas por estrangeiros, não é extensiva aos escritos sobre o Brasil produzidos por brasileiros ou lusitanos, escritos de circulação restrita, que contaram com tiragens pequenas, não ganharam nenhuma tradução e, não raro, foram vítimas da censura portuguesa, como, por exemplo, o livro *Notícias curiosas e necessárias das cousas do Brasil (1668)*, do padre Simão de Vasconcelos, onde se encontram sete parágrafos — banidos na primeira edição da obra — em que o autor defende, sustentado nos doutores da Igreja, que o Brasil poderia ser o "paraíso na terra". VASCONCELOS, Simão. *Notícias curiosas e necessárias das cousas do Brasil*. Introdução e organização de textos por Luís A. de Oliveira Ramos. Lisboa: C.N.C.D.P., 2001, p. 161-164.

de estrangeiros nas suas possessões.[257] Excetuando, pois, a França Equinocial e o nordeste holandês, os visitantes que escreveram sobre o país a partir de então tiveram contato somente com as cidades do litoral, e, no máximo, com os seus arredores, contato geralmente breve, como pudemos constatar. Antes, pois, de conhecermos os habitantes da terra, passemos os olhos pelos contornos desses novos cenários que os visitantes estrangeiros construíram para seus leitores no Velho Mundo.

Durante o curto período em que predominaram as paisagens naturais, as cidades tinham feito aparições ligeiras e periféricas nos relatos de viagem sobre o Brasil. O soldado Ulrich Schmidel, em 1553, passou pela terra de João Ramalho, São Paulo de Piratininga, mas, para além de qualificá-la de "antro de ladrões", e exaltar o enorme poder do dito Ramalho — "capaz de mobilizar um exército de mais de 50 mil índios" —,[258] não deixou uma única linha sobre a cidade. Nem mesmo sobre São Vicente, cidade onde permaneceu onze dias aguardando um navio para Lisboa, Schmidel habilitou-se a escrever. Os piratas das naus comandadas por Cavendish, Knivet e John Davies, legaram brevíssimas notas sobre Santos, cidade que saquearam e destruíram entre dezembro de 1590 e fevereiro de 1591. Estão longe de serem descrições da cidade, propriamente; são mais informações sobre o ataque que indicam uma ou outra característica da urbe. Acompanhemos o que registrou Knivet:

> Gaspar Jorge, o piloto português, disse-nos que devíamos atacar, pois o sino indicava que os habitantes da cidade estavam no meio de sua missa e que, naquele preciso momento, o sacerdote consagrava o pão sacramentado diante do povo.
>
> Mal o piloto português terminou a sua explicação, saltamos em terra e caminhamos para a igreja. Tomamos, sem qualquer resistência, a espada de todos os homens presentes e permanecemos ali até as 7 horas, aguardando a chegada do nosso bote grande e do restante da companhia.

[257] Ver nota 154.
[258] Ver nota 97.

> Éramos somente 23 e não ousaríamos atacar a vila em tão pequeno número. Alguns portugueses que estavam em suas casas, aproveitaram-se da situação e fugiram com os seus pertences. Havia na cidade grande quantidade de víveres e abundância de confeitos, açúcar e farinha de caçava, com a qual fizemos um ótimo pão. Na igreja, encontramos cerca de trezentos homens, além de mulheres e crianças.

O seu companheiro de aventura, John Davies, é mais sucinto e dá ainda menos pistas sobre a urbe. Diz o pirata:

> Na manhã seguinte, por volta das 9 horas, rumamos para Santos e, logo que fomos descobertos, resolvemos desembarcar, mesmo com somente 24 homens, pois o nosso bote maior tinha ficado para trás. Por meio de tal expediente, capturamos todas as pessoas da cidade, homens e mulheres, em plena missa, e os mantivemos dentro da igreja, como prisioneiros, durante todo aquele dia. [...] Em três dias, a cidade, que a princípio poderia fornecer a qualquer navio todo tipo de gêneros, foi ficando totalmente vazia diante de nós, sem gentes e sem provisões.

Um pouco mais tarde, em 1599, o batavo Oliver Van Noort passou pelo Rio de Janeiro, mas não pôde sequer adquirir víveres, o que dirá desembarcar. Da arribada, melhor, da quase arribada, o capitão holandês dá notícia somente das escaramuças que teve com os cariocas, que na ocasião recebiam a visita do governador-geral D. Francisco de Sousa. Finalmente, no início do seiscentos, o navegador François Pyrard de Laval, que visitara Salvador em 1610, apresenta aos seus conterrâneos, com razoável dose de detalhes, uma cidade portuguesa situada na colônia do Brasil. Ouçamo-lo:

> A cidade de São Salvador é bastante alta, situada no sopé de uma elevação de difícil acesso que, do lado do mar, é talhada a pique. Tudo o que entra e sai da cidade sobe e desce somente por meio de uma certa máquina; por aqui, nunca se usa a carroça, pois seria muito complicado e dispendioso — o transporte através da referida máquina custa pouco.

> Abaixo desta montanha, por mais de um quarto de légua de extensão, de um lado e de outro de uma bela rua, há uma série de prédios bem-construídos, ocupados por todo gênero de mercadores, oficiais e artífices.
>
> Aí estão localizados todos os depósitos e armazéns de carga e descarga de mercadorias, tanto de mercadorias do rei como de particulares.

Mais adiante, o francês ainda complementa:

> A cidade é bem-construída e circundada por muralhas. É sede de um bispado e conta com um colégio de jesuítas — além das residências que os padres mantêm no campo —, um monastério de franciscanos, um de beneditinos e um dedicado à Nossa Senhora do Carmo, todos possuem igrejas bonitas e bem-construídas. [...] Há um hospital na cidade, que é organizado como aqueles da Espanha e da França. Há também uma Misericórdia e uma bela catedral ou Sé, onde servem um decano e um cônego.

Menos de uma década depois de Laval passar por Salvador, em 1618, foi a vez de o batavo Dierick Ruiters registrar as suas impressões da cidade do Rio de Janeiro as quais, já mencionamos, foram reproduzidas mais tarde por seu compatriota Johannes Laet. Ruiters, que amargara alguns meses de cadeia na cidade, pintou dela o seguinte quadro:

> A cidade que os portugueses chamam de Rio de Janeiro está construída a cerca de duas léguas do mar, na margem oeste de uma baía meio redonda, sobre um terreno plano, cercado de ambos os lados por montanhas. A sua disposição é tal que dificilmente pode-se percorrê-la de comprido em meia hora, mas de largura não se contam mais do que dez ou 12 casas. Em 1618, as ruas ainda não eram pavimentadas e andava-se com areia até pelos tornozelos. A cidade, então, não contava com portas, nem com cercas fortificadas, nem com muralhas.[259]

---

[259]FRANÇA, Jean Marcel Carvalho. *Outras visões do Rio de Janeiro colonial*, p. 40.

O holandês legou também uma breve nota sobre Salvador, por onde passou, no mesmo 1618, não se sabe muito bem como:

> [...] a cidade [...] mede de comprido a terça parte de uma légua e de largura 600 passos, contando umas 1.200 casas, como eu mesmo comprovei. Habitam-na cerca de 1.600 homens, entre velhos e adultos, mas, incluindo mulheres e crianças, são umas 3 mil almas.
>
> É uma cidade aberta e não tem portas que dificultem a entrada. Uma grande praça, medindo 40 passos, serve de mercado [...].[260]

Ruiters dignou-se, ainda, no seu minucioso mapeamento da costa brasileira, a oferecer uma breve perspectiva de Pernambuco (Recife):

> A cidade de Pernambuco está construída sobre uma colina bastante alta, que avança como um promontório sobre o mar oceano. Ao sul, ela desce e se estende suavemente numa praia de areia branca; ao norte, ela é muito escarpada e, mais para o norte ainda, há outra praia de areia branca que se alonga para oeste.
>
> Nesta cidade de Pernambuco faz-se grande comércio de açúcar, que aí é muito abundante.[261]

Rio de Janeiro, Salvador e Pernambuco (Recife), eis as três cidades que, depois de Ruiters, irão predominar nos relatos de viagem sobre o Brasil. A recôndita cidade de São Paulo, ainda que mencionada, não será descrita.[262] Angra dos Reis, São Sebastião e Ilha Grande também

---

[260] RUITERS, Dierick. Tocha da navegação. In: *Revista do Instituto Histórico Geográfico Brasileiro*. Tradução de J. de Sousa Leitão, v. 269. Rio de Janeiro: Departamento de Imprensa Nacional, 1966, p. 52.

[261] RUITERS, Dierick. Tocha da navegação. In: *Revista do Instituto Histórico Geográfico Brasileiro*. Tradução de J. de Sousa Leitão, v. 269. Rio de Janeiro: Departamento de Imprensa Nacional, 1966, p. 39.

[262] Acerca das descrições de São Paulo no período colonial, todas, excetuando a do suspeito Francisco Coreal, legadas por viajantes que não passaram pelo local, ver: FRANÇA, Jean Marcel Carvalho. Apresentação. In: *Diário de uma viagem da baía de Botafogo à cidade de São Paulo (1810)*. Rio de Janeiro: José Olympio, 2006, p. 11-28.

receberam algumas menções, mas eram lugarejos muitíssimo pobres e insignificantes, como registraram Le Gentil la Barbinais, Woodes Rogers, Edward Cooke e Karl Behrens. O Rio Grande e a ilha de Santa Catarina marcaram, igualmente, presença nos relatos de viagem, porém, as descrições de tais lugares não são muitas e os detalhes que trazem, poucos. Mais substantivas e modelares são, realmente, as descrições das três urbes citadas por Ruiters. É delas, em larga medida, que o leitor de narrativas de viagem extrairá a sua imagem de uma cidade dos trópicos, de uma cidade dos domínios portugueses na América Austral — daí o seu caráter modelar. Destarte, para bem delinear os contornos do Brasil construído pelos visitantes europeus, é indispensável conhecer com um pouco mais de detalhes os contornos que tais urbes adquiriram nos relatos de viagem.

Iniciemos pela mais descrita delas, o Rio de Janeiro. Poucos anos antes de Ruiters oferecer aos leitores europeus a perspectiva do Rio de Janeiro que vimos anteriormente, a cidade havia figurado de maneira apagada nas páginas de alguns relatos. O espanhol Sarmiento e Gamboa, por exemplo, arribou nos portos cariocas por sete meses, em 1582. Todavia, envolvido em querelas com o capitão da expedição, Diego Flores, e muito preocupado com os trabalhos de reparo e reabastecimento das suas embarcações, não falou diretamente da cidade, mas sugeriu que era modestíssima. Ao mencionar a ajuda que lhes deram os moradores, comentou: "o governador Salvador Corrêa e os habitantes, todos muito pobres, fizeram o que lhes era possível com tão pouco."[263] Knivet, o pirata inglês, viveu na cidade como escravo por meses, mas também não se interessou em descrevê-la. Ao longo de seu relato, nota-se, por meio de comentários que deixa escapar aqui e ali, que era um lugarejo pobre e com muita presença indígena. Ainda mais lacônicos são os irmãos Nodal, que passaram pelo Rio de Janeiro em 1618. O relato que legaram

[263]Id. *Outras visões do Rio de Janeiro colonial*, p. 15.

não traz uma única nota sobre a cidade, salvo que tinha muitos índios a serviço dos brancos.[264]

Depois de Ruiters, quem deixou a melhor perspectiva da urbe, perspectiva breve e desprovida de detalhes, foi o poeta e aventureiro inglês Richard Flecknoe que, após visitá-la em 1649, escreveu:

> A entrada da baía é ladeada por dois grandes rochedos, separados um do outro por algumas milhas; um deles é denominado Pão de Açúcar. Ao avançarmos para além do forte que defende a baía, deparamos com a mais sedutora paisagem do mundo: um lago, com umas 20 milhas de extensão, todo salpicado de ilhas verdejantes de diversos tamanhos [...].
>
> A cidade de São Sebastião está situada numa planície de algumas milhas de comprimento, limitada nas suas extremidades por duas montanhas. Próximo ao mar, na saída do lago, estão instalados os jesuítas; no extremo oposto, os beneditinos. A cidade antiga, como testemunham as ruínas das casas e a igreja grande, fora construída sobre um morro. Contudo, as exigências do comércio e do transporte de mercadorias fizeram com que ela fosse gradativamente transferida para a planície. Os edifícios são pouco elevados e as ruas, três ou quatro apenas, todas orientadas para o mar.[265]

A modesta povoação descrita por Flecknoe — três ou quatro ruas somente — voltaria às páginas de um relato de viagem somente no ocaso do seiscentos, quando François Froger, o jovem engenheiro que acompanhava o senhor De Gennes a uma viagem ao estreito de Magalhães, resolveu publicar as impressões que recolhera na sua passagem pela urbe, em 1695. Froger, que detestou a cidade, qualificando-a como um antro de "judeus" prontos para roubar os visitantes, não é lá muito pródigo em detalhes. Para além da exuberância da Baía de

[264]FRANÇA, Jean Marcel Carvalho. *Visões do Rio de Janeiro colonial*, p. 28-33.
[265]Ibid., p. 35-36.

Guanabara e da fertilidade e beleza da região circundante, o jovem francês registrou somente o seguinte:

> A duas léguas da embocadura do rio está a cidade de São Sebastião, sede de um bispado e do governo da província. Situada na costa ocidental do mesmo rio, sobre uma bela planície rodeada de altas montanhas, a cidade é bem-construída e suas ruas são retas. Nas suas duas extremidades, sobre pequenas colinas, foram edificadas duas magníficas casas, uma pertencente aos jesuítas e a outra aos beneditinos. Nenhuma fortificação foi levantada no lado montanhoso, cabendo a um pequeno forte, localizado à beira-mar, embaixo do convento dos jesuítas, a defesa da cidade.[266]

Depois de Froger, coube ao empregado da Companhia do Assiento, o anônimo traficante de escravos que passou por Salvador e pelo Rio de Janeiro em 1703, dar o seu contributo à lenta composição da cidade no pensamento europeu. O descontraído traficante de escravos — que se deu o luxo de apaixonar-se no Rio de Janeiro por uma dama que, mais tarde, percebeu não ser uma verdadeira "amante do recato" — diz em sua narrativa ter, não obstante o seu péssimo condicionamento físico, andado de ponta a ponta pela cidade, o que, segundo o francês, não era tarefa das mais árduas, pois em pouco tempo se esgotava o que havia para ver. Depois de descrever longamente ao amigo parisiense as fortalezas que a guardavam e a beleza da Baía de Guanabara — uma referência constante nos relatos sobre o Rio de Janeiro —, o anônimo traçou-lhe o pormenorizado quadro da cidade que se segue:

> O Rio de Janeiro não é grande. Isso, porém, não se deve à falta de espaço. Na parte traseira da cidade há um prado bastante agradável, rodeado por montanhas. A rua mais frequentada, onde se encontra o maior número de estabelecimentos comerciais e a residência do governador, é chamada pelos habitantes de rua Grande. Ela é bastante larga

[266]Ibid., p. 52.

e muito comprida, abarcando mais da metade da cidade. O Convento dos Beneditinos, ou de São Benedito, como dizem os habitantes, cuja igreja é a mais bonita do lugar, está situado no fim dessa rua. No extremo oposto, acha-se o Convento dos Jesuítas, uma casa que se destaca tanto pela sua estrutura quanto pelos seus cômodos. Esse convento, que é todo talhado em pedra, foi construído sobre uma montanha de altura prodigiosa. O seu interior em nada fica a dever em magnificência ao seu exterior. A distribuição dos cômodos é harmoniosa e inteligente. Todos os belos quartos ocupados pelos padres são assoalhados. A botica mantida por essa casa é excelente: bem-decorada, asseada e provida de todos os tipos de drogas. Julgo não possuirmos, em França, nenhuma que se lhe compare. Essa botica dos padres abastece todas as outras da cidade. A igreja é pequena, mas bastante ornamentada. Na parte de trás do convento está sendo construído um colégio.

Tanto a igreja dos beneditinos como a dos jesuítas só são acessíveis através de duas longas rampas de pedra, de declínio quase imperceptível. O trabalho e o tempo despendidos para tornar mais cômodo o acesso a esses lugares parecem ter sido imensos. A rampa dos Jesuítas é talhada diretamente na mesma rocha onde a igreja foi construída e tem parapeitos dos dois lados. A dos Beneditinos é bastante larga e murada dos dois lados em toda a sua extensão. No alto da rampa, em frente ao portal da igreja, há uma bela praça quadrada. A nave é ampla e muito bonita e a abóbada extraordinariamente elevada. A largura e as abóbadas das duas partes laterais do edifício são proporcionais àquelas da nave. O convento ainda não está acabado, mas, a julgar pelo desenho e pela parte já construída, será um edifício notável.

No meio da rua principal, do lado do mar, situa-se a casa do governador, que não é grande coisa. Há ainda muitas outras ruas menores, mas que não deixam de ser bonitas, bem-traçadas e repletas de casas bem-construídas.

O Rio de Janeiro, tal como se encontra, é uma das mais importantes colônias portuguesas e, talvez, a mais bem-localizada.[267]

---

[267]FRANÇA, Jean Marcel Carvalho. *Visões do Rio de Janeiro colonial*, p. 63-64.

Avancemos um pouco mais no tempo. Em 1711 a cidade foi invadida e pilhada pelo corsário Duguay-Trouin, invasão que, como pudemos acompanhar, ganhou duas descrições na época: a do próprio Duguay-Trouin e a do missionário protestante Jonas Finck. O corsário, na sua longa relação da "heroica" tomada da cidade, não deixou de dar, aqui e ali, pistas sobre a aparência da urbe, sempre misturadas a uma avalanche de notas sobre os seus aspectos defensivos. Eis o mais próximo que o capitão chegou de uma perspectiva da cidade:

> A cidade do Rio de Janeiro foi construída à beira da baía, numa região dominada por três grandes montanhas, todas três coroadas de fortes e baterias. A mais próxima é ocupada pelo Colégio dos Jesuítas; a do lado oposto, pelo Colégio dos Beneditinos; e a terceira, chamada Conceição, pelo bispado do lugar. A montanha dos jesuítas abriga o forte de São Sebastião — guarnecido com quatorze pesadas peças de artilharia e com muitos pedreiros —, o forte de São Tiago (de oito peças), o forte de Santa Luzia e uma bateria de doze peças. A montanha dos Beneditinos conta com algumas trincheiras e com muitas baterias, que cobrem todos os lados. A montanha da Conceição é guarnecida com uma cerca viva e, no fronte, com canhões dispostos de maneira espaçada.
>
> A cidade, no seu interior, é protegida por redentes e baterias, distribuídas de modo a produzir um fogo cruzado. A planície é defendida por um campo fortificado e por um bom fosso cheio de água.[268]

O missionário Jonas Finck, que assistiu à invasão a bordo de uma embarcação inglesa que o conduzia para a costa do Coromandel, estava apavorado demais para reparar na cidade. O alemão, como um bom protestante, falou mal do clero local, horrorizou-se com a escravidão, teceu comentário sobre a presença da Inquisição nos territórios portugueses, mas não se dignou a escrever uma única linha sobre a aparência da cidade.

---

[268] FRANÇA, Jean Marcel Carvalho. *Outras visões do Rio de Janeiro colonial*, p. 55-56.

A partir da metade do século XVIII, o Rio de Janeiro, situado na bela Baía de Guanabara, rodeado por montanhas e dotado de ruas retas e bem-traçadas, como salientou a maioria dos visitantes, passa a ser mais e melhor descrito, isto é, descrito com mais esmero e interesse. O abade René Courte La Blanchardière, por exemplo, que visitou a cidade em janeiro de 1749, pintou-a para o seu leitor, a quem prometera tudo relatar com fidelidade, com as cores seguintes:

> A cidade pareceu-me mais ou menos do tamanho de Breste, porém, mais bem-construída. As ruas são estreitas, exceto a que vai da montanha dos beneditinos até a praça, que é larga o suficiente para dar passagem a três carruagens. As casas são de dois andares e cobertas de telhas. Em frente a cada porta e janela existem gelosias como em Cadiz. A praça, situada no porto, é grande, mas não pavimentada. O palácio do general fica a sul: é um edifício de dois andares, com a fachada bastante regular. Na ala direita, fica a Casa da Moeda; defronte, a noroeste, há um bloco de casas, diante do qual foi construído um reservatório e um aqueduto para levar água à beira-mar. Essa obra trouxe alguma comodidade para as embarcações ancoradas no porto, pois, antes, as tripulações eram obrigadas a ir buscar água de má qualidade a uma légua e meia de distância, num pequeno rio chamado Comprido. A oeste do referido palácio, em frente ao cais, no fundo da praça, há um edifício bastante regular, que funciona como convento dos carmelitas.
>
> A oeste da cidade, situado sobre uma montanha de nome Conceição, está o bispado. Essa montanha é defendida por uma cerca viva com canhões de espaço a espaço. O edifício é mais vistoso por fora, já que por dentro é muito simples e bastante sujo. O bispo tem cerca de 5 mil piastras de renda. O atual ocupante desse cargo pertence à ordem dos beneditinos. A catedral fica distante do bispado: é chamada capela do Rosário. O rei de Portugal ordenara a construção de um edifício grande e amplo, do lado do Convento dos Jesuítas, para abrigar a nova Sé, mas até o momento só as fundações estão prontas. O cabido é composto por

> um deão, um chantre, dezesseis cônegos e um coro para música. Todas as igrejas são, nos seus interiores, douradas e cheias de enfeites, como as de Espanha. Os jesuítas estão instalados num monte a sul da cidade, ao lado de um forte com quatorze canhões denominado São Sebastião. Para se chegar até lá é necessário subir uma ladeira cortada na pedra, bastante suave e espaçosa, igual àquela dos beneditinos, que se acha no lado oposto da cidade. A biblioteca dos jesuítas é pequena e desprovida de bons livros. A localização do edifício, porém, é privilegiada. Dali, vê-se o oceano, os navios que entram na baía e o porto.[269]

Depois do abade La Blanchardière, há inúmeras perspectivas da urbe, umas mais, outras menos detalhadas, mas quase todas contendo a mesma série de componentes: a Baía de Guanabara e as portentosas montanhas que circundavam a cidade, os edifícios religiosos (igrejas e conventos) e o palácio do vice-rei — por todos considerado excessivamente modesto —, os casarões de dois ou três andares com suas gelosias, as ruas razoavelmente amplas e retas, os fortes, fortalezas e baterias, o comércio variado, o aqueduto e os chafarizes e, mais para o final do século, o Passeio Público. Passemos os olhos, porém, antes de deslocar-nos para a Salvador, para a Recife e para a Olinda construídas nas páginas dos relatos de viagem, por mais três perspectivas do Rio de Janeiro, traçadas entre 1782 e 1808. A primeira saiu da pena do capelão Friedrich Ludwig Langstedt, que desembarcou na cidade em abril de 1782:

> O Rio de Janeiro está situado a 23º de latitude meridional, debaixo do trópico de Capricórnio, e a 32º23' de longitude ocidental, na margem de um rio homônimo. As suas casas são em geral de pedra, mas malconstruídas e assimétricas. Em todas elas há proeminências feitas de madeira. As ruas não são calçadas, mas são bastante largas e regulares. É provavelmente em razão desse último traço que o capitão Cook afirma

[269]FRANÇA, Jean Marcel Carvalho. *Visões do Rio de Janeiro colonial*, p. 92.

> ser a cidade bem-construída. O número de habitantes, incluindo os homens da tropa, atinge os 30 mil. O palácio do vice-rei — que está longe de ser faustoso —, a Casa da Moeda, as cavalariças reais, a cadeia e a Ópera distinguem-se entre os prédios da cidade, aos quais é preciso juntar ainda alguns vastos conventos, situados em lugares privilegiados, e muitas igrejas sobrecarregadas de ouro, prata e pedrarias. Excetuando um pequeno número de casas, não se vê por essas plagas uma única habitação cujos cômodos tenham as paredes forradas; a regra é que elas sejam somente caiadas. As janelas não contam com vidraças, mas sim com gelosias, através das quais as mulheres brancas portuguesas olham embasbacadas e curiosas para o pedestre que passa, não lhe dando a mão por falso recato.[270]

Uma década mais tarde, em 1793, um dos membros da já comentada comitiva de lorde Macartney, o culto e refinado sir George Leonard Staunton, secretário do embaixador, pintou para os seus leitores um outro retrato bastante pormenorizado da cidade. Staunton, de saída, teceu elogios ao porto, que considerou um dos mais amplos e seguros do mundo, além de contar com uma localização "privilegiada para o comércio". Em seguida, descreveu rapidamente a bela vista que se tinha do navio ao entrar no porto, "com a parte traseira da cidade [...] repleta de colinas e rochedos cobertos de bosques, casas, conventos e igrejas", e comentou a enorme extensão da Baía de Guanabara.[271] Acerca da cidade, propriamente, o viajante inglês ofereceu aos seus leitores uma extensa e atenta descrição:

> Nos últimos anos, o Rio de Janeiro foi consideravelmente embelezado. Hoje, suas casas são, em boa parte, de tijolos e suas ruas são retas, bem-pavimentadas e com calçadas dos dois lados. Algumas vias públicas são estreitas, mas isto não é um inconveniente num país onde o calor

[270] FRANÇA, Jean Marcel Carvalho. *Visões do Rio de Janeiro colonial*, p. 171-172.
[271] Ibid., p. 197-231.

faz com que sempre se busque um lugar à sombra. As praças são ornadas com fontes que recebem água de um aqueduto extremamente longo; água imprescindível numa cidade que, apesar do nome, não conta com nenhum rio ou regato no seu perímetro. Em minha opinião, seria mais fácil transportar essa água através de barris, porém, o aqueduto, que atravessa um extenso vale e é sustentado por um conjunto de arcos duplos enfileirados, constitui um dos ornamentos do lugar [...].

As fontes do Rio de Janeiro são guardadas por soldados encarregados de velar pela distribuição da água. Esse artigo, tendo em vista as demoradas filas que se formam em torno das bicas, é bastante raro na cidade [...].

As lojas do Rio de Janeiro estão repletas de tecidos de Manchester e de outras mercadorias inglesas, entre as quais se encontram até mesmo gravuras e caricaturas importadas de Londres. Um negociante português estabelecido na cidade, refletindo sobre as vantagens obtidas pelo país que exporta essas mercadorias, observou que a prosperidade de Portugal e de suas colônias se convertia, quase inteiramente, em proveito da Inglaterra. Mas esse proveito tem sido, sem dúvida, recíproco, pois tudo leva a crer, ao menos no Rio de Janeiro, que o país se encontra num estado florescente e os habitantes estão bem-dispostos e satisfeitos: a maior parte da população mora em casas bem-construídas, grandes e adequadas ao clima; as lojas e mercados acham-se repletos de mercadorias; o número de edifícios públicos e particulares aumenta de dia para dia; não falta trabalho para aqueles que o procuram; e, além do aqueduto e das fontes mencionadas, notam-se muitos outros embelezamentos na cidade, entre os quais alguns passeios públicos e um grande cais de granito construído em frente ao palácio [...].

Diz-se, em geral, que essa cidade é insalubre e que poucos são os exemplos de longevidade aí encontrados. Essa insalubridade, contudo, provém de algumas circunstâncias acidentais e não da influência do clima. O Rio de Janeiro está, em grande parte, situado numa planície que, excetuando a costa marítima, se encontra rodeada de altas montanhas cobertas por espessas florestas. Essa configuração não

> somente impede a livre circulação do ar como ainda torna as manhãs e os crepúsculos extremamente úmidos. As partes aquosas, que são banhadas pela luz solar durante o dia, condensam-se ao entardecer e retornam à cidade em forma de cerração ou de chuva fina. As noites úmidas, precedidas de dias quentes, causam frequentemente febres pútridas e intermitentes. [...]
>
> Além da proximidade dos bosques, outro fator extremamente nocivo para a saúde dos cariocas é a existência, no interior da cidade, de muitas águas estagnadas. Inúmeros são os pântanos que precisam ser drenados e cobertos.[272]

Por fim, para encerrarmos essa já longa série de descrições, recorramos a um viajante, o tenente inglês Thomas O'Neil, que conheceu a cidade exatamente quando D. João VI nela desembarcou, em 1808. O tenente, já o vimos, era membro da tripulação de um dos navios ingleses que escoltou a família real portuguesa para o Brasil. O relato que legou aos seus contemporâneos, relato relativamente curto, pôs em cena todas as referências sobre a cidade já, de certo modo, cristalizadas no vocabulário europeu: as vantagens do clima mais quente, a beleza estonteante da Baía de Guanabara e da região que circundava a urbe, a fertilidade da terra, as comodidades e a amplitude do porto etc. Acerca dos contornos da cidade que encontrou o príncipe regente, diz o marinheiro:

> A região circundante é a mais romântica que se pode imaginar: as montanhas das redondezas, algumas bastante elevadas, são cobertas com uma grande variedade de árvores e os vales são adornados com magníficas chácaras e abrigam plantações de cana-de-açúcar, milho, arroz, ervilha, feijão, inhame, batata-doce, alface, pepinos e de uma infinidade de ervas [...].
>
> O cultivo de jardins é muito apreciado e praticado por essas plagas.

[272] FRANÇA, Jean Marcel Carvalho. *Visões do Rio de Janeiro colonial*, p. 199-200.

Dentro da cidade e nas suas imediações há vários deles bem-cuidados e embelezados com arbustos floridos. A população dispõe, para recreação, de um excelente jardim público. Esse é circundado por uma parede branca, alta e forte, e ornado, na entrada — constantemente vigiada por dois sentinelas —, por um primoroso baixo-relevo dos últimos rei e rainha de Portugal. No seu interior, os passeios são mantidos em excelente estado de conservação e, ao entardecer, são iluminados por numerosas lâmpadas, dependuradas em galhos de árvores. [...]

No final do jardim público há dois quiosques. Um deles foi decorado com excelentes pinturas da cidade, do porto e das riquezas extraídas do mar próximo; no teto, há umas incrustações, muito esquisitas, feitas com conchas [...].

Distante cerca de uma milha desse jardim, a leste, encontra-se uma sequência de cômodos, usados como dependências para a assembleia. [...] Quanto ao mobiliário desses aposentos, a influência do estilo inglês é notória, mais do que em qualquer outro edifício do Rio de Janeiro.

Contíguo às dependências da assembleia, há uma horta, na qual foi colocada uma máquina, posta em movimento por cavalos, que funciona como uma bomba-d'água. Tal bomba lança a água a uma altura de aproximadamente 100 pés, água que é depois distribuída por diversos reservatórios espalhados pelos jardins da região. Não longe dessa bomba, um grande aqueduto atrai a atenção do estrangeiro. Composto por 80 arcos, dispostos em duas fileiras com cerca de 40 pés cada, essa obra, quando vista da entrada do porto, oferece um bonito espetáculo, estendendo-se majestosamente sobre os edifícios daquela parte da cidade [...].

Em frente ao desembarcadouro está o palácio do príncipe regente, um edifício amplo e alongado, de dois andares: o inferior é ocupado pelos oficiais militares e por uma trupe de serviçais, abrigando ainda a caserna e a Casa da Moeda. Externamente, esse palácio não tem qualquer atrativo, todavia, no seu interior, há uma série de dependências espaçosas e imponentes.

> O edifício do fundo, originalmente um convento, foi transformado em residência da rainha. Sua Alteza Real mandou construir um arco, sobre a rua, que dá acesso às dependências de Sua Majestade. Próximo ao palácio está a Casa da Ópera, um edifício sem atrativos exteriores, mas cujo interior é limpo e conta com excelentes acomodações [...].
>
> O mercado encontra-se no extremo norte do quarteirão, que se estende ao longo da praia. Essa localização é bastante conveniente tanto para os barcos que trazem frutas e legumes da praia oposta ao ancoradouro, quanto para os navios pesqueiros [...].[273]

Temos já, creio, uma boa ideia do que foi o Rio de Janeiro pintado nas páginas das narrativas de viagem, um Rio de Janeiro que cresceu em tamanho e importância no Brasil construído pelos visitantes estrangeiros, mas que conservou aí, ao longo do tempo — salvo um ou outro detalhe, um ou outro acréscimo —, as suas "linhas gerais". Mudemos, agora, de cenário e visitemos Salvador, a Salvador dos relatos de viagem. Dispomos, é certo, de muito menos perspectivas dessa cidade do que do Rio de Janeiro, porto bem mais visitado e descrito pelos estrangeiros. Os contemporâneos interessados em ter uma ideia da urbe não estavam, contudo, desde o início do século XVII, totalmente desamparados. Pouco antes de Ruiters conhecê-la, já o mencionamos, o francês Pyrard de Laval, no seu retorno das Índias Orientais em 1610, a tinha visitado. Além de brindar os seus leitores com o pormenorizado quadro da cidade que vimos há pouco, Pyrard, tal como os visitantes que passaram pelo Rio de Janeiro, não se esqueceu de salientar o quão cômodo e seguro era o porto local e o quão belas eram a Baía de Todos os Santos e a região que circundava Salvador.

Depois da detalhada descrição de Pyrard, foi a vez de o soldado alemão Johannes Gregorius Aldenburgk legar as suas impressões da

[273]FRANÇA, Jean Marcel Carvalho. *Outras visões do Rio de Janeiro colonial*, p. 313-316.

cidade, impressões colhidas em 1624, durante a tomada da Bahia pelos batavos. Aldenburgk, malgrado o tempo de que dispôs — cerca de doze meses —, não deixou uma única perspectiva pormenorizada da urbe, interessado que estava em descrever para o seu leitor as riquezas encontradas no lugar e, sobretudo, o andamento das operações militares e diplomáticas ocorridas durante a ocupação. Todavia, num apêndice da segunda edição da obra, preparada por Levinus Hulsius em 1629, intitulada *Relato oficial da tomada da cidade do Salvador*, encontramos a seguinte notação:

> [...] está situada esta Baía ou porto de Todos os Santos, bem como a cidade de São Salvador, na Índia Ocidental, aos 13º de latitude sul, a 100 milhas indianas ou alemãs de Pernambuco. É a capital do Reino do Brasil, na qual residem o vice-rei espanhol, um arcebispo e o ouvidor-geral de toda a justiça brasileira. É muito populosa e consta de três cidades. A primeira acha-se junto à entrada da barra e chama-se cidade velha, por ter sido edificada inicialmente nesta região. A outra denomina-se São Salvador, tendo sido construída pelo espanhol Tomé de Sousa. A terceira apelida-se Paripe; nela há muitos engenhos de açúcar; seus habitantes sustentam-se, em grande parte, da cultura do algodão, sobremodo abundante na região. A cidade de Salvador tem cinco igrejas, fora o Convento dos Jesuítas. A baía ou porto mede 3 milhas de largura e 15 de comprimento até o mar aberto; contém muitas ilhas onde abunda o algodão.[274]

Ao soldado alemão sucedeu um cirurgião francês, Gabriel Dellon, cujas impressões de viagem, como tivemos oportunidade de acompanhar, tornaram-se célebres. Dellon, também já o vimos, foi preso e processado pela Inquisição de Goa e encaminhava-se para Lisboa, onde cumpriria o

[274] ALDENBURGK, Johannes Gregorius. *Relação da conquista e perda da cidade do Salvador pelos holandeses em 1624-1625*, p. 235-236.

restante de sua pena, quando, em maio de 1676, o navio em que viajava, para grande alívio de todos, arribou em Salvador. O prisioneiro, que gozou de relativa liberdade de movimento na cidade, deixou dela duas descrições que correram pela Europa. Eis a mais sucinta:

> A Baía de Todos os Santos é a maior urbe que os portugueses têm no Brasil e a sede do governo geral destas costas. Ainda que o governador daqui não tenha qualquer autoridade sobre os demais governadores, ele caminha à frente de todos. Disseram-me que, em breve, enviariam um vice-rei para o Brasil, com a mesma autoridade absoluta que aquele de Goa tem em relação às Índias. Aguardava-se, também, um bispo para ocupar o bispado que está vago há anos. Acredita-se que, quando o governador for transformado em vice-rei, a igreja se tornará metropolitana.
>
> Há na cidade um parlamento, cuja autoridade se estende por toda a costa, mas não é absoluta, pois os assuntos criminais e as causas cíveis envolvendo valores acima de mil libras são resolvidos em Lisboa. A urbe é grande e populosa e suas igrejas são magníficas; o palácio do governador está na parte mais alta da cidade e é excelente, o mesmo se dando com o Parlamento. As casas são bem-construídas, o comércio atrai gente de todas as nações e conta com grande variedade de mercadorias.

A outra, ligeiramente mais detalhada, tem o mesmo tom:

> São Salvador é a capital de todo o Brasil. Localizada a 13° de latitude meridional, a cidade foi construída no fundo da baía, do lado norte, e está dividida entre cidade alta e baixa. A baixa estende-se ao longo de um rio, ao pé de uma montanha alta e escarpada. As ruas que levam à parte alta são íngremes e fatigantes. A parte bonita da cidade está sobre a parte alta da montanha, que é bastante extensa. A cidade toda, compreendendo a parte alta e a baixa, é do tamanho de Lion e, a meu ver, mais populosa. A cidade alta abriga belas ruas, casas excelentes, igrejas

> magníficas, o palácio do governador e também a sede do parlamento, que é de um tamanho e de uma beleza pouco comuns.
>
> Esse parlamento, que os portugueses denominam Relação, é o único que há no Brasil. Pode-se apelar aí das sentenças de todos os tribunais estabelecidos no país, que estão sob o controle do rei de Portugal; as sentenças proferidas pela Relação, tanto as criminais quanto as cíveis, não comportam apelação, salvo se excederem 2 mil libras, podendo-se, nesses casos, apelar para o parlamento de Lisboa.
>
> Há em São Salvador um número considerável de mercadores ricos de todas as nações, o que tem garantido a prosperidade do comércio local e do resto do país. Por sorte, os habitantes daqui não quiseram receber a Inquisição e, malgrado todos os esforços, os senhores do Santo Ofício ainda não conseguiram estabelecer seus tribunais no Brasil.
>
> Outrora, havia um bispo na cidade, todavia, há pouco a sede foi promovida a arcebispado e tornou-se a metropolitana de todas as dioceses controladas pelo rei de Portugal, que vão do trópico de Câncer ao cabo da Boa Esperança.

Ambas as descrições foram, como recomendava já uma certa tradição que se formava em relação a descrições de cidades brasileiras, antecedidas de comentários sobre a amplitude e segurança do porto, os fortes e as fortalezas que o defendiam, a beleza da região que circundava a cidade e, especialmente, sobre a fertilidade da terra.

Os mesmos enunciados podem ser encontrados na narrativa de François Froger, que visitou Salvador em 1698, e no relato do renomado William Dampier, que passara pela cidade em março de 1699, a caminho das terras austrais. O capitão, que se interessou muitíssimo pelas "produções da terra", muito mais do que pelas configurações dos modestos centros urbanos que os portugueses estavam erguendo pela costa, não deixou de brindar os seus muitos leitores com a seguinte descrição de Salvador:

> A cidade, a propósito, conta com umas 2 mil casas, a maior parte das quais não é visível do porto, porém, tão logo a avistamos, misturada às árvores e erguida sobre a tal elevação, desfrutamos de um belo prospecto.
>
> Há no lugar treze igrejas, capelas, hospitais, conventos e ao menos uma residência de freiras. Em primeiro lugar, há a catedral e o Colégio dos Jesuítas, que são os principais edifícios da cidade e podem ser vistos do porto; depois, há as igrejas paroquiais de santo Antônio e de santa Bárbara, a igreja dos franciscanos e a dos dominicanos, dois conventos de carmelitas, a capela dos homens do mar — próxima a uma praia, onde os barcos podem chegar facilmente e os marujos passar rapidamente às orações — e uma outra, na mesma rua, próxima à praia, para a gente pobre; há, ainda, uma capela para os soldados, nas imediações da cidade, distante do mar, e um hospital no centro da urbe. O convento de freiras situa-se fora da cidade, nas imediações da mata, onde, segundo disseram-me, residem setenta freiras. A cidade é sede de um arcebispado, que está instalado num belo palácio; o palácio do governador é um edifício de pedra clara, muito bonito quando visto do mar, mas que, infelizmente, está muito mal mobiliado. Tenho observado que tanto os portugueses quanto os espanhóis gostam de ostentar seus engenhos e grandes casarões, mas que, exceto por algumas pinturas, não dão importância para a decoração. As casas da cidade são de dois e três andares, com paredes grossas e sólidas, geralmente construídas com pedras e cobertas com telhas — a maioria dessas casas conta com balcões.
>
> As ruas principais da cidade são largas e, na sua maioria, pavimentadas ou cobertas com pedras pequenas. Há, também, praças nos locais mais nobres e muitos jardins, na cidade e nos seus arredores, onde se cultivam árvores frutíferas, verduras, legumes e grande variedade de flores, mas tudo sem grande cuidado e nenhuma arte.

Dampier foi o último visitante a descrever Salvador no século XVII, século em que a cidade mais vezes figurou nas páginas das narrativas de viagem europeias. Ao longo do século XVIII, poucos foram os relatos em que a cidade marcou presença e, no que tange a essa presença, não há grande novidade em relação ao que já vimos. O engenheiro Frézier, por exemplo, visitante de 1714, limitou-se a traçar as suas linhas gerais, ainda que, no decorrer de sua narrativa, tenha se empenhado em oferecer ao leitor diversos detalhes da vida urbana. A sua "panorâmica" da cidade, porém, é breve:

> A cidade, que os mapas e as relações de viagem denominam de São Salvador e que, entre os habitantes do país, é conhecida simplesmente como cidade da Bahia, está situada a 12°45' de latitude austral, sobre uma elevação de cerca de 100 toesas de altura, que forma a costa oriental da Baía de Todos os Santos. O acesso, em razão da grande inclinação, é tão penoso que para subir as mercadorias do porto para a urbe é necessário lançar mão de um maquinário.
>
> O plano da cidade alta tem um traçado tão regular quanto o permitiu o terreno montanhoso e, ainda que as ruas sejam bem-alinhadas e de boa largura, a maior parte delas tem uma inclinação tão acentuada que seriam impraticáveis para as carroças francesas e mesmo para as cadeirinhas que utilizamos.

Jemima Kindersley, a primeira mulher a publicar uma narrativa de viagem com menções ao Brasil, foi um pouco mais pródiga e, ainda que não tenha morrido de amores por Salvador, dignou-se a descrevê-la rapidamente para a "leitora" de suas cartas:

> Creio que não sou uma mulher muito perspicaz, pois, de outro modo, teria me apercebido de que as coisas nem sempre são o que parecem ser e teria evitado surpresas desagradáveis. Refiro-me à cidade de São Salvador, a qual, como certas coisas que causam prazer somente quando vistas a distância, quanto mais nos aproximamos, menos bonita aparenta ser.
>
> Logo que o bote ancorou, notamos que aquelas casas de um branco radiante a 1 légua de distância não eram tão belas assim. A sujeira que

as cobre torna-se, então, visível; as janelas, portas e gelosias de madeira, muito malfeitas e sem pintura, pioram ainda mais a aparência. A completa falta de elegância do conjunto, em suma, causa repugnância e rapidamente a ilusão se esvai.[275]

Mais adiante, passado, ao que parece, um certo mal-estar inicial, a inglesa, depois de salientar que Salvador estava tomada por edifícios religiosos e de descrever alguns deles, brindou a sua leitora com uma imagem mais pormenorizada da cidade:

> Desde que desembarcamos, temos nos entretido passeando pela cidade e visitando as igrejas. A cidade, que é grande e populosa, tem uma parte alta aprazível e arejada, com umas ruas muito boas, amplas e limpas. As casas aí são espaçosas, ainda que mal-acabadas e com a aparência de pobres. Na parte próxima ao mar, as ruas são estreitas e sujas, repleta de prédios que parecem lojas e abarrotadas de negros de ambos os sexos.
>
> Todas as pessoas de alguma distinção vivem no andar superior de um sobrado — o andar inferior geralmente é ocupado por lojas, armazéns etc. As casas são tão elegantes por dentro quanto por fora. O primeiro andar geralmente consiste em dois ou três cômodos grandes, sempre com um pequeno quarto de dormir ao meio, situado de modo a receber a luminosidade dos outros cômodos. Logo que as portas se fecham, porém, ele fica completamente às escuras.
>
> Acima ficam os quartos das crianças e dos escravos. A decoração desses cômodos é a seguinte: paredes, geralmente brancas, decoradas com pinturas de Nosso Salvador e da Virgem — colocados numa moldura feita de uma madeira muito resistente —, uma cama, umas poucas cadeiras de madeira e um crucifixo e é tudo.[276]

---

[275]Jemima Kindersley. In: FRANÇA, Jean Marcel de Carvalho. *Mulheres viajantes no Brasil (1773-1820)*, p. 37.

[276]Jemima Kindersley. In: FRANÇA, Jean Marcel de Carvalho. *Mulheres viajantes no Brasil (1773-1820)*, p. 43.

Para encerrarmos esta série que também já vai longe e não promete novidades, recorramos a um visitante do início do século XIX, o inglês Thomas Lindley. O navegador, como pudemos acompanhar, permaneceu mais de um ano em Salvador, depois de ter sido detido pelas autoridades brasileiras, em 1802, traficando pau-brasil nas proximidades de Porto Seguro. A sua descrição da cidade é longa e pormenorizada. De saída, o inglês traçou para os seus leitores a seguinte panorâmica da cidade:

> A cidade da Bahia fica ao lado direito do golfo, e a terra, a pequena distância da praia, ergue-se abruptamente, formando uma elevada cercadura de montanhas, no alto das quais a cidade está construída, com exceção de uma única rua, que corre paralela à praia [...].[277]

Em seguida, Lindley descreveu as muitas igrejas, capelas e mosteiros da urbe, "todos apresentando a mesma sobrecarga enfadonha de ornatos, mau gosto e excesso de superstição". Um pouco mais adiante, traçou um rápido esboço das ruas e praças:

> As praças principais são as que ficam imediatamente em frente ao palácio e a dos jesuítas [...]. As ruas são apertadas, estreitas, miseravelmente pavimentadas, nunca estão limpas, apresentando-se sempre repugnantemente sujas. Os fundos de várias delas são depósitos de lixo [...].[278]

Lindley deu ainda a conhecer alguns edifícios públicos, relatou como morava a gente abastada e, antes de passar às fortificações que protegiam a cidade, arrematou suas notas sobre a arte de morar do soteropolitano com o seguinte comentário: "[...] efetivamente, nunca vi país onde os habitantes fossem totalmente descuidados, em matéria de asseio, como o Brasil."[279]

---

[277]LINDLEY, Thomas. *Narrativa de uma viagem ao Brasil*, p. 160.
[278]Ibid., p. 163.
[279]LINDLEY, Thomas. *Narrativa de uma viagem ao Brasil*, p. 164.

Visitadas as cidades do Rio de Janeiro e de Salvador – aquelas construídas nas narrativas de viagem, bem entendido —, sigamos para a última das três mais descritas urbes do Brasil colonial, Pernambuco — Recife e Olinda, nomeadamente. As descrições das duas urbes, vale ressaltar, concentram-se no século XVII e, com raras exceções, saíram da pena de indivíduos ligados à ocupação holandesa do Nordeste, ou seja, indivíduos que passaram mais tempo na terra do que era habitual entre os estrangeiros que estiveram no Brasil nesse período. É o caso do explorador e agente da Companhia das Índias Ocidentais, Joan Nieuhof, que permanecera nove anos no Nordeste, entre 1640 e 1649. Nieuhof dedica quase uma dezena de páginas à descrição das duas urbes, não sem antes traçar para o seu leitor um quadro geral do Brasil e, sobretudo, da capitania de Pernambuco. Do Recife, destaca os seus privilegiados recursos defensivos, explica a origem do singular nome da urbe, dá uma ideia geral da sua topografia, arrola os melhoramentos feitos pelos holandeses no lugar e destaca as muitas riquezas que eram encontradas na região; de Olinda, registra sobretudo o estado de decadência em que se encontrava a cidade, que outrora "tinha 2 mil moradores", duzentos dos quais reputados muito ricos.[280]

O soldado alemão Ambrósio Richshoffer, ao contrário, não traçou nenhum esboço das cidades que visitou, nem mencionou as belezas e riquezas da região. A narrativa que deixou, relatando a sua passagem por Pernambuco entre 1629 e 1632, centra-se sobretudo na descrição das ações militares de que participou e do miserável e violento cotidiano das tropas batavas na América Austral. Já o capelão Johannes Baers — que desembarcou em Pernambuco no início de 1630 e ficou poucos meses na região —, não obstante ter dedicado uma parte considerável do seu opúsculo a narrar as querelas religiosas entre católicos e protestantes, não descuidou de pintar para os seus leitores uma pers-

[280]NIEUHOF, Johannes. *Memorável viagem marítima e terrestre ao* Brasil, p. 40-47.

pectiva detalhada da cidade de Olinda e da região circundante. Eis o que nos conta o capelão:

> [...] ela está situada em forma de ângulo no dorso de um alto monte, do qual uma extremidade é mais elevada do que a outra. No extremo mais alto do monte acha-se o Convento dos Jesuítas, sendo o extremo norte do lugar formado pelas encostas do mesmo monte; para o lado sul encontra-se o Convento dos Franciscanos, que tem um bonito pátio com uma bela fonte, onde o povo vai buscar água para beber.
>
> Descendo o monte, a partir do Convento dos Jesuítas, depara-se novamente com uma eminência sobre a qual se eleva a principal igreja paroquial do lugar, chamada Salvador, a Casa da Câmara, debaixo da qual acha-se o açougue, e à direita, acima dela, a prisão, e uma grande parte da cidade [...]. As casas não são baldas de conforto, mas cômodas e benfeitas, arejadas por grandes janelas, que estão no nível do sótão ou celeiro, mas sem vidros, com belas e cômodas subidas, todas com largas escadarias de pedra, porque as pessoas de qualidade moram todas no alto [...]. A cidade tem [...] duas igrejas paroquiais — a principal é chamada Salvador, a outra tem o nome de São Pedro — e cinco conventos: dos Jesuítas, dos Franciscanos, dos Carmelitas, dos Beneditinos e o Convento das Freiras.[281]

A descrição que Baers deixou do Recife é mais imprecisa e centrada, sobretudo, nas fortificações do lugar; nada que permitisse aos leitores terem ideia dos contornos da cidade.

Haveria, ainda, outras descrições batavas a percorrer, nada, porém, que apresente muitas variações ou acréscimos em relação ao que já vimos. Deixemo-las para trás e passemos os olhos pelas cidades pernambucanas depois da presença holandesa. Ocuparam-se delas pelo menos mais quatro viajantes. O primeiro deles, o senhor de Mondevergue, cuja

---

[281] BAERS, Padre João. *Olinda conquistada*. Recife: CEPE, 2004, p. 39-40.

narrativa foi publicada pelo navegador Urbain Souchu de Rennefort, visitou o Recife em 1666 e guardou da cidade a seguinte impressão:

> Pernambuco foi construída sobre uma língua de areia, situada entre o mar aberto e um pequeno braço de água, nomeado rio Salgado. A cidade é redonda e não tem mais do que trezentas casas razoavelmente construídas, pois as demais construções, a igreja matriz incluída, são péssimas, todas com somente um andar.
>
> A pequena ilha do palácio é separada da cidade pelo braço de mar; as duas margens são ligadas por uma ponte bastante estreita, com 45 arcos — uns de pedra, para dar melhor sustentação à construção, outros de madeira, para facilitar o fluxo e o refluxo das águas. A ilha é chamada de Santo Antônio e abriga cerca de cem casas de moradia, não contando as três residências de religiosos: uma dos recoletos, belíssima, outra dos jesuítas, que foi reconstruída — ambas de religiosos portugueses —, e uma terceira, pertencente aos capuchinhos franceses.

Olinda, que ainda se recuperava dos estragos da guerra, suscitou-lhe um comentário mais ligeiro:

> A uma légua e meia de Pernambuco, do lado norte, acha-se a cidade de Olinda. Outrora, antes que os holandeses a tivessem arruinado, era tão bela e grande quanto Orleans. A cidade está situada em cima de quatro pequenas elevações, cujas encostas custaram mais de 12 mil francos para serem reforçadas. Há também aí beneditinos, capuchinhos e carmelitas.

As outras descrições das cidades pernambucanas, posteriores ao domínio holandês, saíram da pena de três daqueles capuchinhos italianos que, a caminho do Congo, perambularam por Recife ou por Salvador: Merolla da Sorrento, Antonio Cavazzi e Dionigi de Carli. Acompanhemos o brevíssimo comentário sobre Olinda contido na narrativa de Carli, que visitou Pernambuco no ocaso de 1667:

> Tiramos um dia para visitar a cidade de Olinda, distante somente 3 milhas de Pernambuco. Outrora, foi uma grande cidade, mas atualmente está quase toda destruída, graças a uma invasão holandesa. Vimos uma planície pantanosa coberta por árvores que tinham, além de raízes dentro da terra, como as outras, raízes na superfície, cobertas pela folhagem. Vimos, também, papagaios verdes e diversas espécies de macacos, entre os quais a menor e a mais apreciada de todas, os saguis.

Findamos aqui o passeio pelas cidades do Brasil colonial construídas pelos visitantes estrangeiros nas suas narrativas. Note o leitor que, excetuando uma ou outra peculiaridade geográfica — as montanhas em anfiteatro do Rio de Janeiro, o arrecife do Recife e as cidades alta e baixa de Salvador, por exemplo —, as descrições curiosamente não variam muito, e isso em um duplo sentido: não variam quando comparamos as descrições das três cidades e não variam quando colocamos lado a lado descrições de uma mesma cidade produzidas em diferentes épocas. É certo que o Rio de Janeiro ganhou, no século XVIII, um aqueduto e um passeio público, que Salvador ampliou um pouco o seu casario pela mesma época e que tanto Olinda quanto Recife estavam decadentes depois da invasão holandesa. Todavia, as semelhanças se sobrepõem às singularidades. Em geral, eram cidades que contavam com muitas fortalezas, bons portos, um comércio razoável, ruas retas, mas sem calçamento — ou malcalçadas — e sujas, com uns poucos e modestos prédios públicos, muitas e adornadas igrejas, um casario pequeno e pouco vistoso de dois ou três andares, um número prodigioso de conventos e, sobretudo, com arredores pitorescos e férteis. Para além de certos traços dos habitantes da terra, aos quais voltaremos adiante, tais arredores foram, a bem da verdade, o ponto alto das descrições das cidades costeiras do Brasil. Dito em outras palavras, para o europeu, a intervenção que o colono estava promovendo na natureza dos trópicos, modesta e medíocre, interessava menos do que a grandiosa obra que a natureza realizara sozinha.

Tal menosprezo pela intervenção do colono não causa qualquer surpresa quando levamos em consideração as imagens que os visitantes estrangeiros vincularam em seus relatos da gente — índios, brancos e negros — que povoava a imensa colônia portuguesa dos trópicos. Uma imagem, de ponta a ponta, permeada pela ideia de que uma terra pródiga tinha ido parar nas mãos de um povo indigno de possuí-la. Mas não caminhemos rápido demais. Esquadrinhemos com mais vagar quem eram os homens e mulheres que habitavam o Brasil das narrativas de viagem.

Retornemos uma vez mais a Vespúcio. A citada *Mundus Novus* traz uma das imagens inaugurais dos primeiros habitantes do Brasil das narrativas de viagem: os "selvagens".

> Encontramos naquelas regiões tamanha multidão de gente quanto ninguém poderá enumerar [...]. Todos, de ambos os sexos, andam nus, sem cobrir nenhuma parte do corpo; como saem do ventre materno, assim vão até a morte. Com efeito, têm os corpos grandes, quadrados, bem-dispostos e proporcionais, com cor tendendo para o vermelho [...]. Têm o cabelo amplo e negro; são ágeis no andar e nos jogos, de rosto afável e bonito [...].[282]

Do proceder das gentes que encontrou em tão remoto lugar, o florentino destaca o estranho hábito que têm de perfurarem diversas partes do corpo (maçãs do rosto, orelhas e lábios) com objetos pontiagudos, "enfeando a bela obra de Deus", como dirá mais tarde Thévet. Destaca, também, o quão libidinosas eram as mulheres, que intumesciam "os membros do marido com tamanha brutalidade que estes pareciam disformes e torpes".[283] Destaca ainda que eram homens sem lei, rei ou religião, que viviam segundo a natureza e, sobretudo, que praticavam a antropofagia:

[282]VESPÚCIO, Américo. *Novo Mundo — As cartas que batizaram a América*, p. 40.
[283]Ibid., p. 41.

> Os povos geram guerra entre si sem arte nem ordem. [...] E aqueles que conduzem cativos de guerra conservam-nos não por causa da vida deles, mas para matá-los por causa de sua alimentação. Com efeito, uns aos outros, os vencedores comem os vencidos. [...] Conheci um homem, com quem falei, do qual se dizia ter comido mais de trezentos corpos humanos.[284]

Eis um dos retratos pioneiros do personagem que, por pelo menos um século, ocupou o papel principal nas narrativas de viagem sobre o Brasil. As notações sobre tal criatura não oscilaram muito durante esse período. Em linhas muito gerais,[285] poder-se-ia dizer que o selvagem descrito por Vespúcio — fisicamente bem-composto, mas deformado pelos hábitos, libidinoso, mas ingênuo e puro, acessível no trato, mas belicoso e cruel — é uma boa síntese do que se irá encontrar, nas décadas subsequentes, nas narrativas dos visitantes europeus que se ocuparam do tema. O relato do *piloto anônimo*, por exemplo, publicado em 1507, investe, por assim dizer, num tom mais neutro do que aquele encontrado em Vespúcio, mas não se distancia muito dele. Diz o suposto português anônimo:

---

[284]Ibid., p. 42-44.

[285]O "selvagem" e o papel que desempenhou, a partir do século XVI, na construção da cultura ocidental é um dos temas que mais tem, ao longo do último século, interessado aos pesquisadores dedicados a mapear os impactos do Novo Mundo sobre o Velho Mundo. Uma boa perspectiva das discussões em torno do tema pode ser obtida com a leitura das seguintes obras: CHINARD, Gilbert. *L'exotisme américain dans la littérature française au XVIe siècle*; ATKINSON, Geoffroy. *Les relations de voyages du XVIIe siècle et l'evolution des idées*; BAUDET, Henri. *Paradise on Earth. Some Thoughts on European Images of Non-european Man*. New Haven e Londres: Yale University Press, 1965; BRANDON, William. *New Worlds for Old: Reports from the New World and their Effect on the Development of Social Thought in Europe (1500-1800)*; DICKASON, Olive Patricia. *The Myth of the Savage: and the Beginnings of French Colonialism in the America*. Edmonton: University of Alberta Press, 1984; DUVIOLS, Jean-Paul. *L'Amérique espagnole vue et rêvée: les livres de voyages de Christophe Colomb à Bougainville*; HODGEN, Margaret Trabue. *Early Anthropology in the Sixteenth and Seventeenth Centuries*. Filadélfia: University of Pennsylvania Press, 1964; LESTRINGANT, Frank. *O canibal: grandeza e decadência*. Brasília: Editora Universidade de Brasília, 1997; LESTRINGANT, Frank. *Le Brésil de Montaigne: le Nouveau Monde des "Essais", 1580-1592*. Paris: Chandeigne, 2005; LESTRINGANT, Frank. *Le huguenot et le sauvage: l'Amérique et la controverse coloniale, en France, au temps des guerres de religion: 1555-1589*. Prefácio de Emmanuel Le Roy Ladurie. Paris: Aux Amateurs de Livres, 1990.

> Permanecemos cinco ou seis dias nesse lugar, cuja gente é escura, tem os cabelos longos e a barba pelada. Eles andam nus, sem nenhuma vergonha, e trazem as pálpebras e a região abaixo da sobrancelha pintadas com figuras nas cores branca e preta, e azul e vermelha. O lábio inferior é furado e o buraco é atravessado por um osso tão extenso quanto um prego ou por uma comprida pedra verde ou azul, a qual fica dependurada no dito orifício. As mulheres, muito belas de corpo, andam também nuas e sem nenhuma vergonha. Seus cabelos são igualmente longos. As casas em que vivem são de madeira, cobertas com folhas e galhos de árvores e sustentadas por muitas colunas de madeira. No meio dessas casas, entre as colunas e a parede, eles dependuram redes de algodão — que podem acomodar um homem — e entre elas fazem uma fogueira. Uma única casa pode abrigar entre quarenta e cinquenta leitos armados como teares.[286]

O alemão Staden, um prisioneiro que quase virou repasto dos nativos da região de Ubatuba, não tem obviamente qualquer simpatia pelos ditos "selvagens". Das longas descrições que deixou das gentes com quem conviveu, gentes que se gabavam de matar barbaramente os seus inimigos, o ponto alto são, sem dúvida, os rituais antropofágicos. Passemos os olhos por duas passagens. A primeira, ocorrida na praia de Maembipe, próxima à ilha Bela, depois de uma batalha:

> Levou aí cada um seu prisioneiro para a sua cabana. Aqueles que estavam muito feridos foram arrastados à praia, mortos imediatamente e cortados em pedaços, segundo o seu costume, assando-se então a carne. Entre os que foram assados nessa noite, encontravam-se dois mamelucos que eram cristãos.[287]

[286] FRANÇA, Jean Marcel Carvalho. *A relação do piloto anônimo*, p. 6.
[287] STADEN, Hans. *Duas viagens ao Brasil*, p. 129.

A outra, mais detalhada, aparece em meio ao esquadrinhamento que o aventureiro promove dos hábitos e costumes nativos. Depois de descrever seus bonitos corpos, os enfeites que usam pelo corpo, a maneira de morarem e dormirem, a sua alimentação regular, a promiscuidade em que vivem, o modo como se embebedam, as armas que utilizam e o gosto que sentem em guerrear e matar, Staden oferece ao seu leitor uma indigesta e, por certo, surpreendente pintura de um ritual antropofágico. Percorramos um pequeno fragmento:

> [...] retoma o tacape aquele que vai matar o prisioneiro e diz: Sim, aqui estou eu, quero matar-te, pois tua gente também matou e comeu muitos dos meus amigos. [...] Depois golpeia o prisioneiro na nuca, de modo que lhe saltam os miolos, e imediatamente as mulheres levam o morto, arrastam-no para o fogo, raspam-lhe toda a pele, fazendo-o inteiramente branco, e tapando-lhe o ânus com um pau, a fim de que nada dele escape.
>
> Depois de esfolado, toma-o um homem e corta-lhe as pernas, acima dos joelhos, e os braços junto do corpo. [...] Separam após as costas, com as nádegas, da parte dianteira. Repartem isto entre si. As vísceras são dadas às mulheres. Fervem-nas e com o caldo fazem uma papa rala, que se chama mingau, que elas e as crianças sorvem. Comem essas vísceras, assim como a carne da cabeça. O miolo do crânio, a língua e tudo o que podem aproveitar, comem as crianças [...].[288]

A antropofagia também marcou presença na descrição dos "selvagens" da Baía de Guanabara que o piloto de Villegaignon, Nicolas Barré, deu a conhecer em 1553. É certo que Barré, como Léry, Abbeville, Pezieu e Evreux, não deixou de mencionar a amigável recepção que tinham recebido dos nativos, todavia, o tom não se distancia muito do de Staden:

---

[288] Op. cit., p. 182-184

> Tudo me leva a crer que esses nativos são o povo mais bárbaro e estranho que existe sobre a terra. Eles vivem sem conhecimento de nenhum deus, sem inquietude de espírito, sem lei e sem nenhuma religião. Tal como os animais, estão à mercê dos seus instintos. Tanto os homens como as mulheres andam completamente nus [...].
>
> Essa nação mantém-se em estado de guerra contra outras cinco ou seis. Quando fazem um prisioneiro, oferecem-lhe como esposa a mais bela jovem da tribo; essa relação é mantida por um certo número de luas, número previamente indicado através de uma corda fixada no pescoço do inimigo. Expirado o tempo, os nativos fazem uma grande quantidade de vinho de milho e bebem-no até a exaustão com os amigos convidados para a cerimônia. Nessa ocasião, o prisioneiro é espancado até a morte com um porrete de madeira e, posteriormente, dividido em pedaços, que são assados na brasa e comidos com grande prazer.[289]

Thévet, que dedica espaço bem mais generoso para informar aos seus leitores quem eram os estranhos "moradores" que os franceses encontraram na Baía de Guanabara, não é mais simpático do que Barré. O cosmógrafo, é certo, não deixa de apreciar uma ou outra característica do "selvagem". A sua impressão inicial, inclusive, tal como a de Barré, é excelente. "Fomos imediatamente recebidos pelos habitantes, da maneira mais hospitaleira possível",[290] conta o francês aos seus leitores. Além de receber bem, os selvagens, todos "bem-conformados e dotados de membros bem-proporcionados", respeitavam muito os mais velhos, não davam muita atenção às riquezas materiais, eram prestativos, partilhavam tudo o que tinham e, por vezes, chegavam a ser "mais caridosos e honestos do que os próprios cristãos".[291] Malgrado tais virtudes, o saldo geral era péssimo:

---

[289]FRANÇA, Jean Marcel Carvalho. *Visões do Rio de Janeiro colonial*, p. 21-22.
[290]THÉVET, André. *Singularidades da França Antarctica, a que outros chamam de América*, p. 93.
[291]Op. cit., p. 102.

> [...] esta região era e ainda é habitada por estranhíssimos povos selvagens, sem fé, lei, religião nem civilização alguma, vivendo antes como animais irracionais, assim como os da natureza, alimentando-se de raízes, andando sempre nus tanto os homens quanto as mulheres, à espera do dia em que o contato com os cristãos lhes estirpe esta brutalidade, para que eles passem a vestir-se, adotando um procedimento mais civilizado e humano.[292]

Era gente, segundo Thévet, sem quaisquer princípios morais, à mercê do diabo, que os induzia a práticas extravagantes e cruéis, sendo a mais abominável delas a antropofagia. Thévet dedica todo um capítulo à sua descrição, cujo clímax é a passagem que se segue:

> Logo depois que o matam [o prisioneiro], os selvagens reduzem o corpo a postas, tomando o cuidado de aparar o sangue. Lavam seus filhos homens neste sangue com o fito de torná-los mais corajosos, conforme pensam [...]. Retalhado o corpo e assado à moda indígena, seus pedaços serão distribuídos entre tantas pessoas quantas ali se encontrarem. Cada pessoa recebe o seu naco. Geralmente, às mulheres cabem as entranhas. A cabeça, eles a reservam para espetá-la na ponta de uma vara que é colocada sobre suas ocas, como sinal de vitória e triunfo. Causa-lhes prazer especial espetar a cabeça de um português [...].[293]

O nativo menos "selvagem" e mais "humano" que povoou os relatos da França Antártica — quiçá os relatos em geral sobre o Brasil dos séculos XVI, XVII e XVIII — saiu da pena do "Montaigne dos viajantes", de Jean de Léry. O calvinista, ainda que não tenha deixado de observar que os autóctones viviam na completa ignorância de Deus, praticavam a poligamia e, sobretudo, tratavam com extrema crueldade os inimigos

[292] Ibid., p. 98.
[293] Ibid., p. 132.

capturados em combate, é ligeiramente mais simpático a eles, mesmo ao descrever aqueles seus hábitos que, aos olhos dos homens do Velho Mundo, evidenciavam completa ausência de humanidade. O ritual antropofágico, por exemplo, ganha em sua narrativa contornos mais suaves, mais nobres e, principalmente, mais compreensíveis para os seus coetâneos europeus. A passagem em que Léry descreve os momentos que antecedem a execução de um prisioneiro é lapidar neste sentido:

> Todas as aldeias circunvizinhas são avisadas do dia da execução e breve começam a chegar de todos os lados homens, mulheres e meninos.
>
> Dançam então o *cauinam*. O próprio prisioneiro, apesar de não ignorar que a assembleia se reúne para seu sacrifício dentro de poucas horas, longe de mostrar-se pesaroso, enfeita-se todo de penas e salta e bebe como um dos mais alegres convivas. Depois de ter comido e cantado durante seis ou sete horas com os outros, é ele agarrado por dois ou três dos personagens mais importantes do bando e, sem que oponha a menor resistência, é amarrado [...].
>
> Não se imagine porém que o prisioneiro com isso se deprima. Ao contrário, com audácia e incrível segurança, jacta-se das suas proezas passadas [...]. Cada vez mais feroz, volta-se para ambos os lados exclamando para uns e outros: "comi teu pai, matei e moqueei a teus irmãos, comi tantos homens e mulheres, filhos de vós outros tupinambás, a que capturei na guerra, que nem posso dizer-lhes os nomes" [...].
>
> Embora os selvagens temam a morte natural, os prisioneiros julgam-se felizes por morrerem assim publicamente no meio de seus inimigos, não revelando nunca o mínimo pesar [...].[294]

Mas não somente pelo tom mais brando e tolerante na descrição dos "maus hábitos" dos nativos distinguiu-se Léry. O opositor de Thévet, ao contrário de seus antecessores, deu um enorme destaque às virtudes

[294]LÉRY, Jean de. *Viagem à terra do Brasil*, p. 193-196.

dos *brasis* e, de certo modo, não deixou de sugerir — como fez Montaigne — que por vezes o comportamento dos denominados "selvagens" era, mesmo sem o conhecimento do verdadeiro Deus, mais cristão do que o dos próprios cristãos: eram, ainda que polígamos, luxuriosos e desprovidos de vestimentas, mais discretos do que muitos europeus; viviam em paz e sossego, embora não mantivessem leis escritas; eram implacáveis com os inimigos, mas generosos, brincalhões, leais e gentis com os amigos; tratavam com respeito os velhos e carinhosamente as crianças; e, sobretudo, eram extremamente caridosos e solidários.

Perspectiva próxima à de Léry reaparecerá nos relatos dos missionários capuchinhos da França Equinocial, sobretudo na longa e detalhada relação do líder dos missionários na região, Yves d'Evreux. Também os capuchinhos, homens interessados em passar para os seus conterrâneos uma ideia positiva do empreendimento colonizador no Maranhão, pintaram uma imagem simpática dos "selvagens", a de um ser simplório e com alguns hábitos detestáveis — a antropofagia, por exemplo —, mas com algumas qualidades cristãs natas e, sobretudo, aberto a receber o verdadeiro Deus e a verdadeira religião, a cristã. Ao menos é o que sugere Abbeville na primeira carta que enviou aos companheiros de batina, baseados na cidade de Paris, em 1612, logo que desembarcou para a sua curta permanência no lugar:

> Os pobres selvagens, asseguro-vos, manifestaram uma alegria indescritível com a nossa presença. É um povo já completamente seduzido e conquistado, um povo aberto à verdade e que nos ama e admira infinitamente, a ponto de chamar-nos de profetas de Deus e de Tupã.
>
> Recebemos, pela primeira vez, algumas boas-novas desde que estamos aqui. Soubemos que no Pará, uma região situada entre este lugar e o Amazonas, há um outro povo, estimado em 100 mil homens, que gostaria muito de ter-nos por perto para que o instruíssemos. Infelizmente, a obra é grande demais para ser realizada por tão poucos

> trabalhadores. É preciso dizer, no entanto, que é evidente a necessidade de missões nesta parte do mundo e que é chegado o tempo de Deus ser reconhecido e adorado por aqui.

Louis de Pezieu, que permaneceu mais tempo entre os nativos, tem uma posição menos otimista, mas está longe de considerá-los seres desprovidos de humanidade ou definitivamente perdidos para o diabo, ainda que este os insuflasse constantemente a práticas pouco cristãs, como a poligamia e a antropofagia. Escutemos um pouco do otimismo moderado de Pezieu:

> As pessoas são todas naturalmente muito dóceis e, desde que se não as pressione, escutam e são interessadas em conhecer acerca do que nada sabem. Todavia, detestam ser contrariadas, são muito violentas e cultivam diversos maus costumes sugeridos pelo diabo, costumes que prometem abandonar, mesmo aquele de comer os seus inimigos — o que fazem muito mais para exercer uma cruel vingança contra estes do que por apuro do gosto. Amam sobremaneira a guerra e nada lhes dá maior prazer do que falar acerca dela; os mais velhos exortam os mais novos à vingança. Quando um espinho ou uma outra coisa qualquer machuca-os, arrancam-no da carne e imediatamente metem na boca.

Mais adiante, na mesma carta, datada de dezembro de 1612, o capuchinho, depois de narrar aos seus colegas um caso de antropofagia ocorrido entre os nativos convertidos ou em estado de conversão, complementa:

> Todos prometeram que, dali para adiante, iriam punir quem praticasse tal coisa. Os mais velhos, tanto homens quanto mulheres, ficam muito desgostosos de serem repreendidos, os jovens, porém, começam a perceber que a prática não é correta. Tenho excelente opinião das crianças, as quais, pelo que observo, são todas muito amáveis e compreendem rapidamente o que se lhes ensina.

Pezieu, como seu superior Yves d'Evreux, acreditava firmemente numa "bondade cristã" nata das gentes do Novo Mundo, bondade corrompida pelo demônio que, agindo por meio dos *pajés*, se aproveitava da ignorância e da ingenuidade que lhes eram peculiares. Evreux, a propósito, vai ainda mais longe, destacando, na sua longa e detalhada narrativa, que a cultura do selvagem não era desprovida de certas ideias básicas do cristianismo — Deus, a imortalidade da alma, a importância da caridade etc. — e que havia entre eles uma receptividade enorme à religião cristã, cujos fundamentos aprendiam rapidamente e "com o coração".[295]

D'Abbeville, Pezieu e Evreux, no entanto, foram dos últimos visitantes do Brasil colonial a deixarem longas construções discursivas do indígena. A partir do início do século XVI, já o vimos, o selvagem, o "bom" e o "mau", gradativamente foi perdendo espaço nas narrativas de viagem sobre o Brasil. Os relatos, cada vez mais, passaram a incidir sobre o mundo que o colono europeu estava criando nos trópicos, sobre as cidades do litoral, um litoral gradativamente despovoado de "selvagens". É certo que não se trata de um desaparecimento súbito. Ao longo dos séculos XVII e XVIII, depois da França Equinocial e antes que voltasse à pauta das narrativas de viagem sobre o Brasil, na primeira década do século XIX, o "brasileiro", como foi por muito tempo designado, marcou presença aqui e ali nas narrativas do período, mas quase sempre de maneira tangencial, como um item menos importante dos singulares centros urbanos brasileiros. A exceção, mais uma vez, vem do Brasil holandês, de onde saiu pelo menos uma obra inteira dedicada aos *tapuias*, assinada pelo suposto "linguista" judeu, Roloux Baro, e outras narrativas importantes com largas menções ao modo de vida dos "selvagens" da região. O tom das descrições do indígena aí encontradas, no entanto, tom marcadamente negativo, não vai variar muito em relação àquele encontrado em outras narrativas que, ao longo dos séculos XVII e XVIII, sempre de maneira

[295] D'ÉVREUX, Père Yves. *Voyage dans le nord du Brésil fait durant les années 1613 et 1614*, p. 284-291; p. 277-283.

periférica, se referira aos "brasileiros", "brasis", "selvagens", enfim, à gente que habitava a terra antes dos colonos.

Uma dessas outras narrativas é a do inglês Richard Flecknoe. O poeta e aventureiro, de visita pelo Rio de Janeiro em 1648, deixou uma passagem que bem ilustra a pouca estima e atenção com que os ditos "selvagens" passaram a ser tratados nas narrativas de viagem:

> Se, como quer João Batista de Porta, pudéssemos associar a cada povo um animal que melhor ilustrasse as suas características, diríamos que esses brasileiros são como asnos: indolentes, fleumáticos e só aproveitáveis para o labor e para a escravidão, daí a natureza não ter dotado este país de nenhum animal de carga.
>
> Fisicamente, esses nativos são mais corpulentos que robustos: seu tronco é grosso, suas pernas curtas, seus olhos pequenos, sua pele morena e doentia, suas feições irregulares, e seus cabelos negros, lisos e muito oleosos.
>
> Tanto os homens como as mulheres andam geralmente nus, usando apenas um pequeno trapo para esconder as partes genitais — o que, de resto, ninguém desejaria ver, já que aquilo que está à mostra é bastante repugnante. São todos cristãos, o que me faz imediatamente pensar na seguinte frase: o Senhor salva a todos, homens e animais. Essa máxima, para essa gente que não possui inteligência bastante para cultivar vícios engenhosos nem temperança suficiente para evitar os mais brutais, é, sem dúvida, adequada. Digo isso baseando-me naqueles que vivem entre os portugueses. Quanto aos demais, imagino que a diferença seja a mesma que há entre os animais domésticos e os selvagens.
>
> No tocante à ferocidade desses nativos, não acreditei em tudo o que me disseram. Creio ser verdade que eles devoram uns aos outros e que na sua língua não constam as palavras deus, lei e rei. Contudo, se fossem de fato ferozes como contam os habitantes locais, certamente não teriam entregado tão mansamente suas terras aos portugueses, nem permitiriam que estes desfrutassem dela sem qualquer transtorno.[296]

[296] FRANÇA, Jean Marcel Carvalho. *Visões do Rio de Janeiro colonial*, p. 40.

Um pouco mais tarde o capuchinho Dionigi Carli, que passou por Pernambuco com seu companheiro Guattini em 1667, também teceu comentários rápidos e pouco elogiosos sobre os "selvagens" da região, os *tapuias*.

> Os portugueses, até o presente, não conseguiram subjugar os originários do Brasil, um povo muito bárbaro e muito esquivo. Tapuias ou caboclos é o nome que se lhes dá, e a sua cor é um pardo escuro [...]. Eles vivem da caça de animais e homens. Quando algum deles fica doente, dão-lhe alguns dias para que se restabeleça, caso, passado esse tempo, a cura não venha, eles, para evitar que padeça com tormentos, matam-no impiedosamente e comem-no. A mesma graça ou a mesma barbarização concedem aos seus pais e aos velhos que não podem mais ir à caça, os quais as próprias crianças matam e comem, em companhia dos parentes mais próximos da vítima, convidados para o cruel festim. Pagam, assim, com a morte àqueles que lhes deram a vida e metem para dentro de suas entranhas as entranhas de onde saíram. Em suma, é uma gente pagã miserável, mergulhada na mais completa idolatria. Os outros habitantes do Novo Mundo, bons ou maus, são cristãos ou, pelo menos, são tidos como tal.

Adentrando pelo século XVIII, as notas sobre os nativos, tão pródigas outrora, vão se tornando ainda mais esporádicas e curtas. Froger, no limiar do século XVII, registra que algumas casas portuguesas mantinham uns poucos deles, devidamente domesticados, trabalhando como escravos, mas não se habilita a descrevê-los. Em narrativas do século XVIII, a tônica é a de que mal era possível vê-los nas cidades litorâneas brasileiras ou em seus arredores. James Forbes, por exemplo, visitante de 1765, depois de descrever a flora e a fauna da Baía de Guanabara, registra:

> Os brasileiros nativos dificilmente são vistos no Rio de Janeiro. Os poucos que permanecem na região vivem a uma distância considerável dos portugueses, sendo seus hábitos e costumes pouco conhecidos.[297]

[297] Ibid., p. 115-116.

James Cook, pouco tempo depois, em 1768, nomeadamente, dedica-lhes um pequenino parágrafo, no qual comenta que os poucos nativos que vira no Rio de Janeiro não podiam "ser vistos como habitantes da capital", pois residiam no interior e vinham à cidade somente "de tempos em tempos para realizar alguns trabalhos que lhes são impostos e pelos quais recebem um modesto salário". Tais nativos, comenta o capitão, "são de uma cor de cobre e têm longos cabelos negros".[298] Pouco antes dele, em 1748, um oficial anônimo da Marinha francesa tecera um comentário muito semelhante:

> Nada direi sobre os naturais do país, porque, infelizmente, eles preferem levar uma vida selvagem no meio das florestas do que se submeterem ao pesado jugo imposto pelos portugueses. Os poucos que vi na cidade foram convertidos pelos jesuítas. Os padres da Companhia, que têm tido muito sucesso no trabalho de catequese, contam com um grande número de nativos nos seus colégios da costa. Vermelhos e de pequena estatura, esses nativos têm os traços delicados e os cabelos negros, longos e lisos.[299]

Definitivamente, o "selvagem", o "brasileiro", não tinha mais, no Brasil construído nas narrativas de viagem, o brilho que tivera no século XVI. O tempo de seu personagem passara e a sua "brutalidade" não suscitava mais dúvidas como outrora: eram realmente seres perdidos para a civilização e para a religião, seres desinteressantes. Ficara para trás a ambiguidade de um Léry ou de um Pezieu e ainda não se consolidara o "bom selvagem" de Rousseau ou os "nativos de alma nobre" do romantismo.

Logo, no entanto, que se iniciou o processo de apagamento do "selvagem" das narrativas de viagem sobre o Brasil, selvagem que sequer era

[298] Ibid., p. 134.

[299] FRANÇA, Jean Marcel Carvalho. *Outras visões do Rio de Janeiro colonial*, p. 218.

mais visto nas cidades litorâneas — as únicas acessíveis aos estrangeiros desde o limiar do século XVII —, dois outros personagens rapidamente vieram tomar o seu lugar: o colono branco e o escravo negro. Os novatos, vale ressaltar, herdaram de seus antecessores um certo "barbarismo americano", uma certa incapacidade de absorver na sua plenitude a civilização do Velho Mundo. Todavia, ao contrário dos selvagens, tais personagens não gozaram nem mesmo do estatuto de exóticos; no Brasil dos visitantes estrangeiros, os negros eram degradados ou desgraçados e os brancos não passavam de um arremedo de europeus — aqueles da península Ibérica —, corrompidos e amolecidos pelas benesses e pelo calor dos trópicos.

O colono, a bem da verdade — pois o negro não passa de um personagem secundário, um traço a mais do mundo quase bárbaro em que o colono vivia —, é a grande "mácula" que o visitante europeu detectou neste Brasil exuberante e pródigo que descreveu nas suas narrativas de viagem. Notável é que tal percepção remonte aos primeiros relatos sobre o país — aqueles dedicados a descrever a incipiente vida das cidades locais, bem entendido — e seja consensual entre os visitantes. Consensuais igualmente são as razões que levaram tais homens — provenientes de países, meios sociais e épocas variados, como assinalamos — a ter uma impressão tão ruim dos denominados "portugueses da América".

O holandês Dierick Ruiters, por exemplo, que permaneceu cerca de um ano aprisionado no Rio de Janeiro em 1618 e foi um dos primeiros a traçar um "retrato" dos colonos e do seu *modus vivendi*, desgostou-se, entre outras coisas, com a crueldade desses homens:

> Vi, certa feita, um negro faminto que, para encher a barriga, furtara dois pães de açúcar. Seu senhor, ao saber do ocorrido, mandou amarrá-lo de bruços a uma tábua e, em seguida, ordenou que um negro o surrasse com um chicote de couro. Seu corpo ficou, da cabeça aos pés, uma chaga aberta, e os lugares poupados pelo chicote foram lacerados

> à faca. Terminado o castigo, um outro negro derramou sobre suas feridas um pote contendo vinagre e sal. O infeliz, sempre amarrado, contorcia-se de dor. Tive, por mais que me chocasse, de presenciar a transformação de um homem em carne de boi salgada e, como se isso não bastasse, de ver derramarem sobre suas feridas piche derretido. O negro gritava de tocar o coração. Deixaram-no toda uma noite, de joelhos, preso pelo pescoço a um bloco, como um mísero animal, sem ter as suas feridas tratadas. Fui testemunha ainda de outras barbaridades praticadas por portugueses e espanhóis contra os seus escravos.[300]

Décadas mais tarde, em 1698, o engenheiro francês François Froger também observou que os colonos eram cruéis, porém, não contente, taxou-os de desonestos e pintou-os com cores bem pouco singelas:

> Em geral, são possuidores de numerosos escravos e de famílias inteiras de índios, mantidas a contragosto nos engenhos. Os escravos ocupam-se da quase totalidade dos trabalhos da casa, o que torna os habitantes moles e efeminados, a ponto de serem incapazes de se abaixar para apanhar um alfinete. O excesso é tão comum entre eles que, não somente os burgueses, mas também os religiosos, podem manter relações com mulheres públicas sem temerem ser alvos da censura e da maledicência do povo. A impureza não é a única falta comum a esses frades ímpios. Eles vivem na mais absoluta ignorância e pouquíssimos sabem latim. Temo que eles nos façam assistir, em breve, ao incêndio de uma nova Sodoma.[301]

Isso foi o que disse Froger sobre os cariocas, já sobre os baianos registrou o seguinte:

---

[300] FRANÇA, Jean Marcel Carvalho. *Outras visões do Rio de Janeiro colonial*, p. 41.
[301] Id. *Visões do Rio de Janeiro colonial*, p. 52.

> Os habitantes — exceto a arraia-miúda, que é insolente ao extremo — são limpos, educados e honestos. A maior parte é composta por judeus ricos, que adoram o comércio. Tanto é assim que, quando um cidadão quer que um dos seus filhos siga a carreira eclesiástica, ele é obrigado a provar que os seus antepassados eram cristãos — do mesmo modo que um cavaleiro de Malta deve provar a nobreza da sua ascendência.
>
> Os homens apreciam muitíssimo o sexo e não fazem economia para agradar as mulheres, que, de resto, são em número reduzido.

Preguiçoso, cruel, desonesto e libertino, eis alguns dos qualificativos mais utilizados pelos viajantes estrangeiros quando se trata de descrever os portugueses aclimatados nos trópicos. Froger está muito longe de ter sido o único a lançar mão desses e de outros adjetivos menos simpáticos para defini-los. Antes dele, em 1666, o comandante francês, senhor de Mondevergue, registrara que os habitantes do Recife "viviam com grande licença, gastavam o tempo dormindo e fumando" e eram muito pobres. Um pouco depois de Froger, William Dampier, que visitou os baianos em 1699, após descrever o singular hábito local de se fazer transportar por dois negros em redes cobertas com um cortinado, salientou que, salvo a gente miserável, todos os brancos possuíam muitos escravos e viviam em grande ociosidade, pois os negros ocupavam-se de praticamente tudo.

Em 1703, outro francês, um comissário (anônimo) da Companhia das Índias Ocidentais, após visitar a Baía de Todos os Santos e o Rio de Janeiro, escreveu a um já referido amigo de Paris:

> Os homens de bem [...] são acusados, e não sem razão, de serem vaidosos, arrogantes e cruéis para com os seus subordinados. Conta-se, a propósito disso, que um capitão de navio golpeou mortalmente um marujo pelo simples fato de este ter sido pouco cortês. A maioria desses homens é totalmente avessa ao trabalho, preguiçosa e muito inclinada

> à volúpia. Nem mesmo os padres e monges estão isentos desses vícios. A luxúria, especialmente, tornou-se tão familiar entre eles que sequer se dão o trabalho de ocultá-la.[302]

Frézier, que visitou Salvador em 1714, atribui aos baianos quase as mesmas características que o comissário, mas esmerou-se nos detalhes, pois, segundo confia ao seu leitor, observara tudo com muita atenção. Os baianos, em geral, também não agradaram ao engenheiro. Irritou-lhe, a princípio, o hábito que tinham de se fazer "molemente carregar numa espécie de cama feita de tecido de algodão, suspensa, de ambos os lados, por um grande bastão, que dois negros levam sobre a cabeça ou sobre os ombros". Irritou-lhe, igualmente, o fato de serem demasiado cruéis com os escravos e, sobretudo, de ostentarem uma religiosidade excessiva, que estava longe de condizer com a conduta cotidiana por eles adotada:

> A maior parte das pessoas anda nas ruas com um rosário na mão, um santo Antônio no estômago ou dependurado no pescoço, e com um aparato bastante bizarro: todos trazem na cintura uma espada longa à espanhola, do lado esquerdo, e um punhal quase tão grande quanto as espadas pequenas francesas, do lado direito; desse modo, quando a ocasião se apresenta, nenhum dos braços deixa de colaborar na degola do inimigo. Efetivamente, tendo-se em conta a verdadeira probidade e os sentimentos católicos, os traços exteriores de religiosidade dessa gente são muito duvidosos. Frequentemente, tais traços servem para ocultar dos olhos do público os inúmeros judeus que vivem aqui.

Quase pela mesma época, o comerciante Le Gentil la Barbinais, também em visita a Salvador, teceu um rosário ainda maior de críticas aos colonos, entrecortado com sentenças do gênero, "o Brasil [...] não

[302]FRANÇA, Jean Marcel Carvalho. *Visões do Rio de Janeiro colonial*, p. 64.

passa de um refúgio de ladrões e assassinos", e arrematado com a seguinte passagem:

> É difícil definir os habitantes desta cidade, como de resto todos os portugueses nascidos no Brasil. Nada é mais enganador do que sua aparência: simpática e afável. Na verdade, como os chineses, eles são hábeis em ocultar o ódio que sentem pela nossa nação, ódio caprichoso, que busca sua justificativa no fato de que outrora guerreamos em suas costas, tomamos o Rio de Janeiro etc. A corte do vice-rei é composta por oficiais que parecem ser a gente mais civilizada do mundo e que fazem questão, dizem eles, de imitar as maneiras francesas. Logo que chegamos, enviaram-nos de presente frutas, vinhos, doces etc. Essa liberalidade desmedida gerou em nós uma certa desconfiança, e logo notamos que os seus interesses tinham inspirado uma generosidade muito contrária à sua natureza. A bem da verdade, são parasitas assumidos, que veem os estrangeiros como lorpas que a boa fortuna lhes colocou no caminho.
>
> Entretanto, caso o estrangeiro demore em dar testemunho de seu reconhecimento pelos serviços que prestam e pelos presentes que dão, mudam radicalmente as suas maneiras e tornam-se inimigos da pessoa. Apesar, no entanto, do grande número de escroques, conheci na corte do vice-rei muitos oficiais de Portugal a quem os vícios americanos incomodavam tanto quanto a nós e que viviam em sociedade de uma maneira decente. [...] Os costumes neste país são corrompidos e os homens não ruborizam por nada.

O tempo passa e as mesmas impressões permanecem. O cirurgião François Vivez, que visitou o Rio de Janeiro em 1767, em companhia do renomado Bougainville, crê, também, que os costumes locais são corrompidos, que a religiosidade — excessiva e ostentatória — é aparente e que a violência e a luxúria grassam entre os habitantes — "a libertinagem e os crimes são extremamente frequentes" —, sobretudo a luxúria, segundo o caso que relata: "Aqui, também, são promovidos uns dias de festa, nos quais são Domênico vai visitar são Francisco, e é nestas ocasiões, diante de toda a população, que se fazem mil horrores bem pouco decentes."

Práticas religiosas tão bizarras, a propósito, não passaram despercebidas aos protestantes mais rigorosos que visitaram as cidades brasileiras entre os séculos XVII e XVIII; ao contrário, poucos deles deixaram de destacar o quão superficial e espetacular era a religião cristã praticada pelos colonos — prática, inclusive, que acabava por "degradar a própria religião",[303] como reclamava o católico M. de la Flotte em 1757. A esse respeito são ilustrativas as observações de dois visitantes: os protestantes ingleses Arthur Phillip e George Vason (ou Veeson). O primeiro, pelo visto, impressionou-se muito negativamente com a religiosidade do carioca, pois nas poucas páginas do seu relato em que assinala a sua passagem pelo Rio de Janeiro a caminho da Austrália, em 1787, não se esqueceu de tecer um longo e pouco simpático comentário sobre o tema:

> O que neste país mais chama a atenção de um estrangeiro, principalmente de um protestante, é a quantidade prodigiosa de imagens de santos espalhadas pela cidade e a devoção de que são alvo. Essas imagens estão colocadas em quase todas as ruas e os habitantes jamais passam por elas sem fazer uma respeitosa saudação. Durante a noite, os devotos reúnem-se em torno do seu santo de eleição, recitam preces e cantam, em bom som, hinos religiosos. Os costumes dos habitantes, no entanto, segundo se comenta, não fazem jus a esse excesso de fervor. Mas, é preciso dizer, em todos os países, sob todos os climas, os atos exteriores de devoção superam os atos interiores, estes bem mais essenciais.[304]

[303]FRANÇA, Jean Marcel Carvalho. *Visões do Rio de Janeiro colonial*, p. 105.
[304]Op. cit., p. 178.

Quanto a Vason, um pastor protestante que passou também pelo Rio de Janeiro, em 1796, rumo ao Taiti, depois de duas semanas de estada na cidade, deixou essa breve mas contundente observação sobre a religiosidade dos habitantes:

> Deixamos a cidade, lamentando a ignorância e a superstição dos habitantes. Chegamos mesmo a comentar: trata-se de um lugar mergulhado na quase completa escuridão. A religião idólatra e anticristã que pratica o povo não está muito longe dos cultos pagãos.[305]

Até mesmo um católico espanhol, Francisco de Aguirre, que residiu dois meses no Rio de Janeiro em 1783 e pôde conhecer mais de perto o cotidiano da população local, lançou dúvidas sobre a devoção dos brasileiros. Após testemunhar um grande número de movimentadas procissões, devotadas penitências e animadas novenas, o espanhol cogitou:

> [...] a tomar pelas manifestações exteriores de devoção os portugueses do Rio de Janeiro são realmente os melhores católicos do mundo. Contudo, tais manifestações nem sempre correspondem à devoção íntima, aos sentimentos que vão na alma.[306]

O "rol de imperfeições" dos colonos, porém, ainda não está completo. Ele apresentaria uma grave lacuna se não acrescentássemos ao menos mais dois itens: a ignorância e o ciúme. A respeito da primeira característica, recorramos a duas passagens. A mais contundente delas saiu da pena da senhora Jemima Kindersley, que, em visita a Salvador, nos idos de 1774, registrou:

---

[305]Ibid., p. 243.
[306]Ibid., p. 164.

> É verdade que os padres têm razões para se autovalorizarem, já que são os únicos responsáveis pelo pouco ensino que é oferecido no país. Esta rica e populosa cidade não possui uma única academia, de nenhum tipo.
>
> A juventude, em geral, sabe somente ler e escrever; caso um rapaz aprenda também um pouco de português e de latim, ele pode já pensar em ser bispo. É surpreendente que um país tão próximo de um reino da Europa, como este é de Portugal, possa praticamente desconhecer as artes e ciências. As pinturas e outras peças que decoram as suas igrejas vêm todas da Europa. Os habitantes parecem saber bem pouco acerca dos requintes da vida, passando a maior parte do tempo na mais completa indolência e lendo pouquíssimos livros, pois o conhecimento não está no seu rol de preocupações.[307]

Antes da senhora Kindersley, La Barbinais, de passagem pela Ilha Grande em 1714, jocosamente anotara:

> Essa boa gente é a mais ignorante que conheci nas Índias Ocidentais. Um dos mestiços do lugar, sabendo que vinha de Portugal, convidou-me para visitar a sua casa. O anfitrião recebeu-me muitíssimo bem, porém, no decorrer da visita, fez-me um sem-número de perguntas descabidas sobre os países da Europa, entre as quais, se havia também selvagens em Portugal e na Espanha, e se os homens da Europa eram como os do Brasil.
>
> Casualmente, abordei a diferença de localização entre o Brasil e Portugal e tentei explicar-lhe que, em razão de tal diferença, enquanto aqui era inverno, lá era verão, e quando aqui era dia, lá era noite. O português benzeu-se por mais de cem vezes e disse que somente um feiticeiro poderia imaginar tais coisas. Sua reação foi ainda pior quando lhe contei que estive entre os flibusteiros ingleses das Antilhas. Ele perguntou-me, por mais de trinta vezes, se eu não era um herege

[307]Jemima Kindersley. In: FRANÇA, Jean Marcel de Carvalho. *Mulheres viajantes no Brasil (1773-1820)*, p. 27-28.

> e, não obstante todas as minhas afirmativas em contrário, não resistiu ao desejo de borrifar água-benta no cômodo em que estávamos. Ao que tudo indica, ele pensava que os ingleses haviam me transformado num endemoniado.

Ainda que constantes, no entanto, as menções à ignorância do colono não são tão frequentes quanto aquelas dedicadas a assinalar o seu "ciúme". A reputação de que os portugueses dos trópicos eram destemperados em matéria de amor e capazes de atos tresloucados em seu nome estava tão consolidada na Europa que, no alvorecer do século XIX, o capitão inglês James Tuckey, em visita ao Rio de Janeiro, otimista com as mudanças pelas quais supunha passar os hábitos e os costumes dos cariocas, comenta:

> Viajantes anteriores sempre lamentaram a dificuldade que encontravam para pôr os olhos sobre uma brasileira decente. Tal situação, no entanto, alterou-se muito. Hoje, a bem da verdade, as maneiras das mulheres do Rio de Janeiro, das solteiras especialmente, aproximam-se muito mais da informalidade das inglesas do que da pudica reserva que, dizem, caracteriza as portuguesas. E como melhoraram os costumes do povo em geral, o ciúme de outrora vem dando lugar a uma gentil atenção para com o sexo oposto. Os homens começam a depositar confiança nas mulheres, as quais, mais conscientes do seu próprio valor, rapidamente estão adquirindo aquele amor-próprio que sustenta a virtude feminina.[308]

Muitos tinham sido realmente os "viajantes anteriores" que lamentaram a impossibilidade de manter contato com as mulheres brasileiras, tamanho era o ciúme do sexo oposto, um ciúme que, segundo os mesmos visitantes, não raro ocasionava um crime de sangue. Entre os navegadores

---

[308]FRANÇA, Jean Marcel Carvalho. *Outras visões do Rio de Janeiro colonial*, p. 267.

corria, inclusive, desde 1768, a história de que o capelão da embarcação que acompanhava o navio do renomado Louis Antoine Bougainville, ao passar pela cidade, metera-se numa querela amorosa e acabara assassinado. Vivez, seu colega de embarcação, sem mencionar os motivos, descreve o triste fim do capelão com as seguintes palavras:

> Em meio a essa tempestade, tivemos o azar de perder nosso capelão, que depois de embarcar ao entardecer numa piroga foi assassinado e lançado na água. Os seus algozes foram tão cruéis que chegaram a suspendê-lo pelos pés e afogá-lo na água a golpes de remo.

História similar era contada acerca do prisioneiro de guerra Jean François Duclerc, que liderara um ataque ao Rio de Janeiro em 1710. Dizia-se que a morte do capitão devia-se menos a "razões de Estado" e mais às "querelas amorosas" em que tinha se metido durante sua curta estada — meses somente — na cidade. Entre os europeus, esses e outros casos similares tomaram ares de verdade, ganharam grandes proporções e rapidamente consolidaram opiniões como a expressa pelo cirurgião inglês George Hamilton em 1790:

> Aqui, os estiletes são muito utilizados, os assassinatos são frequentes, os homens são possuídos por um ciúme sanguinário e as mulheres, que nunca aparecem em público sem a proteção de um véu, são muito dadas à galanteria.[309]

A propósito do comentário de Hamilton, se tomarmos ao pé da letra o que insinua o cirurgião inglês e dúzias de outros visitantes, os colonos tinham razão de sobra para desconfiar de suas parceiras, pois as mulheres dos trópicos, como então se dizia, "não primavam pelo recato".

---

[309]FRANÇA, Jean Marcel Carvalho. *Outras visões do Rio de Janeiro colonial*, p. 242.

Talvez o grande propagador na Europa dessa imagem ruim da mulher brasileira tenha sido o capitão James Cook. De passagem pelo Rio de Janeiro em 1768, o renomado capitão teceu uma série de considerações sobre as cariocas, que acabaram por virar cantilena entre os viajantes que o sucederam. Eis o que diz Cook:

> Creio que todos estarão de acordo em admitir que as mulheres das colônias espanholas e portuguesas da América Meridional concedem seus favores mais facilmente do que aquelas dos países civilizados. No que se refere ao Rio de Janeiro, algumas pessoas chegam a afirmar que na cidade não há uma única mulher honesta. Essa condenação é seguramente muito generalizante. O dr. Solander, todavia, durante sua permanência na cidade, não foi capaz de elogiar a castidade dessas senhoras. Disse-me ele que, ao cair da noite, elas apareciam nas janelas, só ou acompanhadas, e jogavam buquês de flores sobre os seus eleitos quando esses passavam pela rua. Ainda segundo o doutor, ele e mais dois ingleses que o acompanhavam receberam um número tal de distinções que, ao final de um curto passeio, os seus chapéus estavam cobertos de flores.[310]

Mas aqui é preciso ter cuidado para não cometermos uma injustiça com o célebre capitão. Cook não inaugurou a longa série de críticas à moralidade da mulher brasileira que encontramos nas narrativas de viagem. A tradição é antiga e remonta a François Pyrard de Laval, o comerciante francês que visitou Salvador em 1610. Em sua conhecida narrativa, Laval contou uma história que, verdadeira ou não — e aqui estamos atrás de construções com pretensão à verdade, não de "verdades" —, se tornaria muitíssimo conhecida. Ouçamos o aventureiro:

---

[310]FRANÇA, Jean Marcel Carvalho. *Visões do Rio de Janeiro colonial*, p. 134.

Não quero, contudo, passar em silêncio sobre o que me aconteceu nesta cidade. Passeava um dia sozinho — vestido de seda, à portuguesa, mas à moda de Goa, que é diferente da moda de Lisboa e do Brasil —, quando encontrei uma jovem escrava negra de Angola que me disse, sem apresentações e sem-cerimônia, que não me preocupasse e a seguisse, pois ela me levaria a um homem de bem que queria ter comigo. Diante disso, detive-me um pouco pensando o que deveria fazer, se deveria ou não acreditar na palavra da rapariga. Por fim, resolvi acompanhá-la para ver o que ocorreria. Ela fez-me dar mil voltas e rodeios por ruas estreitas, o que, a cada passo, me punha em grande sobressalto e me fazia hesitar em seguir adiante. A rapariga, porém, dava-me coragem e tanto fez que acabou por me levar a um aposento muito bonito, espaçoso, bem-mobiliado e decorado, onde não vi mais ninguém senão uma jovem dama portuguesa, que me acolheu muito bem e logo mandou preparar-me uma boa refeição. Vendo que o meu chapéu não era grande coisa, ela, com sua própria mão, tirou-o da minha cabeça e deu-me um outro novo, de lã da Espanha, com uma bela presilha, fazendo-me prometer que voltaria a visitá-la e prometendo-me que me auxiliaria e me daria prazer em tudo o que pudesse. Prometi e, realmente, visitei-a regularmente enquanto estive na cidade, e ela fez-me uma infinidade de cortesias e favores.

Travei, também, conhecimento com uma outra rapariga portuguesa, natural do Porto, em Portugal, chamada Maria Madalena, que era estalajadeira e tinha uma casa de pasto. Destarte, não me faltava bebida e comida, pois ela me dava o que queria às escondidas de seu marido e ainda passava-me dinheiro para pagar diante dele. A rapariga tratava-me por seu camarada. Presenteei-a com algumas poucas coisas que trouxera das Índias, que fazem muita vista por aqui, mais até do que em Lisboa. Em resumo, as mulheres na Baía de Todos os Santos são mais amigas dos estrangeiros do que os homens, que, por sinal, são muito ciumentos.

Depois da história de Laval, rara foi a narrativa estrangeira que, ao referir-se à mulher brasileira, não censurou a sua conduta demasiado "livre" e a sua moral pouco austera. Há um repertório razoável de passagens sobre o tema nas narrativas com menções ao país. De certo modo, não seria equivocado dizer que, naquele Brasil construído nas páginas da literatura de viagem, ao lado de homens cruéis, desonestos, luxuriosos, ignorantes e ciumentos, havia mulheres corrompidas e lascivas, sempre dispostas a ceder seus favores a um europeu mais galanteador. Dellon, por exemplo, é categórico:

> Desconheço se a libertinagem é, no Brasil, tão generalizada quanto na Baía de Todos os Santos. Por aqui, mesmo as mulheres que passam por ter alguma virtude não têm o menor escrúpulo de adornar suas escravas, para que possam vender mais caro os infames prazeres que oferecem. Pode-se dizer que o vício reina aí soberanamente. Os estrangeiros em geral, especialmente os franceses, chamam muita atenção. O ciúme que despertam torna-os vítimas de um enorme ódio, que geralmente tem consequências terríveis [...].

La Barbinais, quatro décadas mais tarde, praticamente repete as críticas de seu conterrâneo:

> Os costumes neste país são corrompidos e os homens não ruborizam por nada. As mulheres não são menos debochadas e, publicamente, vivem de maneira completamente desregrada. Os religiosos e os padres seculares, além de ignorantes ao extremo, mantêm relações públicas com as mulheres, a ponto de muitos serem conhecidos não pelos seus sobrenomes, mas pelos de suas senhoras. Impudicos, quando escutam, nas igrejas, os pecados de uma mulher no confessionário, parecem antes incentivar a sua conduta do que inspirar nela sentimentos de constrição e piedade. Durante a noite, andam pelas ruas travestidos uns

> de mulher, outros de escravo, armados de punhal ou de armas ainda mais perigosas. Mesmo os conventos, casas supostamente consagradas a Deus, servem de abrigo para mulheres públicas.

Entre ambos, abordaram o tema, pintando-lhe basicamente com as mesmas cores, François Froger e Francisco Coreal — que repete a mesma história de Laval, ambientado-a em Santos. Ainda antes que Cook propagasse aos sete ventos uma mulher "brasileira leviana e fácil", imagens dela igualmente pouco edificantes saíram da pena de um oficial anônimo da Marinha francesa, do astrônomo La Caille e do militar M. de la Flotte. O último, a propósito, conta para os seus leitores uma curiosa historieta, na qual reúne o "ciúme português" e a "moralidade frouxa" das damas locais. Flotte narra que participou de uma belíssima festa na cidade, oferecida pelo governador, na qual não encontrou uma única mulher, pois estas haviam sido proibidas pelos seus pais e maridos de comparecerem a uma cerimônia em presença dos "galantes franceses":

> Imagine o leitor o quão animado foi esse baile e o quão viva foi a dança. Três ou quatro homens vestidos de mulher prestavam-se a dançar com aqueles que quisessem representar este ridículo papel. O governador, em vão, convidara as mulheres da cidade, mas os homens não permitiram que elas fossem. Sua Excelência desculpou-se e nos deu a entender o quanto lhe incomodava ter de conviver com semelhantes homens.[311]

Entretanto, segundo adianta o mesmo M. de la Flotte, malgrado tamanho ciúme,

> [...] não há no mundo cidade onde as mulheres sejam mais livres, o que conseguem servindo-se dos mesmos meios utilizados para impedi-las de o ser. Como todas se escondem atrás de um véu e se vestem de preto,

[311]FRANÇA, Jean Marcel Carvalho. *Visões do Rio de Janeiro colonial*, p. 106.

> é impossível ao olhar mais penetrante distingui-las umas das outras. Assim, uma mulher, sob pretexto de ir à igreja, pode tranquilamente dirigir-se para um encontro amoroso sem ser reconhecida. Além disso, elas têm por hábito transformar em confidentes as velhas que as acompanham, velhas que, segundo o desejo dos maridos, deveriam atuar como guardiãs da honra de suas esposas.[312]

A narrativa de James Cook, como se pode ver, está longe, muito longe, de ser inaugural quando o que está em causa é a reputação, a má reputação, das mulheres brasileiras. Certamente, e o número de menções em relatos alheios o demonstram, a clássica narrativa atribuída a Cook, reeditada e traduzida inúmeras vezes e muito prestigiada entre os viajantes em geral, deu um contributo enorme à propagação da má fama. O impacto, ao menos na Inglaterra, era tanto que, cerca de duas décadas depois de editado o livro do capitão, em 1792, o também inglês John Barrow sentiu-se na obrigação de defender as damas cariocas perante o público europeu. Após descrever longamente os seus hábitos e reproduzir os famosos comentários do capitão Cook, o cirurgião pondera:

> No tocante à mulher carioca, confesso que, apesar das fortes suspeitas que pesam sobre ela, nenhum traço de sua conduta levou-me a julgá-la mais galanteadora ou imoral que as mulheres de outros países.[313]

Ia já longe, porém, a consolidação da imagem ruim das brasileiras entre o público europeu. Nem mesmo a primeira mulher estrangeira a publicar uma descrição do Brasil, Jemima Kindersley, escapou à tradição. Das baianas, que conheceu na primavera de 1774, a inglesa teve uma impressão péssima e engrossou, no mesmo tom, sem nenhuma suposta peculiaridade feminina, o coro dos críticos à mulher dos trópicos. Em

---

[312]FRANÇA, Jean Marcel Carvalho. *Visões do Rio de Janeiro colonial*, p. 105-106.
[313]Ibid., p. 221.

meio às suas censuras, Jemima ao menos legou um dos mais completos esboços da brasileira habitante das narrativas de viagem:

> Depois do que afirmei sobre o caráter geral dos homens deste lugar, não espere ouvir nada de muito elogioso sobre as mulheres. Acostumadas à indolência e incultas, a sua vivacidade natural manifesta-se na astúcia. Os homens de suas relações não depositam muita confiança nas suas virtudes e elas, por sua vez, usam toda a sua esperteza para iludir a vigilância a que estão submetidas. A bem da verdade, elas são, para dizer o mínimo, bastante inclinadas às intrigas amorosas. Pudera eu contar-lhe o que a escuridão da noite oculta daquelas que, durante o dia, são vistas somente nas igrejas, e as minhas missivas pareceriam um libelo sobre o sexo.
>
> Muitas delas, quando bem jovens, têm os traços e os corpos delicados, todavia, trazem sempre no rosto uma cor amarelada bastante desagradável e, além disso, parecem envelhecidas precocemente. As suas vestimentas são pensadas para o clima quente. A mulher mais bem-arrumada que pude ver por aqui portava uma saia de chita, uma florida e folgada camisa de musselina, com profundos folhos e com uma gola do mesmo tecido, pregada por cima. O espartilho ou corpete não fazia parte de seu traje, mas somente uma tira de veludo vermelho enrolada diversas vezes na cintura. O seu cabelo estava para trás, fixado com vários pentes; havia brincos nas suas orelhas e uma espécie de garça, ou melhor, uma massa de ouro maciço, cravejada de diamantes, ornando a sua cabeça; no pescoço, trazia várias correntes finas de ouro e, nos pulsos, uns braceletes de grande espessura, do mesmo material — em cada um deles havia ouro suficiente para dois. Um par de chinelos, do mesmo tecido da faixa, completava a vestimenta.[314]

[314]Jemima Kindersley. In. FRANÇA, Jean Marcel de Carvalho. *Mulheres viajantes no Brasil (1773-1820)*, p. 30-31

Deixemos, no entanto, temporariamente a companhia das "mulheres levianas" e dos seus "parceiros corrompidos" e passemos os olhos pelo último dos personagens centrais daquele Brasil construído nas narrativas de viagem dos séculos XVI, XVII e XVIII: os escravos negros. A presença de tais personagens é tão tardia quanto a dos colonos, remontando ao ocaso do século XVI. Um dos primeiros a assinalar o quão entranhadas essas criaturas estavam no cotidiano das cidades brasileiras e o quanto eram "apreciados" pelos colonos foi o já mencionado François Pyrard de Laval. Além de "observar" que os portugueses eram "preguiçosos e desonestos" e que suas mulheres eram muito "amigas dos estrangeiros", o aventureiro, que visitou a Bahia em 1610, registrou:

> O que os portugueses do Brasil mais apreciam são os escravos da costa da África e das Índias Orientais, que nestas plagas não podem fugir, pois seriam capturados e comidos pelos naturais do país. Os escravos da terra não têm tal impedimento, além do que não são tão aptos e bem-dispostos para o trabalho quanto os outros. É muito divertido ver, nos dias de festa e domingos, dias que não estão sujeitos a seus mestres, os escravos todos reunidos, homens e mulheres, dançando e jogando em público, nas praças e ruas. Nada mais direi, contudo, acerca das singularidades deste país, pois é uma terra assaz conhecida e frequentada pelos nossos, que muito têm escrito sobre ela.

Cavendish, duas décadas antes, vira uns poucos escravos negros nas imediações de Santos, mas nada muito expressivo. Depois de Laval, mas longe do Nordeste, no Rio de Janeiro, nem John Barlow nem Flecknoe, nem Froger — o último, no limiar do século XVII — viram muitos escravos negros na cidade, a qual ainda era, segundo as descrições que legaram, povoada de escravos índios. A Recife dos viajantes não tinha os mesmos contornos neste aspecto. Desde o século XVII, as ruas da cidade estavam povoadas por negros. O senhor de Mondevergue, visitante de 1666, dividiu a população da cidade em quatro categorias: portugueses, brasileiros, *tapuias* (índios ferozes) e negros, dedicando ao último grupo as seguintes linhas:

> Os negros são o quarto tipo de habitantes do Brasil; trazidos de Angola, eles trabalham de sol a sol. Os seus senhores dão a eles somente algumas horas da semana de folga, as quais empregam plantando mandioca para o seu sustento [...].
>
> Os negros, porém, nesse duro cativeiro, não deixam, por vezes, de se divertir. No domingo, dia 10 de setembro de 1666, eles fizeram uma grande festa em Pernambuco. Após terem ido à missa, cerca de quatrocentos homens e duzentas mulheres elegeram um rei e uma rainha e, precedidos por lanças, trombetas e tambores-bascos, caminharam pelas ruas cantando, dançando e recitando versos que tinham composto para a ocasião.

Um ano mais tarde, o capuchinho italiano Dionigi Carli emitiu um comentário ainda mais esclarecedor:

> A caminho do hospício dos capuchinhos, notamos que a cidade é pequena, mas muito povoada, sobretudo por escravos mouros, vindos de Angola, do Congo, do Dongo e de Mataba. Todos os anos, cerca de 10 mil deles são trazidos para trabalhar na cultura da cana e do tabaco, para semear e colher o algodão — que cresce aqui abundantemente em arbustos da altura de um homem — e, também, para cortar madeira, tingir seda e outros tecidos de valor, e para trabalhar o coco e o marfim.

Tamanha presença de escravos africanos não será, a partir do século XVIII, privilégio das cidades do Nordeste. Um pouco por todo lado, o Brasil construído na literatura de viagens povoa-se de negros, que rapidamente se tornam peças indispensáveis daquele cenário pouco civilizado — natureza exuberante, homens corrompidos e mulheres lascivas com o qual os estrangeiros diziam deparar nas cidades brasileiras. Dampier, em 1699, tece alguns comentários sobre a presença negra no cotidiano da cidade de Salvador, que em breve se tornaria lugar-comum em quase todos os relatos com menções ao Brasil. Assevera o pirata:

> [...] salvo as pessoas de baixíssima qualidade, é raríssimo quem não tenha em casa escravos a seu serviço. A gente rica, além dos escravos de ambos os sexos que mantém em casa para realizar todo o tipo de trabalho, possui uns escravos homens que acompanham os seus senhores quando estes saem de casa, como uma comitiva.
>
> [...] Todos os comerciantes da cidade compram negros e mandam treiná-los em diferentes ofícios, o que acaba por ser de grande ajuda. O comércio com Angola e com outras partes da Guiné é frequente e garante um suprimento constante de negros, tanto para as plantações quanto para as cidades. Aqui na Bahia os seus serviços como carregador são muito requisitados. Ora, há um intenso comércio marítimo na cidade e o porto está situado no pé de uma elevação demasiado íngreme para ser vencida por carroças. É, pois, indispensável contar com o serviço dos escravos, que levam as mercadorias para a cidade, que fica no alto da elevação, sobretudo as de menor valor.
>
> [...] O número de escravos negros na cidade é tão elevado que já são maioria entre os habitantes. Todas as casas, como mencionei, têm escravos de ambos os sexos. Muitos portugueses solteiros tomam as mulheres negras como esposas, embora saibam que correm o risco de serem envenenados por elas, se lhes derem qualquer motivo de ciúme.

La Barbinais, também sobre os escravos negros de Salvador, tece um comentário complementar, dando a entender não somente que a sua presença na cidade era enorme e que toda a vida produtiva local amparava-se em suas costas, mas também que tamanha presença constituía uma séria e permanente ameaça à ordem pública.

As gentes do mar que navegam pela costa da Guiné levam nos seus navios tabaco e alguns tecidos grosseiros da Inglaterra, produtos que trocam por escravos de ambos os sexos. Esse comércio é extremamente lucrativo quando a morte não assola o navio. Frequentemente, porém, os navios estão muito carregados e a morte consome grande parte dos escravos, seja pela falta de víveres, seja pela imundície, seja por outros acidentes. Acrescentaria a essas causas a melancolia, um veneno que mata muitos negros. É comum vermos na Guiné o marido vender a esposa ou os pais venderem os filhos. Esses infelizes, ainda que extremamente grosseiros, não deixam de refletir, sentindo falta de sua pátria e lamentando a perda da liberdade. Destarte, o desgosto, a dor e mesmo o desespero, por vezes, causam a sua morte.

O Brasil tem muitos escravos, ainda que estejam em falta nas minas. Todos os anos entram 25 mil negros na Baía de Todos os Santos, fora os 15 mil destinados somente à cidade de São Salvador. Pode-se ter uma ideia por aí de quantos há espalhados pelo país. Não existe, nesta cidade, um único português que não tenha pelo menos uma dezena de escravos, seja para seu serviço pessoal, seja para alugá-los ao público.

Os escravos causam muita confusão nas cidades e, ainda que castigados com rigor, diariamente geram uma nova desordem. Eles são ladrões, desleais e capazes dos piores crimes. Os portugueses escolhem, entre os seus negros, os mais robustos e os que provaram ter grande coragem e fazem deles seus protetores, dando-lhes adaga e espada. Há, entre os escolhidos, alguns cuja brutalidade os faz corajosos e que são capazes de combater com ardor por seus senhores. Alguns são livres, ou porque obtiveram a sua liberdade do senhor em agradecimento a serviços prestados, ou porque compraram-na mediante o pagamento de um resgate. Todos, sem exceção, são perigosos, e os portugueses naturais do Brasil frequentemente servem-se deles para vingarem as suas injúrias e para assassinar alguém. Os negros infelizes são muito fiéis às suas promessas e cometem prontamente e sem nenhum escrúpulo qualquer crime que se lhes ordene. Péssima política esta de permitir que os escravos portem armas. Fico espantado que não utilizem as armas

> contra os seus senhores e que ainda não tenham ousado submeter um país onde o grande número de escravos e o tratamento indulgente que recebem oferecem um pretexto feliz e uma ocasião favorável.

Preocupação similar à de Barbinais reaparecerá quatro décadas mais tarde, no relato de um capitão francês a caminho da costa do Coromandel. O anônimo, que buscou o porto do Rio de Janeiro em 1747 para reabastecer e reparar a sua embarcação, notou que a cidade, possuidora de enorme contingente de negros e mulatos, utilizava um estranho método para manter a tranquilidade pública:

> Apesar de as novas minas ocuparem um número significativo de escravos, o Rio de Janeiro é um verdadeiro formigueiro de negros. Essa concentração funesta traz consigo o constante perigo de uma rebelião. Contra tal inconveniente, a solução encontrada pelos portugueses foi a de adquirir escravos de diferentes proveniências e utilizar a oposição entre seus caracteres para controlá-los. Em geral, os negros são capturados na costa vulgarmente chamada de Guiné e no Reino de Angola. Os escravos provenientes da Guiné são, segundo a opinião dos portugueses, perspicazes, velhacos e preguiçosos; os de Angola são taciturnos, trabalhadores e honestos. Os primeiros não gostam dos últimos e vice-versa. Quando essas duas espécies inconciliáveis se misturam, uma não consegue nada empreender sem que a outra rapidamente não delate. É nessa antipatia natural que se funda a seguridade pública.
>
> Vê-se, no Rio de Janeiro, grande quantidade de mulatos. Nessa cidade, a cada dia que passa, o sangue mistura-se mais e mais, pois o clima e a ociosidade tornam o povo fortemente inclinado à libertinagem.[315]

[315]FRANÇA, Jean Marcel Carvalho. *Visões do Rio de Janeiro colonial*, p. 83-84.

Gradativamente, porém, os problemas de ordem pública gerados pelos "negros bárbaros da Guiné" começaram a dar lugar, no Brasil dos relatos de viagem, à indignação diante da "desumanidade da escravidão", e isso sobretudo depois da metade do século XVIII. Persistem, bem entendido, as notas sobre o quão pouco civilizado era o comportamento de tais indivíduos e o quão bizarra era a aparência que davam à sociedade e mesmo ao cristianismo local, do mesmo modo que tinha havido outrora, entre os que se preocuparam com a desordem e a barbárie trazida pelos negros, quem notasse os horrores da escravidão. Trata-se, em um e em outro caso, de predominância: a partir da metade do século XVIII, predominam as descrições de coloração humanística — o negro desgraçado por uma prática anticristã —, como antes predominaram os temas relativos à "barbárie negra". Frézier, por exemplo, que visitou Salvador em 1714, ainda não "canta" as misérias impostas aos negros, nem demonstra compadecer-se com seu estado, mas, aludindo à preguiça dos colonos, comenta:

> Dezenove entre vinte pessoas do lugar são negros ou negras seminus — que trazem cobertas somente as partes que o pudor obriga —, de modo que a cidade parece uma nova Guiné. Pelas ruas só se veem as figuras hediondas dos negros e das negras, escravos que a languidez e a avareza, muito mais do que a necessidade, transplantaram da costa da África para servir à magnificência dos ricos e contribuir para a ociosidade dos pobres — que descarregam sobre eles o seu trabalho. De sorte que, para cada branco, há sempre mais de vinte negros.

Passado meio século, o inglês James Forbes, também em meio a uma crítica aos péssimos hábitos dos portugueses do Brasil, já é mais sensível à condição desumana a que os cruéis e bárbaros colonos impunham aos negros. Escreve Forbes:

> O orgulho, a pobreza, a indolência e a superstição são as principais características desses portugueses degenerados. Eles parecem não ser dotados de nenhuma das nobres virtudes dos seus ancestrais. Sua crueldade para com os escravos é excessiva: causa pavor a qualquer ser humano o constante estalo do chicote e os gritos desses pobres miseráveis clamando, em vão, por misericórdia. Seus tirânicos senhores parecem ter perdido toda a noção do que significa esse divino atributo.[316]

O cirurgião George Hamilton, em 1790, observou, inclusive, que as ruas do Rio de Janeiro, por vezes, eram invadidas por uma melodia melancólica, entoada pelos pobres escravos carregadores na sua labuta diária:

> Todos os serviços públicos desta cidade são feitos por escravos acorrentados. Esses trabalhadores, para mitigarem a sua penosa labuta, entoam uma triste e melancólica nênia recitativa, a qual, acompanhada pelo retinir das correntes, é a própria voz do infortúnio, despertando na alma uma simpatia e uma compaixão maior do que a mais elaborada peça musical.[317]

Houve, é certo, uma meia dúzia de visitantes, pouco mais, pouco menos, todos do século XVIII, que compararam a vida do escravo com a da "gente humilde", e concluíram que a vida de um pobre do Velho Mundo era mais dura do que a de um escravo dos trópicos, ao menos daqueles que tinham visto nas cidades brasileiras. O assessor do embaixador Macartney, George Staunton, que passou pelo Rio de Janeiro em 1792, é um dos arautos de tal ideia. Explica o culto secretário ao seu leitor:

---

[316]FRANÇA, Jean Marcel Carvalho. *Visões do Rio de Janeiro colonial*, p. 115.
[317]Id. *Outras visões do Rio de Janeiro colonial*, p. 243.

> O corpo humano tem menos necessidades nos climas quentes, pois é sujeito a menos provações. Nos climas frios, ao contrário, uma casa para abrigar contra as inclemências do ar, roupas quentes para vestir e calor artificial no inverno são quase tão necessários quanto a alimentação, na medida em que, sem tais artigos, a vida se torna insuportável. Mas, num país situado nos trópicos, pode-se passar sem boa parte dessas coisas e obter as outras com menos esforço. A natureza aí é pródiga numa grande quantidade de alimentos que ela recusa nos climas frios. Nestes, o uso de licores fermentados, licores obtidos com arte e trabalho, é muitas vezes necessário, naqueles, todavia, cada riacho, cada fonte fornece a bebida mais agradável e mais saudável que se pode desejar. Os escravos das Índias Ocidentais não têm, pois, nada a invejar aos camponeses de muitos dos reinos da Europa.[318]

A regra, todavia, ou melhor, a regularidade discursiva aponta na direção oposta à observação de Staunton, caminha na direção de opiniões como a do missionário britânico James Wilson, cuja descrição do Rio de Janeiro, cidade que visitou no outono de 1793, traz a seguinte nota sobre o escravo e a escravidão:

> Assim que fomos autorizados, desembarcamos. Pudemos, então, sempre acompanhados por dois oficiais, que nos trataram de uma maneira muito cortês, conhecer a cidade. Quando pusemos o pé em terra, deparamos com uma cena chocante: um pobre escravo, fatigado pelo trabalho e consumido pelas doenças, rastejava em direção à água. Pouco tempo depois, vimos uma outra cena repugnante e ofensiva para qualquer ser humano: enquanto, no mercado, um carregamento de homens nus era colocado à venda, um grupo de seis ou sete negros, acorrentados uns aos outros e chicoteados pelos seus senhores como cavalos ou cães, atravessava a rua com extrema dificuldade. Será que algum dia esse bárbaro comércio de homens terá fim?[319]

---

[318] Id. *Visões do Rio de Janeiro colonial*, p. 278.
[319] FRANÇA, Jean Marcel Carvalho. *Visões do Rio de Janeiro colonial*, p. 328.

O negro — "bárbaro", "desordeiro" ou "sofredor" — é o último dos habitantes deste Brasil construído nas narrativas de viagem que tentei mapear aqui. Haveria, é certo, ainda um sem-número de outros detalhes a mencionar, detalhes que não mudariam significativamente os contornos gerais do Brasil e dos brasileiros que vimos, mas que certamente dariam mais colorido e pormenor aos cenários e às figuras. As descrições da flora e da fauna local, por exemplo. Passamos os olhos por uma parcela realmente diminuta do que circulou sobre o tema. Deixei de lado pormenorizadas descrições de árvores e plantas, listagens mais ou menos amplas de animais, comentários sobre um número significativo de insetos, notas variadas sobre o clima, longos elogios às muitas frutas do país e, sobretudo, muitas exaltações da fertilidade da terra — que aguardava somente um povo ordeiro e laborioso para render maravilhas, segundo sentenciou um visitante setecentista.

Mas não só. Deixei de lado, também, umas poucas — muito poucas, a bem da verdade — descrições do interior das casas brasileiras, casas, aos olhos dos visitantes, simples e parcamente mobiliadas, quase desprovidas de decoração e, sobretudo, avessas às visitas. Deixamos de lado, igualmente, uma sequência enorme de descrições de fortes, fortalezas, arsenais e portos brasileiros, temas especialmente caros aos viajantes escritores do período. Deixamos de lado, ainda, um leque nada desprezível de descrições dos vícios dos colonos — entre as consultadas, não há narrativas que tracem um retrato elogioso da personagem —, de notas sobre a sua excessiva vaidade, o seu comportamento desregrado em relação ao sexo, sua crueldade, sua ignorância, inclusive daqueles que pertenciam à administração e ao clero, sobre o seu caráter venal e, acima de tudo, sobre o seu pouco apreço pelas atividades produtivas.

Muitos detalhes e variações, sem dúvida, tiveram de ser negligenciados, sob pena de produzirmos um mapa do tamanho da região mapeada. Para mais, estou certo de que o acréscimo ou a redução dos detalhes em nada alteraria os traços básicos deste Brasil construído, ao longo de quase três séculos, pelos visitantes europeus, um país no qual os habitantes têm tantos defeitos quantas são as qualidades exibidas pela natureza que os circunda. M. de la Flotte, o militar que visitou o Rio de Janeiro em 1757, a caminho da Índia, sintetizou magistralmente este Brasil que os visitantes europeus, com mais ou menos complacência, pintaram para os seus contemporâneos:

> Uma estadia de quase dois meses bastou-me para examinar os costumes e o caráter dos portugueses. Cedo percebi que esta terra fértil e rica, dotada de um clima delicioso, era habitada por uma nação indigna desses prodígios. Eu não quero confundir os colonos que se encontram no Rio de Janeiro com os seus compatriotas que, vivendo sob os olhos do príncipe, respeitam as leis. Na Europa, a vida civil e a vida política formam uma cadeia imensa e indissolúvel; para além de suas fronteiras, porém, essa cadeia perde a sua consistência em razão da distância, da mistura dos povos e da impunidade dos infratores. Dito isto, não deve causar espanto a afirmação de que a corrupção é quase generalizada entre os habitantes do Brasil. O orgulho, a superstição, o ciúme, a preguiça e o deboche são levados ao extremo por esses colonos.[320]

[320]FRANÇA, Jean Marcel Carvalho. *Visões do Rio de Janeiro colonial*, p. 103-104.

4. Dos impactos de uma certa imagem do Brasil

Depois deste breve passeio, creio que não seria impróprio concluir que o Brasil construído nas páginas da literatura de viagem dos séculos XVI, XVII e XVIII, isto é, o Brasil construído naquela "longa e monótona narrativa" que os visitantes legaram sobre a colônia é um país de extremos. De um lado, alinha-se uma natureza exuberante e permanentemente verde, um clima quente mas menos exigente do que o europeu, uma enorme fartura de água e, sobretudo, uma terra extremamente fértil e rica. Há exceções a este cenário de prosperidade? Certamente há, mas são poucas e não introduzem grandes variações no quadro que vimos: uns disseram que o clima quente tornava a terra pouco agricultável, outros "notaram" que os mares tinham as águas pouco salubres, alguns reclamaram da alternância entre chuvas e calor, poucos lembraram das formigas, o inferno dos agricultores brasileiros, e muitos temeram os animais e insetos "esquisitos" que havia na terra. Malgrado, no entanto, tais descontentes, o tom geral foi de exaltação: tratava-se realmente de uma terra bela e pródiga.

Do outro lado, porém, alinha-se a grande mácula deste Brasil construído pelos visitantes estrangeiros, o colono. O raciocínio é simples: a terra, em se plantando, tudo dá, no entanto, a qualidade do colono é tal que ela não rende nem a pálida sombra do que renderia — e progrediria — se estivesse nas mãos de um povo ordeiro e trabalhador. As razões para um aproveitamento tão medíocre de tamanho tesouro, já o vimos, são várias. Aos olhos dos visitantes europeus, os colonos eram preguiçosos, ignorantes, carolas, ciumentos, desonestos e, sobretudo, excessivamente vaidosos e libidinosos. Isso quanto aos brancos, ou melhor, quanto àqueles que se passavam por brancos, pois havia ainda um toque a mais de barbárie no cotidiano da colônia: o enorme contingente de negros escravos, vindos da incivilizada África, que perambulavam pelas ruas das cidades brasileiras — cidades medíocres, com pouquíssimos atrativos, vale recordar.

Eis, em linhas grossas, um esboço do Brasil construído nas narrativas de viagem. Poderíamos mesmo dizer, eis um esboço do Brasil com o qual os europeus dos séculos XVI, XVII e XVIII tomaram contato. Afinal, como procurei demonstrar, as narrativas de viagem ocuparam um papel central na construção intelectual — filosófica, para usarmos uma expressão cara a O'Gorman — daqueles novos mundos que a expansão marítima integrava ao Velho Mundo. Em relação ao Brasil, tal assertiva é especialmente verdadeira, na medida em que — também o vimos — as imagens do país que circularam pela Europa durante três séculos saíram quase exclusivamente das narrativas de viagem legadas por estrangeiros. O pouco que se registrou sobre o Brasil em língua portuguesa, tanto na metrópole como na colônia, quando chegou a ser impresso, mal circulou dentro das fronteiras do pequeno reino peninsular.

Dito em outras palavras, as narrativas de viagem — escritas por homens de países e grupos sociais variados, em estilo pouco cuidado e, na sua maioria, produzidas a partir de observações apressadas — criaram, praticamente sem qualquer concorrência, um vocabulário sobre o Brasil para os homens do Velho Mundo, um vocabulário que apresentou poucas variações ao longo dos três séculos que se seguiram à viagem cabralina e que se nutriu, em larga medida, de repetições, de dar a conhecer o conhecido, de reiterar, com pequenas variações, os mesmos temas e os mesmos personagens. Não obstante esse gosto pelas repetições — a "pouca originalidade", diríamos hoje —, tratou-se de um discurso com larga aceitação entre o público culto e que desfrutava, entre esse mesmo público, do estatuto de um discurso verdadeiro, ainda que passível de dúvidas, críticas e contestações.

A propósito de tal estatuto, há quem pense ser possível e útil estabelecer o quanto de verdade, objetivamente, está contido nesses discursos. Tais crentes esquecem-se, por vezes, que o termômetro utilizado para aferir a veracidade desses discursos são outros tantos discursos (jurídico, administrativo, religioso etc.), aos quais, ingênua e inexplicavelmente — um vício metódico adquirido, talvez —, se atribui um *quantum* a mais de legitimidade. Espero que o leitor tenha percebido que tomei aqui uma direção radicalmente oposta. Deixei de lado toda e qualquer interrogação acerca da correspondência de tais discursos com uma suposta realidade — inacessível, a meu ver —, isto é, deixei de lado toda e qualquer interrogação que trouxesse consigo a ideia de que é possível averiguar se um discurso é ou não "um espelho da realidade". As interrogações que lancei e as respostas que, bem ou mal, formulei, sustentaram-se em outras bases.

Interessou-me estabelecer não o *quantum* de verdade traziam as narrativas de viagem, mas o *quantum* de verdade lhes era atribuído pelo público leitor coetâneo, não os supostos "preconceitos" que vinculou, mas em que medida as "imagens repetitivas" que trouxe em suas páginas ganharam "ares de verdade" e passaram a compor uma espécie de "senso comum" do europeu sobre o Brasil e os brasileiros. Interessou-me, em suma, primeiramente esquadrinhar como os europeus, por meio das notícias vinculadas pelas narrativas de viagem, compuseram um discurso sobre o Brasil que conquistou o estatuto de verdadeiro e, em seguida, determinar que contornos tinha tal discurso.

Trata-se, então, diria um leitor mais apegado a uma suposta realidade apreensível das coisas, de uma "análise de discursos"? Creio que não seria de todo inútil lembrar a esse leitor que também ele, na sua busca pelos "fatos", lida somente com discursos, na medida em que, por enquanto, ainda é tarefa impossível ressuscitar os mortos ou retornar no tempo. E mesmo que ambas as coisas fossem possíveis, continuaríamos a lidar somente com discursos: o discurso dos mortos sobre o seu tempo, ou o discurso da testemunha que retorna do passado. Tais lembranças, no entanto, soariam como escárnio, cinismo — bem ao gosto do que, um pouco intuitivamente, alguns historiadores convencionaram denominar "pensamento pós-moderno". O melhor seria lembrar a esse leitor sobreavisado que a "narrativa monótona" mapeada não moldou somente aquele "senso comum" europeu sobre o Brasil e sobre os brasileiros, tal narrativa moldou, igualmente, uma vez que ainda não foi encontrado um mecanismo para separar as duas coisas — a não ser a má teoria —, as expectativas e as ações dos homens do Velho Mundo em relação ao país e ao seu povo.

Poder-se-ia ainda ir um pouco mais adiante e lembrar-lhe, também, o quanto aquele contraponto, demarcado nas xenonarrativas, entre a natureza exuberante e pródiga dos trópicos e a baixa qualidade dos seus habitantes marcou, profunda e persistentemente, a imagem que os brasileiros, a partir das primeiras décadas do século XIX, passaram a construir de si próprios e do seu país. Lembrar-lhe, ainda, que as tais "imagens do Brasil" que vimos antes, imagens pouco edificantes, podem ser encontradas por aqui, contemporaneamente, um pouco por todo lado, por vezes com os sinais invertidos — o negativo das narrativas, lido como positividade —, como na obra de Oswald de Andrade, por vezes com laivos de exotismo ingênuo, como nos romances de Jorge Amado, por vezes, ainda, como índices de uma sociedade singular, como nos afamados estudos de Gilberto Freyre. Em suma, lembrar-lhe como a própria cultura brasileira ainda está impregnada dessas imagens, ou melhor, dessas "verdades" lentamente construídas pelos europeus nas outrora popularíssimas narrativas de viagem, e que também as ações e as expectativas dos brasileiros em relação a si próprios e ao país ressentem-se até hoje do seu poder. Afinal, para retornarmos ao sofista Górgias, citado na introdução, "o discurso é um senhor soberano que, com um corpo diminuto e quase imperceptível, leva a cabo ações divinas".[321]

[321] GÓRGIAS. *Górgias, testemunhos e fragmentos*, p. 43.

Apêndice

QUADRO DE VIAJANTES CONSULTADOS

Nome	Naciona-lidade	Profissão	Século da visita	Lugar visitado no Brasil
Adam Johann von Krusenstern*	Russo	Navegador	XIX	Santa Catarina
Aeneas Anderson*	Inglês	Criado	XVIII	Rio de Janeiro
Amadeé François Frézier*	Francês	Engenheiro	XVIII	Salvador e Santa Catarina
Ambrosius Richshoffer*	Alemão	Militar	XVII	Pernambuco
Américo Vespúcio*	Italiano	Navegador	XVI	Brasil
André Thévet*	Francês	Cartógrafo	XVI	Rio de Janeiro
Anônimo (*Journal d'un voyage...*)*	Francês	Comerciante	XVIII	Salvador e Rio de Janeiro
Anônimo (*L'arc en ciel...*)*	Francês	Marinheiro	XVIII	Rio de Janeiro
Anthony Knivet*	Inglês	Marinheiro	XVI	Santos e Rio de Janeiro
Antoine Joseph Pernety*	Francês	Médico	XVIII	Santa Catarina
Antonio Pigafetta**	Italiano	Navegador	XVI	Brasil
Antonio Zucchelli da Gradisca*	Italiano	Capuchinho	XVII	Salvador
Arsène de Paris*	Francês	Capuchinho	XVII	Maranhão
Arthur Phillip*	Inglês	Navegador	XVIII	Rio de Janeiro
Bartolomé Garcia de Nodal*	Espanhol	Navegador	XVII	Rio de Janeiro e Recife
Binot Paulmier de Gonneville**	Francês	Navegador	XVI	Santa Catarina
Charles-Marie de La Condamine*	Francês	Naturalista	XVIII	Amazonas

(Cont.)

*Viajantes cujas narrativas foram publicadas entre as primeiras décadas do século XVI e o início do século XIX.
**Viajantes cujas narrativas foram publicadas posteriormente.

Nome	Nacionalidade	Profissão	Século da visita	Lugar visitado no Brasil
Charles Nicolas Othon Nassau-Siegen**	Francês	Militar	XVIII	Rio de Janeiro
Claude d'Abbeville*	Francês	Capuchinho	XVII	Maranhão
Conde de Bedoyère**	Francês	Navegador	XVIII	Rio de Janeiro
Cuthbert Pudsey**	Inglês	Militar	XVII	Rio de Janeiro e Recife
Daniel Solander*	Sueco	Naturalista	XVIII	Rio de Janeiro
Delabat**	Francês	Engenheiro	XVIII	Rio de Janeiro
Dierick Ruiters*	Holandês	Navegador	XVII	Rio de Janeiro, Salvador e Recife
Dionigi de Carli*	Italiano	Capuchinho	XVII	Recife e Salvador
Duplessis**	Francês	Engenheiro	XVIII	Ilha Grande
Edward Barlow*	Inglês	Marinheiro	XVII	Rio de Janeiro
Edward Cooke*	Inglês	Navegador	XVIII	Angra dos Reis
Erasmus Gower**	Inglês	Navegador	XVIII	Rio de Janeiro
Evariste Parny*	Francês	Aventureiro	XVIII	Rio de Janeiro
Francisco Coreal*	Espanhol	Aventureiro	XVII	Salvador, Santos, São Paulo e Rio de Janeiro
François Froger*	Francês	Engenheiro	XVII	Salvador e Rio de Janeiro
François Pyrard de Laval*	Francês	Navegador	XVII	Salvador
François Vivez**	Francês	Cirurgião	XVIII	Rio de Janeiro
Friedrich Ludwig Langstedt*	Alemão	Pastor	XVIII	Rio de Janeiro
Gabriel Dellon*	Francês	Médico	XVII	Salvador
Georg Heinrich von Langsdorff*	Alemão	Naturalista	XIX	Santa Catarina
George Anson*	Inglês	Navegador	XVIII	Santa Catarina
George Barrington*	Inglês	Aventureiro	XVIII	Rio de Janeiro
George Hamilton*	Inglês	Médico	XVIII	Rio de Janeiro
George Leonard Staunton*	Inglês	Diplomata	XVIII	Rio de Janeiro
George Margraff*	Holandês	Naturalista	XVII	Recife

(Cont.)

Nome	Naciona-lidade	Profissão	Século da visita	Lugar visitado no Brasil
George Mouat Keith*	Inglês	Militar	XIX	Rio de Janeiro e Salvador
George Shelvocke*	Inglês	Navegador	XVIII	Santa Catarina
George Vason*	Inglês	Missionário	XVIII	Rio de Janeiro
Giovanni Antonio Cavazzi*	Italiano	Capuchinho	XVII	Recife
Girolamo Merolla da Sorrento*	Italiano	Capuchinho	XVII	Recife
Gonçalo de Nodal*	Espanhol	Navegador	XVII	Rio de Janeiro e Recife
Guillaume François Parscau**	Francês	Militar	XVIII	Rio de Janeiro
Hans Staden*	Alemão	Militar	XVI	Pernambuco, Paraíba e Santos
Hermann Ludwig von Loewenstern**	Alemão	Marinheiro	XIX	Santa Catarina
James Colnett*	Inglês	Navegador	XVIII	Rio de Janeiro
James Cook*	Inglês	Navegador	XVIII	Rio de Janeiro
James Forbes*	Inglês	Naturalista	XVIII	Rio de Janeiro
James George Semple Lisle*	Inglês	Aventureiro	XVIII	Rio Grande e Rio de Janeiro
James Hardy Vaux*	Inglês	Aventureiro	XIX	Rio de Janeiro
James Kingston Tuckey*	Inglês	Navegador	XIX	Rio de Janeiro
James Wilson*	Inglês	Navegador	XVIII	Rio de Janeiro
Jan Blaer**	Holandês	Capelão	XVII	Recife
Jean de Léry*	Francês	Missionário	XVI	Rio de Janeiro
Jean François Galup de La Pérouse*	Francês	Navegador	XVIII	Santa Catarina
Jean-François Landolphe*	Francês	Navegador	XIX	Rio de Janeiro
Jemima Kindersley*	Inglesa	Aventureira	XVIII	Salvador
Johannes Baers*	Holandês	Capelão	XVII	Recife
Johannes Gregorius Aldenburgk*	Holandês	Militar	XVII	Salvador
Johannes Nieuhof*	Holandês	Comerciante	XVII	Recife
John Barrow*	Inglês	Militar	XVIII	Rio de Janeiro
John Bulkeley*	Inglês	Marinheiro	XVIII	Rio Grande e Rio de Janeiro

(Cont.)

Nome	Nacionalidade	Profissão	Século da visita	Lugar visitado no Brasil
John Byron*	Inglês	Navegador	XVIII	Rio de Janeiro
John Cummins*	Inglês	Marinheiro	XVIII	Rio Grande e Rio de Janeiro
John Davies*	Inglês	Navegador	XVIII	Rio de Janeiro
John Hunter*	Inglês	Marinheiro	XVI	Santos
John Mawe*	Inglês	Comerciante	XIX	Rio de Janeiro, São Paulo e Minas Gerais
John Turnbull*	Inglês	Comerciante	XIX	Salvador
John White*	Inglês	Médico	XVIII	Rio de Janeiro
John Young*	Inglês	Marinheiro	XVIII	Rio Grande e Rio de Janeiro
Jonas Finck*	Alemão	Missionário	XVIII	Rio de Janeiro
Joseph Banks*	Inglês	Naturalista	XVIII	Rio de Janeiro
Joseph Collet**	Inglês	Navegador	XVIII	Rio de Janeiro
Joseph Dombey**	Francês	Naturalista	XVIII	Rio de Janeiro
Juan Francisco de Aguirre**	Espanhol	Diplomata	XVIII	Rio de Janeiro
Karl Friedrich Behrens*	Alemão	Marinheiro	XVIII	São Sebastião
Le Gentil la Barbinais*	Francês	Comerciante	XVIII	Salvador
Louis Antoine de Bougainville*	Francês	Militar	XVIII	Rio de Janeiro
Louis Chancel de Lagrange**	Francês	Militar	XVIII	Rio de Janeiro
Louis de Pezieu*	Francês	Capuchinho	XVII	Maranhão
M. De La Flotte*	Francês	Militar	XVIII	Rio de Janeiro
Martin de Nantes*	Francês	Capuchinho	XVII	Salvador
Matheus van den Broeck*	Holandês	Militar	XVII	Recife
Nicolas Barré*	Francês	Marinheiro	XVI	Rio de Janeiro
Nicolas Louis de La Caille*	Francês	Astrônomo	XVIII	Rio de Janeiro
Olivier Van Noort*	Holandês	Navegador	XVI	Rio de Janeiro
Pedro Sarmiento de Gamboa*	Espanhol	Navegador	XVI	Rio de Janeiro
Pierre Moreau*	Holandês	Militar	XVII	Recife
René Courte de La Blanchardière*	Francês	Abade	XVIII	Rio de Janeiro
René Duguay-Trouin*	Francês	Navegador	XVIII	Rio de Janeiro

(Cont.)

Nome	Naciona-lidade	Profissão	Século da visita	Lugar visitado no Brasil
Richard Flecknoe*	Inglês	Aventureiro	XVII	Rio de Janeiro
Richard Hawkins*	Inglês	Navegador	XVI	Ilha Grande
Roulox Baro*	Alemão	Intérprete	XVII	Recife
Samuel Holmes*	Inglês	Militar	XVIII	Rio de Janeiro
Sidney Parkinson*	Alemão	Naturalista	XVIII	Rio de Janeiro
Thomas Cavendish*	Inglês	Navegador	XVI	Santos
Thomas Lindley*	Inglês	Comerciante	XIX	Salvador
Thomas O'Neil*	Inglês	Marinheiro	XIX	Rio de Janeiro e Salvador
Ulrich Schmidt*	Alemão	Militar	XVI	São Paulo e Santos
Urbain Souchu de Rennefort*	Francês	Navegador	XVIII	Recife e Olinda
Urey Lisiansky*	Russo	Navegador	XIX	Santa Catarina
Vicent Joachim Soler*	Francês	Pastor	XVII	Recife
Vincent le Blanc*	Francês	Navegador	XVII	Amazonas
Watkin Tench*	Inglês	Marinheiro	XVIII	Rio de Janeiro
Willem Piso*	Holandês	Naturalista	XVII	Recife
William Bradley**	Inglês	Navegador	XVIII	Rio de Janeiro
William Davies*	Inglês	Marinheiro	XVII	Amazonas
Willian Betagh*	Inglês	Marinheiro	XVIII	Santa Catarina
Willian Dampier*	Inglês	Navegador	XVII	Salvador
Woodes Rogers*	Inglês	Navegador	XVIII	Angra dos Reis
Yves d'Evreux*	Francês	Capuchinho	XVII	Maranhão

Bibliografia

Bibliografia dos viajantes consultados

AGUIRRE, Juan Francisco de. Diário de J. F. de Aguirre. In: *Anales de la biblioteca. Publicatión de documentos relativos al río de la Plata*. Buenos Aires: Imprenta y Casa Editora de Coni Hermanos, Tomo V, 1905.

ALDENBURGK, Johannes Gregorius. Relação da conquista e perda da cidade do Salvador pelos holandeses em 1624-1625. In: *Revista dos Tribunais*, São Paulo, 1961.

ANDERSON, Aeneas. *A Narrative of the British Embassy to China in the Years 1792, 1793, and 1794*. Londres: J. Debrett, 1795.

ANÔNIMO. *Journal d'un voyage sur les costes d'Afrique et aux Indes d'Espagne*. Amsterdã: Chez Paul Marret, 1723.

ANÔNIMO. *Relâche du vaisseau L'Arc-en-ciel à Rio de Janeiro, 1748*. Lisboa: manuscrito da Biblioteca da Ajuda, nº 19, 54 — XIII — 4.

ANSON, George. *A Voyage Round the World in the Years MDCCXL, I, II, III, IV*. Organização de Richard Walter. Londres: Printed for the author, by J. and P. Knapton, 1748.

BANKS, Joseph; SOLANDER, Daniel. *Supplément au voyage de M. de Bougainville ou Journal d'un voyage autour du monde*. Paris: Saillant & Nyon, Libraire, 1772.

BARLOW, Edward. *Barlow's Journal*. Londres: Hurst & Blackett, Ltda., 1934.

BARRÉ, Nicolas. Lettres sur la navegation du chevalier de Villegaignon. In: TERNAUX-COMPANS, Henry. *Archives de voyages ou collection d'anciennes relations inédites ou très rares de lettres, mémoires, itinéraires et autres documents*. Paris: Arthus Bertrand, Libraire-Éditeur, [s.d.]

BARRINGTON, George. *An Account of a Voyage to New South Wales*. Londres: M. Jones, 1810.

BARROW, John. *A Voyage to Cochinchina in the Years 1792 and 1793*. Londres: T. Cadell and W. Davies, 1806.

BEDOYÈRE, Comte de; GRÉNÉDAN, President de. Journal de bord du Président de Grénédan. In: LA VILLESTREUX. *Deux corsaires malouins sous le règne de Louis XIV: La guerre de course; Dans la mer du Sud*. Paris: H. Champion, 1929.

BEHRENS, Karl Friedrich. *Histoire de l'expédition de trois vaisseaux, envoyés par la Compagnie des Indes Occidentales des Provinces-Unies, aux terres australes en MDCCXXI*. La Haye: Aux depens de la Compagnie, 1739.

BETAGH, William. *A Voyage Round the World. Being an Account of a Remarkable Enterprize, Begun in the Year 1719, Chiefly to Cruise on the Spaniards in the Great South Ocean*. Londres: Printed for T. Combes, 1728.

BLAER, Jan. Diário da viagem do capitão João Blaer a Palmares em 1645. In: *Revista do Instituto Arqueológico, Histórico e Geográfico Pernambucano*, 56, 1902.

BOUGAINVILLE, Louis Antoine de. *Voyage autour du monde, par la frégate du roi La Bondeuse et la flûte L'Étoile; en 1766, 1767, 1768 &* 1769. Paris: Chez Saillant & Nyon, Libraires, 1771.

BRADLEY, William. *A Voyage to New South Wales, the Journal of Lieutenant William Bradley RN of HMS Syrius, 1786-1792*. Sidney: The Trustees of the Public Library of New South Wales in association with Ure Smith Pty Ltd., 1969.

BROECK, Matheus van den. *Diário ou narração histórica de Matheus van den Broeck*. Tradução de José Hygino Duarte Pereira. Pernambuco: Typographia do *Jornal do Recife*, 1875.

BULKELEY, John e CUMMINS, John. *A Voyage to the South Seas, in the Years 1740-1741*. Londres: Jacob Robinson, 1743.

BYRON, John. *A Voyage Round the World in his Majestys Ship The Dolphin*. Londres: J. Newbery, 1767.

CARLI, Dionigi de. *Relation curieuse et nouvelle d'un voyage de Congo*. Paris: Thomas Amaulry, 1680.

CAVAZZI, Giovanni Antonio. *Relation historique de l'Ethiopie occidentale*. Paris: C.J.B. Delespine le fils, 1732.

CAVENDISH, Thomas. The Last Voyage of the Worshipful M. Thomas Cavendish. In: PURCHAS, Samuel. *Hakluyt's Posthumous or Purchas his Pilgrimes. Containing a History of the World, in Sea Voyages, & Land Travels, by Englishmen and Others...* Organização de Samuel Purchas. Londres: Henry Fetherson, 1625.

COLLET, Joseph. *Private Letter Books of Joseph Collet*. Introdução e notas de H. H. Dodwell. Londres, Nova York: Longmans, Green and Co., 1933.

COLNETT, James. *A Voyage to the South Atlantic and Round Cape Horn into the Pacific Ocean*. Impressão para o autor, por W. Bennett, 1798.

COOK, James. Cook's Voyage (1768-1771). In: HAWKESWORTH, John. *An Account of the Voyages Undertaken by the Order of his Present Majesty for Making Discoveries in the Southern Hemisphere*. Londres: W. Strahan and T. Cadell, 1773.

COOKE, Edward. *A Voyage to the South Sea, and Round the World, Performed in the Years 1708, 1709, 1710, and 1711, by the Ships Duke and Dutchess of Bristol*. Londres: Printed by H. M. for B. Lintot and R. Gosling, 1712.

COREAL, Jean François. *Voyages de Jean François Coreal aux Indes Occidentales*. Amsterdã: J. Frederic Bernard, 1722.

D'ABBEVILLE, Claude. *História da missão dos padres capuchinhos na ilha do Maranhão*. Apresentação de Mário Guimarães Ferri. Belo Horizonte: Ed. Itatiaia; São Paulo: Ed. da Universidade de São Paulo, 1975.

——. *L'Arrivée des peres capucins en l'Inde Nouvelle, appelée Maragnon*. Paris: Abraham Le Febvre, 1612.

D'ÉVREUX, Yves. *Voyage dans le nord du Brésil fait durant les années 1613 et 1614*. Avec une introduction et des notes par M. Ferdinand Denis. Leipzig, Paris: Libraire A. Franck, 1864.

DAMPIER, William. *A Voyage to New Holland*. Londres: J. Knapton, 1703.

DAVIES, William. *A True Relation of the Travels and Most Miserable Captivity of William Davies*. Londres: Nicolas Bourne, 1614.

DELABAT. Description des terres vues pendant le voyage de M. de Beauchesne les années 1699, 1700 et 1701 par le Sr. de Labat Ingennieur Embarqué sur son vaisseau. In: *T.I.L.A.S.*, n° XI, Université de Strasbourg, 1971.

DELLON, Gabriel. *Relation de l'Inquisition de Goa*. Paris: Chez Daniel Horthemels, 1688.

——. *Relation d'un voyage des Indes orientales par Dellon. Dedié à monseigneur l'evèque de Meaux par Mr. Dellon, docteur en medecine*. Paris: Claude Barbin, 1685.

DOMBEY, Joseph. In: HAMY, Jules Theodore Ernest. *Joseph Dombey, médecin, naturaliste, archéologue, explorateur du Pérou, du Chili et du Brésil (1778-1785)*. Paris: E. Guilmoto, 1905.

DUGUAY-TROUIN, René. *Mémoires de monsieur Du Guay-Trouin*. Amsterdã: Pierre Mortier, 1740.

DUPLESSIS. Description des Sauvages Patagons qui habitent le détroit de Magellan. In: DUVIOLS, Jean-Paul. *Une expédition française sur les côtes de l'Amérique Méridionale en 1699, 1700 et 1701. T.I.L.A.S.*, n° XI, Université de Strasbourg, 1971, p. 166-168.

FINCK, Jonas. In: ZIEGENBALG, Barthomaeus et al. *Propagation of the Gospel in the East: Being an Account of the Success of Two Danish Missionaries, Lately Sent to the East-Indies, for the Conversion of the Heathens in Malabar. In Several Letters to their Correspondents in Europe. Containing a Narrative of their Voyage to the Coast of Coromandel... Rendered into English from the High-Dutch: and Dedicated to the most Honourable Corporation for the Propagation of the Gospel in Foreign Parts.* 3ª ed. Londres: Joseph Downing, 1718.

FLECKNOE, Richard. *A Relation of Ten Years Travells in Europe, Asia, Affrique, and America.* Londres: Printed for the Author, 1654.

FORBES, James. *Oriental Memoirs.* Londres: Richard Bentley, 1834.

FRÉZIER, Amédée François. *Relation du voyage de la mer du sud aux côtes du Chili, du Pérou, et du Brésil, fait pendant les années 1712, 1713 & 1714, par M. Frézier.* Amsterdã: Humbert, 1717.

FROGER, François. *Relation d'un voyage fait en 1695, 1696 & 1697 aux côtes d'Afrique, détroit de Magellan, Brésil, Cayenne et isles Antilles.* Amsterdã: Chez les Héritiers, D'Antoine Schelte, 1699.

GAMBOA, Pedro Sarmiento de. *Viage al estrecho de Magallanes por el capitan Pedro Sarmiento de Gambóa en los años de 1579. y 1580, y noticia de la expedicion que despues hizo para poblarle.* Madri: Imprenta Real de la Gazeta, 1768.

GONNEVILLE, Binot Paulmier de. *Campagne du navire l'Espoir de Honfleur 1503-1505. Relation authentique du voyage du capitaine de Gonneville ès nouvelles terres des Indes, publiée intégralement pour la première fois avec une introduction et des èclaircissements par M. D'Avesac, membre de l'Institut.* Paris: Challamel, 1869.

GOWER, Erasmus. *A Journal of H. M. S. Lion Beginning the 1st October 1792 and Ending the 7 September, 1794.* Mss. Add. 21106, Britsh Library.

HAMILTON, George. *A Voyage Round the World, in His Majesty's Frigate Pandora. Performed Under the Direction of Captain Edwards in the Years 1790, 1791, and 1792.* Berwick: W. Phorson; Londres: B. Law and son, 1793.

HAWKINS, Richard. *The Observations of sir Richard Hawkins Knights in his Voyage into the South Sea.* Londres: J. D. for J. Jaggard, 1622.

HOLMES, Samuel. *The Journal of Mr. Samuel Holmes*. Londres: W. Bulmer and Co., 1798.

HUNTER, John. *An Historical Journal of the Transaction at Port Jackson and Norfolk Islands*. Londres: John Stockdale, 1793.

JANE, John. The Last Voyage of the Worshipful M. Thomas Cavendish. In: HAKLUYT, Richard. *The Principal Navigations, Voyages, Traffics and Discoveries of the English Nation*. Londres: Imprinted by G. Bishop, R. Newberie and R. Barker, v. 3, 1598-1600, 3 v.

KEITH, George Mouat. *A Voyage to South America*. Londres: Richard Phillips, 1810.

KINDERSLEY, Jemima. *Letters from the Island of Teneriffe, Brazil, the Cape of Good Hope, and the East Indies*. Londres: J. Nourse, 1777.

KNIVET, Anthony. The Admirable Adventures and Strange Fortunes of Master Anthony Knivet, which Went with Master Thomas Candish in His Second Voyage to the South Sea, 1591. In: PURCHAS, Samuel. *Hakluyt's Posthumous or Purchas his Pilgrimes. Containing a History of the World, in Sea Voyages, & Land Travels, by Englishmen and Others...* Compilado por Samuel Purchas. Londres: H. Fetherston, 1625.

KRUSENSTERN, Adam J. von. *Reise um die Welt in den Jahren 1803, 1804, 1805 und 1806 auf befehl Seiner Kaiserlichen Majestät Alexander des Ersten auf den Schiffen Nadeshda und Newa unter dem Commando des Capitains von der Kaiserlichen Marine A. J. von Krusenstern*. St. Petersburg: Gedruckt in der Schnoorschen Buchdruckerey, 1810.

LA BARBINAIS, Le Gentil. *Nouveau voyage autour du monde*. Amsterdã: Pierre Mortier, 3 Tomos, 1728, 2 v.

LA BLANCHARDIÈRE, Abbé René Courte de. *Nouveau voyage fait au Pérou*. Paris: De l'Imprimerie de Delaguette, 1751.

LA CAILLE, M. Abbé de. *Journal historique du voyage au cap de Bonne Espérance*. Paris: Chez Guillyn Libraire, 1763.

LA CONDAMINE, Charles-Marie de. *Viagem na América meridional descendo o rio das Amazonas*. Brasília: Senado Federal, 2000.

LA FLOTTE, M. de. *Essais historiques sur l'Inde précédés d'un Journal de Voyages et d'une description géographique de la côte de Coromandel*. Paris: Chez Herissant le Fils, Libraire, 1769.

LA PÉROUSE, Jean François Galup de. *Voyage de La Pérouse autour du monde, publié conformément au décret du 22 avril 1797, et rédige par M. L. A. Milet-Mureau*. Paris: Impr. de la République, 1797.

LAGRANGE, Louis Chancel de. Campagne du Brésil faite contre les portuguais, 1711. In: *Revista do Instituto Histórico Geográfico Brasileiro*, v. 270, 1967.

LANDOLPHE, Jean-François. *Mémoires du capitaine Landolphe*. Paris: Chez Arthur Bertrand et Pillet Ainé, Tomo I, 1823, 2 v.

LANGSDORFF, Georg Heinrich von. *Voyage and Travel in Various Parts of the World During the Years 1803, 1804, 1805, 1806, and 1807.* Londres: H. Colburn, 1813, 2 v.

LANGSTEDT, Friedrich Ludwig. Rio de Janeiro, en 1782. In: MALTE-BRUN, *Voyage à la Conchinchine*. Paris: 1789.

LAVAL, François Pyrard de. *Voyage de François Pyrard de Laval, contenant sa navigation aux Indes Orientales, Maldives, Moluques & au Brésil...* Paris: Louis Billaine, 1679.

LE BLANC, Vincent. *Les voyages fameux du sieur Vincent Le Blanc*. Paris: Gervais Clousier, 1648.

LERY, Jean de. *Viagem à terra do Brasil*. Belo Horizonte: Ed. Itatiaia; São Paulo: Ed. da Universidade de São Paulo, 1980.

LINDLEY, Thomas. *Narrativa de uma viagem ao Brasil*. São Paulo: Companhia Editora Nacional, 1969.

LISIANSKY, Urey. *A Voyage Round the World, in the Years 1803, 4, 5, & 6*. Londres: S. Hamilton, 1814.

LISLE, James George Semple. *The Life of Major J. G. Semple Lisle*. Londres: W. Stewart, 1799.

LÖWENSTERN, Hermann Ludwig von. *The First Russian Voyage Around the World: the Journal of Hermann Ludwig von Löwenstern, 1803-1806*. Tradução de Victoria Joan Moessner. Fairbanks: University of Alaska Press, 2003.

MARTIN DE NANTES, O. M. *Relation succinte et sincere de la mission du père Martin de Nantes, prédicateur capucin, missionaire apostolique dans le Brezil parmy les indiens appellés Cariris*. Paris: Qvimper, J. Perier, 1706.

MAWE, John. *Viagens ao interior do Brasil*. São Paulo: Ed. da Universidade de São Paulo; Belo Horizonte: Livraria Itatiaia Editora, 1978.

MEROLLA DA SORRENTO, Girolano. *Breve e succinta relatione del viaggio del regno di Congo nell' Africa Meridionale*. Nápoles: Francesco Mollo, 1692.

MOREAU, Pierre. *História das últimas lutas no Brasil entre holandeses e portugueses e relação da viagem ao país dos tapuias*. São Paulo: Editora da Universidade de São Paulo; Belo Horizonte: Livraria Itatiaia Editora, 1979.

NASSAU-SIEGEN, Charles Nicolas Othon. In: DUVIOLS, Jean-Paul. *Les escales américaines de l'expédition de Bougainville.* (Fragmento inédito do *Journal du prince Charles-Nicoles-Othon de Nassau-Siegen*). In: T. I. L. A. S. (Travaux de l'Institut d'Études Ibériques et Latino-Américaines), nº XVI, Université de Strasbourg, 1976.

NIEUHOF, Johannes. *Memorável viagem marítima e terrestre ao Brasil.* Belo Horizonte: Ed. Itatiaia; São Paulo: Ed. da Universidade de São Paulo, 1981.

NODAL, Bartolomé Garcia de; NODAL, Gonçalo de. *Relation del viaje que por orden de su mad. y acuerdo del Real Consejo de Indias hizieran los capitanes B. G. de Nodal, y G. de Nodal.* Madri: Fernando Corrêa de Montenegro, 1621.

NOORT, Olivier Van. *Descriplion du penible voyage fait entour de l'univers ou globe terrestre.* Amsterdã: Chez Comeille Claessz, 1602.

O'NEIL, Thomas. *A Concise and Accurate Account of the Proceedings of the Squadron under the Command of Admiral sir William Sidney Smith.* Londres: R. Edwards Crane Courte, 1809.

PARKINSON, Sydney. *A Journal of a Voyage to the South Seas.* Londres: Stanfield Parkinson, 1773.

PARNY, Evariste. *Oeuvres diverses.* Paris: Chez Debray, Libraire, 1802.

PARSCAU, Guillaume François. Journal historique ou relation de ce qui s'est passé de plus mémorable dans la campagne de Rio de Janeiro par l'escadre du roi commandés par M. Duguay-Trouin en 1711. In: *Actes du cinquantenaire de la création en Bretagne de l'enseignement du Portugais.* Paris: Presses du Palais Royal, 1977.

PERNETY, Antoine Joseph. *Histoire d'un voyage aux isles Malouines, fait en 1763 & 1764; avec des observations sur le detroit de Magellan, et sur les patagons, par dom Pernetty.* Paris: Chez Saillant & Nyon, 1770.

PEZIEU, Louis de. *Brief recueil des particularitez contenues aux lettres enuoyeés, par monsieur de Pezieu, à messieurs ses parents & amis de France.* Lion: Jean Poyet, 1613.

PHILLIP, Arthur. *The Voyage of Governor Phillip to Botany Bay.* Londres: John Stockdale, 1789.

PIGAFETTA, Antonio. *Fernão de Magalhães: a primeira viagem à volta do mundo.* Lisboa: Publicações Europa-América, 1986.

PUDSEY, Cuthbert. *Diário de uma estada no Brasil 1629-1640.* Trad. e leitura paleográfica por Nelson Papavero e Dante Martins Teixeira. Petrópolis: Index, 2000.

RENNEFORT, Urbain Souchu de. *Histoire des Indes Orientales. Par monsieur Souchu de Rennefort. Suivant la copie de Paris.* Leiden: F. Harring, 1688.

RICHSHOFFER, Ambrosius. *Diário de um soldado.* Recife: Governo do Estado de Pernambuco, Secretaria de Educação e Cultura, 1977.

ROGERS, Woodes. *A Cruising Voyage Round the World: First to the South Seas, Thence to the East Indies, and Homewards by the Cape of Good Hope.* Londres: Printed for A. Bell and B. Lintot, 1712.

RUITERS, Dierick. Tocha da navegação. In: *Revista do Instituto Histórico Geográfico Brasileiro.* Trad. J. de Sousa Leitão, v. 269, p. 3-84. Rio de Janeiro: Departamento de Imprensa Nacional, 1966.

SHELVOCKE, George. *A Voyage Round the World By the Way of the Great South Sea, Perform'd in the Years 1719, 20, 21, 22.* Londres: J. Senex, 1726.

SCHMIDT, Ulrich. *The Conquest of the River Plate (1535-1555). I. Voyage of Ulrich Schmidt to the Rivers la Plata and Paraguay.* Londres: Hakluyt Society, 1891.

SMITH, Sidney. In: HOWARD, Edward. *Memoirs of Admiral sir Sidney Smith.* Londres: Richard Bentley, 1839.

SOLER, Vicente Joaquim. *Dezessete cartas de Vicente Joaquim Soler.* Trad. B. N. Teensma. Rio de Janeiro: Index, 1999.

SONNERAT, Pierre. *Voyage aux Indes Orientales et à la Chine.* Paris: Dentu, Imprimeur-libraire, 1806, 4 v.

STADEN, Hans. *Duas viagens ao Brasil.* Belo Horizonte: Ed. Itatiaia; São Paulo: Ed. da Universidade de São Paulo, 1974.

STAUNTON, George Leonard. *An Authentic Account of an Embassy from the King of Great Britain to the Emperor of China.* Londres: W. Bulmer and Co., v. 1, 1797.

TENCH, Watkin. *A Narrative of the Expedition to Botany Bay.* Londres: J. Debrett, 1789.

THÉVET, André. *Singularidades da França Antarctica, a que outros chamam de América.* Belo Horizonte: Ed. Itatiaia; São Paulo: Ed. da Universidade de São Paulo, 1978.

TUCKEY, James Kingston. *An Account of a Voyage to Establish a Colony at Port Philip in Bass's Strait, on the South Coast of New South Wales.* Londres: Longman, Hurst, Rees, and Orme, 1805.

TURNBULL, John. *Voyage Round the World, in the Years 1800, 1801, 1802, 1803, and 1804; in which the Author Visited the Principal Islands in the Pacific Ocean, and the English Settlements of Port Jackson and Norfolk Island.* Londres: Printed for R. Phillips by T. Gillet, 1805.

VASON, George. *An Authentic Narrative of Four Years Residence at Tongataboo.* Londres: Longman and Co., 1815.

VAUX, James Hardy. *Memoirs of James Hardy Vaux.* Londres: W. Clowes, 1819.

VIVEZ, François. Voyage au tour du monde sur la flûte l'Etoile. In: *Extrait du bulletin de la Société de Géographie de la Université de Rochefort,* Tomo XV, 1893.

WHITE, John. *Journal of a Voyage to New South Wales.* Londres: J. Debrett, 1790.

WILSON, James. *A Missionary Voyage to the Southern Pacific (1796-1799).* Londres: T. Chapman, 1799.

YOUNG, John. *An Affecting Narrative of the Unfortunate Voyage and Catastrophe of his Majestys Ship Wager.* Londres: John Norwood, 1751.

ZUCCHELLI DA GRADISCA, Antonio. *Relazioni del viaggio e missione di Congo nell' Etiopia inferiore occidentale.* Veneza: Bartolomeo Giavarina, 1712.

Bibliografia geral

ABREU, João Capistrano de. *Caminhos antigos e povoamento do Brasil.* Belo Horizonte: Ed. Itatiaia; São Paulo: Ed. da Universidade de São Paulo, 1989.

——. *Capítulos de história colonial (1500-1800).* 4ª ed. Rio de Janeiro: Sociedade Capistrano de Abreu, Livraria Briguiet, 1954.

——. *Ensaios e estudos: crítica e história.* 4ª ed. Rio de Janeiro: Civilização Brasileira, 1975-1976, 4 v.

——. *O descobrimento do Brasil.* São Paulo: Martins Fontes, 1999.

ACUÑA, Cristobal. *Novo descobrimento do grande rio das Amazonas.* Trad. Helena Ferreira. Rio de Janeiro: Agir, 1994.

ALBANESE, Denise. *New Science, New World.* Londres e Durham: Duke University Press, 1996.

ALBUQUERQUE, Luís de et al. *O confronto do olhar. O encontro dos povos na época das navegações portuguesas.* Lisboa: Editorial Caminho, 1991.

ALENCASTRO, Luiz Felipe de. *O trato dos viventes. Formação do Brasil no Atlântico sul.* São Paulo: Companhia das Letras, 2000.

ÁLVAREZ, Fernando J. Bouza. *Del escribano a la biblioteca. La civilización escrita europea en la alta Idade Moderna.* Madri: Editoria Síntesis, 1997.

AMADO, Janaína; FIGUEIREDO, Luiz Carlos. *Brasil 500. Quarenta documentos.* Brasília: Editora da Universidade de Brasília; São Paulo: Imprensa Oficial do Estado, 2001.

AMIEL, Charles. *L'Inquisition de Goa: la relation de Charles Dellon*. Introd., edição e notas de Charles Amiel e Anne Lima. Paris: Chandeigne, 1997.

ANDRADE, António A. Banha de. *Mundos novos do mundo. Panorama da difusão, pela Europa, de notícias dos descobrimentos geográficos portugueses*. Lisboa: Junta de Investigações do Ultramar, 1972, 2 v.

ANDRADE E SILVA, José Justino de. *Coleção da legislação portuguesa compilada e anotada por José Justino de Andrade e Silva (1603-1612)*. Lisboa: Imprensa de J. J. A. Silva, 1854.

ANÔNIMO. Relation d'un voyage aux Indes Orientales fait aux Indes Orientales, contenant les affaires du pais & les établiffemens de plufieurs nations. In: *Journal des Sçavans*, Paris, 21 jul., Jean Cusson, 1677.

ARAÚJO, Jorge de Souza. *Perfil do leitor colonial*. Ilhéus: Editus, Editora da Uesc, 1999.

ARCINIEGAS, Germán. *América en Europa*. Bogotá, Colômbia: Plaza & Janes, 1980.

ATKINSON, Geoffroy. *La littérature géographique française de la Renaissance*. Nova York: Burt Franklin, 1968.

——. *Les nouveaux horizons de la Renaissance française*. Paris: E. Droz, 1935.

——. *Les relations de voyages du XVII*e *siècle et l'evolution des idées*. Paris: E. Champion, 1924.

——. *The Extraordinary Voyage in French Literature Before 1700*. Nova York: AMS Press, 1966.

AZEVEDO, Álvares. *Macário, noites na taverna e poemas malditos*. Rio de Janeiro: Livraria Francisco Alves, 1983.

BAERLÉU, Gaspar. *História dos feitos recentemente praticados durante oito anos no Brasil*. Belo Horizonte: Ed. Itatiaia, 1974.

BAERS, padre João. *Olinda conquistada*. Recife: Cepe, 2004.

BARQUISSAU, Raphaël. *Les poètes créoles du XVIII*e *siècle*. Paris: J. Vigneau, 1949.

BARRETO, Luís Filipe. *Os descobrimentos e a ordem do saber: uma análise sociocultural*. Lisboa: Gradiva, 1987.

BARROS, João de. *Primeira década*. 4ª edição revista e prefaciada por António Baião. Coimbra: Imprensa da Universidade, 1932.

BARTRUM, Giulia. *German Renaissance Prints 1490-1550*. Londres: Published for the Trustees of the British Museum by British Museum Press, 1995.

BAUDET, Henri. *Paradise on Eearth. Some Thoughts on European Images of Non-European Man*. New Haven e Londres: Yale University Press, 1965.

BEAGLEHOLE, J. C. (ed.). *The Journals of Captain Cook on his Voyages of Discovery*. Edição a partir dos manuscritos originais por J. C. Beaglehole. Londres: Hakluyt Society, 1974.

——. *The Life of Captain James Cook*. Londres: Hakluyt Society, 1974.

BENEDETTO, Luigi Foscolo. *The Travels of Marco Polo*. Nova York: The Viking Press, 1931.

BENNASSAR, Bartolomé; CHAUNU, Pierre. *L'ouverture du monde: XIVe-XVIe siècles*. Paris: A. Colin, 1977.

BENREKASSA, Georges. *Le concentrique et l'excentrique: marges des lumières*. Paris: Payot, 1980.

BENZONI, Girolamo. *Historia del nuevo mundo*. Madri: Alianza, 1989.

BERGER, Paulo. *Bibliografia do Rio de Janeiro de viajantes e autores estrangeiros (1531-1900)*. Rio de Janeiro: Livraria São José, 1964.

BLACK, Frank Gees. Edward Kimber: Anonymous Novelist of the Mid-Eighteenth Century. In: *Harvard Studies and Notes in Philology and Literature*, 17, 1935.

BLACK, John. *An Authentic Narrative of the Mutiny on Board the Ship Lady Shore*. Ipswich: John Bush, 1798.

BOLLÈME, J. Ehrard. *Livre et société dans la France du XVIIIe siècle*. Paris: Mouton et Cie., 1965-1970, 2 v.

BONNER, William Hallam. *Captain William Dampier, Buccaneer-author. Some Account of a Modest Buccaneer and of English Travel Literature in the Early Eighteenth*. Califórnia: Stanford University Press, 1934.

BONNICHON, Philippe. Imagem e conhecimento do Brasil: difusão na França de Luís XII até Luís XIII. In: *Naissance du Brésil moderne 1500-1808*. Sob a direção de Katia de Queiros Mattoso, Idelette Muzart-Fonseca dos Santos e Denis Rolland. Paris: Presses de l'Université de Paris-Sorbonne, 1998.

——. *Des cannibales aux castors: les découvertes francaises de l'Amérique (1503-1788)*. Paris: Édition France-Empire, 1994.

BOUCHER DE LA RICHARDERIE, Gilles. *Bibliothèque universelle des voyages ou notice complète et raisonnée de tous les voyages anciens et modernes dans les différentes parties du monde, publiés tant en langue française qu'en langues étrangères, classés par ordre de pays dans leur série chronologique*. Genebra: Slatkine reprints, 1970, 6 v.

BOUCHON, Geneviève. Préface. In: LAVAL, Pyrard de. *Voyage de Pyrard de Laval aux Indes orientales (1601-1611)*. Paris: Chandeigne, 1998.

——. *Vasco de Gama*. Paris: Fayard, 1997.

BOXER, Charles. Ralph. English Shipping in the Brazil Trade, 1640-65. In: *The Mariner Mirror*, nº 3, v. 37, julho, 1951.

——. Three Englishmen in Colonial Brazil, 1588-1644. In: *Boletim da Sociedade Brasileira de Cultura Inglesa*, nº 3, v. IV, 1949.

——. *A Idade de Ouro no Brasil*. Trad. Nair de Lacerda. Rio de Janeiro: Nova Fronteira, 2000.

——. *A Igreja na expansão ibérica*. Lisboa: Edições 70, 1989.

——. *A Índia portuguesa em meados do século XVIII*. Lisboa: Edições 70, 1982.

——. *João de Barros*. Nova Délhi: Concept Publishing Company, 1980.

——. *O império marítimo português (1415-1825)*. São Paulo: Companhia das Letras, 2002.

——. *Relações raciais no império colonial português, 1415-1825*. Porto: Afrontamento, 1977.

——. *Salvador de Sá and the Struggle for Brazil and Angola, 1602-1608*. Londres: Athlone Press, 1952.

BRADLEY, Peter T. *Navegantes británicos*. Madri: Editorial MAPFRE, 1992.

BRANDON, William. *New Worlds for Old: Reports from the New World and Their Effect on the Development of Social Thought in Europe (1500-1800)*. Atenas: Ohio University Press, 1986.

BRAUDEL, Fernand. *O Mediterrâneo e o mundo mediterrânico*. 2ª ed. Lisboa: Publicações D. Quixote, 1995, 2 v.

BRAZÃO, Eduardo. *As expedições de Duclerc e de Duguay-Trouin ao Rio de Janeiro, 1710-1711*. Lisboa: Divisão de Publicações e Bibliotecas, Agência Geral das Colônias, 1940.

BRUNET, Jacques-Charle. *Manuel du libraire et de l'amateur de livres*. Paris: Firmin Didot frères, 1860-1865, 6 v.

BURKE, Peter. *Cultura popular na Idade Moderna*. São Paulo: Companhia das Letras, 1989.

CAMERON, Charles. *Sir Joseph Banks*. Sidney: Angus & Robertson, 1966.

CARVALHO, Alfredo de. *Aventuras e aventureiros no Brasil*. Rio de Janeiro: Imprensa Gráfica Editora, 1929.

——. *Biblioteca exótica-brasileira*. Rio de Janeiro: Empresa Gráfica Editora; Paulo Pongetti & Cia., 1929-1930, 3 v.

CARVALHO, J. *Uma viagem aos Mares do Sul nos anos de 1740-1741*. Rio de Janeiro: Cia. Brasil Editora, 1836.

CARVALHO, Joaquim Barradas de. A literatura de viagens portuguesa (séc. XV, XVI, XVII). In: Separata da *Revista de História*, nº 81, São Paulo, 1970.

——. *As fontes de Duarte Pacheco Pereira no "Esmeraldo de Situ Orbis"*. Lisboa: Imprensa Nacional-Casa da Moeda, 1982.

CARVALHO, Joaquim de. Uma conjectura acerca do *Quod Nihil Scitur* — Francisco Sanches *versus* Giordano Bruno. In: SANCHES, Francisco. *Que nada se sabe*. Lisboa: Vega, 1991, p. 31-52.

CASTANHEDA, Fernão Lopes de. *História do descobrimento e conquista da Índia pelos portugueses*. Porto: Lello & Irmão Editores, 1979.

CAVAZZI, Giovanni Antonio. *Descrição histórica dos três reinos do Congo, Matamba e Angola, pelo padre João António Cavazzi de Montecúccolo*. Trad., notas e índices pelo padre Graciano Maria de Leguzzano. Introd. biobibliográfica por F. Leite de Faria. Lisboa: Junta de Investigações do Ultramar, 1965.

CAVENDISH, Thomas. *The Last Voyage of Thomas Cavendish, 1591-1592: the Autograph Manuscript of His Own Account of the Voyage, Written Shortly Before his Death: from the collection of Paul Mellon*. Introd., transcrição e notas de David Beers Quinn. Chicago: Published for the Newberry Library by the University of Chicago Press, 1975.

CAZAUX, Yves. *Dans le sillage de Bougainville et de Lapérouse*. Paris: A. Michel, 1995.

CHAPELAIN, Jean. *Lettres de Jean Chapelain, de l'Académie française*. Publicadas por Ph. Tamizey de Larroque. Paris: Imprimerie Nationale, 1880-1883, 2 v.

CHARTIER, Roger, JULIA, Dominique; REVEL, Jacques. *Les universités européennes du XVIe au XVIIIe siècles*. Paris: École des Hautes Études en Sciences Sociales, 1989.

——. *Leituras e leitores na França do Antigo Regime*. São Paulo: Editora Unesp, 2004.

——; CALAME, Claude. *Identités d'auteurs dans l'antiquité et la tradition européenne*. Paris: Millon Jerome Eds, 2004.

——; CAVALLO, Guglielmo; BARDOS, Jean-Pierre; AUGER, Marie-Claude. *Historia de la lectura en el mundo occidental*. Madri: Taurus, 2004.

CHATEAUBRIAND, François-René. *Atala*. Texto fixado e apresentado por Gilbert Chinard. Paris: F. Roches, 1930.

CHAUNU, Pierre *Expansão europeia do século XIII ao XV*. São Paulo: Pioneira, 1978.

——. *A América e as Américas*. Lisboa; Rio de Janeiro: Edições Cosmos, 1969.

——. *A civilização da Europa clássica*. Lisboa: Estampa, 1987, 2 v.

——. *Colomb ou la logique de l'imprévisible*. Paris: François Bourin, 1993.

——. *Conquista e exploração dos novos mundos (século XVI)*. São Paulo: Pioneira, Ed. da Universidade de São Paulo, 1984.

——. *La civilisation de l'Europe des lumières*. Paris: Arthaud, 1971.

——. *Séville et l'Atlantique, 1504-1650*. Paris: A. Colin, 1955-59, 8 v.

CHAUVET, Paul. *Les ouvriers du livre et du journal: la fédération française des travailleurs du livre*. Paris: Éditions Ouvrières, 1971.

CHIAPELLI, Fredi (ed.). *First Images of America. The Impact of the New World on the Old*. Berkeley: University of California Press, 1976, 2 v.

CHINARD, Gilbert. *La littérature comparée et l'histoire des idées dans l'étude des relations franco-américaines*. Chapel Hill: North Cardina, 1959.

——. *L'Amérique et le rêve exotique dans la littérature française au XVIIe et XVIIIe siècle*. Paris: E. Droz, 1934.

——. *L'exotisme américain dans la littérature française au XVIe siècle*. Paris: Hachette, 1911.

COATES, Timothy J. *Degredados e órfãs: colonização dirigida pela Coroa no Império português (1550-1755)*. Lisboa: Comissão Nacional para a Comemoração dos descobrimentos portugueses, 1998.

CORNEY, Bolton Glanville. *The Voyage of Captain Don Felipe González in the Ship of the Line San Lorenzo, with the Frigate Santa Rosalia in Company, to Easter Island in 1770-1: Preceded by an Extract from Mynheer Jacob Roggeveen's Official Log of His Discovery of and Visit to Easter Island, in 1772*. Cambridge: Hakluyt Society, 1908.

CORTESÃO, Jaime. *A carta de Pero Vaz de Caminha*. Lisboa: Imprensa Nacional — Casa da Moeda, 1994.

——. *A expedição de Pedro Álvares Cabral e o descobrimento do Brasil*. Lisboa: Imprensa Nacional — Casa da Moeda, 1994.

——. *Os descobrimentos portugueses*. Lisboa: Imprensa Nacional — Casa da Moeda, 1990, 3 v.

COSTA, Hipólito José da. *Correio Braziliense, ou, Armazém Literário*. São Paulo: Imprensa Oficial; Brasília: Correio Braziliense, v. XVI, 2002.

COUTO, Dejanirah. Préface. In: MOCQUET, Jean. *Voyage à Mozambique & Goa — La relation de Jean Mocquet (1607-1610)*. Paris: Chandeigne, 1996.

COUTO, Jorge. *A construção do Brasil. Ameríndios, portugueses e africanos do início do povoamento a finais de quinhentos*. Lisboa: Cosmos, 1998.

CRISTÓVÃO, Fernando (dir.), *Condicionantes culturais da literatura de viagens, estudos e bibliografias*. Lisboa: Cosmos, 1999.

CRITTENDEN, Victor. *The Voyage of the First Fleet, 1787-1788*. A partir de relatos contemporâneos. Canberra: Mulini Press, 1981.

CRUSOE, Robinson. *La vie et les avantures surprenantes de Robinson Crusoe*. Tradução de Van Effen e Thémiseul de Saint-Hyacinthe. Amsterdã: L'Honoré et Châtelain, 1721.

CRUZ COSTA, João. *Ensaio sobre a vida e a obra do filósofo Francisco Sanchez*. São Paulo: Edusp, 1942.

CRUZ, Maria Leonor Garcia da. *Os "fumos da Índia": uma leitura crítica da expansão portuguesa com uma antologia de textos dos séculos XVI-XIX e uma cronologia da expansão portuguesa e do império ultramarino (1336-1899)*. Lisboa: Edições Cosmos, 1998.

D'INTINO, Raffaella. Introdução. In: *Enformação das cousas da China (textos do século XVI)*. Lisboa: Imprensa Nacional — Casa da Moeda, 1989.

DAHER, Andrea. *Les singularités de la France équinoxiale: histoire de la mission des pères capucins au Brésil: 1612-1615*. Paris: H. Champion, 2002.

DAMPIER, William. *A Voyage to New Holland. The English Voyage of Discovery to the South Seas in 1699*. Edição e introdução de James Spencer. Londres: Alan Sutton, 1981.

DAVIES, John. *The History of Tahiti Mission*. Cambridge: Hakluyt Society, 1968.

DE FOUCHY, G. Eloge de M. L'Abbé de la Caille. In: *Histoire de l'Académie R. de Sciences de France*, 197, 1764.

DE REUCK, Joseph. *Bibliotheca Erasmiana Bruxellensis: catalogue des oeuvres d'Érasme éditées au XVIe siècle et appartenant à la Bibliothèque royale Albert Ier*. Bruxelas: La Bibliothèque, 1993.

DELLON, Gabriel. *Narração da Inquisição de Goa*. Vertida em português, várias notas e algumas correções por Miguel Vicente de Abreu. Lisboa: Edições Antígona, 1996.

DENIS, Ferdinand. *Uma festa brasileira*. Rio de Janeiro: Epasa, 1944.

DESLANDES, Venâncio (org.). *Documentos para a história da tipografia portuguesa nos séculos XVI e XVII*. Introdução de Artur Anselmo. Lisboa: Imprensa Nacional — Casa da Moeda, 1988.

DESTREMAU, Noelle. *Monsieur de La Pérouse: le gentilhomme des mers*. Paris: N. Destremau, 1992.

DIAS, João Sebastião da Silva. *Os descobrimentos e a problemática cultural do século XVI*. Lisboa: Editorial Presença, 1982.

Dicionário histórico, geográfico e etnográfico do Brasil. Rio de Janeiro: Kraus Reprint, 1972, 4 v.

DICKASON, Olive Patricia. *The Myth of the Savage: and the Beginnings of French Colonialism in the America*. Edmonton: University of Alberta Press, 1984.

DOMINGUEZ, Luis L. *The Conquest of the River Plate (1535-1555)*. Tradução de Hakluyt Society. Introdução e notas de Luis L. Dominguez. Nova York: B. Franklin, 1964.

DOUCET, Roger. *Les bibliothèques parisiennes au XVI*. Siècle. Paris: A. et J. Picard, 1956.

DUJARRIC-DESCOMBES, Alfred. Le Chevalier du Lagrange Chancel — son voyage en Périgord. In: *Bulletin de la Société Historique e Archéologique du Périgord*, Tomo XLIII, 1916.

DUVIOLS, Jean-Paul. *Cristobal Colon*. Nova York: Independent Pub Group, 2005.

——. *L'Amérique espagnole vue et rêvée: les livres de voyages de Christophe Colomb à Bougainville*. Paris: Promodis, 1985.

——. *Voyageurs français en Amérique: colonies espagnoles et portugaises*. Paris: Bordas, 1978.

EDMUNDO, Luís. *Recordações do Rio antigo*. Rio de Janeiro: Conquista, 1956.

EDWARDS, Edward. *The Life of sir Walter Raleigh. Based on Contemporary Documents... Together with his Letters*. Londres: Macmillan & Co., 1868, 2 v.

ELLIOT, John H. *The Old World and the New 1492-1650*. Londres, Nova York, Melbourne: Cambridge University Press, 1970.

ELLIOTT, Brian. *James Hardy Vaux: a Literary Rogue in Australia*. Adelaide: Wakefield Press, 1944.

EMONT, Bernard. *Marc Lescarbot: mythes et rêves fondateurs de la Nouvelle-France, avec une biographie nouvelle de l'auteur*. Paris: L'Harmattan, 2002.

EVANS, David Stanley. *La Caille: Astronomer, Traveller*. Tuscon: Pachard Publishing House, 1992.

EXQUEMELIN, Alexander Olivier. *Buccaneers of America*. Londres: Penguin, 1969.

FAZENDA, José Vieira. Antiqualhas e memórias do Rio de Janeiro. In: Separata da *Revista do Instituto Histórico Geográfico Brasileiro*, Rio de Janeiro, Tomo 86, v. 143, 1921.

FERREZ, Gilberto. O Rio de Janeiro, no tempo de Bobadela, visto por um padre francês. In: *Revista do Instituto Histórico Geográfico Brasileiro*, v. 264, 1964, p. 155-167.

FIRTH, C. B. *An Introduction to Indian Church History.* Madras: Christian Literature Society on behalf of the Federation of Evangelical Lutheran Churches in India, 1961.

FONSECA, Luiz da. *Lettres du Jappon, Peru et Brasil envoyées au R. P. general de la Société de Jesus,* Paris: Thomas Brumen, 1578.

FOUCAULT, Michel. *A arqueologia do saber.* 2ª ed. Rio de Janeiro: Forense-Universitária, 1986.

——. *A ordem do discurso.* Lisboa: Relógio D'água Editores, 1997.

FRAGOSO, Augusto Tasso. *Os franceses no Rio de Janeiro.* Revisão, acréscimos e anotações do general Antônio de Sousa Júnior. Rio de Janeiro: Biblioteca do Exército, 1965.

FRANÇA, Jean Marcel Carvalho. A relação do piloto anônimo. Introd., trad. e notas. In: *Folha de S. Paulo* — Caderno Mais!, São Paulo, 29 ago. 1999, p. 5-10.

——. Marco Polo: fantasias e realidade. In: *Jornal da Tarde — Caderno Sábado,* São Paulo, 9 ago. 2003.

——. *Outras visões do Rio de Janeiro colonial. Antologia de textos (1582-1808).* Rio de Janeiro: José Olympio, 2000.

——. *Visões do Rio de Janeiro colonial. Antologia de textos (1531-1800).* 2ª ed. Rio de Janeiro: José Olympio, 2008.

——. *Diário de uma viagem da baía de Botafogo à cidade de São Paulo (1810).* Rio de Janeiro: José Olympio, 2006.

——. *Mulheres viajantes no Brasil (1773-1820).* Rio de Janeiro: José Olympio, 2007.

——. *Viagem ao Rio. Cartas da juventude (1848-1849).* Rio de Janeiro: José Olympio, 2002.

FRANCASTEL, Pierre. *Utopie et institutions au XVIIIe siècle; le pragmatisme des Lumières.* Organização de Pierre Francastel, seguido de ensaio sobre a Estética do Iluminismo. Paris: Mouton, 1963.

FRANCO, Afonso Arinos de Melo. *O índio brasileiro e a Revolução Francesa.* 3ª ed. Rio de Janeiro: Topbooks, 2000.

FRÉZIER, Amédée François. *Relation du voyage de la mer du sud aux côtes du Chili et du Pérou.* Apresentação de Gaston Arduz Eguía e Hubert Michéa. Paris: Utz, 1995.

FRIEDERICI, Georg. *El carácter del descubrimiento y de la conquista de America.* 2ª ed. México D. F.: Fondo de Cultura Económica, 1986.

FULLER, Mary C. *Voyages in Print: English Travel to America (1576-1624).* Cambridge; Nova York: Cambridge University Press, 1995.

GAFFAREL, Paul. *Histoire du Brésil français au XVème siècle*. Paris: Maison-Neuve, 1878.

GAGE, Thomas. *Travels in the New World*. Edição e introdução de J. Eric S. Thompson. Norman: University of Oklahoma Press, 1958.

GALLAGHER, Robert E. (ed.). *Byron's Journal of his Circumnavigation, 1764-1765*. Cambridge: Published for the Hakluyt Society at the University Press, 1964.

GALVÃO, António. *Tratado dos descobrimentos*. Reprodução da edição prínceps. Versão atualizada por César Pegado. Comentários e notas do visconde de Lagoa, com a colaboração de Elaine Sanceau. Estudo bibliográfico do visconde de Lagoa. 4ª ed. Porto: Livraria Civilização Editora, 1987.

GÂNDAVO, Pero de Magalhães de. *História da província de Santa Cruz a que vulgarmente chamamos Brasil*. Rio de Janeiro: Zahar, 2004.

GANNS, Cláudio. Memória de um marinheiro francês, no século XVII. In: *Revista do Instituto Histórico Geográfico Brasileiro*, v. 250, 1961.

GARRAUX, A. L. *Bibliographie brésilienne. Catalogue des ouvrages français et latin relatifs au Brésil (1500-1898)*. Paris: Ch. Chadenat-Jablonski, Vogt et Cie., 1898

GERDI, Antonello. *La disputa del Nuevo Mundo. Historia de uma polémica (1750-1900)*. Tradução de Antonio Alatorre. México: Fondo de Cultura Económica, Primeira reimpressão, 1993.

GILL, Anton. *The Devil's Mariner: a Life of William Dampier, Pirate and Explorer*. Londres: Michael Joseph, 1997.

GILLEN, M. *The Founders of Australia. A Biographical Dictionary of the First Fleet*. Sidney: Library of Australian History, 1989.

GILLOW, Joseph. *A Literary and Biographical Dictionary of the English Catholics from the Breach with Rome, in 1534, to the Present Time*. Londres: Burns & Oates; Nova York Catholic pub. Soc. Co., 1885-1902.

GIUCCI, Guillermo. *Viajantes do maravilhoso, o Novo Mundo*. São Paulo: Companhia das Letras, 1992.

GODINHO, Vitorino Magalhães. *Os descobrimentos e a economia mundial*. 2ª ed. Lisboa: Editorial Presença, 1981-1984, 4 v.

GÓIS, Damião de. *Crónica do felicíssimo rei D. Manuel*. Parte I, caps. 54 a 57. Nova edição, conforme a primeira, anotada e prefaciada. Edição dirigida por Joaquim Martins Teixeira de Carvalho e David Lopes. Coimbra: Imprensa da Universidade, 1926.

GOMBERVILLE, Marin Le Roy de. *Polexandre*. Genebra: Slatkine reprints, 1978.

GONNEVILLE, Binot Paulmier de. *Le voyage de Gonneville (1503-1505) et la découverte de la Normandie par les indiens du Brésil*. Paris: Chandeigne, 1995.

GOODMAN, Edward Julius. *The Exploration of South America: an Annotated Bibliography*. Nova York: Macmillan Company, 1972.

——. *The Explorers of South America*. Norman: University of Oklahoma Press, 1992.

GÓRGIAS. *Górgias, testemunhos e fragmentos*. Lisboa: Edições Colibri, 1993.

GOSS, John. *Blaeu's the Grand Atlas of the 17th Century World*. Introdução e seleção dos mapas por John Goss. Nova York: Rizzoli, 1991.

GOSSE, Edmund. *Raleigh*. Norwood: Norwood Editions, 1977.

GRAVATT, Patricia. *Le Nouveau Monde et le Vieux Monde: trois représentations originales de l'Amérique à la fin du XVIe siècle*. Paris: Harmattan, 2005.

GREENBLATT, Stephen. *Marvelous Possessions, the Wonder of the New World*. Chicago: The University of Chicago Press, 1991.

GREENLEE, William Brooks. *The Voyages of Pedro Álvares Cabral to Brazil and India from Contemporary Documents and Narratives*. Londres: Hakluyt Society, 1938.

GRIFFEN, John. *Memoirs of Captain James Wilson*. Nova York: Samuel Armstrong & Crocket & Brewster, 1822.

GROUSSAC, P. Noticia de don Juan Francisco de Aguirre. In: *Anales de la Biblioteca. Publicatión de documentos relativos al río de la Plata*. Buenos Aires: Imprenta y Casa Editora de Coni Hermanos, Tomo V, 1905.

GRYNAEUS, Simon. *Novus orbis regionum*. Basileia: Heruagium, 1532.

GUEDES, Max Justo. *O descobrimento do Brasil*. Lisboa: Vega, 1989.

GUNTHER, Louise. *The British Community of 19th Century Bahia: Public and Private Lives*. Oxford: University of Oxford Centre for Brazilian Studies; Working Paper Series, 2002.

GUSDORF, Georges. *Introduction aux sciences humaines: essai critique sur leurs origines et leur développement*. Paris: Ophrys, 1974.

——. *Les sciences humaines et la pensée occidentale*. Paris: Payot, 1966-1985, 12 v.

HAMILTON, Earl J. *American Treasure and the Price Revolution in Spain*. Nova York: Octagon Books, 1965.

HAMILTON, George. *A Voyage Round the World, in His Majesty's Frigate Pandora*. Fac-símile da rara edição de 1793, com um estudo introdutório de Peter Gesner. Sidney: Hordern House for Australian National Maritime Museum, 1999.

——. *Voyage of HMS Pandora. Despached to Arrest the Mutineers of the Bouty in the South Seas, 1790-1791*. Introd. e notas de Basil Thomson. Londres: Francis Edwards, 1915.

HARO, Martim Afonso Palma de (org.). *Ilha de Santa Catarina; relatos de viajantes estrangeiros nos séculos XVIII e XIX*. Florianópolis: Editora da UFSC, Lunardelli, 1996.

HARRISSE, Henry. *Bibliotheca Americana Vetustissima. A Description of Works Relating to America Published Between the Years 1492-1551*. Nova York: Mansfield Center, 1958.

HART, Jonathan Locke. *Columbus, Shakespeare, and the Interpretation of the New World*. Nova York: Palgrave Macmillan, 2003.

HEGEL, Georg Wilhelm Friedrich. *Filosofia da história*. 2ª ed. Brasília: Editora Universidade de Brasília, 1999.

HEULHARD, A. *Villegaignon, roi d'Amerique. Un homme de mer au XVème siècle*. Paris: E. Leroux, 1897.

HODGEN, Margaret Trabue. *Early Anthropology in the Sixteenth and Seventeenth Centuries*. Filadélfia: University of Pennsylvania Press, 1964.

HOLLANDA, Sérgio Buarque de. *Caminhos e fronteiras*. 3ª ed. São Paulo: Companhia das Letras, 1994.

——. *Capítulos de literatura colonial*. São Paulo: Editora Brasiliense, 1991.

——. *Raízes do Brasil*. 7ª ed. Rio de Janeiro: Livraria José Olympio, 1973.

——. *Visão do paraíso: os motivos edênicos no descobrimento e colonização do Brasil*. 2ª ed. São Paulo: Cia. Editora Nacional, 1969.

HUE, Sheila Moura. *Primeiras cartas do Brasil (1551-1555)*. Rio de Janeiro: Zahar, 2006.

JULIEN, Charles; HERVAL, R.; BEAUCHESNE, Th. *Les français en Amérique pendant la première moitié du XVI siècle*. Paris: Presses Universitaires de France, 1946.

KAFKER, Frank A. *Notable Encyclopedias of the Late Eighteenth Century: Eleven Successors of the Encyclopédie*. Oxford: Voltaire Foundation, 1994.

KEEN, Benjamin. *The Life of the Admiral Christopher Columbus. By His Son Ferdinand*. Londres: Folio Society, 1960.

KIMBER, Edward. *A Relation of a Late Expedition to St. Augustine*. Edição e introd. de John Jay Tepaske. Gainesville: The University Presses of Florida, 1976.

——. *The Life, Extraordinary Adventures, Voyages, and Surprising Escapes of the Captain Neville Frowde, Written by Himself*. Berwick: W. Phorson; B. Law and Son, 1792.

KIMBROUGH, Mary. *Louis Antoine de Bougainville, 1729-1811: a Study in French Naval History and Politics*. Lewiston: E. Mellen Press, 1990.

KIPPIS, Andrew. *Captain Cook's Voyages*. Nova York: Alfred A. Knopf, 1925.

KLOSTER, W.; SOMMER, F. *Ulrico Schmidel no Brasil quinhentista*. São Paulo: Sociedade Hans Staden, 1942.

KNIVET, Anthony. Narração da viagem que, nos anos de 1591 e seguintes, fez Antônio Knivet da Inglaterra ao Mar do Sul, em companhia de Thomas Cavendish. In: *Revista do Instituto Histórico Geográfico Brasileiro*, Tomo XLI, 1878, p. 183-272.

——. *Vária fortuna e estranhos fados de Anthony Knivet, que foi com Tomás Cavendish, em sua segunda viagem, para o Mar do Sul, no ano de 1591*. São Paulo: Brasiliense, 1947.

KNOX-SHAW, Peter. *The Explorer in English Fiction*. Nova York: St. Martin's Press, 1986.

LA LANDELLE, Gabriel de. *Histoire de Duguay-Trouin*. Paris: Sagnier et Bray, 1844.

LAET, Joannes. *História ou anais dos feitos da companhia privilegiada das Índias Ocidentais desde o seu começo até ao fim do ano de 1636, por Joannes de Laet*. Trad. José Higino Duarte Pereira e Pedro Souto Maior. Rio de Janeiro: Oficinas Gráficas da Biblioteca Nacional, 1916-1925.

LAMBERT, Richard S. *The Prince of Pickpockets*. Londres: Faber & Faber Limited, 1930.

LANCIANI, Giulia. *Sucessos e naufrágios das naus portuguesas*. Lisboa: Editorial Caminho, 1997.

LANDWEHR, John. *A Bibliography of Publications Relating to the Dutch East India Company: 1602-1800*. Edição de P. van der Krogt, introdução de C. R. Boxer e prefácio de G. Schilder. Utrecht: HES Publishers, 1991.

LANGSDORFF, Georg Heinrich von. *Remarks and Observations on a Voyage Around the World from 1803 to 1807*. Tradução e notas de Victoria Joan Moessner; edição de Richard A. Pierce. Kingston: Limestone Press, 1993.

LAS CASAS, Bartolomé. *Breve relación de la destrucción de las Indias Occidentales*. Sevilha; Londres; Filadélfia: Hurtel, 1821.

LECOQ, Danielle; CHAMBARD, Antoine (orgs.). *Terre à découvrir terres à parcourir*. Paris: L'Harmattan, 1998.

LEHMANN, Arnold. *It Began at Tranquebar*. Madras: Christian Literature Society on Behalf of the Federation of Evangelical Lutheran Churches in India, 1956.

LEIBNIZ, G. W. *Discurso sobre a teologia natural dos chineses*. Introdução, tradução e notas de Adelino Cardoso. Lisboa: Colibri, 1991.

LEITE, Serafim. *História da Companhia de Jesus no Brasil*. Lisboa: Livraria Portugalia, 1938-50, 10 v.

LEONARD, Irving Albert. *Colonial Travelers in Latin America*. Nova York: Knopf, 1972.

LESCARBOT, Marc. *History of New France by Marc Lescarbot*. Tradução, notas e apêndices de W. L. Grant e introdução de H. P. Biggar. Toronto: The Champlain Society, 1907-14.

LESTRINGANT, Frank. *André Thévet, cosmographe des derniers Valois*. Genebra: Droz; Paris: diff. Champion, 1991.

——. *Ecrire le monde à la Renaissance: quinze études sur Rabelais, Postel, Bodin et la littérature géographique*. Caen: Paradigme, 1993.

——. *Le Brésil de Montaigne: le Nouveau Monde des "Essais", 1580-1592*. Paris: Chandeigne, 2005.

——. *Le huguenot et le sauvage: l'Amérique et la controverse coloniale, en France, au temps des guerres de religion: 1555-1589*. Prefácio de Emmanuel Le Roy Ladurie. Paris: Aux amateurs de livres, 1990.

——. *O canibal: grandeza e decadência*. Brasília: Editora Universidade de Brasília, 1997.

LITTLE, Bryan D. G. *Crusoe's Captain; Being the Life of Woodes Rogers, Seaman, Trader, Colonial Governor*. Londres: Oldhams Press, 1960.

LORD, Russel of Liverpool. *Knight of the Sword; the Life and Letters of Admiral sir William Sidney Smith*. Londres: V. Gollancz, 1964.

LOVETT, R. *The History of the Londres Missionary Society 1795-1895*. Londres: H. Frowde, 1899, 2 v.

LÜSEBRINK, Hans-Jürgen; TIETZ, Manfred (eds.). *Lectures de Raynal: l'histoire des deux Indes en Europe et en Amérique au XVIIIe siècle: actes du colloque de Wolfenbüttel*. Oxford: The Voltaire Foundation at the Taylor Institution, 1991.

LYNAM, Edward (ed.). *Richard Hakluyt & His Successors; a Volume Issued to Commemorate the Centenary of the Hakluyt Society*. Nendeln, Liechtenstein: Kraus Reprint, 1967.

LYTE, Charles. *Sir Joseph Banks*. Newton Abbot: David & Charles, 1980.

MACAULAY, Rose. *Ingleses em Portugal*. Porto: Livraria Civilização, 1950.

MACKNESS, George. *Admiral Arthur Phillip*. Sidney: Angus & Robertson, 1937.

MACLACHLAN, Noel. Introduction. In: *The Memoirs of James Hardy Vaux*. Edição, introdução e notas de Noel MacLachlan. Londres: Heinemann Ltda., 1964.

MAJÓ FRAMIS, Ricardo. *La Condamine en la América Austral*. Prólogo do autor. Madri: M. Aguilar, 1948.

MANWARING, George Ernest. *Woodes Rogers: Privateer and Governor*. Edição de A. Deans Peggs. Nassau: Deans Peggs Research Fund, 1957.

MARKHAM, Clements Forbes. *Early Spanish Voyages to the Strait of Magellan*. Tradução e prefácio, introdução e notas de sir Clements Markham. Nendeln; Liechtenstein: Kraus Reprint Limited, 1967

MARKHAM, Clements R. *The Hawkins Voyages During the Reigns of Henry VIII, Queen Elizabeth, and James I*. Nova York: Burt Franklin, 1970.

MARTIN, Henri Jean. *Livre, pouvoirs et société à Paris au 17e siècle (1598-1701)*. Genebra: Droz, 1969, 2 v.

——; CHARTIER, Roger. *Histoire de l'édition française*. Paris: Promodis, 1982-1986, 4 v.

——; FEBVRE, Lucien. *The Coming of the Book*. Londres, Nova York: Verso, 1976.

MARTINS, Wilson. *A palavra escrita*. São Paulo: Anhambi Ltda., 1957.

——. *História da inteligência brasileira*. 2ª ed. São Paulo: Cultrix; Editora da Universidade de São Paulo, v. I e II, 1977-78.

MATOS, Manuel Cadafaz de. *Livros e utensilagem tipográfica na carreira da Índia: séculos XV e XVI*. Lisboa: Távola Redonda, 1990.

MAURO, Frédéric. *Expansão europeia (1600-1870)*. São Paulo: Pioneira, Ed. da Universidade de São Paulo, 1880.

——. *Le Brésil au XVIIe siècle; documents inédits relatifs à l'Atlantique portugais*. Coimbra, 1963.

——. *Portugal, o Brasil e o Atlântico (1570-1670)*. Lisboa: Editorial Estampa, 1989, 2 v.

MICELI, Paulo Celso. *O ponto onde estamos: viagens e viajantes na história da expansão e da conquista*. São Paulo: Scritta, 1994.

MICHAUD, Louis-Gabriel. *Biographie universelle ancienne et moderne*. Paris: A. Thoisnier; Desplaces: Michaud, 1843, 45 v.

MOCQUET, Jean. *Voyages en Afrique, Asie, Indes Orientales, & Occidentales*. Paris: J. de Heuqueville, 1617.

MOLLAT, Michel (org.). *L'importance de l'exploration maritime au siècle des lumières. A propos du voyage de Bougainville*. Paris: Editions du Centre National de la Recherche Scientifique, 1982.

——. *Études d'histoire maritime (1938-1975)*. Torino: Bottega d'Erasmo, 1977.

——. *Giovanni et Girolamo Verrazano, navigateurs de François I*. Documentos de viagens organizados e comentados por Michel Mollat du Jourdin e Jacques Habert. Paris: Imprimerie Nationale, 1982.

——. *Grands voyages et connaissance du monde, du milieu du XIII*[e] *siècle à la fin du XV*[e]... Paris: Centre de Documentation Universitaire, 1966.

——. *L'Europe et la mer*. Paris: Éditions du Seuil, 1993.

——. *La vie quotidienne des gens de mer en Atlantique IX*[e]*-XVI*[e] *siècle*. Paris: Hachette, 1983.

——. *Les explorateurs du XIII*[e] *au XVI*[e] *siècle: premiers regards sur des mondes nouveaux*. Paris: Editions du C. N. H. S., 1992.

MONGRÉDIEN, Georges. *La vie littéraire au XVII*[e] *siècle*. Paris: J. Tallandier, 1947.

MONTAIGNE, Michel Eyquem de. *Ensaios*. Trad. Sérgio Milliet. São Paulo: Abril Cultural, 1984.

MOOL, Jaime. *De la imprenta al lector: estudios sobre el libro español de los siglos XVI al XVIII*. Madri: Arco Libros, 1994.

MOORE, John. *The First Fleet Marines, 1786-1792*. Brisbane: University of Queensland Press, 1987.

MORAES, Rubens Borba. *Bibliografia brasileira do período colonial. Catálogo comentado das obras dos autores nascidos no Brasil e publicadas antes de 1808*. São Paulo: IEB, 1969.

——. *Bibliografia brasiliana*. Rio de Janeiro: Colibris Editora Ltda., 1958, 2 v.

——. *Livros e bibliotecas no Brasil colonial*. Rio de Janeiro: Livros Técnicos e Científicos; S.C.C.T., 1979.

MORAIS, Evaristo de. *Francisco Sanches na renascença portuguesa*. Rio de Janeiro: Ministério da Educação, 1953.

MORE, Thomas. *Utopia*. São Paulo: Martins Fontes, 1999.

MORISON, Samuel Eliot. *Christopher Columbus, Mariner*. Boston: Little, Brown and Company, 1955.

MORSE, Richard M. *O espelho de Próspero*. São Paulo: Companhia das Letras, 1988.

NAVARRETE, Martin Fernandez. *Colección de los viages y descubrimientos que hicieron por mar los españoles desde fines del siglo XV: con varios documentos inéditos concernientes á la historia de la marina castellana y de los establecimientos españoles en Indias*. Madri: Imprenta Real, 1825-1837, 5 v.

NEWTON, Norman. *Thomas Gage in Spanish America*. Londres: Faber, 1969.

NUNES, Carmem. *O eco dos descobrimentos na literatura portuguesa*. Lisboa: Replicação, 1990.

OBERACKER JR., Carlos H. O Rio de Janeiro em 1782 visto pelo pastor F. L. Langstedt. In: *Revista do Instituto Histórico Geográfico Brasileiro*, v. 299, 1973, p. 3-15.

O'GORMAN, Edmond. *Cuatro historiadores de Indias, siglo XVI: Pedro Martír de Anglería, Gonzalo Fernández de Oviedo y Valdés, Bartolomé de las Casas, Joseph de Acosta*. México: Secretaría de Educación Pública, 1972.

——. *La invención de América; el universalismo de la cultura de Occidente*. México: Lecturas Mexicanas 63, 1992.

OLSCHKI, Leonardo. *Marco Polo's Precursors*. Nova York: Octagon Books, 1972.

OSORIO, Jerónimo. *Da vida e feitos d'El rei D. Manoel: livros dedicados ao cardeal D. Henrique seu filho por Jeronymo Osório*. Vertidos em português pelo padre Francisco Manoel do Nascimento. Lisboa: Impressão Regia, 1804-1806, 3 v.

PACK, S. W. C. *Admiral Lord Anson*. Londres: Cassell, 1960.

PADGEN, Anthony. *Europeans Encounters with the New World. From Renaissance to Romanticism*. New Haven; Londres: Yale University Press, 1993.

PARKS, George Bruner. *Richard Hakluyt and the English Voyages*. Nova York: F. Ungar Pub. Co., 1961.

PASCOE, Charles F. *Two Hundred Years of the SPG: an Historical Account of the Society for the Propagation of the Gospel in Foreign Parts, 1701-1900*. Londres: Society's Office, 1901, 2 v.

PEILLARD, Leonce. *Villegaignon, vice-amiral de Bretagne et vice-roi du Brésil*. Paris: Perrin, 1991.

PENROSE, Boies. *Travel and discovery in the Renaissance (1420-1620)*. Cambridge: Harvard University Press, 1952.

PERIER, Antoine du. *Les amours de Pistion et de Fortunie*. Edição crítica com introdução e notas de Roméo Arbour. Ottawa: Éditions de l'Université d'Ottawa, 1973.

PERNOUD, Régine. *America del Sur en el siglo XVIII*. México: Fondo de Cultura Económica, 1990.

PERRONE-MOISÉS, Leyla. *Vinte luas: viagem de Paulmier de Gonneville ao Brasil, 1503-1505*. São Paulo: Companhia das Letras, 1992.

PERROT, Roger. *Le livre dans la vie quotidienne*. Paris: Bibliothèque Nationale, 1975.

PETERS, Hubert J. M. W. *The Crone Library. Books on the Art of Navigation*. Nieuwkoop: Published for the Vereeniging Nederlandsch Historisch Scheepvaart Museum at Amsterdã by De Graaf Publishers, 1989.

PEYREFITTE, Alain. *O império imóvel ou o choque dos mundos*. Niterói: Casa Jorge, 1997.

PLANT, Marjorie. *The English Book Trade. An Economic History of the Making and Sale of Books*. Londres: G. Allen & Unwin Ltd., 2ª ed., 1965.

POCOCK, Tom. *A Thirst for Glory: the Life of Admiral sir Sidney Smith*. Londres: Aurum, 1996.

POLING, James. *The Man who Saved Robinson Crusoe; the Strange Surprising Adventures of the Original Robinson Crusoe and His Most Remarkable Rescuer*. Nova York: W. W. Norton, 1967.

PONCETTON, François. *Monsieur Duguay-Trouin, corsaire du roi*. Paris: Plon, 1930.

POOLMAN, Kenneth. *The Speedwell Voyage: a Tale of Piracy and Mutiny in the Eighteenth Century*. Annapolis: Naval Institute Press,1999.

POULAIN, Jean. *Histoire de Duguay-Trouin et de Saint-Malo, la cité-corsaire*. Rennes: Découvrance, 1994.

PRATT, Mary Louise. *Os olhos do império*. Bauru: Edusc, 1999.

PRIMERIO, Fidelis M. de. *Capuchinhos em terras de Santa Cruz nos séculos XVII, XVIII e XIX. Apontamentos históricos*. São Paulo: Livraria Martins, 1942.

PRIOLKAR, Anant Kakba. *The Goa Inquisition: Being a Quatercentenary Commemoration Study of the Inquisition in India*. Com relatos feitos pelo dr. Dellon e dr. Buchanan. Bombaim: Bombay University Press, 1961.

PURCHAS, Samuel. *Hakluytus Posthumus, or, Purchas his Pilgrimes: Contayning a History of the World, in Sea Voyages, & Lande-Travells*. Londres: Imprinted at Londres for Henry Fetherston at y[e]e signe of the rose in Pauls Churchyard, 1625, 4 v.

QUEVEDO, A. Lafone (org.). *Viaje de Ulrich Schmidt al río de la Plata (1534-1554)*. Trad. e notas de Lafone A. Quevedo. Buenos Aires: Calvaux & Cia., 1903.

RABELAIS, François. *François Rabelais: tout ce qui existe de ses oeuvres, Gargantua-Pantagruel...* Paris: Garnier, 1884.

RALEIGH, sir Walter. *Discoverie of the Large, Rich, and Beautiful Empire of Guiana*. Ed. Sir Robert Hermann Schomburgk. Londres: Hakluyt Society, 1848.

RAMINELLI, Ronald. *Imagens da colonização. A representação do índio de Caminha a Vieira*. Rio de Janeiro: Zahar, 1996.

RAMUSIO, Giovanni Battista. *Paesi nouamenti retrouati, et Nouo Mondo da Alberico Vesputio florentino intitulato*. Veneza: V. Vicento, 1507.

——. *Primo volume delle navigationi et viaggi nel qual si contiene la descrittione dell' África*. Veneza: Appresso gli heredi di Lvcantonio Givnti, 1550.

RASTELL, John. *Three Rastell Plays: "Four Elements", "Calisto and Melebea", "Gentleness and Nobility"*. Cambridge: D.S. Brewer, 1979.

RAYNAL, Guillaume Thomas François. *A revolução na América*. Prefácio de Luciano Raposo de Almeida Figueiredo e Oswaldo Munteal Filho. Rio de Janeiro: Arquivo Nacional, 1993.

——. *O estabelecimento dos portugueses no Brasil*. Prefácio de Berenice Cavalcante. Rio de Janeiro: Arquivo Nacional; Brasília: Ed. Universidade de Brasília, 1998.

RENNEFORT, Urbain Souchu de. *Histoire des Indes orientales*. Transcrição do texto original por Dominique Huet. Sainte-Clotilde (Réunion): ARS Terres Créoles, 1988.

REZENDE, Modesto. *Os missionários capuchinhos no Brasil*. Esboço histórico prefaciado pelo Dr. Alfonso de E. Taunay da Academia Brasileira. São Paulo: Convento da Imaculada Conceição, 1931.

RIZZINI, Carlos. *O livro, o jornal e a tipografia no Brasil (1500-1822)*. Rio de Janeiro: Livraria e Editora Kosmos, 1946.

ROCHE, Daniel. *La France des lumières*. Paris: Fayard, 1993.

RODRIGUES, José Carlos. *Bibliotheca brasiliense. Catálogo anotado dos livros sobre o Brasil... Descobrimento da América: Brasil colonial (1492-1822)*. Rio de Janeiro: Tipografia do *Jornal do Commercio*, 1907.

RODRIGUES, José Honório. Visitantes do Brasil no século XVII. In: *Revista de História*, Separata do v. 37, 1959.

——. *As fontes da história do Brasil na Europa*. Rio de Janeiro: Departamento de Imprensa Nacional, 1950.

——. *História da história do Brasil. Historiografia colonial*. 2ª ed. São Paulo: Companhia Editora Nacional, 1979.

——. *Historiografia e bibliografia do domínio holandês no Brazil*. Rio de Janeiro: Departamento de Imprensa Nacional, 1949.

ROGERS, Woodes. The Dedication. In: ——. *A Cruising Voyage Round the World*. Introdução de Percy G. Adams. Nova York: Dover, 1970.

ROUSSEAU, Jean-Jacques. Discurso sobre a origem e os fundamentos da desigualdade entre os homens. In: *Pensadores*. São Paulo: Abril Cultural, 1983.

RUDEL, Yves-Marie. *Duguay-Trouin, corsaire et chef d'escadre (1673-1763)*. Paris: Perrin, 1973.

RUTTER, Owen. *The First Fleet. The Record of the Foundation of Australia from its Conception to the Settlement at Sydney Cove...* Introdução e notas de Owen Rutter. Londres: The Golden Cockerel Press, 1937.

SABIN, Joseph. *A Dictionary of Books Relating to America, From its Discovery to the Present Time*. Mansfield: Martino, 2002.

SALAS, Alberto Mario. *Tres cronistas de Indias: Pedro Mártir de Anglería, Gonzalo Fernández de Oviedo, fray Bartolmé de las Casas*. México: Fondo de Cultura Económica, 1959.

SAMPAIO, Teodoro. Peregrinações de Anthony Knivet no Brasil no século XVI. In: *Revista do Instituto Histórico Geográfico Brasileiro*, Tomo Especial (1º Congresso de História Nacional), Parte II, 1915, p. 345-390.

SANCHES, Francisco. *Que nada se sabe*. Lisboa: Veja, 1991.

SCHWARTZ, Stuart B. (ed.). *Implicit Understanding Observing, Reporting and Refecting on the Encounters Between Europeans and Other Peoples in the Early Modern Era*. Cambridge: Cambridge University Press, 1996.

SERRÃO, Joaquim Veríssimo. *Do Brasil filipino ao Brasil de 1640*. São Paulo: Companhia Editora Nacional, 1968.

SHIPMAN, Joseph C. *William Dampier, Seaman, Scientist*. Lawrence: University of Kansas Libraries, 1962.

SOULIÉ, Maurice. *L'Équipage révolté*. Paris: Marpon, 1927.

SOUSA, Manuel Francisco de Barros e. *Quadro elementar das relações políticas e diplomáticas de Portugal com as diversas potências do mundo, desde o princípio da monarquia portuguesa até aos nossos dias; ordenado, e composto pelo visconde de Santarém*... Impresso por ordem do governo português. Paris: J. P. Aillaud, 1842-76, 18 v.

SOUTHEY, Robert. *História do Brasil*. Bahia: Aguiar & Souza, 1948-54.

SOUZA, Laura de Mello e. *Inferno atlântico: demonologia e colonização, séculos XVI-XVIII*. São Paulo: Companhia das Letras, 1993.

——. *O diabo e a Terra de Santa Cruz: feitiçaria e religiosidade popular no Brasil colonial*. São Paulo: Companhia das Letras, 1986.

SOUZA, Thomas Oscar Marcondes de. *O descobrimento do Brasil*. São Paulo: Companhia Editora Nacional, 1946.

TALLEMANT DES RÉAUX, Gédéon. *Les historiettes de Tallemant de Réaux. Tome sixième: mémoires pour servir à l'histoire du XVIIe siècle*. Paris: A. Levavasseur, 1835.

TAUNAY, Afonso de E. *Na Bahia colonial (1610-1764)*. Rio de Janeiro: IHGB, 1924.

——. *Santa Catharina nos anos primevos*. São Paulo: Tipografia do *Diário Oficial*, 1931.

——. Os náufragos do Wager. In: *Revista do Instituto Histórico Geográfico Brasileiro*, Tomo 92, v. 146, 1922.

——. *No Rio de Janeiro dos vice-reis*. São Paulo: Anais do Museu Paulista, Tomo XI, 1943.

——. *Rio de Janeiro de antanho. Impressões de viajantes estrangeiros*. São Paulo: Companhia Editora Nacional, 1942.

——. *Visitantes do Brasil colonial*. São Paulo: Companhia Editora Nacional, 1944.

THOMAS, Antoine Léonard. *Elogio de Renato Duguay-Trouin, tenente-general das armadas navais de França, comendador da Ordem Real Militar de S. Luiz. Traduzido da língua francesa, com todas as notas, e uma advertência do tradutor, que em parte pode servir para exame da obra, por um homem de mar*. Lisboa: Régia Oficina Tipográfica, 1774.

THOMPSON, James Westfall. *The Medieval Library*. Nova York: Hafner Pub. Co., 1957.

TIELE, Pieter Anton. *Mémoire bibliographique sur les journaux des navigateurs néerlandais réimprimés dans les collections de De Bry et de Hulsius et dans les collections hollandaises du XVIIe siècle, et sur les anciennes éditions hollandaises des journaux de navigateurs étrangers, la plupart en la possession de Frédérik Muller à Amsterdam*. Amsterdã: N. Israel, 1960.

TODOROV, Tzvetan. *A conquista da América: a questão do outro*. 2ª ed. São Paulo: Martins Fontes, 1999.

TREVELYAN, Raleigh. *Sir Walter Raleigh*. Nova York: H. Holt, 2004.

TUCKEY, James Kingston. *Memoir of a Chart of Port Phillip*. Edição, introd. e comentários de John Currey. Melbourne: Colony Press, 1987.

VÁRIOS. *Actes du cinquantenaire de la création en Bretagne de l'enseignement du portugais*. Paris: Presses du Palais Royal, 1977.

VARNHAGEN, Francisco Adolfo de. *História geral do Brasil*. 4ª ed. São Paulo: Cia. Editora Nacional, 1948.

VASCONCELOS, Simão. *Notícias curiosas e necessárias das cousas do Brasil*. Introdução e organização de Luís A. de Oliveira Ramos. Lisboa: C.N.C.D.P., 2001, p. 161-164.

VESPÚCIO, Américo. *Novo Mundo — As cartas que batizaram a América*. São Paulo: Planeta do Brasil, 2003.

VILA, Luisa Vilar. *El viaje de Amédée Frézier por la América meridional*. Sevilha: Diputación Provincial de Sevilla; Andalucía: Consejería de Cultura de la Junta de Andalucía, 1991.

VITELLESCHI, Mutio. *Histoire de ce qui s'est passé en Ethiopie, Malabar, Brésil, et es Indes orientales. Tirée des lettres ecrites és années 1620, jusques à 1624*. Paris: Sebastien Cramoise, 1628.

VON HAGEN, Victor Wolfgang. *A América do Sul os chamava*. São Paulo: Melhoramentos, [s.d.].

——. *South America, the Green World of the Naturalists*. Londres: Eyre & Spottiswoode, 1951.

WALTER, Richard. *A Voyage Round the World in the Years MDCCXL, I, II, III, IV, by George Anson*. Edição e introdução de Glyndwr Williams. Londres, Nova York: Oxford University Press, 1974.

WEBB, Walter Prescott. *The Great Frontier*. Reno: University of Nevada Press, 2003.

WILLIANS, John. *A Narrative Missionary Enterprises in the South Seas Island*. Londres: J. Snow, 1837.

WOLFZETTEL, Friedrich. *Le discours du voyageur: pour une histoire littéraire du récit de voyage en France, du Moyen Age au XVIIIe siècle*. Paris: Presses Universitaires de France, 1996.

WOLPE, Hans. *Raynal et la machine de guerre: l'histoire des deux Indes et ses perfectionnements*. Stanford: Standart University Press, 1957.

YULE, Henry. *Cathay and the Way Thither, Being a Collection of Medieval Notices of China*. Londres: Hakluyt Society, 1866.

ZAVALA, Silvio Arturo. *América en el espíritu francés del siglo XVIII*. México: El Colegio Nacional, 1949.

PARTE II

Antologia de textos (1591-1808)

O saque de Santos

Em 1797, o cronista frei Gaspar da Madre de Deus (1715-1800), em Memórias para a história da capitania de são Paulo, *asseverava que a "vila de São Vicente", desde a sua fundação, nunca havia sido, com a graça de Deus, "acometida nem por índios, nem por europeus", salvo, salienta com tristeza o religioso, uma única vez. Em pleno Natal de 1591, o pirata Thomas Cavendish apossou-se de Santos por dois meses, saqueou a região e, antes de ganhar novamente o mar, incendiou boa parte de São Vicente, de Santos e dos engenhos de açúcar dos arredores. Reza a lenda que a tristeza e a desolação causadas pelo pirata em muito colaboraram para a morte, poucos meses mais tarde, do celebrado Braz Cubas, o portuense que desembarcou no Brasil com Martim Afonso de Sousa e que, como vem escrito sobre a campa de sua sepultura, "fundou e fez" a vila de Santos em 1543.*

Exageros à parte, os poucos testemunhos contemporâneos de que dispomos indicam que o episódio realmente causou muito susto, transtornos e perdas aos colonos. O provincial Marçal Beliarte, por exemplo, então em visita às casas da Companhia de Jesus no sul do país, relata, em uma carta de 1592, que por pouco não tivera um desagradável encontro com a Armada luterana de Cavendish. Amedrontado, explica Beliarte que o pirata capturara um navio da Companhia e andava à caça de outros, que tomara a capitania de São Vicente de "improviso" e que pusera fogo em uma vila toda e em parte de outra, fazendo grandes desacatos às imagens, templos, relíquias etc.

Outro jesuíta, P. Tolosa, também numa carta de 1592, estimava que as vilas tinham tido um prejuízo de no mínimo 100 mil cruzados, uma quantia considerável para uma colônia pobre; e que parte dessa soma os ingleses lamentavelmente roubaram das dependências do Colégio da Companhia. Pouco apegado, porém, a tão pequenas e terrenas coisas, Tolosa dizia que realmente digna de lástima era a perda da cabeça das Onze Mil Virgens que, como estava bem-ornada, apanharam-na e nunca mais se soube dela. Imaginamos, *desabafa o jesuíta,* que aqueles malditos ingleses a atiraram ao mar.

Preocupado, igualmente, com coisas espirituais, Pero Leme, no seu testamento, escrito em setembro de 1592, dizia que muito lhe agradaria ser enterrado no Mosteiro de Jesus, na cova de sua mulher, se o prédio viesse a ser consertado *dos estragos causados por Cavendish. Para colaborar com tal conserto, o devotado e precavido colono deixava aos padres cinco cruzados de esmola, com o lembrete de que deveriam se destinar exclusivamente a esse propósito.*

Problemas envolvendo um outro testamento, o de Margarida Domingues, morta em 1588, trazem ainda, quase um século depois, em 1672, as marcas dos transtornos causados pela passagem do pirata. Em novembro desse ano, o tabelião de São Vicente expedia, sobre o caso de Margarida, uma certidão em que vinha escrito: [...] no cartório desta vila não há livros de notas que tenham a escritura que se pede, nem livros velhos e antigos, por dizerem os antigos que, quando os ingleses saquearam e queimaram esta vila, se queimou o cartório.*

Há notícia, ainda, de que a passagem da Armada inglesa provocou grande inquietação em São Paulo — levando, inclusive, ao adiamento de uma bandeira, com o intuito de mandar homens para o litoral —, pôs em alerta o Rio de Janeiro e, junto com as más lembranças deixadas pela visita de outros navegadores ingleses, como Edward Fenton, Francis Drake, Robert Withrington e sobretudo James Lancaster (que tomou e saqueou o Recife em 1595), contribuiu decisivamente para que as coroas ibéricas (Portugal e Espanha), unidas (1580-1640) então sob o comando de Felipe II (1527-1598), passassem a dar mais atenção à guarda da costa brasileira.

Assim, se é incerto dizer que Braz Cubas morreu dos desgostos causados pelo saque de Santos, não restam dúvidas de que o acontecimento como um todo — a predadora perambulação do pirata pelo litoral sul da colônia — deixou lá suas marcas nos contemporâneos. Mas quem foi, afinal, esse tal de Thomas Cavendish? Quais as razões de sua arribada nas costas brasileiras? O que ocorreu aí, entre dezembro de 1591 e junho de 1592, segundo o seu testemunho e daqueles que o acompanhavam? Penetremos um pouco mais no universo desse pirata que tantos problemas causou aos colonos dos trópicos.

Antes de qualquer coisa, é preciso lembrar que Thomas Cavendish foi o terceiro europeu a realizar uma viagem de circum-navegação — precederam-no somente o português Fernão de Magalhães e o inglês Francis Drake — e que, não obstante por vezes ter sido acusado de simplesmente copiar Drake, seu conterrâneo e antecessor, teve papel decisivo para a consolidação da então incipiente Marinha inglesa.

Filho de pais abastados, Thomas Cavendish nasceu em 1560, no condado de Suffolk, na Inglaterra, e estudou, dos 14 aos 17 anos de idade, no renomado Corpus Christi College, na cidade de Cambridge, de onde partiu sem diploma. Jovem ainda foi recebido na corte da rainha Isabel I (1533-1603) e ingressou no Parlamento, onde tomou contato com homens que estavam diretamente envolvidos com os negócios de além-mar, que começavam a ganhar vulto na Inglaterra. Foi vinculado a tal instituição que, em 1585, Cavendish empreendeu a sua primeira viagem marítima de vulto, rumo à América do Norte. O parlamentar, na qualidade de marechal da expedição, nomeado pela Câmara dos Comuns, resolveu ver de perto os progressos de uma colônia que os ingleses, sob o comando de Walter Raleigh, acabavam de criar na região de Wyngandacoia, mais tarde denominada Virgínia.

Pouco tempo depois, em junho de 1586, Cavendish, cuja vida de ostentação rapidamente consumira a herança paterna, armou uma pequena esquadra de três navios e, com um pouco de experiência, quase nenhum conhecimento marítimo e muita, muita sorte, empreendeu uma extremamente bem-sucedida viagem de circum-navegação, durante a qual conseguiu capturar algumas embarcações espanholas com carregamentos de grande valor. A exitosa viagem, finalizada em setembro de 1588, transformou Cavendish num homem rico. Os seus gastos, porém, sempre muito elevados, em pouco tempo esvaziaram novamente a sua bolsa e o levaram, em 1591, de volta à vida de saques e pilhagens.

*Foi essa segunda empreitada em busca de fortuna e glória que trouxe o corsário inglês ao litoral brasileiro. A esquadra que capitaneava, composta por cinco embarcações (*Leicester, Roebucke, Desire, Daintie e Blacke Pinnace*), deixou Plymouth em 26 de agosto de 1591, com o propósito de passar o estreito de Magalhães, ganhar o oceano Pacífico e lançar o embrião de uma rota comercial com as Filipinas, o Japão e a China. Em novembro, os navios, que tinham zarpado da Inglaterra com carência de víveres, alcançaram a costa brasileira na altura da Bahia e, depois de capturar um navio mercante português nas proximidades de Cabo Frio, rumaram para a Ilha Grande, daí para São Sebastião e, enfim, para Santos. Depois de arruinar Santos e, pelo caminho, incendiar São Vicente, partiram para o estreito de Magalhães.*

Rumo ao sul, a esquadra enfrentou condições climáticas extremamente adversas, o que em muito retardou a viagem — o estreito foi alcançado somente em março de 1592. Como se isso não bastasse, a carência de provisões e o terrível mau tempo obrigam-na a retornar à costa brasileira. No retorno, as embarcações se separaram e Cavendish, a bordo da nau Almirante Leicester, *deliberou tornar ao porto de Santos. De sobreaviso, os habitantes conseguiram impedir o desembarque dos corsários e impor-lhes pesadas baixas. O* Leicester *navegou, então, agora na companhia do* Roebucke, *para Vitória, sofrendo aí uma nova derrota. As embarcações separaram-se mais uma vez e a nau almirante fez-se à vela para a ilha de São Sebastião, onde Cavendish pretendia conseguir algum mantimento e tratar dos muitos feridos que tinha a bordo. Na ilha, o navegador inglês recolheu umas poucas provisões e abandonou os feridos e moribundos, partindo, em seguida, para a Inglaterra.*

Dessa desastrosa aventura reproduzimos abaixo os três únicos relatos existentes: o de Anthony Knivet, um marujo inglês de origem nobre, sobre o qual pouco se sabe, o de John Davies, um outro marujo que viajava a bordo do Roebucke *— ambos os fragmentos descrevendo a tomada e o saque de Santos —, e o do capitão Cavendish, que infelizmente não menciona a devastadora visita à pequena Santos, mas descreve a malsucedida segunda passagem de parte da esquadra pelo litoral brasileiro.*

Anthony Knivet

À tarde, incendiamos um novo navio, queimamos todas as habitações e, depois de abandonarmos o mercador e os "mouros" (negros) na praia, aproveitamos um excelente vento que soprava e partimos para outras plagas. Por volta das 6 horas da tarde alcançamos a ilha de São Sebastião, a cerca de 5 léguas de Santos, onde lançamos âncora. Logo que os navios entraram no porto, todos os mestres e capitães subiram a bordo da nau capitânia, com o intuito de saber como o capitão pretendia tomar a vila. Resolvemos que o nosso bote maior e a nossa chalupa, com uma centena de homens, bastariam para realizar a operação, pois, segundo nos garantira um piloto português, não havia qualquer fortificação no local.

Na véspera do Natal, por volta das 10 horas da noite, os botes puseram-se prontos para seguir em direção à praia. Havia, então, tantos homens interessados em embarcar que começaram a brigar uns com os outros e a atirarem-se da embarcação para a água. O capitão, mal tomou conhecimento do tumulto, ordenou que todos retornassem para bordo do navio. Temendo o general, mas desejoso de ir à terra com os primeiros — pois estava ciente de que os que demoram a desembarcar nada conseguem —, rastejei e instalei-me sob o assento da chalupa, onde permaneci por cerca de duas horas. Quando, porém, o bote encheu de tripulantes, fiquei preso no meu esconderijo e teria certamente morrido sufocado, se não fosse o nosso timoneiro William Waldren, que, ao ordenar a partida no bote, ouviu os meus gritos e arrancou as pranchas que estavam sobre a minha cabeça, salvando-me a vida.

Às 3 horas da manhã encontramos e capturamos uma canoa — uma espécie de bote que os nativos constroem com uma única peça de madeira — com quatro portugueses e duas mulheres, uma das quais deveria casar-se naquela manhã. Depois de apresarmos tal embarcação, passamos a navegar bem próximo da praia; quando havia cerca de uma hora que esperávamos pelo nosso bote, ouvimos o som de um sino tocado pelos portugueses. Gaspar Jorge, o piloto português, disse-nos que devíamos atacar, pois o sino indicava que os habitantes da cidade estavam no meio de sua missa e que, naquele preciso momento, o sacerdote consagrava o pão sacramentado diante do povo.

Mal o piloto português terminou a sua explicação, saltamos em terra e caminhamos para a igreja. Tomamos, sem qualquer resistência, a espada de todos os homens presentes e permanecemos ali até as 7 horas, aguardando a chegada do nosso bote grande e do restante da companhia. Éramos somente 23 e não ousaríamos atacar a vila em tão pequeno número. Alguns portugueses que estavam em suas casas aproveitaram-se da situação e fugiram com os seus pertences. Havia na cidade grande quantidade de víveres e abundância de confeitos, açúcar e farinha de caçava, com a qual fizemos um ótimo pão. Na igreja, encontramos cerca de trezentos homens, além de mulheres e crianças.

Depois de saquearmos a vila e colocarmos os homens a postos, relatamos ao general tudo o que se passara. Logo que a resposta do general chegou à cidade, fortificamo-nos e demos liberdade a quase todos os portugueses, conservando como prisioneiros somente uns sete ou oito principais do lugar. O mestre Cocke, capitão da nau vice-almiranta, atuou como capitão de todas as tropas de terra. Esse oficial favoreceu-me muitíssimo, ordenando que eu me alojasse na cela de um religioso, no Colégio de Jesus, onde ele próprio se instalou com muitos capitães e jovens fidalgos. O destino quis que, durante uma de minhas perambulações pelas dependências do colégio, eu olhasse casualmente debaixo de uma cama, colocada em um canto escuro de uma cela. Encontrei aí um pequeno cofre, fechado com pregos, cujas fechaduras estavam brancas como farinha de trigo. Puxei-o do lugar onde estava e, verificando que era muito pesado, rebentei-o ali mesmo. Dentro, encontrei 1.700 reais em moedas de 8 reais — que equivalem a 4 xelins ingleses. Tomei a cela em questão para meu alojamento e ninguém soube do meu feliz achado; quanto às roupas, camisas, cobertores, camas e outros artigos que encontrei, ninguém deu por isso.

No dia seguinte, dia de santo Estevão, os portugueses levaram-nos a dar um alarme falso e o capitão, com todos os seus navios, aportou na barra, desembarcou duzentos homens e ordenou que incendiassem toda a orla da cidade. Em seguida, determinou que se construísse uma pinaça de vinte remos e incendiassem todos os navios que se encontravam no porto. Aprisionamos, na cidade, um inglês de nome John King, que há quinze anos residia no local.

Durante toda a nossa permanência em Santos, o capitão estabeleceu-se no Colégio de Jesus, um edifício que tinha, na parte traseira, várias saídas para a praia. Uma noite, dois índios, depois de serem maltratados pelos portugueses, fugiram e, conhecedores das ditas passagens do colégio, apareceram de noite no leito do general, trazendo perus e galinhas para dar-lhe de presente. O general, acordado por eles, levantou-se gritando por socorro. Um dos índios, porém, que sabia falar português, pôs-se de joelhos e disse que tinha vindo suplicar-lhe socorro e não o agredir. Na manhã do dia seguinte, o general conversou com os dois selvagens e, por seu intermédio, soube qual o exato tamanho das tropas portuguesas e, ainda, que estes planejavam atacar-nos quando estivéssemos de saída da cidade. Os selvagens contaram ainda acerca da existência de três grandes sacos de dinheiro e um pote, que se achavam escondidos entre as raízes de uma figueira, e conduziram-nos a um campo onde havia cerca de trezentos cabeças de gado, rebanho que nos serviu de alimento enquanto estivemos na cidade.

Um dos navios da frota, o *Daintie*, sendo um navio de pequenas proporções, alcançou primeiro o porto de Santos e pôde ser carregado com açúcar e com outras boas mercadorias retiradas das embarcações portuguesas que estavam ali ancoradas. Esse navio havia nos acompanhado voluntariamente e, após a feliz travessia, seu capitão disse ao general que queria retornar para a Inglaterra. O general, porém, respondeu-lhe que iria enviar a embarcação ao rio da Prata e que, logo após, a liberaria de bom grado.

Permanecemos dois meses em Santos, o que acabou por ser a ruína de nossa viagem. Durante esse tempo, muitos canibais procuraram-nos e pediram ao general que matasse os portugueses e se apossasse do país, asseverando que estariam ao seu lado. O general agradeceu-lhes a generosidade e explicou-lhes que tinha outros planos. Encontramos muito ouro armazenado na cidade, trazido pelos índios de um lugar chamado Maetinga, onde os portugueses mantinham algumas minas. Muitos de nossa companhia sugeriram ao general que passasse o inverno na cidade, mas ele recusou-se terminantemente.

Durante a viagem entre a Inglaterra e Santos, passei a nutrir uma grande simpatia por Cristóvão, o japonês, pois acreditava que os seus muitos conhecimentos ainda nos seriam úteis. Entre nós não havia segredos, tamanha era a amizade que passou a nos unir. Certo de que meu amigo era plenamente confiável, contei-lhe acerca do dinheiro que encontrara. Combinamos, então, que, a partir daquele momento, dividiríamos pela metade tudo o que Deus nos permitisse obter. Cerca de quatro dias mais tarde, quando já estávamos de partida, Cristóvão disse-me que o tempo do ano para a boa navegação já havia passado e que o melhor era esconder o dinheiro e permanecer no país. Persuadido por seus argumentos, resolvi proceder como recomendara. Combinamos que, no mesmo dia, iríamos a bordo, eu lhe entregaria o dinheiro e ele, numa canoa, o enterraria na margem de um rio. Pela manhã do dia seguinte entreguei-lhe todo o dinheiro e ele jurou-me que em menos de duas horas estaria de volta. Esperei por cinco horas e teria esperado a vida toda, pois Cristóvão permanecera a bordo do navio. Mais tarde, com algum jeito, consegui reaver o que era meu, mas nossa amizade rompeu-se.

Os homens de nossa tripulação caminharam de Santos a uma povoação vizinha, de nome São Vicente. Pelo caminho, queimaram cinco engenhos ou moendas de açúcar. A indisciplina que reinava entre eles era tal que, por ocasião do embarque, os portugueses, se tivessem um pouco de coragem, poderiam sem muito esforço ter-nos abatido. Os índios que haviam visitado o general, no seu quarto, seguiram conosco para o estreito. Partimos de Santos (3 de fevereiro de 1592) com um bom vento.

John Davies

A 29 de novembro de 1591 demos com a baía de Salvador, situada na costa do Brasil. A 12 léguas daí encontra-se Cabo Frio, onde a calmaria deteve-nos até o dia 2 de dezembro. Durante esse tempo, capturamos um pequeno barco que se dirigia para o rio da Prata com açúcar, artigos manufaturados e negros. O mestre dessa embarcação conduziu-nos até uma ilha denominada Grande, distante 30 milhas a oeste de Cabo Frio. Alcançamos a ilha no dia 5 de dezembro. Aí saqueamos e queimamos sete casas habitadas por portugueses. No dia 11, partimos deste lugar e, no dia 14, estávamos próximos à ilha de São Sebastião, de onde os capitães Cocke e Davis pretendiam partir, a bordo do *Desire* e da *Blacke Pinnace*, para tomar a cidade de Santos.

No dia 15 de dezembro, ao entardecer, ancoramos na barra de Santos, prontos para sair com os nossos barcos em direção à cidade. Na manhã seguinte, por volta das 9 horas, rumamos para Santos e, logo que fomos descobertos, resolvemos desembarcar, mesmo com somente 24 homens, pois o nosso bote maior tinha ficado para trás. Por meio de tal expediente, capturamos todas as pessoas da cidade, homens e mulheres, em plena missa, e os mantivemos dentro da igreja, como prisioneiros, durante todo aquele dia.

Mestre Cavendish precisava tomar a cidade, pois tinha grande necessidade de suprimentos. Uma vez em Santos e com a cidade sob controle, poderíamos ter assegurado, com grande fartura, a satisfação de todas as nossas carências. Todavia, a negligência de nosso líder, mestre Cocke, foi tanta que os índios, em plena luz do dia, carregaram para fora da cidade o que desejaram, não havendo ninguém para controlá-los.

No dia seguinte, depois de termos dominado a cidade, nossos prisioneiros foram todos postos em liberdade. Para que as nossas exigências fossem atendidas, somente quatro pobres homens velhos foram mantidos como reféns. Em três dias, a cidade, que a princípio poderia fornecer a qualquer navio todo tipo de gêneros, foi ficando totalmente vazia diante de nós, sem gente e sem provisões.

Oito ou dez dias mais tarde, mestre Cavendish, em pessoa, veio à terra demandar por aquilo que um dia tínhamos possuído, as tais provisões. O capitão permaneceu na cidade até o dia 22 de janeiro, o que de nada adiantou, pois saímos daí com extrema carência de víveres. Já sem quaisquer condições de permanecer no local, saímos contentes por termos conseguido uns potes ou cestos de farinha de caçava. A bem da verdade, zarpamos com mais necessidades do que quando ancoramos.

No dia 22 de janeiro partimos de Santos e, pelo caminho, queimamos São Vicente. No dia 24, içamos as velas e rumamos para o estreito de Magalhães.

Thomas Cavendish

Depois de empreendermos grandes esforços e enfrentarmos muitos perigos, alcançamos a costa do Brasil em quinze dias — sem qualquer notícia do *Roebucke* — e lançamos âncora na baía de São Vicente. Logo que ancoramos, uns cavalheiros procuraram-me e pediram a minha autorização para desembarcar e ir até uma fazenda portuguesa com o intuito de conseguir víveres frescos. Tratei de instruí-los a retornarem o mais rápido possível, salientando que ninguém iria feri-los desde que não se metessem em encrencas. Indiquei-lhes um engenho ao qual deveriam se dirigir e recomendei-lhes especialmente que não se afastassem mais de uma milha do navio, pois, se assim procedessem, conseguiriam algumas provisões e retornariam a bordo em segurança.

No dia seguinte, pela manhã, um índio veio até mim trazido pelo capitão Barker. O índio, que fugira de seu mestre durante a minha anterior estada neste lugar e que conhecia bem toda a região, disse-me que a menos de um tiro de colubrina dali havia um engenho muito rico e pediu permissão para lá levar dez ou doze homens. Ordenei, então, que o capitão Barker, um oficial hábil na condução dos homens e meticuloso no cumprimento do seu dever, levasse vinte ou trinta homens consigo. Antes de partir, preveni-lhe de que, se tivesse o mínimo respeito e apreço pelo meu comando, retornasse o mais rápido possível, tendo ou não encontrando alguma coisa por lá.

O capitão partiu à frente de 25 dos principais homens do navio. Não houve meio de convencer o seu primo, Edward Stafford, a ser deixado para trás; os homens partiram às 4 horas da manhã e Stafford, sem que eu visse, seguiu com o grupo. O que mais posso deixar registrado? O ocorrido demonstra a baixa consideração que tinham por mim e pelo meu comando. De qualquer modo, o grupo partiu e, por volta de 1 hora da tarde, mandou de volta o meu bote com um pouco de milho, seis galinhas e um pequeno carneiro. Vendo que a companhia não retornava, enviei o meu bote com um homem encarregado de adverti-los de que os aguardava impacientemente. O bote logo retornou com uma resposta que muito me espantou. Os homens mandavam dizer que não sairiam de lá e que um carneiro e seis galinhas não bastavam para salvar as nossas vidas. Ciente de que não havia outra coisa a fazer, despachei o meu bote com ordens para que retornassem imediatamente ao navio. Aguardei-os durante toda a noite e, na manhã seguinte, disparei um tiro de aviso, mas nada do bote.

Resolvi, então, levantar âncora e navegar ao longo da baía, porém, não os vi, o que muito me inquietou, pois era impossível lhes enviar um sinal para que viessem imediatamente. Durante toda a manhã não tivemos qualquer notícia dos homens; à tarde, levantei âncora uma vez mais e naveguei em direção à terra, parando acerca de um tiro de mosquete da praia. À noite continuamos sem quaisquer notícias. Na manhã seguinte, avistei um índio vindo do lado do mar, em direção do navio. Estávamos tão ansiosos por ouvir notícias dos nossos homens que enviamos uma jangada à terra para obrigar o índio a subir a bordo. Ao vê-lo, descobrimos tratar-se do nosso próprio índio, que escapara de uma emboscada e tinha três graves ferimentos. Ele contou-nos que o restante dos homens tinha sido vítima de uma matança promovida por trezentos índios e oitenta portugueses, que os atacara inesperadamente na tarde do dia anterior. Perguntei-lhe por que os homens não retornaram a bordo como ordenara. O índio respondeu-me que uns estavam relutantes em vir e os outros, embora permanecessem calados, não tinham razão para retornar, pois o lugar estava cheio de carneiros e galinhas, fartamente consumidos por todos.

Julgue você a aflição em que me encontrava depois de ver 25 dos meus principais subordinados serem eliminados de modo vil e premeditado — pergunte a outros a respeito da qualidade desses homens sobre os quais escrevo. Poder-se-ia pensar que digo isso por maldade. Longe de mim! Esses homens estão agora mortos e eu em breve vou segui-los.

Enfim, havia perdido meus principais homens e um bote. Para meu consolo, sobrara um velho e completamente arruinado bote que os portugueses tinham abandonado. Enviei-o a uma ilha, situada a 15 léguas aproximadamente, para ver se podia localizar o restante dos meus navios. Durante oito dias, tempo que gastou para retornar, fiquei sem um único bote a bordo e por dezesseis dias não tive notícia alguma dos meus consortes. No dia 17, o *Roebucke*, que perdera todos os seus mastros ao longo da viagem de retorno e, em razão do seu estado deplorável, navegara ao sabor dos ventos, veio até nós [...].

Havia um português a bordo que dizia ser piloto. Ele procurou-me e jurou, pela sua vida, que poderia conduzir meus dois navios pela barra do Espírito Santo, um lugar realmente importante, o melhor ponto do Brasil para obtermos víveres e outras coisas de que tínhamos necessidade, assegurava. Eu estava ciente de que, se colocasse os meus navios em posição de disparar contra a cidade, poderia desembarcar meus homens. Para mais, não havia grande resistência entre os homens: toda a companhia queria tomar esse rumo, pois acreditava que era o único meio de conseguir o que precisávamos. Havia, ainda, entre eles, a esperança de capturar alguns barcos que permitissem reparar o *Roebucke*. Encontrando tal disposição, tratei de pressionar o português, levando-o a garantir-me, sob pena de perder a vida, que poderia passar ambos os navios pela barra sem grande perigo. O homem disse-me que pagaria com a sua vida caso as embarcações não navegassem sempre em águas com um fundo superior a 5 braças. Diante da insistência do português em empenhar a sua vida caso não realizasse o prometido e considerando as enormes necessidades que tínhamos e, sobretudo, o fato de a cidade ser a única que supúnhamos em condições de socorrer-nos, dei sem demora ordens para seguirmos para lá.

Lançamos âncora, sem segundas intenções, antes da barra. Logo que paramos, enviei um bote, no qual seguiu também o português para sondar a água e verificar se tinha ao menos 16 ou 17 pés de profundidade. Os homens constataram que, em toda a barra, a profundidade da água era inferior a 3 braças. Ao retornarem a bordo e colocarem-me a par da situação, mandei chamar o português e perguntei-lhe por que mentira para mim. Ele respondeu-me que nunca tinha sondado a barra antes, que conduzira barra adentro navios de 100 toneladas e que, pelos seus cálculos, ela deveria ter pelo menos 5 braças de profundidade.

Tal engano causou perplexidade em mim e em toda a companhia, sobretudo considerando o quão necessitados estávamos de água e de outras coisas, as enormes dificuldades da viagem e as limitações que tínhamos para entrar na barra — que nos impediriam de pegar água ou realizar qualquer negócio. Enquanto divagávamos sobre tais matérias, os homens do bote do *Roebucke*, que remavam no interior da baía, viram fundear, não muito longe da cidade, três navios. Fiz ver à tripulação o quanto era importante tomá-los e disse-lhes que, embora tivéssemos perdido o dia, a noite não seria de todo inconveniente se pusessem na cabeça que realmente queriam fazer aquilo. As minhas razões eram as seguintes: em primeiro lugar, os portugueses não estavam esperando um ataque, o que não ocorreria pela manhã; ademais, fiz-lhes ver que, se os portugueses não tivessem condição de se defender, poderiam pegar as melhores mercadorias, que estavam próximas ao ancoradouro, caso contrário, se tivessem meios para se defender, seria menos arriscado para nós durante a noite do que durante o dia, pois estaríamos mais seguros e causaríamos mais danos aos inimigos, sobretudo se conseguíssemos combater no mar, sem desembarcar.

Os meus argumentos, no entanto, não conseguiram convencê-los, pois todos queriam aguardar até a manhã seguinte, embora alguns já estivessem se preparando. Meti-me entre esses e notei que estavam todos, ou a maior parte, muito relutantes em iniciar o ataque durante a noite. Fiquei realmente consternado e dirigi-lhes umas palavras duras. Disse-lhes que a situação em que estávamos não admitia maledicências, impondo que não deixássemos escapar a oportunidade que surgia; disse-lhes, também, que não havia nada na noite que deveriam temer mais do que no dia; por fim, expliquei-lhes com toda a clareza que, se recusassem a atacar, não poderíamos ficar ali parados muito tempo e não poderíamos ir para além da barra, pois o caminho era muito arriscado e os navios estavam em péssimas condições. Lembrei-lhes, ainda, que toda a região já estava alerta; que seria o nosso fim se desembarcássemos, pois os botes seriam capturados; e que os navios não poderiam prestar qualquer socorro. Finalmente, arrematei asseverando que tencionava partir.

Na manhã seguinte, houve uma gritaria enorme entre os homens, a maioria dizendo que, caso não os deixasse atacar, pegariam os botes por sua própria conta e iriam tomar os navios. Meti-me novamente no meio deles, repreendi-lhes a precipitação e tentei explicar-lhes que a oportunidade já estava perdida e que deviam se conformar. Porém, continuaram a pedir de maneira insistente; os líderes vieram até mim com lágrimas nos olhos, dizendo que queriam ir, que não havia perigo algum e que, caso percebessem ser impossível tomar os navios, retornariam imediatamente, mas partir sem tentar o ataque seria lastimável.

Pensei bem e concluí que, se não desembarcassem, não correriam perigo algum e que, se as embarcações suportassem, poderiam muito bem ter sucesso. Ademais, sabia que um navio construído de pau-brasil não está apto a defender-se de um escaler e muito menos teria poder de fogo para atacar botes abarrotados de mosqueteiros sentados um ao lado do outro. Farto de ser importunado, acabei por ficar contente em deixá-los ir.

Tratei, no entanto, de dizer ao capitão Morgan, a quem encarreguei de liderar os homens, que, sob pena de perder a sua vida, não desembarcasse em nenhuma circunstância e que, mediante qualquer perigo, não seguisse adiante, ao contrário, que retornasse imediatamente para o navio. Disse-lhe, também, que mesmo se constatasse ser possível desembarcar sem correr grande perigo e encontrasse um lugar de desembarque plano e sem árvores e arbustos, depois da cidade, que viesse antes me avisar, pois imediatamente eu iria para lá com todos os homens que os velhos botes suportassem. Fiquei, assim, sem os meus botes, que partiram com oitenta homens tão bem-armados quanto permitiam as circunstâncias.

Há, contudo, de se levar em conta que os portugueses, durante a noite, tinham arrastado os navios para muito perto da cidade. O rio, próximo ao qual a cidade se encontrava, localizava-se a um tiro de balestra acima de onde estávamos, e à meia milha da cidade achavam-se ancorados os navios. Durante a mesma noite, os portugueses tinham feito duas pequenas trincheiras, uma de cada lado do rio, onde plantaram dois pequenos canhões e uma peça sobre uma elevação. Acima das trincheiras, havia apenas grossas árvores e grandes rochedos, de modo que se fossem desalojados poderiam jogar pedras sobre os inimigos, abatendo uns mil homens.

A trincheira do lado oeste disparou dois tiros em direção aos botes e os homens puseram-se, então, a pensar como deveriam proceder. O capitão Morgan opinou que a passagem era muito estreita e que não poderiam passar sem correr um enorme perigo. O capitão considerou o número de homens que tinha nos botes e, sobretudo, a ordem que lhe havia dado de, mediante qualquer perigo, não seguir adiante e retornar a bordo para comunicar-me. O senhor Morgan, no entanto, revelou estas minhas determinações aos homens, e uns marinheiros mais levianos começaram a dizer que sempre consideraram o capitão um covarde e que agora estavam certos disto. Afinal, não tinha coragem de desembarcar por causa de umas, como diziam, "valinhas". O cavalheiro ficou mordido com as ofensas e respondeu que os que pensavam tal coisa dele muito se surpreenderiam e que, não obstante as consequências, iria desembarcar.

Dito isto, os botes avançaram entre os dois anteparos – sem ao menos terem visto, como vim a saber, aquele do lado leste. Ao alcançarem o meio, os portugueses dispararam e atingiram três homens do bote maior, matando um deles e ferindo os outros dois. Decidiu-se, então, que o bote menor, com sua companhia, desembarcaria do lado oeste e os homens do bote maior, do lado leste. O bote pequeno alcançou a terra primeiro e encontrou poucos homens no lugar, que não foram capazes de defendê-lo e bateram em retirada. Os nossos homens puderam avançar sem qualquer perda.

O outro bote estava fazendo muita água e encalhou antes de alcançar a terra, de modo que os homens foram obrigados a desembarcar e a avançar com água pelos joelhos. O lugar, ou melhor, o anteparo estava sobre uma parede rochosa de uns 10 pés. O capitão Morgan, demonstrando mais ousadia do que bom-senso, desembarcou acompanhado de mais uns dez homens e começou a escalar o paredão. Os índios e os portugueses apareceram e, lançando grandes pedras do alto do paredão, mataram o capitão Morgan e mais cinco homens. O restante, todos bastante machucados, retornaram ao bote, que a esta altura estava tão castigado pelas flechas disparadas pelos índios que, dos 45 homens, somente oito não tiveram ferimentos; uns tinham três flechas cravadas no corpo, outros, duas, enfim, ninguém saiu ileso. A violência do ataque era tal e eram tantos os feridos que quem se encontrava no bote tratou de afastá-lo da terra, deixando lá os companheiros retardatários para serem massacrados.

Nesse meio-tempo, aproximaram-se dois botes, com muitos portugueses e um punhado de espanhóis que, sabedores da fraqueza das forças que guardavam o anteparo do lado oeste, dirigiram-se para lá. Um dos botes, o que estava mais cheio, seguiu para a terra e foi recebido a disparos de mosquetes pelos nossos homens, perdendo todos os seus tripulantes. Os que estavam no outro bote, vendo a rapidez com que os seus companheiros tinham sido derrubados, trataram de remar o mais rápido que puderam e retornaram para a cidade.

Logo em seguida o bote maior passou pelo anteparo em que estavam os outros e os homens convidaram os tripulantes a desembarcarem e a auxiliá-los a fortalecer o lugar. Os homens do bote, no entanto, responderam que não podiam, pois a maior parte deles estava morta ou ferida. Os homens do bote menor imediatamente saíram do anteparo e embarcaram. Todavia, embarcaram todos ao mesmo tempo, e o bote encalhou, obrigando dez dos mais robustos a desembarcarem mais uma vez. Enquanto isso, os índios retornaram ao forte e começaram a atirar nos nossos homens. Os que estavam em terra correram, debaixo de uma chuva de flechas, para o lado do anteparo e dispararam os seus mosquetes a toda carga nos inimigos. O bote, enquanto isso, bateu em retirada com o restante dos homens, entre os quais o mestre do *Roebuck* — o vilão mais covarde que já pisou sobre a terra —, um dos maiores responsáveis pela fuga da embarcação e pelo abandono daqueles bravos homens, que foram massacrados pelos portugueses. Embora estivessem com água até os joelhos, ajudando os homens do bote, os vilões desumanos que se encontravam embarcados não tiveram a menor piedade deles. Mais tarde, disseram que o bote estava tão cheio de água que foram obrigados a partir, pois ele afundaria se todos entrassem. Por razão tão vil, deixaram aqueles pobres homens perderem a vida.

Os que haviam ficado presos próximos ao paredão de pedra, do outro lado, também não puderam ser resgatados pelo bote maior, que não conseguia aproximar-se da terra, e foram mortos a pedradas pelos índios [...]. Os botes retornaram ao navio com 25 homens a menos, dez dos quais tinham sido abandonados em terra como descrito. Quando os botes estavam ao lado do navio, vimos que não havia mais do que oito pessoas no bote maior que não estavam com ferimentos graves. Perguntei-lhes a causa de tamanha desgraça e por que tinham ousado, contra todas as minhas recomendações, desembarcar. Responderam-me que o capitão

Morgan não havia cometido nenhuma falta, que surgira uma excelente oportunidade para atacar o inimigo e estabeleceu-se uma controvérsia entre o capitão e alguns soldados — os mesmos que tinham desembarcado em sua companhia e morrido. As causas do desembarque, segundo disseram, tinham sido as palavras levianas que dirigiram ao capitão e o ímpeto do próprio capitão. Trata-se, como vieram a admitir, de um lugar onde quarenta homens eram suficientes para derrotar mais de quinhentos.

Imagine a minha situação ao ver muitos dos meus melhores homens massacrados e ao descobrir que dispunha em meu navio de não mais que cinquenta homens sãos. Estava, pois, mais do que na hora de levantarmos âncora, e foi o que fizemos na manhã seguinte [...].

EDIÇÕES UTILIZADAS

A narrativa de John Davies foi publicada uma única vez no célebre *Principal Navegations, Voyages, Traffiques and Discoveries of the English Nation* (1598-1600), de Richard Hakluyt, coleção reeditada no início do século XX. O relato de Anthony Knivet veio a público na Inglaterra, em 1625, no conhecido *Hakluyt's Posthumous or Purchas His Pilgrimes* (a obra foi reeditada em 1905), de Samuel Purchas. Posteriormente, a narrativa conheceu duas edições em holandês, ambas de 1706. Em 1878, vem a público a primeira edição brasileira, preparada por Duarte Pereira, a partir da edição holandesa. Uma nova tradução portuguesa, essa completa e feita a partir da inglesa, foi publicada em 1947, sob os cuidados de Guiomar de Carvalho Franco, com notas de Francisco de Assis Carvalho Franco. Servimo-nos da edição preparada por Purchas, em 1625, sem deixar de consultar a cuidada tradução de Carvalho Franco. Quanto ao relato do capitão Thomas Cavendish, há duas edições especialmente recomendáveis, ambas consultadas para a presente tradução: a primeira, publicada por S. Purchas no mencionado *Hakluyt's Posthumous*, e a preparada a partir dos manuscritos de Cavendish por David Beers Quinn, em 1975, mais completa que a primeira.

CAVENDISH, Thomas. The Last Voyage of the Worshipful M. Thomas Cavendish. In: PURCHAS, Samuel. *Hakluyt's Posthumous or Purchas His Pilgrimes. Contayning a History of the World, in Sea Voyages, & Land Travels, by Englishmen and Others.* Compilado por Samuel Purchas. Londres: Henry Fetherson, v. IV, 1625.

——. *The Last Voyage of Thomas Cavendish, 1591-1592: The Autograph Manuscript of His Own Account of the Voyage, Written Shortly Before his Death: from the Collection of Paul Mellon*. Introdução, transcrição e notas de David Beers Quinn. Chicago: Newberry Library by the University of Chicago Press, 1975.

JANE, John. In: HAKLUYT, Richard. *The Principal Navigations, Voyages, Traffics and Discoveries of the English Nation*. Londres: Impresso por G. Bishop, R. Newberie e R. Barker, v. 3, 1598-1600, 3 v.

KNIVET, Anthony. The Admirable Adventures and Strange Fortunes of Master Anthony Knivet, Which Went with Master Thomas Candish in His Second Voyage to the South Sea, 1591. In: PURCHAS, Samuel. *Hakluyt's Posthumous or Purchas His Pilgrimes. Contayning a History of the World, in Sea Voyages, & Land Travels, by Englishmen and Others*. Compilado por Samuel Purchas. Londres: Henry Fetherson, v. IV, 1625.

BIBLIOGRAFIA

KNIVET, Anthony. Narração da viagem que, no ano de 1591 e seguintes, fez Antônio Knivet da Inglaterra ao Mar do Sul, em companhia de Thomas Cavendish. In: *Revista do Instituto Histórico Geográfico Brasileiro*, Tomo XLI, 1878, p. 183-272.

——. *Vária fortuna e estranhos fados de Anthony Knivet, que foi com Thomas Cavendish, em sua segunda viagem, para o Mar do Sul, no ano de 1591*. Versão do original inglês por Guiomar de Carvalho Franco. Com anotações e referências de Francisco de Assis Carvalho Franco. São Paulo: Editora Brasiliense Limitada, 1947.

SAMPAIO, Teodoro. Peregrinações de Anthony Knivet no Brasil no século XVI. In: *Revista do Instituto Histórico Geográfico Brasileiro*, Tomo Especial (1º Congresso de História Nacional), Parte II, 1915, p. 345-390.

Richard Hawkins

Pertencente a uma família de homens ligados ao mar — o avô (William Hawkins), o pai (John Hawkins) e o tio (William Hawkins) eram grandes navegadores —, o futuro almirante Richard Hawkins (1562-1622) perdeu a mãe muito cedo e acabou por passar a infância e a juventude entre os navios ancorados nos portos de Plymouth e Deptford — região de Londres, próxima ao Tâmisa. A primeira viagem de vulto empreendeu-a em 1582, às Índias Ocidentais, em companhia do tio. Daí em diante, o jovem Hawkins prestou inúmeros serviços à nascente Marinha inglesa, tanto que, já em 1588, é designado capitão de um navio, o Swallow, *e participa de um combate contra a Armada espanhola. Nesse mesmo ano, começa a planejar com o pai uma viagem à China, pelo estreito de Magalhães, para descobrir novas terras, como então se dizia.*

*Em 13 de junho de 1593, Hawkins, à frente de uma pequena frota de três navios (*Daintie, Fancy *e o navio de mantimentos* Hawk*), e sem a companhia paterna, partiu do porto de Plymouth dando início à sua tão planejada viagem. As embarcações seguiram sem problemas até as proximidades da linha do Equador, quando as doenças e a má-alimentação começaram a fazer vítimas a bordo — quarenta pessoas, somente no* Daintie. *Depois de costear o Brasil, tentar ancorar no porto de Vitória e aportar na ilha de Santa Ana, onde os navios puderam ser reabastecidos,* *a pequena frota — agora composta somente por dois navios, pois o* Fancy *tinha se desligado do comboio — seguiu para o estreito de Magalhães, passou pelas ilhas Malvinas e ganhou a costa da América espanhola. Ao alcançar a baía de São Mateus, no litoral do Equador, Hawkins viu-se encurralado por uma poderosa esquadra espanhola e, em 22 de junho de 1594, não teve outra opção senão render-se honradamente ao comandante inimigo, dom Beltran de Castro. O navegador iniciou, então, como prisioneiro da Coroa espanhola, um verdadeiro périplo: seguiu, primeiro, para o Panamá, depois, para Lima e, três anos mais tarde, para a Espanha, onde por cinco anos foi mantido encarcerado, inicialmente em Sevilha e, mais tarde, em Madri. O retorno à Inglaterra deu-se somente em 1602, graças provavelmente ou à instância de amigos junto à corte madrilena ou ao pagamento de um resgate.*

*

À medida que nos aproximávamos da costa do Brasil, o vento começou a virar para o lado leste e, em meados de outubro, passou a soprar forte e a nosso favor. Por volta de 18 de outubro, estávamos em frente ao cabo de Santo Agostinho, situado a 6 graus ao sul da linha. A 21 de outubro alcançamos a altura de Pernambuco, mas a 80 léguas da costa. A 24, passamos à altura da Baía de Todos os Santos e, quase no final de outubro, entre 17 e 18 graus ao sul da linha, encontrávamo-nos a 16 braças, sondando os grandes baixios situados ao longo da costa, entre a Baía de Todos os Santos e Vitória, muito perigosos.

A Providência, todavia, apiedou-se de nós e enviou-nos grandes bandos de pequenos pássaros, semelhantes às narcejas. Esses pássaros vivem sobre as rochas irregulares dos tais baixios e geralmente podem ser apanhados 20 léguas antes que um homem corra algum perigo para fazê-lo [...].

A 19 ou 20 graus ao sul da linha, o vento tornou-se contrário, inconveniente que, aliado à doença que grassava entre os meus homens, obrigou-me a buscar terra. Ao término de outubro, avistamos terra e, pela altura em que julgávamos estar e por outros sinais, sabíamos ser o porto de Vitória. Tal porto é facilmente reconhecível, pois tem uma grande montanha na sua parte de trás, em formato de sino. Mais próximo da terra, vê-se uma torre branca ou fortificação, situada no topo de uma montanha que se sobressai atrás do ancoradouro e das terras costeiras. É a primeira terra que se tem de contornar antes de entrar no porto.

Lançamos âncora a, aproximadamente, umas 2 léguas da terra aproximadamente. Os capitães dos outros navios subiram a bordo da minha embarcação. Julgamos conveniente, tendo em conta que em todas as embarcações não havia mais do que 24 homens saudáveis e que o vento era instável e poderia mudar a qualquer momento, pedir com brandura o que não poderíamos conquistar pela força. Deliberamos negociar com a gente da terra, de modo a conseguir alguns refrescos para os da nossa companhia doente.

Para pôr em prática tal deliberação, escrevi uma carta em latim para o governador e enviei-lhe com uma peça de veludo carmesim, de fino tecido da Holanda, e diversas outras coisas como presente. Enviei tudo ao governador pelas mãos de um dos meus capitães que sabia falar um pouco de espanhol, recomendando-lhe que desse a entender que éramos mercadores a caminho das Índias Orientais e que ventos contrários nos tinham obrigado a procurar aquela costa. Mandei ainda dizer-lhe que, por mercadorias que o país tinha em abundância, lhe daríamos o que quisesse. Por volta de 9 horas da manhã, meu capitão, de posse de tais instruções, partiu em um bote bem-abastecido, que levava uma bandeira de paz e dezesseis homens bem-armados. Guiava o bote um homem de minha companhia que estivera dois anos antes nesse lugar e era um piloto razoável.

Entrando no porto, a um quarto de milha acima, há uma pequena vila e, a cerca de 3 léguas, a cidade principal. De cada lado do porto, onde estão ancorados os navios que vão carregar ou descarregar, há um forte. Na pequena vila, está baseada uma guarnição composta por cem soldados, dos quais uma parte permanece na própria vila e, a outra parte, em uma torre branca que comanda a região, situada no alto de uma colina.

Meu capitão teve boa acolhida por parte dos homens instalados na pequena vila, os quais receberam a minha carta e, imediatamente, remeteram-na ao governador, que se encontrava acerca de 3 milhas dali Esses acabaram por nos ser úteis. Enquanto aguardavam o mensageiro, meu capitão e um seu companheiro conheceram alguns soldados do lugar que, depois dos cumprimentos de praxe — indispensáveis na sua profissão, quando não são indisciplinados —, resolveram ajudá-los. Observando que os nossos estavam ansiosos por obter laranjas, limões e outros refrescos para o seu general, permitiram que as mulheres e crianças do lugar trouxessem o que necessitavam. Meu capitão retribuiu entregando-lhes duas pistolas que eu lhe tinha dado para essa situação. Conseguimos obter duzentas ou trezentas laranjas e limões e umas poucas galinhas.

Durante toda aquela noite e no dia seguinte, até 9 horas, aguardamos o retorno do bote. A demora começou a preocupar-me e resolvi equipar um cavaleiro ligeiro de que dispunha e o navio *Fancy* da melhor maneira que era possível — de modo a camuflar a nossa debilidade e pouca saúde —, e naveguei para o porto. Serviu-nos de piloto um artilheiro da tripulação que já estivera nessas plagas há três anos.

E assim seguimos. Nosso capitão, ao saber que ganhávamos a barra, veio, para minha grande satisfação, juntar-se a nós. Meu contentamento foi ainda maior quando vi que traziam no bote uma grande quantidade de laranjas e limões, os quais eram destinados especialmente aos doentes da companhia. O capitão relatou-me o que tinha se passado e que aguardava a resposta do governador. Duas horas depois de termos ancorado bem em frente à cidade, vimos tremular uma bandeira de paz na terra e deduzimos que a resposta do governador havia chegado. Enviei um bote para pegá-la. Sua Excelência mandava dizer que lamentava muito, mas que não poderia atender às nossas demandas, apesar de elas serem justas e razoáveis. Infelizmente, explicava ele, em razão dos conflitos entre a Espanha e a Inglaterra, tinha ordens expressas do seu rei de não socorrer nenhum navio inglês que viesse negociar na sua jurisdição e de não deixar que a sua tripulação desembarcasse ou negociasse com as gentes da terra. Por fim, pediu-nos que o perdoasse, mas que aquela era a sua resposta definitiva. Pediu-nos também que deixássemos o porto o mais rápido possível e que nos dava três dias em recompensa pela maneira cortês como havíamos nos comportado. A partir daí, todos os meus homens que tentaram desembarcar foram impedidos ou molestados. Diante de tal situação, resolvi partir, e determinei que sairíamos tão logo soprasse um vento favorável. O vento, porém, não veio nem na noite desse dia, nem no dia seguinte. Fiquei bastante aflito, pois tinha consciência da nossa fraqueza e do que poderia nos acontecer caso eles soubessem do estado em que nos encontrávamos. Quando se está em um porto inimigo, é necessário ficar com os olhos abertos e estar sempre pronto para partir, sobretudo se o inimigo for mais poderoso e as marés tiverem alguma força. Com a vazante ou com a cheia, é possível aos inimigos que estão em terra incendiar os navios e, servindo-se de nadadores ou de outros recursos, cortarem os cabos das embarcações. Incendiar navios inimigos, a propósito, é uma prática muito comum nos países quentes. Os inimigos podem, também, lançando mão de balsas, canoas, botes e pinaças, tomar de assalto o navio. Se tivessem tentado isso contra nós, teríamos de nos render, pois só tínhamos a bordo homens doentes. Muitas vezes, no entanto, é a opinião e o medo que protegem os navios, e não os homens que vêm dentro dele [...].

EDIÇÃO UTILIZADA

A narrativa dessa pouco afortunada aventura (da partida de Plymouth ao aprisionamento em São Mateus), intitulada *The Observations of sir Richard Hawkins Knight, in His Voyage into the South Seas*, foi publicada poucos meses após a morte de Hawkins, em 1622, pelo editor londrino John Jaggard. Em 1629, Samuel Purchas publicou uma versão truncada do relato no conhecido *Purchas His Pilgrimes* (1626). Mais tarde, no século XIX, a Hakluyt Society editou o relato duas vezes (em 1847 e 1878), reproduzindo a edição de 1622. A última delas, que é sem dúvida a melhor, foi preparada, introduzida e anotada pelo estudioso Clements R. Markham. Utilizamos a primeira edição e a edição preparada por C. R. Markham para a Hakluyt Society.

HAWKINS, Richard. *The Observations of sir Richard Hawkins Knights in His Voyage into the South Sea*. Londres: J. D. para J. Jaggard, 1622.

BIBLIOGRAFIA

MARKHAM, Clements R. *The Hawkins' Voyages During the Reigns of Henry VIII, Queen Elizabeth, and James I*. Edição e introdução de Clements R. Markham. Londres: Hakluyt Society, 1878.

William Davies

Por volta de 1554, o célebre navegador John Hawkins contava ao grande conhecedor e incentivador do então embrionário processo de expansão marítima britânico, Richard Hakluyt, que desde 1504, com relativa assiduidade, barcos ingleses andavam pela costa da África, comprando malagueta, marfim e ouro, e pela costa da terra do Brasil, de onde costumava trazer razoável quantidade do cobiçado "pau de tinta". De tal atividade, porém, nada excepcional, como sugere Hawkins na sua narrativa, não se tem nenhuma notícia, a não ser a palavra do renomado navegador. As notícias sobre barcos ingleses na costa do Brasil começam a aparecer somente na década de 30 do quinhentos — a primeira delas, não por coincidência, legada por um outro membro do poderoso clã dos Hawkins, William — e passam a ser mais corriqueiras a partir de 1594, depois da lucrativa passagem do pirata James Lancaster por Pernambuco.

É nessa mesma altura que os britânicos descobrem dois outros pontos de grande interesse na costa da América Austral, a região da Guiana e a embocadura do rio Amazonas, pontos ainda pouco explorados por portugueses e espanhóis. Tudo começou em 1595, quando o navegador Walter Raleigh, depois de capturar e torturar o espanhol Pedro Sarmiento de Gamboa — autor do conhecido livro Histórias dos incas *(1572) —, pôs em marcha uma desesperada busca pelo Eldorado, que supunha estar situado, segundo notícias arrancadas do erudito prisioneiro espanhol, lá pelas bandas dos rios Orinoco e Amazonas.*

A obsessão de Raleigh, que empreendeu e organizou diversas viagens à região, acabou por tornar os marinheiros ingleses conhecedores do lugar. Foi tal conhecimento que em 1608 trouxe, ao rio Amazonas, William Davies, um cirurgião-barbeiro, natural de Hereford, acerca do qual mais não se sabe do que aquilo que ele próprio deixou registrado em A True Relation of the Travels and Most Miserable Captivity of William Davies *(1614) — de onde extraímos a narrativa a seguir. Relata-nos Davies que, em 1601, nas proximidades de Tunes, caiu prisioneiro de Fernando de Médici, grão-duque da Toscana, e passou a servir nas galés. Entre as muitas viagens que empreendeu durante o seu cativeiro, uma delas, a bordo do navio* Santa Lúcia *— que contava com um capitão, Robert Thornton, e inúmeros tripulantes ingleses —, teve como destino o rio Amazonas, onde o aventureiro permaneceu dez semanas. Davies não encontrou o Eldorado, mas teve ao menos a oportunidade de* ver *a lendária ilha habitada somente por mulheres e outras tantas singularidades, dando, com sua relação, uma contribuição razoável para alimentar, entre os britânicos, o desejo de colonizar o lugar e o sonho sempre renovado de encontrar, quem sabe rio acima, a tão cantada cidade de ouro alardeada pelos espanhóis.*

Descrição e descoberta do rio Amazonas, distante 1.600 léguas da Inglaterra

O rio Amazonas está localizado na parte mais distante das Índias Ocidentais, abaixo da linha equinocial. Para encontrar esse rio, deve-se observar que, acerca de 40 léguas da terra, a profundidade da água varia entre 6 e 8 braças, e o mar ganha uma coloração avermelhada, tornando-se bem mais viscoso. Atentando-se para tais sinais, é possível estabelecer rapidamente o curso e sair próximo da desembocadura do dito rio, onde a profundidade da água é maior. Faz-se, então, necessário guiar-se por umas árvores que se mostram primeiro que a costa, pois a região é muito baixa — nunca ultrapassando os 3 pés — e quase toda coberta, sabe-se lá Deus por quantas centenas de léguas, por uma maré de águas-vivas. Corre aí muita água e a correnteza é extremamente violenta.

Permaneci dez semanas no Amazonas e pude observar o modo de ser do povo e as características do lugar. A região é inteiramente coberta por florestas e povoada por todo tipo de animais selvagens, tais como leões, ursos, lobos, leopardos, babuínos, saguis, javalis esquisitos, macacos, andorinhões e muitos outros bichos estranhos. Os bosques estão cheios de pássaros selvagens dos mais variados e é possível encontrar mais papagaios por aqui do que pombos na Inglaterra — a propósito dos papagaios, cheguei a comer vários deles, e devo dizer que são muito saborosos. A região conta, igualmente, com um sem-número de rios, todos dominados por um rei. As tempestades, sempre acompanhadas por muitos raios e trovões, são tão constantes e intensas que, em um único dia, pode chover seguidamente durante dezesseis ou dezoito horas. As lagoas, que são muitas, estão repletas de jacarés, serpentes aquáticas e peixes com formas bizarras. Muitos são, também, os insetos miúdos que incomodam enormemente o estrangeiro recém-chegado.

A natureza, os hábitos e os costumes dos habitantes do lugar são os que se seguem. Todos, tanto homens como mulheres, andam inteiramente nus, não trazendo sobre o corpo um único fio que possa cobri-lo. Os homens ornam-se com um pequeno toco de madeira arredondado, do tamanho de uma pequena vela de 2 polegadas de comprimento, que é colocado no prepúcio — este devidamente rasgado com um pedaço de casca de árvore da espessura de um barbante grosso. Tal ornamento é colocado mais ou menos no meio do prepúcio, permitindo que continuem a utilizar o pênis. Os homens trazem, também, enfiado em ambas as orelhas, um toco ou caniço, aproximadamente da espessura de uma pena de cisne e com cerca de meia polegada de comprimento;

ornamento semelhante é colocado no meio do lábio inferior. Até mesmo no osso do nariz eles metem um pequeno caniço, onde penduram uma pérola ou uma conta que cai diretamente sobre a boca e balança de um lado para outro enquanto falam — o que é motivo de grande orgulho e satisfação. Os seus cabelos são longos, mas, nas proximidades da orelha, há uma parte arredondada que é cortada bem curta, rente à cabeça — à semelhança do corte de cabelo de um monge.

As mulheres não fazem nenhum esforço no sentido de se fazerem atraentes para seus homens. Andam totalmente nuas, como nasceram, com os longos cabelos na altura das costas, e seus seios, em razão de nunca serem amarrados ou escorados, caem rapidamente. Tanto homens quanto mulheres têm o hábito de pintar o corpo com uma espécie de areia vermelha, evitando assim o tormento dos mosquitos. É uma gente muito esperta e habilidosa, mas traiçoeira; muito ágil ao caminhar e dona de uma perícia com os remos, que nunca tinha visto igual em minha vida.

Normalmente, os alimentos que consomem vêm da captura de animais, pássaros e peixes. Para tanto, lançam mão de arcos e flechas, cuja forma passo a descrever. O arco tem cerca de 2 jardas de comprimento e a flecha, 7 pés. O primeiro, minuciosamente esculpido em pau-brasil, conta com um cordão de casca de árvore, extremamente esticado, atado nas extremidades da madeira; as flechas são feitas de caniço e as pontas, de osso de peixe. Os animais são caçados do seguinte modo: o caçador, escondido entre as árvores, dispara a seta contra a caça, abrindo-lhe uma ferida; ele passa, então, a segui-la como um cão de caça, até que ela caia por terra — geralmente depois de um segundo golpe. O mesmo procedimento é utilizado para capturar as aves, as quais, por menores que sejam, nunca lhes escapam; quanto aos peixes, o caçador caminha pela beira de um rio e, ao localizar uma presa, dispara a sua flecha, larga rapidamente o arco no chão, mergulha na água e nada em direção à flecha, que invariavelmente tem o peixe espetado na ponta. Depois da caçada, quando cada um se encarregou de capturar as suas presas (animais, pássaros ou peixes), se reúnem, em número de cinquenta ou sessenta, em torno de um fogo aceso do seguinte modo: esfregam dois gravetos intensamente um contra o outro, até que peguem fogo. Armam, então, uma grande fogueira, onde cada um põe para grelhar o que conseguiu capturar. Os alimentos são consumidos sem sal e sem pão, artigos de que nunca ouviram falar, e sem o acompanhamento de qualquer tipo de bebida, a não ser água e tabaco.

Na região do Amazonas não se pode encontrar nem ouro nem prata, mas há uma quantidade infinita de aves. Troquei duas delas por uma harpa de beiço, pela qual o dono havia recusado anteriormente 10 xelins. A região também é repleta de deliciosas frutas e legumes, como abacaxis, bananas, goiabas e batatas, vários dos quais comprei com botões de vidro ou contas.

Os habitantes daqui descansam numa espécie de rede, feita de casca de árvores, que denominam hamaca. Tais redes têm cerca de 3 braças de comprimento por 2 de largura, e são franzidas nas extremidades, de modo a permitir que o dono amarre cada uma das pontas em uma árvore, a cerca de 1 jarda e meia do solo, e deslize para dentro dela quando tem sono.

O rei dos rios da região ostenta uma espécie de coroa, feita de penas de papagaios de diversas cores; porta, na cintura ou no pescoço, um colar de dentes ou garras de leão (ou de qualquer outro animal estranho) e traz na mão uma espada de madeira. É por meio desses ornamentos que é reconhecido por todos como rei. Frequentemente, um rei luta contra outros, servindo-se de suas canoas talhadas em um único tronco de árvore. Ao capturarem um inimigo, os vencedores, não raramente, costumam comê-los.

Por essa época, haviam decorrido dez semanas que estávamos no Amazonas e iniciamos os preparativos para a viagem de retorno, que se deu por um caminho diverso do percorrido na vinda, pois fôramos obrigados a navegar contra o vento, que soprava em uma única direção e obrigava as embarcações a retornarem para o lugar de onde tinham vindo.

Descrição de Morria, distante 1.620 léguas da Inglaterra

Morria é uma pequena ilha localizada no rio Amazonas, na parte mais distantes das Índias Ocidentais. O lugar é habitado somente por mulheres, não havendo mesmo um único homem entre elas. Todas andam completamente nuas e se servem do arco e flecha para caçar; seus cabelos são longos e os seios um pouco caídos. Há quem, na Inglaterra, julgue que essas mulheres têm o seio direito murcho ou decepado; hoje não é assim, e desconheço se o foi no passado. Pude constatar isso ao ver quarenta, cinquenta ou sessenta delas reunidas, todas com seus arcos e flechas nas mãos, caminhando pela praia; quando localizavam um peixe, disparavam uma flecha em sua direção, jogavam o arco no chão e mergulhavam rapidamente, trazendo para a praia o peixe espetado na ponta da flecha. Em diversos outros aspectos — na maneira de vestir e de comer, no modo de morar e nos costumes —, elas parecem imitar os índios do Amazonas, referidos anteriormente.

Algumas dessas mulheres costumam carregar os filhos nas costas. Para tal, pegam pedaços de casca de árvore, passam uma parte por trás das nádegas da criança e outra por trás dos seus braços, na altura dos ombros, amarrando-a bem rente às costas, como uma espécie de cesta. Por vezes, essas mulheres dão o seio para o filho lançando-o sobre os ombros.

A razão pela qual a ilha de Morria é habitada somente por mulheres é a seguinte: um mês por ano, muitos homens das redondezas vêm, em suas canoas, para a ilha. Aí desembarcando, cada um deles passa a viver com uma mulher durante cerca de trinta dias. Ao partirem, os homens levam consigo todos os meninos, deixando as meninas com as mães. Isso acontece uma vez por ano, no restante do tempo somente as mulheres permanecem no lugar.

Há outra coisa que vi e que não posso deixar de narrar. Aqui as ostras e os moluscos, ambos excelentes, nascem nas árvores; comi centenas deles. Para que se compreenda melhor como crescem, é preciso saber que as árvores estão muito próximas do mar e que, a cada alta da maré, os galhos são cobertos pela água cerca de 1 braça, 1 braça e meia; quando a maré baixa, as ostras e os moluscos são encontrados em grande quantidade pendurados pelos galhos, como bernacas nas laterais do navio que, com a subida da maré, aproveitam a umidade.

EDIÇÃO UTILIZADA

O pequeno relato de Davies foi publicado em 1614, na cidade de Londres, em um opúsculo de vinte folhas. A narrativa, que não foi traduzida na época, reapareceu, em 1746, na coleção *Travels and Voyages*, de Thomas Osborne (*Oxford Collection*), publicada entre 1745 e 1747 — na verdade um complemento à *A Collection of Voyages and Travels*, de John Churchill. Há uma edição recente, de 1989, organizada por Joyce Lorimer para a Hakluyt Society. Utilizamos a edição de 1614 e a excelente edição de 1989.

DAVIES, William. *A True Relation of the Travels and Most Miserable Captivity of William Davies*. Londres: Nicolas Bourne, 1614.

BIBLIOGRAFIA

LORIMER, Joyce. *English and Irish Settlement on the River Amazon, 1550-1646*. Londres: Hakluyt Society, 1989.

François Pyrard de Laval

Pouco se sabe sobre François Pyrard de Laval, autor da primeira narrativa francesa sobre as Índias Orientais, nem mesmo se era francês ou um dos muitos aventureiros de origem estrangeira que se engajaram na expansão marítima francesa. O seu relato, dizem alguns contemporâneos — com um certo exagero —, veio a público graças ao empenho de Pierre Bergeron, que pacientemente anotou as lembranças ditadas por um Laval bêbado e impertinente.

O rude marinheiro revela no seu relato que partiu do porto de Saint-Malo, em 8 de maio de 1601, numa expedição que contava com duas embarcações, Croissant *e* Corbin, *ambas armadas por uma companhia de comércio da cidade. As embarcações dobraram o cabo da Boa Esperança em dezembro, fizeram aguada em Camarões e aproveitaram as monções, no mês de junho, para cruzar o Índico. O* Corbin *naufragou, em julho, próximo às ilhas Maldivas, e o aventureiro, sem rumo certo, deixou-se ficar por meia década no lugar. Antes de retornar para casa, Laval ainda residiu dois anos em Goa, servindo, inclusive, no Exército português.*

Em janeiro de 1610, porém, farto da vida no Oriente, o suposto francês pôs-se a caminho de casa. Depois de uma passagem pela ilha de Santa Helena, na costa africana, a embarcação em que viajava, em 8 de agosto de 1610, chegou à Baía de Todos os Santos. Aí Laval teve dois meses para contatar alguns franceses e preparar-se para a longa jornada que ainda o esperava até o porto francês de La Rochelle.

*

No dia 8 de agosto de 1610 começamos a avistar a terra do Brasil, uma terra muito branca, que fazia lembrar lençóis e toalhas postas ao sol para secar, ou mesmo faziam lembrar a neve, razão pela qual os portugueses a denominam "terra dos lençóis". No dia 9, lançamos âncora a aproximadamente 4 léguas da entrada da Baía de Todos os Santos, dentro da qual, por desconhecimento, não ousamos entrar, ainda porque nosso piloto dizia jamais ter estado nessas plagas. Em razão disso, mandamos uma galeota, conduzida por sete ou oito homens, avisar ao vice-rei da nossa chegada e solicitar que enviasse pilotos para guiar-nos.

Enquanto aguardávamos fundeados o retorno da galeota, por azar, o cabo da âncora, de tanto roçar em um rochedo na água, se rompeu e tivemos a impressão que o vento que soprava do mar iria nos lançar sobre a costa — corremos, de fato, grande perigo. Ao apercebermo-nos de que o navio se aproximava cada vez mais da terra, levantamos vela e ganhamos novamente o mar, aguardando aí o retorno da galeota. Na noite seguinte, vimos alguns fogos sinalizando que receberíamos o auxílio de três caravelas carregadas de provisões e de pilotos para conduzir-nos. Ficamos extremamente contentes ao vê-los chegar, pois havia seis meses inteiros que tínhamos partido de Goa e estávamos todos fatigados do mar. Restavam, ainda, no navio, cerca de 550 pessoas, entre homens e mulheres, a maior parte deles doente.

No dia 10 de maio, pela manhã, entramos na baía pelo lado norte. Do lado direito, à beira-mar, há uma fortaleza e uma bela igreja dedicada a santo Antônio. Havia aí inúmeros religiosos, que saudamos com uma descarga de canhão. A entrada tem cerca de 10 léguas de largura e conta, no centro, com uma ilhota de mais ou menos 4 léguas de circunferência; os navios podem entrar de ambos os lados. Passamos pelo lado norte, que é o mais seguro e, depois de avançarmos cerca de 3 léguas baía acima, lançamos âncora. Saudamos novamente a cidade e o vice-rei com tiros de canhão, aos quais o vice-rei respondeu com uma descarga de todos os seus canhões, com fogos de artifício e com fogueiras que duraram toda a noite.

No dia seguinte, fomos avisados pelo conselho de que deveríamos ancorar mais próximo, pois, em razão das tempestades e da presença de navios ingleses e holandeses, não estávamos em segurança. Levantamos, então, ferros e, enquanto estávamos navegando para mais próximo da cidade, o vice-rei com sua corte e os principais da cidade vieram fazer-nos uma visita. Todavia, quando a embarcação que os trazia tentou abordar o nosso navio, tivemos o azar de bater em um banco de areia. Esta baía é perigosíssima, repleta de bancos de areia, de modo que, embora tivéssemos a bordo dois bons pilotos do país, não pudemos continuar.

Depois de tentarmos de tudo durante seis horas, vimos que não seria possível salvar o navio e julgamos prudente salvar as mercadorias, retirar os homens que estavam a bordo e cortar o mastro principal. Imediatamente, o vice-rei enviou uma carraca para recolher os homens e as mercadorias. O navio, depois que as mercadorias foram rapidamente colocadas em outras embarcações, ficou mais leve e começou a flutuar; aproximamo-nos, então, do alcance dos canhões da cidade a que chamam de São Salvador.

O nosso navio, porém, não poderia estar em pior estado: esburacado e fazendo água por todos os lados; não tínhamos qualquer esperança de removê-lo dali e menos ainda de nele retornar para Portugal. Concluímos, então, que o melhor seria descarregar o restante das mercadorias.

Logo que arribamos, foi despachada para Lisboa uma caravela encarregada de avisar da nossa chegada e do estado em que nos encontrávamos. O rei de Espanha enviou, então, grandes galeões e caravelas para levar embora todos os canhões, a munição, os homens e as mercadorias do nosso navio. Quanto ao navio, concluiu-se que, devido às grandes tempestades que havia enfrentado, às duas ou três vezes que havia encalhado em terra e em bancos de areia e ao fato de o mastro estar cortado, ele não valia mais nada.

O carpinteiro francês que nos acompanhava foi, também nesta ocasião, de grande utilidade, pois era imprescindível que antes de qualquer coisa o navio voltasse a flutuar para passar o cabo por debaixo da água e retirar as âncoras e o leme. Por este e outros pequenos serviços, o vice-rei pagou-lhe 15 escudos e disse-lhe que em Portugal tais préstimos valeriam pelo menos 150. O vice-rei e o capitão do navio deram-lhe uma "certidão" pelo serviço. Disseram-nos na cidade que, caso o carpinteiro fosse português, ele ganharia aproximadamente 300 ducados, além de conseguir trabalho em um navio português para a Índia.

Mal colocamos o pé na baía da cidade de São Salvador, fomos, meus companheiros e eu, visitar o vice-rei e mostrar-lhe os nossos passaportes emitidos pelo vice-rei e pelo vedor da Fazenda de Goa. Depois de vê-los, o vice-rei recebeu-nos de maneira bastante cortês e disse-nos que poderíamos comer e beber em sua residência ou até mesmo dormir ali — o que acabamos por aceitar. Tivemos a sorte de o vice-rei ter um mordomo florentino que tinha morado em Paris, o qual, durante toda a nossa estada, se mostrou um excelente amigo. Direi, porém, a seguir, as coisas que mais me marcaram durante a minha permanência nesta terra do Brasil.

Do Brasil, de suas singularidades e das coisas que aconteceram enquanto o autor lá esteve

A Baía de Todos os Santos, no Brasil, tem 50 a 60 léguas de largura e está situada a 13° a sul do equinócio. Há no seu interior muitas ilhotas, entre as quais, uma denominada ilha dos Franceses, porque foram os franceses que primeiro descobriram o Brasil e, naquele tempo, se retiravam para esta ilha com o intuito de garantir a sua segurança e evitar as emboscadas dos selvagens. Deságuam nessa baía um bom número de excelentes rios, que trazem navios e barcos até bem ao pé da terra e permitem levar todo tipo de bens para o interior do país.

A cidade de São Salvador é bastante alta, situada no sopé de uma elevação de difícil acesso que, do lado do mar, é talhada a pique. Tudo o que entra e sai da cidade sobe e desce somente por meio de uma certa máquina; por aqui nunca se usa a carroça, pois seria muito complicado e dispendioso — o transporte pela referida máquina custa pouco.

Abaixo dessa montanha, por mais de um quarto de légua de extensão, de um lado e de outro de uma bela rua, há uma série de prédios bem-construídos, ocupados por todo gênero de mercadores, oficiais e artífices. Aí estão localizados todos os depósitos e armazéns de carga e descarga de mercadorias, tanto de mercadorias do rei como de particulares. As mercadorias, a propósito, sobem para a cidade por meio do dito engenho, somente depois de serem distribuídas e vendidas, pois, para subir ou descer uma pipa de vinho pagam-se 20 soldos, a viagem completa perfaz 40 soldos. Ao fazer subir uma pipa ou outra coisa pesada, é necessário que, ao mesmo tempo, desça uma coisa mais ou menos do mesmo peso; é como dois baldes que sobem e descem em um poço, em formato de guindaste.

A cidade é bem-construída e circundada por muralhas. É sede de um bispado e possui um Colégio de Jesuítas — além das residências que os padres mantêm no campo —, um monastério de franciscanos, um de beneditinos e um dedicado a Nossa Senhora do Carmo, todos contando com igrejas bonitas e bem-construídas. Dia após dia, mais e mais pessoas são convertidas ao cristianismo por aqui, porém, quando batizados, são menos persistentes na fé do que os índios orientais, mantendo-se sempre inconstantes e selvagens.

Há um hospital na cidade que é organizado como aqueles da Espanha e da França. Há também uma Misericórdia e uma bela catedral ou

Sé, onde servem um decano e um cônego. Por aqui não há Inquisição, razão pela qual a cidade está cheia de cristãos-novos, isto é, judeus, ou gente da raça dos judeus convertidos ao cristianismo. Dizia-se que o rei da Espanha estava pensando em instalar a Inquisição no país, o que causava grande medo em todos esses judeus. De resto, os portugueses que estão no Brasil se governam da mesma maneira que aqueles que estão em Portugal, e não como os que estão nas Índias Orientais. O rei da Espanha mantém na cidade de São Salvador três companhias de peões, com cem homens cada uma; todos os dias, uma delas faz a guarda da residência do governador.

O Brasil produz poucas coisas e o que produz não é suficiente para manter os portugueses, daí todo gênero de víveres vir de Portugal, ou da ilha dos Açores, ou das Canárias. A situação é tal que, caso o país não tivesse abundância de açúcar, não haveria meio de aí viver. A libra do açúcar é vendida por aqui a 2 soldos e 6 dinheiros, enquanto a comida e o vestuário, semelhantes ao que temos na França por 5 soldos, não sai por menos de 30 a 40 soldos. A riqueza deste país vem do açúcar, com o qual os portugueses carregam os seus navios. Creio que não há lugar no mundo em que haja tamanha abundância de cana-de-açúcar. Fala-se, na França, da produção do açúcar na Madeira e na ilha de São Tomé, mas o que produzem é muito pouco quando comparados ao Brasil. A ilha da Madeira não tem mais do que sete ou oito engenhos produzindo açúcar e a ilha de São Tomé, mais quatro ou cinco. Refina-se uma grande quantidade de açúcar nessas ilhas, mas açúcar vindo de fora.

O Brasil, pelo que sei, tem, em 150 léguas de costa, perto de quatrocentos engenhos. É verdade que a costa toda tem 800 léguas, porém, no resto dela, não há tantos engenhos como nas tais 150 léguas que se estendem de 25 léguas acima de Pernambuco até 25 léguas abaixo da Baía de Todos os Santos. Cada um desses engenhos produz em média 100 mil arrobas de açúcar, a arroba corresponde a 32 libras e 4 arrobas fazem 1 quintal — o quintal de açúcar custa aqui 15 francos.

O açúcar que nos vendem na França por açúcar da Madeira tem também qualidade, mas ele, em um primeiro momento, é refinado e formatado, depois é novamente quebrado e pilado para ser colocado em caixas — pois, de outro modo, em forma de pão de açúcar, não haveria como conservá-lo, e mais da metade se perderia —, o que obriga a um novo refino. O açúcar, no formato de pão, é de melhor qualidade, pois está em seu estado natural; no açúcar refinado colocam mais da metade de alume e cal.

Em suma, os portugueses retiram deste país, prata, açúcar, conservas e confeitos, tanto secos quanto líquidos, confeitos de frutas como laranja, limão, lima e, sobretudo, de gengibre verde, abundante nestas plagas. Por razões que direi mais adiante, é proibido secá-lo e, especialmente, levá-lo seco para a Espanha.

Leva-se para a Europa também o bálsamo e o petum, que os portugueses denominam tabaco. É, no entanto, proibido extrair pau-brasil, privilégio reservado somente ao rei da Espanha. E há uma razão para isso: a colônia, como disse antes, não é muito lucrativa, logo, não permite que o rei arrecade nenhum grande imposto. Destarte, seus rendeiros, para compensar, retiram todo o pau-brasil e o levam para a Europa. Há grande quantidade dele no Brasil, mas ninguém ousa traficá-lo, pois, se é descoberto em um navio qualquer quantidade dele, a embarcação, caso não tenha comprado a madeira do rei ou não tenha uma autorização sua por escrito, é imediatamente confiscada.

A terra do Brasil é, pois, tão ruim que seria impossível ocupá-la e aí permanecer se não houvesse o comércio de açúcar e de madeira — e o açúcar, é bom que se diga, só é obtido com muita dificuldade e labuta. Os portugueses, inclusive, não negam que os franceses tenham descoberto e ocupado esta terra antes deles, salientam, entretanto, que não puderam durar muito no lugar por ser ele demasiado desagradável e penoso, exigindo deles, que adoram encontrar as coisas prontas, trabalho demais. Para mais, mesmo os portugueses que estão no país são, na sua maior parte, banidos, falidos ou criminosos.

Quando o rei da Espanha manda construir uma cidade no Brasil, durante sessenta anos ele não cobra nenhum direito, subsídio ou imposto sobre as mercadorias que aí são vendidas no varejo. Além disso, não é cobrado absolutamente nada pelos terrenos das casas e, posteriormente, o morador não pagará nem renda nem talha. As mercadorias que entram e saem da cidade não pagam mais do que 3% de imposto sobre o seu valor e sobre todas as outras coisas, incluindo o açúcar e as frutas, cobra-se somente o dízimo, que o rei da Espanha obteve do papa. O rei procura, com isso, evitar que, em razão de haver no país regiões pobres e regiões ricas, sejam os homens de igrejas também eles pobres ou ricos, já que desempenham as mesmas tarefas. Ele recebe o dízimo e paga a toda a gente da igreja igualmente, respeitando, é claro, o grau hierárquico de cada um e os seus encargos, de modo que ninguém tenha razão de queixa.

Nunca vi um lugar onde a prata seja tão comum como no Brasil; prata vinda do rio da Prata, situado a 500 léguas desta baía. Pouco circulam na cidade as moedas pequenas, veem-se somente peças de 4 e de 2 reais portugueses, 1 real equivalendo a 5 soldos. Há quem traga de Portugal moedas de 5 soldos e de 6 brancos para vendê-las aqui como moedas pequenas, obtendo um bom lucro, pois quase não utilizam outra moeda que não a de prata.

Portugal não dispõe de gente suficiente para povoar o Brasil; mas há, ao longo de toda a costa, numa distância de 20 a 30 léguas para o interior, numerosas cidades, fortalezas e belas casas nobres. Há senhores de grandes domínios, onde mantêm engenhos de açúcar, domínios que o rei da Espanha lhes deu — acompanhados de um título de nobreza, como barão, conde etc. — em recompensa por algum serviço prestado. Tais senhores dão as terras para aqueles que querem nelas habitar e plantar cana-de-açúcar, sob a condição de moer a cana colhida nos seus engenhos, pagando uma certa quantia por isso. Os senhores dão também permissão para os colonos cortarem madeira para alimentar os fornos de açúcar, cobrando-lhes por ela o mesmo preço que pagariam se a retirassem de uma outra terra qualquer.

As casas que esses senhores mandam construir têm jardins e árvores frutíferas de toda sorte e aí também se criam gado, aves e outros animais, como nas chácaras da França; quanto às plantações, cultivam arroz, sorgo, milho e raízes variadas, como a mandioca, a batata e outras.

Apesar do que foi dito, a renda do Brasil é mais do que suficiente para pagar as guarnições, o vice-rei, os governadores, os capitães, os soldados, os empregados da Justiça, enfim, todos os oficiais reais, sem que para isso se envie dinheiro de Portugal. Ademais, o rei de Espanha tira daí, anualmente, muitos outros proveitos, tanto por meio da exploração do pau-brasil, como dos direitos cobrados sobre o açúcar e outras mercadorias.

Os brasileiros, e também os portugueses que aí se encontram, para alimentarem-se fazem uma espécie de farinha com a raiz de uma planta chamada mandioca. É essa farinha que comem e é dela que sobrevivem, pois o pão é raro e caro, e toda a farinha de trigo vem de Portugal. O gosto é bom, lembrando um pouco a castanhas secas e piladas, e pode-se comê-la misturada com a carne. Vivi por seis meses — enquanto estive no Brasil e no navio durante o retorno, pois não havia outro biscoito — comendo essa farinha em lugar de pão. A raiz de mandioca tem uma estranha característica: quando é comida seca e socada, é muito saudável, todavia, se é comida verde, mata. Há tanto dessa farinha no Brasil, que vários navios são carregados com ela e enviados para o Reino de Angola, nas imediações da costa da Guiné, de onde são trazidos os escravos das Índias Ocidentais.

Quanto às carnes, a mais comum é a de porco, que por sinal é muito boa; até mesmo os médicos a prescrevem para os doentes, preferindo-a àquela de carneiro, galinha e outras. De modo geral, é extremamente caro viver no Brasil. A libra da carne de porco custa 10 soldos, a de boi, 7 soldos e 6 dinheiros, e a de carneiro, 10 soldos; uma galinha como as que temos na França vale 1 escudo. Há na cidade grande quantidade de galinhas da Índia — os portugueses as denominam perus —, as quais custam 2 escudos cada uma; dois ovos não saem por menos de 5 soldos e uma bilha de vinho das Canárias vale 40 soldos. Produz-se aqui um vinho de cana-de-açúcar que custa muito barato, mas que é consumido somente por escravos e naturais do país.

Há uma enorme variedade de frutas nesta terra, como laranjas, limões, bananas, cocos e muitas outras. Os portugueses cultivam belas hortas, repletas de plantas muito úteis, como alfaces, couves-flores, excelentes melões, pepinos, rabanetes etc. A vinha não dá bons resultados nesta terra, porque as formigas, que no Brasil são incontáveis, comem todos os frutos. O arroz, o milho e o sorgo crescem sem problemas. O sorgo serviria somente para alimentar os animais, mas os espanhóis das Índias Ocidentais o misturam com fermento e fazem pão. A pesca da baleia e de outros peixes é muito intensa nestas plagas; enquanto estivemos na região, vi várias baleias sendo mortas. Os portugueses retiram grande quantidade do seu óleo, com o qual carregam navios e realizam um lucrativo comércio.

No que diz respeito aos naturais do Brasil que vivem entre os portugueses, a sua alimentação é mais à base de peixe do que de qualquer outra coisa. A caça é muito pouco praticada, pois a região tem uma mata muito densa e está repleta de animais ferozes, o que faz com que os brasileiros não ousem entrar nos bosques com medo de serem devorados.

O país é muito povoado. Os habitantes são de estatura mediana, têm a cabeça grande, os ombros largos e uma cor meio avermelhada. As mulheres, que têm muito bom talhe, trazem os cabelos longos, e os homens, curtos; estes não gostam de ter barba e pedem para as suas mulheres a arrancarem. Andam todos nus — cobrindo somente as partes indecorosas — como no dia em que saíram dos ventres de suas mães: nus nasceram, nus vivem e nus haverão de morrer. Aqueles que trabalham para os portugueses vestem ao menos uma camisa branca. Desconhecem a lã, o linho ou a seda, dos quais, em verdade, não têm necessidade, já que andam todos nus. Para mais, não possuem quaisquer terras patrimoniais e tudo é de todos. Desconhecem, igualmente, qualquer tipo de matrimônio, sendo a lascívia comum entre eles, sobretudo por parte das mulheres, que são além da medida apreciadoras da luxúria. Pode-se ter quantas mulheres se quiser e manter com elas relações carnais independente do parentesco, em público e sem qualquer pudor, como verdadeiros animais selvagens. Isso foi o que ouvi dizer acerca daqueles que habitam no interior, pois os que estão próximos aos portugueses são um pouco mais civilizados.

Ouvi dizer, também, que não têm templos nem religião, e que não adoram nenhum deus, nem nenhum ídolo. É gente que não comercia com ninguém e que não conhece qualquer espécie de dinheiro. A sua grande inclinação é para a guerra, na qual utilizam seus arcos e flechas e bastões de pau-brasil em formato de clava, com os quais se matam e se dilaceram mutuamente. Assam e comem uns aos outros, como se saboreassem uma iguaria, e apreciam, mais do que todas as outras, a carne de pessoas brancas. Ouvi dizer que alguns desses selvagens, depois de batizados — muitos foram convertidos pelos padres jesuítas —, contaram que tinham comido muitos homens e que as partes mais saborosas são os pés e as mãos. Os portugueses raramente ousam sair da cidade desarmados, pois temem encontrar esses selvagens que andam pelos bosques.

É um povo que vive muito — cerca de 150 anos, segundo dizem —, em virtude dos bons ares do país. Todos são muito saudáveis, sendo raro vê-los doentes; quando se sentem mal, curam-se a si próprios com o suco de ervas que sabem ser apropriadas, pois não têm nem médico nem cirurgião. Os que moram ao redor desta baía estão muito expostos à sífilis, mas não ligam para isso, pois têm o guáiaco, que rapidamente os cura.

Há uma doença a que os portugueses denominam "bicho", que causa dor de cabeça, dor nos membros e, caso o doente não receba prontamente remédio, resulta numa úlcera no ânus que leva à morte. O remédio para tal enfermidade é pegar um quarto de limão, logo que se sente doente, e colocá-lo no ânus, repetindo a operação três ou quatro vezes — procedendo-se dessa maneira, a cura vem facilmente. Um dos meus companheiros caiu doente e curou-se com essa receita.

Há, também, uma espécie de oução que se aloja no pé, o qual cresce com o tempo e fica quase da grossura da ponta dos dedos, caso não seja removido, causa grandes feridas e a gangrena se espalha, sem causar nenhuma dor — vi pessoas que haviam perdido os pés. O oução de pé, todavia, é muito fácil de tirar e de ser reconhecido. Por isso, de quatro em quatro dias, os habitantes têm o hábito de passar em revista os pés uns dos outros, retirando os bichos. Esses animais nascem na terra e grudam, preferencialmente, nos pés, pois esses ouções saltam como pulgas e alcançam a perna de quem anda descalço. Eu mesmo fui muito fustigado por eles e ainda trago as marcas que me deixaram nos pés e nas pernas.

O que os portugueses do Brasil mais apreciam são os escravos da costa da África e das Índias Orientais, que nestas plagas não podem fugir, pois seriam capturados e comidos pelos naturais do país. Os escravos da terra não têm tal impedimento, além do que não são tão aptos e bem-dispostos para o trabalho quanto os outros. É muito divertido ver, nos dias de festa e domingos, dias que não estão sujeitos a seus mestres, os escravos todos reunidos, homens e mulheres, dançando e jogando em público, nas praças e ruas. Nada mais direi, contudo, acerca das singularidades deste país, pois é uma terra assaz conhecida e frequentada pelos nossos, que muito têm escrito sobre ela.

Acrescentarei somente que, quando aí chegamos, todos os portugueses estavam amedrontados e sobressaltados, porque tinham ouvido dizer que o rei Henrique, o Grande, preparava uma armada, composta por navios na sua maioria equipados na Holanda, para fazer-lhes guerra. E o alarme não era somente na Baía de Todos os Santos, mas em todos os lugares e praças das Índias onde havia súditos do rei da Espanha. Era coisa admirável de se ver a grande estima que os homens bravos e a gente de armas tinham pelo nosso rei, e o grande valor que lhe atribuíam por sua extrema coragem e por outros méritos. Mas quis a nossa má sina que, no princípio de setembro, arribasse no porto um pequeno navio vindo de Sevilha com o único propósito de trazer a triste e deplorável notícia do infeliz desastre e morte do nosso bom rei, que Deus o perdoe. A notícia tranquilizou os habitantes e deixou-os bem contentes; contentamento que expressavam, inclusive, em tom de pilhéria, para nos agastar, deixando-nos sem saber no que crer ou pensar. Havia, contudo, entre os habitantes, quem desse mostras de estar bem pesaroso, e os bravos capitães e soldados, bem como todas as pessoas de juízo, diziam que era de muito lamentar a perda do mais bravo e valoroso príncipe do mundo. Os jesuítas e outros eclesiásticos, em seus sermões e serviços, pediram orações por sua alma e o recomendaram a todo o povo, dizendo que era um rei muito cristão e católico.

Encontrei no Brasil um mercador francês, natural de Nantes, de nome Julien Michel, muito rico e de excelente caráter. Michel é sócio de um português e, por compra ou mercê, tem, por sete anos, a permissão da pesca de baleias nesta baía — o melhor lugar que há no mundo para esse tipo de pesca —, das quais se retira um óleo que é comercializado pelo francês. Julien Michel era tido como espanhol e passava por tal. Muito bem-recebido na corte do rei da Espanha, onde entrou como embaixador enviado pelo falecido senhor de Mercoeur durante a "Linha", instalou-se posteriormente em Bilbao, na Biscaia. Creio que Michel obteve a permissão de pesca em razão dos bons serviços que então prestou ao dito rei, visto que está longe o dia em que os espanhóis darão autorização de pesca aos franceses, ingleses, holandeses ou a quaisquer outros estrangeiros, aos quais é proibido, sob pena de perderem a vida, até mesmo navegar nestas águas. Os dois associados, porém, tocavam um negócio de tais proporções que, em todos os lugares da cidade que davam para o mar, se tinha o prazer de assistir — e era uma bela coisa de se ver — à caça e à captura de baleias.

Um dia entre outros ocorreu que uma baleia, das grandes, vendo que sua cria tinha sido capturada, investiu com tal fúria contra os pescadores e seu barco, que lançou todos ao mar, salvando a sua cria — os homens, por seu lado, tiveram muito trabalho para se salvarem. Eu nunca pensei que esse animal tivesse tamanha astúcia e habilidade. O proveito dessa pesca consiste somente no óleo que é extraído, pois quase não se come a carne desse peixe, exceto quando se capturam filhotes, cuja carne é mais saborosa.

Para realizar a dita pesca, todos os anos chegam dois navios da Biscaia, com alguns bascos, cuja fama é de serem os melhores nesse gênero de atividade. Quando arribamos na cidade, um dos dois navios que vieram naquele ano tinha deixado a baía há dois meses. Encontramos somente a embarcação menor, cuja tripulação, na sua maioria, era ou de Baiona ou de outros lugares do país basco francês. Travei grande amizade com eles e os visitava frequentemente. O senhor Julien Michel residia na cidade enquanto durava a pesca da baleia, vivendo como um morador da terra.

Em cada um dos dois navios havia um capitão que comandava durante a viagem. Ora, uma noite, o capitão do navio que restara tomou a resolução de levantar âncoras e fazer-se a vela, embora estivesse carregado somente com metade do óleo de baleia que poderia levar. A embarcação partiu em segredo, sem um guia e sem um passaporte do vice-rei, o que é contra as ordenações e punível com confisco e pena corporal. Tal procedimento do capitão deveu-se a um acordo que estabelecera secretamente com um mercador, segundo o qual este deveria vender-lhe uma grande quantidade de pau vermelho — o que é expressamente proibido — e entregá-lo para ser carregado há 200 léguas da baía, rumo ao sul. O vice-rei, no entanto, tendo sido avisado do plano, mandou logo gente por terra para tomar o navio e trazer presa toda a tripulação. O que realmente ocorreu: o navio foi reconduzido à baia e o capitão, em companhia dos principais, foram metidos na prisão, com ferros nos pés. O navio foi totalmente desaparelhado, e estava neste estado quando parti. Muitos dos prisioneiros e também daqueles que gozavam de liberdade entregaram-me suas cartas para que, se porventura passasse pelo seu país ou encontrasse alguém que para lá se dirigisse, as fizesse chegar aos seus parentes e amigos.

Julien Michel não foi preso com os outros, pois lançou a culpa sobre o capitão, dizendo que não havia combinado com ele nada daquilo. O francês fez-nos grandes cortesias e delicadezas até mesmo quando estávamos prestes a embarcar, presenteando-nos com alguns víveres, como farinha de mandioca e outras coisas, entre as quais carne de vaca salgada, que vem das bandas do rio da Prata. É impossível encontrar uma carne mais gorda, tenra e saborosa do que esta. Também, pudera! Tal carne vem dos maiores e mais gordos bois do mundo: aqueles criados no Peru. Faz-se por lá intenso comércio de couros, e há tão grande quantidade desses animais que, na maioria das vezes, os matam somente pelo couro. A gente tem, então, por hábito, salgar a carne e cortá-la em pedaços bastante largos, porém, finos, da espessura de dois dedos ou pouco mais. Depois de salgada é posta, sem lavar, para secar ao sol. Uma vez secas, conservam-se por muito tempo sem perecer, isso se mantidas secas, pois, se forem molhadas e não forem postas de quando em quando para secar, estragam-se e enchem-se de vermes.

Enquanto estive nesta baía, conheci também um francês natural da Provença, próximo de Marselha, que trabalhava como criado de um dos grandes senhores da terra, a quem apelidavam *Manguela-Botte*, nome que os negros de Angola, onde tinha sido governador, lhe deram e que queria dizer "valente e grande capitão". Esse senhor guerreara contra os negros de maneira tão valente que, mesmo entre esses, era muito respeitado. Estimava-se que tivesse uma fortuna de 300 mil escudos e tirasse grandes rendimentos dos muitos engenhos de açúcar que possuía.

O tal francês que o acompanhava era um músico e tocador de instrumentos, a quem o dito senhor contratara para ensinar vinte ou trinta escravos, que juntos iriam constituir um grupo vocal e de instrumentos permanente. Esse senhor pediu-me muito insistentemente que ficasse nas suas terras, prometendo-me 100 escudos de ordenado e alimentação, somente para tomar conta de um certo número de escravos no cumprimento de suas atividades. Dizia-me também que, no mais tardar em um ano, iria a Portugal — realmente armava-se no porto um belo e enorme navio de 500 toneladas para tal propósito — e que andava buscando e recolhendo animais raros ou quaisquer outras coisas singulares que encontrasse para presentear o rei da Espanha. Entre outras coisas, ele tinha conseguido dois daqueles animais que denominam zebra, ao qual se faz menção no tratado dos animais. Teria, de muito boa vontade, aceitado as condições que me oferecia, todavia, quando uma pessoa se compromete com os portugueses e depois quer voltar atrás, eles não o permitem.

Encontrei também, na cidade, um estalajadeiro e sua mulher, provenientes dos arredores de Nantes, que se mostraram muito atenciosos conosco e, embora não estivessem bem-instalados, auxiliaram-nos no que puderam. Tratava-se de um casal idoso, que estava há 35 anos no Brasil e possuía uma taverna, onde se vendiam mercadorias. Há outros franceses, aqui e ali, espalhados pelo país.

Depois de ter discorrido acerca de tantas coisas desta baía, não poderia esquecer de dizer uma palavra sobre o vice-rei, que nos demonstrou amizade e benevolência, portando-se conosco, como aliás se portava com toda a gente, da maneira mais honesta e cortês que se poderia desejar. Esse senhor era viúvo e tinha consigo os dois filhos, um de 25 anos e o outro de 20, ambos muito queridos. O pai chamava-se dom Francisco de Meneses. Durante o tempo em que estive na cidade, seu filho mais novo viu-se surpreendido na cama de uma dama portuguesa por seu marido. O rapaz feriu-se um pouco, mas salvou-se; quanto à dama, recebeu cinco ou seis golpes de espada, mas não morreu. O que ocorreu depois não sei dizer.

Não quero, contudo, passar em silêncio sobre o que me aconteceu nesta cidade. Passeava um dia sozinho — vestido de seda, à portuguesa, mas à moda de Goa, que é diferente da moda de Lisboa e do Brasil — quando encontrei uma jovem escrava negra de Angola que me disse, sem apresentações e sem-cerimônia, que não me preocupasse e a seguisse, pois ela me levaria a um homem de bem que queria ter comigo. Diante disso, detive-me um pouco pensando o que deveria fazer, se deveria ou não acreditar na palavra da rapariga. Por fim, resolvi acompanhá-la para ver o que ocorreria. Ela fez-me dar mil voltas e rodeios por ruas estreitas, o que, a cada passo, me punha em grande sobressalto e me fazia hesitar em seguir adiante. A rapariga, porém, dava-me coragem e tanto fez que acabou por me levar a um aposento muito bonito, espaçoso, bem-mobiliado e decorado, onde não vi mais ninguém senão uma jovem dama portuguesa, que me acolheu muito bem e logo mandou preparar-me uma boa refeição. Vendo que o meu chapéu não era grande coisa, ela, com sua própria mão, tirou-o da minha cabeça e deu-me um outro novo, de lã da Espanha, com uma bela presilha, fazendo-me prometer que voltaria a visitá-la e prometendo-me que me auxiliaria e me daria prazer em tudo o que pudesse. Prometi e, realmente, visitei-a regularmente enquanto estive na cidade, e ela fez-me uma infinidade de cortesias e favores.

Travei, também, conhecimento com uma outra rapariga portuguesa, natural do Porto, em Portugal, chamada Maria Madalena, que era estalajadeira e tinha uma casa de pasto. Destarte, não me faltava bebida e comida, pois ela me dava o que queria às escondidas de seu marido e, ainda, passava-me dinheiro para pagar a comida diante dele. A rapariga tratava-me por seu camarada. Presenteei-a com algumas poucas coisas que trouxera das Índias, coisas que fazem muita vista por aqui, mais até do que em Lisboa. Em resumo, as mulheres na baía são mais amigas dos estrangeiros do que os homens, que, por sinal, são muito ciumentos.

Descreverei, por fim, uma outra coisa que me ocorreu enquanto estive na cidade. O vice-rei, como mencionei, disse, logo que desembarcamos, que fôssemos tomar as refeições e dormir em sua casa, o que fizemos por um período de dez a quinze dias. Todavia, como não estávamos bem-acomodados aí e dormíamos muito mal, conversamos com o criado florentino, que administrava a casa, e ele mandou que uma vizinha do vice-rei nos alojasse. Mudamo-nos, então, com todas as nossas roupas e com as poucas provisões que nos restavam, entre as quais havia dois grandes sacos de arroz da Índia, que denominavam "arroz cominho" — um arroz pequeno, mas o melhor do mundo. O arroz tinha-nos sido dado pelo piloto-mestre do nosso navio para ajudar-nos na viagem; cada saco pesava umas 100 libras. Continuamos, porém, a comer e beber na residência do vice-rei.

Ora, a mulher nossa hospedeira, que estava ansiosa para pôr as mãos no tal arroz, que é muito apreciado no Brasil, quis proibir-nos de retirá-lo de sua casa quando resolvemos sair de lá. Alegava ela que tinha nos comprado o arroz por uma determinada quantia — que era menos da metade do que valia — e que queria receber tal quantia para entregá-lo. Negamo-nos a pagar e a mulher, por seu lado, continuou insistindo em receber; fomos, então, obrigados a ir reclamar ao ouvidor ou juiz da cidade. Todos diziam que não ganharíamos contra essa mulher, na medida em que ela dispunha de grande crédito e tinha muitos favores a cobrar. Diziam ainda que ela prestara muitos e bons serviços amorosos ao vice-rei, a seus filhos e a outras pessoas. Malgrado tamanha influência, a nossa simples palavra bastou para que ela fosse condenada a devolver-nos o arroz e a pagar as despesas. O que ela fez prontamente e sem colocar muitos problemas, temerosa que estava de comparecer diante do juiz, que sabia muito bem qual era o seu ganha-pão. Tivemos no ocorrido a ajuda de bons amigos, que contaram toda a vida dessa boa senhora ao ouvidor. Imediatamente, ele ordenou que um dos seus oficiais nos acompanhasse para resolver a pendenga.

Os portugueses mostraram-nos uma forca, onde, há alguns anos, treze franceses foram dependurados. Eram homens de La Rochelle que foram capturados com seus navios, cujos capitães se chamavam Pain de Mil e Brifaut. Vi na cidade um inglês que tinha sido preso com eles e que esteve com a corda no pescoço, perto de ser pendurado com os outros, mas que foi salvo porque os franceses gritaram em alto e bom som que ele fora capturado no mar, em um navio inglês, e que viera contra a sua vontade. Esse inglês era agora rico de mais de 1.000 escudos e vivia com um senhor português, para quem ele trabalhava em um engenho de açúcar.

Enfim, estava eu há dois meses no Brasil, buscando por todos os meios passar para Portugal, quando três bravos e galantes fidalgos portugueses, que me tinham grande afeição, disseram que poderia embarcar com eles [...].

EDIÇÃO UTILIZADA

A narrativa de Laval veio a público em 1612, na cidade de Paris, sob os cuidados da casa editorial de David le Clerc. A obra sofreu significativos acréscimos nas duas primeiras das três reedições publicadas no século XVII, em 1615, 1619 e 1679. Apesar da popularidade entre *sábios* e navegadores, o detalhado livro de Laval foi traduzido para o inglês somente no século XIX — publicado pela prestigiada Hakluyt Society — e para o português, no século XX. Utilizamos a edição de 1619.

LAVAL, François Pyrard de. *Voyage de François Pyrard de Laval contenant sa navigation aux Indes Orientales, Maldives, Moluques, et au Brésil: et les divers accidens qui lui sont arrivéz en ce voyage pendant son séjour de dix ans dans ces pays. Avec une description exacte des mœurs, loix, façons de faire, police et gouvernement; du trafic et commerce qui s'y fait; des animaux, arbres, fruits et autres singularitez qui s'y rencontrent, divisé en trois parties. Nouvelle édition revue, corrigée et augmentée de divers traitez et relations curieuses, avec des observations géographiques sur le présent voyage [...].* Paris: Thiboust, 1619.

BIBLIOGRAFIA

LAVAL, François Pyrard de. *Viagem de Francisco Pyrard de Laval: contendo a notícia de sua navegação as Indias orientais, ilhas de Maldiva, Molucas e ao Brasil, e os diferentes casos que lhe aconteceram na mesma viagem nos dez anos que andou nesses países (1601 a 1611) com a descrição exata dos costumes, leis, usos, polícia e governo; do trato e comércio, que neles há; dos animais, árvores, frutas e outras singularidades que ali se encontram*. Versão portuguesa corrigida e anotada por Joaquim Heliodoro da Cunha Rivara. Porto: Livraria Civilização, 1944.

——. *Voyage de Pyrard de Laval aux Indes orientales*. Edição estabelecida e anotada por Xavier de Castro; prefácio de Geneviève Bouchon. Paris: Chandeigne, 1998.

——. *The Voyage of François Pyrard of Laval, to the East Indies, the Maldives, the Moluccas and Brazil*. Traduzido para o inglês, a partir da 3ª ed. francesa, por Albert Gray, assistido por H. C. P. Bell. Nova York: B. Franklin, 1964-71 (fac-símile da edição de 1887-1890, publicada pela Hakluyt Society).

STRANGMAN, Edward. *Early French Callers at the Cape*. Cape Town: Juta, 1936.

Franceses no Maranhão

Em 1609 o advogado e escritor calvinista Marc Lescarbot, em História da Nova França, *livro muito bem-sucedido do ponto de vista editorial e seriamente comprometido com a defesa de um projeto colonizador francês para o Novo Mundo, arrematava a sua descrição da desastrosa aventura da França Antártica com as seguintes considerações:* De que serve conquistar uma região se não se tem a intenção de ocupá-la inteiramente? E, para possuí-la, não é necessário se fixar em terra e a cultivar decentemente? Como é possível estabelecer-se em um lugar sem nada para garantir a sobrevivência? Enfim, no referente àqueles que comandaram a empresa, se não estavam realmente seguros de poderem guiar e controlar os colonos, era loucura aventurar-se e arriscar-se a tantos perigos. Há prisões para todos na França, não é necessário buscá-las em lugar tão remoto. *Essa mordaz crítica de Lescarbot a um dos malogrados empreendimentos colonizadores franceses estava longe de ser uma voz isolada na sociedade do período. Ao contrário, predominava, então, entre os franceses, o forte sentimento de que suas disposições naturais os incapacitavam para a aventura ultramarina, aventura que tanto proveito e glória vinha trazendo para os países vizinhos e concorrentes.*

De fato, se comparados aos portugueses, espanhóis e ingleses nas suas investidas no Novo Mundo, os franceses — certamente por razões outras (políticas, econômicas e culturais) que não as tais disposições naturais — não foram muito bem-sucedidos nas suas empresas colonizadoras, especialmente na América Austral. Todavia, as duas tentativas da França de implantar colônias na costa brasileira — a França Antártica (1555-1559), na Baía de Guanabara, e a França Equinocial (1612-1615), na ilha do Maranhão —, ainda que curtas e tragicamente encerradas, desempenharam um papel sobremodo importante para a colonização portuguesa das respectivas regiões e causaram grande impacto no pensamento francês dos séculos XVI, XVII e XVIII.

*Importa aqui destacar o segundo desses dois empreendimentos no Brasil, aquele levado a cabo no atual Maranhão. Tudo começou em março de 1612, quando partiu do porto de Cancale, na Bretanha, com destino à ilha do Maranhão, uma pequena frota de três navios (*Régente, Charlote *e* Saint-Anne*), comandada por um entusiasta da colonização francesa do Novo Mundo: Daniel de La Touche (senhor de la Ravardière), um nobre que, oito anos antes, andara pelas costas da Guiana em companhia do renomado navegador Jean Mocquet. Tinha, assim, início a França Equinocial, nova tentativa francesa, depois da traumática e malograda ocupação da Baía de Guanabara, de instalar uma colônia naquela América que gradativamente se tornava portuguesa.*

O empreendimento durou até 1615, quando os aventureiros, malconduzidos pelo seu líder e desamparados pelo seu país, foram liquidados, juntamente com os indígenas seus aliados, pelas tropas portuguesas comandadas por Jerônimo de Albuquerque. Os detalhes de tal aventura, acerca da qual não restaram muitos documentos portugueses, ficaram conhecidos graças, sobretudo, às cartas e aos relatos deixados por Yves d'Evreux (diretor da missão), Claude d'Abbeville, Louis de Pezieu, Arsène de Paris e Ambroise d'Amiens — capuchinhos franceses engajados na empresa colonizadora — e também ao opúsculo História verdadeira do que se passou de novo entre os franceses e portugueses na ilha do Maranhão ou país dos tupinambás *(1616), de autoria desconhecida.*

Abaixo segue a tradução de dois dos primeiros desses documentos a vir a público na Europa: a carta de Claude d'Abbeville, intitulada Chegada dos padres capuchinhos na Índia Nova, denominada Maranhão, *datada de 20 de agosto de 1612 e publicada em Paris, por Abraham Le Febvre, no final do mesmo ano; e o opúsculo* Breve recolha das particularidades contidas nas cartas enviadas pelo senhor Pezieu a seus parentes e amigos na França, da ilha do Maranhão, no Brasil, onde atualmente se encontra, *de Louis de Pezieu, publicado em Lion, por Jean Poyet, no início de 1613 — ambos inéditos em língua portuguesa.*

Claude d'Abbeville

Meus queridos e muito amados irmãos, que a paz de Deus esteja convosco. Demorei para escrever-vos porque aguardava a partida do senhor De Rasilly, que em breve retornará à França para buscar novas provisões. Procurarei, no entanto, colocar-vos inteiramente a par dos detalhes da viagem, das coisas que vimos no mar e daquelas que encontramos ao desembarcar neste país e mundo novo. Ficarei, por ora, contente se conseguir aproveitar bem a oportunidade que se me apresenta para informar-vos de tudo com presteza.

Pelas cartas que vos enviei, os senhores devem saber que partimos do porto de Plymouth, onde tínhamos buscado abrigo, em razão do mau tempo, na segunda-feira de Páscoa. Ao deixarmos o porto, fomos beneficiados por um vento tão favorável que rapidamente alcançamos as Canárias. Navegando sempre nas proximidades da costa da Barbária, ultrapassamos o cabo Bojador e demos com o cabo Branco. Deus auxiliou-nos muitíssimo, pois ultrapassamos a linha equinocial sem nenhum problema, apesar de estarmos numa estação do ano pouco favorável para a viagem. Depois de cruzarmos a linha, alcançamos Fernando de Noronha, uma pequena ilha com cerca de 5 léguas de contorno, que por obra e graça de Deus é um verdadeiro paraíso terrestre. Encontramos no lugar dezessete ou dezoito índios selvagens e um português, todos escravos, abandonados nessa ilha pelas gentes de Pernambuco. Depois de termos fixado uma cruz bem no centro de uma capela que tínhamos erguido para rezar a santa missa e de termos abençoado devidamente o lugar que nos abrigaria por quinze dias, batizamos uma parte desses homens. Recusamo-nos, porém, a batizar os demais na ilha, adiando a cerimônia até que tivéssemos alcançado o nosso destino. Embora tenhamos, para grande contentamento de todos, libertado os selvagens e o português, decidimos levá-los conosco, juntamente com o algodão grosso e com outras mercadorias que possuíam.

De Fernando de Noronha continuamos nossa rota e chegamos ao cabo das Tartarugas, no país dos Canibais, local que, segundo conta Eusébio em sua história, foi visitado pelo apóstolo Mateus. Fizemos vela do cabo das Tartarugas depois de quinze dias, e alcançamos a ilha do Maranhão no dia da gloriosa santa Ana, mãe da Virgem Maria. Jamais esquecerei que, nesse dia, tão apreciado por mim, alcançamos o lugar que tanto desejávamos.

No domingo seguinte pusemos os pés em terra borrifando água-benta e cantando o "Te Deum Laudamus", o "Veni Creator" e as ladainhas de Nossa Senhora. Findada a cantoria, seguimos em procissão do ponto de desembarque ao local que havíamos escolhido para colocar uma cruz, a qual foi carregada pelo senhor De Rasilly e por todos os principais de nossa companhia. Uma vez abençoada a terra, o senhor De Rasilly e o senhor De la Ravardière batizaram-na de terra de santa Ana, em virtude de termos aí aportado no dia da referida santa, bem como de a condessa de Soissons, parente do senhor De Rasilly, ter esse nome. O terreno em que a cruz seria fixada foi devidamente abençoado e ao pé dela enterramos um pobre homem da companhia, tanoeiro de profissão.

Terminada a cerimônia, que trouxe grande contentamento para todos, partimos rumo à ilha do Maranhão, onde estavam as pedras preciosas que procurávamos: os selvagens. Com a graça de Deus, lá chegamos com boa saúde e bem-dispostos. Vestíamos os nossos hábitos de sarja cinza — muito finos e apropriados para esta zona tórrida —, e por cima do hábito trazíamos uma boa sobrepeliz branco; levávamos na mão os nossos bastões e, no pescoço, os crucifixos. Descemos todos do navio e embarcamos numa canoa — uma pequena embarcação, construída pelos índios com uma única peça de madeira. Na praia, íamos nos juntar aos selvagens que estavam em companhia do senhor De Rasilly e de muitos franceses — os quais pertenciam tanto à nossa tripulação, quanto à tripulação do senhor Manoir e do capitão Gerard, formada por homens que estavam instalados no lugar antes da nossa chegada. Ao nos aproximarmos, muitos selvagens nadaram em nossa direção e escoltaram a nossa canoa. Pusemos, então, os pés em terra, onde o senhor De Rasilly e todos os franceses nos aguardavam de joelhos (uma honra totalmente inesperada). Depois de muitas saudações e abraços, tive a alegria de entoar o "Te Deum Laudamus" — segundo a tradição da Igreja —, enquanto caminhávamos em procissão com todos os franceses, que choravam de contentamento e alegria, seguidos pelos índios. E, assim, tomamos, por Jesus Cristo e em seu nome, posse desta terra e deste mundo novo, com planos de abençoar o lugar e de aí fixar uma cruz em um dia a ser previamente escolhido.

Notem que deixei de lado aqui todos os demais detalhes da expedição, concentrando-me somente na viagem. Não devo, no entanto, omitir que, no domingo, 12 de agosto, dia de santa Clara, celebramos (os quatro padres) a primeira missa neste país. Deus quis que exatamente no dia em que se comemora uma santa virgem de nossa ordem, que trouxe uma nova luz para o mundo, começássemos a espalhar a luz do Santo Evangelho neste novo mundo. Os pobres selvagens, asseguro-vos, manifestaram uma alegria indescritível com a nossa presença. É um povo já completamente seduzido e conquistado, um povo aberto à verdade e que nos ama e admira infinitamente, a ponto de chamar-nos de profetas de Deus e de Tupã.

Recebemos, pela primeira vez, algumas boas-novas desde que estamos aqui. Soubemos que, no Pará, uma região situada entre este lugar e o Amazonas, há um outro povo, estimado em 100 mil homens, que gostaria muito de ter-nos por perto para que os instruíssemos. Infelizmente, a obra é grande demais para ser realizada por tão poucos trabalhadores. É preciso dizer, no entanto, que é evidente a necessidade de missões nesta parte do mundo e que é chegado o tempo de Deus ser reconhecido e adorado por aqui.

Por ora é tudo que posso adiantar-vos sobre a missão, pelo menos até o retorno do senhor De Rasilly, após o que vos mandarei outras notícias. Quanto a mim, com a graça de Deus, nunca me encontrei em melhor estado, não obstante o fato de ter passado quase somente a água. Na França, se realizasse a milionésima parte das atividades que realizo aqui, penso que certamente há muito já teria morrido — o que me leva a crer que nem só de pão vive o homem. Uma temporada nestas plagas seria ideal para os franceses de constituição mais fraca.

Agradeço a Deus por não ter contraído, durante a viagem, nenhum dos males próprios do mar, o que grande espanto causou a todos. Somente depois de estarmos instalados nesta terra quente, situada exatamente sobre o trópico de Câncer, com o sol ascendente, tive dois ou três acessos de febre, que rapidamente passaram, com a graça de Deus.

Deixo tudo mais para contar-vos em uma outra oportunidade, pois o tempo é curto e os deveres reclamam a minha presença. Espero que esta carta satisfaça a vós, ao meu irmão e a todos aqueles a quem eu deveria escrever. Peçam a Deus por mim, se desejarem, e por todos os da companhia, pois nunca necessitamos tanto da Sua graça, sem a qual nada poderemos realizar. Se fizerem isso, serei eternamente grato.

Louis de Pezieu

Eu não poderia encontrar, desembarcando neste lugar, coisa mais própria a contentar meu desejo e meu humor do que ter asseguradas as condições mínimas para dar-vos a conhecer os sucessos da nossa navegação depois das tempestades que enfrentamos na Inglaterra. Aí os ventos que apanhamos nos impulsionaram até aqui. Teríamos sido agraciados, ao longo da travessia, com o mais belo e adequado clima, caso não tivéssemos enfrentado, entre 8 e 3 graus aquém da linha, ventos contrários que nos retiveram por dez ou doze dias na passagem da dita linha, passagem que, a bem da verdade, correu melhor do que esperávamos. Entre 3 e 4 graus depois da linha, encontramos três carracas, com cerca de 150 toneladas cada uma, que retornavam das Molucas carregadas de riquezas infinitas. Depois de as saudarmos com uma canhonada, deixamos que passassem para ir resgatar uns pobres índios e um português que estavam numa pequena ilha. Aí os padres começaram a reunir as almas que se dispunham a abraçar o cristianismo. Uns receberam o batismo, outros casaram e todos quiseram vir conosco para este lugar onde estamos.

Aqui encontramos o senhor Manoir, quatro capitães de Diepe e cerca de quatrocentos franceses, os quais nos deram a entender que os habitantes do lugar não estavam preparados para nos receber, que dispunham de víveres somente para consumo próprio e que não tinham o bastante para nós. Deus permitiu, contudo, que isso não abalasse a boa vontade dos habitantes, que nos receberam como bons e verdadeiros companheiros, que tinham vindo protegê-los dos seus inimigos. Embora esses senhores tenham ciúme uns dos outros, possuem tão abundantemente tudo o que estimam no mundo que não sabem onde colocar o que têm.

Todos receberam-nos muito bem nas suas aldeias e não se furtaram a vir trabalhar na construção do forte, que está localizado no melhor lugar que se poderia encontrar, protegido pela própria natureza e que permite aos nossos navios ancorarem ao pé, mesmo os de 500 toneladas. Desse modo, em poucos dias, com a boa vontade dessa gente, já tínhamos meios de defender-nos. Os principais dentre eles entregaram suas crianças aos padres, para que estes lhes ensinassem a crer em Deus.

A terra, segundo a opinião daqueles que estão instalados aqui, é muito boa e produz, sem nenhum cultivo, diversas coisas necessárias à vida e outras coisas de valor, como algodão, pimenta, semente para tintura e madeira amarela — o açúcar também se adapta aqui muito bem; a ilha, cujo ar é muito agradável, tem de 12 a 15 léguas de comprimento e mais de 45 léguas de circunferência, situando-se a 5 léguas da terra firme. Há uma outra ilha, onde encontramos uma enorme quantidade de macacos, serpentes e papagaios, também muito boa e bela. Os acessos são muito difíceis para quem não conhece o canal. Enfim, a coisa toda parece inclinada para o lado da França e, se falharmos desta vez, não é legítimo esperar mais nada das Índias.

Pensando nisto, o senhor De Rasilly resolveu, com o apoio de toda a companhia, que daqui há dois meses irá à França em busca de auxílio para nós; o senhor De la Ravardière, por sua vez, esperará o seu retorno e, enquanto isso, procurará fazer tudo o que puder pelo bem da colônia. Acreditamos que os mantimentos que trouxemos, mais aqueles que nos fornecerá o senhor de Manoir, serão suficientes para alimentar e manter este povo até a volta do senhor De Rasilly. Fiz amizade com alguns dos principais deles, mas isso me custou alguns capotes, pois começam a tomar gosto por andarem vestidos.

O senhor de Manoir deixou-nos dois navios encalhados e levou somente uma caravela carregada de açúcar e de outras drogas, com as quais se poderá fazer algum dinheiro. Espero bem que, antes que me respondeis, já tenhamos ido visitar as Amazonas.

Carta do dia 16 de dezembro de 1612

Todos os que aqui estão, depois de verem as vantagens do lugar e a pureza do seu ar, constataram a importância de conservá-lo para que sirva como uma porta pela qual a França, um dia, possa dominar mais de 500 ou 600 léguas de terras, tanto no litoral quanto no interior, terras nunca antes habitadas, a não ser pelos nativos, e supostamente com riquezas escondidas em quantidade somente comparável à encontrada pelos espanhóis. Para mais, é notável a vontade que manifesta este povo de se tornar cristão, tanto eles quanto um povo muito numeroso que descobrimos bem próximo de onde estamos. A grande necessidade que temos de mais padres capuchinhos e também de mercadorias — para podermos ir mais longe e negociar com os nativos — antecipou o retorno do senhor De Rasilly, o primeiro de nossos chefes e aquele que deve realizar as viagens, pois, graças aos seus méritos, foi nomeado por Sua Majestade governador e tenente-general deste lugar.

Resolvi esperar o retorno do senhor De Rasilly em companhia dos padres que restaram — dos quatro, um partiu ao encontro de Deus e o outro ao encontro da França, de onde deverá trazer mais irmãos. O senhor De la Ravardière decidiu ficar conosco, substituindo o senhor De Rasilly, e comprometeu-se a tomar todas as providências necessárias para o estabelecimento da colônia e, dentro do possível, para a sua manutenção.

Talvez, muitos dos que vislumbravam mais o proveito temporal desta empresa do que o espiritual, mais o presente do que o futuro, tenham estranhado, depois de muito insistirmos sobre os benefícios que o empreendimento poderia trazer, que o senhor De Rasilly retorne à França com mercadorias insuficientes para atender a todos. Tais críticos, no entanto, desconsideram, ou desconhecem, que, quando aqui chegamos, muitos homens de Dieppe tinham já partido e levado consigo o que puderam recolher, por isso, o navio do senhor De Rasilly estava pouco carregado. Desconsideram também que é necessário aguardar pelo menos o prazo que demos para o sucesso da empresa quando saímos da França, que foi de dezoito meses. Parece que, pelas razões acima expostas, negar a nós aquelas coisas de que temos necessidade imediata, e que serão aqui consumidas para a execução de uma santa e louvável empresa, é pôr a perder o que já se tem assegurado.

Alguns homens da tropa retornaram à França, uns para cuidarem de assuntos pendentes, outros porque não estavam bem-dispostos. Quanto a mim — louvado seja Deus! —, sinto-me tão saudável quanto no dia em que parti da França; que Deus assim conserve todos os que compõem a pequena brigada que restou, pois não queremos partir sem ver as nossas conquistas asseguradas.

Durante os quatro meses em que permanecemos aqui, conseguimos aprender algumas coisas sobre os costumes deste povo e sobre a fertilidade da terra. As pessoas são todas naturalmente muito dóceis e, desde que se não as pressione, escutam e são interessadas em conhecer acerca do que nada sabem. Todavia, detestam ser contrariadas, são muito violentas e cultivam diversos maus costumes sugeridos pelo diabo; costumes que prometem abandonar, incluindo aquele de comer os seus inimigos — o que fazem muito mais para exercer uma cruel vingança contra esses do que por apuro do gosto. Amam sobremaneira a guerra e nada lhes dá maior prazer do que falar acerca dela; os mais velhos exortam os mais novos à vingança. Quando um espinho ou uma outra coisa qualquer os machuca, arrancam-no da carne e imediatamente metem na boca.

Embora tivessem prometido não mais matarem os seus inimigos, tudo foi por água abaixo em razão de um dos principais deles, que prontamente se comprometera a abrir mão deste hábito nefando e que, como prova de sua boa vontade, mandara batizar todos os seus filhos e instruía-se ele próprio, com o fim de futuramente ser batizado. Ocorreu que, estando ele um dia muito embriagado, vieram lhe dizer que uma de suas escravas estava se encontrando com um homem de sua nação. Imediatamente, ele ordenou que um de seus filhos a espancasse até a morte. Ordem dada, ordem cumprida: como de costume, a mulher foi desmembrada e os pedaços distribuídos a todos. Dirigimo-nos ao local para puni-lo, mas o homem clamou por misericórdia, alegando que estava bêbado e prometendo que jamais voltaria a fazer tal coisa e que impediria os que tentassem fazer. Todos desaprovaram a ação desse homem, desaprovaram menos por acreditarem que se tratava de uma maldade e mais porque tinham nos prometido que não mais iriam incorrer nesse erro. Por pouco, o acidente não os levou a sair da ilha.

Para não os afugentar, decidimos perdoar o homem, destacando para os outros a gravidade da falta. Todos prometeram que, dali para adiante, iriam punir quem praticasse tal coisa. Os mais velhos, tanto homens quanto mulheres, ficam muito desgostosos de serem repreendidos, os jovens, porém, começam a perceber que a prática não é correta. Tenho excelente opinião das crianças, as quais, pelo que observo, são todas muito amáveis e compreendem rapidamente o que se lhes ensina. Todos sentem um especial prazer em pintar, com cores variadas, diferentes partes do corpo. As mulheres gastam horas com um pincel estragando aquilo que Deus e a natureza lhes deu de belo, estragando a excelente obra de um grande pintor. Uma das maneiras que esta gente tem de demonstrar o seu afeto por alguém é comer as suas pulgas e piolhos, de modo a vingar o mal que esses pequenos animais impingem ao ente querido.

O país é tão bom que nada lhes faz mal; ao menos comem de tudo e o que comem — cobras de tamanho extraordinário, lagartos e sapos (como se fossem arganazes e capões) —, além de nada lhes causar, têm, segundo dizem, excelente gosto. Todos cultivam o hábito de furar os lábios, o nariz e as orelhas, colocando nos orifícios pedras de diferentes tipos e, na falta dessas, pedaços de pau. Os mais valentes se cortam por todo o corpo, como um bordado, fazendo isto com a precisão de um bordado no cetim; constantemente submetem-se a tal sofrimento com o intuito de estarem entre os mais estimados. Embora ainda cultivem esses "belos hábitos", esta gente começa a experimentar os nossos e não há selvagem na ilha que não tenha sido influenciado. Em dias de festa dedicados à beberagem de uma bebida que embriaga como o vinho, festas que são muito frequentes, eles já se ornam como nós. A véspera desses dias é dedicada à dança e, durante a comemoração, de dia e de noite, passam de cabana em cabana.

Essa gente é muito risonha e muito chorona. Quando um parente ou um amigo parte, choram copiosamente, como se os ausentes estivessem mortos. Em caso de morte, o lamento é mais longo; quando morre um filho, choram de quatro a cinco dias ininterruptamente e são consolados pelos amigos. Tudo o que têm está à disposição de todos, por isso, ficam tão à vontade na casa de um vizinho como se estivessem na sua própria. Jamais brigam entre si, salvo quando estão bêbados, mas mesmo nessas ocasiões não se socam. Embora tenham muitas mulheres — coisa rara na França —, essas também jamais brigam entre si; e isso não obstante o fato de uma ser a preferida. Eles nunca fazem nada de graça e sempre perguntam o que estamos dispostos a dar em troca. Tudo o que lhes pedimos custa-nos o dobro, pois os encontramos abarrotados de mercadorias dadas por aqueles que viviam entre eles.

O pão que consomem é produzido com uma excelente farinha, extraída de raízes. Fazem com ela uma espécie de papa — de gosto agradável — e muitas outras coisas. Há por aqui muitas ervilhas e feijões excelentes e dois ou três tipos de abóboras, às quais dão diferentes nomes; há, ainda, uma espécie de couve e uns rabanetes muito saborosos quando cozidos. As frutas são todas diferentes das nossas; de uma delas, em especial, extrai-se uma grande quantidade de suco, com o qual se prepara uma bebida deliciosa. Da extremidade dessa fruta retira-se uma noz, cujo miolo é tão grande quanto e talvez mais saboroso do que uma amêndoa. Da casca se extrai um óleo excelente, tanto para queimar quanto para ser utilizado como medicamento. Da palmeira, muito comum por aqui, retiram também uma noz de gosto agradável, da qual se extrai um óleo bom para se comer, mais suave do que todos que temos na França. Os nativos, porém, não sabem usá-lo como tempero e somente se servem dele para misturar nas suas tintas de pintura. Da mesma palmeira extrai-se também um suco de aspecto e cor semelhantes ao soro do leite, mas com gosto muito melhor. Ainda no tocante à palmeira, com uma certa parte dela, que se parece com cardos misturados, faz-se uma sopa de excelente sabor; por fim, com as folhas dessa árvore, cobrem muito decentemente as suas casas.

Há aqui milhares de outras frutas, e seria demasiado descrevê-las todas. Há também uma quantidade enorme de algodão, que nasce quase espontaneamente, pimenta comprida e tabaco, que cresce sem qualquer esforço e tem grande valor. Não lhes faltam nem mesmo galinhas, e teriam muitas coisas para negociar se quisessem. As matas estão cheias de cervos, corças, macacos — muito melhores do que os da França — e diversos outros animais que não temos, com aparência totalmente distinta dos animais da Europa e com o sabor melhor do que o das lebres, dos lebrachos, dos láparos e de outros.

Os peixes são muito bons, sobretudo um que denominam boi-marinho, cuja carne, para ser sincero, é geralmente tão boa quanto a carne de vaca e, quando bem salgada, melhor. Há pássaros de todas as cores — verdes, vermelhos, amarelos, azuis, roxos, laranjas, violetas etc. —, faisões, perdizes e uma enorme quantidade de aves de rapina, incluindo belos gaviões, maiores do que os da França.

Adquiri, na aldeia que estava sob minha administração, dois pássaros semelhantes ao abutre e ao falcão, os quais imobilizei os pés e cortei as garras maiores; são pássaros grandes, com as pernas e as espáduas altas, o ventre, a região das costas e as asas iguais às dos nossos, e penas miúdas que descem pela coxa e pela perna até as garras, riscadas de preto. Todo o resto do corpo, até a altura da cabeça, é branco. A cabeça, a propósito, tem quase o mesmo tamanho da de um filhote de águia e, no alto, é adornada por um tufo de duas ou três bonitas penas, que contribui para embelezar o pássaro ainda mais. O senhor De Rasilly julgou-as tão belas e tão próprias para serem presenteadas ao rei que resolveu levar várias consigo para a França.

Há aqui grande quantidade de madeira de tintura, de diversas cores, e uma terra muito apropriada para o cultivo da cana-de-açúcar. Experimentamos semear alguns grãos que trouxéramos da França, mas não vingaram. É possível que tenham apodrecido durante a viagem, ou que o tempo apropriado para semeá-los seja a estação das chuvas, entre janeiro e abril. Esse é todo o inverno que conhecem e, mesmo ao longo desses meses, o calor não é menos intenso do que de costume, a terra, porém, é mais úmida. Durante o resto do tempo, o céu está sempre azul, o calor é maior do que aquele que experimentamos no verão, as árvores e plantas estão sempre verdes, enfim, reina uma primavera eterna, com um ar temperado muito agradável.

No tocante à conversão dessas almas, observamos que estão todas muito dispostas a isso, pois mesmo sem saber a sua língua nossos padres batizaram muitos por meio de intérpretes. Além, é claro, das forças divinas, muito colabora para tal êxito o fato de os nativos serem neutros em matéria de religião, não praticando nenhuma — não rezam, nem adoram a nada. Frequentemente referem-se, de maneira confusa, a uma divindade que denominam Tupã, e demonstram ter medo do diabo, chamado Jurupari, pelo qual, segundo dizem, de vez em quando são espancados. Creem na imortalidade da alma, na recompensa pelas boas ações e no castigo que recebem os maus, no entanto, são tão bestiais que tomam o vício por virtude.

Ora, as coisas de que necessitamos, em busca das quais partiu tão prontamente para a França o senhor De Rasilly, são: maior número de padres para trabalhar, a serviço de Deus, na conversão daqueles povos que assim o desejarem; muitos soldados e artesãos, especialmente, ferreiros, fazedores de lanças, facas, foices e armas de fogo, carpinteiros, pedreiros e oleiros — sendo a terra muito própria para a feitura de tijolos. Para o cultivo do algodão, da cana-de-açúcar, do tabaco e do trigo da França, há necessidade, também, de um número grande de homens para limpar os campos — com a vantagem de que as árvores daqui são muito mais fáceis de serem removidas do que as nossas — e de alguns camponeses da França e de mouros da Guiné. Uma vez instalados no Maranhão — é o nome deste lugar —, não há por que duvidar que, em dois anos, o lugar renderá seis vezes mais do que rende agora, entregue nas mãos da gente do país. É uma gente tão preguiçosa que só trabalha para comer e que, na maior parte do tempo, mais não faz do que dançar e beber.

É necessário enviar para cá, também, um número maior de mercadorias, pois as que temos não são suficientes para traficar com os muitos povos que mais não querem do que conversar com os franceses. Tais povos habitam ao longo dos muitos e belos rios da região, rios que levam até o pé dos Andes, as montanhas que separam o Peru do Brasil, como é bem sabido. É necessário enviar, ainda, refrescos, tanto para aqueles que vão descobrir os ditos rios, como para os que vêm da França, de modo que possam atravessar os mares e desembarcar nessas terras quentes em melhores condições; refrescos como: aguardente, vinho das Canárias, óleo, vinagre, presuntos, línguas salgadas e queijos de Milão — sem tais recursos os incômodos são muitos, até mesmo para retornar à França, em razão do frio. Ficaria muito satisfeito se algum de nossos amigos, que fosse bom ecônomo, resolvesse vir para cá e que pudesse lhe comunicar pessoalmente o que preciso para me manter neste lugar com os escravos — coisas que poderia obter se retornasse à França, com a graça de Deus.

Tudo nesta terra cresce mais rápido do que na França. Algumas frutas nascem em todos os meses do ano, sobretudo os melões, os quais estão próprios para colher em muito pouco tempo. Plantei alguns e esperava colhê-los em um mês, mas em três semanas, asseguro-lhe, já estavam prontos para serem comidos; enviei alguns aos nossos chefes, que os julgaram excelentes. Malgrado tal fertilidade, a terra firme oferece melhores condições para o cultivo de qualquer coisa e caça em abundância, além de outros animais terrestres. Logo que o senhor De Rasilly fizer vela, espero sair para descobrir um belo rio, no qual tenho a esperança de encontrar maravilhas. Tudo leva a crer que podemos esperar muito dessas descobertas e que o tempo e a experiência trará a certeza disso. Eu não sei o que virá, mas de uma coisa posso assegurar-vos, a vós e aos nossos amigos daí: quando partir desta parte das Índias para retornar à França, creio que saberei, ao menos em parte, o real valor deste lugar e o que dele se pode esperar, sem contar com tesouros ocultos, isto é, com as minas que só podem ser encontradas com o tempo e a expansão da colonização. E podem confiar na minha palavra, pois tudo vi e conheci, e não tenho a intenção de enganar nem a mim nem aos outros.

Isso, por certo, retardará a minha volta para a França. Assim, se alguém, incomodado de esperar tanto, quiser ganhar tempo e, depois desta relação, tiver vontade de empreender a viagem para cá, de modo a colher antes os benefícios da terra, recomendo que obtenha passagem para um bom número de homens dispostos a desbravar a terra e que, ao passar por Cabo Verde, adquira, em troca de mercadorias, alguns mouros. Tenho reiteradas vezes pedido ao senhor De Rasilly que receba bem aqueles que o procurarem. O senhor De Rasilly, por sua vez, prometeu-me que irá assim proceder e confidenciou-me que isso muito agradaria aos delfins. Disse-me, ainda, que tudo e todos que forem enviados pelo senhor Diximieu, ou em seu nome, serão recebidos em quaisquer condições. Desse modo, caso alguém queira vir para cá imediatamente, pode enviar; peço-lhe somente que seja pessoa do seu conhecimento. Os que vierem, pelo que já sabemos do lugar, não precisam temer pela sua manutenção, pois culturas de elevado preço na França, na Inglaterra e em Flandres crescem abundantemente aqui quando cultivadas.

Creio firmemente que, com dez homens a meu serviço, tais como os que temos na França, em dois anos, cada um deles renderia mil libras anuais. Isso sem levar em consideração as tais minas de que tanto falam — minas de diamante, de esmeralda e de cristal —, nas quais acreditaria somente se as tivesse visto. Todavia, com a ajuda de Deus e por sua glória, não tenho dúvida de que o desejo de as encontrar será satisfeito para a honra e utilidade da França e para o contentamento de todos aqueles que contribuíram com o empreendimento. Quanto a mim, farei tudo o que permitirem as minhas parcas forças para um dia revê-los honradamente. Estou muito satisfeito com os selvagens que nos hospedam, pois na aldeia em que estou instalado com mais doze ou quinze de minha brigada são muito generosos com tudo que têm de seu. Frequentemente, apresentam-me suas mulheres, suas crianças e suas casas e dizem que tudo está a meu dispor, que sou um homem grande e bom demais para abusar do que é deles. Outro dia, um camarada meu deu-me um nome à maneira da terra, como costumam fazer uns com os outros. Os nomes são os mais extravagantes do mundo: língua de mula, orelha de asno, rabo de boi, cara de bezerro, grande pássaro, árvore seca, braço de peixe e muitos outros do mesmo gênero. O meu nome na língua dos selvagens é *Tatov Ovaysen*, que quer dizer grande tatu — um animal coberto por uma casca, cuja carne é excelente.

Acolhem-nos desta maneira, pois somos considerados os melhores amigos do mundo. A única coisa que os irrita, sobretudo aos mais velhos — que são renitentes em adotar as nossas leis —, é quando condenamos o abominável hábito que têm de matar e comer os seus escravos. Infelizmente, os padres, por não dominarem a língua deles, têm dificuldades de fazê-los compreender o que é a brandura. Malgrado, no entanto, o parco entendimento, creem que é uma coisa boa e querem que suas crianças a apreendam. Daí terem pedido que enviássemos um padre para cada uma de suas aldeias. Creio que os provençais e generais dos capuchinhos auxiliar-nos-ão com um número satisfatório de irmãos, os quais esperamos que produzam muitos frutos. Há aqui, asseguro, belos campos prontos para a messe, e uns tantos outros desconhecidos, que cabe aos novatos descobrir.

É verdade que tamanho empreendimento deveria ser sustentado pela autoridade e pela bolsa de um rei, na medida em que poucos particulares terão disposição de esperar o tempo necessário para obter os inestimáveis lucros que seu investimento poderia render. E carente de rendimentos imediatos, o particular tende a esmorecer. Por isso, este é um negócio para ser tocado por gente de Estado, gente interessada em conservar para a França esta porta de entrada nas Índias. Os ingleses têm a sua e não a negligenciam; trata-se de um cantão, situado a 200 léguas daqui, de nome cabo Negro. Há de se ter em conta, também, que, se falharmos agora, dificilmente iremos reaver este lugar, pois será necessário desalojar pela guerra aqueles que aqui tiverem se estabelecido.

Caso o senhor De Rasilly consiga trazer-nos tudo o que espera, podemos assegurar que os franceses estarão, de uma vez por todas, estabelecidos nas Índias Ocidentais. Todavia, se as coisas correrem da pior maneira e o senhor De Rasilly — um grande e generoso homem — não obtiver a assistência que, em nome de Deus e dos homens, merecemos, ele venderá tudo o que é seu e voltará para resgatar a mim e aos dois irmãos que restaram, ou para estabelecer-se por aqui em definitivo.

Somos poucos e temos muito a fazer, porém, estar a serviço de Deus aumenta as nossas forças. A bem da verdade, se pudesse desfrutar da companhia dos meus amigos neste ar doce e graciosamente temperado, acreditaria estar em um segundo paraíso terrestre. Vale a pena deixar tudo para trás e vir habitar aqui, pois, não obstante o sofrimento causado pela distância e pelos longos períodos sem notícias dos amigos, sinto-me em harmonia com a natureza e jamais estive tão tranquilo e tão animado em minha vida quanto estou agora.

Espero escrever-lhes em dois ou três meses, através de uns navios de Dieppe que estão aqui, acerca da minha expedição — não posso ainda adiantar nada sobre o assunto.

EDIÇÕES UTILIZADAS

A carta de Abbeville foi publicada pela primeira vez em 1612 e reeditada em 1613. Também em 1613 saíram as traduções alemã e italiana. O pequeno opúsculo, contendo as duas cartas de Pezieu, ao contrário, foi editado somente uma vez, em 1613, e não conheceu nenhuma tradução.

ABBEVILLE, Claude d'. *L'Arrivée des pères capucins en l'Inde nouvelle, appelée Maragnon.* Paris: Abraham Le Febvre, 1612.

PEZIEU, Louis de. *Brief recueil des particularitez contenues aux lettres enuoyeés, par Monsieur de Pezieu, à Messieurs ses parents & amis de France.* Lion: Jean Poyet, 1613.

BIBLIOGRAFIA

DAHER, Andrea. *Les singularités de la France équinoxiale: histoire de la mission des pères capucins au Brésil: 1612-1615.* Paris: H. Champion, 2002.

PRIMERIO, Fidelis M. de. *Capuchinhos em terras de Santa Cruz nos séculos XVII, XVIII e XIX.* Apontamentos históricos. São Paulo: Livraria Martins, 1942.

REZENDE, Modesto. *Os missionários capuchinhos no Brasil.* Esboço histórico prefaciado pelo dr. Alfonso de E. Taunay da Academia Brasileira. São Paulo: Convento da Imaculada Conceição, 1931.

RODRIGUES, José Honório. *História da história do Brasil. Historiografia colonial.* 2ª ed. São Paulo: Companhia Editora Nacional, 1979.

Bartolomé Garcia de Nodal e Gonçalo de Nodal

Naturais de Pontevedra, na Galícia, os irmãos Nodal não se furtaram às tradições de sua região e desde muito cedo dedicaram-se às lides marítimas. O primogênito, Bartolomé, nascido em 1574, começou a servir nas naus de Sua Majestade com 16 anos. No decorrer de sua extensa e movimentada carreira, participou de missões de diversos tipos: desde as simples de patrulha nas armadas de guarda-costas a expedições de considerável relevância política e militar. Gonçalo, quatro anos mais novo, começou a singrar os mares com 12 anos e por diversas vezes serviu ao lado do irmão.

Em 1618 esses experimentados marinheiros, juntamente com um selecionado grupo de pilotos e um experiente cartógrafo, foram convocados pela Coroa espanhola para empreenderem uma viagem exploratória à Terra do Fogo, destinada a procurar uma passagem segura para os Mares do Sul e a efetuar o reconhecimento do estreito de Magalhães.

As embarcações, duas bem-armadas caravelas de 80 toneladas, partiram de Lisboa em 27 de setembro de 1618. A tripulação, cerca de oitenta homens, era composta exclusivamente por portugueses, quase todos embarcados à força — o destino, esclarecem-nos os irmãos Nodal numa nota ao leitor, era tão remoto e incerto que ninguém iria de livre vontade. Depois de passarem pelas Canárias e pela ilha de São Tiago

(Cabo Verde), as caravelas rumaram para a cidade do Rio de Janeiro, lançando âncora na Baía de Guanabara em 15 de novembro de 1618. Daí, em 1º de dezembro, seguiram para o estreito de Magalhães. Em maio do ano seguinte, depois de uma viagem extremamente bem-sucedida no que tange ao reconhecimento do estreito, os Nodal chegaram a Pernambuco, para uma breve estadia de duas semanas; o leitor encontrará a seguir a igualmente breve descrição dessa estadia.

*

Na quarta-feira, 1º de maio, logo ao nascer do dia, navegamos rumo à entrada do porto de Pernambuco, contentes por termos aí chegado em segurança. Em Pernambuco, causou espanto a todos o curto espaço de tempo que havíamos despendido para realizar a travessia; foi difícil para os pilotos e marinheiros locais acreditarem que realizáramos de fato a viagem. Uma vez ancorados, reequipamos os navios e embarcamos madeira, água e outros gêneros de subsistência necessários.

Encontramos, no porto, 28 navios pertencentes ao rei de Portugal, carregados de açúcar. Entre os dias 12 e 13 de maio, domingo e segunda-feira, vieram se juntar às embarcações que estavam no porto mais treze navios carregados de açúcar, provenientes da Bahia, formando uma vistosa frota de quarenta navios, entre grandes e pequenos.

Na terça-feira, 14 de maio, em companhia da frota que estava agrupada no porto, deixamos Pernambuco e tomamos o caminho de volta para a Espanha. Aproveitando um vento S.E., tomamos a direção N.N.E. e percorremos aproximadamente 15 léguas neste dia.

EDIÇÃO UTILIZADA

Utilizamos a primeira edição da obra em língua espanhola (1621) e, como auxiliar, a excelente edição (1911) preparada por sir C. Markham para a Hakluyt Society.

NODAL, Bartolomé Garcia de; NODAL, Gonçalo de. *Relation del viaje que por orden de su mad. y acuerdo del Real Consejo de Indias hizieran los capitanes B. G. de Nodal, y G. de Nodal*. Madri: Fernando Corrêa de Montenegro, 1621, folhas 4-12.

BIBLIOGRAFIA

MARKHAM, Clements Forbes. *Early Spanish Voyages to the Strait of Magellan*. Tradução e edição com prefácio, introdução e notas de sir Clements Markham. Londres: Hakluyt Society, 1911.

Urbain Souchu de Rennefort

Pouco se sabe sobre a vida de Urbain Souchu de Rennefort, um ex-tesoureiro da guarda do rei que, depois de extinta a função que ocupava, foi nomeado, em 1664, secretário do Conselho Soberano da França Oriental, cargo vinculado à recém-fundada Companhia das Índias Orientais. Em 1665, em sua nova função, Souchu empreendeu uma viagem de colonização a Madagascar. O navegador chegou ao lugar em 10 de julho de 1665. Logo, porém, desentendeu-se com os líderes da colônia e, em 20 de fevereiro do ano seguinte, decepcionado e contrariado, embarcou de volta para casa.

A viagem de regresso, realizada em um navio em péssimas condições, não acabou de modo muito agradável. Ao alcançar o canal da Mancha, em 9 de julho de 1666, a embarcação em que viajava foi capturada pelos ingleses, e Souchu foi levado para Londres como prisioneiro. O navegador retornou a Paris somente em abril de 1667 e, descontente com o que se passara em Madagascar e com os rumos que estavam tomando os negócios da Companhia, escreveu, em um espaço de vinte anos, duas obras sobre a sua experiência colonial, obras marcadas, de certo modo, por um tom de denúncia: Relation du premier voyage de la Compagnie des Indes Orientales en l'île de Madagascar... *(1668) e* Histoire des Indes Orientales *(1688).*

A primeira, escrita no calor dos acontecimentos, dá conta da viagem da pequena frota colonizadora de que fez parte em 1665 e não traz qualquer referência ao Brasil. A Histoire des Indes Orientales *repete em grande medida a* Relation du premier voyage, *mas traz também, na sua segunda parte, a descrição da viagem a Madagascar realizada pela segunda frota patrocinada pela Companhia — da qual Souchu não participou —, com dez embarcações e mais de duas mil pessoas, comandada pelo senhor de Mondevergue.*

Os navios saíram de La Rochelle em 14 de março de 1666, passaram por Tenerife, nas Canárias, em 29 de março, e alcançaram Pernambuco no dia 21 de julho, onde, carentes de víveres e de reparos, permaneceram ancorados até 10 de novembro do mesmo ano. É o relato desses quase quatro meses de arribada, o primeiro, escrito por um estrangeiro, a descrever a cidade depois da expulsão dos holandeses da região, que o leitor encontrará a seguir.

*

No dia 7 de julho de 1666, os diretores e todos os oficiais reunidos pelo senhor almirante concluíram que o *Terron* e o *Paix* dirigir-se-iam ao Brasil para carenar, e o restante da frota seguiria para o cabo da Boa Esperança. No dia 13, essa deliberação foi mudada e acordou-se que toda a frota, cuja tripulação estava muito debilitada para manobrar durante uma tão longa navegação, ancoraria no Brasil, em frente a Pernambuco, para refrescar. No dia 21, a frota avistou essa terra, na altura de 8°50' de latitude sul, através do cabo de Santo Agostinho, que não é muito alto mas se torna visível graças à sua forma arredondada, com duas árvores muito altas e uma capela pequenina. Para quem vem de oeste, parece uma montanha com o formato de uma ferradura de cavalo. A urca *St-Jacques*, uma das duas embarcações que tinham partido da França para a ilha Dauphine (Madagascar) antes da frota, tinha perdido a urca

St-Louis, sua conserva, e estava ancorada no lugar. Os diretores, espantados com a sua péssima navegação e com o fato de o capitão, em vez de pensar em seguir viagem, negociar um frete de açúcar para Lisboa, destituíram-no do comando.

O governador de Pernambuco, depois de receber os cumprimentos de um oficial da frota, enviou um capitão português e seu capelão para oferecerem tudo o que fosse necessário para o senhor de Mondevergue reabastecer as embarcações, que ainda estavam sob velas, procurando o melhor lugar para ancorar. Depois da ancoragem, saudaram os fortes portugueses, que responderam tiro por tiro. No dia 26 de julho, o governador presenteou a frota com 24 bois, seis porcos, doze caixas de açúcar, 24 pequenos barris de confeitos, trezentos cocos e uma enorme quantidade de laranjas e limões — tudo estimado em torno de mil escudos. No dia 28, o senhor de Mondevergue, acompanhado dos senhores Faye e Caron e de quase todos os franceses principais, embarcou numa chalupa e pôs-se a caminho da terra; o governador, por seu turno, partiu em sua chalupa, seguido de seis outros barcos com a nobreza portuguesa. Entrementes, os navios saudaram com os pavilhões hasteados e os fortes, com os pavilhões baixos. As chalupas dos dois generais encontraram-se, e o senhor de Mondevergue passou para a embarcação do governador, uma embarcação toda paramentada com veludo verde e franjas trabalhadas em ouro. Junto com eles seguiram somente o senhor Andrade, um fidalgo português que cuidava dos negócios franceses no Brasil, e o senhor Dandron, capitão das guardas do senhor de Mondevergue. Os demais prosseguiram nas chalupas em que tinham embarcado e, chegando em terra, se reuniram todos em torno do senhor de Mondevergue, que foi conduzido pelo governador através das ruas de Pernambuco, entre duas fileiras de burgueses em armas, até o seu palácio, situado numa pequena ilha, onde os esperava um jantar magnificamente preparado. Sentaram-se à mesa cinco franceses e cinco portugueses. Ao cair da noite, o governador hospedou o senhor de Mondevergue em um excelente aposento e mandou servir-lhe uma ceia, com toda a cerimônia, o que foi feito pelos oficiais, precedidos de grande quantidade de candelabros e trombetas. O palácio pertencera ao príncipe Maurício de Nassau, que o mandou construir quando ocupava o posto de general do Brasil holandês. Há, nesse edifício, umas alamedas formadas por coqueiros, laranjeiras e limoeiros, que agradam tanto a visão quanto o olfato.

Pernambuco foi construída sobre uma língua de areia, situada entre o mar aberto e um pequeno braço de água, que nomeiam rio Salgado. A cidade é redonda e não tem mais do que trezentas casas razoavelmente construídas, pois as demais construções, a igreja matriz incluída, são péssimas, todas com somente um andar.

A pequena ilha do palácio é separada da cidade pelo braço de mar; as duas margens são ligadas por uma ponte bastante estreita, com 45 arcos, alguns de pedra, para dar melhor sustentação à construção, outros de madeira, para facilitar o fluxo e o refluxo das águas. A ilha é chamada de Santo Antônio e abriga cerca de cem casas de moradia, não contando as três residências de religiosos: uma dos recoletos, belíssima, outra dos jesuítas, que foi reconstruída — ambas de religiosos portugueses —, e uma terceira, pertencente aos capuchinhos franceses.

Há, ao longo da costa do Brasil, um banco de rochas, que borda a costa meridional da América por mais de 700 léguas, até o estreito de Magalhães. O nome que se dá a esse banco no Brasil é recife. O recife apresenta algumas rupturas naturais, onde se tornam possíveis os portos, como este de Pernambuco, que é reputado o melhor da América. A sua entrada é defendida por um forte, edificado sobre uma rocha da ponta da barra do recife, perpendicular e na linha-d'água de alto-mar, e por uma grande fortaleza real, cercada com uma paliçada de estacas, muito próxima da língua de areia onde está Pernambuco, em frente ao forte do recife. Duas outras fortificações, seguindo em direção à terra, cobrem a cidade: uma em triângulo, do lado oeste, e outra, situada a pouca distância, na direção sul.

No dia 8 de agosto o governador promoveu uma grande festa para divertir o senhor de Mondevergue; dezesseis cavaleiros, lestos e bem-montados, agruparam-se no fim da rua principal de Pernambuco, ao lado do mar, e cada um, com uma meia lança, correu quatro vezes a argola que pendia no meio de uma corda estendida na rua. A maioria derrubou a argola por terra e somente dois conseguiram pegá-la — tal maneira que torna difícil enfiar a lança no orifício. Em seguida, a argola foi substituída por um pombo e os dois que tinham vencido a primeira prova disputaram uma nova corrida, sendo que o prêmio foi dado ao mais destro. Os cavaleiros, por fim, separaram-se em duas quadrilhas e, com os braços direitos protegidos por uma adarga, iniciaram um divertido combate com laranjas, em que demonstraram muita habilidade.

A uma légua e meia de Pernambuco, do lado norte, acha-se a cidade de Olinda, outrora, antes que os holandeses a tivessem arruinado, tão bela e grande quanto Orleans. A cidade está situada em cima de quatro pequenas elevações, cujas encostas custaram mais de 12 mil francos para serem reforçadas. Há também aí beneditinos, capuchinhos e carmelitas.

Toda a terra do Brasil é boa, mas malcultivada; os produtos mais rentáveis para os portugueses são o açúcar e o tabaco. É proibido a qualquer pessoa, sob pena de morte, vender a madeira do Brasil, somente o rei pode autorizar o seu corte. Em direção à Baía de Todos os Santos, situada a aproximadamente 26 léguas ao sul de Pernambuco, é possível encontrar o bálsamo preto e o branco. Há no Brasil diversas frutas que merecem ser elogiadas, como as laranjas doces e azedas, todas muito bonitas, e os limões pequenos e grandes; ambos são enviados para a Europa em conserva. Há também mangas com a mesma polpa das nêsperas, mas um pouco maiores; pitangas, que são maiores e têm a ponta mais arredondada que a da cereja, mas apresentam um sabor parecido; um fruto de nome caju, docíssimo, maior que a maçã-reineta e dotado de uma castanha na ponta, a qual se guarda e se come assada. Há também a goiaba, que é grande como uma pera-de-bom-cristão e tem dentro uma espécie de argamassa e sementes, as quais os portugueses comem com prazer, mas os franceses julgam um pouco amargas. Há cocos e ananases que também são frutas excelentes e, ainda, uvas, melões, abóboras, pepinos, melancias, ervilhas, favas, couves, alfaces e chicórias, que os portugueses comem verde, não esperando que branqueiem; a beldroega é muito comum, mas as cebolas são tão raras quanto apreciadas, custando 5 soldos a unidade.

Abundam no país os avestruzes e os papagaios de bela plumagem; encontram-se, também, pelas matas, muito gado selvagem, tigres, onças e quatis, estes bem menores e bem menos agressivos do que os tigres. Os capuchinhos criaram um animal desta espécie e, não obstante terem arrancado os seus dentes quando era novo, o bicho levava a sua fúria até onde permitia a corrente que o segurava. Por estas plagas, vê-se uma enorme quantidade de um animal denominado anta, que tem a altura de um anão e tanta carne quanto um boi de grande envergadura; veem-se, igualmente, muitos porcos, domésticos e selvagens, entre os quais um que tem o umbigo nas costas, e também uma espécie de rato, que se assa e se come com molho adocicado. Esses ratos são ruivos, têm a aparência de um esquilo e o gosto de um coelho assado.

As formigas são maiores que um dedo e constroem formigueiros tão altos quanto as pilhas de feno que vemos nas pradarias da França. Há um animal, do tamanho de um cachorro e coberto com uma escama muito dura e muito bonita, denominado tatu, que se cobre com terra como a raposa. Há, também, vacas, cabritos, cabritos-monteses, ovelhas e galinhas. Os capuchinhos dizem já terem visto cobras grossas como um meio tonel e com 50 pés de comprimento. Há uma serpente que os portugueses denominam cobra-de-veado, com 3 a 4 braças de comprimento e muito grossa. Os brasileiros comem essas cobras, depois de assá-las em uns buracos cavados na terra, que são aquecidos previamente e, depois de receberem a cobra, são tapados e aquecidos novamente por uma fogueira posta em cima; no dia seguinte, a cobra está cozida — a iguaria é muito apreciada por eles. Encontra-se por aqui, também, um tipo de cobra muito perigosa, que causa grande pânico entre os mercadores viajantes, que procuram evitá-las. Os portugueses denominam-na cascavel. Essas cobras têm um anel na cauda para cada ano que têm de vida e emitem um ruído que adverte sobre a sua aproximação.

O Brasil é habitado por quatro tipos de gente. Os portugueses, que correram com os holandeses dos lugares que estes tinham ocupado, são os senhores da terra e habitam as cidades. Aí vivem com grande licença, mas são tão ciumentos de suas mulheres que mal as deixam sair de casa; muitas passam mais de um ano sem poder ir à igreja. As suas casas, onde os homens gastam o tempo dormindo e fumando, não têm outros móveis senão redes e esteiras; as mais suntuosas contam com uma mesa e umas cadeiras de couro trabalhado. Umas poucas casas têm vasilhas de prata, pois a maioria tem somente peças de barro. Em passeios, os portugueses vestem-se de preto, à francesa, e sempre levam consigo uma espada e um punhal. O traje do homem de mais qualidade não difere muito do traje de um simples artesão.

O segundo tipo de habitante são os naturais da terra, denominados índios pelos portugueses. Em geral, vivem nas vilas e aldeias, são avermelhados e andam nus, exceto por um pedaço de pano que as mulheres portam, que vai da cintura às coxas. Os que vivem próximo aos portugueses são cristãos e administrados por missionários capuchinhos e jesuítas. As suas aldeias, invariavelmente erguidas ao lado de rios, são compostas por muitas casas, feitas com grandes troncos de árvore e cobertas por folhas. O mais velho da casa diz aos outros o que devem fazer e o mais idoso de todas as casas lidera a aldeia, que leva o seu nome; quando morre, a aldeia assume o nome do seu sucessor. Esses índios dormem todos em redes de algodão, amarradas aos pilares de suas casas. Durante toda a noite mantêm o fogo aceso próximo às redes, pois acreditam que afasta o demônio, cuja presença parecem pressentir.

Há um terceiro grupo de habitantes que os portugueses denominam tapuias, maiores e mais fortes do que os índios de que tratamos acima. Os tapuias são idólatras; quando algum deles cai doente sem possibilidade de recuperar-se, matam-no, antes que fique muito abatido, e comem a sua carne. Também costumam devorar os estrangeiros e os inimigos que capturam. As suas habitações geralmente estão a mais de 40 léguas do litoral. Organizam-se em aldeias como os outros brasileiros, diferindo destes somente pelo fato de serem maiores e praticarem a antropofagia. Têm-se conhecimento da existência de 76 nações, as quais estão sujeitas a tantos senhores quantos forem os chefes de aldeia. Antes de os europeus virem para o Brasil, essa gente guerreava entre si. Durante a querela entre portugueses e espanhóis, lutaram ora de um lado, ora de outro, segundo a sua predileção. As armas que utilizam nessas ocasiões são o arco e a flecha, os dardos e os porretes feitos de uma madeira muito resistente. Antes de conhecerem os instrumentos de cobre, trazidos pelos portugueses, serviam-se dos ossos da coxa humana como trombetas.

Os tapuias são muito temidos pelos outros índios, pois cem destes não são capazes de resistir a trinta daqueles. É habitual defumarem a carne que consomem, fazendo um pequeno fogo embaixo de uma fileira de varas, suspensa cerca de 3 pés do solo por quatro forcados, sobre a qual estendem a carne. As suas crianças não recebem nenhum nome até os 10 anos de idade, quando tem lugar uma cerimônia em que, além do nome, recebem furos no lábio inferior e em suas orelhas. Ao casarem, recebem furos na bochecha. No começo do mês de julho, depois que o milho é colhido e replantado, o chefe da aldeia manda chamar todos aqueles que estão em idade de casar. Ao reunirem-se, o senhor caminha à frente, em companhia de alguns padres que denominam caraíbas, seguidos dos pais e mães dos noivos. Os jovens que vão casar e as crianças são os últimos; vêm pintados e cobertos por uma plumagem colorida. Eles cantam, dançam e os caraíbas os perfumam com tabaco. Depois disso, cortam uma árvore e terminam a festa do seguinte modo: os rapazes são divididos em dois grupos iguais; cada um dos membros do grupo é responsável por correr com a tora pelo espaço que puder e, logo que a solta, outro membro do grupo deve pegá-la e fazer o mesmo, até que o último tenha participado. A trupe que alcança o fim primeiro é louvada, a outra, zombada. Há, entre os competidores, corredores com uma velocidade admirável.

Os tapuias, quando devoram a carne de seus parentes mortos, gritam e lamentam-se. Os ossos são guardados, transformados em pó e, depois de misturados com farinha de milho, cozidos. O produto é servido nos batizados e casamentos. Entre este povo, os súditos dormem na terra e os senhores, em cima de arbustos.

Os negros são o quarto tipo de habitantes do Brasil; trazidos de Angola, trabalham de sol a sol. Os senhores dão a eles somente algumas horas da semana de folga, as quais empregam plantando mandioca para o seu sustento. Há numerosos engenhos ou moinhos de açúcar no Brasil, desde a linha até a Baía de Todos os Santos, todos pertencentes aos ricos portugueses. Três léguas abaixo de Pernambuco, há dois engenhos, aos quais se chega subindo o rio do recife, rio que tem fundo o suficiente para as embarcações, cujas margens, de ambos os lados, são repletas de belas árvores.

Os moinhos são máquinas admiráveis e que demandam uma longa descrição. O movimento principal é proporcionado por três mastros verticais, que giram em sequência, de modo a prender a ponta da cana e puxar todo o resto para dentro. Caso aquele que coloca a cana tenha um dedo seu preso, o corpo será necessariamente puxado para dentro dos mastros e reduzido a pó; a não ser que se tenha à mão um instrumento pronto para cortar o braço de quem ficou preso, salvando o restante do corpo. Há um fogo constantemente aceso sob quatro caldeirões e o suco da cana corre de um para o outro até cozinhar. Desses dois engenhos, um é movido pela força da água e o outro, por cavalos e bois — que quando faltam são substituídos pelos negros, que já têm a incumbência de cuidar do restante das máquinas e de alimentar o fogo. Se executam alguma dessas tarefas com lentidão, são espancados até sangrar, e para impedir que as feridas gangrenem, seus senhores — temerosos de perdê-los — jogam sobre elas vinagre com sal.

Os negros, porém, nesse duro cativeiro, não deixam, por vezes, de se divertir. No domingo, dia 10 de setembro de 1666, eles fizeram uma grande festa em Pernambuco. Após terem ido à missa, cerca de quatrocentos homens e duzentas mulheres elegeram um rei e uma rainha e, precedidos por lanças, trombetas e tambores-bascos, caminharam pelas ruas cantando, dançando e recitando versos que tinham composto para a ocasião.

Os negros estavam vestidos como os seus senhores e senhoras, com correntes de ouro e brincos de ouro e pérola; alguns vinham mascarados. Os gastos com a cerimônia foram de 100 escudos. O rei e os oficiais escolhidos nada tinham feito durante a semana, a não ser caminharem gravemente pela rua, com espada e adaga na cintura.

Os habitantes deste país, até mesmo as crianças, nunca andam pelo campo sem ter na mão um facão, com o qual cortam o mato dos dois lados para apanhar as cobras-de-veado que saltam das árvores sobre os passantes, se enroscam neles e, se não forem mortas a tempo, os sufocam. É comum ver pessoas com cicatrizes sobre os rins em consequência de feridas que elas próprias causaram no corpo, ao tentarem matar a cobra.

Em retribuição aos presentes e à cortesia do senhor dom Jerônimo Mendonça Furtado, governador do Brasil, e com o intuito de obter dele autorização para que pudessem entrar no porto três navios que corriam risco de encalhar na costa, caso não fossem reparados, o senhor de Mondevergue e os diretores enviaram-lhe um gibão de escarlate bordado, estimado em 200 pistolas, duas peças de escarlate de 52 varas, peças de linho e de outros tecidos e um par de pistolas belíssimo. O governador recebeu o presente com agrado, mas, demonstrando certa desconfiança, não permitiu que nenhum navio entrasse no porto.

No dia 31 de agosto, ao sair da igreja paroquial, onde acabara de reconduzir o santo sacramento, o governador foi detido, ele e o senhor

Andrade. Quarenta pessoas vigiavam-no há quatro meses e, enfim, vendo-o na cidade desacompanhado, deram um jeito de apanhá-lo. É costume entre os portugueses da mais alta qualidade acompanharem os viáticos quando o encontram pelo caminho. Pois bem, os senhores em questão fizeram passar pelo caminho do senhor dom Mendonça um viático que ia para a casa de um homem são; quando retornava, o governador foi cercado por aqueles que o queriam apanhar.

A populaça, desconhecedora dos motivos daquela ação, supôs que o governador tinha sido detido por ter vendido a cidade para os franceses, e pôs-se a gritar que era necessário matá-los todos. Diversos franceses, apavorados, atravessaram a ponte e se atiraram dentro do convento dos capuchinhos, onde foram acolhidos sem restrição; outros foram detidos e desarmados nos corpos da guarda. Todavia, um oficial da Câmara de Pernambuco — um conselho governamental — rapidamente procurou o senhor de Mondevergue e disse-lhe que o governador era um tirano e que o rei tinha dado ordens de enviá-lo para Lisboa com ferro aos pés. Disse-lhe, também, que os franceses nada deveriam temer e que, para a segurança do senhor de Mondevergue, ele colocaria um corpo da guarda portuguesa em sua porta — o que prontamente fez Um outro oficial pediu desculpas aos franceses, que foram desarmados, devolvendo-lhes as espadas e advertindo aqueles que os tinham ofendido; enquanto isso, dois oficiais, a cavalo, passavam pelas ruas, avisando aos portugueses e aos negros, agrupados em grande número, de que estavam proibidos de insultar os franceses. Aqueles que tinham buscado abrigo junto aos capuchinhos se dispersaram. A Câmara em pessoa veio oferecer ao senhor de Mondevergue todo tipo de assistência e de gêneros, e ordenou aos corpos da guarda que saíssem às ruas de Pernambuco e impedissem qualquer desordem.

Pouco depois desse tumulto ancorou no porto uma frota vinda da Baía de Todos os Santos. A almiranta saudou o pavilhão francês com treze tiros de canhão, os quais foram respondidos um a um. A frota era composta por trinta embarcações carregadas de açúcar e tabaco e por um rico galeão vindo de Goa e de outros lugares na Índia. O senhor dom Mendonça foi embarcado na almiranta e enviado para Lisboa. Soubemos, mais tarde, que ele defendeu-se muito bem das acusações e retornou ao governo.

Os diretores franceses fizeram dois despachos por essa frota, um por intermédio de um navio flamengo e o outro por meio de uma embarcação da Biscaia. O senhor de Mondevergue mandou, através do padre Antônio, guardião dos capuchinhos, agradecer ao oficial da Câmara do governo do Brasil as amabilidades que nos tinha feito. As cortesias de parte a parte foram em um crescendo e os senhores da Câmara permitiram que os navios entrassem no porto, coisa que o senhor dom Mendonça nunca permitiu. Eles pediram, somente, que isso fosse feito depois da partida da frota. Assim, logo que os navios perderam a terra de vista, o *Terron*, o *Duchesse* e o *La Paix* entraram no porto e foram reparados.

Entrementes, o primeiro mestre de campo, dom João de Souza, a mais alta patente do lugar, presenteou a frota francesa em seu nome. Trata-se de uma espécie de pequeno comércio, no qual os comandantes estão acostumados a nunca perderem. Em troca de quatro bezerras, três dúzias de galinhas, dez galos-da-índia, um cesto de laranjas doces, uma caixa de frascos de água de cheiro, duas caixas grandes de confeitos e pastilhas de comer foram dados ao senhor Souza dezesseis varas de escarlate, uma peça de popelina, um belo par de pistolas e dez mosquetões.

No dia 24 de outubro o senhor de Mondevergue foi conduzido pelos membros da Câmara até o lado de fora do recife; o senhor dom João de Souza subiu a bordo da almiranta sob uma salva dos canhões dos fortes e dos navios. Os diretores compraram três negros a 500 francos cada, dois dos quais eram muito habilidosos para pescar em mar aberto, utilizando somente três pedaços de madeira amarrados, que denominam jangadas; o outro sabia fazer telha e peças de cerâmica. Eles compraram também três cavalos, dois jumentos e um potro, com o intuito de levá-los para Madagascar, onde não há tais animais. Não se teve mais qualquer notícia de um soldado que tinha aberto o convés do navio *St-Charles*, roubado um barril de prata, com 150 peças de 8, embarcado numa chalupa que deixara no recife e sumido pela terra adentro. Os diretores, depois que todos embarcaram, reuniram o conselho na almiranta e comunicaram que, em caso de separação, os navios deveriam se reagrupar em Table Bay, no cabo da Boa Esperança.

A frota, composta por todas as embarcações — excetuando a urca *St-Denis*, que desaparecera depois de Tenerife —, da urca *St-Jacques*, que se encontrava no Brasil, e de uma pequena embarcação denominada sumaca, que os diretores compraram dos portugueses, levantou âncora da entrada do porto de Pernambuco no dia 10 de novembro, às 8 horas da manhã, e às 4 horas da tarde já tinha perdido a terra de vista.

EDIÇÃO UTILIZADA

Histoire des Indes veio a público em 1688, na cidade de Paris, foi reeditado em Leiden no mesmo ano e em 1702 saiu com o título *Memoires pour servir a l'histoire des Indes Orientales*, numa reedição patrocinada pela própria Companhia da Índias Orientais. Em 1705, a obra foi traduzida para o alemão. A edição mais recente na língua original, a primeira depois de 1702, é de 1988. Utilizamos a segunda edição francesa, idêntica à primeira.

RENNEFORT, Urbain Souchu de. *Histoire des Indes Orientales*. Redigido pelo senhor Souchu de Rennefort. Conforme cópia de Paris. Leiden: F. Harring, 1688.

BIBLIOGRAFIA

MICHAUD, Louis-Gabriel. *Biographie universelle ancienne et moderne*. Paris: A. Thoisnier; Desplaces: Michaud, 1843, 45 v.

RENNEFORT, Urbain Souchu de. *Histoire des Indes Orientales*. Transcrição do texto original por Dominique Huet. Sainte-Clotilde (Réunion): ARS Terres Créoles, 1988.

Michael Ângelo de Guattini e Dionigi de Carli

Desde a metade do século XVII os capuchinhos italianos enviaram sucessivas levas de religiosos para o Congo. O primeiro grupo desembarcou na região em 1645; três anos mais tarde veio o segundo e, em 1651, o terceiro. Nesses primeiros tempos, todos os missionários, cientes da hostilidade portuguesa em relação aos religiosos estrangeiros, optaram por seguir para a África de algum porto espanhol, realizando aguada nas ilhas Canárias. A partir da missão de 1651, no entanto, Portugal não somente franqueou passagem aos religiosos, como exigiu que embarcassem em Lisboa. Muitos, então, passaram a frequentar a frota do Brasil, que anualmente trazia mercadorias europeias para os principais portos brasileiros (Pernambuco, Baía de Todos os Santos e Rio de Janeiro). Já no Brasil, os religiosos, por vezes depois de meses de espera, conseguiam lugar numa embarcação que seguia para a costa africana.

Foi em razão desse périplo que vieram parar, ora na Bahia, ora em Pernambuco, diversos capuchinhos italianos em trânsito, entre os quais dois religiosos que, em 1666, por certo contaminados pelo clima de empolgação que há tempos envolvia a missão, resolveram embarcar para o Congo e dar o seu contributo a tão valoroso empreendimento: Michael Ângelo de Guattini e Dionigi de Carli. Os religiosos, em companhia de mais quatorze missionários, embarcaram para Lisboa em 1667; em abril, seguiram para a Baía de Todos os Santos, a bordo de um navio que vinha ao Brasil buscar mercadorias e rumaria, em seguida, para a África.

Em fevereiro de 1668, os dois missionários desembarcaram, finalmente, em Luanda, no Reino de Angola e, três meses depois, em Mbanza Mbamba, no Reino do Congo. Guattini morreu pouco tempo depois de instalar-se na região e Carli, também doente, resistiu até 1669, quando voltou à Europa a duras penas — parte da viagem entre a África e o Brasil foi feita a bordo de um navio negreiro.

Em 1672, o capuchinho resolveu, utilizando as cartas que o seu falecido amigo enviara do Congo ao pai, escrever um relato da fatídica viagem. Nesta, Carli descreve as suas duas passagens pelo Brasil: a primeira por Pernambuco (Recife) e Olinda, entre agosto e novembro de 1667; a segunda, quando de seu retorno à Europa, pela Baía de Todos os Santos, onde arribou moribundo em 1669. A descrição de Pernambuco é a segunda de que se tem notícia a dar conta da situação da região depois da expulsão dos holandeses — a primeira é a de Souchu de Rennefort.

*

Alcançamos, enfim, a torre que serve de fortaleza ao porto de Pernambuco, mas como os navios não podiam entrar nem pernoitar no porto, em razão do seu diminuto tamanho, lançamos âncora e saudamos a cidade com os disparos de costume. O capitão embarcou num esquife e foi obter autorização para que pudéssemos desembarcar. Notamos, enquanto aguardávamos, que da dita torre estende-se um muro denominado recife, que a boa gente diz ser natural e ter 300 milhas. O porto é fechado e protegido por um dos braços desse muro, que também separa o mar de um rio que passa no meio da cidade. Por vezes, quando o mar se torna agitado, as ondas vão além da muralha e misturam a água salgada com a água doce do rio, o que permite aos habitantes pescarem, no mar circundante e no rio, peixes tanto de água salgada quanto de água doce — como se por algum tipo de metamorfose o mar se tornasse um rio e o rio, um mar.

Mal desembarcamos no porto de Pernambuco, uma multidão de gente, brancos e negros, veio ver-nos de perto. Entre o povo havia uma moura que se ajoelhou e bateu com o peito e com as mãos na terra. Perguntei, mais tarde, o que a mulher queria dizer com as batidas de mão na terra, e um português respondeu-me: "Padre, a moura nasceu no Congo e foi batizada por um capuchinho; ao saber que os senhores estavam a caminho de sua terra para batizar, ela quis, através daqueles gestos, demonstrar toda a sua alegria."

A caminho do hospício dos capuchinhos, notamos que a cidade é pequena, mas muito povoada, sobretudo por escravos mouros, vindos de Angola, do Congo, do Dongo e de Mataba. Todos os anos, cerca de 10 mil deles são trazidos para trabalhar na cultura da cana e do tabaco, para semear e colher o algodão — que cresce aqui abundantemente em arbustos da altura de um homem — e, também, para cortar madeira, tingir seda e outros tecidos de valor, e para trabalhar o coco e o marfim.

Os portugueses, até o presente, não conseguiram subjugar os originários do Brasil, um povo muito bárbaro e muito esquivo. Tapuias ou caboclos é o nome que se lhes dá, e a sua cor é parda-escura. Andam sempre nus e com um arco grande, com cerca de 1 vara e meia, com a flecha — esta feita em parte de cana e em parte de uma madeira duríssima, afiada na ponta em formato de serra, de modo que, ao penetrar na carne, faça uma ferida grande e dolorosa e seja difícil de retirar — de fato, quando são certeiros, abrem uma ferida no inimigo maior do que a causada por uma descarga de fuzil. Esses tapuias, sempre que podem, comem carne humana, e se lhes falta a carne dos seus inimigos próximos, comem a dos estrangeiros que conseguem capturar na sua região.

Os tapuias trazem, enfiados no rosto, pequenos pedaços de madeira e pedras de diferentes cores; não sei se é para parecerem mais belos ou mais assustadores. As suas orelhas são ornadas não com pendentes de metal, como os nossos cachorros, mas com as tais peças de madeira mencionadas. Eles vivem da caça de animais e homens. Quando algum deles cai doente, dão-lhe alguns dias para que se restabeleça; se, passado esse tempo, caso não fiquem curados, eles, para evitar que padeça com tormentos, matam-no impiedosamente e comem-no. A mesma graça ou a mesma barbarização concedem aos seus pais e aos velhos que não podem mais ir à caça, os quais as próprias crianças matam e comem, em companhia dos parentes mais próximos da vítima, convidados para o cruel festim. Pagam, assim, com a morte àqueles que lhes deram a vida e metem para dentro de suas entranhas as entranhas de onde saíram. Em suma, é uma gente pagã miserável, mergulhada na mais completa idolatria. Os outros habitantes do Novo Mundo, bons ou maus, são cristãos ou, pelo menos, são tidos como tal.

Encontramos no hospício capuchinho dois companheiros doentes, padecendo com febre contínua. Nós próprios havíamos tido alguma indisposição, que nos obrigou a tomar remédios. É uma coisa extremamente comum, quase inevitável, adoecer quando se desembarca neste país, não sei se por causa da diferença de alimentação ou do ar.

Pela manhã, ouvimos um maravilhoso concerto de trombetas, que ecoava de toda a frota, dentro e fora do porto, cerca de oitenta navios, entre os quais o nosso — que estava sendo carregado com pelo menos mil caixas de açúcar. Nada pode ser mais aprazível do que a vista da cidade desta perspectiva, que nos parecia uma cidade cujas casas balançavam ao sabor das ondas ou uma floresta, oscilando aqui e ali segundo o capricho do vento. Fomos informados da morte do padre Jean Marie Mandelli, de Pavia, prefeito de duas missões de Angola e do Congo e falecido com ares de santidade entre esses povos, depois de 25 anos de mil fadigas, tornadas mais duras pela sua saúde.

Tiramos um dia para visitar a cidade de Olinda, distante somente 3 milhas de Pernambuco. Outrora, foi uma grande cidade, mas atualmente está quase toda destruída, por causa de uma invasão holandesa.

Vimos uma planície pantanosa coberta por árvores que tinham, além de raízes dentro da terra, como as outras, raízes na superfície, cobertas pela folhagem. Vimos, também, papagaios verdes e diversas espécies de macacos, entre os quais a menor e a mais apreciada de todas, os saguis. Fizemos essa viagem numa canoa — um grande tronco de árvore cavado —, cujos remadores eram dois mouros nus, como os outros brasileiros, com um pequeno pedaço de pano na frente, a bem do decoro.

O clima daqui, ainda que muito quente, não é de todo ruim; nem o calor é ruim nem a grande umidade da lua é perigosa, de modo que se pode viajar de dia e de noite. Tanto nesta cidade, quanto no resto do Brasil, são usadas as moedas de ouro e prata. Paga-se 2 tostões por uma missa e de 30 a 40 por um sermão. O país não produz nem pão nem vinho; mas não é impossível obtê-los, pois são importados da Europa, ainda que custem muito caro.

Em razão de a região ser muito arenosa, os habitantes e os visitantes são constantemente atacados por um tipo de verme que alguns denominam piolho-de-faraó, supondo que esta seja uma das dez pragas que Deus lançou contra o Egito. Esses vermes são menores do que um piolho e se metem, sem que se perceba, entre a pele e a carne, nos pés, ficando, em um dia, do tamanho de um feijão ou de um pequeno favo. A cura está nas mãos de alguns mouros com experiência em retirá-los, pois, se a vítima não os retira inteiramente, apodrecem o pé por completo em pouco tempo. Dois dias depois de minha arribada, notei que alguma coisa me impedia de caminhar. Recebi a visita de um mouro, que retirou quatro desses pequenos bichos, que já estavam bem grandes, do meu pé; não houve um só dia em que o negro não retirasse oito, por vezes dez, doze desses bichos do meu pé. O que não é pouca desgraça, pois, se somente um escapa às suas unhas e à sua vista, todo o pé não escapará de ser corroído. Os portugueses, ainda que os cacem, não estão mais protegidos deles do que os outros.

Durante o tempo em que ficamos em Pernambuco, presenciamos uma festa solene do Rosário, celebrada na grande igreja denominada Corpo Santo. A cerimônia foi magnífica; a igreja estava toda enfeitada com mil álamos de tecido de seda cor de fogo e de outros tecidos valiosos. O tabernáculo, muito distinto, estava coberto por um tecido de seda com umas chamas bordadas em ouro e uma franja de prata que ofuscava a vista. A cerimônia foi acompanhada por uma música de harpas, violinos e trompas, que entoavam os cânticos sagrados. Os religiosos não têm grande despesa com a festa, já que há sempre um rico comerciante da cidade que se sente honrado em abrir liberalmente a sua bolsa em tais ocasiões. Aquele que patrocinou a festa deste ano confessou-nos, no dia seguinte, que tinha gasto, somente na fogueira, na noite precedente, cerca de 4 mil ducados — mas eis de que modo o homem entendia isto.

Em razão de estarmos muito ansiosos para passar logo à África e dar início ao trabalho missionário, procuramos o comerciante em questão e pedimos-lhe encarecidamente que, quando um de seus navios que se preparava para zarpar rumo à África estivesse carregado e pronto para partir, tivesse a caridade de nos dar um quarto de popa para que pudéssemos embarcar; pedido a que ele atendeu de todo o coração. O navio, no entanto, estava impossibilitado de realizar a viagem e foi necessário descarregá-lo e retirar dele, além da carga, todos os equipamentos. As pranchas da embarcação alimentaram o fogo da noite anterior e, como ela valia 4 mil ducados, o comerciante acreditava que a fogueira custara igual valor.

Fomos um dia, por divertimento, visitar um engenho, que é coisa muito interessante. A máquina de que se servem para trabalhar o açúcar é uma grande roda, girada energicamente por muitos mouros; tal roda move uma prensa de ferro maciço, debaixo do qual a cana-de-açúcar, devidamente cortada em pedaços, é esmagada. O suco que sai daí é destilado em um grande caldeirão colocado sobre o fogo. É uma maravilha ver que os mouros trabalham com empenho — eles, que são naturalmente preguiçosos e indolentes — e que sabem perfeitamente colocar a cana sob a massa de ferro, sem perder nenhuma parte do braço ou da mão.

As frutas desta terra, que dão o ano inteiro, são muito saborosas, especialmente uma, que se parece com o limão, denominada *niceffe*. Nascem de um talo, como a cana-da-índia, e duas de suas folhas bastariam para abrigar um homem por maior que ele fosse. Desse talo nasce, quase sempre, um único cacho, que contém cerca de cinquenta frutos. Para amadurecê-los é preciso apanhá-los ainda verdes e pendurá-los a céu aberto; rapidamente os frutos se tornam amarelos. Quando cortados ao meio, vê-se dos dois lados a figura de um crucifixo. Ao cortar o cacho, o talo seca e, da mesma raiz, em pouco tempo nasce um novo. Os *niceffes* são muito semelhantes às bananeiras, com a diferença de que têm cerca de 3 pés de altura, e as bananeiras, o dobro.

O ananás tem o formato de uma noz de pinheiro, do tamanho de um palmo; cada planta produz somente um fruto. Uma vez retirada a sua casca, têm uma cor amarelada e o gosto lembra o da uva moscatel; todavia, é preciso saboreá-lo com moderação, pois contém uma substância quente ao extremo. Há outras frutas: como a fruta-do-conde, que vem de uma árvore semelhante à laranjeira e é docíssima; a manga, que se parece com um pequeno melão de nossa terra e cresce em árvores enormes; as mexericas, que têm a forma de uma grande maçã redonda, amarela por fora. Enviei desenhos dessa e de outras frutas curiosas ao senhor Jacques Zanoni, boticário de Bolonha, que serão divulgados para o público em um livro sobre plantas, que está na prensa.

As frutas da nossa Europa, como as uvas, as romãs, os melões, os figos os limões, as laranjas e as cidras, e também as abóboras e os pepinos, crescem maravilhosamente bem por aqui. As cidras parecem pepinos-da-itália, em virtude da extrema umidade do terreno. As laranjas de

Portugal dão aqui não somente em maior quantidade, mas também com melhor qualidade — seus arbustos transformam-se em elevadas árvores.

As carnes que se comem são somente a de boi, a de vaca e a de alguns tipos de galinha. O vinho é mais caro do que o açafrão, pois vem da ilha da Madeira, situada a 650 léguas de distância, e paga 8 pistolas de aduana por pipa. Destarte, todos os brancos do país, portugueses ou descendentes de portugueses, bebem pouco vinho. A maioria bebe somente água, que não é das melhores. Em lugar de pão, comem bolos feitos com a farinha da raiz de uma árvore denominada mandioca. Há somente duas estações neste país: uma primavera bastante temperada, mas muito chuvosa, durante a qual as árvores não perdem as suas folhas; e um verão muito quente e seco, de tal modo que, se não fosse o orvalho, a terra seria toda queimada e ressecada.

A cidade de São Paulo e seu distrito, localizados na região mais recôndita do Brasil, é o que se pode verdadeiramente denominar de país da Cocanha. Todo estrangeiro que por lá passa, por mais miserável que seja, é sempre bem-recebido e logo arranja uma mulher a seu gosto. Isso desde que se sujeite a determinadas condições: cuidar somente de comer, beber e passear e, sobretudo, não se meter com nenhuma mulher, exceto a sua. Ao menor indício de traição, a mulher não hesita em envenenar o seu parceiro. Contrariamente, se a relação lhe agrada, é extremamente amorosa, disputando com as outras para ver quem mais se excede em carinhos.

A riqueza dos paulistas vem de um rio que atravessa a região — tão rico a ponto de permitir que prestem auxílio a todo e qualquer miserável que busque socorro na região. Para tal, basta que retirem um pouco da areia desse rio e recolham o metal nela misturado. O ouro extraído é mais que suficiente para as necessidades, e ainda sobra para pagar o quinto ao rei.

Contam-se muitas outras coisas curiosas e surpreendentes sobre São Paulo, porém, como não visitei o interior do Brasil, nas vizinhanças do rio da Prata, não ousarei assegurar que são verdadeiras. Todavia, para aqueles que conhecem as maneiras contrárias ao bom-senso e os costumes extravagantes deste país bárbaro, tais coisas não parecem inacreditáveis

No dia 2 de novembro de 1667 fizemos vela para o Reino do Congo.

Avistamos o cabo de Santo Agostinho, muito conhecido dos portugueses, e entramos, no domingo, no porto da Baía de Todos os Santos, cidade que é a capital do Brasil e local de residência do vice-rei. Encontramos aí muitas embarcações de diversas nações. No dia seguinte, pela manhã, vieram a bordo muitos barcos, tanto de negociantes quanto de gente que tinha escravos no navio. Todos sabiam que a viagem durara cinquenta dias e acreditavam que a maioria dos mouros tinha morrido. Foi uma grata surpresa para eles saberem que somente 33 perderam a vida, quando o habitual, nesse trajeto, é morrer a metade. Agradeceram a Deus tamanho milagre que receberam, pois teriam uma perda bem considerável se todos tivessem perecido.

Desembarquei com os outros, mas estava tão fraco que minhas pernas de nada me valeram. Uma boa senhora, que encontrei dentro de uma loja, teve compaixão de mim e emprestou-me sua rede e mandou levar-me aos padres da observância, que me receberam de maneira muito cortês. Um capitão genovês de meu conhecimento quis levar-me para sua casa, mas recusei, dizendo-lhe que tinha sido muitíssimo bem-acolhido no convento e que, a menos que me tornasse um fardo, não sairia dali até a minha partida.

O governador da ilha de São Tomás, situada sob a linha, enviou-me seu mordomo para pedir-me que visitasse em seu palácio um capuchinho acamado, que vivera dezesseis anos na África, entre a referida ilha e o Reino do Benin, e que não mais podia caminhar. Fiz, mais tarde, diversas visitas a esse padre — sempre deslocando-me numa rede. O bom padre ficava espantado com a minha obediência às prescrições do médico, que também cuidava dele. Esse médico, a propósito, disse-me que, do jeito que o padre levava a vida, não duraria muito tempo; de fato, ele veio a morrer pouco tempo depois em Lisboa.

Há, no convento, um oratório da Ordem Terceira de São Francisco. Os padres organizaram uma procissão na quinta-feira santa, pela manhã, na qual levaram todas as estátuas da Ordem. Logo atrás, havia aproximadamente trezentos mouros que pagavam penitência de diversas maneiras, alguns carregando árvores inteiras, outros com os braços amarrados a pesadas vigas em forma de cruz etc. Disseram-me que seus confessores impuseram-lhes tais penitências por terem desobedecido a seus mestres ou cometido outros pecados. Por aqui, não se tem o costume de visitar os sepulcros na Semana Santa, mas se exibe o Santo Sacramento, iluminado com um número incontável de círios de cera brancos e acompanhado de grande quantidade de mel.

O capitão genovês pretendia navegar para Lisboa e concordou em dar-me lugar no seu navio. Ele estava prestes a partir e, como capitaneava um belo navio de guerra, o vice-rei mandou pedir-lhe, por amor ao rei, que escoltasse os navios mercantes que estavam de partida, pois temia que, próximo à costa portuguesa, caíssem nas mãos dos turcos. Tal pedido retardou a nossa partida até o sábado santo. Uma vez obtida a permissão do vice-rei para partir, o capitão mandou avisar-me que deveria embarcar; o que fiz contrariado, pois estava muito mal de saúde para iniciar uma viagem tão longa e tão perigosa em um sábado santo. Contudo, o capitão estava me dando abrigo por caridade e era impossível não acatar a sua resolução. Partimos com a descarga de toda a artilharia, e o carrilhão dos sinos de toda a cidade.

EDIÇÕES UTILIZADAS

A relação de Dionigi Carli, composta em larga medida com as cartas de seu amigo Guattini, foi publicada em 1672, na cidade de Reggio, sob o título *Il moro transportato in Venezia, ovvero recconti costumi, riti e religioni dei popoli dell' Africa, America, Asia ed Europa*. Reedições, com o mesmo título, foram publicadas em Bologna nos anos de 1674 e 1687. Em 1674, também em Bologna, houve uma nova edição, com o título *Viaggio di D. Michel Angiolo di Guattini e del padre Dionigi Carli nel regno del Congo*. A tradução francesa é de 1680 e foi feita pelo renomado padre Labat; em inglês, a obra veio a público em duas importantes coleções de viagem, a de Churchill e a de Astley; a tradução alemã é de 1693. Utilizamos a primeira edição em língua francesa.

CARLI, Dionigi de. *Relation curieuse et nouvelle d'un voyage de Congo*. Lion: Thomas Amaulry, 1680.

BIBLIOGRAFIA

CAVAZZI, Giovanni Antonio. *Descrição histórica dos três reinos do Congo, Matamba e Angola, pelo padre João António Cavazzi de Montecúccolo*. Tradução, notas e índices pelo padre Graciano Maria de Leguzzano. Introdução biobibliográfica de F. Leite de Faria. Lisboa: Junta de Investigações do Ultramar, 1965.

GUATTINI, Michele Angelo. *A Curious and Exact Account of a Voyage to Congo*. Londres: 1808-14.

——. *Viaggio nel regno del Congo*. Cinisello Balsamo: San Paolo, 1997.

MEROLLA, Girolano. *A Voyage to Congo, and Several Other Countries Chiefly in Southern-Africk*. Londres, 1732.

Charles (ou Gabriel) Dellon

É pouco o que se sabe sobre o cirurgião francês Charles (ou Gabriel) Dellon. Alguns papéis da Inquisição portuguesa — que o processou por heresia — indicam que Dellon nasceu em 1649, na cidade de Agde, situada na costa francesa do Mediterrâneo. Em 1668, o rapaz, então com quase 20 anos, teve os seus serviços contratados pela Companhia das Índias Orientais de seu país e embarcou para a Índia. De 1669 a 1673, Dellon perambulou por várias regiões do Oriente, sem se fixar em nenhuma parte. Finalmente, em 1673, mediante um convite do governador Furtado de Mendonça, que alegava ser a região desprovida de médicos, o cirurgião resolveu estabelecer residência em Damão. Em agosto do mesmo ano, não se sabe ao certo por quê, foi preso pela Inquisição e transferido para Goa. Aí amargou dois anos na prisão, padeceu com constantes interrogatórios e, por fim, foi condenado a cumprir, em Lisboa, cinco anos nas galés.

Em janeiro de 1676, o infeliz cirurgião embarcou em um navio luso com destino à capital portuguesa, navio que, como era habitual, deveria proceder de uma parada no Brasil, precisamente na Baía de Todos os Santos. Em maio, a embarcação entrou na barra soteropolitana, de onde sairia somente no mês de setembro. Dos cinco meses que permaneceu no porto, em que desfrutou de relativa liberdade para ir e vir pela cidade de São Salvador, Dellon legou-nos duas descrições: uma um pouco mais extensa e detalhada, publicada em 1685, e outra menor, mas bem mais famosa, publicada em 1688. Abaixo, o leitor encontrará as duas.

*

Durante a minha permanência no Brasil, travei relações com um mercador de origem espanhola, que há muito estava estabelecido naquela costa. Ele arranjou-me muitas boas amizades e prestou-me serviços consideráveis. Destarte, ainda que muitas pessoas tenham escrito sobre o Brasil, não deixarei de tecer alguns breves comentários sobre o que lá vi.

O Brasil está localizado na costa oriental da América. Os portugueses, que descobriram a região, têm construído aí diversas cidades e hoje vivem tranquilamente, depois de resistirem vigorosamente, por muito tempo, aos assaltos dos holandeses. O país é muito agradável e o ar é bom e temperado por chuvas constantes, que amenizam os ardores do sol. Há uma grande quantidade de frutas, que crescem pelos campos sem nenhum cultivo, como os limões, as laranjas, os ananases, as bananas, as goiabas e muitas outras. É possível encontrar uvas também, mas é bem mais difícil do que na Europa.

A cana-de-açúcar cresce abundantemente, muito mais até do que se pensava no início. A terra produz também um excelente tabaco, que se distingue daqueles plantados em outros lugares; produz, ainda, melancias de uma qualidade soberba. O alho e a cebola não crescem na região e é inútil plantá-los; os que não abrem mão de os consumir, importam de Portugal.

Há muitos cocos no Brasil, menores do que aqueles das Índias Orientais, cujas cascas são, em razão de sua espessura, muito utilizadas para a feitura de estojos e tabaqueiras; alguns são tão pequenos que serviriam somente para fazer uma conta de rosário. Por aqui não extraem o tari dos coqueiros para fazer açúcar e aguardente, como no Oriente, pois as canas produzem açúcar suficiente e a melhor aguardente de Lisboa.

Além da madeira que leva o nome do país, há por aqui árvores extraordinárias, entre as quais uma de onde se extrai o bálsamo, denominado copaíba, com o qual são feitos uns pequenos cofres para guardar as joias das senhoras, que perfumam tudo o que se põe dentro. O trigo é plantado na parte meridional desta costa, pois não cresce na região da Baía de Todos os Santos ou em outras terras. E isso, segundo dizem, por duas razões: a primeira é a de que a terra não é adequada, e a outra, que considero a melhor, é a de que as milhares de formigas daqui comem os grãos antes que possam germinar. Todavia, por todo lado semeiam o milho e o arroz. A mandioca, ou melhor, a farinha que dela extraem, é o alimento de todo dia do brasileiro; os franceses denominam-na caçava, e os portugueses, farinha de pau.

A raiz de mandioca é cultivada como a batata, e cortada em pedaços, que são enterrados; rapidamente se tornam grandes e adquirem cor branca. Aquele que a comer antes de estar devidamente preparada, corre o risco de perder a vida. A substância venenosa é extraída do seguinte modo: coloca-se a raiz na água até que ela amoleça, depois a raiz é posta para secar, umedecida novamente e mais uma vez colocada para secar; a operação é repetida tantas vezes quantas forem necessárias para extrair tudo o que a raiz tem de ruim. Finda esta parte, a raiz é reduzida a uma farinha grossa, semelhante à pólvora de canhão, quase insípida, pesada e que costuma causar obstrução em quem não está acostumado. Faz-se com essa farinha pequenos bolos, denominados beijus, muito apetitosos, mas que não fazem muito bem à saúde.

Ainda que um pouco mais caro, não falta, porém, pão, pois importa-se trigo do Rio de Janeiro e farinha de Portugal. É possível adquirir também óleo, vinho, tecidos e todas as coisas necessárias à vida — tudo importado da Europa. A carne de vaca, de caça e o pescado são facilmente encontráveis; e as frutas e os doces são vendidos a um preço muito baixo.

O país, no entanto, não deixa de ter muitos inconvenientes. Há alguns vermes, dos quais falarei no meu tratado das doenças, e uma variedade enorme de formigas, sobretudo umas de cor vermelha, de tamanho pequeno, que estão por todo lado, cobrindo os campos com formigueiros que se parecem, vistos ao longe, pequenas vilas. As cidades não estão isentas dessa praga, que vivem em guerra perpétua com os ratos e as cobras — guerra na qual o tamanho destes sempre perde para a quantidade daquelas.

Deixando de lado os detalhes entediantes, diria, em poucas palavras, que os brasileiros nativos continuam idólatras e que entre eles há muitos feiticeiros, ou gente que se toma como tal; são supersticiosos, não têm templos, não promovem festividades específicas e cultuam o diabo. Os seus cabelos são longos e sua tez, morena; andam nus, são honestos, engenhosos e inimigos irreconciliáveis daqueles que os ofendem. As armas que utilizam são as flechas, que, em vez de ferro, têm osso de peixe na ponta — aqueles que já tomaram contato com os europeus usam ferro. Eles sabem cultivar a terra e cotidianamente se ocupam da caça e da pesca; comem todo tipo de carne, suportam constantemente a privação de alimentos e não fazem provisões. A sua natureza é inclinada à guerra, por isso estão constantemente envolvidos nela. Capturando um inimigo, tratam de engordá-lo e o matam publicamente, comendo-o com uma crueldade inaudita. Habitualmente, não enterram os seus mortos; têm o hábito de devorá-los mesmo antes de expirarem, pois quando alguém cai gravemente doente, matam-no antes que comece a sofrer e a emagrecer. Nada perdem do morto, secando inclusive os seus ossos para depois comerem na forma de uma papa. Ao serem acusados de crueldade, respondem que somos ímpios, pois deixamos que os vermes da terra comam os nossos amigos e parentes, podendo dar a eles o nosso próprio corpo como sepultura.

Os portugueses que estão no Brasil vivem como em todo lugar onde estão instalados. Por aqui, construíram fortes e levam a guerra àqueles que não querem obedecer as suas ordens. Atualmente, encontram-se numa posição em que não temem as ameaças de ninguém, nem dos brasileiros nem dos outros europeus.

Os bravos brasileiros não poupam os portugueses que caem em suas mãos através de batalhas ou de emboscadas; os portugueses, por sua vez, quando os capturam, em vez da morte, reservam-lhes os mil sofrimentos na escravidão, da qual, se forem mais fracos, podem escapar de dois modos somente: submetendo-se voluntariamente ao vencedor ou retirando-se para outras terras. Os portugueses querem estender seus domínios e, por isso, constantemente enviam partidas contra os bárbaros e fortificam cuidadosamente a região conquistada. Durante a minha arribada, contaram-me que já tinham avançado 80 léguas do mar. Os portugueses nunca deixam de educar no cristianismo os brasileiros que vivem entre eles, livres ou escravos; alguns têm até tomado como esposa mulheres de sangue bárbaro, que são brancas e bem-feitas, mas não deixam de ter alguma coisa de selvagem que as distingue das outras mulheres.

O grande número de escravos que há no país e a maneira cruel como são tratados — não lhes sendo dado o necessário para sobreviver e castigando-os excessivamente pelas menores faltas — são causa de constantes desordens, tanto nos campos, quanto nas cidades do país. A maior parte desses cativos é negra, trazida da Angola e da Guiné para trabalhar nas lavouras de cana e de tabaco. Vendidos como animais, são comprados às centenas pelos donos de grandes propriedades, que os submetem ao controle de um capataz — na maioria das vezes pior do que o próprio senhor. Os que não têm terras a cultivar deixam os seus cativos livres para trabalhar no que quiserem, cobrando-lhes uma determinada soma todo mês ou toda semana. Os maus-tratos impostos a alguns e as altas somas que se exige dos outros — quantias que frequentemente não conseguem pagar —, obriga-os por vezes a fugir para o mato e a viver pilhando tudo o que encontram pela frente, vingando-se de certo modo dos tormentos que lhes foram impostos. As cidades, ao menos no período da noite, são tão inseguras quanto os campos e, por mais severamente que se castiguem os que são apanhados, a roubalheira não tem fim.

A Baía de Todos os Santos está situada a 15º, ao sul da linha. O porto que dá nome à cidade é um dos maiores e dos mais cômodos do oceano. Há alguns bancos de areia em um dos lados da sua entrada, que podem ser evitados demandando, ao se aproximar da costa, o auxílio de pilotos do país. A entrada e a terra estão quase numa linha reta de leste para oeste, havendo necessidade de virar muito pouco a norte para ancorar em frente à cidade. Uma vez alcançada a região entre os dois cabos, não há mais nada a temer. Pode-se, tranquilamente, lançar âncora por toda a baía, que é enorme e está preparada para receber milhares de navios. Toda ela está circundada por terras altas, cuja vista é muito agradável, e recebe a água de muitos riachos.

A pesca da baleia é aí muito intensa, sobretudo entre os meses de junho e setembro. Pouca gente ignora que esse prodigioso peixe é capturado com um pequeno dardo, amarrado a uma corda resistente. Os pescadores ficam de guarda nos seus barcos esperando a baleia aparecer; quando surge e é atingida pelo dardo, ela bate em fuga. Mantém-se, então, a corda que vai amarrada ao dardo afrouxada até que o peixe perca todo o sangue, morra e flutue. Os pescadores aproximam-se e, com a maré alta, arrastam-no para a terra, onde é retalhado. O óleo da baleia é utilizado em todo o Brasil, já a carne, os negros e a gente pobre costumam consumi-la, mas raramente as pessoas ricas o fazem.

Ao avançar 2 léguas baía adentro, alcança-se a cidade, que leva o mesmo nome da baía. Os navios ancoram a meia légua da terra. A cidade está à direita da entrada, situada tanto na base como no topo de uma alta montanha — daí as ruas serem todas inclinadas. A Baía de Todos os Santos é a maior urbe que os portugueses têm no Brasil e é a sede do governo geral destas costas. Ainda que o governador daqui não tenha qualquer autoridade sobre os demais governadores, ele caminha à frente de todos. Disseram-me que, em breve, enviariam um vice-rei para o Brasil, com a mesma autoridade absoluta que aquele de Goa tem em relação às Índias. Aguarda-se, também, um bispo para ocupar o bispado que está vago há anos. Acredita-se que, quando o governador for transformado em vice-rei, a Igreja se tornará metropolitana.

Há na cidade um Parlamento, cuja autoridade se estende por toda a costa, mas não é absoluta, pois os assuntos criminais e as causas cíveis envolvendo valores acima de mil libras são resolvidos em Lisboa. A urbe é grande e populosa, e suas igrejas são magníficas; o palácio do governador está na parte mais alta da cidade e é excelente, o mesmo se dando com o Parlamento. As casas são bem-construídas, o comércio atrai gente de todas as nações e conta com grande variedade de mercadorias.

Desconheço se a libertinagem é, no Brasil, tão generalizada quanto na Baía de Todos os Santos. Por aqui, mesmo as mulheres que parecem possuir alguma virtude não têm o menor escrúpulo de adornar suas escravas, para que possam vender mais caro os infames prazeres que oferecem. Pode-se dizer que o vício reina soberanamente. Os estrangeiros em geral, especialmente os franceses, chamam muita atenção. O ciúme que despertam, torna-os vítimas de um enorme ódio, que geralmente tem consequências terríveis, como se verá pelo exemplo que se segue.

Um jovem francês, praticante da medicina no Brasil, foi certa feita chamado por uma dama que estava com uma filha muito doente. A paciente era jovem, bonita e rica, e o médico não mediu esforços para curá-la prontamente, agradando tanto a doente quanto à mãe. Destarte, quando a moça restabeleceu-se, propuseram-lhe que se casasse com ela, e as núpcias foram realizadas sem estardalhaço. Logo, a fortuna do rapaz atraiu inimigos, que incitaram um gentil-homem, casado com a irmã da esposa do francês, a assassiná-lo. Diziam-lhe que era humilhante para a sua família abrigar um jovem cirurgião que se passava por médico e que, certamente, era herético. O homem, que tinha mais riqueza do que bom-senso, deu ouvidos ao que disseram, sobretudo ao fato de que tinha sido desonrado com aquela desprezível aliança. A princípio, ele tentou inspirar os mesmos sentimentos nos seus parentes, mas não encontrou receptividade. O homem veio, então, à cidade, em companhia de seus amigos, invadiu a casa de sua cunhada e assassinou um rapaz que tomou por aquele que procurava. O médico, ao primeiro ruído, tratou de esconder-se e de evadir-se depois da execução.

Todos acorreram aos gritos das mulheres da casa e o ocorrido logo chegou aos ouvidos do juiz criminal, que enviou uma guarda à casa do francês para impedir um segundo atentado, pois isso não tardaria a acontecer, assim que o gentil-homem soubesse que o morto não era o seu cunhado. Para evitar desdobramentos ainda mais desagradáveis, o francês, que foi cuidadosamente protegido até o embarque, viu-se obrigado a deixar o Brasil e seguir para Lisboa. Ouvi dizer que, mais tarde, estabelecido em Lisboa, ele solicitou autorização do príncipe para levar a mulher e os pertences que tinha deixado no Brasil.

A grande frota que parte todos os anos de Lisboa para diversas cidades do Brasil chegou no mês de junho. O general foi ao Rio de Janeiro para escoltar os navios que tinham sido enviados para lá e, nesse interregno, preparamo-nos para partir tão logo ele retornasse, o que ocorreu somente no final do mês de agosto. Estávamos carregados e prontos para levantar vela, aguardando somente que os navios recém-chegados fossem reabastecidos. No dia 3 de setembro, pela manhã, levantamos âncora e saímos da Baía de Todos os Santos numa frota de trinta velas — 22 navios rumavam para Lisboa e oito, para o Porto.

*

A viagem foi excelente até o Brasil, onde arribamos no mês de maio. Logo que ancoramos na Baía de Todos os Santos, o senhor que me vigiava levou-me para terra, conduziu-me ao palácio do governador e daí à prisão pública, onde me entregou nas mãos do carcereiro. Permaneci nessa prisão o tempo que durou a ancoragem do navio, porém, graças à benevolência de alguns amigos que fiz no país, tive, enquanto durou a minha estada, a liberdade de sair da prisão durante o dia e retornar somente à noite.

O cárcere na Baía é o mais limpo que já conheci, salvo, talvez, o do Santo Ofício. Além das partes baixas, que são razoavelmente asseadas e bem-iluminadas, há outras dependências para pessoas menos perigosas, mais ricas ou melhor recomendadas. Há, ainda, uma capela, onde se celebra a santa missa todos os domingos e nos dias de festa. A cidade conta com um número razoável de pessoas caridosas que não deixam que os prisioneiros passem necessidades.

O Brasil localiza-se na parte oriental da América. Os portugueses construíram aí diversas cidades, entre as quais as mais importantes são: Pernambuco, Rio de Janeiro e São Salvador. O governador desta é uma espécie de vice-rei de todo o país e todos os outros governadores reconhecem a sua autoridade. Todavia, ele não pode nem destituí-los de seus governos nem cortar as suas provisões, já que as recebem diretamente do rei e somente este tem autoridade para suspendê-las.

Em todo o Brasil o clima é temperado e agradável, o ar é são, a terra, fértil e, ao longo de sua costa, há inúmeros bons portos, onde os navios podem ancorar em segurança. Os habitantes do Brasil não são negros nem são propriamente brancos, tendo antes uma cor avermelhada. Têm boa constituição, os cabelos longos e, ainda que não apresentem nenhuma deformação no rosto, são dotados de um certo ar de ferocidade, difícil de explicar, que muito se assemelha ao dos tártaros setentrionais. Essa gente é muito inclinada à guerra, o que os torna cruéis; quando fazem um prisioneiro, matam-no e comem-no. Em diversas regiões do Brasil os homens e as mulheres andam nus, porém, desde que os portugueses se apossaram do país, os que têm contato com os brancos adquiriram o costume de se vestir e perderam o hábito de comer homens. Muitos abraçaram o cristianismo; para mais, diversos portugueses têm tomado por esposa mulheres da terra, embora, hoje, a bem da verdade, haja no país mais mestiços do que verdadeiros portugueses.

Ainda que se colha o trigo em algumas partes do Brasil, e mesmo o arroz e o milho, o alimento mais consumido das gentes é a caçava, isto é, a farinha que se tira da mandioca, uma raiz branca que, se não passar por uma certa preparação, pode ser mortal ou, pelo menos, colocar em risco a vida daquele que a consome. Todavia, uma vez moída, lavada e secada no forno, perde todas as suas propriedades ruins e nocivas, tornando-se um alimento muito próprio para comer e extremamente familiar aos americanos — que o preferem ao arroz, ao milho e mesmo ao pão.

Há excelentes e abundantes frutas em todo o Brasil, como limões, laranjas, limas, bananas, ananases, cocos, uvas, melancias e inúmeras outras frutas cujos nomes desconhecemos na Europa. Todos sabem que no Brasil se colhe o melhor tabaco e se planta cana-de-açúcar em abundância, e que nisso basicamente consiste a riqueza do país.

O Brasil, em geral, é irrigado por chuvas frequentes, por isso, as pastagens são excelentes e podem alimentar uma enorme quantidade de animais. É impossível haver outro lugar no mundo tão entrecortado por belos rios quanto a América, e o Brasil foi bastante favorecido por essa dádiva da natureza. Tanta água é útil não somente para a fertilidade dos campos, como também para provir com peixe aqueles que vivem distantes do litoral.

Dentre os portos do país, a Baía de Todos os Santos, onde está a cidade de São Salvador, ocupa sem contestação o primeiro lugar. É verdade que alguns bancos de areia tornam a sua entrada perigosa, contudo, desde que se tenha o cuidado de pedir o auxílio de pilotos do país — os quais estão sempre a postos quando chega um navio —, entra-se com facilidade. Uma vez dentro da baía, encontra-se asilo seguro contra todas as intempéries, pois o porto é fechado de todos os lados e o fundo de vaza é excelente — as âncoras penetram fundo e é preciso um grande esforço para retirá-las. Pesca-se nessa baía grande quantidade de baleias de todos os tamanhos; o período mais propício para essa pesca é entre a festa de são João e o mês de setembro. O óleo que se retira desse grande peixe serve para clarear as habitações do Brasil; os escravos, e também a gente que tem poucos meios, comem a sua carne.

O Brasil tem uma particularidade: não há ninguém, por mais miserável que seja, que precise mendigar o seu pão; e os infelizes que chegam de lugares distantes, mesmo que sejam incapazes de trabalhar, jamais são abandonados pelos que têm bens, pois é ponto de honra para eles dar abrigo em suas casas para todos os miseráveis. Há, inclusive, senhores que oferecem comida em suas casas para um número considerável de pobres inválidos, sem mesmo saber quem são. Os administradores recebem ordem para admitir e atender, sem restrições, a todos os que aparecerem, sem necessidade de consultar os mestres.

São Salvador é a capital de todo o Brasil. Localizada a 13º de latitude meridional, a cidade foi construída no fundo da baía, do lado norte, e está dividida entre cidade alta e baixa. A baixa estende-se ao longo de um rio, ao pé de uma montanha alta e escarpada. As ruas que levam à parte alta são íngremes e fatigantes. A parte bonita da cidade está sobre a parte alta da montanha, que é bastante extensa. A cidade toda, compreendendo as partes alta e baixa, é do tamanho de Lion e, a meu ver, mais populosa. A cidade alta abriga belas ruas, casas excelentes, igrejas magníficas, o palácio do governador e também a sede do Parlamento, que é de um tamanho e de uma beleza pouco comuns.

Esse Parlamento, que os portugueses denominam "Relação", é o único que há no Brasil. Pode-se apelar aí das sentenças de todos os tribunais estabelecidos no país, que estão sob o controle do rei de Portugal; já as sentenças proferidas pela Relação, tanto as criminais quanto as civis, não comportam apelação, salvo se excederem 2 mil libras, podendo-se, nesses casos, apelar para o Parlamento de Lisboa.

Há em São Salvador um número considerável de mercadores ricos de todas as nações, o que tem garantido a prosperidade do comércio local e do restante do país. Por sorte, os habitantes daqui não quiseram receber a Inquisição e, malgrado todos os esforços, os senhores do Santo Ofício ainda não conseguiram estabelecer seus tribunais no Brasil.

Outrora, havia um bispo na cidade, todavia, há pouco a sede foi promovida a arcebispado e tornou-se a metropolitana de todas as dioceses controladas pelo rei de Portugal, que vão do trópico de Câncer ao cabo da Boa Esperança.

Há no Brasil grande número de escravos, trazidos das costas da Guiné, de Angola e de outros lugares da África. Os negros são vendidos publicamente nos mercados — como fazemos na França com os animais — e realizam os trabalhos mais duros. O tratamento que se lhes dispensa é extremamente cruel, o acolhimento dado a um cristão que cai nas mãos de corsários é incomparavelmente mais ameno. Os negros que têm a felicidade de cair nas graças de seu senhor são dispensados dos trabalhos mais duros, ocupando-se de atividades mais leves no interior das casas e acompanhando o seu senhor à cidade, para ajudar a carregá-lo.

Por aqui não se usam cadeiras nem palanquins, e muito menos carruagens. Quanto aos cavalos, são em quantidade diminuta. As pessoas abastadas, tanto no campo quanto na cidade, se fazem carregar numa espécie de rede, com cerca de 7 pés de cumprimento e 4 de largura, franzida nas pontas e amarrada em uma cana grossa. Dois escravos carregam essa máquina, apoiando as extremidades da cana sobre os seus ombros, enquanto outros, com guarda-sóis, fazem sombra àquele que vai estirado nela.

Além dos navios que, frequentemente, por acidente ou carência de víveres, vêm arribar no Brasil, o país recebe, anualmente, pelo menos uma numerosa frota que sai de Portugal. Quando se aproxima da linha, essa frota divide-se e cada navio dirige-se para o lugar ao qual a sua carga se destina, alguns para o Rio de Janeiro, outros para Pernambuco e a maior parte para a cidade de São Salvador. A corte portuguesa envia sempre dois ou três navios de guerra para escoltar os navios mercantes, os quais trazem uma enorme quantidade de mercadorias europeias de que os habitantes do Brasil têm necessidade. Depois que os navios estão carregados e as tripulações, descansadas, toda a frota reúne-se em um local previamente estabelecido e faz vela para Lisboa. Desse modo, os comerciantes estão menos sujeitos aos corsários que, mesmo assim, durante a passagem da frota, ficam à espreita, esperando capturar algum navio que, por imperícia ou por azar, se separe do comboio.

Pouco tempo depois da minha arribada na Baía de Todos os Santos, essa frota que vem de Portugal chegou ao porto. Trabalhou-se com a máxima diligência possível para carregar todos os navios, inclusive aquele em que viajaríamos, de modo que tudo ficou pronto no final do mês de agosto. Embarquei no início de setembro.

EDIÇÕES UTILIZADAS

A *Relation d'un voyage* foi publicada pela primeira vez em 1685, na cidade de Paris. A tradução holandesa é de 1687, a inglesa, de 1698, e a alemã, de 1700. Utilizamos a segunda edição em língua francesa, de 1699, intitulada *Nouvelle relation d'un voyage fait aux Indes orientales contenant la description des isles de Bourbon & de Madagascar, de Surate, de la côte de Malabar, de Calicut, de Tanor, de Goa, etc. Avec l'histoire des plantes & des animaux qu'on y trouve, & un traité des maladies particulières aux pays orientaux & dans la route, & de leurs remedes*, edição publicada em Amsterdã, pela renomada casa livreira de Paul Marret, com pequenos acréscimos em relação à primeira.

A *Relation de L'Inquisition de Goa* saiu em 1688 e, não obstante ter sido incluída no *Index* em 1690, alcançou enorme sucesso de público. Antes do século XVIII a obra teve nada menos do que quatro edições francesas, quatro alemãs, três holandesas e duas inglesas. Utilizamos a primeira edição francesa.

DELLON, Gabriel. *Novelle relation d'un voyage fait aux Indes Orientales*. Amsterdã: Paul Marret, 1699.

——. *Relation de L'Inquisition de Goa*. Paris: Daniel Horthemels, 1688.

BIBLIOGRAFIA

AMIEL, Charles. *L'Inquisition de Goa: la relation de Charles Dellon*. Introd., edição e notas de Charles Amiel e Anne Lima. Paris: Chandeigne, 1997.

DELLON, Gabriel. *Narração da Inquisição de Goa*. Vertida em português, várias notas e algumas correções por Miguel Vicente de Abreu. Lisboa: Edições Antígona, 1996.

PRIOLKAR, Anant Kakba. *The Goa Inquisition: Being a Quatercentenary Commemoration Study of the Inquisition in India. With Accounts Given by Dr. Dellon and Dr. Buchanan*. Bombaim: Bombay University Press, 1961.

Francisco Coreal

O pouco que se sabe sobre o espanhol Francisco Coreal (Correal) revelou-nos ele próprio ao longo de sua suposta narrativa de viagens. Informa-nos o aventureiro que nasceu em Cartagena, no ano de 1648, e que desde muito cedo se viu arrebatado pelo desejo de viajar. Assim, aos 18 anos, deixou a terra natal e veio para o continente americano, onde, excetuando um pequeno interregno, permaneceu por 31 anos (1666-1697).

Entre 1666 e 1683, Coreal percorreu a Flórida, o México, as Antilhas, a América Central e a Nova Granada. Em 1684, o aventureiro voltou à Espanha, recebeu uma pequena herança paterna e dirigiu-se para Lisboa. Nessa cidade, embarcou na frota do Brasil, *alcançando a Baía de Todos os Santos em 31 de outubro de 1685. Três meses permaneceu o espanhol na cidade, partindo, em seguida, para Santos e depois para São Paulo de Piratininga. Finalmente, em 1690, último ano de sua estada no Brasil, Coreal encontrava-se no Rio de Janeiro, desejoso de retornar à terra natal. Com esse propósito, embarcou em um navio espanhol a caminho de Buenos Aires. Daí seguiu por terra para o Peru e, depois de mais algumas andanças pela América espanhola (províncias do Panamá e de Havana), retornou a Cadiz, pondo fim às suas aventuras no Novo Mundo. A seguir, o leitor encontrará as impressões que deixou o aventureiro sobre São Paulo de Piratininga.*

*

Dois ou três meses depois que cheguei à Bahia foram armados alguns barcos para levar provisões aos portugueses estabelecidos na capitania de São Vicente. Fui designado para dirigir o comboio, o que me levou a buscar conhecer melhor o estado dessa região.

Santos, sua capital, é uma pequena cidade muito bem-localizada à beira-mar. Creio que não há, em todas as Índias Ocidentais, um porto que ofereça mais facilidades para ser fortificado e melhores condições para abrigar navios de grande porte. A cidade conta com trezentos a quatrocentos portugueses mestiços, na sua maioria casados com mulheres indígenas convertidas ao catolicismo. O governo da terra está nas mãos de frades e padres, donos de tudo o que aí há de melhor, pois possuem grande número de índios tributários, que são obrigados a pagar-lhes anualmente uma certa quantidade de prata. Essa prata provém das minas situadas nas montanhas entre Santos e São Paulo. Acredito que muitos habitantes da capitania de São Vicente, religiosos e leigos, são ricos de mais de 40 mil cruzados.

Essa boa gente é a mais ignorante que conheci nas Índias Ocidentais. Um dos mestiços do lugar, sabendo que vinha de Portugal, convidou-me para visitar a sua casa. O anfitrião recebeu-me muitíssimo bem, porém, no decorrer da visita, fez-me um sem-número de perguntas descabidas sobre os países da Europa, entre as quais, se havia também selvagens em Portugal e na Espanha e se os homens da Europa eram como os do Brasil. Casualmente, abordei a diferença de localização entre o Brasil e Portugal e tentei explicar-lhe que, em razão de tal diferença, enquanto aqui era inverno, lá era verão, e quando aqui era dia, lá era noite. O português benzeu-se mais de cem vezes e disse que somente um feiticeiro poderia imaginar tais coisas. Sua reação foi ainda pior quando lhe contei que estive entre os flibusteiros ingleses das Antilhas. Ele perguntou-me, mais de trinta vezes, se eu não era um herege e, não obstante todas as minhas afirmativas em contrário, não resistiu ao desejo de borrifar água-benta no cômodo em que estávamos. Ao que tudo indica, ele pensava que os ingleses haviam me transformado em um endemoninhado.

Durante a minha estada em Santos, surgiu uma história envolvendo uma imagem de Nossa Senhora com o Menino Jesus ao colo. Uma jovem viúva, que desejava se casar novamente, consultou a imagem de Nossa Senhora e esta prometeu-lhe que se casaria dentro de um ano. O prazo pareceu excessivo à jovem, que tratou de redobrar, com enorme zelo, as suas rezas ao Menino Jesus. Um frade, que estava escondido atrás do altar, sussurrou-lhe, então, que ela encontraria um marido em três meses, caso fizesse uma promessa proporcional à graça que buscava alcançar. A penitente prontamente concordou, e ambos afastaram-se satisfeitos. A notícia do suposto milagre espalhou-se rapidamente em Santos. Não sei dizer se a viúva realmente casou mais depressa, o certo é que a imagem passou a receber muitas oferendas.

Também em Santos vivi uma situação bastante singular. Apesar da ignorância e da grosseria dessa boa gente, as mulheres, em matéria de amor, são tão sutis e astutas como as de qualquer localidade da Europa. Certo dia, ao retornar para casa no final da tarde, veio ao meu encontro uma negrinha e disse-me que sua senhora ordenara que ela me conduzisse à sua casa a qualquer preço. Ciente dos perigos a que me expunha, ponderei muito antes de aceitar o convite. Por fim, deixei-me convencer e segui a negrinha, que me conduziu por caminhos tortuosos até a casa de sua senhora. Era noite fechada quando lá chegamos. A senhora recebeu-me muito bem, com uma polidez que, em se tratando de Santos, estava longe de esperar — é verdade que nada inspira mais a delicadeza e a graça do que o amor. Ela tudo fez para obsequiar-me, e prometi voltar na noite seguinte. Os encontros secretos prosseguiram por alguns dias, ao fim dos quais a dama, temendo que o marido descobrisse a traição, sugeriu que eu me vestisse de padre. Lançando mão desse recurso, continuei a visitá-la tranquilamente durante todo o tempo em que estive em Santos. Soube, contudo, que na Bahia um acidente pôs a perder plano semelhante. Um português encontrou um religioso aos pés de sua mulher, numa posição permitida somente a um esposo, e apunhalou os dois na mesma hora. O caso deu muito o que falar. O Tribunal da Relação tomou conhecimento do ocorrido e aconselhou o assassino a desfazer-se de seus bens e rumar para Lisboa, onde deveria aguardar o desfecho do caso. E foi isso que ele acabou por fazer.

A cidade de São Paulo, situada no interior da capitania de São Vicente, é governada de uma maneira tão singular que não posso deixar de referir. A urbe, distante mais de 12 léguas do mar e situada no meio de montanhas de difícil acesso — cobertas pela extensa e cerrada floresta de Paranapiacaba —, é uma espécie de república originariamente composta por toda casta de gente sem fé nem lei, obrigada pela necessidade de conservação a adotar uma certa forma de governo. Há no lugar padres e monges portugueses e espanhóis foragidos, crioulos, mestiços, caboclos (filhos de índios com negros) e mulatos. A princípio, a cidade não contava com mais do que cem fogos e era habitada por trezentas ou quatrocentas almas, aí incluídos os escravos e os índios domesticados. Nos últimos quinze ou vinte anos, esse número multiplicou-se dez vezes e os habitantes se dizem agora livres e não sujeitos à autoridade portuguesa. Eles limitam-se a pagar, anualmente, à Coroa, como tributo, o quinto do ouro que extraem de suas terras — esse tributo atinge a cifra de 800 marcos.

Foi a tirania dos governadores do Brasil que deu origem a essa pequena república tão ciosa de sua independência que não permite a entrada de nenhum forasteiro em seus domínios, e sua gente, ao pagar o referido tributo, tem o cuidado de frisar que não o faz nem por submissão ao rei de Portugal nem por medo, tampouco por obrigação. Dizem que a região é muito rica em ouro e prata e que os paulistas estão longe de pagar o quinto de tudo o que encontram; o que, provavelmente, é verdade. Todavia, como obrigar essa gente, que não só vive no meio de montanhas inacessíveis como ainda instala constantemente novas defesas naqueles lugares em que crê que a natureza é falha, a pagar tributo com lisura?

Os paulistas andam sempre em grupos de sessenta e oitenta homens, armados de flechas e espingardas — cujo uso conservaram. Não se sabe como fazem para as obter, mas o certo é que as possuem. Como têm a fama de roubar os viajantes e de acolher em seus domínios muitos escravos fugidos, é possível que as consigam por esses meios. Comenta-se que entre eles há aventureiros de todas as nações da Europa e muitos antigos flibusteiros. Fala-se, igualmente, que fazem excursões de 400 a 500 léguas pelo interior do Brasil, atravessando o país do rio da Prata ao Amazonas.

Os jesuítas do Paraguai têm feito o possível para entrar nas terras dos paulistas e nelas se fixarem. Isso, contudo, até agora não foi conseguido, pois estes desconfiam muito daqueles e não são suficientemente religiosos para admitirem em seu meio nem mesmo padres respeitados em todas as partes do mundo.

Quando algum forasteiro quer ingressar na república paulista, ele é sujeito, antes de ser admitido, a uma espécie de quarentena. E isso não porque tenham a intenção de purgar o visitante do ar ruim do Brasil, mas sim porque querem avaliar as suas aptidões e verificar se ele não é um traidor ou espião. Depois de prolongada vigilância, o forasteiro é enviado ao sertão, tendo de fazer longas e penosas jornadas em busca de escravos índios. Tais escravos são empregados nas minas e no cultivo da terra. O noviço que vacila durante a prova ou tenta desertar é morto sem misericórdia. Quem se junta aos paulistas o faz por toda a vida, pois é com muita dificuldade que permitem a alguém deixar os seus domínios.

EDIÇÃO UTILIZADA

A primeira edição conhecida da obra de Francisco Coreal foi editada em Amsterdã, no ano de 1722, em língua francesa. O editor diz ser a obra uma tradução do castelhano, mas não se tem notícias do original espanhol. Isso, somado ao fato de a narrativa repetir passagens inteiras de outros viajantes (de François Froger e Pyrard de Laval, por exemplo), levaram Alfredo de Carvalho a afirmar que o livro pode ser uma compilação de viagens, publicada por um dos muitos livreiros especializados de Amsterdã. Seja como for, a narrativa conheceu relativo sucesso, pois foi reeditada na Holanda, no ano de 1736, e editada em Paris, nos anos de 1736 e 1778. Utilizamos a edição publicada por Frederic Bernard em 1722.

COREAL, Jean François. *Voyages de Jean François Coreal aux Indes Occidentales.* Amsterdã: J. Frederic Bernard, 1722.

BIBLIOGRAFIA

CARVALHO, Alfredo de. *Aventuras e aventureiros no Brasil.* Rio de Janeiro: Imprensa Gráfica Editora, 1930.

DUVIOLS, Jean-Paul. *Voyageurs français en Amérique: colonies espagnoles et portugaises.* Paris: Bordas, 1978.

François Froger

Em 1693, um renomado oficial da Marinha francesa, M. de Gennes, propôs a Luís XIV estabelecer uma colônia-presídio no estreito de Magalhães. O monarca, que respeitava De Gennes pelos muitos e bons serviços que havia prestado à Coroa, foi receptivo à proposta e em 1695 pôs à disposição do renomado navegador seis navios de alto bordo e 784 homens para que levasse adiante o projeto.

Em 1695, engajou-se voluntariamente nessa empresa o engenheiro François Froger, que na época tinha somente 19 anos. O jovem marinheiro francês — como consta no prefácio da sua relação — desde muito cedo alimentava o desejo de ver países estrangeiros *e, mais ainda, de praticar certas coisas* que sabia somente em teoria. *Desse modo, quando surgiu a oportunidade de realizar* uma tão bela viagem, *ele não pôde* fugir à fortuna.

A frota comandada por M. de Gennes zarpou de La Rochelle em junho de 1695 e, antes de chegar ao estreito — onde as coisas correram da pior maneira —, arribou na Madeira (21 de junho), em Cabo Verde (3 de julho), na Baía de Todos os Santos (4 de novembro) e no Rio de Janeiro (30 de novembro). Nessa cidade os navios permaneceram ancorados quase um mês. Em 27 de dezembro de 1695 a frota fez-se à vela para o estreito de Magalhães. Uma vez no estreito, M. de Gennes logo constatou que era impossível estabelecer a sonhada colônia e resolveu retornar à França. A caminho de casa, as embarcações, carentes de provisões, aportaram mais uma vez na Baía de Todos os Santos (20 de junho de 1696), agora por um período de quase dois meses. Eis as impressões que o engenheiro deixou dessa arribada.

*

Ao meio-dia reconhecemos o cabo de Santo Antônio e avistamos, ao longo da costa, grande quantidade de barcos e algumas jangadas de negros — pequenas embarcações feitas de três ou quatro peças de madeira amarradas, que servem para dois homens irem à pesca até 4 léguas ao largo. Abordamos diversos barcos e pedimos ajuda para encontrar a rota, mas nenhum deles se dispôs a auxiliar-nos, alegando que não lhes era permitido fazê-lo. Creio que, na verdade, eles não queriam abandonar a pesca.

Felizmente, localizamos duas pequenas embarcações, parecidas com tartanas, que também se encaminhavam para o porto. Abordamo-las e pedimos um piloto, advertindo que este seria devidamente recompensado. Um dos donos de uma das tartanas ofereceu-se para nos guiar até o lugar de ancoragem, o que fez com toda a cortesia. Afastamo-nos um tiro de canhão do cabo de Santo Antônio e às 5 horas da tarde lançamos âncora a pouca distância da cidade, para não atrapalhar uma frota portuguesa (com quarenta a cinquenta navios) que aí era carregada para partir em seguida.

Logo que fundeamos, subiu a bordo um imediato do *Almirante*, que viera solicitar uma saudação. O senhor De Gennes respondeu-lhe que tinha ordens do rei de saudar somente se fosse respondido tiro por tiro e que enviaria imediatamente o seu capitão para resolver a questão com o governador. O oficial mandou, então, buscar uma chalupa para nos auxiliar na ancoragem e, depois de mil oferecimentos de serviços, seguiu com o cavaleiro de Fontenay até a presença do governador, que, sem muita discussão, acabou por decidir que não deveríamos saudar. Os portugueses reclamaram muito e disseram em alta voz que um navio francês não deveria impunemente passar pelos fortes sem fazer uma saudação. Todos sabiam, no entanto, que tamanha indignação era somente fogo de palha e que eles recorreriam antes aos seus rosários que à sua bravura.

No dia seguinte, dia da festa de Corpus Christi, o senhor De Gennes, acompanhado por vários oficiais, foi saudar o governador e o intendente, sendo recebidos com mil gentilezas. O governador chama-se d. João de Lencastre e é um dos primeiros homens do Reino e vice-rei do Brasil. Depois de saudar o governante, os franceses foram assistir à procissão do Santo Sacramento, que, nesta cidade, é digna de destaque em razão tanto do prodigioso número de caixas com relíquias de santos, dos ricos ornamentos, das tropas em armas, das corporações de ofício, das confrarias e dos religiosos que dela participam, quanto dos ridículos bandos de mascarados, músicos e dançarinos, que perturbam a boa ordem da cerimônia. Terminada a procissão, os franceses foram ouvir a missa na igreja dos reverendos padres jesuítas, onde foram recebidos por alguns padres franceses que os informaram acerca da perda de Namur e de um eventual tratado de paz com a Saboia. Esses jesuítas foram também jantar na casa do cônsul francês e contaram muitas outras novas.

Um religioso recém-chegado de Goa contou-nos que, antes de partir, tinha visto entrar naquele porto um navio francês em mau estado, que travara combate com três embarcações árabes. Esses terríveis piratas, ao abordarem um navio, utilizam uma espécie de cal para cegar os seus inimigos, que, lançado sobre a ponte, tem um efeito medonho. Fomos, também, informados sobre a derrocada de Montauban, cujos feitos são muito alardeados pelos flibusteiros de Bordeaux. Ele abordou um grande navio inglês na costa da Guiné e, sob o poder das armas, obrigou-o a render-se. O capitão inglês, indignado por ter sido capturado por um flibusteiro, pôs fogo na sua pólvora e mandou pelos ares o seu navio e o de Montauban, que foi lançado ao mar com doze ou quinze dos seus homens. Depois de permanecerem cinco dias e cinco noites vagando pelo mar, esses homens, já quase mortos, alcançaram as terras de um rei negro que, em consideração por um velho português que traficava naquela costa e que outrora mostrara compaixão por aquela pobre gente, tratara-os muito bem. Cinco ou seis meses mais tarde passou pelo lugar um navio holandês que seguia para a Jamaica. Montauban e sete ou oito dos seus embarcaram no dito navio, com o compromisso de pagarem as suas passagens. Os seis outros flibusteiros, que não obtiveram os favores dos holandeses, conseguiram passagem numa pinaça portuguesa, que levava alguns negros para a Baía de Todos os Santos. Aí embarcaram no nosso navio e seguiram para a Martinica.

No dia 4 de julho o *Almirante* e alguns mercadores ancoraram suas embarcações na baía e, no dia 8, toda a frota fez-se à vela para Lisboa. Essa frota era formada por 45 embarcações e estava carregada com açúcar, tabaco, algodão, óleo de baleia e couros. A maioria delas era de 12 a 36 canhões; a *Almirante* e a *Vice-almirante*, porém, ambas pertencentes ao rei, eram de 60 e 72 canhões, respectivamente.

No dia 9 de julho aproximamo-nos da cidade. Ainda não tínhamos comprado víveres na urbe, pois a presença da frota tornara-os extremamente caros. Adquirimos, então, alguma farinha da Europa e grande quantidade de mandioca e arroz. O intendente cedeu-nos um armazém do rei, para que pudéssemos salgar os víveres. Aproveitamos para construir uma chalupa, em substituição à que tínhamos perdido em Santa Ana.

A Baía de Todos os Santos é, talvez, uma das maiores, mais belas e mais cômodas baías do mundo, podendo abrigar um número superior a 2 mil navios. O fundo, em toda a sua extensão, é bom, e os ventos que aí sopram não constituem motivo de preocupação. Nas suas águas, são pescadas inúmeras baleias e nos estaleiros existentes no seu interior são construídos excelentes navios — vimos um, de sessenta canhões, em um dos canteiros.

A cidade de São Salvador, situada na dita baía, é grande, bem-construída e muito populosa. O relevo, contudo, não é dos melhores: os altos e baixos são tantos que não se consegue encontrar uma única rua plana. A cidade é a capital do Brasil, sede de um arcebispado e local de residência do vice-rei. Há ainda, no lugar, um Conselho Soberano e uma Casa da Moeda, onde, com o propósito de facilitar o comércio, são cunhadas as moedas correntes no país. Essas trazem, estampadas em uma das faces, as armas de Portugal e, na outra, uma cruz no interior de uma esfera com a seguinte inscrição: *Subq. sign stabo.*

Do lado do mar a cidade é defendida por alguns fortes e por muitas baterias de canhões; do lado do campo, por alguns bastiões de terra bastante malconstruídos. Durante a nossa arribada, o governador mandou lançar, a um tiro de canhão da cidade, os fundamentos de uma nova fortaleza. Os holandeses por diversas vezes tentaram tomar essa urbe. Tais investidas, no entanto, foram sempre infrutíferas, apesar de numa delas terem empregado 22 navios.

Os habitantes — exceto a arraia-miúda, que é insolente ao extremo — são limpos, educados e honestos. A maior parte é composta por judeus ricos, que adoram o comércio. Tanto é assim que, quando um cidadão quer que um de seus filhos siga a carreira eclesiástica, ele é obrigado a provar que os seus antepassados eram cristãos — do mesmo modo que um cavaleiro de Malta deve provar a nobreza da sua ascendência.

Os homens apreciam muitíssimo o sexo e não fazem economia para agradar as mulheres, que, de resto, são em número reduzido. As poucas existentes não se deixam ver por nenhum estranho e só saem de casa aos domingos, quando nasce o dia, para irem à igreja. Os maridos são extremamente ciumentos e julgam ser ponto de honra passar as suas mulheres no fio da espada caso estejam convencidos de que lhes são infiéis. Tal rigor, todavia, não impediu que muitas delas encontrassem meios de oferecer os seus favores a nós franceses, de quem apreciam as maneiras informais e envolventes.

Como a cidade é cheia de subidas e descidas, as carruagens não podem ser utilizadas e os negros acabam por desempenhar as tarefas dos cavalos, transportando, de um lado para o outro, as mais pesadas mercadorias. Deve-se também ao relevo o uso generalizado do palanquim, isto é, uma rede coberta com um pequeno dossel bordado e carregada por dois negros — os escravos servem-se de um longo bastão, o qual é erguido pelas extremidades. É por tal meio que a gente de qualidade vai à igreja, faz visitas e até mesmo se desloca ao campo.

As casas de São Salvador são altas e, em geral, construídas com pedra talhada e tijolos. As igrejas são adornadas por dourados, prataria, esculturas e por uma infinidade de belos objetos. Na Catedral das Cruzes há candeeiros e candelabros de prata maciça tão pesados que são necessários dois homens para carregá-los.

Na cidade encontram-se estabelecidos os franciscanos, os carmelitas, os beneditinos, os jesuítas e muitos outros religiosos (incluindo os capuchinhos franceses e italianos), todos muito ricos. Os jesuítas, especialmente, são poderosíssimos. O convento da companhia, que abriga 190 religiosos, é vasto e a sua igreja, ampla e ricamente decorada. A sacristia desse templo é uma das mais majestosas do mundo, contando com 25 toesas de comprimento e com quase o mesmo tanto de largura. Há três altares no seu interior: dois nas extremidades do cômodo e um terceiro no meio da parede que dá para a igreja. Sobre este último, todas as manhãs, são colocados mais de vinte cálices de ouro, de prata dourada e de prata. Das laterais desse altar saem duas grandes mesas que se estendem ao longo da parede, deixando espaço somente para as duas portas que dão acesso à igreja. Ambas as mesas são feitas de uma madeira muito bonita e ornadas, de todos os lados, com marfim, ladrilhos e uma série de belas miniaturas vindas de Roma. A quarta parede dessa sacristia, que dá para o mar, é rasgada de cima a baixo por grandes janelas, cujas partes superiores são cobertas por bonitas pinturas.

A região que circunda a baía é plana e entrecortada por belos rios. As habitações dos portugueses adentram mais de 50 léguas pelo interior da terra. Os índios, para se furtarem à dominação dos colonos, retiraram-se para as florestas e aí passaram a viver da captura de animais selvagens. Nossos bons padres capuchinhos, que estão, como referimos, estabelecidos na cidade, costumam ir às aldeias desse pobre povo e lá permanecer por quatro ou cinco anos, expondo-se, com um invejável zelo apostólico, a todo tipo de fadigas para retirar os selvagens das trevas em que vivem.

Na terra, crescem a cana-de-açúcar, o tabaco, o algodão, a raiz de mandioca, o arroz, o milho e as pastagens — que mantêm um grande número de animais, cuja carne não sai por mais de 1 soldo a libra. O país é repleto de formigas, o que leva os agricultores, para conservar as suas plantações de milho e de mandioca, a apressarem as colheitas. Aqueles que querem cultivar um jardim são obrigados a transformar os canteiros em verdadeiras ilhas, abrindo uma série de pequenos canais que os insetos não conseguem atravessar.

Há grande fartura de legumes e frutas no país, como bananas, ananases, batatas, inhames, cocos e goiabas. Produz-se também canela, pimenta, gengibre, óleo de cabriúva, bálsamo e muitas raízes de excelente utilidade, entre as quais a paraíba brava e a ipecacuanha.

A canela é da altura de uma pequena cerejeira, suas folhas são verde-claras, longas e pontudas. Os jesuítas trouxeram-na do Ceilão para o Brasil e cultivaram-na quase em segredo. Depois de alguns anos, porém, a árvore tornou-se muito comum, pois os pássaros comiam o seu fruto e espalhavam sementes por toda parte.

A planta que dá a pimenta nasce em torno das árvores tal como a hera; a folha é muito grande, pontuda e de um verde fosco; o fruto nasce em pequenos cachos, como a uva selvagem. O óleo de cabriúva e o bálsamo vêm da capitania do Espírito Santo e são retirados de certas árvores, as quais servem para os animais selvagens curarem as suas feridas — o que conseguem roçando o corpo contra a casca. Por pouco que se utilize dessas substâncias, seus efeitos são admiráveis, pois não são falsos como aqueles que temos na Europa.

A paraíba brava é uma raiz grossa e dura, infalível no combate a todo tipo de veneno, mesmo dos mais potentes. A ipecacuanha é uma raiz pequena, muito utilizada no Exército, pois é bastante eficiente contra a hemorragia. O seu valor já alcançou 10 pistolas a libra, mas hoje o seu preço é bem mais baixo, pois se tornou muito comum.

Encontramos também nesta terra um tipo de laranja muito grande, que vem da Mongólia, de onde, inclusive, retira o seu nome. Algumas chegam a ter 8 polegadas de diâmetro. A planta é muito parecida com o malvavisco e possui uma flor muito singular, a qual, da meia-noite ao meio-dia, é branca e, do meio-dia à meia-noite, vermelha.

A carne de caça e as aves são abundantes no país. Há uma quantidade extraordinária de aves e os mais belos papagaios do mundo; para a caça, há tigres, cervos, javalis e uma série de outros animais desconhecidos na Europa. O senhor De Gennes recebeu de presente uma enorme tartaruga, que passou o resto da campanha sobre um reparo de canhão, sem beber e sem comer. Tais animais não morrem antes de consumir toda a sua gordura.

Vimos, no país, dois tipos de símios: os saguis e os "macacos". Os saguis têm o tamanho de um esquilo e podem ser cinza ou da cor da aurora, com o pelo muito fino. Ambos os tipos são bem bonitos. Os "macacos" são maiores e têm o pelo escuro. Eles choram todo o tempo e não são muito divertidos, a não ser quando imitam os gestos humanos que presenciam. Vimos um que fazia a amarração tão bem quanto um marinheiro.

Os portugueses já encontraram algumas minas de prata e mesmo uma de ametista no país. Eles também tiram muito da mina de Gôte, em Angola, por meio de navios que vão aí negociar negros.

No dia 17, entrou no porto um navio português da Companhia da Guiné. Essa companhia foi criada recentemente e seus navios ostentam um pavilhão branco com uma cruz sinople. No dia 18, três dos nossos navios, que só esperávamos encontrar em Caiena, vieram se juntar a nós. O *Soleil d'Afrique* saudou-nos com sete tiros de canhão, os quais respondemos um a um. O *Séditieux* estava sem o seu mastro da gávea. Nos contaram que tinha saído do Rio de Janeiro uma frota de 18 navios, que o *Felicité* tinha passado por aquele porto e que perdeu quinze homens; contaram, também, que o senhor Roque, durante um ataque contra os portugueses numa bateria, tinha matado dois homens e ferido um oficial e que os inimigos meteram na prisão cinco ou seis de nossos oficiais e mataram mais dois homens.

No dia 22, ouvimos a predicação de um bom padre capuchinho francês, que há 25 anos pregava para os índios. O religioso disse ao senhor De Gennes que solicitara muitas vezes ao general permissão para retornar à Europa. O general, porém, pedira-lhe encarecidamente que permanecesse no país e desse continuidade ao seu bem-sucedido trabalho. Em virtude, pois, de tais pedidos do seu superior, ele estava em vias de retornar para a sua missão e não mais sonhar com o seu país natal.

No dia 6, depois de fazer a aguada e embarcar madeira e víveres para seis meses, preparamo-nos para partir. O governador presenteou todos os capitães da esquadra com alguns araçás e com todo tipo de refrescos. No dia 7, às 9 horas da manhã, fizemo-nos à vela para Caiena.

EDIÇÃO UTILIZADA

O relato de Froger foi publicado pela primeira vez em Paris, no ano de 1698, por Michel Brunet. Desde então a obra conheceu mais de oito edições, tanto em francês quanto em inglês. Utilizamos a quarta edição francesa, de 1699, cujo texto é idêntico ao da primeira.

FROGER, François. *Relation d'un voyage fait en 1695,1696 & 1697 aux côtes d'Afrique, détroit de Magellan, Brésil, Cayenne et isles Antilles*. Amsterdã: Chez les Héritiers, D'Antoine Schelte, 1699.

BIBLIOGRAFIA

FAZENDA, José Vieira. Antiqualhas e memórias do Rio de Janeiro. Rio de Janeiro: separata da *Revista do Instituto Histórico Geográfico Brasileiro*, Tomo 86, v. 143, 1921, p. 198-205.

RODRIGUES, José Honório. Visitantes do Brasil no século XVII. In: *Revista de História*, separata do v. 37, 1959.

TAUNAY, Afonso de Escragnolle. *Rio de Janeiro de antanho. Impressões de viajantes estrangeiros*. São Paulo: Companhia Editora Nacional, 1942.

William Dampier

O renomado navegador, explorador e escritor William Dampier nasceu em East Coker, na Inglaterra, em 1651, e morreu em Londres, doente e desgastado, no inverno de 1715. Desde muito cedo levou toda uma vida dedicada à aventura e ao mar, sobretudo ao mar. Aos 18 anos já estava sob velas em um navio mercante de Weymouth. Dos 20 aos 23, acrescentou ao seu currículo uma viagem à ilha de Java e uma participação, como marinheiro do navio Royal Prince, *na Guerra Anglo-holandesa.*

Ferido em combate, o convalescente Dampier, em 1674, transferiu-se para a Jamaica, onde tentou administrar uma plantação de cana-de-açúcar. A vida de administrador, porém, parece ter-lhe seduzido pouco, pois, nove meses mais tarde, depois de muitos embates com os patrões, já estava de volta ao mar, servindo em diversos navios mercantes da região do Caribe. É, no entanto, somente a partir de 1679 que Dampier passa a exercer a atividade na qual se tornaria célebre: a de bucaneiro. Excetuando um breve interregno em 1678, durante o qual voltou à Inglaterra e desposou uma mulher com quem nunca viria a morar, Dampier, pelo menos até o ocaso da década de 1680, praticou sistematicamente a pirataria nos mares do Caribe e nos Mares do Sul. Das muitas aventuras que viveu então, destaca-se uma demorada viagem, entre 1688 e 1691, às terras austrais, ao longo da qual o pirata tomou uma série de notas sobre a flora e a fauna australianas.

De volta à Inglaterra, em 1691, Dampier inicia a preparação de seus escritos, cuja saga vitoriosa começa em 1697, com a publicação do A New Voyage Round the World, *sob os cuidados do editor James Knapton. O impacto da obra foi estrondoso e abriu caminho para o sucesso de outras que se seguiriam:* Voyages and Descriptions, *editada em 1699, e* Voyage to New Holland, *publicada em 1703 e reeditada em 1709 com uma segunda parte.*

O último livro interessa-nos aqui em particular. Nele Dampier descreve a viagem de exploração que empreendeu, em 1699, a bordo do HMS Roebuck, *à Austrália (denominava-se New Holland a parte oeste do continente) e à Nova Guiné, a sua primeira viagem a serviço do Almirantado britânico. O* Roebuck *partiu de Downs, no sudoeste da Inglaterra, em janeiro de 1699. Rumo ao cabo da Boa Esperança, o navio passou pela ilha da Madeira, por Santa Cruz de Tenerife, pela ilha de Santiago, no arquipélago de Cabo Verde e, em março de 1699, ancorou na embocadura da Baía de Todos os Santos. Dampier permaneceu cerca de um mês em Salvador, estada descrita em um único capítulo de sua relação, o qual o leitor poderá acompanhar a seguir.*

*

No dia 23 de março de 1699 avistamos a terra do Brasil. Durante a travessia, desde que apanhamos o verdadeiro vento alísio, depois de cruzarmos a linha, o clima estava muito propício e havia uma ventania estimulante, sobretudo de E.N.E. A terra que avistamos estava situada a aproximadamente 20 léguas ao norte da Bahia. Resolvemos, então, costear em direção sul; a costa é mais baixa do que alta e repleta de bancos de areia.

Um pouco mais para dentro da terra há diversos pequenos montes de areia, que se parecem com neve. A costa, como um todo, tem uma aparência bem aprazível, coberta que é por matas e savanas. As árvores, em geral, não são grandes, mas estão sempre verdes e florescentes. Há muitas casas pequenas à beira-mar, ocupadas na sua maioria por pescadores. É comum vê-los retornar do mar em longos barcos, feitos com cepos amarrados lado a lado, barcos que podem contar com um ou dois mastros para vela. Há, geralmente, dois homens em cada um deles, sentados, no fim da embarcação, em bancos pequenos e baixos, pouca coisa acima dos cepos, de onde pescam; há também, na embarcação, dois cestos dependurados no mastro ou nos mastros, onde guardam as provisões e os peixes que forem pescados. Muitos, nessa altura do dia, já tinham retornado da pesca; de dois deles, que vieram a bordo, comprei alguns peixes. À tarde, navegamos até um notável pedaço de terra, no qual, sobre uma pequena e agradável elevação, havia uma igreja dedicada à Virgem Maria.

Costeamos durante toda aquela tarde; resolvemos, então, ancorar e esperar até a manhã seguinte. Depois de duas horas que estávamos ancorados, chegou um barco do mar alto (do lado sul) e lançou âncora a cerca de 1 milha para barlavento de onde estávamos, aí permanecendo toda a noite. Na manhã seguinte, depois de conversar com os tripulantes, descobrimos tratar-se de um barco português que rumava para a Bahia. Enviei imediatamente o meu barco para perguntar se poderiam me ceder um dos seus mestres para pilotar-me. Os portugueses responderam que não tinham um mestre capaz de fazer isso, mas que navegariam na minha dianteira e me mostrariam como entrar e que, caso alcançássemos o porto durante a noite, deixariam uma luz dependurada para me mostrar o caminho. Mandaram-me dizer, também, que não estávamos longe e que, com um vento razoável, alcançaríamos o porto antes do anoitecer. O vento, todavia, estava muito fraco e continuamos navegando até a noite; então, como prometido, a embarcação portuguesa dependurou a sua luz, a qual seguimos, mas sempre sondando à medida que avançávamos. Pus todos os meus homens no convés e deixei uma âncora pronta para qualquer emergência. Há de se notar, ainda, que a maré baixa estava contra nós, o que tornou a navegação extremamente lenta e permitiu que ancorássemos somente no meio da noite. Logo que ancoramos, o mestre da embarcação portuguesa veio ver-me a bordo; agradeci-lhe a gentileza. A bem da verdade, sempre encontrei, aqui e em outros lugares do mundo, não somente por parte deste homem, mas de toda a nação portuguesa, grande camaradagem e disposição para auxiliar-me quando necessário.

O local que ancoramos está localizado a cerca de 2 milhas do porto, onde os navios geralmente fundeiam. Todavia, tinha medo de que minha gente resolvesse fugir logo que lançássemos ferro e resolvi pedir autorização ao governador para entrar no porto e fundear junto aos seus navios, próximo a um dos fortes. No dia 25 de março, por volta das 10 horas da manhã, aproveitando a maré, rumamos para lá, pilotados pelo inspetor do porto, cuja função é guiar todos os navios do rei de Portugal que aqui chegam e fazê-los ancorar em segurança. O piloto fez-nos lançar âncora quase em frente à cidade, em um ponto mais afastado do porto que estava repleto de navios, localizado a cerca de 150 jardas de um forte construído sobre uma rocha, que se acha a meia milha da terra.

A Baía de Todos os Santos, situada a 13 graus de latitude sul, é a mais importante cidade do Brasil, quer pela beleza das suas construções, pelo seu tamanho, pelo seu comércio ou, ainda, pela sua receita. A cidade conta com as vantagens de um porto capaz de receber navios de grande tonelagem. A entrada deste porto é guardada por uma poderosa fortaleza, situada do lado de fora, de nome Santo Antônio; vimos a luz desse forte, que é mantida acesa com o propósito de auxiliar as embarcações, na noite anterior à nossa entrada. Há outros pequenos fortes que comandam o porto, um dos quais está construído sobre um rochedo no meio do mar, a meia milha da costa. Todos os navios, antes de ancorar, devem passar próximo a esse forte e seguir adiante cerca de meia milha, posicionando-se entre ele e um outro forte — situado numa ponta da parte interna do porto —, denominado forte Holandês. Os navios, no entanto, não devem, durante todo o percurso, passar mais próximos da cidade do que do primeiro forte, onde há um fundo de boa tença e menos exposição ao vento sul, que é muito forte por aqui. Geralmente, ele começa em abril e vai ficando cada vez mais potente ao longo dos meses de maio, junho, julho e agosto. O lugar onde os navios fundeiam, no entanto, está sujeito a esse vento não mais do que três pontos da bússola.

Próximo ao lugar de ancoragem, de frente para o porto, há outro forte, construído sobre a elevação onde se encontra a cidade. A cidade, a propósito, conta com 2 mil casas aproximadamente, a maior parte das quais não é visível do porto, porém, tão logo se pode avistá-las, misturadas às árvores e erguidas sobre a tal elevação, desfruta-se de um belo prospecto.

Há na cidade treze igrejas, capelas, hospitais, conventos e ao menos uma residência de freiras. Em primeiro lugar, há a catedral e o Colégio dos Jesuítas, que são os principais edifícios e podem ser vistos do porto; depois, há as igrejas paroquiais de santo Antônio e de santa Bárbara, a igreja dos franciscanos e a dos dominicanos, dois conventos de carmelitas, a capela dos homens do mar — próxima a uma praia, onde os barcos podem chegar facilmente e os marujos passar rapidamente às orações — e uma outra, na mesma rua, próximo à praia, para a gente pobre; há, ainda, uma capela para os soldados, nas imediações da cidade, distante do mar, e um hospital no centro da urbe. O convento de freiras situa-se fora da cidade, nas imediações da mata, onde, segundo me disseram, residem setenta freiras. A cidade é sede de um arcebispado, que está instalado em um belo palácio; o palácio do governador é um edifício de pedra clara, muito bonito quando visto do mar, mas que, infelizmente, está muito mal mobiliado. Tenho observado que tanto os portugueses quanto os espanhóis gostam de ostentar seus engenhos e grandes casarões, mas, exceto por algumas pinturas, não ligam muito para a decoração. As casas da cidade são de dois e três andares, com paredes grossas e sólidas, geralmente construídas com pedras e cobertas com telhas — a maioria dessas casas conta com balcões.

As ruas principais são largas e, na sua maioria, pavimentadas ou cobertas com pedras pequenas. Há, também, praças nos locais mais nobres e muitos jardins, na cidade e nos seus arredores, onde se cultivam árvores frutíferas, verduras, legumes e grande variedade de flores, mas tudo sem grande cuidado e nenhuma arte.

O governador, que ali reside, é tratado por dom João de Lencastre, descendente, segundo dizem, da família inglesa Lancaster. Comentam que tem muito respeito por aqueles da nação inglesa, a quem trata por compatriotas. Encontrei-o diversas vezes, sempre muito cortês e educado.

Há, aqui, uma guarnição com quatrocentos soldados, que geralmente se reúne e se exercita numa grande praça, em frente à casa do governador — muitos deles, quando Sua Excelência sai a passeio, acompanham-no. Esses soldados andam decentemente vestidos, com um uniforme marrom, feito de linho, o que, convenhamos, é mais adequado para um país quente do que a lã. Todavia, confesso que nunca tinha visto fardas de linho, somente de lã. Além dos soldados pagos, o governador pode contar com cerca de mil homens para pegar em armas. O paiol, situado nos limites da cidade, numa pequena elevação entre o convento de freiras e a igreja dos soldados, é grande o suficiente para conter 2 ou 3 mil barris de pólvora, mas, segundo dizem, geralmente abriga cem, por vezes, oitenta barris. Há sempre um batalhão de guarda no local e sentinelas postadas noite e dia.

Comerciantes importantes residem na Bahia, por isso, o lugar tem um comércio forte. Encontrei aqui cerca de trinta grandes navios da Europa, dois deles navios de guerra do rei de Portugal, encarregados de escoltar o comboio. Havia, ainda, dois navios que fazem o comércio somente com a África — tanto com Angola e Gamba, quanto com outros lugares da costa da Guiné — e muitas embarcações pequenas que correm a costa, levando mercadorias de um ponto a outro do Brasil.

Os comerciantes que vivem nesta praça são reputados ricos e têm muitos escravos em suas casas, tanto homens quanto mulheres. A maioria deles é portuguesa, pois os estrangeiros quase não participam do comércio da Bahia. Encontramos um tal senhor Cock, um comerciante inglês, muito polido e bem-visto, que ostentava o título de cônsul inglês do lugar. O senhor Cock, todavia, parece nunca ter cuidado de nenhum negócio público, pela simples razão de que são raríssimos os navios ingleses que aportam aqui — antes de nós, havia 11 ou 12 anos que não ancorava um só navio inglês no porto. Passaram por aqui, também, um comerciante holandês e um ou dois franceses, mas todos tinham as suas mercadorias transportadas da e para a Europa em navios portugueses, pois navios de outras nações não são admitidos no comércio daqui. Há uma alfândega na costa, onde as mercadorias importadas ou exportadas dão entrada. Para coibir os abusos, cinco ou seis barcos patrulham o porto, abordando qualquer barco suspeito de estar transportando mercadorias.

Os principais produtos que os navios europeus trazem para cá são: roupas de linho, grosseiras e finas; tecidos de lã, como a sarja; chapéus; meias de seda e de algodão; biscoito; trigo; vinho, sobretudo vinho do Porto; azeite de oliva; manteiga e queijos. As carnes de vaca e porco salgadas também são muito negociadas. Para cá são trazidos ainda: ferro, todo tipo de ferramentas de ferro e uma enorme variedade de utensílios de peltre, como travessas, pratos, colheres etc.; e ainda espelhos, contas e outras ninharias. As embarcações que passam por Santiago trazem roupas de algodão, as quais, posteriormente, são levadas para Angola.

Os navios europeus levam daqui, principalmente, açúcar e tabaco — em rolo e em rapé, mas nunca em folha, segundo soube. Ao lado de tais produtos, levam, também, madeiras corantes, como a bagaceira, e madeiras para diversos outros usos — como as coloridas e o pau-brasil —, couro cru, sebo e óleo de baleia. Os marujos costumam ainda levar macacos domesticados, papagaios e periquitos.

O açúcar daqui é muito melhor do que aquele que a Inglaterra obtém das suas plantações. Todo o açúcar que se produz no Brasil é barrado, o que faz dele um açúcar mais branco e fino do que o nosso mascavado — nome que damos ao produto ainda não refinado. Os plantadores ingleses raramente fazem o refino com argila, salvo em pequenas quantidades, com o intuito de remeterem como presente aos amigos na Inglaterra. O processo empregado é o seguinte: preparam, primeiramente, uma mistura cremosa com uma argila muito branca e água; depois, derramam esse creme nos caldeirões de açúcar, que abaixam 2 ou 3 polegadas na altura, por conta da drenagem do melaço; antes de derramarem a mistura, raspam a fina crosta de açúcar que se forma na superfície, para que o creme de argila possa penetrar no açúcar de todo o caldeirão. O refino dá-se por percolação. Ao longo de dez ou doze dias, o creme branco argiloso fica no caldeirão, promovendo o branqueamento do açúcar que passa por ele. Decorrido esse período, a argila endurece e forma um duro bloco na parte superior do caldeirão, o qual pode facilmente ser removido. O açúcar que está mais embaixo no caldeirão ainda traz algumas impurezas, as quais vão desaparecendo à medida que se afasta do fundo. Eis porque o denominado açúcar do Brasil é tão branco. Durante o período em que estive na cidade, cada 100 libras desse açúcar branco era vendido a 50 soldos; o açúcar dos fundos de caldeirão, um açúcar mais grosseiro, saía a 20 soldos cada 100 libras; ambos, porém, eram difíceis de ser encontrados. O açúcar produzido este ano não foi suficiente para carregar os navios e alguns terão de esperar aqui até a próxima estação.

Os navios europeus comodamente alcançam esta costa nos meses de fevereiro e março, passando por aqui, em geral, muito rapidamente. Passados esses meses, as embarcações podem apanhar fortes tempestades na altura da linha, o que cria dificuldades para cruzá-la, e potentes ventos

E.N.E até a altura desta costa. O retorno das embarcações dá-se sem problemas a partir do término de maio, início de junho. Disseram-me, durante a minha estada, que os navios ancorados partiriam daqui no dia 20 de maio. Daí estarem todos muito ocupados: alguns carregando os navios com suas mercadorias, outros carenando-os e colocando-os prontos para a viagem. A primeira coisa que se faz quando as embarcações chegam aqui, por sinal, é carená-las. Para tal propósito há na cidade um pontão que o rei mandou construir e que é administrado por um superintendente. Dizem que esse homem cobra uma soma em dinheiro por cada navio que é carenado e que também providencia a lenha e o que mais for necessário para a carena. Os navios, geralmente, contratam aqui as suas mercadorias, pois cada embarcação pode utilizar dois cabos enquanto estiver ancorada, poupando os próprios cabos de cânhamo. Os cabos daqui são feitos com um filamento — que cresce sobre uma certa árvore, saindo de seus galhos — muito semelhante àquele do coco das Índias Orientais, mas não é o mesmo. Os cabos feitos com tal fio são fortes e resistentes o suficiente para os navios europeus.

Os navios que participam do comércio com a Guiné são pequenos, se comparados aos precedentes. Essas embarcações levam daqui rum, açúcar, roupas de algodão da ilha de Santiago e contas, trazendo de lá, ao retornarem, ouro, marfim e escravos, numa viagem bastante compensatória. As embarcações pequenas da cidade são, na sua maioria, empregadas no transporte de mercadorias europeias da Bahia, centro de todo o comércio do Brasil, para outros pontos da costa, trazendo no seu retorno açúcar, tabaco etc. Essas embarcações, cuja tripulação é geralmente composta por escravos negros, são utilizadas, nas proximidades do Natal, na caça à baleia. Durante essa época do ano as baleias abundam nesta costa, podendo ser encontradas até mesmo nos portos e lagos, onde os homens do mar as matam com facilidade. A gordura desse animal é utilizada como óleo e a carne magra é consumida pelos escravos e pela gente pobre — segundo me contou uma pessoa que a consumia frequentemente, essa carne tem gosto suave e é muito saudável. Dizem que as baleias daqui são pequenas, mas a sua quantidade é tamanha e a sua captura tão fácil que conseguem obter um bom dinheiro com o negócio. Todos os que participam dessa pesca são obrigados a ter uma licença emitida pelo rei, que, segundo me disseram, arrecada 3 mil dólares por ano com esse direito de pesca.

Todos os pequenos navios que fazem o comércio na costa são construídos aqui, onde o rei mantém muitos soldados a seu serviço. Enquanto estava na cidade, construíram um navio de quarenta ou cinquenta canhões. A madeira do país, que a possui em grande quantidade, é excelente para isso; segundo o que me disseram, é mais resistente e durável do que qualquer madeira europeia. Dos navios que participam do comércio com a Europa, muitos são de construção inglesa, tomados pelos franceses durante a última guerra e vendidos aos portugueses.

Além dos comerciantes e de outros que negociam suas mercadorias por via marítima, há na cidade homens consideravelmente ricos, muitos artífices e comerciantes de todo gênero, os quais, com muito trabalho e indústria, vão de vento em popa, especialmente os que podem ter um ou dois negros a seu serviço. A bem da verdade, salvo as pessoas de baixíssima qualidade, é raríssimo quem não tenha em casa escravos a seu serviço. A gente rica, além dos escravos de ambos os sexos que mantém em casa para realizar todo tipo de trabalho, possui escravos homens que acompanham os seus senhores quando estes saem de casa, como uma comitiva. Tais escravos correm de ambos os lados do cavalo do senhor, quando este cavalga, e carrega-o em seus ombros pela cidade, quando vai realizar visitas próximo de casa. Todo gentil-homem ou comerciante que se preze tem em casa os meios necessários para esse tipo de transporte, que consiste, sobretudo, numa grande rede à moda das Índias Ocidentais, de cor azulada, com grandes franjas de ambos os lados. Essa rede é carregada nos ombros dos negros com o auxílio de um bambu de 12 a 14 pés, no qual a rede vai dependurada; uma cobertura, colocada sobre o bambu, cai de ambos os lados da rede como uma cortina. Desse modo, a pessoa carregada pode ou não ser vista segundo a sua vontade; a pessoa pode, também, deitar-se, dispondo de almofadas para tal, ou sentar-se, utilizando as almofadas como apoio e colocando ambas as pernas para fora, de um dos lados da rede. Quando o transportado quer ser visto, afasta a cortina e põe-se a saudar a todos aqueles de seu conhecimento que encontra pela rua. Experimentam grande prazer em saudarem-se uns aos outros e, por vezes, mantêm longas conversas no meio da rua. Nessas situações, seus escravos têm em mãos um suporte bem-talhado e resistente, com uma pequena forca de ferro na extremidade de cima e uma ponta de metal na de baixo, como um descanso de mosquete, que rapidamente fixam na terra e colocam o bambu da rede sobre eles; assim, podem esperar calmamente que terminem os negócios ou os cumprimentos dos seus senhores.

Os principais oficiais mecânicos daqui são os ferreiros, os chapeleiros, os sapateiros, os curtidores, os serradores, os carpinteiros e os tanoeiros. Há, também, muitos alfaiates e açougueiros; estes, a propósito, matam os seus novilhos com uma destreza invejável, cravando-lhe, de um só golpe, depois de prendê-lo em um cercado, uma faca pontuda e afiada na nuca. A carne, contudo, é preparada de maneira muito desleixada. Durante a quaresma, quando estive na cidade, até o Sábado de Aleluia não foi possível encontrar carne fresca para comprar. No sábado, porém, é morta uma enorme quantidade de novilhos nos matadouros da cidade, que são euforicamente invadidos por homens, mulheres e crianças que querem comprar carne — aos compradores segue uma multidão de cães esfomeados. Todavia, para quem aprecia carne, a aqui comercializada é bem magra.

Todos os comerciantes da cidade compram negros e mandam treiná-los em diferentes ofícios, o que acaba por ser de grande ajuda. O comércio com Angola e com outras partes da Guiné é frequente e garante um suprimento constante de negros, tanto para as plantações quanto para as cidades. Aqui na Bahia, os seus serviços como carregador são muito requisitados. Há um intenso comércio marítimo na cidade e o porto está situado no pé de uma elevação, demasiado íngreme para ser vencida por carroças. É, pois, indispensável contar com o serviço dos escravos, que levam as mercadorias para a cidade, que fica no alto da elevação, sobretudo as de menor valor. Os comerciantes podem utilizar, também, para esse serviço, um grande guindaste com cabos ou polias, por meio dos quais, enquanto uma mercadoria sobe, a outra desce. A casa de onde se opera esse guindaste encontra-se no alto da montanha, do lado do mar, dependurada no precipício. Da casa até a base, foi colada uma série de pranchas de madeira, em forma de prateleira, de modo que se pode promover paradas quando se desce ou sobe uma mercadoria.

O número de escravos negros na cidade é tão elevado que já são maioria entre os habitantes. Todas as casas, como mencionei, têm escravos de ambos os sexos. Muitos portugueses solteiros tomam as mulheres negras como esposas, embora saibam que correm o risco de ser envenenados por elas, se lhes derem qualquer motivo para ciúme. Um homem de meu conhecimento, que tinha relações íntimas com sua cozinheira, enquanto estive na cidade, vivia com medo da amante. Os escravos, de ambos os sexos, vivem metidos em crimes, sobretudo em assassinatos — quando são pagos para isso —, os quais executam preferencialmente à noite. Por esta razão, mantive, sempre que pude, meus homens na embarcação. Um navio pertencente ao rei da França, que esteve aqui, perdeu, como me contou alguém digno de crédito, vários homens durante a noite.

Depois de descrever a cidade da Bahia, vou agora dizer alguma coisa sobre a região. A terra, como mencionei, está situada diante de um grande lago de água salgada, a noroeste do mar, com a cidade e o forte dos Holandeses a estibordo. O terreno é, na sua maior parte, bastante regular — nem muito alto, nem muito baixo — e bastante bem-servido de água, com muitos rios, riachos e nascentes, rios com bons portos, baías e trechos navegáveis. O solo, em geral, é de boa qualidade, produzindo naturalmente um grande e variado número de árvores, para diversos usos. Os vales são cobertos por capim, ervas e vários tipos de vegetação. Uma vez cultivada, a terra produz uma série de coisas próprias dos climas quentes, como: cana-de-açúcar, algodão, índigo, tabaco, milho, árvores frutíferas variadas e raízes comestíveis de todos os tipos. Das muitas árvores da terra, lançando mão em parte do que ouvi dos habitantes da Bahia e em parte do que já conhecia das mesmas, descreverei algumas: o guapuruvu, o vinhático, a guitiroba, o *serrie* de três tipos de mangue, madeiras de tintura, jataíbas, paineiras de três tipos e árvores frutíferas de diversos tipos, que crescem naturalmente, sem necessidade de plantio.

Das árvores para madeira, o guapuruvu é um dos maiores e mais altos; a sua madeira é excelente e muito utilizada na construção de casas. Para o mesmo propósito, há também o vinhático, uma árvore alta e ereta, da qual se extraem pranchas de 2 pés de largura e com a qual é possível fazer canoas. A guitiroba é usada principalmente na construção de embarcações; é tão estimada aqui quanto o carvalho na Inglaterra e, segundo dizem, é mais dura e resistente do que o próprio carvalho. O *serrie* é uma árvore muito semelhante ao olmo, também extremamente durável na água.

Há na região três tipos de mangue: o vermelho, o branco e o preto. A casca do mangue-vermelho é aqui utilizada para curtir o couro — há grandes tanques para este fim. O mangue-preto cresce tanto aqui quanto nas Índias Ocidentais e com ele fazem umas boas pranchas. O mangue-branco daqui, porém, é maior e mais resistente do que o das Índias Ocidentais e com ele é possível fazer mastros e vergas para embarcações.

Crescem na região muitos tipos de coqueiros selvagens, nenhum tão alto e grosso como os que crescem nas Índias Ocidentais e Orientais. Os cocos que produzem são diferentes, cerca de um quarto do tamanho dos verdadeiros cocos. A casca é cheia de polpa, sem nenhuma cavidade ou água dentro, e a polpa é doce e saborosa, mas muito dura, tanto para os dentes quanto para o estômago. Esses cocos são muito utilizados como contas para terços, fornilhos de cachimbo e para umas tantas outras coisas, as quais qualquer lojinha daqui tem em grande quantidade para vender. No alto desses coqueiros inferiores, entre os seus galhos, cresce um longo fio preto, semelhante a uma crina de cavalo, porém, mais comprido, denominada pelos portugueses "trançado". Desse fio são feitos os cabos que utilizam em seus portos, alugando-os aos navios europeus; são cabos semelhantes aos feitos com fibras de coco.

Há, aqui, três tipos de árvores que dão paina. A primeira é a que conhecemos como paineira propriamente. Os outros dois tipos, que vi somente aqui na Bahia, são árvores menores se comparadas à paineira, considerada a árvore mais alta das Índias Ocidentais; todavia, ainda que menores que esta, são de um tamanho e de uma altura consideráveis. Uma delas tem menos galhos do que a outra e cada uma floresce em uma época do ano. Enquanto uma exibe os seus frutos todos maduros e as suas folhas começam a cair, a outra ainda tem os frutos pequenos, em amadurecimento, recém-saídos da floração. Nesse período a árvore, que se assemelha a uma macieira da Inglaterra, gera vagens enormes, com 6 polegadas de comprimento e a grossura do braço de um homem. Os frutos estão maduros em setembro ou outubro, quando as vagens se partem e os tufos de paina, do tamanho da cabeça de um homem, saem. Geralmente, os habitantes apanham as vagens antes que abram, evitando que a paina se espalhe com o vento. As vagens abrem normalmente depois de colhidas e a paina é aproveitada para a feitura de almofadas e travesseiros — que são muito apreciados pelos habitantes. Todavia, essa paina — de cor castanha, com sementes pretas, muito redondas, do tamanho de uma ervilha branca — não serve para mais nada, pois não pode ser fiada.

O outro tipo amadurece entre março e abril; o fruto ou vagem é do tamanho de uma maçã grande, muito redonda, e tem uma casca da grossura de um dedo; dentro dela há bagos, revestidos com uma pele muito fina, que contêm a paina. Quando está madura, a casca se quebra de cima a baixo e põe para fora cinco bagos do mesmo tamanho, que ficam dependurados com o algodão no seu interior. Passados dois ou três dias, a paina dilata com o calor do sol, arrebenta os bagos e saem, ficando o fruto do tamanho da cabeça de um homem. À medida que o vento sopra, a paina vai se desprendendo da casca e espalhando-se pelos campos; o bago logo segue a paina e, depois dele, a casca. Há aqui, também, o verdadeiro algodoeiro das Índias Ocidentais — um arbusto —, mas o algodão nem é exportado nem muito utilizado na feitura de tecidos.

O país produz grande variedade de excelentes frutas, como: laranjas de dois ou três tipos, limas em abundância, limões, romãs, bananas, cocos, goiabas, abajerus, uvas silvestres e uvas das que temos na Europa. Há por aqui, também, nêsperas, ananases, araticuns, cajus, mamões, jenipapos, mancenilhas e mangas. As mangueiras ainda são raras por aqui; não as vi em parte alguma, salvo no jardim do Convento dos Jesuítas, onde há excelentes árvores frutíferas e, inclusive, alguns pés de canela. Tanto a manga quanto a canela são naturais das Índias Orientais, mas se adaptaram bem na região; a abóbora, vinda do mesmo lugar, também adaptou-se à terra; e as laranjas da China e de Sevilha são aqui abundantes e excelentes.

O araticum é um fruto grande, de formato oval e cor esverdeada; quando maduro, um lado fica amarelado. A casca é áspera e grossa, com pequenos calombos pontiagudos. A parte de dentro é repleta de uma polpa esponjosa, em meio à qual há inúmeras sementes pequenas ou caroços, do tamanho e do formato das sementes de abóbora. A polpa é muito suculenta e saudável, e tem um gosto extremamente agradável. Para comê-la tira-se a polpa da casca, mete-se na boca e cospem-se as sementes. A árvore que produz tal fruto tem cerca de 10 a 12 pés de altura, tronco pequeno e galhos curtos — jamais vi algum exemplar que tenha crescido muito. Os ramos são delgados e resistentes, do mesmo modo que o talo da fruta. O araticum cresce nas Índias Ocidentais e Orientais.

O caju tem o tamanho da maçã, porém, é mais alongado e apresenta um formato irregular: a parte próxima ao talo é mais grossa e vai afinando à medida que se aproxima da ponta. A casca é lisa e fina, com uma cor entre o vermelho e o amarelo. A sua semente, que se encontra grudada na extremidade mais grossa da fruta, é de cor castanha e tem o formato e o tamanho de um feijão, mas é menos achatada. A árvore tem o tamanho de uma macieira, com galhos finos mas bem abertos. Os ramos são grossos e as folhas, grandes, redondas e espessas. A fruta é tenra e esponjosa, contendo tanto caldo que, ao mordê-la, o líquido escorre por ambos os lados da boca. O sabor é delicioso e deixa uma agradável aspereza na língua. O caju, que tem a reputação de ser uma fruta muito saudável, cresce tanto nas Índias Ocidentais quanto nas Orientais — onde, a propósito, tive a oportunidade de vê-la e de experimentá-la.

O jenipapo é uma fruta do tipo cabaça ou purunga; tem o tamanho de um ovo de pato, o formato ligeiramente ovalado, cor acinzentada e uma casca um pouco menos dura que a da cabaça. O interior está cheio de uma polpa esbranquiçada, com sementes lisas e pequenas. Deve-se levar à boca polpa e sementes misturadas, engolindo uma e cuspindo as outras. O sabor é picante, agradável e muito singelo. A árvore em que cresce tal fruta lembra bastante o freixo: é muito ereta, de boa estatura, sem muitas folhas na parte superior, onde os galhos formam uma espécie de pequena cabeça. A casca é da mesma cor do fruto, cinza-claro. Na baía de Campeachy utilizam a madeira dessa árvore para, com muito sucesso, fazer cabos de machado.

Para além das mencionadas, há aqui uma série de outras frutas que não encontrei em nenhum outro lugar, como o araçá, o maracujá e a pitanga. O araçá é uma fruta excelente, pouco maior do que a cereja e com o formato de uma pera, sendo mais volumosa nas proximidades do caule. A sua cor é esverdeada e as sementes têm o tamanho de grãos de mostarda. Ainda que um tanto ácida, é uma fruta saborosa e saudável, que pode ser consumida por pessoas doentes.

O maracujá é, também, uma fruta de ótima qualidade; há, aqui, dois tipos: um cresce em árvores pequenas ou arbustos e é considerado o melhor; o outro cresce em trepadeiras, semelhantes às parreiras, as quais são muito utilizadas para cobrir caramanchões, pois suas folhas são grandes e dão boa sombra. O fruto tem o tamanho de uma laranja pequena, é redondo e esverdeado. Depois de maduros, são moles e fáceis de comer. A polpa esbranquiçada é toda misturada com pequenas sementes pretas, das quais é inseparável. Deve-se, pois, pôr toda a polpa na boca, cuspindo as sementes. É uma fruta ácida, mas saborosa e muito saudável.

A pitanga é uma fruta pequena, que cresce em árvores igualmente pequenas. A fruta tem o formato de uma cereja, mas é menos redonda, apresentando uma forma achatada, cinco ou seis pequenos e marcados sulcos e um caroço achatado. O sabor é agradavelmente ácido.

A pitomba é uma fruta amarela, que cresce em trepadeiras, como as uvas, e é do tamanho da cereja, com um grande caroço no meio. É uma fruta doce, mas deixa certa aspereza na boca.

A mangaba é uma fruta do tamanho de uma cereja, vermelha de um lado e branca do outro. O *muckishaw*, segundo dizem, tem o tamanho de uma maçã silvestre e cresce em árvores grandes. O fruto tem sementes no seu interior e é muito apreciado. O ingá é uma fruta que parece uma fava, com 4 polegadas de comprimento e 1 de largura, e cresce em árvores grandes. O oiti é uma fruta do tamanho de um coco, com uma casca grossa e um grande caroço no seu interior — é tida como muito requintada. A jabuticaba é uma fruta do tamanho da avelã, coberta por um invólucro frágil de cor preta, com uma pequena semente no centro, envolvida por uma substância mole, com sabor agradável. A casca é mastigada com a fruta, e cuspida com o caroço, depois de se sugar a parte mole. A árvore em que cresce esse fruto é alta, grande e tem uma madeira muito dura.

Devo dizer que não vi nenhuma das cinco últimas frutas que comentei, as quais me foram descritas por um irlandês, habitante da Bahia; para mais, creio que, como o irlandês, devo ter visto e experimentado tais frutas no porto de Achin, em Sumatra.

As drupas de palmeiras, aqui denominadas dendês, crescem profusamente na região — as maiores são do tamanho de uma noz. Os frutos, como em toda palmeira, nascem no alto das árvores, em cachos, entre as ramificações dos galhos ou das folhas. Os pequenos cocos são do mesmo tipo daqueles que são utilizados para fazer o óleo de palmeira na costa da Guiné, onde abundam tais frutos. Aqui, também, segundo me disseram, produzem o mesmo óleo. Há quem costume assar e comer esses cocos; no entanto, confesso que assei alguns para experimentar e não gostei.

O coco-de-purga, como é denominado pela gente do mar, é chamado andá-açu e o agnocasto, "carrapato". Ambos crescem aqui, bem como o mondubim, uma fruta semelhante ao coco-de-purga. Todos são tostados numa panela sobre o fogo antes de serem consumidos.

Há aqui, ainda, uma enorme quantidade de arecas e de outras frutas que não cheguei a ver ou sobre as quais não consegui informações. Estávamos na primavera europeia, outono nesta parte do mundo, época em que as melhores frutas já foram consumidas — por sorte, ainda havia algumas. Mesmo assim, vi muitas frutas silvestres pelas florestas e campos, mas infelizmente não tive oportunidade de aprender seus nomes e características.

A terra não é desprovida, igualmente, de grande variedade de frutas cultivadas, como favas, abacaxis, abóboras, melões, melancias e pepinos; e de raízes, como o inhame, a batata e a mandioca. Há, também, variedade de hortaliças, como repolho, nabo, cebola, alho-poró, e abundância de outros legumes e vegetais para salada e para conserva; drogas de diversos tipos, como o sassafrás e a serpentária; além das mencionadas madeiras para tintura e para outros usos, como a jataíba, e das madeiras manchadas. Levei comigo para casa amostras de um número significativo de plantas, todas ressecadas entre folhas de livros [...].

Há na Bahia, segundo dizem, uma enorme quantidade e variedade de pássaros, como emas, araracangas — um tipo maior e mais raro de papagaio, aqui denominados jacus —, papagaios comuns, periquitos, flamingos, urubus, tucanos muito coloridos, curiós, pombos, melros, galinhas-do-mato, azulões, gaviões, moscardos, patos bravos e patos comuns, marrecos, narcejas, fragatas, mergulhões, andorinhas, pelicanos etc.

As emas são grandes como cisnes, têm as penas acinzentadas e um longo e pontudo bico. Os urubus são iguais aos das Índias Ocidentais. O bico dessas aves é preto e, na parte superior, ligeiramente arredondado, inclinando-se para baixo como o bico de um falcão, acabando numa ponta semicircular e muito aguda. A parte inferior do bico é lisa e acompanha a de cima. Os portugueses contaram-me que as prostitutas negras fazem poções de amor com essas aves. Para pôr termo a essa superstição, os portugueses proibiram que as capturassem. Uma tarde, quando visitei os campos na companhia de um padre e de outras pessoas, um dos homens que estavam conosco alvejou dois desses pássaros, mas, lembrando-se da proibição, tratou logo de escondê-los. Os urubus não são bons para comer, mas o seu bico é considerado um excelente antídoto contra venenos.

Os tucanos têm bicos gigantescos, quase do tamanho dos seus corpos. Não vi nenhum exemplar desse pássaro na Bahia, mas vi muitos de um outro tipo, também bonito, de peito pelado e seco, com penas ricamente coloridas, em tons de vermelho, amarelo e laranja.

Os curiós são idênticos àqueles da baía de Campeachy. As pombas são abundantes aqui. As selvagens são de dois tipos: a preta e a cinza. A preta ou cinza-escuro é a maior, alcançando o tamanho das nossas pombas selvagens. Ambas são ótimas para comer. Entre os meses de maio e setembro, há tantas na região que um homem, devidamente escondido numa manhã nebulosa, pode matar de oito a dez dúzias delas com uns poucos tiros, quando assentam nos galhos das árvores em busca de frutos para se alimentarem.

O melro é um pássaro do tamanho da cotovia, com as penas pretas e as pernas e o bico amarelos. Dizem que a sua carne é muito saudável.

As galinhas-do-mato vivem em lugares úmidos, pantanosos, ainda que suas garras sejam de pássaros terrestres; o seu cacarejo é semelhante ao do nosso garnisé quando tem cria. O azulão é uma ave aquática do tamanho de uma galinha, de cor azulada, pernas curtas e um rabo; são aves que vivem em terrenos alagados e muito boas para comer. O único lugar em que as vi foi aqui.

Os patos são aqui de dois tipos: o selvagem e o comum. Durante a estação das chuvas, há abundância deles, mas na estação seca, bem poucos. Os marrecos também são comuns na estação chuvosa.

Ao sul da Bahia há avestruzes em grande quantidade, mas, segundo dizem, não são tão grandes como os da África e só podem ser encontrados no Sul do Brasil, sobretudo nas planícies próximas ao rio da Prata ou mais ao sul, rumo ao estreito de Magalhães.

Quanto às aves domésticas, as principais, além dos patos, são as galinhas, que são de dois tipos: um que é do tamanho das nossas e outro um pouco maior. As penas da maior demoram para crescer e é comum vê-las, já em tamanho médio, meio depenadas. Porém, quando as penas estão totalmente crescidas, parecem aves grandes, como de fato são. Ambas podem ser compradas na Bahia, onde são vendidas por meia coroa ou 3 xelins a peça, exatamente nas mesmas condições que saem do mercado situado fora da cidade, isto é, tão magras que é impossível comê-las.

Os animais da terra são os seguintes: cavalos, bois, carneiros, cabras, coelhos, porcos, leopardos, tigres, raposas, macacos, queixadas (semelhante ao porco-do-mato), tatus, jacarés, iguanas, cobras, sapos, rãs e uma espécie de criatura anfíbia que os portugueses denominam cachorro-d'água.

Os tigres e leopardos do país, dizem, são grandes e ferozes. Aqui na costa, porém, já foram completamente exterminados ou expulsos para o interior. É, pois, muito raro encontrá-los, salvo nos limites das plantações, onde por vezes vêm caçar.

Há, na Bahia, três ou quatro tipos de macacos, de diferentes tamanhos e cores. Um dos tipos é enorme e o outro minúsculo; este tem a forma e a feição horrorosas e um forte cheiro de almíscar.

Serpentes de diversos tipos abundam na região, muitas delas enormes e a maioria, venenosa. A cascavel é um exemplo do primeiro tipo. Das venenosas, uma das piores é uma pequena cobra verde, do tamanho da haste de um cachimbo, com cerca de 18 polegadas de comprimento, muito comum por aqui. Há, também, muitas anfisbenas ou cobras de duas cabeças, um animal de cor cinza, listrado de preto, cuja picada é incurável. Dizem que o animal é cego, embora tenha duas marcas em cada cabeça, semelhantes a olhos — se ele vê ou não, me é impossível afirmar. Dizem, igualmente, que vive como uma toupeira — sob a terra, na maioria do tempo —, e que quando vai à superfície é fácil matá-la, pois movimenta-se muito lentamente. A sua visão — se é que tem alguma — é tão ruim que não consegue ver quando alguém se aproxima para matá-la; são incapazes de voar sob um homem ou atacá-lo, a não ser que este cruze o seu caminho. Essas criaturas têm cerca de 14 polegadas de comprimento e a largura da junta de um dedo médio, sendo que as duas extremidades são idênticas, com uma cabeça em cada uma, do mesmo formato e tamanho; qualquer das duas cabeças pode assumir a dianteira.

A pequena cobra preta é uma criatura extremamente venenosa. Há, também, uma cobra cinza, com manchas vermelhas e marrons nas costas. Essa cobra tem a espessura do braço de um homem, cerca de 3 pés de comprimento e é tida como muito venenosa — vi pessoalmente um exemplar.

Podem-se encontrar na Bahia dois tipos de cobras grandes: uma da terra e outra da água. A da terra é cinza e tem cerca de 18 ou 20 pés de comprimento, e não é venenosa, mas é muito voraz. Prometeram me mostrar a pele de uma, mas não houve oportunidade.

A da água tem, pelo que dizem, 30 pés de comprimento e vive integralmente na água, sobretudo nos grandes rios ou lagos, capturando qualquer criatura que venha na sua direção, animal ou homem. As vítimas são arrastadas pelo seu rabo, pois, quando as cobras notam qualquer movimento na margem do rio ou lago em que estão, lançam o rabo a 10, 12 pés sobre a margem e tudo que estiver ao seu alcance é arrastado com grande violência para dentro do rio. E mais. Tem-se como certo que, ao notar a sombra de um animal ou homem na água, a cobra lança o rabo na direção da vítima e não raro tem sucesso. Por isso, quem tem negócios próximo a um lago ou rio que abriga um desses monstros aquáticos, tem sempre à mão uma arma que, uma vez disparada, afasta o animal ou, pelo menos, o mantém quieto. Dizem que essas cobras têm cabeças grandes e dentes fortes, com 6 polegadas de comprimento. Um irlandês que vive aqui contou-me que, na época do meu desembarque, o pai de sua esposa quase foi capturado por uma quando esteve no campo em sua companhia. A cobra lançou o rabo em sua direção, mas, para sua sorte, por 1 ou 2 jardas não o alcançou.

A criatura anfíbia que os portugueses denominam cachorro-d'água, segundo dizem, tem o tamanho de um mastim e é peluda da cabeça ao rabo. Ela tem quatro pequenas pernas, cabeça grande, tronco curto e uma cor escura; vive em pequenas lagoas de água limpa e frequentemente vem à terra banhar-se ao sol — mas, diante de qualquer barulho, corre para a água. A sua carne é consumida e tida como muito boa. Muitas dessas criaturas que descrevi não cheguei a ver, contudo, informei-me acerca delas com moradores da Bahia respeitáveis e sensatos, com quem pude conversar em inglês.

Ao longo da costa há grande quantidade e variedade de peixes, entre os quais: meros, que são muito procurados na Quaresma, tarpões, salmonetes, lúcios, mangangás, agulhas, goretes, cavalas, congros, cações, arenques, olhos-de-boi, baleias etc.

Aqui na Bahia, como de resto por toda a costa do Brasil, há grande variedade de mariscos: lagostas, lagostins, camarões, caranguejos, ostras comuns, caramujos, búzios, berbigões, lulas, litorinas etc.

Podem, também, ser encontrados na região três tipos de tartaruga: a tartaruga-de-pente, a tartaruga-cabeçuda e a tartaruga-verde. Porém, nem os espanhóis nem os portugueses apreciam tartarugas — que têm entre os ingleses, sobretudo a do tipo verde, a reputação de ser uma fina iguaria. Mais do que isto, detestam-nas, preferindo antes comer toninhas. A razão de tamanha repugnância encontrei-a entre os espanhóis das Índias Ocidentais. Por terem todos, em geral, o corpo imundo e muitos estarem contaminados pela sífilis — resultado da prática de deitarem-se com suas negrinhas e com outras suas escravas —, temem que a carne de tartaruga, famosa pelas suas virtudes purgativas, que expulsam do corpo os humores pestilentos, traga para fora toda a sujeira que têm no sangue, dando-lhes a aparência de leprosos.

As mesmas virtudes purgativas fizeram com que muitos dos ingleses valetudinários, que foram da Jamaica — onde há tartarugas — para as ilhas Caimã, se alimentassem exclusivamente das várias tartarugas ali existentes. Todos almejavam terem seus corpos purificados por esse alimento, colocando para fora suas impurezas — objetivo, a propósito, alcançado por muitos deles.

A tartaruga-de-pente é a mais procurada da costa do Brasil. E isso em virtude de seu casco que, segundo me disseram algumas pessoas com quem conversei na Bahia, é o mais claro e o mais ricamente decorado casco de tartaruga que há no mundo. Pude ver um e, realmente, fazia jus à fama. Há algum comércio desses cascos ao longo da costa, mas a mercadoria é muito cara.

Além do porto da Baía de Todos os Santos, há mais dois portos de relevo no Brasil, com os quais os navios europeus comerciam: Pernambuco e Rio de Janeiro. Disseram-me que ambos recebem tantos navios quanto a Bahia e contam, igualmente, com dois navios de guerra para comboiar as embarcações mercantis. Os outros portos do país não são dignos de nota, salvo o de São Paulo, por onde muito ouro é escoado. Os habitantes desse lugar, no entanto, são tidos como uma espécie de *banditti*, de gente perdida, sem nenhum governo. O ouro que extraem lhes permite obter todas as coisas de que têm necessidade: roupas, armas, munições etc.

Fiquei na Bahia cerca de um mês. Durante esse período entrou no porto um grande navio que transportava o governador de Goa e que, segundo comentava-se na cidade, transportava uma valiosa carga, composta por todo tipo de produtos da Índia. Nada, porém, foi deixado aqui, seguindo tudo para Lisboa [...].

EDIÇÃO UTILIZADA

O *Voyage to New Holland* foi publicado em 1703 e reeditado, com uma segunda parte, em 1709 e em 1729. A edição inglesa mais recente é de 2006 (Londres, Nonsuch Publishing). Utilizamos a edição de 1703.

DAMPIER, William. *A Voyage to New Holland*. Londres: J. Knapton, 1703.

BIBLIOGRAFIA

BONNER, William Hallam. *Captain William Dampier, Buccaneer-Author. Some Account of a Modest Buccaneer and of English Travel Literature in the Early Eighteenth*. Stanford University, Califórnia: Stanford University Press; Londres, H. Milford, Oxford University Press, 1934.

GILL, Anton. *The Devil's Mariner: a Life of William Dampier, Pirate and Explorer*. Londres: Michael Joseph, 1997.

JOHNSTONE, Christian Isobel. *Lives and Voyages of Drake, Cavendish, and Dampier*. Nova York: J. & J. Harper, 1832.

SHIPMAN, Joseph C. *William Dampier, Seaman, Scientist*. Lawrence: University of Kansas Libraries, 1962.

Journal d'un voyage

A voracidade com que as lavouras da América do Sul consumiam mão de obra escrava deu ensejo à organização, durante os séculos XVII e XVIII, de inúmeras companhias comerciais dedicadas ao tráfico negreiro. Sempre incapazes de suprir a eterna carência de braços desse mercado, essas companhias sucederam umas às outras. Durante boa parte do século XVII o comércio com a costa ocidental da África foi monopolizado pela Companhia das Índias Ocidentais. Em 1673, foi a vez de a Companhia do Senegal assumir o compromisso de introduzir mil negros por ano nas ilhas da América. Depois dela, em 1685, organizou-se a Companhia da Guiné e, em 1701, a partir de um acordo celebrado entre as coroas da Espanha e da França, a Companhia do Assiento — que passa a deter o monopólio do abastecimento de escravos para a América Meridional.

O autor do *Journal d'un voyage*, do qual se desconhece a identidade, pertenceu a essa última empresa comercial, provavelmente na qualidade de agente. No seu diário, narra, a um amigo parisiense, as aventuras que viveu no percurso entre La Rochelle e Buenos Aires, com demoradas passagens pela costa da Guiné e por alguns portos brasileiros — Bahia e Rio de Janeiro, nomeadamente.

O agente comercial deixou La Rochelle no dia 14 de julho de 1702, a bordo do navio *L'Aigle*. Viajava ao seu lado M. Haïs ou Hays (referido *no diário como M...), encarregado pela Companhia de administrar a Oficina de Buenos Aires. Depois de uma viagem sem sobressaltos até a costa africana, o* L'Aigle, *que vinha acompanhado de uma embarcação capturada aos ingleses* (Coventry), *ancorou no porto de Cabinda, não sem antes travar uma demorada batalha com três embarcações (duas portuguesas e uma inglesa) que lá se encontravam. Perto de três meses despende o narrador no litoral africano, partindo para o Brasil, no bergantim* Nôtre-Dame de l'Epine de France, *em 25 de janeiro de 1703. A viagem correu bastante mal e os passageiros chegaram à Baía de Todos os Santos (abril de 1703) literalmente esfomeados. Na capital da colônia, a qual descreve com bastantes detalhes, o agente da Companhia, sempre com M. Hays ao lado, permaneceu mais de um mês, rumando posteriormente, a bordo de uma sumaca alugada, para o Rio de Janeiro.*

*

Ontem, 28 de abril de 1703, tarde da noite, ancoramos em frente à Bahia e, nesta manhã, aproximamo-nos mais da cidade. Alguns oficiais subiram a bordo para saber quem éramos. Eles permaneceram pouco tempo na embarcação, pois logo perceberam que não conseguiriam lucrar nada conosco. Se tivéssemos melhor aparência, a visita por certo seria mais longa.

Avistamos um grande navio entrando no porto, que ostentava um pavilhão francês. Acaso seria o *L'Aigle*? Temo não termos tanta sorte assim. Restam-nos ainda 460 léguas a percorrer, distância que seria vencida muito mais prazerosamente a bordo do *L'Aigle* do que a bordo da embarcação que seremos obrigados a fretar. Para mais, teria imenso prazer em abraçar os meus camaradas e companheiros de viagem. Em três horas saberemos de que embarcação se trata e, amanhã, dar-te-ei notícias. Devemos também realizar uma visita ao senhor governador.

O navio que entrou ontem não era o *L'Aigle*, mas sim o *Amphitrite*, comandado pelo oficial da Marinha senhor de La Rigaudière. A embarcação vinha de Cantão, onde estivera a mando da Companhia da China, ricamente carregada. A viagem durara quatro meses inteiros, mas os oficiais, que estavam gordos e vistosos, portaram-se maravilhosamente bem. Ao vê-los, ninguém imaginaria que tinham passado tanto tempo no mar. Que diferença entre o destino desses homens e o nosso!

Fomos, eu e o senhor Hays, recebidos na residência do governador, onde comentaram que tínhamos ressuscitado. Os cumprimentos se deram em português. O senhor governador recebeu-nos muitíssimo bem e assegurou-nos, em particular, que nos ajudaria em tudo o que estivesse ao seu alcance. Saímos todos muito satisfeitos do encontro. Esses senhores não pecam pela falta de cortesia. Não sei se também são bajuladores ou se é possível confiar naquilo que dizem ou prometem. Depois de tudo, não estou certo se, mais à frente, teremos alguma coisa para agradecer à sua Excelência.

Os senhores do *Amphitrite* têm sido muito gentis conosco e têm nos prestado muitos serviços. Outro dia, convidaram-nos para um jantar a bordo de seu navio. É desnecessário dizer que, à mesa, não decepcionei, ainda mais depois de cinco meses sem comer nem carne nem pão, e sem beber vinho. E não se poderia esperar outra coisa. Foi necessário, inclusive, que me contivesse um pouco, pois, no estado em que me encontrava, seria capaz de comer um boi e 36 libras de pão. Agora são 11 horas da noite e acabo de retornar para a minha embarcação. Só tive tempo de dedicar um pouco de atenção ao meu diário. Acho que nunca lhe escrevi com a barriga tão cheia.

No primeiro dia do mês de maio, pela manhã, desembarquei com o senhor Hays e fomos visitar o cônsul da nação francesa. Tudo o que posso lhe adiantar é que estamos diante de um verdadeiro cavalheiro. Ele encarregou-se de alugar uma casa para nós. Trataremos de transportar para lá os poucos negros que nos restam, pois, ao que tudo indica, permaneceremos um bom tempo na cidade. Temos, antes de mais, de nos refazer. Depois, precisamos encontrar uma maneira de mandar buscar os negros que deixamos com o governador da ilha do Príncipe. Feito isso, devemos, ainda, alugar um navio que nos leve até Buenos Aires. Um dia, é certo, não basta para fazer tudo isso. Enquanto esperamos, vou tratar de descansar e engordar, pois, para ser sincero, a minha aparência não é a de um homem.

Não espere que eu lhe escreva regularmente durante a nossa estada na cidade. Previno-lhe que terei muitas tarefas a cumprir. De tempos em tempos, porém, dar-lhe-ei notícias acerca do que de mais importante acontecer conosco. Mas não se preocupe. Anotarei tudo o que puder presenciar ou aprender e não deixarei de lhe contar. Travei conhecimento com o senhor Verdois. Sua fisionomia é tão agradável e tão confiável que rapidamente simpatizei com ele. Creio que nos veremos frequentemente. Aproveitarei todas as oportunidades para interrogá-lo sobre o país e tirar dele tudo o que puder. Há tempos ele se estabeleceu aqui e espero aprender muitas coisas — o que certamente deixará você bastante satisfeito.

Hoje, 2 de maio, passei quase todo o dia na cidade em companhia do senhor Verdois, com quem jantamos. A sua aparência não engana, trata-se realmente de um homem afável, simples e um bom servidor de Deus e do rei. Finalmente, alugaram uma casa para nós na cidade baixa, não muito longe da residência do senhor Verdois. Assim, não teremos de descer e subir muito, pois estaremos próximos de tudo. Amanhã faremos a mudança e dormiremos na cidade. Em razão de ter passado a maior parte dos meus dias sentado e de ter perdido o hábito de caminhar, não é preciso muito para eu me cansar. Por isso, boa noite, vou me recolher.

Hoje, dia 3, acabamos de desembarcar tudo: os negros, animais e bagagens. Esperamos conseguir vender tudo a um bom preço, mas duvido muito que consigamos. Soube que os portugueses são muito sóbrios, sem refinamento e desconhecedores das boas coisas. O quanto eles apreciam gastar, eu ainda não sei.

Os cavalheiros do *Amphitrite* trouxeram da China boas mercadorias, as quais têm vendido abundantemente por aqui. Eles conhecem toda a cidade e praticamente toda a cidade os conhece. O ouro aqui é muito comum. Os habitantes têm pressa em pôr as mãos nas mercadorias e os vendedores aproveitam tamanha pressa, o que significa que são muito bem-pagos. Levarão daqui muitas moedas de ouro, as quais serão bastante úteis na França. O ouro vale todo o seu preço, mas é um bem que se consome muito facilmente. Os senhores do *Amphitrite* estão em plena colheita; infelizmente, a nossa hora ainda não chegou. Este é o país das piastras. Esforçar-me-ei para ganhar milhares delas, se mais não for, será para colocá-las diante dos seus olhos. Mas estou certo de que, tal como o ouro, na França, também elas terão a sua utilidade.

No dia 4 tomamos uma resolução. Voltaremos à ilha do Príncipe no *Epine de France* — utilizando a mesma equipagem — para buscarmos os negros que lá deixamos. Necessitamos de um capitão, mas como a embarcação é muito pequena, teremos dificuldade para encontrar um.

Estou fazendo todos os esforços para me recuperar — tenho comido por quatro. O pão aqui não é muito bom, mas, depois da caçava, parece excelente. A carne de vaca é muito magra e as galinhas e perus têm a carne dura. Todavia, com o apetite que temos ultimamente, devoramos tudo como se fosse o melhor do mundo. Temos, também, comido muitos vegetais, laranjas, figos, bananas e um doce, incomum na Europa mas muito estimado pelos brasileiros, feito com pequenos limões verdes. Comi pouco desse confeito, pois ainda prefiro um bom prato de salada a todo o açúcar do Brasil.

Hoje, dia 10, fomos pagar a promessa que fizemos a santo Antônio de Pádua, no dia 26 do mês passado. Alguns dos nossos aproveitaram para fazer as suas orações. O perigo é o maior indutor da fé, e nem mesmo o mais eficaz sermão pode ser tão penetrante e tocante. Não sei, entretanto, dizer como isso ocorre, já que não há gente menos devota e piedosa do que a gente do mar.

No dia 18, ao retornar da cidade, vi, diante da porta do nosso alojamento, uma gentalha que fazia muito barulho e obstruía a porta. Ao entrar em casa, encontrei dois jovens voluntários do *Amphitrite*, que me disseram que quatro velhacos, aqui chamados de "fandangos", tinham armado uma confusão com eles na cidade alta. Os voluntários disseram, ainda, que tinham enfrentado os velhacos de espada na mão durante um bom tempo e que, após a sua retirada, vieram se abrigar no nosso alojamento.

Todo o Brasil é repleto desses falsos valentes. O simples fato de olhar para eles já é motivo para armarem uma querela. Os estrangeiros são as grandes vítimas da sua bravura, sobretudo quando estão em desvantagem numérica — dois para quatro, pelo menos. Esses valentões, todavia, ao colocarem os pés em terras estrangeiras, comportam-se de outra maneira, pois toda a sua arrogância e bravura desaparecem quando eles perdem de vista o seu país.

Contratamos hoje, dia 19 de maio, um capitão para o *Nôtre-Dame de L'Epine de France*. Trata-se de um rapaz proveniente de Asiouta, na Provença, que demonstrou ser conhecedor dos assuntos do mar e que, acreditamos, desempenhará as suas obrigações a contento. Daremos início aos preparativos do nosso navio, de modo que o capitão possa partir para a ilha do Príncipe ao mesmo tempo que nós para Buenos Aires.

Descobrimos hoje, dia 30, que não há nenhum navio que vá daqui para o rio da Prata. Os jesuítas são os únicos que navegam para a região, mas o seu navio vai somente até a colônia de Sacramento, situada a 7 léguas de Buenos Aires, do lado oposto (norte) do rio. A embarcação, depois de sair da Bahia, para na Paraíba, em Pernambuco, no Espírito Santo, no Rio de Janeiro e, somente então, vai para Sacramento. Dificilmente poderemos seguir nesse navio, pois ele não sairá logo e o caminho é demasiado longo. Resolvemos alugar uma sumaca e seguir para o Rio de Janeiro, onde, segundo disseram, encontraremos uma embarcação que nos levará até o rio da Prata.

Somos esperados ansiosamente em Buenos Aires e não podemos perder mais tempo, pois deixamos de enviar ao senhor Le Roux as cédulas e cartas que estão em nosso poder, sem as quais ele não poderá comprovar que está a serviço da Companhia Real do Assiento. Tal urgência levou-nos a alugar uma câmara numa sumaca, que brevemente fará vela para o Rio de Janeiro.

No dia 4, iniciamos a arrumação das bagagens. A preparação das mercadorias está bem adiantada. Amanhã ou depois, tudo estará embarcado e esperando somente por nós. Estamos trabalhando duro no armamento do *Nôtre-Dame de L'Epine de France*. Ficaremos felizes se conseguirmos despachá-lo antes de partir. Contudo, se isso não for possível, como tudo faz crer, deixaremos o senhor Verdois encarregado de colocá-lo no mar quando estiver pronto.

No dia 5, terminamos de embarcar os nossos animais. O capitão da sumaca tem pressa e quer partir tão logo o vento permita. Falta-nos embarcar somente um grupo pequeno de negros que ainda possuímos. Fomos obrigados a vender dez deles para pagar as despesas que fizemos aqui. O senhor Verdois adiantou-nos todo o dinheiro que despendemos e, como pagamento, demos a ele os dez cativos, ao preço de 200 escudos cada um. O preço não foi vantajoso, a não ser que os negros não tenham nenhum talento ou não saibam qualquer ofício.

No dia 6, embarcamos nossos negros. A única coisa que retarda a nossa partida é o vento contrário, mas Deus certamente nos enviará um favorável. Aproveitarei o momento livre de que agora disponho para dar a conhecer o que vi e aprendi na Bahia durante o período em que aqui estive. Devo, antes de iniciar a descrição, adverti-lo de uma coisa: não espere notícias interessantes, pois a região nada ou quase nada produz. Comprometo-me, contudo, a narrar somente as coisas que testemunhei ou aquelas sobre as quais me informei com rigor.

A Baía de Todos os Santos está situada a 13°20' a sul, quase no meio, com leve pendência para o norte, de uma longa baía que adentra pela terra cerca de 4 ou 5 léguas, dividindo-a em dois lados: norte e sul. A cidade é a capital do Brasil e conta com numerosas fortificações, todas em muito bom estado, diga-se de passagem. A entrada de estrangeiros nos portos de todo o Brasil é proibida e são fortificações como as que aqui encontrei as responsáveis pelo cumprimento desta determinação. Tais recursos, porém, não trouxeram mais segurança para este lugar, pois, da embocadura em diante, a baía tem uma largura de 2 léguas, o que não permite que as fortalezas que estão entre o cabo de Santo Antônio e a cidade — e mesmo as que estão mais além — impeçam um navio inimigo de ancorar bem em frente ao lado sul da cidade, ocupando o lugar de onde os habitantes retiram a maior parte dos seus víveres.

Há uma cidade alta e uma cidade baixa, ambas muito povoadas. A cidade baixa é ocupada pelos artesãos, pelas gentes do mar e pela arraia-miúda. O mar bate constantemente nas suas muralhas. A cidade alta abriga a residência do governador, dos fidalgos — ou "titulares", como são aqui denominadas as pessoas de qualidade — e dos comerciantes abastados.

O movimento comercial na cidade é digno de nota. Todos os anos, por esta época, vem de Lisboa uma frota que deixa aqui boa parte de sua carga, formada por farinha, biscoito, vinho, óleo, presuntos, grandes quantidades de tecidos de seda e de lã, chapéus, meias, sapatos, enfim, composta por uma infinidade de mercadorias, muito consumidas pela população. A frota permanece na cidade cerca de três ou quatro meses, saindo daqui carregada de açúcar, tabaco e algum couro. Ao chegar, a frota se divide em três: uma parte vai para Pernambuco, outra para o Rio de Janeiro e uma terceira permanece aqui na Bahia. Feitos os negócios, as embarcações se reúnem em Pernambuco, de onde fazem vela para Lisboa. Não é difícil conceber quanta coisa levam do país, entre as quais se destaca o ouro.

O comércio da Bahia com outros lugares e com outras cidades do Brasil também não é nada desprezível. Frequentemente, são enviadas embarcações à costa da Guiné para adquirir negros, que são vendidos aqui com um lucro de mais de 100 por cento. Despende-se pouco para armar tais embarcações, conduzidas por uma dúzia de marujos e abastecidas com farinha de mandioca, algumas favas e poucos barris de carne salgada. Os negros são trocados por bugigangas e por outras mercadorias de baixa qualidade e pouco valor. A viagem dura de quatro a cinco meses. Imaginem o quanto não lucra o armador!

Além desse comércio, passam pela Bahia, todos os anos, para negociar, cerca de 200 bergantins, vindos de outras cidades situadas ao longo da costa. Esse comércio consiste, basicamente, em farinha de mandioca, aves, madeiras e ouro, e passou a ser muito comum em todo o Brasil depois da descoberta das minas de São Paulo, localizadas a 80 ou 100 léguas do Rio de Janeiro. Nessas minas de ouro, comenta-se, trabalham mais de 60 ou 80 mil homens.

O governador da Bahia é o vice-rei do Brasil, todos os outros governadores devem-lhe obediência. A sua residência, localizada na cidade alta, não pode ser chamada de palácio. É uma construção bonita e razoavelmente bem-mobiliada, mas muito distante da descrição que os portugueses fazem dela para aqueles que não a viram. As laterais do edifício formam uma praça que, não obstante ser de tamanho médio e sem qualquer ornamento, constitui o traço mais digno de nota do edifício. Todos os dias alguns soldados montam guarda no local. Quando deixa a sua residência, o governador é escoltado pelo capitão de sua guarda e acompanhado por muitos fidalgos. Não há carruagens na cidade e os que podem utilizam palanquins, que em alguns lugares são denominados serpentinas e, em outros, redes.

Já não lhe expliquei o que é um palanquim? Por via das dúvidas, passo a descrever um. Trata-se de uma espécie de rede de seda ou de algodão, amarrada pelas pontas em um longo bastão de palmeira, trabalhado de uma extremidade a outra. Essa rede é coberta por um pequeno tejadilho oval, preso ao bastão, de onde cai um longo cortinado. A parte interior é guarnecida com dois coxins, um para a cabeça e outro para as pernas; comumente, no entanto, um deles fica dependurado para fora da serpentina. Não me pergunte o motivo, acho que é simplesmente um hábito local. O palanquim é carregado por dois negros fortes, os quais trazem nas mãos um forcado para apoiar o veículo quando precisam colocá-lo no chão para descansar. Há cavalos na cidade, mas poucos se servem deles, sendo o palanquim quase o único meio de transporte utilizado pelos habitantes. Em virtude de as casas de campo localizarem-se relativamente perto das cidades, mesmo quando para lá se dirigem, os proprietários preferem os tais palanquins.

Nem todas as igrejas são bonitas, mas todas são muito paramentadas e douradas. A catedral, denominada pelos habitantes de Sé, está localizada na cidade alta. O templo, um dos mais belos que já vi, é um edifício grande, alto e todo construído com pedras de cantaria. O Colégio dos Jesuítas é bastante suntuoso, não havendo nenhum na França que se lhe possa comparar. Digna de nota é, especialmente, a sacristia da igreja do colégio, que conta com 100 pés de comprimento, por 30 de largura. As paredes são cobertas com lambris de jacarandá — creio ser a mesma madeira que na França conhecemos como madeira violeta, em virtude de sua cor —, do assoalho até o teto, onde há uma pintura agradável. Do lado em que os padres se vestem, há uma série de quadros, que dizem ser dos melhores mestres da Itália. Do lado oposto, entre as sacadas, há um grande número de bonitos armários uniformes e bem-trabalhados, feitos da mesma madeira dos lambris. Essa sacristia, não obstante a sua beleza e o seu tamanho, tem uma aparência austera e tão particular que me agradou mais do que todo o resto do edifício.

Há, na cidade, um grande convento franciscano. Os religiosos de são Bento também possuem um, mas sem qualquer atrativo. O convento de santa Teresa, ocupado pelas carmelitas descalças, não é grande, mas é bem-construído e muito limpo. A igreja desse convento é bem bonita e a sacristia, ainda que menor, tem a disposição e a decoração semelhantes às dos jesuítas. Os capuchinhos franceses outrora tiveram uma pequena residência na cidade, de onde foram desalojados há um ano. Hoje, atendendo às disposições reais, a igreja da casa é dirigida por dois ou três capuchinhos italianos. Fora dos limites da cidade há uma abadia das religiosas pertencentes à Ordem de Santa Clara. Vi o edifício somente de longe e pareceu-me bem grande, mas nada posso dizer a seu respeito.

Comentam muitas coisas sobre os religiosos portugueses, o mesmo tipo de coisa que dizem sobre os religiosos espanhóis e italianos. Deixarei de lado tais comentários, que são parcialmente verdadeiros, porque não presenciei nada durante a minha estada e porque, aquilo que ouvi, não pude comprovar.

A vida na Bahia não é nem opulenta nem sofisticada. Os habitantes alimentam-se com pequenas quantidades de galinhas e perus, preparados de uma maneira tal que suas carnes ficam duras e sem gosto. A carne de vaca é abundante, mas muito magra. E como poderia ser de outro modo? Os animais são criados a 100 léguas da Bahia, num lugar denominado Salto. A caminho da cidade, os animais são obrigados a percorrer uma distância enorme, ao longo da qual há pouquíssimas pastagens. Uma vez na cidade, em vez de passarem por um período de engorda, são levados diretamente para os matadouros. Não é, pois, de se estranhar que esses animais sejam tão magros.

Os portugueses comem muito peixe. É quase impossível encontrar um habitante que não possua uma canoa e um negro pescador, o qual diariamente é enviado à pesca. Os habitantes quase não comem outra coisa na ceia. Sou incapaz de dizer o porquê de tal costume. Creio que não há um único português que não tema morrer por comer carne de carneiro ou de vaca à noite. De resto, ainda que tal informação me tenha sido dada por diversas pessoas, proceda como eu: não leve tudo ao pé da letra e acredite somente naquilo que lhe agrada [...].

EDIÇÃO UTILIZADA

O *Journal* conheceu somente duas edições: uma em 1723 e outra em 1730, ambas na cidade de Amsterdã. Optamos por traduzir a primeira edição, ainda que não exista nenhuma diferença significativa entre as duas.

ANÔNIMO. *Journal d'un voyage sur les costes d'Afrique et aux Indes d'Espagne*. Amsterdã: Chez Paul Marret, 1723.

BIBLIOGRAFIA

PERNOUD, Régine. *America del Sur en el siglo XVIII*. México: Fondo de Cultura Económica, 1990.

TAUNAY, Afonso de E. *Na Bahia colonial (1610-1764)*. Rio de Janeiro: IHGB, 1924.

——. *Rio de Janeiro de antanho. Impressões de viajantes estrangeiros*. São Paulo: Companhia Editora Nacional, 1942.

A viagem de Woodes Rogers

O pirata inglês Woodes Rogers (1678/9-1732), autor de uma das mais conhecidas e influentes narrativas de viagem do século XVIII, intitulada A Cruising Voyage Round the World *(1712), nasceu no seio de uma família de navegadores de Bristol — o pai, capitão de navio, morreu no mar — e desde muito cedo dedicou-se às viagens marítimas.*

Em 1705, depois de casar-se com a filha de um outro importante navegador, o almirante William Whetstone, comandante em chefe nas Índias Orientais, Rogers passou a capitanear pequenas operações de pirataria no canal da Mancha, atividade em que despendeu dois anos de sua vida, acumulando experiência para a grande viagem de corso que projetava, rumo aos Mares do Sul.

Em 1708 finalmente o seu projeto estava maduro. Nesse mesmo ano Rogers, em parceria com graúdos comerciantes de Bristol, armou duas embarcações — Duke, *de 300 toneladas, com 36 canhões e 170 homens; e* Dutchess, *de 270 toneladas, com 30 canhões e 151 homens — e partiu do porto de King Road no dia 2 de agosto, para aquela que seria uma das mais bem-sucedidas viagens de corso empreendidas pelos ingleses. Entre os feitos dessas duas embarcações piratas no Pacífico encontram-se o vitorioso ataque a Guaiaquil, no Equador, onde capturaram um riquíssimo galeão espanhol, e o resgate do náufrago Alexandre Selkirk, nas ilhas Juan Fernandez, situadas a oeste da costa chilena. Abandonado no lugar em 1704 pelo capitão bucaneiro Stradling, Selkirk viveu quatro anos em completo isolamento; sua história, como é sabido, serviu de inspiração ao escritor inglês Daniel Defoe (1660?-1731) na composição da sua obra imortal* Robinson Crusoe *(1719).*

Antes, porém, de ganhar os Mares do Sul e embrenhar-se nessas e em outras aventuras, as embarcações — que tinham como um de seus pilotos o já célebre bucaneiro William Dampier —, depois de passarem pelas ilhas Canárias e pela ilha de São Vicente, em Cabo Verde, fizeram aguada na Ilha Grande. Dessa arribada, que durou somente duas semanas (de 16 a 30 de novembro de 1708), mas que incluiu uma visita à pequenina Angra dos Reis, chegaram até nós as duas descrições que se encontram traduzidas a seguir: uma escrita pelo próprio Woodes Rogers e outra composta pelo segundo-capitão do Dutchess, *um marinheiro de nome Edward Cooke — sobre o qual nada conseguimos apurar.*

WOODES ROGERS

Ontem à tarde, 16 de novembro, aproveitando uma excelente brisa de leste, avistamos uma terra que supúnhamos ser a ilha de Cabo Frio: uma região montanhosa e de contornos irregulares, situada ao sul de um grupo de ilhas. Vista de longe, essa ilha parece ser duas montanhas, mais de perto, porém, vê-se que se trata de um pedaço de terra em formato de sela.

Na manhã do dia 17 o mar estava calmo e a nossa pinaça, com o capitão Dampier à frente, dirigiu-se para uma baía arenosa, distante cerca de 2 léguas. Ao retornarem, trouxeram para bordo uma grande tartaruga, que foi comida pelos nossos homens. As tartarugas desta região têm um gosto forte. O mar ficou brumoso e soprou um vento suave de leste para sudoeste.

No dia 18 lançamos âncora a 22 braças de profundidade. No extremo leste de uma grande ilha — que julgávamos ser a Ilha Grande —, localizada a O.S.O., cerca de 4 léguas distante, havia uma grande floresta e, na sua extremidade oeste, a mais ou menos 1 légua e meia da nossa posição, uma baía arenosa, para onde seguimos. Enviamos uma pinaça equipada, sob o comando do capitão William Dampier, para verificar se havia uma entrada para a Ilha Grande naquelas imediações. O barco retornou entre 9 e 10 horas da noite, com a notícia de que, como supúnhamos, a tal ilha era mesmo a Ilha Grande. Imediatamente, levantamos ferro e procuramos aproveitar um vento suave que soprava, mas a calmaria que se seguiu obrigou-nos a baixar as âncoras mais uma vez. Ao meio-dia, aproveitando uma nova brisa e o auxílio de remadores e de um rebocador, lançamos âncora no meio da entrada da Ilha Grande, a 11 braças de profundidade. A entrada vai de oeste para sul e está assinalada por um rochedo branco localizado a bombordo, do lado sudeste da costa, a 1 milha e meia de distância: é uma entrada comprida, que se estende por 5 léguas até o lugar de ancoragem.

No dia 19, à 1 hora da tarde, enviamos dois barcos, um sob o comando de um tenente e outro com o capitão Dampier à frente, para sondar o caminho até o lugar da aguada e verificar se não havia algum inimigo por lá. Determinei que o *Dutchess* desse uma guinada e seguisse sondando pela proa. Uma brisa contrária, no entanto, não permitiu que avançássemos muito. Às 4 horas da manhã do dia seguinte, com o vento de nordeste, navegamos em direção ao lado oeste da Ilha Grande, mas, impedidos por uma forte chuva, não conseguimos alcançar a enseada onde faríamos a aguada. Às 11 horas da manhã, uma hora depois dos botes, alcançamos a tal enseada com o auxílio de remos e rebocadores. De uma pequena enseada próxima, a estibordo, veio um barco português, que se aproximou e nos contou que tinham sido roubados por uma embarcação francesa não muito longe dali.

No dia 20 choveu forte e os homens não puderam trabalhar. Às 16 horas o capitão Courtney colocou oito de seus marujos a ferros por terem desobedecido ordens. O capitão queria segurá-los a bordo enquanto estivéssemos ancorados, pois sabia que alguns homens estavam dispostos a fugir. Às 6 horas, logo que o dia começou a clarear, enviei o capitão Cooke e o tenente Pope a Angra dos Reis — é esse o nome que consta nas cartas de navegação, mas os portugueses chamam o lugar de Nossa Senhora da Concepção —, uma pequena cidade situada a 3 léguas de distância, com a incumbência de contatar o governador e informá-lo da nossa chegada. Enviei-lhe, como sinal de cortesia, manteiga e queijo, e mandei pedir a sua colaboração caso algum dos nossos homens escapasse para a terra. O barco retornou às 23 horas. Os homens contaram que só conseguiram alcançar a cidade ao anoitecer e que, ao se aproximarem da terra, os habitantes, suspeitando que eram franceses, abriram fogo. Por sorte ninguém saiu ferido e, ao desembarcarem, os atiradores pediram desculpas pelo mal-entendido. Uns frades que estavam na praia convidaram os homens para irem até o seu convento e explicaram que frequentemente eram pilhados pelos franceses e que, por isso, abriram fogo tão prontamente. O governador encontrava-se no Rio de Janeiro, uma cidade situada a 12 léguas de distância, mas era esperado a qualquer momento.

Na manhã do dia 21 nossos homens pegaram um barco, correram a rede de pesca e capturaram alguns peixes excelentes, melhores do que aqueles que tínhamos capturado em São Vicente. À tarde, esvaziamos os barris em terra e ordenamos que o nosso carpinteiro, em companhia de um português, procurasse alguma madeira para consertar os curvatões dos mastros principal e de proa, pois ambos tinham quebrado. O tempo, contudo, estava úmido e abafado e pouco ou quase nada foi realizado. Encontramos aqui um grande número de túmulos. Os portugueses explicaram-nos que, nove meses antes, dois grandes navios franceses, vindos dos Mares do Sul, ancoraram onde agora estávamos ancorados e enterraram nas proximidades mais da metade dos homens que vinham a bordo. Agradeço a Deus por gozarmos de boa saúde. Os navios franceses que se dirigem para os Mares do Sul ou que de lá retornam costumam fazer a sua aguada neste lugar.

Esta manhã diversas canoas vieram da cidade carregadas com limões, aves, milho indiano etc., para trocar por algumas das mercadorias de que podíamos nos desfazer. Tratamos todos com muita polidez e anunciamos que daríamos uma gratificação a quem ajudasse a capturar qualquer homem nosso que debandasse. Eles disseram que ficariam atentos e que, se fosse o caso, nos ajudariam a procurá-los.

O dia 23 amanheceu belíssimo, mas terrivelmente quente. Adernamos o *Dutchess* de ambos os lados, recolhemos uma grande quantidade de madeira e pescamos bons peixes com as nossas linhas. Vieram da cidade diversas canoas e fomos informados de que um bergantim estava ancorado na entrada do porto. Enviei uma pinaça equipada e armada para averiguar, e descobri que se tratava de uma embarcação portuguesa, carregada de negros destinados às minas de ouro. A pinaça retornou, trazendo um presente enviado pelo mestre da embarcação portuguesa, que consistia em 30 libras de um excelente açúcar e um pote de doce. Esse português, que já navegara com os ingleses e falava razoavelmente bem a nossa língua, explicou-nos que o caminho que levava às minas, por água, não era longe dali, mas que, por terra, era necessário caminhar vários dias para lá chegar. Uns disseram que eram necessários de dez a quinze dias de caminhada, outros, um mês, partindo da cidade portuária de Santos. É quase impossível saber a verdade, mas não há dúvida de que o ouro encontrado no país é abundante. Os portugueses contaram-nos que há mais ou menos um mês os franceses, que frequentemente abordam as embarcações vindas das minas, saquearam alguns barcos que levavam mais de 1.200 libras de ouro — o ouro vai das minas para o Rio de Janeiro em barcos, pois o caminho por terra não é bom.

No dia 23 limpamos um dos lados do *Dutchess* e na manhã seguinte o outro lado, de modo que o navio ficou com uma aparência excelente. Como dispúnhamos de homens suficientes para as tarefas, deixamos, enquanto limpávamos o navio, a pinaça com o capitão Dover e com o senhor Vanbrugh, os quais assumiram o compromisso de retornar até as 11 horas, quando iríamos precisar da embarcação. Ao retornarem, os homens trouxeram consigo um verdadeiro monstro. A criatura, que havia sido morta numa caçada, tinha espinhos e pelos, como um ouriço, e a cabeça e a cauda eram semelhantes à de um macaco. O seu odor era pavoroso, odor que, segundo os portugueses, emana da pele do animal. Disseram-nos que a sua carne é excelente e que usualmente os caçam para comer. Os nossos homens, todavia, não acreditaram muito e nenhum deles teve estômago para experimentar a iguaria. Acabamos por lançá-lo ao mar, na esperança de livrar o navio de tamanho mau cheiro. Imediatamente, diversas canoas portuguesas aproximaram-se da embarcação. Tratamos todos muito polidamente.

O dia 25 amanheceu muito bonito, mas bem quente. Vieram da terra três ou quatro canoas, uma das quais trazia três padres provenientes do convento franciscano de Angra dos Reis. Recolhemos uma grande quantidade de madeira e água e instalamos o novo curvatão do mastro de proa. À tarde colocamos o mastro de proa no lugar e embarcamos quase toda a água necessária. Ao anoitecer Michael Jones e James Brown, dois voluntários irlandeses, esconderam-se na mata, na esperança de escaparem do navio. Os dois rapidamente se distanciaram do navio, mas quando caiu a noite, com medo de serem atacados por um suposto tigre — que na verdade não passava de macacos —, caíram na água e nadaram rapidamente para o navio.

No dia 26, às 4 horas da manhã, o vigia do tombadilho superior avistou uma canoa que se aproximava do navio e convidou os tripulantes para subirem a bordo. Esses não responderam e puseram-se em fuga, o que nos levou a suspeitar de que tinham vindo buscar os homens que haviam tentado fugir na noite anterior ou que se dirigiam para uma ilha inabitada próxima, onde aguardariam os fujões. Mandei, imediatamente, uma pinaça atrás da canoa. Meus homens, ao aproximarem-se, dispararam um tiro de aviso, mas sem resultado. Por fim, foram obrigados a alvejar um dos índios remadores. A canoa pertencia a um frade, que levava consigo, como revelou mais tarde, uma certa quantidade de ouro que trazia das minas. O frade, logo que alcançou a terra — uma pequena ilha coberta por espessas matas —, saiu correndo. Nossos homens chegaram quase ao mesmo tempo e, como explicaram depois, ficaram sabendo que o frade iria esconder seu ouro ali. Um português que, sem ouro para esconder, não correu com o frade soube que éramos ingleses e gritou para o religioso que voltasse. O homem que tinha se ferido e não podia se mover foi carregado pelos nossos. Dirigiram-se todos, o ferido, o frei e diversos escravos que remavam na grande canoa, para o nosso navio. Logo que subiram a bordo, nosso cirurgião atendeu o ferido, que expirou duas horas mais tarde. Dei ao frade as boas-vindas, mas ele estava irritado, pois perdera o seu ouro e um dos seus escravos, e disse que procuraria a justiça em Portugal ou na Inglaterra. No período da tarde, o *Dutchess* levantou âncora, dirigiu-se para fora da enseada e lançou âncora novamente a 1 milha de distância, onde pôs-se a esperar pelos barcos. Esses, alcançando a enseada, onde tinham ido buscar algumas coisas que haviam deixado para trás, avistaram dois homens, numa praia próxima a uma mata, esperando um barco português que viria resgatá-los. Nossos barcos buscaram para ancorar dois pontos da praia longe da vista dos dois homens e, depois de verificar que eram os mesmos que haviam tentado fugir na noite anterior, capturaram ambos e os levaram para o navio. Ordenei que fossem imediatamente açoitados e metidos a ferros.

Na manhã do dia 27 o capitão Courtney, eu e muitos dos nossos oficiais — exceto aqueles que tinha deixado no navio para concluir as últimas tarefas — tomamos o bote e rumamos para Angra dos Reis. Era o dia da concepção da Virgem Maria e a população da cidade organizou uma grande procissão. O governador, o senhor Rafael da Silva Lagos, recebeu-nos com muita simpatia e perguntou-nos se tínhamos ido à procissão e ao convento. Explicamos que a nossa religião era muito diferente da dele, ele respondeu que éramos bem-vindos para assistir à cerimônia e não precisávamos participar dela. Um grupo de dez homens aceitou o convite, entre os quais dois trompistas e um tocador de oboé, os quais o governador desejava que se apresentassem na igreja com o acompanhamento de um órgão e de dois padres cantores. A banda inglesa tocou "Hey boys up go we!" e uma série de outras melodias ruidosas. Terminada a cerimônia, nossos músicos, que já estavam bastante embriagados, marcharam à frente da companhia, seguidos de perto por um velho padre e por dois frades, que carregavam os incensários com as hóstias. Em seguida, sobre um ataúde todo ornado com flores e velas de cera, carregado nos ombros por quatro homens, vinha a imagem da Virgem Maria. Depois seguiam o padre guardião do convento franciscano e cerca de quarenta religiosos, entre padres e frades. O governador da cidade, eu e o capitão Courtney vínhamos atrás deles com uma grande vela acesa na mão. O restante dos oficiais, os principais da cidade e os noviços caminhavam logo atrás, todos carregando também uma longa vela de cera acesa. A cerimônia durou cerca de duas horas, ao fim das quais fomos magnificamente recebidos pelos padres do convento e pelo governador na residência deste — a casa da guarda, situada a 3 léguas dali. Vale destacar que durante a procissão os portugueses se punham de joelhos a cada encruzilhada e, ao caminharem em torno do convento, entravam por uma porta lateral, ajoelhavam-se e pagavam sua devoção a uma imagem da Virgem, iluminada por velas. De nós ingleses, segundo disseram unanimemente, não esperavam nada além do que a música que poderíamos proporcionar.

A cidade de Angra dos Reis é composta por cerca de sessenta casas modestas, construídas com barro, cobertas com folhas de palmeira e pobremente mobiliadas. Os habitantes contaram-nos que tinham sido, há pouco tempo, saqueados pelos franceses. É possível, pois, que tenham escondido sua prataria e seus melhores móveis por não estarem certos se éramos amigos ou inimigos.

Há na cidade duas igrejas e um convento franciscano razoavelmente decentes, mas destituídos de decorações ricas, e uma casa da guarda, onde se encontram cerca de vinte soldados, comandados pelo governador, por um tenente e um porta-bandeira. O mosteiro cria algum gado bovino nas suas dependências, mas os padres não quiseram nos vender uma única cabeça.

Os peixes que vimos mais comumente pelo caminho são os seguintes: a) tubarões, que de tão conhecidos dispensam descrição; b) peixes-piloto, assim denominados em razão de nadarem habitualmente em companhia dos tubarões, encontrando presas para estes sem nunca se tornarem eles próprios presas; c) peixes-ventosos, que recebem este nome em virtude de uma ventosa de 2 polegadas de comprimento que têm sobre a cabeça, por meio da qual grudam em tubarões e outros peixes grandes e dificilmente são desgrudados dali; d) peixes-papagaio, que têm a boca semelhante a um bico de papagaio; e) peixes-pedra, que são muito saborosos, lembrando o nosso bacalhau; f) e peixes-prata em grande profusão, encorpados e brilhantes, com 12 a 18 polegadas de comprimento e uma excelente carne. Há uma enorme variedade de bons peixes por aqui, os quais, no entanto, seria impossível descrever na sua totalidade.

No dia 27, à tarde, deixamos Angra dos Reis. Ao chegarmos no navio encontramos o mastro principal preparado e tudo pronto para partir. Na manhã do dia 28 levantamos âncora com o *Dutchess*, mas como o vento era pouco e em má direção pegamos o bote e retornamos à cidade em busca de uma bebida alcoólica qualquer para a viagem e trouxemos conosco uns senhores, que foram tratados a bordo da melhor maneira possível. Esses portugueses, entre os quais estavam o governador e uns padres do convento, eram bem divertidos e propuseram brindes até mesmo à saúde do papa. Respondemos na mesma moeda, bebendo à saúde do arcebispo de Canterbury e, para manter o humor, propusemos brindar à saúde de William Penn; eram todos tão apreciadores do álcool que não hesitaram em participar de nenhum dos brindes. Oferecemos, em nome das tripulações de ambos os navios, um belo presente ao governador e aos padres do convento: manteiga e queijo, em retribuição aos pequenos presentes que nos deram, aos favores que nos fizeram no dia anterior e, pensando no porvir, aos cuidados que esperávamos que tivessem com as nossas cartas, as quais aproveitamos a oportunidade para entregar nas mãos deles [...].

No dia 28 de novembro, à tarde, nossa chalupa dirigiu-se à cidade para buscar as coisas necessárias para a longa viagem que enfrentaríamos, pois, pelas próximas 2 mil milhas, não teríamos, a não ser com muita sorte, outra possibilidade de abastecer-nos com bebidas. Ao entardecer, ventou e choveu pesadamente, impedindo o governador e os outros visitantes de retornarem para a terra naquela noite. Na manhã do dia 29 o governador e sua companhia foram levados para terra; ao partirem, saudamo-los com hurras de cada navio, já que não dispúnhamos de muita pólvora [...].

No dia 30, pela manhã, levantamos âncora e dirigimo-nos para o outro lado da Ilha Grande, o qual penso ser o mais adequado para ganharmos o mar, ainda que ambas as saídas sejam boas: amplas e bem visíveis [...].

Edward Cooke

No dia 22 de novembro, o capitão Rogers, o capitão Courtney, vários outros oficiais e a banda de música dos navios embarcaram em duas pinaças e rumaram para a cidade de Angra dos Reis, situada no continente. Lá foram gentilmente recebidos e entretidos pelo governador e por alguns padres. O vento soprou de direção variada e tivemos alguma chuva.

No domingo, o governador, acompanhado dos padres e de outras pessoas, veio a bordo. O tempo tornou-se chuvoso e as visitas tiveram de passar a noite conosco. Eu e outros do navio desembarcamos para ver se conseguíamos comprar rum, açúcar, porcos etc. O vento, uma brisa fresca, soprava de sudoeste.

No dia 29 o governador e os outros portugueses retornaram para terra e de noite nossos botes retornaram com açúcar, rum, suínos, aves, limões etc. O vento soprou de sudoeste. O dia estava ganho.

Breve descrição da Ilha Grande, da baía que aí se forma e da cidade de Angra dos Reis, situada no continente

Ancoramos na baía de São Jorge, formada pela Ilha Grande, próximos à terra, em um fundo de 10 braças de água clara e fundo arenoso — o ponto norte da dita baía estava posicionado a N.N.O. e o ponto sul, a S.O. pelo O. A ilha encontra-se muito próxima do continente e é muito bem-suprida de madeira e água, mas está desabitada. A cidade de Angra dos Reis, situada no continente, a cerca de 3 milhas da ilha, é muito pequena — em torno de cinquenta ou sessenta casas malconstruídas e modestas, com paredes de barro e cobertas com folhas de palmeira. Há, contudo, no lugar, um convento franciscano e duas igrejas decentes, ainda que não tão ricamente decoradas como as de outros lugares. Os habitantes contaram-nos que, havia pouco, navios franceses tinham saqueado as igrejas, levando toda a prata e os ornamentos. Deve ser esta a razão pela qual as casas da cidade não são melhor mobiliadas. Talvez, como não estavam certos se éramos amigos ou inimigos, eles tenham removido e escondido seus pertences de maior valor.

A cidade tem uma casa da guarda, onde fomos recebidos pelo governador — que comandava vinte homens armados, com um tenente e um porta-bandeira — e pelos padres. Dali, levaram-nos para um jantar, após o qual foram servidos doces variados e rum. O governador e os religiosos convidaram-nos para conhecer o convento franciscano e a igreja, pois lá ocorreria uma grande festa, que costumava atrair gente de toda a redondeza. Aceitamos o convite e, a pedido dos anfitriões, os músicos do navio — trompas, oboés e violinos — tocaram em um salão pertencente à igreja, para grande prazer de todos. Depois de agradecerem aos capitães o obséquio, os portugueses levaram-nos com eles numa procissão que os obrigava, e a nós também, a darem a volta no mosteiro para alcançar o interior da igreja. Ao longo do caminho, todos os homens traziam na mão uma vela acesa, como é costume nessas ocasiões.

Fomos, então, conduzidos a um grande saguão, onde os padres nos serviram peixe, doces e diversos tipos de frutas, como abacaxis, melões, goiabas, laranjas etc. O mosteiro de são Francisco possui algumas cabeças de gado na sua propriedade, mas não conseguimos persuadi-los a ceder-nos uma única. Há duas ou três ilhas, cobertas com muitas árvores, entre a cidade e a Ilha Grande, situada em frente ao lugar de aguada. As embarcações que vêm do Rio de Janeiro passam por aqui para adquirir provisões, que são vendidas a elevados preços. Ao partirmos da cidade, saudamos a todos com uma saraivada de tiros com as armas pequenas, à qual os portugueses responderam de igual maneira; as trompas, então, soaram, e a música começou.

A quinze dias de caminhada rumo ao interior do país encontra-se uma rica mina de ouro. Na minha opinião, há ouro até na Ilha Grande, pois demos com a mãe do ouro, que provavelmente desceu das montanhas arrastada pela enxurrada, em diversos pontos da praia.

Os habitantes, creio eu, comem, mas sem fartura. Os campos, pelo que pude ver, estão cobertos por densas florestas e os víveres, como salientei mais atrás, são caros. Há, contudo, bom açúcar na cidade, a 3 *pence* a libra, e a região é farta em excelentes frutas, como laranjas, limões, limas, goiabas, abacaxis, melões etc. As matas estão repletas de periquitos, macacos, porcos-espinhos e um sem-número de animais selvagens que seria demasiado entediante enumerar aqui. Os navios franceses que rumam para os Mares do Sul costumam parar por estas plagas para pegar água e madeira, o que podem fazer sem ser incomodados. Muito recentemente, duas embarcações francesas pilharam a cidade e capturaram um barco português, vindo das Minas, que trazia a bordo 32 arrobas, isto é, 800 libras de ouro em pó [...].

Em visita à Ilha Grande, matamos uma criatura disforme, que na minha opinião pertence a uma espécie situada entre o macaco e o porco-espinho. O animal tem as pontas ou espinhos do primeiro — só que menores —, a cabeça e o rabo do segundo e um odor nauseabundo.

Na quarta-feira, 30 de novembro de 1708, levantamos ferro pela manhã, aproveitando uma brisa do nordeste [...].

EDIÇÕES UTILIZADAS

A narrativa de Woodes Rogers, editada pela primeira vez na cidade de Londres, em 1712, teve inúmeras edições e foi rapidamente traduzida para o francês e para o alemão. Ainda no século XVIII, a obra, além de três edições inglesas (1712, 1718 e 1766), teve pelo menos três edições francesas (1716, 1723 e 1725) e duas edições alemãs (1715 e 1716). A edição inglesa mais recente é de 2004; utilizamos aqui a de 1712.

No tocante à narrativa de Edward Cooke, ela foi editada somente uma vez, também em 1712, meses antes da narrativa de Rogers. Há uma edição fac-similar, publicada na Holanda, em 1969, dentro da coleção *Bibliotheca Australiana*.

COOKE, Edward. *A Voyage to the South Sea and Round the World in the Years 1708 to 1711*. Amsterdã: N. Israel; Nova York: Da Capo Press, 1969.

ROGERS, Woodes. *A Cruising Voyage Round the World: First to the South Seas, Thence to the East Indies, and Homewards by the Cape of Good Hope*. Londres: Printed for A. Bell and B. Lintot, 1712.

BIBLIOGRAFIA

COOKE, Edward. *A Voyage to the South Sea, and Round the World, Performed in the Years 1708, 1709, 1710, and 1711, by the Ships Duke and Dutchess of Bristol*. Londres: Printed by H. M. for B. Lintot and R. Gosling, 1712.

LITTLE, Bryan D. G. *Crusoe's Captain; Being the Life of Woodes Rogers, Seaman, Trader, Colonial Governor*. Londres: Oldhams Press, 1960.

MANWARING, George Ernest. *Woodes Rogers: Privateer and Governor*. Edição de A. Deans Peggs. Nassau: Deans Peggs Research Fund, 1957.

POLING, James. *The Man who Saved Robinson Crusoe; the Strange Surprising Adventures of the Original Robinson Crusoe and His Most Remarkable Rescuer*. Nova York: W. W. Norton, 1967.

WINSTON, Alexander Porter. *No Purchase, no Pay: sir Henry Morgan, Captain William Kidd, Captain Woodes Rogers in the Great Age of Privateers and Pirates (1665-1715)*. Londres: Eyre & Spottiswoode, 1970.

Amédée François Frézier

O francês Amédée François Frézier (1682-1773), nascido na cidade de Chambéry, na Saboia, em 1682, é um dos mais conceituados visitantes que passaram pela América Austral na primeira metade do século XVIII. Filho de uma respeitada família de magistrados que há tempos imigrara da Escócia para a região sardo-piemontesa, o jovem Frézier estudou no conceituado Colégio Mazarine e seguiu, no Collège de France, os ensinamentos do famoso geômetra e astrônomo Philippe de La Hire. Em 1707, Frézier é admitido como engenheiro do Exército e, por essa mesma época, publica os seus primeiros livros. É também nessa época que o navegador começa a trabalhar com Michel de Souzy, nomeado, em 1691, diretor-geral das fortificações de Luís XIV.

Quatro anos mais tarde, graças ao seu bom desempenho no setor de fortificações e da consequente confiança que passou a gozar junto ao diretor Souzy, Frézier foi encarregado de uma missão deveras importante: realizar uma viagem de reconhecimento aos portos das colônias espanholas situadas na costa oeste da América Austral. Dito em outras palavras, o engenheiro fora escolhido para liderar uma viagem de espionagem marítima, ao longo da qual deveria efetuar um minucioso levantamento da posição geográfica, dos recursos defensivos, dos meios de acesso e dos melhores lugares de desembarque dos principais portos da região.

Ao longo de tão melindrosa viagem, realizada num momento em que aumentara muito a presença de navios e mercadores franceses nos portos do Chile e do Peru — entre 1695 e 1726, 168 embarcações partiram da França com destino à região —, Frézier por duas vezes passou por portos brasileiros: na ida, em 1712, a embarcação em que viajava chegou a Santa Catarina, onde encontrou as autoridades e a população bastante ressabiadas com os franceses, que no ano anterior tinham, sob o comando de Duguay-Trouin, invadido e saqueado a cidade do Rio de Janeiro. Dois anos mais tarde, quando retornava para a França, Frézier, entre abril e maio de 1714, buscou novamente a costa brasileira, agora na altura da Baia de Todos os Santos. São as impressões dessa segunda passagem pelo Brasil que o leitor encontrará a seguir.

*

Depois de termos ancorado, saudamos a cidade com sete tiros de canhão, os quais foram respondidos um a um. Em seguida, tratamos de providenciar víveres, água e madeira, e de substituir uma verga grande e um mastro de mezena que estavam inutilizados.

Aproveitei ao máximo o tempo livre para visitar a cidade e seus arredores, apesar da chuva constante, intercalada com um calor insuportável. Tais inconvenientes, somados ao pouco tempo que permanecemos ancorados, não me permitiram traçar um plano do lugar com toda a precisão que gostaria. Creio, no entanto, que consegui dar uma boa ideia geral, muito próxima, no essencial, da verdade. Ademais, de pouca utilidade ter-me-ia sido permanecermos ancorados por mais tempo neste porto, pois pessoas indiscretas da minha esquadra tinham me apresentado aos oficiais portugueses como um engenheiro, e não era conveniente que corresse o risco de me envolver em querelas numa cidade onde a viva lembrança da ainda recente expedição de Duguay-Trouin ao Rio de Janeiro tornava os franceses suspeitos. A guarda, com efeito, havia sido dobrada e novos corpos tinham sido estabelecidos com o propósito de vigiar as cinco embarcações da França que estavam ancoradas no porto, entre as quais havia dois navios de guerra, um de cinquenta e outro de setenta canhões.

Descrição da cidade de São Salvador, capital do Brasil

A cidade, que os mapas e as relações de viagem denominam São Salvador e que, entre os habitantes do país, é conhecida simplesmente como cidade da Bahia está situada a 12°45' de latitude austral, sobre uma elevação de cerca de 100 toesas de altura, que forma a costa oriental da Baía de Todos os Santos. O acesso, em razão da grande inclinação, é tão penoso que para subir as mercadorias do porto para a urbe é necessário lançar mão de um maquinário.

O plano da cidade alta tem um traçado tão regular quanto o permitiu o terreno montanhoso e, ainda que as ruas sejam bem-alinhadas e de boa largura, a maior parte delas tem uma inclinação tão acentuada que seriam impraticáveis para as carroças francesas e mesmo para as cadeirinhas que utilizamos.

A gente rica, não obstante tal inconveniente, nunca anda a pé. Empenhados sempre em encontrar meios para se distinguirem dos homens tanto do resto da América como da Europa, os habitantes daqui têm vergonha de utilizar as pernas que a natureza lhes deu para caminharem. Em geral, deixam-se molemente carregar numa espécie de cama feita de tecido de algodão, suspensa, de ambos os lados, por um grande bastão, que dois negros levam sobre a cabeça ou sobre os ombros. Para evitar que a chuva ou o ardor do sol cause incômodo a quem está sendo conduzido, as ditas camas são cobertas por um tejadilho ou por um tecido, o qual, quando se deseja, pode ser removido. Aí, tranquilamente deitados, com a cabeça escorada em um travesseiro de tecido fino, eles são transportados com muito mais comodidade do que em coches ou em cadeirinhas. Essas redes ou camas de algodão são denominadas serpentinas e não palanquins, como têm dito alguns viajantes.

Se a irregularidade do terreno é, por um lado, um grande incômodo para os habitantes, por outro, constitui uma enorme vantagem para as fortificações. Gastando-se pouco, poder-se-ia transformar a cidade em um lugar quase inexpugnável. A natureza, espontaneamente, criou fossos e fortificações exteriores em lugares onde o terreno tem de ser disputado polegada a polegada. A parte leste é praticamente inacessível, pois está quase toda circundada por um lago, com 15 a 20 braças de profundidades em alguns lugares, que se encontra metido em um estreito formado por duas montanhas de encostas muito abruptas. Desse lago, que se encontra muito próximo do mar pelo lado norte, nasce um riacho que serve para a aguada dos navios.

Para entrar na cidade pela parte sul é preciso desembarcar ao pé dos fortes ou, mais adiante, em frente às baterias que se encontram ao lado, o que seria muito difícil, por mais branda que fosse a resistência.

Os holandeses, em 1624, depois de tomarem a cidade dos espanhóis, fortificaram o lado que dá para o campo com uma muralha, ou melhor, com uma grande tranqueira de terra, que fecha a cidade por cerca de um terço de légua. Tal providência, contudo, não conseguiu evitar que os espanhóis reouvessem a cidade em 1625. Hoje, esse cercado foi abandonado e a tarefa de defesa transferida para diversos fortins que foram construídos na área.

O primeiro forte, do lado sul, é o forte Novo ou de São Pedro, construído com barro e revestido por uma camada de alvenaria, na qual ainda se trabalhava durante o tempo que permanecemos na cidade. O prédio, um quadrado regular, com quatro bastiões de 20 toesas de frente, o mesmo de cortina e 4 toesas de flanco, é rodeado por um pequeno fosso de 5 a 6 toesas de largura e guarnecido por uma artilharia que bate um lado do porto, ainda que de muito alto.

O segundo forte do mesmo lado, porém mais próximo da cidade, e o forte Diogo, um edifício igualmente quadrado, construído de alvenaria, sem fosso, com quatro bastões de 8 toesas de frente, cerca de 16 de cortina e 3 de flanco; outrora era uma bateria de bombas voltada para a baía, hoje serve como armazém.

O terceiro é um grande depósito de pólvora, a Casa da Pólvora, uma construção de alvenaria também quadrada e sem fosso. Os bastiões são de 6 toesas de frente, 14 de cortina e 2 de flanco. O edifício conta com oito armazéns, abobadados, cobertos em pirâmide e rodeados de globos; diz-se que o lugar pode facilmente abrigar de 2 a 3 mil barris de pólvora, porém, normalmente, lá são armazenados menos de cem.

O quarto forte, o de Santo Antão, situado ao norte, exatamente sobre o lugar de aguada, é também quadrado e de alvenaria como os outros, mas um pouco maior e mais bem concebido; seus bastiões têm em torno de 16 toesas de dianteira, 4 a 5 de flanco e 20 de cortina, com um bom fosso em frente. Santo Antão bate um lado da baía, embora cubra mal uma passagem por onde se pode chegar às escondidas até a contraescarpa e alcançar a cidade. Na direção nordeste, a cerca de meio tiro de canhão, vê-se o forte de Nossa Senhora da Vitória, construído de terra batida, o qual não pude visitar, do mesmo modo que não pude visitar uma série de outros fortes, que se encontram mais distantes, como o de São Bartolomeu, que defende um pequeno porto onde se pode carenar, o de Monserat e aqueles localizados na entrada da baía.

Para guardar todas essas fortificações e a cidade, o rei de Portugal mantém seis companhias de tropas de ordenança fardadas — e não vestidas com tecido encardido, como disse Dampier (isso mudou). Os soldados são bem-treinados e bem-pagos. As tropas que pude ver me pareceram com bom aspecto, bem-armadas e compostas por homens garbosos, faltando-lhes somente a reputação de bons soldados.

A cidade da Bahia é, como se sabe, a metrópole e a capital do Brasil, sendo comumente o local de residência de um vice-rei — o governador segundo o testemunho dos que passaram por aqui antes de nós, nem sempre teve esse título. Os seus habitantes são, ao menos aparentemente, bastante agradáveis: polidos, elegantes e bem-humorados, um pouco à maneira dos franceses. Falo somente dos homens com quem travei algum contato, pois, no tocante às mulheres, vi pouquíssimas e não posso descrevê-las senão de maneira muito vaga.

Os portugueses são tão ciumentos que mal permitem que suas mulheres frequentem a missa nos dias de festa e nos domingos. Entretanto, não obstante todas as precauções, elas são quase todas libertinas e sempre encontram meios de iludir a vigilância de seus pais e maridos; mesmo se expondo à crueldade dos últimos que, quando descobrem as intrigas amorosas da esposa, a matam impunemente. Os exemplos de tal comportamento são bastante comuns por aqui; em um ano, mais de trinta mulheres foram degoladas pelos seus maridos. Os pais procedem de uma maneira mais humana em relação às suas filhas: quando não podem pôr termo à humilhação com um casamento, abandonam-nas, deixando-lhes a liberdade de se tornarem mulheres públicas. Belo expediente!

A verdade é que, seja em razão do clima, seja porque sentimos uma especial atração pelo que é proibido, não há grande dificuldade em ter com as mulheres daqui as maiores intimidades. As mães, por compaixão ou por atenção a uma lei natural que nos ordena a fazer pelos outros aquilo que desejamos que façam por nós, auxiliam as filhas a escaparem da vigilância dos pais. E, é preciso que se diga, as que se detêm pela metade do caminho deveriam ser apressadas, pois o número de brancos é extremamente exíguo. Dezenove entre vinte pessoas do lugar são negros ou negras seminus — que trazem cobertas somente as partes que o pudor obriga —, de modo que a cidade parece uma nova Guiné. Pelas ruas só se veem as figuras hediondas dos negros e das negras, escravos que a languidez e a avareza, muito mais do que a necessidade, transplantaram da costa da África para servir à magnificência dos ricos e contribuir para a ociosidade dos pobres — que descarregam sobre eles o seu trabalho. De sorte que, para cada branco, há sempre mais de vinte negros.

Acreditem! Há lojas repletas desses pobres infelizes, expostos nus e que podem ser comprados como animais e sobre os quais se adquire um poder semelhante ao que temos sobre tais animais. Diante da menor causa de descontentamento, o proprietário pode matar o seu escravo quase impunemente ou, pelo menos, maltratá-lo tão cruelmente quanto quiser. Não consigo entender como se pode conciliar essa barbárie com as máximas de uma religião que faz dos negros, após serem batizados, membros da mesma comunidade que os brancos e os eleva à dignidade de filhos de Deus: *Filii excelsi omnes*. É certo que por aqui não querem se deixar convencer dessa verdade, pois os pobres escravos são extremamente maltratados por seus irmãos brancos, que desdenham de tal aliança.

Faço aqui estas considerações por que os portugueses são cristãos que gostam de exibir grande religiosidade, mais ainda do que os espanhóis. A maior parte das pessoas anda nas ruas com um rosário na mão, um santo Antônio na altura do estômago ou dependurado no pescoço e com um aparato bastante bizarro: todos trazem na cintura uma espada longa, à espanhola, do lado esquerdo, e um punhal, quase tão grande quanto as espadas pequenas francesas, do lado direito; desse modo, quando a ocasião exige, nenhum dos braços deixa de colaborar na degola do inimigo. Efetivamente, tendo-se em conta a verdadeira probidade e os sentimentos católicos, os traços exteriores de religiosidade dessa gente são muito duvidosos. Frequentemente, tais traços servem para ocultar dos olhos do público os inúmeros judeus que vivem aqui. Viu-se nesta cidade um exemplo espantoso disto: um cura, depois de anos de uma conduta aparentemente edificante, livrou-se de seus votos sagrados na Holanda para viver no judaísmo. Por isso, para se tornar eclesiástico, o candidato tem de provar que é cristão-velho, quer dizer, que vem de uma família antiga de cristãos.

A cidade alta conta com várias igrejas, das quais a mais notável é a Sé ou Catedral, cujo padroeiro é são Salvador, que dá nome à cidade. Diante dessa igreja há uma praça em plataforma, de onde se vê toda a baía e inúmeras ilhas, tudo configurando uma agradável paisagem. Ao lado dessa praça encontra-se o hospital, que tem o nome de Nossa Senhora da Misericórdia. A Catedral abriga as paróquias de santo Antão, de são Pedro e, se não estou enganado, a de santa Bárbara.

Ao norte da Sé está o convento jesuíta, cuja igreja é toda feita de mármore importado da Europa. A sacristia é belíssima, não somente em razão da elegância dos aparadores, feitos com madeiras nobres, cascos de tartaruga e marfim, como também em virtude de uma sequência de pequenos quadros que a decoram. É exagero, contudo, denominar belas, como fez Froger, as pinturas do teto, as quais não merecem sequer a atenção de um conhecedor.

As outras igrejas e conventos não têm nada de notável. Há, na cidade, os conventos dos beneditinos, dos recoletos, dos carmelitas, dos dominicanos, dos agostinianos descalços ou padres menores e dos capuchinhos — este último, outrora, era composto somente por franceses, mas durante as últimas guerras eles foram substituídos pelos italianos, denominados "barbados". Tomei conhecimento de somente um convento de religiosas, denominado Freiras da Encarnação. Na parte baixa da cidade há as capelas das confrarias: santa Bárbara, Nossa Senhora do Rosário e Nossa Senhora do Pilar, para os soldados; Corpo Santo, para a gente pobre; e Nossa Senhora da Conceição, para os marujos.

O grande comércio que se faz na Bahia das mercadorias do país coloca os habitantes numa posição muito cômoda. Todos os anos, em meados de março, uma frota com cerca de vinte navios vem de Lisboa carregada de tecidos finos e tecidos de lã — nomeadamente sarja, baeta e anacosta —, os quais são usados pelas mulheres como véu, ou melhor, como mantas, como dizem. Aqui não se usa o véu de tafetá negro, como se vê na Espanha, embora pareçam seguir a moda de lá por aqui. O uso da lã, contudo, é uma modéstia imposta por ordem do rei, que procura proteger a produção de lã do avanço das fábricas de seda. A mencionada frota traz ainda meias, chapéus, ferro, quinquilharias e, sobretudo, biscoitos, farinha, vinho, óleo, manteiga, queijo e outros gêneros. Os mesmos navios, ao retornarem, levam ouro, açúcar, tabaco, pau de tintura — denominado pau-brasil —, bálsamo, óleo de copaíba, ipecacuanha, couros verdes e outras mercadorias.

Em razão de a cidade estar situada sobre um morro com marcada inclinação, foram instaladas três máquinas para subir as mercadorias do porto para a cidade alta e descer desta para aquele. Das três, uma pertence aos jesuítas, que não somente prestam um serviço ao público mediante pagamento, como sobretudo se servem dela para sua própria comodidade, pois, bem entendido, os religiosos não são inimigos do comércio.

As máquinas consistem em dois grandes cilindros com um eixo comum, sobre o qual passa um cabo amarrado a um carro ou carroça, onde são colocados os pacotes de mercadoria; o carro sobe graças a alguns negros que caminham dentro dos cilindros e giram o cabo que controla o guindaste. Para que o carro não enfrente resistência e ascenda sem problemas, ele é apoiado num caixilho que desce de cima a baixo da montanha, aproximadamente 140 toesas — e não 250, como supôs o *Flambeau du Mer.*

Além do comércio de mercadorias da Europa, os portugueses mantêm um considerável tráfico com a Guiné. Levam para lá cachaça, algodão grosseiro — produzido nas ilhas de Cabo Verde —, colares de contas de vidro e outras bagatelas, e trazem ouro, marfim e negros para vender no Brasil.

A ligação com a cidade do Rio de Janeiro, próxima à qual se encontram as abundantes minas dos paulistas, contribui também para a opulência da Bahia. As casas da cidade são bem-construídas, os comerciantes estão devidamente instalados e abastecidos, e se os homens e as mulheres são comedidos ao vestirem-se, é porque prudentemente é proibido que se usem galões de ouro ou prata. Os habitantes, porém, exibem sua riqueza em certos ornamentos de ouro maciço, colocados até mesmo nas suas escravas negras, as quais podem ser vistas com ricos colares que dão várias voltas ao pescoço, grandes brincos nas orelhas, cruzes, placas colocadas na fronte e outros ornamentos de ouro bem pesados.

Distintamente da política adotada por outras coroas, o rei de Portugal não permite aos estrangeiros adquirirem mercadorias no Brasil, mesmo que a transação se dê em espécie, e permite menos ainda que se tragam mercadorias para vender ou trocar no país — no que é mais obedecido do que o rei da Espanha no Peru. Tal proibição é baseada em duas boas razões: a primeira, obrigar seus súditos a trabalharem e a consumirem todos os produtos do comércio; a segunda e principal, impedir que os direitos cobrados sobre todas as mercadorias sejam desviados pelos vice-reis e governadores. Obrigando todos os navios a carregarem e descarregarem sob seus olhos em Lisboa, nada escapa às autoridades portuguesas.

Ainda que a Baía de Todos os Santos seja uma cidade bastante povoada, onde se contam cerca de 2 mil casas, o lugar não é adequado para os navios arribarem, sobretudo no inverno, quando, não somente há o incômodo das chuvas constantes, como também os víveres são de pior qualidade: o vinho e a farinha importados da Europa sofrem sempre com o transporte, a carne de vaca não vale nada, os carneiros não existem e as aves são caras e raras, as frutas da estação, como as bananas e as laranjas, são pouco duráveis no mar, e as hortaliças são quase desconhecidas, seja por negligência dos portugueses, seja porque, com efeito, é muito difícil cultivá-las, em razão da grande quantidade de formigas que, por todo lado, destroem as plantas e as frutas — as formigas são o flagelo da agricultura no Brasil.

No dia 7 de maio de 1714, uma segunda-feira, depois de termos descansado e renovado as provisões, partimos em companhia dos nossos camaradas.

EDIÇÃO UTILIZADA

A narrativa de viagem de Frézier, desde que veio a público pela primeira vez, em 1716, conquistou grande número de admiradores e, em razão disso, rapidamente ganhou muitas edições — a mais recente é de 1995. Os ingleses publicaram uma tradução da obra em 1717, os holandeses, em 1718, e os alemães, em 1719; curiosamente, a edição em língua espanhola é a mais tardia, e veio a público, no Chile, somente em 1902. Utilizamos a primeira edição em língua francesa.

FRÉZIER, Amédée François. *Relation du voyage de la mer du sud aux côtes du Chili, du Pérou, et du Brésil, fait pendant les années 1712, 1713 & 1714, par M. Frézier.* Paris: Jean Geoffroy Nyon, 1716.

BIBLIOGRAFIA

FRÉZIER, Amédée François. *Relación del viaje por el Mar del Sur.* Prólogo de Gregório Weinberg. Introd., notas e cronologia de Miguel A. Guérin. Caracas: Biblioteca Ayacucho, 1982.

——. *Relation du voyage de la mer du sud aux côtes du Chili et du Pérou.* Présentation de Gaston Arduz Eguía et Hubert Michéa. Paris: Utz, 1995.

LEONARD, Irving Albert. *Colonial Travelers in Latin America.* Nova York: Knopf, 1972.

TAUNAY, Afonso de E. *Na Bahia colonial (1610-1764).* Rio de Janeiro: IHGB, 1924.

——. *Santa Catharina nos anos primevos.* São Paulo: Tipografia do *Diário Oficial*, 1931.

VILA, Luisa Vilar. *El viaje de Amédée Frézier por la América meridional.* Sevilha: Diputación Provincial de Sevilla; Andalucía: Consejería de Cultura de la Junta de Andalucía, 1991.

Le Gentil la Barbinais

É quase nada o que se sabe sobre o francês Le Gentil la Barbinais, pois nem mesmo a sua extensa relação de viagem traz informações sobre a sua biografia ou sobre os antecedentes de sua viagem. Do pouco que revela, La Barbinais dá indícios de ser um homem dedicado ao comércio, que, a uma dada altura de sua vida, se interessou em explorar as potencialidades comerciais do Chile, na costa americana.

A sua viagem em busca de fortuna teve início no porto de Cherbourg, na costa da Normandia, em 30 de agosto de 1714. Em dezembro do mesmo ano, a embarcação em que viajava fez aguada na Ilha Grande, aí permanecendo cerca de dezessete dias. A viagem da costa brasileira até as colônias espanholas correu da melhor maneira, mas não os negócios. Barbinais logo descobriu que, como ele, dezenas de outros mercadores franceses tinham resolvido comerciar nos portos chilenos. Insatisfeito com os minguados lucros que iria obter aí, o francês resolveu ir para o Peru, vender as suas mercadorias e rumar para a China em um navio mercante francês.

Cerca de três anos mais tarde, quando finalmente retornava de tão longa aventura, Barbinais aportou novamente na costa brasileira, desta vez na Baía de Todos os Santos. Avariado e carente de provisões, o navio em que viajava entrou no porto soteropolitano em 16 de novembro de

1717 e lá permaneceu por nada menos do que quatro meses. A seguir o leitor encontrará, primeiramente, a breve descrição que o aventureiro deixou de Ilha Grande e, adiante, a longa, detalhada e curiosa relação de sua conturbada passagem pela Bahia.

*

No dia 12 de dezembro de 1714 deixamos a zona tórrida e alcançamos a costa do Brasil. Nada havia nos faltado até então, exceto água e vinho, que estavam racionados. O excessivo calor corrompeu toda a carne de porco, mas esse mesmo calor nos fez achá-la deliciosa. A navegação é uma escola onde se aprende a abandonar todo e qualquer luxo.

A Ilha Grande é o único lugar em que os portugueses são obrigados a tolerar a presença de estrangeiros, porque aí é impossível caçá-los. Decidimos, então, lançar âncora numa enseada dessa ilha. A caminho da ancoragem, porém, a ignorância de um piloto que se dizia conhecedor da costa levou a embarcação a encalhar em um banco de areia, situado à direita, entre a ilha e a terra firme. Ele, ao menos, reconheceu o seu erro, coisa rara entre gente desse ofício, que se julga sempre certa. Enviamos, então, uma chalupa em direção a umas habitações que se encontravam em terra. Lá os homens encontraram um velho espanhol, que se dizia médico. O velho serviu-nos de piloto e conduziu-nos sem tropeços ao porto.

Para aquele que nunca saiu de sua paróquia, tudo parece surpreendente. Admirei as árvores e as montanhas desta ilha como se fossem as coisas mais belas do mundo. Até mesmo os moluscos que o mar lançava sobre a praia me pareceram dignos de atenção. A ideia de que estava em um país estrangeiro aguçava a minha imaginação a tal ponto que a vista de algumas cabanas de pescadores me dava tanto prazer quanto a magnificência dos palácios de nossos reis. Sentia-me, então, como o rato da fábula e exclamava no meu íntimo: bom Deus, o mundo é grande, mas quanta terra, quanto mar eu já percorri!

A Ilha Grande ou Ilha de São Jorge tem 14 léguas de circunferência e está situada abaixo do trópico de Capricórnio, a 2 léguas do continente americano. Reina aí uma eterna primavera. O seu terreno é elevado e coberto de árvores desconhecidas na Europa, as quais, aqui e ali, formam agradáveis bosques, cuja beleza é tanto maior por ser devedora somente da natureza. Tive a curiosidade de subir ao sopé da montanha que está em frente à enseada em que ancoramos. Após superar os transtornos causados pela densidade do mato e por uma chuva contínua que caía, atingi o topo. Ao retornar, enganei-me de direção e caminhei meio sem rumo. Depois de andar por mais de cinco horas sem saber onde estava, vi-me na beira do mar, em um lugar muito distante de onde tinha deixado meu navio e meus companheiros. A fadiga fez com que eu considerasse a curiosidade uma paixão incômoda.

Tive a oportunidade de ver árvores de um tamanho que não supunha que a natureza fosse capaz de produzir. Meu mau humor, porém, fez com que murmurasse: a natureza parece uma mãe para estes bárbaros e trata-nos como uma madrasta. As laranjeiras e os limoeiros, árvores tão preciosas, nascem nesta ilha e em toda a América sem nenhuma cultura, e nascem para fazer sombra para os macacos e crocodilos.

A propósito dos macacos, eles por aqui são de diversas espécies. Uns são grandes como bezerros e emitem um som tão estranho que as pessoas pouco acostumadas creem que as montanhas virão abaixo, pois os gritos penetram por suas concavidades, multiplicam-se com o eco e retornam com muita força. Outros, denominados chorões, imitam os gritos de uma criança. Ambos os tipos são muito ariscos e não permitem a aproximação de ninguém. Há, também, no lugar, muitos jacarés ou crocodilos e dezenas de outros répteis perigosos. O animal mais incômodo e mais comum da região, porém, é um pequeno verme que entra nas solas dos pés e nas palmas das mãos; aí o bicho se alimenta e cresce, pouco a pouco, causando uma coceira dolorosa; depois, a carne do local atingido torna-se esbranquiçada e surge um tumor. O único remédio é extrair delicadamente o verme com a ponta de uma agulha, tendo o cuidado de não deixar, na ferida causada por tal operação, nem um único pedaço dele, pois, caso isso aconteça, seguir-se-á invariavelmente uma inflamação que pode ter consequências perigosíssimas.

A pesca é abundante em torno desta ilha, e o peixe, excelente. A caça, em razão da densidade das matas, é impossível. Ademais, vi na região somente alguns pássaros marítimos, que têm um gosto horrível.

Ainda que tivéssemos uma enorme carência de víveres, não ousamos ancorar no Rio de Janeiro. Os portugueses não tinham esquecido o enorme prejuízo que lhes causara a esquadra do senhor Duguay-Trouin — a ferida ainda sangrava. Contentamo-nos, pois, em tentar arrumar provisões nas habitações que se encontravam em terra firme. Desembarquei em um dos dias e levei um grande susto quando, ao entrar numa casa ou cabana, deparei com um bando de mulheres que, ao me verem, saíram correndo aos gritos. Tratei de segui-las com o propósito de acalmá-las, todavia, tal gesto causou-lhes ainda mais pânico. Para piorar, estava acompanhado de dois jovens rapazes, cujo ardor e inquietação denunciavam intenções bem menos inocentes do que as minhas. Esses jovens, ao verem as mulheres, sentiram-se impelidos por um impulso que a navegação de quatro meses tinha, por assim dizer, represado.

Aos gritos das mulheres, atendeu um homem que, pelo aspecto grave e circunspecto, pareceu estar bastante incomodado com o ocorrido. Ele examinou-nos dos pés à cabeça e pareceu não gostar do que via. Realmente, tínhamos o aspecto de uma verdadeira tripulação de corsários. Dirigindo-se a mim em um tom meio bruto, o homem disse-me que não estávamos na França, onde homens e mulheres fazem o que querem, e que, entre os portugueses, não era apropriado entrar assim em um lugar onde havia senhoras. Rapidamente, tratei de apresentar-me e, graças a um certo desprendimento que é o grande mérito dos franceses no estrangeiro, dissipei um pouco de sua gravidade. Todavia, ele não pôde me fornecer nenhuma provisão.

Jamais vi uma região tão pobre. Fui visitar Vila Grande, uma pequena cidade pouco importante, com a esperança de, num lugar tão próximo ao Rio de Janeiro, encontrar alguns meios para amenizar as nossas necessidades, mas a cidade era tão pobre quanto o campo. Para mais, não se deve tomar a palavra cidade em toda a sua extensão; na Europa, o lugar não passaria de uma vila muito pequenina.

A Providência, no entanto, socorreu-nos. Um francês, de nome La Borde, enviou-nos uma piroga — embarcação feita de uma única peça de madeira —, com quatro escravos, que nos trouxeram ervilhas, peixe salgado e dinheiro — que nos era tão necessário. O francês não ousou vir pessoalmente, pois os portugueses, depois da tomada do Rio de Janeiro, tinham rompido o comércio conosco em suas colônias. Nosso conterrâneo acreditava que, caso viesse nos ver, os portugueses usariam isso como pretexto para tomar os seus bens; além do mais, ele já trazia o pecado original de ser francês.

Destarte, La Borde permaneceu em Parati, onde exerce a cirurgia e, secretamente, movimenta negócios consideráveis. Ele soube da nossa chegada através de habitantes de Vila Grande. Parati, a propósito, é uma pequena cidade, situada a não mais do que 10 léguas da Ilha Grande, por onde passa grande parte do ouro que vem das Minas para o Rio de Janeiro.

Recebemos com grande alegria o serviço que o senhor La Borde nos prestou; se as bênçãos das gentes do mar têm algum valor, o que não creio minimamente, tal ato de caridade deve lhe servir tanto quanto uma indulgência plena.

Os portugueses do Brasil apenas são laboriosos quando não encontram outro meio de sobrevivência que o seu próprio esforço. A sua riqueza consiste no número de escravos que possuem, parte dos quais é enviada às minas, enquanto a outra parte limpa a sua terra e planta cana-de-açúcar, mandioca e tabaco. O trigo, em razão da secura da terra e das formigas que devoram a sua semente, não cresce nesta parte da América. O trigo da Índia serve-lhes, geralmente, como alimento; a raiz de mandioca, quando reduzida a farinha, tem um gosto muito bom, mas é pouco nutritiva.

Os naturais do Brasil são inacessíveis. A brutalidade passa, entre eles, por marca de grande coragem, e todos os dias assiste-se a exemplos de sua ferocidade. Pouco tempo antes de nossa arribada, Vila Grande foi palco de um acontecimento bastante trágico. O coronel e o sargento-mor da cidade odiavam-se havia tempos e seus escravos viviam diariamente às turras — as pessoas daqui têm o hábito de servirem-se dos escravos para suas vinganças. Um belo dia, os escravos do coronel foram batidos. Arrebatado pelo ódio, o coronel pôs-se à frente dessa canalha e investiu contra a casa do sargento-mor. Vários disparos de fuzil foram dados contra as janelas, e acabaram matando a filha e a esposa do sargento. Transtornado por tão triste espetáculo, o sargento buscou forças no seu desespero e, sem considerar a desigualdade de forças do combate, investiu contra o coronel com alguns escravos que reunira. A tal desigualdade cedo fez com que o sargento fosse ferido com dois golpes de lança.

O moribundo pediu, então, um confessor. O coronel, porém, negou-lhe, dizendo que era em vão o seu apelo pela assistência dos céus e que só não o matava imediatamente porque queria ter o prazer de vê-lo expirar aos poucos. Todavia, um religioso franciscano atendeu ao apelo do moribundo; o coronel, vendo que, apesar de suas ameaças, o religioso insistia em ouvir a confissão de seu inimigo, despedaçou-lhe o braço com um tiro de pistola e enterrou sua espada no corpo do sargento-mor, dizendo-lhe: "Vá arder nos infernos, pois minha vingança não será completa se gozares do Paraíso."

Durante a nossa estada nesta ilha, ocupamo-nos em cortar madeira, completar os tonéis de água e fazer o lastro. Partimos no dia 29 de dezembro de 1714.

*

No dia 16 de novembro de 1717, às 10 horas da manhã, avistamos o forte de Santo Antônio, construído sobre um dos pontos que formam a entrada da Baía de Todos os Santos. Nosso navio entrou na frente e, quando estávamos a 1 légua da cidade de São Salvador, no meio da baía, um pequeno forte, localizado no centro do porto, disparou um tiro de canhão em nossa direção. Deduzimos que era um sinal para que não seguíssemos adiante e lançamos âncora. Resolvemos saudar a cidade com sete tiros de canhão; responderam-nos, a nós e aos dois outros navios de nossa companhia, com três tiros.

O capitão de nosso navio embarcou imediatamente na chalupa, com o propósito de cumprimentar o vice-rei e pedir-lhe proteção e ajuda — ajuda de que, realmente, tínhamos extrema necessidade. A água entrava por todos os lados da embarcação, sendo impossível ganhar o mar em tais condições. O vice-rei acolheu o capitão de maneira obsequiosa e disse-lhe que lamentava muito, mas que as ordens do rei eram pouco indulgentes no tocante aos navios estrangeiros e que tal situação se devia, sobretudo, aos franceses. Muitos navios de nossa nação, explicou ele, ao passarem pelos portos do Brasil, não contentes em aí comerciar contra as proibições do rei de Portugal, tinham ainda importado uma quantidade significativa de tabaco. Diante disso, o rei, seu mestre, ordenou que todos os navios estrangeiros que entrassem nos portos brasileiros fossem confiscados, a menos que uma necessidade urgente e reconhecida os obrigasse a tal, o que os isentaria da lei. Em razão disso, decidimos, continuou o vice-rei, dar 24 horas aos navios que entram no porto para: colocarem-se sob os canhões do forte e se submeterem a uma rigorosa inspeção ou se retirarem do porto sem receber nenhuma ajuda.

O vice-rei disse, ainda, que, supondo o nosso desconhecimento dessas ordens, tinha mandado disparar um tiro de canhão para impedir-nos de entrar no porto, mas que, se o nosso navio realmente estava no estado em que declarávamos, podíamos entrar sem medo e que, dada a estima e a amizade que nutria pela França, faria tudo o que estivesse ao seu alcance para nos ajudar. Os mesmos argumentos foram usados com os capitães dos outros navios.

Reunimo-nos, então, em conselho para deliberar o que deveríamos fazer. Era notório que o nosso navio e o navio do senhor La Fond não poderiam permanecer mais tempo no mar. Malgrado, pois, os rigores do exame a que seríamos submetidos, as necessidades que tínhamos eram muito evidentes para temermos qualquer punição. O mesmo não ocorria com o navio do senhor La Perche, que estava em bom estado e poderia continuar a viagem somente reabastecendo-se de água e vinho. Daí ele ter preferido partir a correr o risco de ver a sua embarcação confiscada. Todavia, o vice-rei, que o estimava e que o conhecia de uma outra passagem por este porto, três anos antes, mandou dizer-lhe secretamente que permanecesse na baía três ou quatro dias, sem entrar no porto, que ele trataria de providenciar as provisões necessárias para o seu retorno à Europa. O vice-rei, verdade seja dita, executou de uma maneira muito honrada as rigorosas ordens que seu mestre o obrigava a cumprir.

O capitão de nosso navio recebeu um avultado pacote de cartas que os nossos armadores tinham enviado através da Frota de Lisboa. Foi indescritível a alegria que senti ao ver, entre as muitas cartas, um maço que me era endereçado. [...]

Depois de ter discutido durante algum tempo qual seria a melhor decisão a tomar, resolvemos entrar no porto. Ancoramos próximo da fortaleza que dá para o mar. Imediatamente, os ministros do Conselho da Fazenda enviaram oito guardas ao navio, levando como reféns o capitão e um de seus oficiais para um mercado da cidade — medida que visava melhor controlar os navios. Fomos proibidos de pôr os pés em terra sob qualquer pretexto, e tudo foi devidamente preparado para a inspeção do dia seguinte.

No dia 18 um juiz — denominado pelos portugueses desembargador — e alguns escrivães subiram a bordo com o intuito de examinar o estado de nossa embarcação e avaliar as nossas carências. O ar grave e circunspecto de todos dava a impressão de que iriam decidir sobre nossas vidas. Ainda que, como disse anteriormente, as nossas carências fossem evidentes, julgamos de bom-tom ganhar a simpatia e a benevolência desses senhores, presenteando-os. A um demos uma caixa de chá, a outro, uns leques, a um terceiro, umas toucas bordadas, a um quarto, umas curiosidades chinesas, em suma, cada um levou o seu presente. Esses juízes, no entanto, não se tornaram menos sisudos, ao contrário, receberam os seus presentes com toda a gravidade e limitaram-se a dizer, como agradecimento, que lembrariam de nós quando os nossos negócios estivessem para ser decididos. O capitão tinha-lhes prometido que, antes de deixarem o navio, receberiam alguns presentes de valor. Desse modo, eles tomaram os nossos como bagatelas.

Tivemos de mostrar o diário de viagem, os livros de venda e os assentos de mercadoria, tanto do Peru quanto da China. Nossos marujos, um a um, foram interrogados; perguntaram-lhes se, ao partir de Mascarin, tínhamos já a intenção de ancorar nesta baía — cada um respondeu de acordo com as instruções recebidas. Os mestres carpinteiros do porto também vieram a bordo e concluíram que o navio precisava ser carenado e que, muito provavelmente, seria impossível que ele retornasse à Europa. Essa opinião exagerada deixou a tripulação alarmada.

Após a inspeção, deram-nos autorização para desembarcar. Fui cumprimentar o vice-rei. Jamais vi um cavalheiro tão afável e tão amigo da França. O Brasil, até então, tinha sido governado somente por capitães-generais. Porém, o rei de Portugal, ao saber que se cometiam infinitas transgressões nas colônias, promoveu há pouco, em favor deste vice-rei, o governo local a vice-reinado. O vice-rei é descendente dos reis de Portugal, da Casa de Bragança. Ele é conde de Vilaverde, marquês de Angeja, grande de Portugal, superintendente-geral da Marinha e das Finanças e comendador da Ordem de Cristo. Durante as últimas guerras de que participou, serviu na qualidade de generalíssimo da Cavalaria portuguesa. Há quatro anos ele tem governado todas estas colônias e deverá voltar para a Europa na primeira Frota.

Encontrei, nesta cidade, um francês que, após a revogação do édito de Nantes, retirou-se para a Inglaterra, onde serviu longamente como coronel de infantaria. Enviado para Portugal com o senhor Galloway, o coronel agradou ao rei de Portugal, que o solicitou à rainha da Inglaterra e o transformou em brigadeiro de suas Armadas. Ele havia percorrido todo o Brasil desenhando fortificações, sobretudo no Rio de Janeiro, e atualmente estava trabalhando nesta cidade. Era um homem inteligente, muito erudito e de convívio agradável.

O navio do senhor La Fond está em tão mau estado que os carpinteiros do porto decidiram que é necessário abandoná-lo. Desconheço, ainda, qual será a decisão do senhor La Fond. O senhor La Perche partirá amanhã e alcançará a Europa muito antes de nós, pois tudo indica que ficaremos por aqui mais tempo do que desejávamos. Todas as coisas são feitas com uma lentidão impressionante e, para serem executadas, demandam um requerimento formal. O vice-rei não toma nenhuma atitude sem consultar o seu Conselho, pois teme ser mal-interpretado por gente que não gosta de seu governo — que é muito rígido e condena à morte os assassinos e ladrões, coisa rara nestas colônias, onde outrora se podia cometer toda sorte de crimes impunemente. A bem da verdade, o vice-rei receia que a sua amizade pela França seja vista como um crime e, embora nos encha de delicadezas, notamos com prazer e reconhecimento que ele gostaria de nos dar provas ainda maiores da sua bondade. [...]

[...] Depois de recebidos como descrevi, tivemos a liberdade, uma vez constatada a nossa penúria, de alugar uma casa na cidade, com a condição de não mantermos qualquer relação comercial com os habitantes, sob pena de apreensão do navio. Os juízes — que, esperançosos de conquistar os tais presentes prometidos pelo capitão, tinham perdido um pouco de sua gravidade — exortaram-nos incessantemente a cumprir tal exigência, ainda que, para ser muito sincero, estivéssemos cansados de saber que essas exortações eram pura hipocrisia. Os próprios guardas que estavam em nosso navio, criaturas dos tais juízes, todos os dias ofereciam-nos os seus serviços, fosse para levar mercadorias para a cidade, fosse para introduzi-las na embarcação. Durante a noite, víamos, ao redor do navio, barcos cheios de negociantes que tinham, no mínimo, tanto desejo de comprar quanto nós tínhamos de vender. A princípio, os nossos hesitaram, pois não sabiam se estavam diante de uma armadilha preparada para nos apanhar ou de um desejo sincero de fazer um comércio franco e leal. Pouco a pouco, porém, acostumamo-nos a traficar, não obstante as ordens rigorosas e as consequências desastrosas que essa atividade podia trazer.

Já estávamos no porto há quinze dias, mas o provedor-mor ou intendente da Marinha ainda não tinha autorizado a carenagem do nosso navio. Para tornar as coisas mais fáceis, era necessário descarregar as mercadorias e colocá-las em algum depósito, mas a permissão para tal nos foi negada de tal maneira que percebemos que súplicas e argumentos seriam inúteis. Os operários, por sua vez, não queriam de modo nenhum trabalhar no navio sem ter recebido autorização dos juízes. Os juízes moviam-se lentamente, com o intuito de obrigar o capitão a se explicar acerca dos presentes que demandavam mas que fingiam recusar. As suas deliberações eram lentas e, para obter as mínimas coisas, era preciso amontoar um requerimento sobre o outro. O vice-rei conhecia bem a intenção dos juízes e não ignorava que, sob o véu de um escrúpulo extremo, se ocultavam muitos interesses, todavia, ele não queria se meter abertamente no negócio.

Enfim, o capitão de nosso navio, sempre muito pródigo em promessas, atendeu a todos os juízes, de modo que em poucos dias nossos negócios ganharam outra direção. O senhor La Fond, ao saber que o seu navio não podia mais voltar ao mar, semeou o seu dinheiro com tanta sabedoria que obteve do Conselho, por uma graça especial, a permissão para fretar um navio português — com o intuito de prosseguir sua viagem para a Europa — e para vender todos os aparelhos de mastreação da embarcação que abandonava. Partilhamos, entre os dois navios, os carpinteiros e os operários do porto.

Nossa tripulação, que tinha se mantido ordeira durante a viagem, revoltou-se três semanas depois de lançarmos âncora neste lugar. Da China ao Brasil, passamos por uma grande carência de vinho; a sua abundância neste porto causou discórdia e revolta. Os marinheiros embriagavam-se diariamente e o gosto pelo deboche tomou o lugar do gosto pelo trabalho e pelo dever. Os oficiais tentaram remediar essa pouca-vergonha impedindo que viesse vinho da cidade e dando a cada marinheiro somente a cota de vinho e de aguardente que pudessem tomar sem causar incômodo. Os marujos ficaram furiosos com as mudanças e puseram-se a conspirar entre eles — pode-se dizer que, nesse caso, o amor pelo vinho causou os mesmos efeitos, alienando tanto a razão quanto o ódio e o excesso.

Aqueles que até então pareciam ser os mais razoáveis, deixaram de o ser, roubaram o vinho destinado às provisões do navio e, depois de terem maltratado os oficiais que quiseram se opor à desordem, assenhorearam-se do baú de armas e ameaçaram lançar ao mar todos os que resistissem. Como em outras ocasiões os marinheiros tinham demonstrado muito respeito pelos passageiros, julgamos que a nossa presença os traria de volta à razão e, espada na mão, pusemo-nos no meio deles, ameaçando-os, porém, a cada ameaça, respondiam com outra. A revolta era muito inflamada e realmente poderia chegar às vias de fato, pois era de se temer que a cólera dos homens descambasse em furor e os levasse a cumprir as ameaças. Tínhamos dificuldade de distinguir quem eram os amotinados, dado que ninguém falava sem que todos falassem ao mesmo tempo; ouviam-se somente queixas confusas, clamores, reclamações insolentes. A tropa toda junta mostrava-se destemida, no entanto, cada um, em particular, talvez não estivesse assim com tanto ímpeto.

Em situações como esta, recorrer ao rigor é colaborar para acirrar os ânimos; dissimular, contemporizar ou ceder à vontade dos amotinados é dar mostras de que são temidos, o que aumenta a sua indolência — alternativa igualmente perigosa.

O vice-rei, contudo, sabedor do que se passava no navio, enviou uma companhia de granadeiros em nosso socorro. Logo que a chalupa com os soldados abordou a nossa embarcação, os marujos foram tomados pelo pânico. Os mais amotinados pegaram as armas e, em seguida, deixaram-nas de lado, sem saber muito bem o que queriam fazer. Os oficiais, então, retomando a coragem à medida que os marujos a perdiam, puniram os mais inflamados e, sobretudo, aqueles que haviam iniciado a revolta, enviando-os para a cadeia da cidade. O vice-rei perguntou-lhes então por que se revoltaram, ao que responderam que tinham tentado deixar o navio por não estarem de acordo com os atos de pirataria que vínhamos praticando, e os oficiais se puseram contra tão justa reivindicação. Disseram, ainda, que não tínhamos realizado nenhuma viagem à China, que éramos corsários e que tínhamos tomado um navio francês proveniente da China, do qual adotamos o nome e o passaporte para poder entrar impunemente na Baía de Todos os Santos. Tais acusações causaram pouca impressão no espírito do vice-rei, homem íntegro e esclarecido. Todavia, por garantia, o senhor de La Fond mostrou aos juízes que éramos inocentes, fazendo-os ouvir todos os marujos da sua tripulação, que testemunharam que não tinham qualquer fundamento as calúnias de que tínhamos sido acusados. O vice-rei ordenou que os caluniadores miseráveis fossem metidos no calabouço e que os juízes do país fizessem um processo averbado de todo o ocorrido, de modo que pudéssemos entregar os criminosos à justiça, quando retornássemos à França. Ainda não sei que consequências terá tal revolta.

O marujo é um animal difícil de tratar. Se somos indulgentes com os seus erros, a impunidade torna-os orgulhosos e parece alimentar o sentimento de que podem se furtar ao dever; se, ao contrário, somos demasiado rudes no seu trato, reclamam, ameaçam, desertam ou fazem coisa pior. É recomendável não ter em relação a eles nem uma piedade muito complacente, nem um rigor excessivo. Em uma palavra, não se deve nem injuriá-los nem agradá-los. Infeliz do capitão ou do oficial que se torna muito íntimo de sua tripulação. A intimidade é a origem de todas as desordens.

Nossa tripulação ficou desfalcada com a prisão dos amotinados e tivemos de contratar marujos portugueses para carenar o navio. Transportamos a mercadoria para dois navios portugueses. O capitão mandou retirar o forro da sua embarcação, acreditando que tiraria melhor proveito das velas com o navio menos carregado de madeira. Era boa a sua intenção, mas a mudança causou transtornos que, como contarei, nos obrigaram a retornar à Baía de Todos os Santos.

Já se fizeram tantas relações do Brasil que pouco me estenderei sobre esta parte da América. Há quarenta anos os holandeses apossaram-se de várias de suas localidades marítimas, acreditando que poderiam exercer sobre os portugueses o mesmo direito de conquista que estes exerciam sobre os índios. Os portugueses, de quem os holandeses já tinham tomado as possessões das Índias Orientais, ganharam coragem e, após inúmeras batalhas, expulsaram os holandeses do Brasil. Barlaeus, um historiador de Anvers, escreveu em língua latina a história dessa guerra e de tudo que se passou durante o governo do conde Maurício de Nassau, que ocupou o cargo de generalíssimo dos holandeses no Brasil.

Durante o domínio holandês foram construídas várias fortalezas e planejadas diversas outras obras que, caso os portugueses tivessem dado tempo aos holandeses para acabar, teriam lhes permitido manter a conquista. Vê-se, ainda, os restos de seus trabalhos nos arredores da Baía de Todos os Santos. Pode-se mesmo dizer que os holandeses, em dois ou três anos, fizeram mais obras no lugar do que os portugueses tinham feito antes de sua chegada, e fizeram depois de sua retirada.

A Baía de Todos os Santos tem 12 léguas de extensão, mas é pouco navegável em vários pontos, em razão dos recifes e bancos de areia que aí se encontram. Em seu interior há diversas ilhas pequenas, pouco distantes umas das outras, onde os portugueses mantêm pesqueiras e plantam cana-de-açúcar e tabaco.

A cidade de São Salvador está situada na entrada da baía. O seu porto é bonito, mas poderia ser melhorado se a arte e a indústria auxiliassem um pouco a natureza. O vice-rei tem a intenção de reformá-lo e, caso o desenho que encomendou saia do papel, este porto será um dos melhores da América.

A cidade está dividida em alta e baixa. Os comerciantes, as gentes de negócio e as gentes do mar ficam na cidade baixa, em virtude de sua proximidade do porto. Fazem-se aí muitos negócios, pois a cidade baixa abastece a alta com os víveres que vêm do fundo da baía. Há, também, na parte baixa, um arsenal e os armazéns reais, onde se guardam todos os apetrechos utilizados na construção de navios. Essa cidade baixa está situada no sopé de uma montanha pouco elevada, mas muito escarpada, e não tem nada de belo ou de curioso. Ao contrário, o tumulto e a confusão que aí reinam tornam o dia a dia tormentoso e desagradável.

Há alguns anos o rei de Portugal tem mandado construir navios em todos os portos do Brasil, sobretudo no Rio de Janeiro e na Baía de Todos os Santos. Os navios aqui construídos são equipados com muito menos gastos do que na Europa, na medida em que o país tem madeira em abundância, uma madeira incorruptível, a melhor que há para a construção de navios; útil não somente para os mastros, mas também para as bombas, para o fundo, para as curvas, para o leme etc.

Fico espantado ao pensar que em nossas colônias da América, que contam com os mesmos recursos, ninguém ainda tenha pensado em mandar construir navios ou, ao menos, em enviar para a França pranchas dobráveis daquelas madeiras que os vermes não conseguem corromper. O que apodrece os nossos navios, fazendo com que durem tão pouco, são, como é sabido, os vermes, especialmente os das águas do Mediterrâneo.

A cidade alta está situada no cume da mencionada elevação. As casas aí são bastante grandes e confortáveis. A irregularidade do terreno, porém, tira um pouco da graça do lugar e torna as ruas desagradáveis. Há uma grande praça quadrada, situada no meio da cidade. O palácio do vice-rei, a Câmara Municipal e a Casa da Moeda formam três dos seus quatro lados. Esses edifícios nada têm de notável, salvo o fato de serem construídos com pedras vindas de Lisboa, já que o país não produz nenhuma pedra que seja adequada para a construção. Em razão de cada um mandar construir a sua casa de acordo com o seu capricho, tudo é irregular: a praça principal, por exemplo, parece estar onde está por puro acaso.

Há muitos conventos na cidade. O dos jesuítas está situado no lugar mais agradável da urbe. É, sem dúvida, o mais belo, vasto e rico edifício do lugar. Especialmente notável é a sacristia, cujo lambril é de casco de tartaruga, trabalhado com muito bom gosto. Os carmelitas, franciscanos e recoletos também têm seus conventos; suas igrejas são arrumadas, mas muito menos do que as igrejas que vi no Peru. A catedral de São Salvador é sede de um arcebispado. Os beneditinos têm uma abadia famosa e independente da jurisdição desse arcebispado. A igreja que preparam será magnífica quando o desenho e o plano tiverem sido executados. A cidade é espalhada: a parte que se encontra dentro dos muros é pequena, mas se considerarmos os arredores, ela pode passar por uma urbe de significativo tamanho.

O governo local tem jurisdição sobre todo o Brasil. O vice-rei é o chefe do Conselho e pode deliberar soberanamente acerca de todas as matérias. Há, no país, dois Conselhos: um, nomeado pelos portugueses Conselho da Relação, que julga os processos criminais, e outro, denominado Conselho da Fazenda, que julga as matérias relacionadas ao comércio. A justiça aqui é muito lenta e gasta, em um de seus tribunais, mais papel em um mês do que uma procuradoria movimentada na França gastaria em um ano. Esses tribunais, em razão de uma política semelhante à praticada pelos espanhóis no Peru, não ousam punir um português e menos ainda condená-lo à morte. O novo vice-rei, no entanto, rompeu o gelo, e tem sido pouquíssimo brando com os criminosos condenados. O governante, porém, não pode se furtar a seguir as leis do país, que impõem uma série de formalidades para condenar um criminoso. Aqui, quando alguém é sentenciado à morte, pode-se ter certeza de que ele bem fez por merecer.

O comércio no Brasil é considerável, e o luxo dos seus habitantes o torna ainda mais necessário. O país produz açúcar e tabaco em abundância e muito ouro é extraído das minas. Todo ano duas frotas são enviadas de Lisboa, uma para o Rio de Janeiro e outra para a Baía de Todos os Santos; por vezes vem uma terceira, para Pernambuco. Essas frotas são grandes e os navios chegam carregados de mercadorias da Europa, como: sedas de Gênova; tecidos de algodão da Inglaterra e da Holanda; tecidos, de Paris e de Lion, com fios de ouro e prata; vinho; óleos; farinha de trigo; carnes salgadas etc. As mercadorias de Lisboa e do Porto são recebidas no país por comissários, que se encarregam de vendê-las e, no ano seguinte, de enviar o pagamento em açúcar, tabaco e em pó de ouro. As frotas ficam pouco tempo estacionadas no Brasil, pois seu carregamento é preparado ao longo do ano, de modo a tudo estar pronto quando chegam.

Os habitantes do Brasil podem ser divididos em três classes: os senhores das plantações de açúcar, os comissários de Portugal e a gente do mar. Os primeiros servem-se sempre de escravos, seja para cultivar a terra, seja para trabalhar nas minas. Todos os anos aguardam a chegada da frota de Portugal, para carregarem-na com o seu açúcar, o seu tabaco etc., e recebem em troca, no ano seguinte, o equivalente em mercadorias da Europa. Os comissários compram o açúcar e o tabaco daqueles que não querem enviar suas mercadorias para Portugal por sua própria conta, trocando-os por mercadorias da Europa que receberam no ano anterior. Por fim, as gentes do mar navegam pelas costas da Guiné e encarregam-se do tráfico de escravos. Deixo de lado a gente da justiça — que geralmente são comissários, mercadores e senhores de plantações — e os oficiais militares, que também se dedicam ao comércio, em virtude das facilidades que desfrutam para fazê-lo.

As gentes do mar que navegam pela costa da Guiné levam nos seus navios tabaco e alguns tecidos grosseiros da Inglaterra, produtos que trocam por escravos de ambos os sexos. Esse comércio é extremamente lucrativo quando a morte não assola o navio. Frequentemente, porém, os navios estão muito carregados e a morte consome grande parte dos escravos, seja pela falta de víveres, seja pela imundície, seja por outros acidentes. Acrescentaria a essas causas a melancolia, um veneno que mata muitos negros. É comum vermos na Guiné o marido vender a esposa ou os pais venderem os filhos. Esses infelizes, ainda que extremamente grosseiros, não deixam de refletir, sentindo falta de sua pátria e lamentando a perda da liberdade. Destarte, o desgosto, a dor e mesmo o desespero, por vezes, causam a sua morte.

O Brasil tem muitos escravos, ainda que estejam em falta nas minas. Todos os anos entram 25 mil negros na Baía de Todos os Santos, fora os 15 mil destinados somente à cidade de São Salvador. Pode-se ter uma ideia por aí de quantos há espalhados pelo país. Não existe, nesta cidade, um único português que não tenha pelo menos uma dezena de escravos, seja para seu serviço pessoal, seja para alugá-los ao público.

Os escravos causam muita confusão nas cidades e, ainda que castigados com rigor, diariamente geram uma nova desordem. Eles são ladrões, desleais e capazes dos piores crimes. Os portugueses escolhem, entre os seus negros, os mais robustos e os que provaram ter grande coragem e fazem deles seus protetores, dando-lhes adaga e espada. Há, entre os escolhidos, alguns cuja brutalidade os faz corajosos e que são capazes de combater com ardor por seus senhores. Alguns são livres, ou porque obtiveram a sua liberdade do senhor em agradecimento a serviços prestados, ou porque compraram-na mediante o pagamento de um resgate. Todos, sem exceção, são perigosos, e os portugueses naturais do Brasil frequentemente servem-se deles para vingar as suas injúrias e para assassinar alguém. Os negros infelizes são muito fiéis às suas promessas e cometem prontamente e sem nenhum escrúpulo qualquer crime que se lhes ordene. Péssima política esta de permitir que os escravos portem armas. Fico espantado que não utilizem as armas contra os seus senhores e que ainda não tenham ousado submeter um país onde o grande número de escravos e o tratamento indulgente que recebem oferecem um pretexto feliz e uma ocasião favorável.

O Brasil, a bem da verdade, não passa de um refúgio de ladrões e assassinos — não se nota, no país, qualquer subordinação, qualquer obediência. O artesão, com adaga e espada, ofende um homem de qualidade e o trata como igual, porque eles são iguais na cor da pele. O vice-rei tem feito esforços para pôr fim a essa desordem, mas em vão, pois os longos anos de prática têm sido mais fortes do que as suas boas intenções.

Os escravos que são mandados para as minas têm de enviar diariamente aos seus senhores uma certa quantidade de ouro. Se, por acaso, o escravo ultrapassa a cota em um determinado dia, ele guarda para suprir o dia que extrair menos. O senhor dá a seu escravo somente 7 libras de farinha de mandioca por semana, cabendo ao escravo arranjar tudo mais o que for necessário para viver, ou pelo trabalho, ou por meio de pequenos furtos.

Há alguns anos os portugueses vêm dando pouca atenção às suas plantações e têm preferido enviar os seus escravos às minas a empregá-los utilmente na agricultura. Tal conduta tem seus inconvenientes. A quantidade de açúcar e de tabaco produzidos tem diminuído sensivelmente e a farinha de mandioca, que é o alimento mais comum por aqui, está se tornando rara. É de se temer que a fome seja a consequência dessa avidez desmedida. Caso as frotas de Lisboa, que anualmente trazem farinha para cá, deixassem de fazer a viagem — o que pode acontecer, em razão de tempestades, guerras ou outros acidentes —, os habitantes seriam obrigados a comer as folhas das árvores ou as frutas silvestres, nocivas tanto ao paladar quanto à saúde.

Os portugueses são pouco educados na sua maneira de comer. A sua alimentação se reduz a carnes salgadas e peixes secos. Os alimentos são muito caros; vive-se melhor na França com meio escudo do que no Brasil com 4. Além disso, o povo prefere gastar o seu dinheiro para brilhar e ostentar a sua grandeza numa festa do que para comer. Trata-se de um vício generalizado. Numa celebração em homenagem a um santo qualquer gastam, em corridas de touros, comédias, sermões e ornamentos de igreja, os rendimentos de um ano e, depois, passam fome. Se privássemos os portugueses de suas santas e santos, eles seriam ricos. Não quero aqui criticar o culto aos santos, mas, sim, a maneira como os cultuam.

Retira-se muito ouro das minas do Brasil, e o quinto do rei de Portugal gera todos os anos muitos milhões. Os ingleses e os holandeses ficam com todo o ouro do Brasil, fornecendo a Portugal, em troca, as manufaturas de que o Reino necessita. Os franceses ficam com somente uma pequena parte, pois suas manufaturas são caras. O rei de Portugal reuniu, em 1709, o seu Conselho, e aí se discutiu por um bom tempo se era mais vantajoso manter o ouro do Brasil dentro do Reino ou fazê-lo circular pelos países vizinhos, por meio do comércio. "Parecemos abelhas", diziam alguns, "pois trabalhamos em vão nas minas, para os estrangeiros recolherem o fruto de tal trabalho. O luxo é a ruína dos Estados: que faremos a propósito das sedas da França, dos tecidos da Inglaterra etc.? Estabeleceremos, neste Reino, manufaturas que atendam às nossas demandas e cessaremos de gerar novas necessidades, assim, as bugigangas estrangeiras tornar-se-ão inúteis e supérfluas. Procedendo dessa maneira, controlaremos o nosso ouro, conservaremos nossas riquezas e aumentaremos nosso poder."

A Providência, argumentou, então, o senhor Galloway — general das tropas inglesas em Portugal —, cuidou de todas as coisas. A França, a Inglaterra e os países do Norte são pobres, e suas terras produzem somente ferro, chumbo e outros metais grosseiros. O empenho de seus habitantes permitiu que tal pobreza fosse superada, e tais povos se tornaram laboriosos por pura necessidade. Os reis da Espanha e de Portugal são senhores de um Novo Mundo, onde a terra gera no seu seio ouro e prata. Tamanha abundância tornou os seus povos indolentes e crentes de que, de posse de dois metais tão preciosos, terão sempre à mão o agradável e o útil. Dizem que o ouro pariu o luxo e os povos de Portugal e da Espanha têm negligenciado os meios de mantê-lo. Há de se ter em conta, todavia, que a inclinação para a indolência não foi dada pela natureza, mas inspirada pela Providência. Deus obrigou esses povos a recorrerem aos seus vizinhos, gente pobre mas laboriosa, e estes passaram a fornecer-lhes as coisas necessárias à sobrevivência; tal costume, com o tempo, tornou-se uma necessidade. "Os portugueses", enfatizou o senhor Galloway, "não devem, de modo algum, encarar essa situação como um jugo que lhes é imposto pelos estrangeiros. Pensem, senhores, se Portugal pode sobreviver sem a França, a Inglaterra etc., esses países não podem passar sem Portugal e virão, com armas na mão, reclamar o ouro que creem ter sido depositado nas mãos de Portugal pela Providência. Deus deu ao homem talentos diversos: os portugueses não escavaram a terra e encontraram no seu seio ouro e prata? Pois bem, nós dedicamo-nos a outros trabalhos. Os portugueses têm ouro, nós temos manufatura — não é justo que vocês tenham uma coisa e outra. Tamanha ambição é contrária aos decretos da Providência, que quer que haja uma espécie de equilíbrio em todo o universo. O ouro português está destinado a comprar nossas mercadorias e nossos mercadores deixarão de trabalhar se os portugueses se meterem a fazê-lo. Permaneçam, pois, na sua indolência, já que, entre os povos da Europa, ela é a ligadura das sociedades."

O senhor Galloway tinha razão e parece que seguiram o seu conselho. Ao menos não se nota, até o presente, que Portugal tenha alterado a sua antiga maneira de governar. O quinto do rei será, este ano, de 6 milhões, porém, se a frota do Rio de Janeiro levará mais pó de ouro para a Europa, a frota da Baía de Todos os Santos levará menos açúcar e tabaco. Daqui sairão este ano somente 24 mil arrobas de açúcar, sendo que, outrora, saíam duas vezes mais.

A Baía de Todos os Santos é muito bem-fortificada. Há uma fortaleza na ponta de Santo Antônio, flanqueada por quatro bastiões, e um forte, situado mais abaixo, com dez peças de artilharia pesada. Essas duas fortalezas defendem a entrada da baía. O senhor Massé, engenheiro e brigadeiro das Armadas portuguesas, desenhou a fortaleza de São Pedro e diversas outras fortificações que logo estarão prontas. Há, no meio do porto, uma fortaleza que foi reativada e está atualmente em reforma de ampliação. O Arsenal é flanqueado por dois bastiões, que comandam o porto. Entre a ponta de Montserrat e a cidade, eleva-se uma cidadela, que conta com um fosso extenso e profundo, quatro bastiões, redutos, taludes, meias-luas e contraescarpas. Na ponta de Montserrat há, ainda, um pequeno forte com doze peças de canhão. Além dessas, há mais duas fortificações, uma na qual se faz pólvora para canhão, situada entre a cidade e a ponta de Santo Antônio, e a outra onde se armazena a pólvora, localizada atrás da cidade, que comanda o lago ou fossa que os holandeses cavaram e que faz as vezes de muralha para a cidade. Assim, São Salvador é banhada pelo mar, de um lado, e por esse lago, de outro.

A guarnição da cidade consiste em dois regimentos de infantaria, três regimentos de milícias e um regimento de negros livres. Todos os dias mais ou menos uma centena de homens faz a guarda do palácio. O vice-rei mantém também alguns cavaleiros sob seu serviço, com o intuito de coibir a ação de bandidos, que fazem muito estrago nesta colônia.

É difícil definir os habitantes desta cidade, como de resto todos os portugueses nascidos no Brasil. Nada é mais enganador do que sua aparência: simpática e afável. Na verdade, como os chineses, eles são hábeis em ocultar o ódio que sentem pela nossa nação, ódio caprichoso, que busca sua justificativa no fato de que outrora guerreamos em suas costas, tomamos o Rio de Janeiro etc. A corte do vice-rei é composta por oficiais que parecem ser a gente mais civilizada do mundo e que fazem questão, dizem eles, de imitar as maneiras francesas. Logo que chegamos, enviaram-nos frutas, vinhos, doces etc., de presente. Essa liberalidade desmedida gerou em nós certa desconfiança, e cedo notamos que os seus interesses tinham inspirado uma generosidade muito contrária à sua natureza. A bem da verdade, são parasitas assumidos, que veem os estrangeiros como lorpas que a boa fortuna lhes colocou no caminho. Entretanto, caso o estrangeiro demore em dar testemunho de seu reconhecimento pelos serviços que prestam e pelos presentes que dão, mudam radicalmente as suas maneiras e tornam-se inimigos da pessoa. Apesar, no entanto, do grande número de escroques, conheci na corte do vice-rei muitos oficiais de Portugal a quem os vícios americanos incomodavam tanto quanto a nós e que viviam em sociedade de uma maneira decente.

Os costumes neste país são corrompidos e os homens não ruborizam por nada. As mulheres não são menos debochadas e, publicamente, vivem de maneira completamente desregrada. Os religiosos e os padres seculares, além de ignorantes ao extremo, mantêm relações públicas com as mulheres, a ponto de muitos serem conhecidos não pelos seus sobrenomes, mas pelos de suas senhoras. Impudicos, quando escutam os pecados de uma mulher no confessionário, parecem antes incentivar a sua conduta do que inspirar nela sentimentos de constrição e piedade. Durante a noite, andam pelas ruas travestidos, alguns de mulher, outros de escravo, armados de punhal ou de armas ainda mais perigosas. Mesmo os conventos, casas supostamente consagradas a Deus, servem de abrigo para mulheres públicas.

Eu não sei se devo estender-me sobre a libertinagem de tais religiosos. Parece-me que o mais prudente é passar em silêncio pelos seus crimes. É-me impossível apontar neles uma única virtude, logo, calar-me-ei sobre os seus vícios. Evito, com isso, escandalizar a Igreja, revelando-lhe a iniquidade de seus ministros.

As mulheres mais virtuosas, isto é, aquelas cujo desregramento é menos público, montam em suas casas um verdadeiro harém de escravas, que são ornadas com colares de ouro, braceletes, anéis e ricas rendas. Todas as negras têm amantes e suas senhoras partilham de suas relações infames. Os portugueses naturais do Brasil preferem possuir uma negra ou uma mulata do que a mais bela mulher. Perguntei-lhes diversas vezes de onde provinha um gosto tão bizarro, mas eles mesmos ignoram. Creio que a inclinação vem do leite, pois os portugueses do Brasil são amamentados e criados por escravas. Em Lisboa, conheci uma mulher que havia se casado com um homem deste país. A discórdia reinou no seu casamento, pois o esposo desprezava sua esposa, em razão do amor que tinha por uma negra que não despertaria o interesse do negro mais feio da Guiné. Não vou entrar em mais detalhes acerca da libertinagem que reina nestas colônias, direi somente, para encerrar, que os portugueses se parecem, em todos os aspectos, com os espanhóis do Peru: o mesmo espírito de deboche, a mesma irreligião, a mesma ignorância e a mesma presunção — que é um mal de toda a América.

Durante a noite, o único som que se escuta é o dos violões. Os portugueses, vestidos com longos roupões, a espada sem capa sobre o roupão e o violão na mão, passeiam pela cidade, parando debaixo dos balcões de suas amadas e, com uma voz ridiculamente doce, cantam umas melodias que lembram a música chinesa ou as *gigues* da Baixa Bretanha.

No dia 23 de dezembro uma embarcação vinda do Rio de Janeiro aportou com a notícia de que havia na costa um navio pirata, que tal navio capturara várias embarcações portuguesas, que graças a um espesso nevoeiro tinha conseguido esconder-se dele, e que os portugueses que escaparam da embarcação disseram que ela estava armada com trinta canhões, contava com trezentos homens de diferentes nações e era comandado por um capitão espanhol da ilha de São Domingos. O vice-rei, logo que soube da novidade, mandou equipar uma fragata de guerra que tinha sido construída neste porto. O trabalho, porém, correu muito lentamente e foi difícil reunir uma tripulação. A notícia convenceu-nos da necessidade de aguardar o navio do senhor La Fond e de partir em sua companhia, pois assim poderíamos resistir ao ataque desse corsário que, sem dúvida, sabia da nossa presença neste porto.

No dia 24 o vice-rei honrou-nos com um convite para assistirmos à missa da meia-noite em um convento de religiosas. Dirigi-me ao palácio às 8 horas da noite. Todos os oficiais da guarda estavam reunidos e o vice-rei regalou-os com uma esplêndida consoada. Fomos, às 10 horas, para a igreja de santa Clara, onde por certo não esperava ver encenada uma comédia, melhor, uma farsa. Em todas as casas religiosas portuguesas, as jovens freiras aprendem, ao longo do ano, uma série de canções engraçadas e outras futilidades para apresentar durante a noite da Natividade. A exibição que presenciei ocorreu numa tribuna aberta e elevada, para a qual as mulheres levaram os seus violões, harpas, tamboris, sanfonas etc. O padre, entoando o salmo *Venite exulltemos*, deu o sinal. Todas as religiosas puseram-se, então, a cantar os hinos religiosos que estudaram com tanto esmero durante o ano, cada moça entoando o seu. Tal diversidade de canções e de vozes produziu uma imensa barulheira que, somada ao som de instrumentos tão desencontrados quanto as vozes, dava vontade de rir. As moças pulavam e dançavam com tanto estardalhaço que, semelhante às freirinhas de Loudun, pareciam possuídas por um espírito louco ou por um duende divertido e brincalhão.

As surpresas da noite, porém, ainda estavam por vir. O silêncio sucedeu à barulheira; em seguida, em vez dos ensinamentos que normalmente são lidos nas noturnas das matinas, uma senhora, que estava gravemente sentada em um trono, levantou-se e, num português corrompido, semelhante ao que falam os escravos, fez um longo discurso para a assembleia. Tal discurso versava, de uma maneira satírica, sobre as intrigas galantes dos oficiais da corte do vice-rei. A mulher deu nome às senhoras de cada um e descreveu em detalhes suas boas e más qualidades.

O segundo noturno teve início com o padre lendo salmos em voz baixa, enquanto as boas senhoras prosseguiam nas suas extravagâncias e produziam um entreato semelhante ao primeiro. Houve um pequeno incidente no terceiro noturno, pois o amor quis encenar um papel nesta comédia. Para que se entenda a cena que vou descrever, é preciso saber que, na Espanha e em Portugal, os cavaleiros devotam amor às religiosas, o que denominam "indevoção". O sobrinho do vice-rei, dom Henrique de Meneses, ao que parece, enamorou-se de uma dessas damas, mas um amor platônico, que não era suficiente para ocupar todo o seu coração, que frequentemente buscava amores e ocupações mais concretas. A religiosa ciumenta não quis entender as razões de dom Henrique e, privada de certos prazeres, resolveu que o seu amante também não os teria. A noite escolhida para repreendê-lo por sua infidelidade foi a da missa. Terminado o terceiro noturno e finalizadas as danças e as canções, a religiosa dirigiu a dom Henrique algumas censuras brandas. Tudo foi dito com delicadeza, mas o cavaleiro, pouco dócil, recebeu mal a repreenda e, vociferando contra a honra da dama, deixou bruscamente a igreja. A religiosa, magoada com tão brusca saída, disse: "Vá se gabar ao pé de minhas rivais do desprezo que tens pelo meu carinho e pelas minhas reprovações." A catástrofe pôs fim à comédia. Um hino foi entoado e todas as religiosas comungaram.

É preciso certo esforço para acreditar em semelhante narrativa [...]. Tenho ideia de que é difícil crer que mulheres consagradas a Deus por votos solenes sejam capazes de cometer semelhantes excessos. Todavia, vi e ouvi tudo isto que descrevi. Haveria muita reflexão a fazer sobre o tema, mas a moral não soa bem na minha boca.

Durante a arribada, tive uma vida bem desanimada na cidade. Fazia a corte ao vice-rei e passava parte da noite no seu palácio. Tínhamos uma conversação de surdos: cada um dizia o seu rosário — ou fingia fazê-lo —, ríamos pouco e entediávamo-nos muito —, é o cerimonial dos palácios. Fazia, também, muitas visitas ao bispo, um santo ancião que adora contar histórias e faz isso muito bem.

No dia 15 de janeiro um navio português, vindo de Angola, relatou que os holandeses perpetraram diversos atos de hostilidade contra os portugueses nos mares da Guiné. Os batavos, há alguns anos, assinaram um tratado com os portugueses, pelo qual aqueles cederiam a estes o comércio de escravos de Angola e de outros pontos da costa da África, com a condição de que os portugueses não trouxessem para a região nenhuma manufatura, mas somente tabaco e ouro do Brasil. Os holandeses reservavam para si o direito de comerciar tecidos e outras mercadorias semelhantes. Os portugueses tiraram tantas vantagens comerciais do acordo que os holandeses, tomados pela suspeita, sob diversos pretextos, caíram em cima dos portugueses com o propósito de levar o seu comércio à ruína. Os batavos diziam que os portugueses tinham desrespeitado os acordos e comerciado na África tecidos grosseiros, sedas e outras manufaturas.

A lei do mais forte levou a melhor. Os holandeses, poderosíssimos naqueles mares, temendo uma represália, apoderaram-se dos navios portugueses — aquele que nos trazia essas notícias escapara depois de um longo combate. Esse conflito vai prejudicar o comércio e é de se temer que brevemente faltem escravos no Brasil. A sua política e os seus interesses levam a crer que Portugal tentará pôr fim à contenda. O vice-rei entregou-nos algumas cartas para o Conselho deste Reino, com o intuito de ajudar a encontrar os meios necessários para pôr fim à confusão.

O pirata que mencionei anteriormente continuou a fazer as suas incursões; soubemos que atacou uma fragata francesa, ancorada no porto da Ilha Grande. A tripulação francesa deslocou a embarcação para o mais próximo possível da terra e fortificou o bordo do mar, montando uma pequena bateria que, juntamente com a do navio, teria causado muito incômodo ao corsário se ele não tivesse batido em retirada prontamente.

Nosso navio ainda está em carenamento, pois os trabalhadores do porto fazem muito pouco ao longo de um dia. Eles não gostam de se desgastar, e a gente "nobre", como os plebeus, burgueses e soldados, quer saber somente das coisas boas da vida. Um artesão, por exemplo, não ousaria trabalhar depois do almoço sem antes dormir um pouco. O clima quente e o hábito estabeleceram tal prática e é preciso ter paciência — por sinal, a paciência foi a virtude que mais praticamos ao longo desta viagem.

Havíamos já constatado que a água do mar molhara as nossas mercadorias, sobretudo as sedas cruas, cuja qualidade já havia sido comprometida pela astúcia dos chineses. Os proveitos desta viagem realmente serão bem medíocres. O senhor La Fond abandonou o seu navio. Toda a pimenta e muitos outros bens que ele adquirira na China avariaram-se — e suas mercadorias ainda estavam em melhor estado do que as nossas. Consolamo-nos uns aos outros, e a desgraça de todos acabou por tornar mais leve a desgraça de cada um.

No dia 4 de fevereiro o vice-rei convidou-nos a passar três dias em um local da cidade onde se celebrava a festa de um santo, pouco conhecido no nosso calendário, mas famoso no Brasil, de nome são Gonçalo do Amarante. Partimos em companhia do vice-rei e de toda sua corte. Encontramos, estacionada na porta da igreja dedicada ao santo, uma quantidade espantosa de gente que dançava ao som de violões. Os dançarinos faziam vibrar a abóbada da igreja. Logo que o vice-rei apareceu, a multidão o levou e o obrigou a pular e dançar — exercício violento, bem como pouco conveniente para sua idade e para sua posição. Todavia, seria uma tremenda ofensa aos sentimentos deste povo, caso o vice-rei tivesse se recusado a homenagear o santo festejado. Fizeram-nos, bem ou mal, dançar também; era realmente muito engraçado ver, no interior de uma igreja, padres, mulheres, monges, cavaleiros e escravos, todos misturados, pularem, dançarem e gritarem a plena voz "Viva são Gonçalo do Amarante". Em seguida, pegaram uma pequena estátua do santo que estava sobre o altar e começaram a atirá-la um para o outro. Em uma palavra, procederam como costumavam proceder outrora os pagãos no sacrifício que faziam anualmente em homenagem a Hércules. Durante o sacrifício, espancavam e cobriam de injúrias a estátua do semideus.

A igreja de são Gonçalo está situada sobre uma colina, que se estende até a beira-mar, e é rodeada por bosques, onde os portugueses montaram umas tendas. Todos os cortesãos estavam retirados ali; por todo lado ouviam-se somente gritos de alegria e sons de harpas e violões. A gravidade portuguesa estava irreconhecível e nada faltava à festa, salvo a presença de Baco. Mas os portugueses quase nunca o admitem em seus divertimentos.

O vice-rei mandara erguer as tendas no meio de um pequeno bosque de laranjais, a um quarto de légua da igreja. Durante três dias comemos muito bem e tomei algumas lições com o cozinheiro francês. No primeiro dia da festa foi representada uma comédia espanhola muito ruim, interpretada pelos piores atores do mundo. A peça intitulava-se *La Monja Alférez*. O primeiro ato passava-se em Madri, o segundo, em Calao, e o terceiro, em Barcelona; a peça cobria um período de 32 anos. O teatro foi erguido em frente à igreja de são Gonçalo e os atores cantaram hinos em homenagem ao santo, hinos ridículos e mesmo pouco cristãos, misturando, de uma maneira ímpia, o sagrado e o profano. No terceiro dia retornamos à cidade e o vice-rei foi escoltado por quinhentos ou seiscentos cavaleiros portugueses — homens que viviam no campo e que tinham deixado suas casas para irem à festa.

É espantoso que se cometam tantos abusos na colônia, mas tudo aqui é difícil de ser remediado. Se um viajante resolve, por exemplo, falar do desregramento dos religiosos e daqueles que são responsáveis pela condução das almas, se resolve pôr em evidência os seus crimes, em suma, se resolve dizer que em toda a América os pastores são uns hipócritas que, sob uma aparência grave e composta, ocultam um coração aberto às paixões mais indecorosas, esse viajante será acusado de imprudência. Alguns condenar-lhe-ão o fato de não ter ocultado as faltas que cometem as pessoas consagradas a Deus, expondo os ministros da Igreja ao escândalo e ao desprezo público. Outros negarão os fatos relatados pelo viajante e dirão que são mentiras e imposturas tudo o que se diz de mal da conduta dos deploráveis pastores da América.

Destarte, o príncipe vê-se impossibilitado de extirpar vícios muito tolerados, dissimulados e que jamais lhe são reportados. Ele não pode enviar ordens para reformar os costumes dos eclesiásticos. O espírito da religião cristã está aniquilado nestas colônias: a piedade é somente exterior, a ignorância e a presunção reinam soberanas, e a moral de Jesus Cristo foi tão desfigurada que é impossível reconhecê-la em qualquer princípio que defendem.

No dia 10 de fevereiro terminou a carenagem do nosso navio e iniciamos os preparativos para partir. O capitão, semelhante àquele que em meio à tempestade promete um boi a Júpiter e, após a mesma, dá-lhe somente os córneos, esqueceu as promessas que fizera aos juízes tão logo deixou de precisar dos seus serviços. Ele acreditou que poderia desembaraçar-se de seus compromissos oferecendo aos juízes umas bagatelas chinesas. Esses senhores, porém, gostavam de coisas mais sólidas e, quando perceberam que estávamos rindo às suas custas, ficaram com ódio mortal de nossa nação e prometeram que iriam se vingar no primeiro navio francês que entrasse neste porto. Mal sabíamos nós que o castigo cairia sobre nós mesmos e que seríamos as primeiras vítimas de um ressentimento de que tínhamos sido a causa.

No dia 17 embarcamos os marujos rebelados e comunicamo-lhes que a revolta seria perdoada se a reparassem com uma conduta impecável.

Despedimo-nos do vice-rei que, sempre cheio de amabilidades conosco, deu-me cartas de recomendação para o conde da Ribeira, seu sobrinho, embaixador na França, para o conde da Ericeira e para vários outros senhores portugueses, pois nossa intenção era passar por Lisboa.

Fizemos, então, vela para sair da Baía de Todos os Santos. O senhor La Fond acompanhou-nos com o navio que havia fretado. O vento estava favorável e rapidamente perdemos a terra de vista. Tínhamos navegado cerca de 40 léguas quando notamos que o navio estava cheio de água. O capitão pareceu estar muito surpreso, mas estou persuadido de que, em seu íntimo, se culpava pela imprudência com que cuidara de sua embarcação. A única alternativa que nos restava era arribar uma segunda vez. Viramos, então, de bordo para retornar à Baía de Todos os Santos. O senhor La Fond acompanhou-nos em nosso navio e tentou consolar-nos da desgraça que se abatera sobre nós. Ficaríamos à mercê das lentas deliberações do Conselho português e daqueles juízes que tanto queriam se vingar [...].

Depois de nos despedirmos do senhor La Fond, entramos na Baía de Todos os Santos e, por volta da meia-noite, ancoramos ao pé da fortaleza do porto. O barco da guarda reconheceu-nos e foi avisar o vice-rei do nosso retorno. O vice-rei, que conhecia a avidez dos juízes do país e os seus planos de vingança em relação à França, ficou muito irritado em ver-nos de volta, mas resolveu ajudar-nos, desde que constatasse que o nosso retorno se dera por razões legítimas. A bem da verdade, sua Excelência poderia dar-nos provas de sua generosidade sem ir contra as ordens do rei, seu senhor, pois Sua Majestade não recusaria asilo em seus portos a um navio com necessidades tão prementes e que não poderia retornar ao mar sem risco de naufragar.

No dia seguinte, ao alvorecer, escrevi duas cartas, uma ao ouvidor criminal e outra ao ouvidor civil. Mas antes de narrar os efeitos que tiveram tais cartas é preciso dizer que o Conselho da Fazenda é presidido pelo vice-rei, que tem dois votos, e é composto por cinco juízes.

Durante nossa primeira arribada, travei amizade com os dois ouvidores, que eram, entre todos, os juízes mais íntegros. Eu esperava que a amizade e a equidade de ambos fizessem com que eles se juntassem ao vice-rei em nossa defesa. Escrevi-lhes que não duvidava o quão difícil era ficar do nosso lado e proteger-nos na situação em que estávamos, mas que não acreditava que eles apoiariam cegamente as atitudes daqueles que tinham jurado nos prejudicar. Disse-lhes que sempre os considerara homens probos e honrados e que estava persuadido de que os lamentáveis acontecimentos ocorridos antes da nossa partida não tinham alterado sentimentos tão nobres e justos. Pedi-lhes que considerassem o quão injusto seria punir tantos inocentes por causa dos erros de um só homem e salientei que, embora fosse verdade que o capitão de nosso navio faltara com sua palavra, nós não éramos seus fiadores. Asseverei-lhes, contudo, que a experiência recente tornara o capitão mais fiel às suas promessas e mais diligente em cumpri-las. Implorei-lhes, por fim, que se lembrassem da amizade que nos unira durante a minha estada no país e que considerassem a possibilidade de agir contra o capitão sem prejudicar-me.

Além dessas missivas, escrevi uma outra para o brigadeiro Massé, pedindo-lhe encarecidamente que estivesse presente no palácio quando da nossa entrevista com o vice-rei. Depois de tomar tais precauções, desci em terra com o capitão e dirigimo-nos ao palácio. O vice-rei foi-nos muito favorável e, embora não tenha prometido diretamente nos ajudar, deixou transparecer pelas suas maneiras que não nos abandonaria. Por diversas vezes ele repetiu que previra o acidente que sofrêramos e que tinha sido uma imprudência desforrar o navio. Percebi que extraía um prazer secreto em posar de bom profeta.

O vice-rei determinou, então, que a assembleia se reunisse e que o capitão retornasse para o seu navio. Obtive permissão para permanecer em terra e ir à casa do senhor Massé. O vice-rei, demonstrando todo o seu apreço por mim, ordenou que alguns guardas me acompanhassem.

O capitão pediu-me que zelasse pelos interesses do navio e respondi-lhe que zelaria, desde que cumprisse as promessas que eu faria aos juízes em seu nome. O senhor Massé, que não tinha recebido a minha carta — o portador não o encontrara —, ficou surpreso com o nosso retorno. Imediatamente, ele mandou chamar os ouvidores civil e criminal, seus amigos particulares. Ambos tinham recebido minhas cartas e, naquele momento, estavam reunidos deliberando sobre como proceder. Os ouvidores não tardaram em vir e, depois de tecer um comentário gentil acerca do meu retorno, confessaram-me que a minha situação não era nada boa. O fato de termos retornado ao porto em razão ou não de certas necessidades, disseram, importava pouco; uma vez constatadas tais necessidades tudo estaria resolvido, pois não poderiam nos recusar asilo. O problema era o processo que teriam de instaurar em razão das mercadorias que tínhamos vendido antes de partir. Asseveraram que as prisões da cidade estavam repletas de maus mercadores que tinham comerciado conosco e que, por terem desobedecido uma ordem do rei, os seus bens seriam confiscados. E concluíram que não seria justo punir uns e absolver outros, já que ambos eram culpados.

Os ouvidores explicaram, ainda, que os três juízes da Fazenda, homens avaros e interesseiros, fariam de tudo para nos prejudicar e que não poderiam se opor, já que sua indulgência seria vista como um crime na corte. Respondi-lhes que se os juízes da Fazenda eram avaros, não seria difícil ganhar a sua simpatia propondo-lhes um bom acordo e que os particulares do navio afiançariam tudo o que o capitão ou alguém em seu nome prometesse.

Meus argumentos não persuadiram por completo os portugueses. O capitão agira com eles de uma maneira bem pouco cortês e supunham que, tão logo não precisássemos mais deles, seriam enganados como da primeira vez. Depois de uma hora de conversas, tive sucesso e eles prometeram que juntariam suas vozes à do vice-rei. Vi-me, assim, com três votos contra e quatro a favor, já que, como expliquei, o vice-rei tem dois votos. Retornei ao palácio esperando por uma deliberação a nosso favor. Os três juízes da Fazenda, que ignoravam minha conferência com os outros, passaram por mim com um ar grave, orgulhoso e ameaçador. Queria falar a um dos três, para persuadi-lo a ficar do nosso lado caso o vice-rei não quisesse tomar partido e deixasse a decisão para os juízes, mas o tempo e o lugar não permitiram.

A audiência durou duas horas, e quando os juízes saíram, tentei ler a nossa sorte nos seus olhos. Aqueles com quem havia falado de manhã tinham o semblante muito sério, aqueles que temia, por sua vez, pareciam alegres e contentes. Julguei que essas atitudes tão opostas eram um bom augúrio, e estava correto. Os primeiros pareciam sérios para não revelar que tinham nos favorecido; os últimos afetavam uma alegria que não sentiam, para demonstrar-me que estavam felizes com a deliberação favorável do Conselho e que não tinham contribuído pouco para isso. Não tive tempo de lhes falar. O vice-rei chamou-me e disse-me que, se de fato as nossas necessidades eram aquelas que lhe narráramos, não tínhamos mais nada a temer. Disse-me, também, que deveríamos observar as mesmas formalidades da primeira arribada e que os oficiais não poderiam permanecer em terra, pois poderiam tentar fazer algum tipo de comércio. Há de se notar que o vice-rei, em um gesto de bondade, fingiu ignorar que tínhamos vendido diversas mercadorias durante nossa primeira estada e fez a advertência para prevenir qualquer nova investida dos oficiais. O vice-rei concluiu dizendo que permitiria que os passageiros permanecessem em terra.

O senhor Massé entrou exatamente nesta hora e ofereceu-me hospedagem na sua residência, convite ao qual não pude recusar. Prestei meus sinceros agradecimentos ao vice-rei e enviei um emissário para informar o capitão de tudo o que se passara. Adverti-lhe, entre outras coisas, de que o juiz, que deveria fazer a visita ao nosso navio, era uma pessoa que diria a nosso favor tudo o que pedíssemos, desde que vislumbrasse vantagens, desde que o amansássemos. Expliquei-lhe que, quanto aos outros dois, dos quais tanto nos inquietavam os planos de vingança, não tínhamos mais nada a temer, pois já não poderiam nos fazer nenhum mal e nós não tínhamos qualquer obrigação de lhes fazer o bem.

O ouvidor criminal contou-me, no mesmo dia, que o vice-rei, sem falar em nosso favor, mostrou-se tão simpático à nossa causa que os outros juízes, depois de uma ligeira oposição que notaram ser inútil, decidiram dar-nos o asilo que solicitávamos. Esses senhores, por certo, não queriam pôr tudo a perder, e esperavam que ignorássemos a sua oposição ou que pensássemos que tinham vencido sua repugnância e se posicionado a nosso favor. O desembargador fez a visita, nós demos a ele um presente e todos saíram contentes.

Os carpinteiros do porto foram presos por terem deixado o nosso navio partir em tão mau estado. Essa formalidade foi necessária para melhor fazer valer os nossos direitos. Ocorreu, porém, que esses mesmos carpinteiros protestaram, dizendo que o nosso navio não valia nada e que deveria ser proibido de sair do porto, visto o péssimo estado em que estava. O capitão, que amava o dito navio como um recém-casado ama a sua esposa, fez pouco de tais considerações e deu ordens para iniciar a carena do navio. A embarcação foi descarregada e as mercadorias transportadas para dois galeões que estavam no porto. Resolveu-se também forrar o navio com pranchas de madeira do Brasil, madeira impenetrável aos vermes. Contudo, fazia um frio considerável e os trabalhadores rendiam pouco por causa das festas da Quaresma.

No dia 2 de março teve lugar uma procissão solene, dando abertura às festas da Quaresma. Duzentos homens vestidos de branco, com o rosto coberto, marchavam desordenadamente à cabeça da procissão, flagelando os ombros com tanta força que o sangue espirrava para todo lado. Esses penitentes são insensatos que se oferecem como espetáculo ao público. Antes de começar a ridícula caminhada, eles retalham as costas com uma lâmina ou com uma bola de cera, com pedaços de vidro, amarrados numa grossa corda de algodão; os cortes então abrem e o sangue escorre em abundância. É comum esses penitentes pararem debaixo das sacadas de suas damas e, para despertar uma espécie de compaixão amorosa, se flagelarem com empenho. Eles passam e repassam sob as sacadas, afinal, essa é a mais apurada pedra de toque da galanteria.

Depois desses flageladores, vinham outras espécies de loucos: uns traziam muitas espadas amarradas juntas, em forma de coroa, cujas pontas estavam sobre seus ventres; outros arrastavam correntes pesadíssimas e caminhavam puxados para trás, pois tinham os braços esticados e amarrados numa peça de madeira em forma de cruz. Em suma, cada um tratava de inventar a sua forma de penitência.

Um fantasma que representava a morte, trazendo uma matraca, precedia Adão e Eva, no meio dos quais se viam a árvore e o fruto fatal que Eva experimentou. As ordens religiosas vinham logo atrás e, depois delas, todos os confrades da Ordem Terceira de São Francisco, que são praticamente todos os habitantes de São Salvador. Eles traziam sobre os ombros imagens dos santos e santas das ordens e a imagem do Senhor na cruz. Em língua do país, esses relicários são denominados *gaiolas*.

Estou longe de querer censurar a devoção, apenas condeno a maneira como a praticam. O que condeno é a falta de moderação dos padres e monges que, no local de penitência, riem e fazem misteriosos sinais para as damas, as quais, nessas ocasiões, vestem suas mais belas roupas e metem-se nas sacadas. O que condeno, por fim, é a intenção dos flageladores, que transformam uma ação piedosa em um gesto de galanteria.

Todas as sextas-feiras da Quaresma, os ditos relicários — cada relicário pertence a uma confraria — percorrem sete quarteirões da cidade. Canta-se o "Miserere", acompanhado de uma música horrível. Na noite de quinta para Sexta-feira Santa, repete-se a mesma procissão — nesse dia, tão sagrado para todos os cristãos, é o carnaval dos portugueses. Todas as damas que ficaram recolhidas em suas casas durante o ano, que não saíram nem mesmo para ir à missa, saem nessa noite, adornadas com tudo o que têm de mais belo, e vão a pé de igreja em igreja, ouvindo, pelo caminho, as graçolas dos cavaleiros portugueses. É nessa mesma noite que aquelas filhas cujos pais severos mantiveram recolhidas perdem aquilo que os pais evitaram que perdessem durante o ano. É nessa noite que o Rei dos Traídos vê com alegria seu império aumentar. É essa noite, enfim, que os portugueses destinam à celebração dos seus bacanais.

No dia 12 de março o senhor brigadeiro Massé convidou-me para ir ao campo, visitar a casa de uma senhora de seu círculo de amigos, situada em um cantão da Baía de Todos os Santos denominado Mataripe. A tal dama era viúva de um governador de uma cidade do Brasil; sua casa localizava-se à beira de um rio e oferecia inúmeras distrações para escapar do enfado. Fui visitar muitos engenhos e conheci cavaleiros portugueses muito amigos da caça, a ponto de preferirem este divertimento a todos os outros. Além dos engenhos comuns, visitei dois ou três onde o açúcar era feito com moinhos movidos a água. Durante a minha estada em Mataripe participei de inúmeras festas, corridas de touros etc. Assisti também a uma comédia sobre a vida de um santo, cujo dia estava sendo celebrado.

Ainda que tais passatempos sejam bastante medíocres, gostaria de tê-los desfrutado mais alguns dias. Mas era hora de partir. Voltei à Baía de Todos os Santos, onde encontrei o nosso navio pronto para fazer vela. Despedimo-nos do vice-rei e dos amigos que fizéramos durante a nossa estada no país e partimos com um tempo extremamente favorável. [...]

EDIÇÃO UTILIZADA

O extenso livro de viagens de La Barbinais veio a público pela primeira vez em 1727, na cidade de Paris, mas há ainda uma edição bastante incompleta, de 1725, publicada também em Paris. Entre 1728 e 1750, ora em Amsterdã, ora em La Haye, ora em Paris, saíram pelo menos quatro edições da obra em língua francesa. Em 1762 veio a público a primeira edição em italiano e, em 1781, a primeira edição em alemão. A última edição de que se tem notícia saiu na França em 1827. Utilizamos aqui a edição holandesa de 1728, publicada pelo conhecido editor de livros de viagem Pierre Moitier.

LA BARBINAIS, Le Gentil. *Nouveau voyage autour du monde*. Amsterdã: Pierre Moitier, 3 Tomos, 1728, 2 v.

BIBLIOGRAFIA

TAUNAY, Afonso de E. *Na Bahia colonial (1610-1764)*. Rio de Janeiro: IHGB, 1924.

Karl Friedrich Behrens

O que se sabe sobre Karl Behrens, um alemão nascido em Mecklenburg, na costa do mar Báltico, é o pouco que ele próprio deixou registrado no primeiro capítulo de História da viagem de três navios, enviados pela Companhia das Índias Ocidentais das Províncias Unidas, às terras austrais em 1721. *Ficamos aí a saber que o aventureiro, desde tenra idade, nutria especial apreço pelas viagens e que, logo que pôde, deixou sua terra natal para correr mundo. Depois de muito andar pelo norte da Europa, Behrens, ansioso por conhecer terras mais distantes, dirigiu-se a Amsterdã, onde engajou-se numa pequena frota batava que seguia para os Mares do Sul com o intuito de descobrir novas terras.*

A pequena frota composta por três navios e capitaneada por Jacob Roggeveen, zarpou de Amsterdã em 16 de julho de 1721, ancorou em Texel poucos dias depois, onde carregou, e em 21 de agosto do mesmo ano partiu rumo àquela que seria a segunda viagem de circum-navegação dos holandeses. Behrens relata-nos então que, depois de passar pelas ilhas Canárias, os navios holandeses reabasteceram, entre os meses de outubro e novembro de 1721, em São Sebastião — que Borba Morais, na erudita Bibliographia brasiliana, *confunde com São Sebastião do Rio de Janeiro —, cidade da qual o autor oferece-nos uma breve descrição. Há quem ponha em dúvida a veracidade desse trecho do relato de Behrens, já que a outra narrativa que dá conta da expedição, escrita pelo capitão Roggeveen, não menciona qualquer parada na costa brasileira. A descrição de Behrens, no entanto, quando comparada à de outros viajantes seus contemporâneos, parece cabível e verossímil, não obstante os tigres, elefantes e um estranho ídolo que o autor diz ter visto nas redondezas da cidade.*

*

Prosseguimos rumo a sudoeste e, depois de percorrermos 6 léguas, ao longo das quais avistamos umas pequenas ilhas, encontramo-nos diante da baía de São Sebastião. Ao aproximarmo-nos da embocadura, caiu uma tempestade tão violenta que, para evitar o choque dos navios contra os rochedos, fomos obrigados a lançar âncora e aguardar a maré. No dia seguinte, pela manhã, seguimos adiante e ancoramos ao pé da cidade. Saudamo-la, a princípio, com sete tiros de canhão, depois com cinco e, por fim, com três. Todavia, não nos responderam, não sei se em razão de os seus canhões não estarem em condições de fazê-lo ou porque a nossa presença não lhes agradava. O certo é que os habitantes da cidade nos tomaram por piratas, embora ostentássemos um pavilhão holandês. Rapidamente, o almirante escreveu uma carta ao governador implorando-lhe que fornecesse, em troca de prata, as coisas de que tínhamos necessidade, tais como bois, verduras, frutas, água e madeira. O almirante pediu-lhe também que nos arrumasse algumas cabanas, para que pudéssemos desembarcar os nossos doentes em um lugar coberto e cuidar deles mais apropriadamente.

O governador respondeu que estava sob as ordens do governador do Rio de Janeiro, que nada poderia deliberar por sua própria conta e que tinha já enviado um expresso para comunicar ao governador da nossa arribada e das necessidades que tínhamos. Respondeu, também, que, como era obrigado a executar as ordens que recebia, deveríamos ter paciência e aguardar o retorno do expresso. O nosso almirante, insatisfeito com a resposta, mandou dizer ao governador que, se não nos desse de boa vontade as coisas que pedíamos, seria obrigado a obtê-las por meios nada agradáveis.

Enquanto aguardávamos a resposta, soubemos que havia na cidade um convento de franciscanos. O almirante tratou, então, de enviar um homem ao convento, com alguns presentes, informando aos religiosos da nossa chegada e da resposta que tínhamos recebido do governador. Por sorte, o prior desse convento, de nome Tomás, era natural da província de Utrecht. Prontamente, o prior, na companhia de diversos religiosos, veio a bordo visitar-nos, pois, segundo disse, muito o alegrava ver, antes de sua morte, pessoas de sua pátria e que, a partir de então, morreria feliz, pois realizara um desejo de mais de 22 anos.

Tratamos os padres o melhor que pudemos e lhes demos uma série de coisas que diziam ter necessidade no convento. Reclamamos com eles da decisão do governador, que se recusava a auxiliar-nos, acrescentando que sua recusa nos obrigaria a recorrer às armas para obter, pela força, o que poderia ser obtido por meio da negociação e do dinheiro. O prior prometeu insistir com o governador para que mudasse de opinião e pediu que tivéssemos paciência, aguardando alguns dias até que o expresso voltasse do Rio de Janeiro. Acrescentou que, durante a espera, enviaria do convento tudo o que fosse necessário para a mesa do almirante. Após tais promessas, o prior e os padres despediram-se e retornaram para o convento. Entrementes, uma multidão de portugueses reuniu-se na praia, especialmente em um lugar onde uma de nossas chalupas se dirigia para fazer aguada. Em seguida, atiraram contra a chalupa, ferindo um dos nossos homens no ombro. Respondemos com um disparo de mosquetes, deixando dois deles caídos sobre o terreno. O revés pôs os outros apavorados; eles deixaram os seus postos e a chalupa pôde ancorar, mas os homens fizeram a aguada com as armas nas mãos.

Depois do retorno da chalupa, quando soube dos detalhes do ocorrido, o almirante iniciou os preparativos para atacar a cidade, determinando a posição de cada navio: o menor deveria aproximar-se o máximo possível da cidade; o *Tienhoven* deveria guardar as costas; e a almiranta foi ancorar próximo ao convento, para incendiá-lo. A bem da verdade, tudo não passava de uma encenação; queríamos somente amedrontar os portugueses para alcançar o nosso objetivo. Receávamos que esses pequenos atos de hostilidade pudessem desencadear uma querela entre as duas nações.

Logo que os portugueses perceberam os nossos preparativos, um capitão, que também fazia as vezes de vice-governador, veio a bordo da almiranta para apaziguar a situação. O capitão prometeu que nos daria mantimentos para alguns dias, bem como a água e a madeira que viéssemos a necessitar. O almirante, contudo, exigiu que a cidade pusesse à nossa disposição algumas casas para alojarmos os doentes e fornecesse carne, verduras etc.; pediu, ainda, reparação pelo insulto que nos tinha sido feito quando dos disparos contra os homens que estavam na chalupa. Por sua vez, o almirante assegurou-lhe que não faria nenhum mal aos habitantes e que, no tocante aos víveres, os pagaria com mercadorias europeias. Os portugueses, todavia, não acreditaram em nós, pois temiam que traíssemos a sua confiança tal como tinham feito, há algum tempo, os franceses, os quais, em vez de cumprirem as suas promessas, ameaçavam com disparos de canhão a quem tivesse a ousadia de lhes cobrar a menor coisa que fosse.

Por fim, depois de muitas conversas e manobras, chegamos a um acordo, pelo qual obtivemos tudo o que pedíamos. A experiência fez-me ver o quanto agimos com honestidade e equidade na ocasião. Os doentes que trazíamos foram alojados em algumas casas localizadas na ilha de São Sebastião, em frente à terra firme. Durante toda a nossa permanência no lugar, para que pudéssemos nos manter, forneceram-nos bois, carneiros, todo tipo de verdura, frutas, em suma, tudo que o país produz. Aqueles da nossa tripulação que se comportaram bem gozaram de muitos prazeres e divertimentos. Eles travaram conhecimento com os portugueses e venderam-lhes toda sorte de mercadorias, comprando, em troca, tabaco, açúcar e aguardente — malgrado as proibições do governador.

Destarte, as desavenças transformaram-se em amizade, a tal ponto que, ao dizermos adeus, os portugueses não puderam evitar verter algumas lágrimas. Disseram-nos, então, que jamais tinham imaginado que os holandeses fossem gente tão boa e honesta, e que éramos muito diferentes dos franceses, os quais, ainda que professassem a mesma religião, tinham sido bem cruéis com eles. Disseram, ainda, que as recordações do mau tratamento que receberam dos franceses, o medo de que fizéssemos o mesmo e o temor de serem pilhados por nós fizeram com que, quando da nossa arribada, escondessem os seus bens mais valiosos.

Descrição da cidade de São Sebastião e do ídolo que aí se encontra

A cidade de São Sebastião está situada a 24º de latitude e 60º de longitude. O seu tamanho é medíocre e as suas fortificações são poucas: umas paliçadas, guardadas por alguns canhões. Os habitantes ergueram uma igreja muito bonita. O palácio onde mora o governador é magnífico. As casas, em geral, são construídas à maneira dos índios. Do lado sul, há um convento da Ordem de São Francisco, no qual residem cerca de trinta religiosos. O prior, padre Tomás, a quem já fiz menção, mostrou-nos um ídolo que aí se conserva, que, segundo relatou-nos, era adorado pelos antigos habitantes do lugar.

Trata-se da estátua de uma figura, metade tigre, metade leão, com 4 pés de altura e 1 e meio de largura. Disseram-nos que a peça era de ouro maciço, mas tive dificuldade em crer nisso; a meu ver, ela é somente dourada. Os pés lembram a pata de um leão e a cabeça é ornada com uma dupla coroa, guarnecida por doze flechas, com o formato de dardos ou de azagaias dos índios, com um cortado de cada lado. Na parte de trás há um par de asas, semelhantes às de uma cegonha, e no interior da estátua encontra-se uma estatueta de um homem armado à maneira do país: em um dos ombros traz uma aljava repleta de setas, na mão esquerda um arco e, na direita, uma flecha. A cauda do monstruoso ídolo é longuíssima e dá cerca de três ou quatro voltas em torno do homem armado; sua cabeça lembra a de um dragão. Os habitantes chamam esse ídolo de *Nasil Lichma* e não pudemos contemplá-lo sem algum espanto. Além dessa estátua, o convento possuía muitas outras antiguidades, tanto da Europa quanto da América.

O porto, ou antes, o rio de São Sebastião, tem 3 ou 4 léguas de comprimento e meia légua de largura. Em direção ao nordeste, há uma ilha belíssima, com cerca de 4 milhas de extensão, rodeada de diversas outras pequenas ilhas. A maior delas, como a cidade, é denominada São Sebastião. De resto, pode-se dizer que o Brasil é um país muito grande e muito rico; penso mesmo que o rei de Portugal retira mais riquezas daqui do que o rei da Espanha retira de toda a América. A razão disso é a seguinte: enquanto o rei da Espanha apropria-se de somente 10% de todo o ouro e da prata que são produzidos pelas suas minas americanas, o rei de Portugal guarda tudo para si, sem partilhar a produção de suas minas com ninguém. As províncias do Brasil se estendem para sul, leste e norte; do lado sul encontra-se o rio da Prata. As principais cidades do país são Salvador (a capital), Ceará, Olinda, Recife, Sergipe del Rei, Rio de Janeiro e São Vicente. Muitas das cidades são fortificadas e providas de bons portos.

Este país foi descoberto por Álvares Cabral, em 1500, depois de sua frota ter sido apanhada por uma tempestade. Os rios que banham o Brasil são: o Maranhão, o São Francisco e o Janeiro. Os antigos habitantes eram antropófagos e vendiam carne humana tal como vendemos carne de vaca ou de carneiro nos açougues da Europa. Hoje o cristianismo é dominante e esses horrores não ocorrem mais. Dizem, porém, que ainda se pode encontrar no país praticantes de tais monstruosidades.

Os habitantes, em geral, são muito grosseiros, atarracados e bastante escuros. Os seus cabelos são frisados como a lã de carneiro e os dentes são extremamente brancos. Há, espalhado pelas províncias, grande número de portugueses que nasceram no país e também outros que aí vêm, de tempos em tempos, fixar residência. Todos os habitantes alimentam-se de frutas, como o limão, a goiaba, o coco, o ananás e outras; plantam também tabaco.

Os portugueses descobriram uma mina de diamantes no país, mas ainda não tinham tomado posse dela. Enquanto estávamos em São Sebastião, preparavam uma expedição contra os nativos do lugar para poderem lá se instalar. Convidaram-nos a tomar parte, auxiliando-os em troca de participação nas riquezas. A proposta seduziu a tal ponto os nossos soldados que nove deles desertaram. Desconheço se estão satisfeitos com a opção, pois não os vi mais. É certo que os portugueses, atualmente, retiram uma grande quantidade de diamantes do Brasil, os quais são, posteriormente, vendidos por toda a Europa. Eles encontraram essas pedras nas montanhas, numa terra avermelhada, misturada com ouro, cuja areia arrastada pelas correntes é lançada nos rios vizinhos. Tal descoberta fez diminuir muito o comércio de diamantes do Oriente.

O Brasil abunda em pássaros e animais, tanto daqueles domesticáveis quanto dos ferozes. Os tigres causam grandes estragos; os elefantes, por sua vez, são de muita utilidade, sobretudo os dentes, com os quais se faz um intenso comércio no país. Há, nos lugares mais desertos, muitas cobras e outros animais venenosos.

A religião dominante no país é a católica romana, mas os habitantes que vivem muito no interior são inclinados a todo tipo de culto idólatra. Os portugueses ainda não conseguiram reduzi-los, pois são cruéis e vingativos; quando um cristão tem o azar de cair em suas mãos, sabe que será degolado e servido como comida.

O ar aqui é bem saudável, mas em certas épocas do ano faz um calor excessivo. A região, em geral, é muito elevada; as montanhas, em alguns lugares, perdem-se nas nuvens. Os ventos que sopram na costa vêm da terra e do mar, sendo que os últimos contribuem em muito para a fertilidade da terra e para a pureza do ar. Eu próprio senti os efeitos do ar daqui, curando-me inteiramente de algumas indisposições que me incomodavam. Os doentes que trazíamos se restabeleceram e recuperaram as forças. Consumimos aqui, diariamente, grande variedade e quantidade de peixes e tartarugas, as quais tinham um gosto excelente.

Os habitantes, em geral, tinham muita desconfiança de nós. Todas as noites havia sentinelas em muitos lugares e, mediante o menor barulho, víamos todos pegarem em armas e irem correndo guardar as costas. Alguns homens da nossa tripulação familiarizaram-se em demasia com as mulheres índias e foram alvo de queixas junto ao almirante, que imediatamente castigou os culpados como mereciam e os proibiu de desembarcarem.

Todos foram aqui muito incomodados pelos mosquitos, cuja picada é perigosa. Alguns homens de nossa tripulação foram acometidos por inchaços terríveis. O piloto do navio em que me encontrava, tendo um certo dia bebido aguardente em demasia, resolveu dormir à maneira dos índios. No dia seguinte, ao levantar-se, não era possível reconhecê-lo de tão inchadas que estavam suas mãos, braços e rosto; pouco faltou para que perdesse a vida. A garganta do pobre homem fechou de tal modo que não era possível fazê-lo engolir uma gota de água. Ao fim e ao cabo, porém, depois de muitos remédios e cuidados infinitos, ele escapou e ficou curado.

Depois de permanecermos algum tempo neste lugar, carenando os navios e curando os doentes, não havendo mais nada que nos detivesse, iniciamos os preparativos para seguir viagem. Entrementes, ancorou no porto um navio vindo do Rio de Janeiro. Não conseguimos saber a que vinham; talvez, fazer-nos uma visita. Era certo que o governador de São Sebastião tinha sabido pelos desertores que estávamos indo descobrir as terras austrais. A notícia não o agradou e ele sentiu-se impelido a impedir a execução de nossa missão por todos os meios que estivessem ao seu alcance. Com tal propósito, ele tentou privar-nos de mantimentos e de outras coisas necessárias ao bom prosseguimento da viagem, e procurou expulsar-nos das costas do país, ameaçando-nos com a chegada de cinco ou seis navios de guerra do Rio de Janeiro, os quais nos obrigariam a partir. Estávamos, porém, muito empenhados e acabamos os preparativos. É verdade que, para evitar um encontro desagradável, tínhamos sempre dito que desejávamos partir para a costa do Chile ou do Peru e comerciar com os espanhóis. É provável que tenham pensado em nos atacar, todavia, como não ignoravam as nossas forças, não ousaram fazê-lo. Assim, ficou tudo como estava de parte a parte.

Antes de partirmos, reclamamos os nossos desertores, mas em vão; resolvemos, então, abandoná-los, pois não queríamos reavê-los pela força. Em troca das provisões, demos ao governador todos os tipos de mercadorias europeias, como armas, chapéus, meias de seda, roupa branca, aguardente destilada, manteiga e bacalhau; além de tudo isso, oferecemos a ele um presente. O governador foi sensível à gentileza e enviou-nos algumas cabeças de gado. E assim terminou a nossa estada em São Sebastião.

O governador e mesmo os habitantes disseram-nos, quando da partida, o quanto ficaram contentes conosco e o quão enganados estavam a nosso respeito. Retomamos, então, a navegação; antes, porém, de ganhar o alto-mar, abandonamos um grumete condenado numa ilha situada a 3 léguas da cidade. Em seguida, tomamos nosso caminho para sudoeste, em direção à ilha de Aukes Magdeland.

EDIÇÃO UTILIZADA

O livro de Behrens teve somente três edições, duas em alemão e uma em francês. A primeira saiu na cidade de Leipzig, em 1737, quatorze anos depois do retorno da frota a Texel. Dois anos mais tarde o livro foi editado em La Haye, na Holanda, desta vez em língua francesa — edição que utilizamos aqui. Uma nova edição em alemão veio a público quase dois séculos mais tarde, em 1923, também na cidade de Leipzig.

BEHRENS, Karl Friedrich. *Histoire de l'expédition de trois vaisseaux, envoyés par la Compagnie des Indes Occidentales des Provinces-Unies, aux terres australes en MDCCXXI*. La Haye: Aux depens de la Compagnie, 1739.

BIBLIOGRAFIA

CORNEY, Bolton Glanville. *The Voyage of Captain Don Felipe González in the Ship of the Line San Lorenzo, with the Frigate Santa Rosalia in Company, to Easter Island in 1770-1: Preceded by an Extract from Mynheer Jacob Roggeveen's Official Log of His Discovery of and Visit to Easter Island, in 1772*. Cambridge: Hakluyt Society, 1908.

ROGGEVEEN, Jacob. *The Journal of Jacob Roggeveen*. Edição e tradução de Andrew Sharp. Oxford: Clarendon P., 1970.

John Young

Em 1739 o alto-comando da Marinha inglesa, prevendo um conflito próximo com a Espanha e calculando que esse país não poderia manter uma guerra sem o ouro e a prata do Novo Mundo, resolveu armar uma poderosa esquadra com o fim de assenhorear-se das colônias que Filipe V possuía na América. Para o comando dessa missão guerreira, foi nomeado o capitão George Anson, um oficial de carreira, com reconhecidos serviços prestados à Sua Majestade britânica.

Por razões que aqui não interessam, essa expedição foi deixada de lado, e o capitão Anson teve de contentar-se em conduzir uma frota de cinco embarcações (Centurion, Gloucester, Severn, Wager e Tryal) *numa expedição pelos Mares do Sul. Essa malfadada empresa marítima, cujo objetivo era destruir o comércio espanhol no Pacífico e saquear uns quantos portos na costa do Chile e do Peru, correu mal desde o princípio. Para se ter uma ideia da desorganização que cercou os preparativos da viagem, basta dizer que o renomado capitão se viu obrigado a fazer vela com uma tripulação composta em grande parte por inválidos, marinheiros doentes, idosos e condenados.*

A frota zarpou da ilha de Santa Helena em setembro de 1740, ganhando o litoral de Santa Catarina em 17 de dezembro. Na passagem do Atlântico para o Pacífico, um dos navios da expedição, o Wager, *velho e malconservado, sofreu danos irreparáveis, perdeu contato com os demais vasos e no dia 14 de março de 1741 naufragou nas imediações da Patagônia. Depois de uma série de conflitos e insubordinações, os sobreviventes dividiram-se em dois grupos: um pequeno número de marujos, sob o comando do capitão Cheap e do então guarda-marinha John Byron, dirigiu-se para o norte, com a esperança de apossar-se de algum navio espanhol ou tomar algum porto chileno; um segundo grupo, liderado pelo artilheiro John Bulkeley e pelo carpinteiro John Cummins, embarcou no batelão que fora salvo do naufrágio e rumou para o sul, com o propósito de atravessar o estreito de Magalhães e abrigar-se no Brasil.*

Em 28 de janeiro de 1742, ultrapassado um sem-número de obstáculos, trinta dos setenta homens do grupo liderado por Bulkeley e Cummins entraram na baía rio-grandense. Os náufragos foram muito bem-acolhidos pelo governador e deixaram-se ficar na região por cerca de dois meses. Desses sessenta e poucos dias de visita restaram dois testemunhos: um assinado pelos líderes dos marujos que rumaram para o Brasil, John Bulkeley e John Cummins, e outro atribuído ora a autor desconhecido, ora a um certo John Young, tanoeiro do Wager. *É este último testemunho que o leitor encontrará a seguir.*

*

Navegamos sete dias seguidos, sem poder nos aproximar da terra. Desde o dia 26, não tínhamos mais nem focas nem qualquer outra coisa para comer. No dia 27, constatamos que estávamos a 32°40' de latitude sul. Acreditávamos estar muito próximos do Rio Grande. De fato, no dia 28 de janeiro, às 6 horas da manhã, nos deparamos com a embocadura desse grande rio. Experimentamos, ao avistá-lo, a mais viva alegria, a alegria de homens que durante muito tempo estiveram a dois dedos da morte e que reencontravam a vida.

Há, na embocadura desse rio, uma barra de areia muito perigosa e muitos baixios difíceis de ultrapassar. O senhor Bulkeley serviu-nos de piloto, habilmente nos conduzindo até a entrada da cidade, onde lançamos âncora. Logo enviaram até a nossa chalupa um barco com um sargento e um soldado, com a incumbência de conduzir um de nós à presença do governador. Deveríamos explicar quem éramos, de onde vínhamos e por que tínhamos arribado no Rio Grande. O sargento e o soldado subiram a bordo da nossa embarcação e não conseguiram esconder o espanto diante do que viram: um bando de homens descarnados, imundos e, certamente, hediondos. Os olhares que lançaram sobre nós exprimiam o horror e a compaixão que nosso estado lhes inspirava.

Os senhores Beans, Pemberston, Bulkeley e Cummins dirigiram-se, então, para a terra com o fito de apresentaram-se ao governador. Ao desembarcarem, os ingleses foram muito gentilmente recebidos pelo comandante, pelos oficiais e pelos habitantes em geral. Os visitantes foram alojados numa das mais bonitas casas da cidade e tratados com extrema hospitalidade. Para os que ficaram a bordo, entre os quais eu me encontrava, foram enviados quatro nacos de carne de vaca e dois sacos de pão. Há tempos não comíamos tão bem.

Depois do meio-dia, o governador retornou do campo. Sua Excelência acolheu muito bem os nossos enviados e questionou-os durante um bom tempo sobre as circunstâncias da nossa viagem. Ele perguntou ao senhor Bulkeley — que lhe fora apresentado como sendo o nosso piloto — se trazíamos a bordo um bom mapa da região. Ao saber que não, o governador mostrou-se surpreso com o fato de nos termos aventurado a transpor a barra sem tal auxílio. Bulkeley respondeu-lhe que a nossa embarcação manteve-se sempre em águas pouco profundas, que trouxe a sonda sempre à mão e que a necessidade dera-lhe a força e a indústria para triunfar sobre todos os obstáculos. O governador quis que ele contasse, dia a dia, a rota que fizéramos depois de partirmos do estreito.

Satisfeito com a resposta, o governador abraçou os quatro enviados ingleses, demonstrando o seu contentamento por termos escapado de tantos perigos. Em seguida, ele prometeu que mandaria nos fornecer, para nosso refresco, os melhores víveres do lugar, e insistiu que os senhores Beans e Pemberston aceitassem hospedagem no seu palácio. Sua excelência recomendou, ainda, ao seu comandante, que zelasse para que nada faltasse aos outros oficiais e aos demais membros da tripulação, e informou aos ingleses que o *Severn* e o *Pearl*, dois navios de nossa esquadra, estavam ancorados no Rio de Janeiro em péssimo estado. Segundo as suas informações, as embarcações tinham se separado da esquadra — na mesma época em que alcançamos o cabo Negro — e rumado para o Brasil com o propósito de solicitar alguns homens para completarem as suas tripulações desfalcadas. Tal complemento, contudo, só poderia vir da Inglaterra em fins de maio, início de junho, com a frota do Brasil. Por fim, o governador, depois de assegurar aos ingleses que embarcaria a todos no primeiro navio que tocasse o porto, renovou os votos de sua afeição.

A curiosidade levou um número significativo de pessoas à praia, ávidas por verem o *Speedwell*, a embarcação em que, por milagre, escapáramos ao furor das águas. Homens, mulheres, crianças, todos se apressaram em vir a bordo. Quanto a nós, era com prazer que nos expúnhamos aos olhares curiosos dessa multidão ruidosa.

No dia seguinte, o governador, o comandante e o encarregado das armas honraram-nos com a sua visita. Eles espantaram-se com a pequenez do nosso navio e tiveram dificuldade para crer que trinta pessoas pudessem se acomodar ali. A surpresa foi ainda maior quando dissemo-lhes que, a princípio, éramos mais de sessenta, mas que a rudeza da viagem e a falta de víveres reduzira a tripulação à metade. Os visitantes observaram que, do lado da popa, o avanço fora da coberta não tinha mais do que 4 polegadas de largura, e perguntaram-nos como o homem que estava ao leme conseguiu permanecer em um espaço tão exíguo sem cair na água. Mostramo-lhes o que a necessidade nos havia inspirado para resolver o problema, e eles saíram convencidos de que as situações extremas dão ao engenho poder para superar qualquer coisa.

O governador, depois de tudo examinar, disse-nos obsequiosamente que os infortúnios descritos nos tornavam mais caros ao seu coração do que se tivéssemos chegado com muitas riquezas. Ele prometeu que cuidaria para que nada nos faltasse enquanto ali estivéssemos, e garantiu que faria com que fôssemos conduzidos ao Rio de Janeiro na primeira embarcação disponível. Sua Excelência referiu ainda que, caso precisássemos de qualquer coisa, deveríamos nos dirigir ao comandante, que estava encarregado de fornecer tudo o que nos fosse necessário. O comportamento do governador inspirou-nos grande respeito e reconhecimento. Pensamos numa maneira de expressar nossa gratidão que estivesse à altura da sua bondade, contudo, mais não pudemos fazer do que executar em sua presença algumas manobras com a nossa embarcação e saudá-lo com três vivas quando de sua partida.

A abundância de víveres rapidamente repôs a força de nossos corpos e trouxe a calma aos nossos espíritos. Em pouco tempo não éramos mais os mesmos homens. Desde o naufrágio do nosso navio, ocorrido há nove meses, não experimentávamos uma situação tão cômoda. A boa vida deu ensejo a que recordássemos com frequência das nossas penosas aventuras. Entretínhamo-nos e chegávamos mesmo a experimentar um grande prazer com tal conversação — quando o perigo fica para trás, as impressões que temos dele mudam muito.

Estávamos já há três meses no Rio Grande e ainda não tínhamos nos apercebido dos problemas que agitavam o lugar. Tomamos, então, conhecimento de que todos aqueles que pensávamos serem oficiais não passavam de gente da soldadesca, elevada ao comando em razão de uma violenta revolta da guarnição. Tal revolta devia-se ao mau tratamento dispensado aos soldados, os quais estavam há muito sem receber o soldo, sem comida e quase sem vestimentas. Eles cansaram de reclamar, mas não foram ouvidos. Após terem inutilmente tentado todas as vias do diálogo, entraram em desespero e viram-se obrigados a tomar atitudes extremas. Os revoltosos estavam especialmente sentidos com o governador, pois, embora nada tivessem de pessoal contra ele, esperavam que se manifestasse contra a repressão dos reivindicantes e não que a incentivasse.

O governador, informado da temível cabala, quis remediar as suas consequências. Ciente de que era demasiado arriscado recorrer à força, lançou mão de um expediente que, ao menos, faria com que a tempestade que ameaçava desabar sobre ele caísse sobre outros. Sua Excelência teve o cuidado de afirmar, em todas as ocasiões nas quais podia ser ouvido pelos soldados, que tinha muita pena do estado em que se encontravam e que desejava ajudá-los. Fez, ainda, circular, por meio de emissários de sua confiança, que muito lamentava ser acusado de não dar a devida atenção à sua guarnição e de privá-la do necessário para tirar vantagens pessoais. Era mais claro que o dia, afirmava ele, que os responsáveis por esses comentários injuriosos tinham como único interesse ocultar as próprias rapinagens, que tal não poderia partir de gente honesta e que ele não descansaria enquanto não pusesse termo à miséria da guarnição. O comentário, manhosamente, encerrava-se insinuando que os verdadeiros culpados pela situação eram os oficiais.

Essa cantilena foi repetida entre os soldados tantas vezes e com tanta naturalidade que estes acabaram por se convencer de que estavam errados e de que tinham, para com aqueles que até então viam como inimigo, obrigações essenciais. E como a multidão é sempre dada aos extremos, a raiva que nutriam pelo governador transformou-se em confiança, zelo e admiração, e a confiança que tinham nos oficiais, em ódio. Não contentes de dirigirem aos oficiais comentários injuriosos, os soldados os depuseram e escolheram, entre seus camaradas, nomes para substituí-los. Os soldados, que se transformaram em oficiais, adquiriram tão rapidamente os jeitos e as maneiras da sua nova condição, que quando os encontramos nem demos pela troca.

A princípio, a revolução referida pareceu não nos dizer respeito. E isso, por certo, seria verdadeiro se o lugar estivesse bem-abastecido com víveres. A situação, contudo, era outra: os armazéns locais contavam com provisões para somente seis semanas. Os soldados viram com inquietação o fato de terem de partilhar conosco o pouco pão existente. As reclamações chegaram aos ouvidos do governador e ele, que não tinha a menor intenção de contrariar a tropa, ordenou que cortassem a nossa ração. Ficamos muitos dias sem pão e com provisões apenas para a sobrevivência. Quando nos dirigimos à presença de sua Excelência para reclamar, mostraram-nos os armazéns vazios e tivemos de ir embora sem nada argumentar. Prometeram-nos, todavia, que receberíamos a mesma quantidade de ração dos soldados da guarnição até que um navio chegasse com mais provisões. Contentamo-nos com essa solução, pois não nos pareceu razoável exigir qualquer outra coisa.

O deplorável estado em que estávamos e o medo de que o prolongamento de nossa estadia piorasse ainda mais a situação fizeram com que pedíssemos para partir. Nosso tenente, que se encontrava hospedado na casa do governador, parecia ter se esquecido de nós depois do desembarque. Ele não veio uma única vez ao porto para trazer-nos notícias, e nada podíamos resolver sem a sua presença. O canhoneiro, sempre muito zeloso do serviço da companhia, dirigiu-se ao governador e comunicou-lhe que gostaríamos de sair daquele lugar tão carente de víveres e rumar para o Rio de Janeiro, onde poderíamos auxiliar os nossos camaradas do *Severn* e do *Pearl*. O senhor Beans, que conversara com o governador, respondeu-nos que só poderíamos partir quando algum navio alcançasse o porto, pois ele não nos deixaria tentar tal viagem numa embarcação tão fraca como a nossa. O senhor Bulkeley replicou que os riscos que corríamos ficando no Rio Grande eram ainda maiores, na medida em que, caso não chegasse o navio que esperávamos, morreríamos de fome. O senhor Beans deixou-nos, então, com a promessa de que tudo informaria ao governador.

Por dois dias aguardamos a sua resposta, que não chegou. O senhor Bulkeley, notando que estávamos inquietos, resolveu tentar obter, a qualquer preço, um transporte para o Rio de Janeiro. Ele dirigiu-se uma vez mais ao tenente, o senhor Beans, e pediu-lhe que se empenhasse em conseguir para nós um passaporte e dois cavalos, pois tencionava, na companhia de mais dois camaradas, dirigir-se para Santa Catarina e aí tentar um transporte para o Rio de Janeiro. "Desta maneira", argumentou o senhor Bulkeley, "poderemos socorrer os navios de Sua Majestade que lá se encontram e buscar mais facilmente os meios para retirar os nossos camaradas deste lugar. De resto, o senhor deixaria de cumprir com o seu dever, caso não empenhasse os meios que a proximidade com o governador põe ao seu dispor para obter tal graça para nós. Ouso mesmo dizer que, depois de refletir sobre as obrigações que seu cargo impõe, o senhor não hesitará em assim proceder e, logo que tivermos partido, enviará um correio por terra ao Rio de Janeiro, para informar aos nossos amigos acerca da situação em que nos encontramos e implorar-lhes que nos envie uma embarcação." O senhor Beans respondeu que o plano era inviável e que, caso não o fosse, custaria pelo menos 50 libras esterlinas, mas que tinham lhe assegurado que o caminho por terra era impraticável. Bulkeley argumentou que a rota era comumente utilizada pelos portugueses, que a viagem realmente seria difícil e cansativa, mas nada comparável ao que estávamos passando, que vivíamos ociosamente no Rio Grande, às expensas do rei, sem prestar nenhum serviço e que, procedendo de maneira diferente da proposta, nos arriscávamos a perder os dois navios que estavam no Rio de Janeiro e talvez mesmo a perder contato com a frota que nos aguardava. Concluiu implorando ao senhor Beans que se empenhasse em conseguir do governador os guias e os cavalos solicitados. O senhor

Beans garantiu que falaria com o governador durante o almoço e que daria, sem falta, uma resposta após o meio-dia.

A resposta não veio e Bulkeley tratou de escrever uma carta dura ao tenente, na qual, depois de reprovar sua falta de palavra, lhe expunha a situação da tripulação — que há alguns dias estava sem pão — e dava a entender que a culpa era dele e que, um dia, teria de responder pelo seu pouco empenho em colaborar para que retornássemos ao serviço de Sua Majestade. A carta teve resultado, pois, após recebê-la, o tenente montou em seu cavalo e, pela primeira vez, veio até o nosso alojamento. Nós o recebemos friamente, de modo a fazê-lo entender que o seu comportamento era tão impróprio quanto ofensivo. Ele nos conduziu ao comandante, que se comprometeu a nos dar uma boa quantidade de carne e peixe, negando-se, contudo, a nos fornecer pão, sob a alegação de que era impossível.

Estávamos já no dia 6 de março e, ainda que o vento soprasse favoravelmente há três semanas, nenhum navio entrava no porto. As provisões escasseavam e o senhor Bulkeley que, como nós, estava impaciente para deixar este lugar tão carente de víveres, dirigiu-se ao governador e pediu-lhe um guia e autorização para partir — pedidos aos quais sua Excelência prontamente atendeu. O senhor Pemberston, que se achava presente, disse que se juntaria à expedição para fazer a viagem por terra. O governador insistiu para que ele desistisse, exagerando as dificuldades do caminho. O generoso oficial, porém, manteve-se firme na sua resolução, alegando que era seu dever juntar-se à sua companhia, embarcada no navio *Severn*. O governador pôs-se de acordo com tudo e assegurou a todos que, não obstante a penúria dos armazéns, ele partilharia conosco até o seu último vintém, tamanha era a sua estima pela nação inglesa.

Ficou, então, acertado que os bravos aventureiros partiriam imediatamente. Bulkeley percorreu a vizinhança com o intuito de encontrar cinco ou seis homens que, mediante pagamento, pudessem acompanhar a expedição até Santa Catarina. Durante sua ausência, recebemos a notícia de que quatro navios tinham ancorado em Santa Catarina e que viriam para o Rio Grande. A novidade, que levou ao cancelamento da viagem projetada, por sorte chegou antes da partida de nossos camaradas.

Os navios anunciados alcançaram o Rio Grande no dia 19 e informaram-nos de que o *Severn* e o *Pearl* tinham partido para Barbados. As embarcações portuguesas vinham carregadas de provisões e traziam a bordo o governador de Santa Catarina, o qual recebera ordens da Coroa para vir pessoalmente ao Rio Grande anunciar a anistia concedida pelo rei aos participantes da última revolta. A missão foi executada com muita solenidade e aparato. No dia seguinte, às 6 horas da manhã, toda a guarnição entrou em forma diante do governador de Santa Catarina. Este começou por elogiar as grandes qualidades do seu amo, o rei de Portugal, particularmente a sua clemência e bondade; em seguida, leu a anistia em voz alta. Ao fim da leitura, os soldados manifestaram com vários vivas o seu contentamento. O governador aproveitou, então, para anunciar que trazia consigo somente um terço do pagamento, que o restante estava a caminho e que, se quisessem receber aquele montante, efetuaria o pagamento ali mesmo. Diante de tais palavras, os soldados puseram-se a gritar: "Tudo ou nada." O tumulto foi grande: alguns ameaçavam passar para o lado da Espanha, outros diziam em alto e bom tom que não obedeceriam a ordem alguma enquanto não recebessem. O comandante, respeitado pela guarnição por ser ele também um "oficial postiço", tratou de apaziguar os ânimos, pronunciando-se com muita ponderação. A tropa acalmou-se e respondeu-lhe o seguinte: "O senhor é o nosso comandante. Cabe ao senhor decidir o que devemos fazer. Qualquer que seja a sua decisão, nós o apoiaremos, mesmo que isso nos custe a vida."

O comandante, que conhecia o real valor de tais asserções e não tinha a menor intenção de perder-se para agradar a esses fanfarrões — cujo apoio não é nem constante nem de grande utilidade —, declarou que gratamente aceitaria o perdão que o rei lhe concedia. Em seguida, ele entregou o comando, pegou um mosquete e pôs-se em forma com a tropa. A mesma atitude tiveram os outros "oficiais postiços", e a hierarquia rapidamente foi restabelecida. Era, sem dúvida, necessário punir aqueles que, ao malversarem as verbas, causaram a revolta. Todavia, uma certa sabedoria política impediu que se desse aos rebeldes tal satisfação. Temia-se que, durante uma nova crise, eles vissem a rebelião como um recurso vantajoso a se recorrer.

Soubemos que um dos navios recém-chegados deveria partir no dia 27. Corremos, então, até a casa do senhor Beans para que ele nos permitisse aproveitar essa oportunidade. Ele respondeu que também tencionava partir nesse navio e que certamente haveria aí lugar para os oficiais, mas que os membros da tripulação teriam de aguardar uma outra ocasião. Bulkeley, que estava à frente dos homens, em um tom muito duro, disse-lhe: "Senhor, o dever dos oficiais, e sobretudo do comandante, é de jamais abandonar a sua tripulação. Mas como o senhor pensa de maneira diferente, ofereço-me para permanecer aqui e aguardar pelo socorro de nossa gente. Imponho, porém, uma condição: que o senhor me assegure, por meio de um papel assinado, que me pagará o soldo devido depois do naufrágio do navio. Caso contrário, não tenho outra coisa a fazer senão procurar um transporte para a Inglaterra. E garanto-lhe que saberei contornar todos os empecilhos que o senhor venha a colocar para o meu embarque no primeiro navio."

Seguimos, então, para a casa do governador, que nos disse que tinha ordens para permitir o embarque de metade dos nossos homens, mas que, como a embarcação não pertencia ao rei, teríamos de levar os nossos próprios víveres e de pagar pelo nosso transporte. Bulkeley respondeu que não dispúnhamos de dinheiro para tal, e acrescentou: "Entretanto, resta-nos ainda uma saída. O nosso rei concede a todos os seus súditos que são vítimas de naufrágio 2 xelins por dia, até que esses retornem para um território pertencente à Coroa. Peço a sua Excelência que nos conceda um adiantamento do soldo que receberemos e estaremos prontos a dar-lhe todas as garantias possíveis." O governador convocou o comissário da guerra e o major e conversou com eles em particular. Algum tempo depois retornou e disse que "não valia a pena incomodar o rei da Inglaterra com coisas tão insignificantes, que não havia necessidade de buscarmos outros meios para custear as nossas despesas e que tudo que ele havia feito por nós até aquele dia não seria cobrado".

Mediante a resposta do governador, procuramos o senhor Beans para avaliarmos que atitude poderia ser tomada para auxiliar os pobres marujos que não tinham soldo. Dissemo-lhe que o melhor seria vender o barco *Speedwell*, o que ele aprovou. Entretanto, ao dirigirmo-nos ao capitão do navio, com o intuito de saber por quanto sairiam as passagens, a ideia mostrou-se inviável. O capitão queria cobrar 40 xelins por cabeça, soma que nem de longe poderíamos arrecadar com a venda do *Speedwell*. Mas, por fim, apiedaram-se de nós e o senhor Beans veio nos comunicar que tinha arranjado as coisas: o canhoneiro, o carpinteiro, o segundo-contramestre, o cirurgião da tropa, eu (John Young) e mais oito marujos, cujos nomes seriam passados por ele, partiríamos no primeiro navio. Os víveres necessários nos seriam fornecidos e as passagens seriam pagas. Quanto a ele, os demais oficiais e o restante da tripulação seguiriam no segundo navio. O embarque que tanto desejávamos teve lugar no dia 28 de março de 1742.

EDIÇÃO UTILIZADA

A autoria de *An Affecting Narrative* é bastante incerta. Tanto a capa da primeira e única edição em língua inglesa — que serviu de base para esta tradução —, quanto o prefácio à edição francesa não revelam a identidade do autor. Paulo Berger, em *Bibliografia do Rio de Janeiro de viajantes e autores estrangeiros*, sugere o nome de John Young. Berger certamente baseou-se nas indicações dadas pelo relato de Bulkeley e Cummins, no qual são reproduzidas as cartas que os náufragos trocaram com o governador do Rio de Janeiro, Gomes Freire de Andrade. Nessas, é mencionado por diversas vezes o nome do tanoeiro do *Wager*.

YOUNG, John. *An Affecting Narrative of the Unfortunate Voyage and Catastrophe of His Majestys Ship Wager*. Londres: John Norwood, 1751, p. 142-152.

BIBLIOGRAFIA

BULKELEY, John e CUMMINS, John. *A Voyage to the South Seas, in the Years 1740-1741*. Londres: Jacob Robinson, 1743.

CARVALHO, J. *Uma viagem aos Mares do Sul nos anos de 1740-1741*. Rio de Janeiro: Cia. Brasil Editora, 1836.

FAZENDA, José Vieira. Antiqualhas e memórias do Rio de Janeiro. Rio de Janeiro: Separata da *Revista do Instituto Histórico Geográfico Brasileiro*, Tomo 88, v. 142, 1921, p. 58-63.

TAUNAY, Afonso de E. Os náufragos do *Wager*. In: *Revista do Instituto Histórico Geográfico Brasileiro*, Tomo 92, v. 146, 1922.

René Courte de la Blanchardière

As poucas informações que conseguimos obter sobre a viagem do abade Courte de la Blanchardière provêm do seu diário de viagem, intitulado Nouveau voyage fait au Pérou. *Informa-nos o abade nessa narrativa que, em 1745, a convite do oficial da Marinha francesa M. de Lehen, aceitou embarcar no navio mercante* Le Condé *para uma viagem com destino ao Peru. O navio, que contava com cinquenta canhões e uma tripulação de 250 homens, partiu de Saint-Malo em novembro de 1745, dirigindo-se para Cadiz. Nesse porto, ficaria ancorado treze meses, à espera de uma oportunidade para furar o bloqueio naval britânico. Finalmente, a 25 de dezembro de 1746, a embarcação fez vela em direção à ilha de Santa Catarina, alcançando-a em apenas cinquenta dias de viagem. Abaixo, seguem as rápidas impressões que o abade recolheu da cidade durante os exíguos treze dias (10 a 22 de fevereiro de 1747) que lá permaneceu antes de prosseguir viagem para o Chile e o Peru.*

*

Às 10 horas da manhã do dia 10 de fevereiro os ventos de sudeste impulsionaram-nos de tal maneira que por volta das 5 horas da tarde entramos na baía de Santa Catarina, depois de cinquenta dias de travessia. Ao entrarmos, içamos nossa lanterna e a bandeira grande. Os ventos cessaram pouco depois, razão pela qual colocamos na água a chalupa e as canoas, na tentativa de rebocar o navio. Um de nossos pilotos, que estava numa das canoas com o propósito de sondar, não encontrou mais do que 6 braças na entrada, o que nos causou um grande medo de encalhar, pois o navio estava carregado e demandava muita água. Mais adiante, porém, encontramos 7 e 8 braças de água, com um fundo de vasa. O forte, ou melhor, um dos três fortes içou o pavilhão de sua nação. Ancoramos, por causa do anoitecer, em frente à ilha dos Papagaios.

No sábado, dia 11, o senhor De Lehen mandou saudar o forte, onde se encontrava o governador da ilha, com sete tiros de canhão; ao passarmos para ancorar ao lado, recebemos seis tiros em agradecimento. Em seguida, o senhor De Lehen embarcou na grande canoa com o propósito de ir saudar o governador e pedir-lhe permissão para adquirir provisões. O pedido foi prontamente atendido quando o capitão mostrou-lhe a comissão do rei da Espanha para o Peru. Pouco tempo depois veio até o navio uma canoa conduzida por seis negros nus — na verdade, traziam um farrapo imundo sobre a parte que o pudor não permite nomear. Havia na canoa um oficial português, à frente de três soldados, que vinha montar guarda a bordo até que partíssemos.

Santa Catarina é uma cidade pequenina, sem fortificações, situada numa ilha do mesmo nome, a 25,5° de latitude sul e 333° de longitude. A baía, que se estende de norte para sul entre a ilha e o continente, é muito piscosa. As terras ao redor são bastante elevadas e de tal modo cobertas pela vegetação que se tornam incultiváveis; há, contudo, algumas faixas de terra nas quais os índios têm trabalhado. As matas estão repletas de tigres, macacos, javalis, papagaios e diversos outros animais.

Há, na ilha em que habita o governador, próxima à qual ancoramos, dois bastiões, guarnecidos com algumas peças de canhão. No interior desse forte e dos dois outros que guardam a baía do lado da ilha contam-se cerca de duzentos soldados, bastante bem-vestidos, que trajam uma farda branca com paramentos vermelhos.

No dia seguinte à nossa chegada embarquei na canoa do oficial português que estava de guarda a bordo e fui passear, tomar um pouco o ar da terra. Dirigi-me, primeiramente, ao forte do governador, situado sobre uma ilhota, no meio da baía, mais próxima do continente do que da ilha. Em frente ao palácio ou residência do governador há uma capela onde, então, eram realizados os batizados. Fui conduzido, por uns oficiais que estavam na antecâmara, à presença do governador, um cavaleiro da Ordem de Cristo, que aparentava ter cerca de 50 anos de idade. Tentei, o melhor que pude, em um espanhol que na altura dominava pouco, apresentar-lhe os meus cumprimentos. Após meia hora de conversação, despedi-me dele, que deu ordens para que me conduzissem, numa canoa, às habitações das vizinhanças.

Levaram-me, inicialmente, a uma enseada, onde havia uma faixa de terra limpa, pertencente a uma senhora amorenada, que trazia um chapéu preto na cabeça e um lenço sobre os ombros. Ela presenteou-me com várias frutas do país e, como era proprietária de um engenho, permitiu que eu chupasse, com grande prazer e pela primeira vez, algumas canas-de-açúcar. Deve-se consumi-las com moderação, pois em excesso podem causar sangria. Experimentei também bananas e figos, ambos excelentes.

Depois de eu agradecer à senhora, o oficial que me acompanhava levou-me para uma casa situada numa outra enseada, mais no interior do continente, onde cheguei por volta das 4 horas da tarde. O lugar, uma espécie de entrada ou baía, dentro da qual encontramos uma galeota portuguesa que estava aí ancorada há alguns dias, cheira muito mal por causa da pesca da baleia na região durante os meses de junho e julho — quando é inverno neste país. As baleias capturadas são trazidas para a margem do rio e, depois que se lhes retiram o óleo, os pescadores deixam aí os ossos e tudo mais o que não pode ser aproveitado; durante o calor, os restos apodrecem e causam um mau cheiro insuportável. Dois padres da Ordem de São Francisco, que serviam numa espécie de paróquia da região, disseram-me que tinham sido capturadas 24 baleias nos dois últimos meses.

Depois de ver o referido lugar, fui despedir-me dos padres para retornar ao navio, mas eles insistiram para que ceasse e dormisse em sua casa. Às 7 horas da noite entrei na capela em que serviam e exerciam as suas funções curiais. Os padres oravam com cerca de quarenta negros e negras, que cantavam, e muito bem, litanias à Santa Virgem e o "Salve Rainha" em fabordão. Confesso que fiquei tocado e emocionei-me até as lágrimas ao ver a devoção com que esses pobres coitados, nascidos no seio da idolatria, cumprem todos os ritos da nossa religião.

Terminada a prece, fomos cear com os padres, que nos serviram um ótimo peixe — o principal alimento que consomem. A farinha de mandioca, uma farinha feita de uma raiz com o mesmo nome, serviu-nos de pão. Pedi a um negro algo para beber e ele trouxe-me um copo enorme, abarrotado de um líquido; crente que era vinho, comecei a beber a goladas, pois tinha muita sede. Logo, porém, me detive e percebi que o negro tinha me servido aguardente de cana-de-açúcar. Ofereci o resto a meu vizinho, já que, entre os portugueses, tal como entre os espanhóis, é decente e de bom-tom beber no mesmo copo. Da mesa, dirigi-me para a cama, onde encontramos, eu e o meu criado, lençóis limpos — o que não é uma delicadeza de pouca monta.

Na manhã seguinte, depois de muito agradecer aos padres, pedi que me reconduzissem a bordo. Nesse mesmo dia o governador, a caminho da cidade, passou em uma canoa próximo ao nosso navio; tratamos de salvá-lo com sete tiros de canhão, aos quais o forte nos respondeu com cinco tiros. Como teríamos que permanecer cerca de quinze dias no lugar, o capitão achou por bem mandar erguer três tendas numa enseada atrás do forte: uma para os oficiais, uma para os doentes e outra para a tripulação. Mandei levar a minha cama para a tenda dos oficiais e lá permaneci durante toda a ancoragem.

Enviávamos sempre a chalupa às habitações situadas ao longo da costa com o intuito de adquirir bois, recolher água — em um lugar localizado na enseada em que estávamos — e conseguir madeira para fazermos um novo mastro da gávea; a propósito desse mastro, depois de um enorme trabalho para cortar um toro e trazê-lo da montanha para bordo, descobrimos que todo o esforço de nada havia servido, já que ele tinha um nó bem no meio.

A maioria dos oficiais dedicou-se à caça e à pesca — o peixe da região é excelente e de um tamanho extraordinário. Os pescadores apanharam, sobretudo, um tipo que tem a cabeça maior do que a de um boi e cerca de 6 pés de comprimento, cujo nome é *mair*. É possível também pegar ostras sobre os rochedos, ostras pequenas mas deliciosas. A maior parte dos pássaros me era totalmente desconhecida, exceto os papagaios.

Ao longo da baía há muitas enseadas ou entradas onde os índios construíram suas cabanas, havia, inclusive, muitas delas ao lado das nossas tendas. Essa pobre gente se ocupa de cultivar a pouca terra que conseguiram limpar, plantando cana-de-açúcar, tabaco, milho e muitos outros tipos de plantas.

Este país é muito insalubre: as exalações ou cerrações que se formam diariamente no topo e no pé das montanhas corrompem o ar de tal maneira que uma parte considerável da tripulação e alguns oficiais, entre os quais me incluo, cedo caíram doentes. Tive diarreia e vomitei durante três dias, o que me deixou muito abatido; o segundo-capitão teve a mesma doença por sete ou oito dias. Malgrado isso, não perdemos ninguém, e ao fim de treze dias de ancoragem o capitão Lehen, depois de despedir-se do governador e conseguir todas as provisões de que necessitaríamos para a travessia, deu ordens, na esperança de que sairíamos no dia seguinte, para levantarmos âncora e aparelharmos, com o fim de atingir a nossa primeira ancoragem, ao lado da ilha dos Papagaios. Ao passarmos diante do forte, saudamo-lo com sete tiros de canhão e ele respondeu com cinco tiros.

Na quarta-feira, 22 de fevereiro, às 4 horas da manhã, levantamos âncora e, às 6 horas, aparelhamos com o vento de popa.

EDIÇÃO UTILIZADA

A obra do abade Courte de la Blanchardière conheceu somente duas edições, uma em francês e outra em inglês — uma tradução de 1753. Utilizamos a edição francesa.

LA BLANCHARDIÈRE, Abbé René Courte de. *Nouveau voyage fait au Pérou*. Paris: De l'Imprimerie de Delaguette, 1751.

BIBLIOGRAFIA

LA BLANCHARDIÈRE, Abbé René Courte de. *A Voyage to Peru; Performed by the Conde of St. Malo, in the Years 1745, 1746, 1747, 1748, and 1749. Written by the Chaplain. To Which is Added, an Appendix, Containing the Present State of the Spanish Affairs in America, in Respect to Mines, Trade, and Discoveries*. Londres: Printed for R. Griffiths, 1753.

François Vivez

Em 1763 o erudito militar francês Louis Antoine de Bougainville convenceu os comerciantes de Saint-Malo a financiar uma expedição colonizadora às ilhas Falkland (Malvinas), situadas a leste do estreito de Magalhães. A expedição foi extremamente bem-sucedida e em 1764 Bougainville fundou uma base francesa nas ilhas. O feito, no entanto, foi contestado com vigor pela Espanha, que alegou pertencerem as ilhas à América meridional e, consequentemente, à Coroa espanhola. Bougainville recebeu, então, ordens para dirigir-se às Malvinas, restituir o território aos espanhóis e, em seguida, navegar para as Índias Orientais, atravessando os Mares do Sul entre os trópicos.

O sábio, a bordo da fragata Bondeuse, *partiu de Nantes rumo às Malvinas em novembro de 1766, com a intenção de resolver o impasse político com a Espanha e, antes de seguir viagem para o Pacífico, encontrar-se com o barco de mantimentos* Étoile, *que transportava dois anos de suprimentos para a sua expedição. Durante quase quatro meses o navegador aguardou nas Malvinas a chegada do navio. A carência de víveres, porém, obrigou-o a dirigir-se para o Rio de Janeiro, em cuja barra surgiu a 21 de junho de 1767. Aí o navegador encontrou o seu navio de mantimentos que, há cerca de uma semana, ancorara no porto brasileiro para refazer-se de uma agitada travessia do Atlântico e de uma inútil passagem por Montevidéu e pela embocadura do rio da Prata.*

A bordo da Étoile *viajava François Vivez, um cirurgião nativo de Rochefort — onde o navio tinha sido armado —, que contava na época com 23 anos. Empolgado com a viagem e fiel à tradição dos viajantes, Vivez resolveu escrever um diário de sua experiência nessa que acabaria por ser a primeira viagem de circum-navegação dos franceses. Desse curioso diário de pouco mais de cem páginas — que permaneceu inédito até 1893 e foi editado uma única vez —, o leitor encontrará abaixo o fragmento relativo à turbulenta passagem do cirurgião-mor do* Étoile *pela cidade do Rio de Janeiro.*

*

No dia 13 de junho de 1767, às 2 horas, com ventos de sul e de sudoeste, sem muito esforço aparelhamos para entrar na baía do Rio de Janeiro: ultrapassamos o forte de Santa Cruz — situado na entrada, a estibordo —, rumamos, guiados por uma ilhota, em direção à ilha das Cobras, localizada a 1 légua da fortaleza, e ancoramos, com 7 braças de profundidade, ao lado dessa ilha, próximo à terra. Encontramos no porto cerca de vinte embarcações portuguesas, entre as quais um navio de guerra de sessenta canhões, que tinha sido construído no Brasil, e um navio espanhol, de nome *Diligente*, que tinha estado com a Armada de Maiorca, no rio da Prata, e que, retornando para a Europa, foi obrigado a relaxar aqui em razão de uma avaria no casco.

No mesmo dia em que entramos no porto, chegaram duas fragatas inglesas da Companhia, vindas das Índias. Enviamos uma canoa à terra para pedir ao vice-rei autorização para ancorar — não pudemos saudar a cidade, pois os nossos canhões estavam no porão — e recebemos a visita dos oficiais de saúde.

Descrição do Rio de Janeiro

O Rio de Janeiro, uma colônia portuguesa da costa do Brasil, está localizado a 23°11' de latitude sul e a 43°9' de longitude ocidental. A cidade foi invadida por Duguay-Trouin, que a descreve nas suas memórias. Farei dela uma descrição ligeira, pois muitos outros já disso se encarregaram. Limitar-me-ei a dizer que a urbe é governada por um vice-rei e que os portugueses a fortificaram muito, provavelmente três vezes mais, desde o tempo em que a tomamos. Creio, contudo, que tal aparato não é suficiente para deter um guerreiro decidido; além do mais, a abundância de riquezas do país dobraria o ímpeto dos invasores. Os portugueses, no entanto, são presunçosos a ponto de acreditarem que suas formidáveis defesas são capazes de resistir a qualquer poder naval da Europa.

Na França, não possuímos nenhuma colônia com as potencialidades deste lugar. Há aqui minas de todo tipo, onde podem ser encontrados os metais para as mais variadas necessidades. Há também madeiras de muitas espécies em grande abundância, apropriadas para construir navios que duram o dobro daqueles construídos na França. Aliás, encontra-se facilmente no país tudo o que é necessário para equipar uma embarcação: trabalhadores de todo tipo, bons e baratos; lugares muito apropriados para fazer calas e docas; um ponto excelente para carenar os navios, ao lado de um cais de rocha, na ilha das Cobras; uma quantidade enorme de uma palmeira muito boa para forrá-los; conchas inesgotáveis, com as quais se produz um tipo de betume; fartura de aloés para os fios e cordas e uma madeira toda branca, leve e sem nós, muito apropriada para a mastreação. A comida aqui é farta e barata. Podem ser encontradas carnes, verduras e frutas de toda a América e, também, algumas das que temos na França.

Pena que o lugar seja habitado por uma gente tão bárbara, na sua maioria negros e mulatos — há pelo menos vinte negros ou mulatos para cada branco. E é esta maioria que dita a lei no país, pois são em tão grande número que o vice-rei — um homem detestado por todos — vê-se obrigado a não os incomodar, caso contrário, essa canalha revoltar-se-ia e, para tirá-lo do cargo, atentaria contra a sua vida. O seu governo é formado somente por mulatos e ele próprio, o vice-rei, tem todos os sentimentos de um negro, sendo, inclusive, um pouco lunático. Os colonos não lhe têm o menor respeito e ele gasta o seu tempo preparando crueldades contra o seu povo e contra os estrangeiros. A nação que mais aprecia, diz ele, é a França — sentimento que ficou evidente no modo verdadeiramente abominável como nos tratou.

Os portugueses aparentam ser mais religiosos que os espanhóis. A maioria deles caminha na rua com um rosário na mão, um santo Antônio dependurado no pescoço e mais um bizarro aparato. É comum vê-los armados com uma espada à espanhola na cintura, acompanhada, do lado esquerdo, por um punhal com uma lâmina de 20 polegadas, de modo que, na hora de degolar o inimigo, nenhuma mão fique desocupada.

Há, na cidade, tantas igrejas quanto freguesias, umas mais belas do que as outras e a maior parte chapeada de ouro. Há, também, uma capela em cada esquina, diante das quais, todas as noites, às 9 horas, faz-se uma procissão do Rosário — como se diria em Buenos Aires. A libertinagem e os crimes são extremamente frequentes. Aqui, também, são promovidos uns dias de festa, nos quais são Domênico vai visitar são Francisco, e é nessas ocasiões, diante de toda a população, que se fazem mil horrores bem pouco decentes. Nesses dias são Domênico é todo aparatado com diamantes de um valor considerável. A Inquisição ainda subsiste por aqui; mas os padres de todo tipo, cujo número excede a quatrocentos, levam uma vida bem desleixada, que é muito copiada pelos fiéis.

As mulheres, em geral, têm a tez azeitonada e bem desagradável, e vivem confinadas em casa, pois reina um enorme ciúme no país. As mulheres brancas nunca saem durante o dia, a não ser que tenham assuntos urgentes a tratar. Em tais circunstâncias, são conduzidas pelas ruas em cadeiras e ninguém pode lhes dirigir a palavra; a bem da verdade, elas só são visíveis para os seus guias de consciência. Às 4 horas da manhã, em trajes caseiros estudados, elas se dirigem às igrejas; segundo contam, cada uma tem o seu guia espiritual. Depois das 7 horas, já é impossível vê-las na rua. As janelas de suas casas têm gelosias, de modo que elas podem ver quem passa sem serem vistas — os estrangeiros são especialmente observados. Essas mulheres têm "espiões" a seu serviço, por meio dos quais marcam os seus encontros. Uma hora depois de o sol se pôr, é permitido encontrá-las; por esta hora somos, a todo instante, praticamente agarrados pelas mulheres, pelas meninas debochadas e, também, por crianças que são enviadas como intermediárias.

Os portugueses são tão ciumentos que suas mulheres têm dificuldade de obter autorização até mesmo para ir à missa. Malgrado, no entanto, todos os seus cuidados, as mulheres são quase todas libertinas e sempre encontram um meio de enganar os seus maridos, os quais, quando tomam conhecimento da intriga, não tardam em assassiná-las a golpes de punhal — casos desse tipo são comuns na cidade. Os pais punem mais humanamente as suas filhas: quando não podem reparar o erro pelo casamento, abandonam as moças. As mães geralmente ajudam as filhas a enganarem os pais, seja por consideração, seja por subordinação àquela lei que nos ordena a fazer pelos outros aquilo que gostaríamos que fizessem por nós.

A população é muito laboriosa e dada ao comércio — fazem-se excelentes negócios na cidade. O país produz açúcar, tafiá, tabaco, algodão, óleo de baleia, mercadorias da Índia etc.

O Rio de Janeiro tem um comércio considerável, quase todo mundo na cidade é comerciante. Todo os anos, entram no porto de cinquenta a sessenta navios, vindos tanto de Lisboa e de outros portos portugueses, quanto da costa da África, além das embarcações de cabotagem e dos navios estrangeiros.

Vimos no porto um navio construído aqui, que nos deixou admirados. O navio chama-se *São Sebastião* e traz como símbolo a figura de uma serpente toda trabalhada. Os supersticiosos portugueses esperam dele verdadeiros milagres, pois é o primeiro navio de guerra construído neste lugar.

Os portugueses, outrora, enviaram ao rei um móvel trabalhado com todo o esmero, feito com as melhores e mais raras madeiras daqui. O rei gostou tanto da peça que desejou ter um quarto inteiro trabalhado da mesma maneira, o que motivou os colonos a solicitar a permissão para construir um navio, não medindo esforços para fazer uma obra perfeita. Os trabalhos no estaleiro começaram em 1765 e o navio foi lançado na água pouco antes da nossa chegada (1767). Fomos, os oficiais e eu, vê-lo de perto. Não ousarei descrever uma obra tão perfeita, pois a memória não me ajudaria a encontrar expressões para dar uma exata ideia da elegância e da beleza do dito navio, que, do lado de fora, ostenta somente o seu símbolo: um são Sebastião, com uma serpente a seus pés, a qual, por meio de um mecanismo, abre e fecha a goela, emitindo um sonoro ruído.

Pinturas ligeiras ornam a popa, de modo que pouco há de interessante do lado de fora. Por dentro, ao contrário, do porão ao tombadilho, da parte da frente à parte de trás, tudo é uniforme e polido, até a mais grossa de todas as curvas. Essa construção tão sólida, erguida a partir de um desenho novo — mas extraído de outros já conhecidos —, é obra de um construtor espanhol, que aprendeu o seu ofício na França e, depois, na Inglaterra. A cabine principal é admirável pela qualidade do trabalho aí realizado; as peças são tão bem-encaixadas que não se consegue detectar uma única ranhura. Em frente a essa cabine principal há uma falsa cabine, onde foi instalada uma sala de jantar repleta de garrafas, à direita e à esquerda, e uma escada oculta que leva à cabine do conselho, de onde se tem a mais bela vista da embarcação.

Fiquei totalmente perdido ao entrar nessa cabine enorme, e meus olhos não decidiam onde se fixar. O cômodo era todo revestido com madeiras arroxeadas e amarelas; para todo lado que se olhava havia umas esculturas embutidas, polidas e revestidas por um painel incrustado com todos os tipos de madeira. Ponto por ponto, um após o outro, esses painéis representam diversas armas e coroas, ornadas com estandartes, flechas e outros instrumentos, e floridos como nenhuma pintura conseguiria ser. Em suma, vê-se aí, geralmente em madeira, tudo o que estamos acostumados a ver em pintura. Chegamos a ficar confundidos ao entrar e foi necessário tocar para nos convencermos. Ainda nessa cabine, há uma porta de cada lado — uma delas próxima à escada que leva à cabine do conselho. As portas e janelas, a propósito, abrem e fecham com puxadores e ficam ocultas por um mecanismo tão perfeito que ninguém do nosso grupo foi capaz de encontrar as junturas. Vale, ainda, mencionar que todo esse revestimento de madeira é desmontável e a cabine pode ser despojada de acordo com a necessidade. O teto é feito também de madeira, em faixas verdes e brancas.

Quando partimos, estavam construindo um trono para o rei de Portugal, que muito lamentei não ter visto. Os gastos, somente com a cabine do conselho, atingem o montante de 500 mil piastras, o que dá 2 milhões e 500 mil libras. O navio será carregado com madeiras de cor para ser enviado ao rei de Portugal.

Vimos no porto também uma pequena fragata de quarenta canhões, sendo seis canhões de 24 polegadas, na entrecoberta, e toda a bateria de ferro fundido.

Desembarcamos a nossa pólvora, soltamos o mastro de mezena e erguemos a sua romã, que estava completamente podre. No dia 20, chegou no porto um pequeno bergantim francês, o *Étoile du Matin*, comandado pelo senhor De Etcheveri, tenente de fragata. A embarcação vinha de Bordeaux e ia para as ilhas Maurício. [...] No dia 21, a fragata *La Bondeuse*, comandada pelo senhor Bougainville, chegou. Avisaram o governador da entrada, através de um oficial, e acordaram com ele como seria a saudação. Ficou resolvido que responderiam tiro por tiro, mas o vice-rei recusou-se a fazer o mesmo e a saudação acabou por não ser feita. No dia seguinte, o capitão e o príncipe de Narseau, acompanhados de vários oficiais, foram fazer uma visita ao vice-rei, mas naquele dia e nos três seguintes ele se recusou recebê-los. Os cavaleiros ficaram ofendidos e não mais retornaram ao palácio.

Passados uns seis dias, o vice-rei mandou dizer, por um mensageiro, que faria uma visita à embarcação naquele mesmo dia, às 3 horas da tarde. De hora em hora chegava um novo mensageiro e, na hora acordada, ele e toda a sua comitiva vieram em três barcos, um mais bonito do que o outro. Recebemos a todos o melhor que pudemos e, ao partir, saudamo-lhes com dezenove tiros de canhão, respondidos tiro por tiro. O príncipe e vários oficiais acompanharam as visitas até a terra, onde receberam todas as honras: tropas formadas, diversas descargas de mosquetes e saudação de bandeira. O vice-rei mandou preparar um camarote, ao lado da Ópera, para acolher o príncipe e os oficiais franceses. Enfim, fomos recebidos com festas e fogos, tudo intenso demais para durar.

Ao final do mês o senhor Bougainville julgou prudente comprar um navio mercante português, que seria utilizado para abrigar parte das tripulações e transportar os víveres necessários para a travessia do oeste. Ele pediu autorização ao governador, que rapidamente autorizou e chegou mesmo a retratar-se com o senhor Bougainville. Os problemas, todavia, começaram quando o dito navio foi comprado. O vice-rei, temeroso de que alimentássemos algum desejo de atacá-lo, proibiu que os nossos barcos desembarcassem em outro lugar senão em frente ao seu palácio e que os homens permanecessem em terra após o pôr do sol, advertindo que mandaria prender quem estivesse nas ruas depois desse horário. Havia, na cidade, um oficial francês a serviço do vice-rei, de nome Porchet, que frequentemente nos visitava; mas o vice-rei mandou metê-lo numa enxovia, sob acusação de espionagem.

Todo esse desarranjo provinha de um único motivo: o vice-rei, que não era lá muito amado pelo seu povo, temia uma revolta e, como enfrentava alguns problemas com os espanhóis no país, julgou que tínhamos emprestado carpinteiros para auxiliar no conserto do navio espanhol *Diligente* — que há dez meses estava em reparação — para dar força a essa suposta revolta. A bordo dessa embarcação havia dois franceses da família Belfon, um tenente de fragata e um outro, seu irmão, voluntário. Quando o capitão do *Diligente* e o senhor Belfon pediram ao vice-rei os canhões do navio, este respondeu-lhe que tinha ordens da corte para não os devolver, e que o capitão e o senhor Belfon seriam enforcados, se ocorresse o menor acidente. O vice-rei confiscou também um pequeno bergantim francês para brulote, obrigando-o a ancorar debaixo do forte de Santa Cruz, e foi vistoriá-lo.

Em meio a essa tempestade, tivemos o azar de perder nosso capelão, que, depois de embarcar ao entardecer numa piroga, foi assassinado e lançado na água. Os seus algozes foram tão cruéis que chegaram a suspendê-lo pelos pés e afogá-lo na água a golpes de remo. Para completar, vários dos nossos soldados foram apunhalados.

No dia 23, as duas fragatas inglesas partiram por ordem do governador. Tínhamos cogitado passar o inverno aqui, mas, depois do mau procedimento do vice-rei, que tão pouca segurança poderia nos dar, o senhor Bougainville decidiu invernar no rio da Prata. O navio espanhol foi detido e recebemos ordem de partir. Depois de recolhermos a pólvora que havíamos deixado num armazém — cujo aluguel custou-nos caríssimo — e consertarmos os mastros, já no dia 13 de julho de 1767 ancoramos próximo ao forte de Santa Cruz e preparamo-nos para fazer vela [...].

EDIÇÃO UTILIZADA

VIVEZ, François. Voyage autour du monde par la frégate et la flûte du roi la Bondeuse et l'Étoile pendant les années 1766, 67, 68 et 69. In: *Bulletin de la Société de Géographie de Rocheford*. Rochefort: Société Anonyme de l'Imprimerie, Tome XV, 1893, p. 19-25.

BIBLIOGRAFIA

CHARTON, M. Édouard. *Voyageurs anciens et modernes ou choix de relations de voyages*. Paris: Bureaux du Magasin Pittoresque, 1863, 4 v.

MARTIN-ALLANIC, Jean Étienne. *Bougainville navigateur et les découvertes de son temp*. Paris: PUF, 1964.

TAUNAY, Afonso de E. *Rio de Janeiro de antanho. Impressões de viajantes estrangeiros*. São Paulo: Companhia Editora Nacional, 1942.

John Turnbull

O comerciante inglês John Turnbull aportou na Baía de Todos os Santos em agosto de 1800 e aí permaneceu, como era habitual, por pouco tempo: quatro ou cinco dias somente. A sua narrativa não é de todo inédita em língua portuguesa. Em 1816, três anos depois do lançamento da 2ª edição inglesa da obra, o incansável Hipólito José da Costa, no Correio Braziliense, *comentou longamente o relato, chegando inclusive a traduzir alguns trechos. Na ocasião, Costa, sempre empenhado em divulgar as notícias d'além-mar que pudessem ser úteis à formação dos seus conterrâneos, assim justificou o interesse pelas nem sempre simpáticas mas liberais opiniões do visitante inglês:*

> *Além da instrução geral que se adquire com a leitura de viajantes, esta tem um interesse particular para os leitores de nosso periódico pela grande parte que o Brasil ocupa nas observações do autor; porquanto, não pode ser indiferente aos habitantes do Brasil as reflexões que fazem as pessoas sensatas, que visitam o seu país, sobre os seus costumes, legislação, comércio etc.; e tanto mais quanto um estrangeiro pode ver muitos objetos por diferentes faces e melhor do que os naturais, a quem os prejuízos e o hábito, muitas vezes, impedem de ver seus próprios defeitos. É verdade que também os prejuízos ou a ignorância desses viajantes podem induzi-los a perverter os fatos; mas sempre é bom ouvi-los e refletir sobre o que eles dizem.*

Infelizmente, pouco conseguimos apurar sobre esse visitante que, como menciona H. J. da Costa, tanto espaço concedeu ao Brasil nas suas observações — o que era relativamente raro na época. Em sua narrativa, Turnbull apresenta-se como um agente comercial inglês que, com autorização da Companhia das Índias Orientais, deixou o porto de Portsmouth em maio de 1800, a bordo de um navio de nome Margaret, *com destino ao Oriente e acabou por realizar uma viagem de circum-navegação. Acerca das razões que o levaram a lançar-se em tão arriscada aventura, o inglês comenta:*

> *Na qualidade de segundo oficial do* Barwell *durante a sua última viagem à Índia em 1799, tivemos, eu e o primeiro-oficial do navio, depois de algumas observações, razões mais que suficientes para acreditar que os americanos retiram grandes lucros das relações comerciais que mantêm com a região Nordeste desse vasto continente. Impressionados com tal constatação, logo que retornamos para casa tratamos de expô-la a indivíduos entendidos em empresas comerciais. Tais indivíduos convenceram-se do que dizíamos e não perderam tempo em pôr o nosso plano em execução.*

Foi em busca dessa lucrativa rota comercial com o nordeste da China que Turnbull, depois de uma rápida ancoragem na ilha da Madeira, passou pela Baía de Todos os Santos. De tal passagem, como o leitor poderá constatar, para além de algumas observações gerais sobre a cidade e seus habitantes, o aventureiro procura, sobretudo, chamar atenção para o quão útil seria ao Império britânico tomar o controle dessa próspera colônia lusa da América Austral; colônia extremamente rica, que os portugueses, povo pusilânime, segundo Turnbull, logo perderiam para os inimigos da Inglaterra — como fazia antever a enorme influência francesa e espanhola sobre as autoridades locais.

Durante o decorrer da viagem o vento sul castigou-nos de tal modo que nos vimos obrigados a nos aproximar 2 graus e meio da costa do Brasil. A passagem pela zona tórrida deu-se de maneira assaz tediosa, e o navio novo e ainda não aclimatado passou a vazar por todos os lados. Tais circunstâncias levaram-nos a buscar o porto de São Salvador, onde tencionávamos reparar devidamente a embarcação antes de alcançar as latitudes mais altas.

Ao entrarmos no porto, os habitantes começaram a cogitar inúmeras coisas acerca do *navio inglês* e dos objetivos da sua viagem. Tais cogitações, é bom que se diga, em muito deveram-se à semelhança entre a nossa embarcação e uma brigue cúter. Muitos consideraram que éramos espiões franceses em viagem de reconhecimento pelos portos e costa do país; o mais empenhado em espalhar essa notícia era um irlandês mestiço, comandante de uma paquete a serviço dos portugueses. A maioria, no entanto, estava certa de que viajávamos numa embarcação de guerra britânica disfarçada de navio mercante, e que tínhamos como propósito verificar quantas embarcações espanholas se encontravam no interior do porto e qual o seu poder de fogo.

Os sete capitães espanhóis que então se encontravam na cidade acreditaram piamente nessa última versão. O terror destituiu-lhes completamente do bom-senso, levando-os a pensar que trazíamos setenta ou oitenta homens escondidos sob a escotilha e a evitar as proximidades do nosso navio. Estranha revolução na história das nações: os espanhóis, outrora conhecidos por sua proverbial coragem, hoje são conhecidos por sua igualmente proverbial covardia. É, todavia, o que geralmente ocorre quando uma circunstância qualquer na vida política de uma nação a condena a um longo período de inação. A preguiça consome as energias do caráter nacional e dos caracteres individuais. A coragem e a bravura militar, quando perdem o vigor, rapidamente deixam de existir.

As cogitações a nosso respeito cedo chegaram aos ouvidos do vice-rei, que imediatamente enviou-nos uma mensagem convocando-nos a ir ao palácio na manhã seguinte. Nesse meio-tempo, um oficial e uma forte guarda militar estacionaram a bordo e, como se isso não bastasse, colocaram um barco patrulha de cada lado do nosso navio. Ficamos, pois, impossibilitados de dar um passo sequer.

Foi-nos permitido, como demonstração de grande indulgência, receber a visita de um dos oficiais do *Queen East Indiamen*, por meio do qual tomamos conhecimento do triste fado dessa embarcação, que pegou fogo próximo à costa, perdendo toda a sua carga e muitas vidas. O oficial ficara em São Salvador com a incumbência de tomar as providências necessárias, caso algum bem porventura viesse a aparecer. Ao ver, porém, que nada seria recuperado, o oficial tratou de comprar uma passagem para casa numa presa pertencente a um baleeiro ancorado no porto. O único empecilho que ainda o detinha em São Salvador era o medo que tinha o mestre da presa de que, ao deixar o porto, os espanhóis cumprissem as ameaças de represálias que haviam feito. A nossa presença mostrou-se, pois, especialmente auspiciosa para esses dois cavalheiros. Estávamos agora mais do que em pé de igualdade com os espanhóis, os quais, por sua vez, tinham consciência disso e certamente não renovariam suas ameaças.

Em resposta às nossas perguntas acerca da captura da presa, o mestre explicou-nos que alinhara com a embarcação na costa do Brasil e começara a caçá-la; os tripulantes espanhóis logo abandonaram o navio e retiraram as riquezas que traziam (37 mil dólares) para uma lancha, que rapidamente seguiu em direção à terra. Atento a toda essa movimentação, o capitão do baleeiro deixou de lado o navio e passou a perseguir a lancha, alcançando-a e compelindo-a, quase sem nenhuma resistência, a render-se. Uma vez assegurado o saque, o capitão voltou ao navio abandonado e dele tomou posse tranquilamente. Aí ainda encontrou mercadorias de grande valor, como moedas de cobre e couro. A embarcação espanhola rumava para Santa Helena, mas um problema no leme e outras complicações obrigaram-na a procurar o porto de São Salvador.

Os capitães espanhóis que se encontravam no porto, como se pode bem imaginar, demonstraram grande interesse pelo caso e começaram as suas ameaças; creio que tinham a intenção de unir forças e reaver a presa do baleeiro. O mestre da presa, sem perda de tempo, veio pedir a nossa proteção. Disse-nos ele que, como já deveríamos ter ouvido da boca do oficial do *Queen Indiamen*, havia uma estreita relação e cooperação entre portugueses e espanhóis, pouco compatível com a suposta neutralidade pretendida pelos portugueses. Disse ainda que os navios ingleses seriam grosseiramente trapaceados, caso esperassem ser tratados com justiça e equidade nos portos da costa do Brasil.

O mestre da presa estava agora pronto para deixar o porto. Quanto aos espanhóis, com o movimento para cima e para baixo das nossas lanchas, eles acabaram por nos cumprimentar com uma polidez, senão notável, ao menos contrastante com as ofensas mútuas que havíamos trocado.

Na manhã seguinte estivemos ocupados nos preparando para a visita de cerimônia ao governador. Antes de partirmos o barco foi minuciosamente revistado pelos oficiais da alfândega e do barco patrulha. Um crioulo negro de São Tomé, capitão a serviço de Portugal, recebeu-nos em terra, ofereceu os seus serviços de intérprete — melhor dizendo, de espião — e conduziu-nos ao palácio. O crioulo trazia uma espécie de medalha pendurada em uma das abotoaduras, medalha que, segundo contou-nos, tinha sido presente do príncipe do Brasil — o ornamento parecia não ser para ele motivo de pouco orgulho. Dei-me conta de que sua intenção ao expô-lo solenemente era impressionar-nos com a sua importância.

Ao chegarmos ao palácio — assim é denominada a residência do vice-rei — tivemos de aguardar um pouco para sermos honrados com uma audiência. Não sei dizer ao certo se a espera deveu-se às exigências do cerimonial português ou ao grande número de oficiais presentes na recepção matinal. Finalmente, conduziram-nos a uma sala de recepções, onde se encontrava o governador. Dizem que sua Excelência é um membro da família real e um típico português, tanto na aparência quanto nos hábitos. Ele vestia-se como um general em serviço e recebeu-nos com a tradicional cerimônia e fria arrogância da corte de Lisboa. Dirigindo-se a nós em um excelente inglês, ele questionou-nos de uma maneira que indicava muita suspeição.

Nada pode ser mais cansativo que o detalhado e zeloso interrogatório a que tivemos de nos submeter. Por mais de uma vez, sua Excelência e seus oficiais examinaram e reexaminaram nossos mapas, diários, o diário de bordo e outros documentos. A decisão final veio confirmar os boatos que ouvíramos acerca da injusta preferência pelos nossos inimigos: enquanto os espanhóis carregavam e descarregavam mercadorias no porto, tão deliberada e tranquilamente como se estivessem no porto de Cadiz, nós ingleses, segundo comunicou-nos sua Excelência, tínhamos somente quatro dias para executar os reparos necessários no navio; expirado o prazo, deveríamos deixar o porto. Protestar era inútil, a ordem não admitia contestações.

Diversas ocorrências posteriores convenceram-me de que uma relação secreta, bastante prejudicial à Grã-Bretanha em tempos de guerra, é mantida entre portugueses e espanhóis. Tal relação é bastante contrária à posição de justa neutralidade, à qual, não tenho dúvida, muitas embarcações do Brasil têm recorrido quando detidas pelos nossos cruzadores.

À tarde, recebemos a visita do nosso atirado linguista crioulo, que vinha congratular-nos pela vitória obtida sobre os franceses por alguns navios ingleses que se encontravam na costa do Brasil. Ele insistiu muito para que fizéssemos um disparo de saudação, como era hábito entre os portugueses nessas ocasiões. As informações que nos trazia o crioulo, no entanto, eram demasiado vagas e não as julgamos dignas de um *feu de joie*.

A notícia, todavia, foi confirmada mais tarde. O *Belliqueux* e seu comboio tinham capturado duas fragatas francesas e dado caça a uma outra, todas pertencentes a uma esquadra que muito dano vinha causando ao comércio português.

Durante as visitas que fizemos à terra, tratamos de aproveitar da melhor maneira a estreita liberdade de que desfrutávamos e de manter os olhos bem atentos em busca daquilo que costuma atrair a atenção dos estrangeiros.

A cidade, que a natureza dividiu em uma parte baixa e em outra alta, é grande e populosa. A parte alta localiza-se no topo de uma elevação. Tem-se do lugar uma ampla vista da baía e do porto de Todos os Santos, vista arrematada, ao longe, pelo mar e pelas nuvens. Aí localiza-se a residência do governador, dos oficiais civis e religiosos e dos principais comerciantes, enquanto a cidade baixa abriga, na sua maioria, a morada dos habitantes de ordem inferior, dos retalhistas, dos aventureiros e das pessoas que se dedicam aos ofícios mecânicos.

São Salvador, ao lado do Rio de Janeiro, é a cidade, do ponto de vista comercial, mais dinâmica da costa do Brasil. O comércio com a metrópole, levando-se em conta a indolência característica dos portugueses, é bastante vigoroso; o mesmo ocorre com o comércio com a costa da África, pois as minas de diamantes requerem um suplemento constante de negros e dinamizam o tráfico de homens. A bem da verdade, é preciso dizer que o trabalho dos negros é indispensável nas minas de diamantes, mas, talvez, nem mesmo os diamantes, por mais inestimáveis que possam ser, devam ser comprados por um preço tão elevado.

Havia no estaleiro local um navio de 64 canhões em construção. O material utilizado era o pau-brasil, madeira bastante pesada para tal propósito, mas inquestionavelmente mais resistente do que qualquer carvalho europeu. O ferro, o alcatrão e o breu, pelo que entendi, vêm de Lisboa, pois a política da pátria-mãe exige que quaisquer bens manufaturados sejam importados de lá. Tal restrição tinha algum sentido enquanto o número de artesãos e a riqueza disponível eram muito reduzidos para a abertura de manufaturas. Todavia, a indústria da colônia vem crescendo muito e a modernização da agricultura tem permitido aumentar o fornecimento de matérias-primas; daí a manutenção dessa política egoísta tornar-se incompreensível.

Domingo, uma importante festa do calendário português, o capitão e eu aproveitamos a oportunidade para conhecer as igrejas do lugar. Pelo que vimos, tais construções fazem justiça tanto ao gênio da religião dos colonos quanto à riqueza da sua colônia: as igrejas são ricamente adornadas e os ornamentos das imagens pareceram-nos de grande valor. Pelo que vimos, também, e com alguma satisfação, embora não passemos de homens do mar, não há nenhum país no mundo onde a religião esteja tão em moda; as igrejas estão sempre cheias e são frequentadas por todo tipo de gente, do mais humilde escravo ao próprio governador. A verdadeira piedade sempre toca de modo agradável e sincero o coração de um homem, mesmo que ele seja protestante e, consequentemente, pouco simpático à Sua Santidade, o papa. Foi impossível ver a cena referida com indiferença; na verdade, de tudo o que vimos entre os habitantes, isso foi o que mais contribuiu para que tivéssemos deles uma boa opinião.

Com grande dificuldade conseguimos um assento na igreja principal. Meus olhos e os do capitão, de quando em quando, desviavam-se do padre para uma Santa Virgem toda ornada de ouro e pedrarias, que trazia uma imagem do príncipe do Brasil, elegantemente vestido, na sua mão direita — talvez dando com isso a entender que o príncipe era um de seus mais destacados campeões e defensores —, e ocupava um lugar de destaque na igreja. O pregador era o bispo da província, o segundo homem nesta parte do Brasil. O sermão, pelo que pude compreender através do meu intérprete, era eloquente, tanto mais, quiçá, em virtude de o bispo ter consciência de sua alta posição social e das suas veneráveis funções. Ele dirigia-se, sobretudo, aos grandes, atacando com violência os seus vícios e as suas impiedades, em um estilo vigoroso e livre, que um pregador mais humilde dificilmente adotaria.

Encerrada a cerimônia religiosa, a imagem da santa senhora, com seu assistente, o príncipe, foi levada em procissão pelas ruas da cidade, ao longo das quais era saldada por muitas senhoras que, adornadas com grinaldas e contas na cabeça, se encontravam nas janelas e balcões das casas. Um espetáculo teatral em nenhum sentido desagradável, se admitirmos que o entusiasmo por uma religião equivocada serve de desculpa para tais erros.

Depois de cruzar a cidade em todas as direções, a santa senhora é depositada em uma outra igreja de porte e aí permanece esperando ou por uma nova festa, ou por uma tempestade. Mesmo aparentando desatenção, o capitão não viu essa pantomima sagrada com bons olhos, tendo tamanha irreverência merecido de sua parte uma dura reprimenda. Em muitas ruas da cidade havia, em um ou outro ponto destacado, imagens de santos padroeiros. Ao entardecer, a multidão comprime-se em torno desses santos, entoando preces e ações de graça no tom monótono característico do cântico católico romano.

Tudo que vimos convenceu-nos de que, em caso de ruptura entre os dois países, esta colônia será de grande valor para o Império britânico. Ao longo dos anos tem se mostrado evidente que a França ou a Inglaterra deverão tomar o Brasil sob sua tutela, pois uma nação débil e tão carente de estima na Europa como Portugal não pode, durante muito tempo, ter o monopólio sobre um país tão extenso, que os portugueses mal conseguem explorar e defender. A França, caso se antecipe a nós — o que certamente pode acontecer, tendo em vista que a conquista é o princípio fundamental de um governo militar —, terá ganho um espólio mais do que suficiente para compensar a perda de Malta e do Egito. Para nós, uma nação comercial, tal aquisição traria mais vantagens — vantagens reais — do que todas as conquistas da França. Se os acontecimentos permitirem que o Brasil caia em nossas mãos, creio que haverá a possibilidade de garantir uma paz honrosa.

No dia previsto para partirmos, outro navio espanhol, pesadamente carregado com cerca de 100 mil dólares e outras mercadorias de elevado valor, entrou no porto. Creiam que lamentamos muito não termos deixado o porto no dia anterior, pois tivemos de saudar esse rico navio espanhol, que veio livrá-los da encrenca de ter de levar o seu dinheiro para casa em embarcações portuguesas — suspeitávamos que tal manobra seria posta em prática.

É evidente que tem, de fato, havido uma política de estreita colaboração entre as duas coroas. Julgo-me, todavia, incapaz de avaliar se isso se deve à situação de vizinhança geográfica tanto entre suas possessões americanas quanto entre suas metrópoles, ou ao fato de terem um *par nobile fratum*. Estou, no entanto, certo de que tais ligações existem e, não me equivocaria em dizer, estão em pleno vigor nos dias que correm.

Ao expirar o quarto dia de nossa permanência no porto, expirou do mesmo modo a polidez dos portugueses, ou melhor, expirou a sua não hostilidade. Recebemos a bordo a visita do mestre do porto com uma ordem do vice-rei para que ele não retornasse enquanto não tivéssemos deixado o lugar — ordem que obedecemos um pouco de má vontade. Devo salientar que a acolhida que recebemos não foi nem melhor nem pior do que a recebida por outras embarcações inglesas que frequentam esta costa.

Fiquei bastante confuso ao analisar as razões que levam os portugueses a agirem de maneira tão pouco adequada a uma nação civilizada, sobretudo em relação aos naturais de um país ao qual, no panorama atual da Europa, devem a conservação do seu império. Esmerei-me em vão por descobrir o porquê de tal conduta, até que fui apresentado a um major em serviço, um veterano, bem mais experiente que seus companheiros oficiais. Ele explicou-me que as relações políticas entre a Inglaterra e Portugal, não raro, têm sido motivo de tensões entre os portugueses e seus vizinhos espanhóis. Destarte, tornou-se um princípio de política externa atenuar o ciúme espanhol tratando os ingleses de maneira aparentemente — aparência que acaba por ser bastante real — severa.

EDIÇÃO UTILIZADA

A narrativa de John Turnbull foi publicada pela primeira vez na cidade de Londres, em 1805. Em 1810 saiu a primeira edição americana e, três anos mais tarde, a obra foi reeditada, com alguns acréscimos, por A. Maxwell, novamente na cidade de Londres — edição comentada por H. J. da Costa, no *Correio Braziliense*. Há, ainda, uma tradução alemã da narrativa, publicada em 1806, e uma tradução francesa, de 1807, ambas baseadas na primeira edição inglesa, que também utilizamos.

TURNBULL, John. *Voyage Round the World, in the Years 1800, 1801, 1802, 1803, and 1804; in Which the Author Visited the Principal Islands in the Pacific Ocean, and the English Settlements of Port Jackson and Norfolk Island.* Londres: Printed for R. Phillips by T. Gillet, 1805, v. I, p. 9-20.

BIBLIOGRAFIA

COSTA, Hipólito José da. *Correio Braziliense, ou, Armazém Literário.* São Paulo: Imprensa Oficial; Brasília: Correio Braziliense, v. XVI, 2002.

GUNTHER, Louise. *The British Community of 19th Century Bahia: Public and Private Lives.* Oxford: University of Oxford Centre for Brazilian Studies; Working Paper Series, 2002.

George Mouat Keith

Nada conseguimos apurar sobre o tenente George Mouat Keith, excetuando o fato de ter pertencido à Royal Navy. Informa-nos a sua narrativa que o inglês viajava a bordo do Protector, *uma brigue de guerra de Sua Majestade britânica que, em 1805, incorporou-se a uma esquadra que seguia da Inglaterra para o cabo da Boa Esperança. A embarcação de Keith e os outros navios da esquadra alcançaram a costa brasileira na altura do litoral pernambucano e no início de novembro de 1805 fundearam, por alguns dias, na Baía de Todos os Santos.*

*

Na quinta-feira, às 7 horas da manhã, passamos pela cidade de Pernambuco e ao meio-dia estávamos a 16º de latitude sul. No dia 8, sexta-feira, o vento virou para nordeste, e ao meio-dia não tínhamos avistado qualquer sinal de terra. Dirigimo-nos, então, novamente para sudoeste, a 16° de latitude sul. No domingo, 10 de novembro, ao nascer do dia, encontrávamo-nos próximos ao cabo de Santo Antônio, situado a 12°56' de latitude sul e a 38º17' de longitude oeste de Londres, que forma a ponta nordeste da Baía de Todos os Santos. O navio do comodoro e três outros navios do comboio eram as únicas embarcações à vista. Rumamos para a baía, com ordens do comodoro para trazer um piloto. Retornamos em companhia do piloto, e ao meio-dia lançamos âncora em um fundo de 7 braças e atracamos, com o cabo de Santo Antônio, entre S. e O., o forte entre L. e S. e o extremo oeste da baía entre S.O. e S.

Do lugar de ancoragem a vista que se tem da Baía de Todos os Santos e da cidade de Salvador é muito bonita e, ainda que inferior à da baía de Nápoles, é, em diversos aspectos, mas em uma escala menor, comparável à vista que se tem de Constantinopla quando contemplada do porto. Ao desembarcar, porém, a pessoa decepciona-se, pois é raro encontrar um lugar de igual tamanho e importância tão sujo, miserável e repulsivo — na mais plena acepção da palavra.

A casa do governador — que é agraciada com o título de palácio — compõe um dos lados de uma pequena praça. O outro lado é ocupado por uma cadeia com toda a canalha que abriga, que o governador é obrigado a contemplar pelo menos umas cinquenta vezes por dia — o que, há de se considerar, não é uma visão nem agradável, nem apropriada.

Pelas ruas não se encontra quase ninguém, exceto soldados, escravos e, aqui e ali, um frade solitário ou um cavalheiro português sendo conduzido no seu palanquim; quanto às mulheres, nunca se consegue vê-las, salvo entre as paredes de suas casas.

Os portugueses, conhecidos pela sua avareza, têm o costume, quando um navio entra no porto, de triplicar o preço dos artigos nos seus mercados, da laranja à pipa de vinho. E não contentes com tamanha extorsão, recusam-se terminantemente a receber letras de câmbio de qualquer governo, a não ser com um enorme desconto de 20%, ainda que a letra tenha o pagamento previsto para dez dias depois da emissão. Tal taxa, somada às despesas com reparos, víveres e provisões — para os navios de guerra e para as tropas — e às compras pessoais, deve ter rendido aos portugueses pelo menos 150 mil libras esterlinas.

A Baía de Todos os Santos é muito segura, espaçosa e, como pudemos observar, conta com uma maré regular e volumosa — as marés da primavera correm a aproximadamente 3 milhas por hora.

EDIÇÃO UTILIZADA

A narrativa integral de George M. Keith teve somente uma edição, em 1819. Há, no entanto, um panfleto de 43 páginas, com o mesmo nome do livro e atribuído a Keith, publicado em Londres, por Richard Phillips, em 1810, que traz uma versão "sintética" da viagem.

KEITH, George Mouat. *A Voyage to South America*. Londres: Printed for the Author by J. B. G. Vogel, 1819.

Thomas O'Neill

A 7 de março de 1808 entrava na Baía de Guanabara a nau que trazia o príncipe regente D. João VI. Acabava, enfim, por concretizar-se uma ideia que há muito circulava entre os cortesãos do Reino: a de transferir a sede da monarquia portuguesa para o Brasil.

A frota dos fugitivos, formada por oito naus, quatro fragatas, doze brigues e alguns navios mercantes, zarpara do porto do Tejo a 29 de novembro de 1807. Aguardava-a, fora da barra, para conduzi-la em segurança ao Brasil, uma esquadra de seis navios dos aliados ingleses, comandada pelo almirante sir Sidney Smith (1764-1840). As embarcações navegaram juntas até a altura da Madeira. Aí o navio de sir S. Smith separou-se dos demais e rumou para a Inglaterra — o almirante só chegou ao Brasil a 24 de maio de 1808. As demais embarcações, depois de dispersarem por causa de uma tempestade e se reagruparem na Baía de Todos os Santos, seguiram, então, para o Rio de Janeiro, onde lançaram âncora no referido 7 de março.

A esquadra inglesa, mais tarde reforçada pelos navios Agamemnon *e* Foudroyant *(a bordo do qual veio sir S. Smith), permaneceu desesseis meses ancorada no porto carioca (até julho de 1809). Durante a ancoragem, o imediato do navio* London, *conde Thomas O'Neill, resolveu aproveitar o tempo ocioso e colocar no papel as suas observações sobre a fuga da família real, sobre a nova sede da monarquia portuguesa, o Rio de Janeiro, e sobre suas perambulações pelo litoral brasileiro. Encerra esse seu diário a breve descrição de uma viagem que o conde empreendeu, sempre a bordo do navio* London *e a serviço do governo inglês, a São Salvador, na Baía de Todos os Santos, que o leitor encontrará a seguir.*

*

A serviço de meu país, tive a oportunidade de permanecer por um curto espaço de tempo na Bahia, na cidade conhecida como São Salvador. A minha intenção primeira era aproveitar toda e qualquer oportunidade para observar as maneiras e costumes dos habitantes, dos quais tinha uma descrição bastante simpática em uma carta escrita quando o príncipe regente por lá passou.

A entrada do porto é boa, mas a navegação para estrangeiros, perigosa. A esquadra, sob o comando do comodoro Moore, esteve em eminente perigo por falta de conhecimento do canal. O comodoro ordenou que se abrisse mais a leste e colocou a embarcação sobre um fundo de somente 4 braças de água. Pude, então, ver distintamente as rochas bem próximas da popa do *London*.

O ponto de referência do canal é um magnífico convento, de nome Santa Bárbara, que se estende sobre a península e torna o porto ainda mais pitoresco. Do lado leste encontra-se um forte de pouca importância, já que a largura do canal é demasiada para que os seus canhões tenham qualquer eficiência. A pouca segurança, a propósito, tornou necessária a transferência da sede do governo para o Rio de Janeiro, há muitos anos atrás, pois a costa é baixa e muito acessível ao desembarque inimigo. Do forte principal para leste, subindo em direção à cidade, há várias fortalezas poderosas e muito bem-construídas, mas nenhuma em condições de resistir a um exército invasor.

O porto é muito espaçoso e pode abrigar milhares de navios de linha. A vista que daí se tem da cidade, que está construída no declive de uma imensa elevação, é magnífica: as ruas aparecem distintamente alinhadas, e as casas, erguendo-se umas sobre as outras. O desembarque dá-se em um lugar que denominam estaleiro, mas que ainda se encontra na infância dos estaleiros. Há aí, é certo, todos os meios para se construir um dos mais amplos arsenais do mundo, pois a maré permite que navios de primeira magnitude sejam lançados durante todo o ano. Pois bem, é nesse lugar que os passageiros dos navios de guerra são recebidos em terra e, com o intuito de honrar a nação portuguesa, os ingleses de todas as posições são tão respeitosos quanto é possível. A entrada do arsenal que dá para a rua principal da cidade baixa é bem bonita: o arco que aí se encontra é construído com uma bela pedra branca e primorosamente trabalhado.

A rua principal, ao longo da praia, tem cerca de 2 milhas de comprimento. É aí que vão parar todas as pessoas que são denominadas "gente do mar" e, também, a maior parte dos escravos. É aí, igualmente, que estão as lojas de todo tipo, merecendo especial destaque aquelas pertencentes aos mercadores de ouro, prata e diamantes — ricas para além de qualquer descrição. As casas de café não são grande coisa, ainda que, nesses estabelecimentos, o cliente que gasta 1 vintém (cerca de 3 meio-*penny*) é tratado com o mesmo respeito que aquele que despende 10 libras. Nessa mesma rua há um caminho em espiral que leva à cidade alta. À medida que se sobe, descortina-se uma das mais belas vistas que se pode conceber: um amplo porto, embelezado ao extremo pelas terras circundantes, pelas escadarias do lugar de desembarque e pela ilimitada amplidão do mar e de um céu sem nuvens.

A cidade alta é habitada pelos comerciantes e fazendeiros mais abastados. As igrejas que aí se encontram são grandiosas, mas em pouco diferem daquelas do Rio de Janeiro. Nunca encontrei, no entanto, frades mais hospitaleiros do que os dessa cidade. Permitam-me relatar um caso que bem ilustra o que digo. Um clérigo, de nome Pedro Francisco Gomes, que geralmente reside um pouco distante da capital, mas que tem uma excelente casa na cidade, foi protagonista de uma ação de bondade sobremodo encantadora. Dois importantes oficiais do *London*, que estavam no campo, a pouca distância da cidade, atrás de informações, oprimidos pelo calor, buscaram abrigo na casa desse ilustre clérigo, que os recebeu dando mostras de sua genuína boa índole. Os oficiais foram brindados com frutas, vinhos e doces e, ao partirem, um cavalo foi carregado com laranjas e outras frutas para o seu deleite. As laranjas, que têm o nome de laranjas virgens e são naturais desta parte da América do Sul, eram especialmente grandes, sem sementes e, cada uma, dava pelo menos meia pinta de delicioso suco.

A paisagem que se encontra nas bordas do oceano é enriquecida com alguns belos e excelentes edifícios. Um deles, residência do senhor Lisboa, merece um breve comentário. Trata-se de um prédio todo construído com uma bela pedra branca e ornado, na sua entrada, com várias estátuas de mármore: uma representa Pomona, a outra a Indústria e, ao centro, há um belíssimo grupo de estátuas, representando a atual rainha de Portugal, rodeada por seus familiares. O jardim e os pomares são cultivados à moda europeia.

São Salvador foi, há muitos anos, tomada pelos holandeses, que construíram um canal em torno da cidade. Os portugueses, porém, transpuseram-no e expulsaram os inimigos. As águas estagnadas do canal causaram, posteriormente, muitas epidemias, e os portugueses resolveram, então, cobri-lo — o que, até 1808, ainda estava sendo feito. Perguntei ao senhor Barbosa, um médico muito respeitado, quais as principais causas de doenças na cidade. O médico respondeu-me: "Nesta parte do mundo, todas as profissões são mais vantajosas do que a minha; sou o médico das principais famílias da cidade e cada uma delas paga-me anualmente uma quantia. Todavia, a salubridade do clima é tanta que raramente os meus serviços são requisitados; os habitantes vivem até idade muito avançada, embora estejam bastante próximos da linha equinocial."

O já referido honrado eclesiástico, padre Francisco Gomes, convidou o capelão e vários oficiais do navio *London* para jantar. Durante a ocasião, o religioso conseguiu misturar a maior das virtudes, a caridade, com a mais extrema hospitalidade, ou antes, fez com que a última servisse à primeira. A casa onde mora é magnificamente mobiliada e decorada com excelentes gravuras; sua livraria abriga milhares de volumes dos melhores autores, e ele pode falar fluentemente em português, espanhol, inglês, francês, alemão e latim.

A recepção que nos ofereceu foi suntuosa e, como pareceu-me bastante peculiar, vou tentar descrevê-la. Primeiro prato: na cabeceira e nos pés da mesa, duas terrinas de uma rica sopa de galinha; os quatro cantos abrigavam, cada um, um prato com um delicioso porco assado; no centro da mesa havia dois grandes perus e, ao lado destes, um prato com um pedaço de carne cozida, outro de carne assada — cada um com pelo menos 40 libras — e uma enorme variedade de vegetais. Sentaram-se à mesa para jantar dezessete pessoas, a cada uma das quais foi dada uma garrafa de Madeira e outra de Porto. Um escravo serviu-nos a todos, trocando nossos copos quando terminávamos e, sempre que os pratos eram removidos, trazendo-nos uma bacia de prata para que lavássemos as mãos. O segundo prato consistiu em galinha, carne de caça, guisados e vegetais em grande profusão e qualidade; o terceiro, em diversos tipos de doces e tortas; e o quarto — que me causou certa surpresa —, em várias espécies de peixes que são encontrados nos mares das redondezas. A sobremesa incluiu uma enorme variedade de frutas tropicais e, sempre que um prato era removido, recebíamos novas garrafas de vinho gelado.

Todavia, a parte dessa principesca recepção que mais me agradou passo agora a narrar. Fiquei surpreso ao ver que todos os pratos, quando retirados, foram levados para uma enorme mesa, colocada em um salão contíguo, onde trinta escravos entraram e levaram tudo, inclusive o vinho, com ordens para deixarem um recibo por isso. A curiosidade levou-me a perguntar — o que, confesso, foi uma indelicadeza — por que se demandava um recibo. A resposta que me deram foi gratificante. Fui informado de que, próximo à residência do venerável e bondoso padre, havia uma casa para receber gente pobre, coxa, cega e idosa. Por ordem do notável religioso, tudo o que era deixado na sua mesa deveria ser levado para o asilo de caridade mencionado, para socorro dos seus pensionistas; estando, pois, na cidade ou no campo, sua mesa estava sempre posta para dezoito pessoas.

Depois de tão hospitaleiro jantar, o religioso convidou-nos insistentemente para dormir na casa e, diante da nossa recusa, ordenou que fôssemos levados à praia por escravos à luz de tochas. A bondade inata que caracteriza esse venerável eclesiástico muito me tocou e, confesso, foi com pesar que deixei a companhia de um homem que tanto honra a natureza humana. Convidamos nosso amável anfitrião e seus amigos para jantarem a bordo do *London*, o primeiro navio inglês de três conveses a cruzar a linha equinocial. Eles aceitaram nosso convite e expressaram grande espanto ao conhecerem os regulamentos internos e as acomodações dos setecentos homens do navio. Depois de compartilharem a modesta refeição que servimos, a noite separou-nos do convívio social desses senhores que tanta honra tivemos em conhecer. A serviço do meu país, na manhã do dia seguinte, partimos desse amigável porto — talvez para sempre!

EDICÃO UTILIZADA

O relato de Thomas O'Neill foi editado pela primeira vez em 1809, na cidade de Londres, e reeditado mais uma única vez, no ano seguinte, na mesma localidade. Utilizamos a edição de 1810.

O'NEILL, Thomas. *A Concise and Accurate Account of the Proceedings of the Squadron Under the Command of Admiral sir William Sidney Smith*. Londres: R. Edwards Crane Courte, 1809.

BIBLIOGRAFIA

LIMA, Oliveira. *Dom João VI no Brasil*. Rio de Janeiro: Topbooks, 1998.

LORD Russel of Liverpool. *Knight of the Sword; the Life and Letters of Admiral sir William Sidney Smith*. Londres: V. Gollancz, 1964.

POCOCK, Tom. *A Thirst for Glory: the Life of Admiral sir Sidney Smith*. Londres: Aurum, 1996.

Bibliografia geral da antologia

Australian Dictionary of Biography. Melbourne: Melbourne University Press; Londres: Cambridge University Press, 1996, 12 v.

BERENGER, M. *Collection de tous les voyages faits autour du monde par les différentes nations de l'Europe*. Lausana: J. Pierre Heubach & Comp.; Genebra: François Dupart, 1788, 9 v.

BERGER, Paulo. *Bibliografia do Rio de Janeiro de viajantes e autores estrangeiros (1531-1900)*. Rio de Janeiro: Livraria São José, 1964.

Biographie universelle ancienne et moderne. Nouvelle édition, publiée sous la direction de M. Louis Gabriel Michaud. Paris: Madame C. Desplaces; Leipzig: Libraire de F. A. Brockaus, 1854-1865, 45 v.

BRIDGES, R. C.; HAIR, P. E. H. *Compassing the Vast Globe of the Earth. Studies in the History of Hakluyt Society 1846-1996*. Com uma lista completa das publicações na Sociedade. Londres: The Hakluyt Society, 1996.

BRITISH MUSEUM. *General Catalog of Printed Books*. Londres: William Clowes and Sons Limited, 1931, 48 v.

CARVALHO, Alfredo de. *Biblioteca exótica-brasileira*. Rio de Janeiro: Empresa Gráfica Editora; Paulo Pongetti & Cia., 1929-1930, 3 v.

Catalogue Général des Livres Imprimés de la Bibliothèque Nationale. Paris: Imprimerie Nationale, 1925.

CHARTON, Édouard Thomas. *Voyageurs anciens et modernes*. Paris: aux bureaux du Magasin Pittoresque, 1857-1863, 4 v.

DELLAPORTE, Abbé. *Le voyageur français ou la connaissance de l'ancien et du Nouveau Monde*. Paris: L. Cellot, 1768-1791, 34 v.

Dictionary of National Biography. Londres: Smith, Elder, & Co., 1885-1901, 66 v.
DUPONCHEL, August (org.). *Nouvelle bibliothèque des voyages anciens et modernes*. Paris: P. Duménil, 1841, 12 v.
GARRAUX, A. L. *Bibliographie brésilienne. Catalogue des ouvrages français et latin relatifs au Brésil (1500-1898)*. Paris: Ch. Chadenat-Jablonski, Vogt et Cie., 1898.
MACEDO, Roberto. *Apontamentos para uma bibliografia carioca*. Rio de Janeiro: Edição do Centro Carioca, 1943.
MALTE-BRUN, Conrad. *Annales des voyages, de la geographie et de l'histoire*. Paris: F. Buisson, 1809-1814.
MORAES, Rubens Borba. *Bibliografia brasiliana*. Rio de Janeiro: Colibris Editora Ltda., 1958, 2 v.
The National Union Catalog. Pre-1956 Imprints. Londres: Mansell, 1977.
PREVOST, Abbé. *Histoire générale des voyages ou nouvelle collection de toutes les relations de voyages par mer et par terre*. Paris: Didot, 1751, 80 v.
RODRIGUES, José Honório. *História da história do Brasil. Historiografia colonial*. 2ª ed. São Paulo: Companhia Editora Nacional, 1979.
SABIN, Joseph, *A Dictionary of Books Relating to America, from its Discovery to the Present Time*. Nova York: Mini-Print Corp., 29 v. em 2.
Travaux de la Commission pour L'Histoires des grands voyages et des grandes découvertes. Paris: PUF, 1937.

Este livro foi impresso nas oficinas da
Distribuidora Record de Serviços de Imprensa S.A.
Rua Argentina, 171 – Rio de Janeiro, RJ
para a Editora José Olympio Ltda.
em março de 2012

*

80º aniversário desta Casa de livros, fundada em 29.11.1931